中国矿业大学研究生教育专项资金资助出版教材

现代管理论

聂 锐 芈凌云 高 伟 毛 帅 编著

中国矿业大学出版社

内 容 提 要

本书从纵向管理理论发展演替历程和横向管理理论流派纷呈两个维度全面系统地介绍了现代管理理论,针对每一个具体的管理理论体系,分别从理论的产生背景、具体内容、评价与发展等层面上组织内容,力求做到理论阐释和理论评析相结合。同时,对以先秦时代诸子百家为代表的中国古代管理思想精粹进行解读。

本书共分 16 章,具体包括:管理理论研究的基本问题、管理理论发展的历史阶段、管理科学的学科体系、科学管理理论、古典组织理论、人际关系理论、激励理论、领导效能理论、社会系统理论、管理决策理论、管理科学理论、权变管理理论、战略管理理论、企业文化理论、当代管理科学发展的新思潮等。

本书可以作为高校经济管理类专业的研究生教材和高层次管理人才培训教材,以期为管理的实践者和研究者提供系统了解和洞悉现代管理理论发展和演变规律的窗口。

图书在版编目(C I P)数据

现代管理理论/聂锐等编著. 一徐州:中国矿业大学出版社,2007.11

ISBN 978 -7 - 81107 - 674 - 5

Ⅰ.现… Ⅱ.聂… Ⅲ.管理学 Ⅳ.C93

中国版本图书馆 CIP 数据核字(2007)第 123188 号

书　　名	现代管理理论
编著者	聂　锐　芈凌云　高伟　毛帅
责任编辑	姜　华　夏　然
责任校对	杜锦芝
出版发行	中国矿业大学出版社
	(江苏省徐州市中国矿业大学内　邮政编码 221008)
网　　址	http://www.cumtp.com　E-mail:cumtpvip@cumtp.com
印　　刷	中国矿业大学出版社排版中心
印　　刷	徐州中矿大印发科技有限公司
经　　销	新华书店
开　　本	787×1092 1/16　印张 22.5　字数 560 千字
版次印次	2007 年 11 月第 1 版　2007 年 11 月第 1 次印刷
定　　价	40.00 元

(图书出现印装质量问题,本社负责调换)

前　言

　　人类的管理活动源远流长,但是,管理真正成为一门独立的学科只有100多年历史。19世纪末期,发端于美国的"管理运动"使得管理由过去的经验管理走向科学管理。20世纪20年代以来,以泰勒、法约尔等为代表,在管理实践中对管理理论开展了越来越系统的研究,管理教育由此开始推广,管理研究的学术规范也逐渐形成。从科学管理到如今的知识管理,现代管理理论体系在不断演替的同时也不断丰富,并出现了流派纷呈的局面。管理理论研究经历了古典管理理论、行为科学、管理科学到新旧管理理论丛林期等多个发展阶段。同时,与工业化、信息化、知识化的社会发展脉络相吻合,现代管理也由物质资源管理、人力资源管理、组织资源管理、信息资源管理发展到如今的以知识资源管理为特征的第五代管理。

　　就中国而言,古代历史上也涌现出了诸多的管理思想家,以先秦诸子百家争鸣时代的思想为基础,形成了中国古代管理思想的精粹。但是,由于中国古代统治者的治国主张多是"重农抑商",因此其管理思想以商业为目标的并不多见。到了近现代,特殊的历史环境使得文化思想的发展受到抑制并一度处于停滞状态,现代科学的起步和发展较晚,而且更多的采撷自西方国家的现代科学研究。我国把管理作为一门科学,真正从理论上对管理问题进行系统研究,主要是从20世纪80年代开始的。由于发展的历史很短,我们的管理研究显得比较落后,已不能适应管理实践高速发展的需求;管理实践缺乏科学有效的理论指导,提升缓慢,水平不高。因此,要解决这些问题就迫切需要更多优秀的管理人才,这又对当前管理研究和高层次管理人才培养提出了要求。

　　管理学具有很强的实践性,管理理论来自于对管理实践的提炼和萃取。同时,管理实践的有效性又在很大程度上依托于管理者的管理理论高度。管理教育不能忽视对管理理论知识的系统学习,只有对现代管理理论发展的脉络有一个系统的掌握,将管理理论的过去与未来相连接,才更容易发现管理领域的持续变化和发展趋势,从而真正领悟管理之道,更有效地解决管理问题。

　　对于高校经济与管理学科的研究生教育而言,系统地学习和研讨管理思想和管理理论发展演变规律,探究管理学各学派的产生、经典理论、使用范围和发展趋势,是培养其管理研究能力的重要基础,是学习所需,更是实践所需。为此,我们编写了这本《现代管理论》教材。

　　在这本教材的编写过程中,我们力求突出系统性、研究性和前瞻性的特点。在教材体系安排上,从纵向管理理论发展演替历程和横向管理理论流派纷呈两个维度上进行篇章结构的设计。同时,对以先秦时代诸子百家为代表的中国古代管理思想精粹进行解读。此外,针对每一个具体的理论体系,我们分别从理论的产生背景、具体内容、评价与发展等层面上组织内容,力求做到理论阐释和理论评析相结合。教材从内容体系的设计到章节结构的安排都融入了编写人员的诸多独到见解和心得体会。同时,为了使读者对当前的管理研究思潮有一个清晰的认识,我们专门对当前管理科学发展的16个最新管理思潮进行了系统介绍,旨在使读者了解最新的发展趋势,形成具有前瞻性的管理思维。

  本教材共分16章。具体章节的编写分工是：聂锐、芈凌云编写第一、二、三章，芈凌云编写第四、五、六、十五章，芈凌云、高伟编写第七、八、九、十三章，高伟编写第十、十一、十二、十四章，毛帅编写第十六章。本教材由聂锐、芈凌云负责审阅、统稿，由芈凌云校对。

  在教材的编写过程中，首先我们要感谢管理学院的陶学禹教授在教材的编写大纲拟定和提供教学讲义方面给予的指导和帮助；感谢管理学院能源经济与管理研究所的各位教师在教材编写过程中给予的积极支持与配合。同时，在教材的编写过程中我们参考了国内外众多的相关专著、教材和研究论文等文献资料，汲取和借鉴了诸多著者、编者和作者们的思想精华和研究成果，因为有了他们搭建的这些基础，才有了我们今天的收获。在此，对于我们参阅和引用了其成果的国内外同行们致以衷心地感谢！

  本教材可以作为高校经济管理类专业的研究生教材和高层次管理人才培训教材，以期为管理的实践者和研究者提供系统了解和洞悉现代管理理论发展及演变规律的窗口。

  管理理论的发展速度越来越快，管理研究的深度和广度不断增加，管理学的多学科交叉特征也更加明显。虽然我们在编写中参阅了大量文献资料，但是由于水平有限，书中不足和失误之处在所难免，敬请读者提出宝贵意见。

聂 锐

2007 年 9 月

目　　录

第1章 管理理论研究的基本问题

任何一门学科要立足于学科之林,其专门的研究对象、方法系列和概念系列是其三大根基,三者任缺其一都将很难立足。所以,管理的概念也是管理学科中的一个首要问题。本章我们将从管理概念的解析入手,对管理的基本特征、管理的对象、管理中的管理者以及管理学与经济学的关系等管理研究的基本问题进行探讨,以期对现代管理论的学习有一个基本的把握。

1.1 管理概念的解析

管理的历史源远流长。自从出现人群组织,管理就产生了。它是人类生活中最常见、最普遍和最重要的活动之一。埃及的金字塔和中国的万里长城表明:几千年前人类就能够完成规模浩大的,由成千上万人参加的大型工程。试想,谁来吩咐每个人该干什么? 谁来保证工地上有足够的石料和工具让每个人都有活干? 谁来协调各个劳动者的活动,使劳动达到预期的目的? 答案是管理。不管当时人们怎么称呼管理,总之,需要有人计划要做什么,需要有人组织人和材料去做这些事,需要有人指挥人们去做,还要采取某些控制措施来保证每件事情按计划进行。随着人类集体协作、共同劳动的产生,就开始了有效管理的实践。人类社会劳动的分工和协作越精细,工作越复杂,科学技术越发达,生产社会化程度越高,管理也就越重要。

西方的管理——"manage"一词源于意大利文"maneggiare",原意为"训练马匹"及"处理"。从中国汉字字义上理解,管理有"管辖"、"处理","管人"、"理事","管束"、"疏理"等意,即对一定范围的人员及事务进行安排和处理。但是这种字面的解释是不可能全面地表达出管理本身所具有的完整含义的。

那么,什么是"管理"呢? 对于"管理",目前尚没有一个统一的公认的明确定义。长期以来,众多研究者从不同的角度出发,对管理的概念作出了不同的解释与归纳,从这些差异的分析与比较中我们能够看到一些共同的东西,这将有益于我们从多维视角更好地理解管理。

1.1.1 管理研究者们对管理定义的理解

尽管管理的历史源远流长,但是管理成为一门学科,却是19世纪末20世纪初的事情,距今只有100余年。

关于管理的定义,管理学界研究、争论了上百年,时至今日,仍是众说纷纭、莫衷一是。据统计,在众多的定义中,比较权威和流行的就有100多种,其中有名的定义大约有30多种。它们对管理含义的理解各有侧重,分别从不同角度、不同侧面客观地反映了管理的特性。归纳近百年来西方的管理学者和管理实践者们对管理的定义进行的表述,其中具有代表性的主要有以下10种观点:

(1) 管理是合理利用各种资源,提高生产效率的组织过程。这种观点的代表人物是麦克法兰。他认为管理人员是"组织中的一个人,他拥有身份、地位和权力,使之能对他人的工作进行计划、组织、控制和指挥"。将人看做是所有其他各种资源的利用者。

（2）管理是一种经营职能。这一观点的代表人物是法国的亨利·法约尔。他认为,"管理,就是实行计划、组织、指挥、协调和控制这五项职能"。自从亨利·法约尔在其名著《工业管理和一般管理》中给出这一管理的概念之后,管理的职能观便从此影响深远并广为传播。苏联管理学家波波夫也认为,管理是一定的组织、经济、技术及工具的职能的总和,它要解决保证生产过程的全部任务。

（3）管理是人的行动的一门学问,是一种对人的行为的控制。这种观点以现代行为学派最为典型。

（4）管理就是通过他人来做好工作。持这一观点的人认为,管理就是通过别人去完成要做的事,倘若依靠自己的力量即可完成某一目标,这种活动只能称为操作,不能称为管理。美国管理协会前会长阿普森持这一观点。

美国管理学者斯蒂芬·罗宾斯认为,"管理是指同别人一起,或通过别人使活动完成得更有效的过程"。这一定义既强调了人的因素,又强调了管理的双重目标——效率与效果。

福莱特认为,"管理就是通过别人把事情办好的用人艺术"。

希克斯认为,"管理是一门指导人们如何活动的艺术和科学"。

H.唐纳利认为,"管理就是由一个或者更多的人来协调他人的活动,以便收到个人单独活动所不能收到的效果而进行的各种活动"。

孔茨、奥唐奈将管理定义为"通过他人来做好工作的职能"。

美国的蒙塔纳和查诺夫在其《管理学》教材中这样定义管理:"管理（management）就是与他人一起工作,并通过他人来实现组织及其成员的目标"。

以上这些观点的共性主要有两个方面:第一,管理的中心就是协调或指导他人的工作,管理工作的主要目的是通过其他人使得活动得以进行;第二,管理人员必须同时考虑两个方面,即其他人的活动和其他人。

（5）管理就是科学决策。这一观点的代表人物是诺贝尔经济学奖获得者美国学者赫伯特·西蒙。西蒙对管理概念曾有一句名言:"管理即制定决策"。西蒙认为决策贯穿管理的全过程,管理的首要任务是决策,管理的核心也是决策。支持西蒙这一观点的人物有梅西、希克斯等人。

苏联的阿法纳西耶夫在其著作《社会管理中的人》一书中认为,"管理首先是人为了达到自己的目的而进行的自觉活动,而且不是一般性的活动,这是一种同制定决策,同时把这些决策付诸实现的组织,同按照既定目标来控制系统,同对活动作出总结,同系统地获取、加工和运用信息相联系的一种特殊的活动"。

（6）管理是领导或领导艺术。持这一观点的代表人物是孔茨。他提出:管理就是设计和保持一种良好的环境,使人在群体里高效率地完成既定目标。这种观点充分体现了管理与领导的密不可分的关系。

（7）管理是一种行动的文化。其代表人物是德鲁克,他认为管理是一种有技能、有工具、有技术的工作和知识,是一种行动的文化,这种文化既可以直接运用于管理的有关技能、技术和知识等所谓"显文化",又包括管理者对价值风格、信仰和传统的理解等"隐文化"。

加拿大的C.霍金森在其《领导哲学》中则更加具体地指出:"管理角色,向外,观察着环境;向内,观察着内部秩序。其基本目的在于寻求稳定和发展,其基本功能在于消除紧张状态和冲突而达到目的"。

（8）管理是一种思想,美国学者戴维在《管理:一门人文学》一书中指出:管理并不实际存在。这个词语是一种思想,就像科学、政府和工程一样,管理是个抽象的概念。管理是一种思想,确切地说,只是管理者的思想。

（9）古利克认为,"所谓管理,乃指任一企业的主管人员,研究如何运用良好的计划,健全的组织,适当的人员配置,正确的指挥方法,有效的内部协调,快速而准确的报告系统,严密而合理的控制,使企业的资金、原料、人力、技术、时间、市场等,做到最佳配合,以达到预期目标"。

（10）特里认为,"管理是对人力、原料、机器、方法、资金和市场这些基本要素的作用进行计划、组织和控制的活动,它提供指挥和协调,并对人们的努力提供领导,以便达到团体所追求的目标"。

上述 10 种观点基本上可以涵盖西方管理学界有关管理的定义。其中,"过程论"揭示了管理的经济效率原则,但认识相对局限于生产过程并停留在管理现象表层;"职能说"反映了管理者的一般职能,从一个方面深化了对管理的认识;"行为说"将关注重点由传统的生产、组织、技术领域转向对人的需求、人的价值、人的行为领域,瞄准管理中人这一核心要素。但管理不仅限于对人的行为的控制,"决策说"、"领导说"、"文化说"以及"思想说"则从管理者的决策思想、领导艺术和文化观念去探讨管理的本质,具有很强的理论价值,但在实际应用中过于抽象,其实用价值有待发掘。

在中国,现代管理体系主要来自于西方,因此对管理概念的解析也是在西方学者研究基础上结合中国的管理实际进行的拓展与延伸。

芮明杰在其《管理学——现代的观点》一书中,在总结西方学者研究的基础上指出:"管理是对组织的资源进行有效整合以达成组织既定目标与责任的动态创造性活动"。芮明杰认为,计划、组织、指挥、协调和控制等行为活动是有效整合资源所必需的活动,故而它们可以归入管理的范畴之内,但它们又仅仅是帮助有效整合资源的部分手段或方式,因而它们本身并不等于管理,管理的核心在于对现实资源的有效整合。

管理学者周三多等人认为,"管理是社会组织中,为了实现预期的目的,以人为中心进行的协调活动"。并指出这一表述包含了五个观点:① 管理的目的是为了实现预期目标;② 管理的本质是协调,协调就是使个人的努力与集体的预期目标相一致;③ 协调必定产生在社会组织之中;④ 协调的中心是人;⑤ 协调的方法是多样的,既需要定性的理论和经验,也需要定量的专门技术。

徐国华等在其编著的《管理学》教材中将管理定义为:"通过计划、组织、控制、激励和领导等环节来协调人力、物力和财力资源,以期更好地达成组织目标的过程"。并指出这一定义有三层含义:第一层含义说明,管理措施(或职能)有五种,分别是计划、组织、控制、激励和领导;第二层含义是第一层含义的目的,即通过采取上述措施来协调人力、物力和财力资源;第三层含义又是第二层含义的目的,即通过协调人力、物力和财力资源来更好地达成组织目标。以上三个层次环环相扣,构成一个有机整体。

总体上看,虽然我国学者对管理的定义解读各不相同、各有侧重,但是基本上都是在借鉴前述西方学者观点的基础上进行整合和归纳而成的。

1.1.2　不同管理理论学派对管理定义的描述

近百年来,随着管理实践和管理研究的不断深入与拓展,管理理论呈现出流派纷呈的繁荣景象,作为管理研究的首要问题,各种管理理论都立足于其自身的研究视角,分别对管理的定义进行了归纳描述。了解不同的管理理论学派对管理的定义,有助于从中发现差异与共性,从而更加全面地理解各学派的管理研究重点和各学派管理理论立足点的区别与联系。

1.1.2.1　科学管理理论

科学管理之父泰勒就给管理下过这样的定义:管理就是"确切地知道你要别人去干什么,并使他用最好的方法去干"。在泰勒的眼里,管理就是指挥他人能用其最好的工作方法去工作,所以他在其名著《科学管理原理》中就讨论和研究两个重要的命题:第一,员工如何能寻找和掌握最好的工作方法以提高效率;第二,管理者如何激励员工努力地工作以获得最大的工作业绩。以泰勒为代表的科学管理理论对管理的理解强调了管理的目的性和科学性。

1.1.2.2　程序管理理论

程序管理理论的代表人物法约尔对管理的定义作了专门研究,他指出管理是所有的人类组织(不论是家庭、企业、学校、教会、政府等)都有的一种活动,他区分了经营与管理这两个容易混淆的概念,指出管理是经营活动中的一种活动,它包括计划、组织、指挥、协调和控制等五个要素。其中,计划包括预测未来和拟定一个行动计划;组织包括建立一个从事活动的双重机构(人的机构和物的机构);指挥包括维持组织中人员的活动;协调就是把所有的活动和工作结合起来,使之统一并和谐;控制则注意使所有的事情都按照已定的计划和指挥来完成。法约尔的这一看法使人相信,当你在从事计划、组织、指挥、协调和控制工作时,你便是在进行管理。管理等同于计划、组织、指挥、协调和控制。法约尔作为一位毕生从事企业管理的管理者,在其几十年的管理工作经历中悟出的管理要义,应该颇有实践的支撑。因此,他的看法也就颇受后人的推崇与肯定。

1.1.2.3　行为科学理论

行为科学理论把管理看成是从人的本性和心理需求出发,通过对人的需求与动机的分析,通过有效地构建人群关系、满足人的各种需要、协调人际关系,从而激发人的积极性和创造性,以达成管理目标的过程。其代表人物主要有埃尔顿·梅奥、道格拉斯·M.麦格雷戈等人。

1.1.2.4　管理过程理论

这一理论继承和发展了法约尔的观点,认为管理是指"通过别人使事情做成的各项职能","管理是对人力、原料、机器、方法、资金和市场这些基本要素的作用进行计划、组织和控制的活动"。强调了管理是各项管理职能发挥作用的过程。

帕梅拉·S.路易斯、斯蒂芬·H.古德曼和帕特丽夏·M.范特对管理下的定义就属于这一体系。他们指出:"管理被定义为切实有效支配和协调资源,并努力达到组织目标的过程"。这一定义立足于组织资源,认为原材料、人员、资本、土地、设备、顾客和信息等都属于组织资源。

1.1.2.5　决策理论

这一学派把决策看做是管理的中心,认为决策贯穿了管理的全过程。这一学派以诺贝尔经济学奖获得者赫伯特·西蒙为代表。西蒙认为管理即制定决策。在西蒙看来,管理者所做的一切工作归根结底是在面对现实与未来、面对环境与员工时不断地作出各种决策,使组织的一切都可以不断运行下去,直到获取满意的结果,实现令人满意的目标要求。这一定义突出了决策在管理中的主导地位,并强调决策贯穿于管理全过程,表明了决策与管理的内在联系。

1.1.2.6　系统管理理论

系统管理理论学派把管理组织看成是一个开放系统,把系统分析应用于管理,因而认为管理就是系统设计、系统控制和系统检查与评价的过程。

1.1.2.7　管理科学理论

管理科学理论重视管理中的定量分析。认为管理就是制定和运用数学模型与程序的系统,就是用数学符号和公式来表示计划、组织、控制、决策等合乎逻辑的程序,求出最优解答,以达到企业目标的过程。

1.1.2.8　经验主义理论

经验主义理论认为管理是指对人进行管理的技巧,是一个特殊的独立活动和知识领域。但对这个特殊范围的界定却有很大分歧。其代表人物彼得森和普洛曼认为,管理是一个特定的人群团体,用以确定、阐明和实现其目的和目标的技能。这个特定的人群团体包括政府、军队和工商企业。德鲁克认为管理是同生产商品和提供各种经济服务的工商企业有关。管理的技巧、能力、经验不能移植并应用到其他机构中去。

为什么众多的研究者和研究学派对管理的定义如此地众说纷纭、莫衷一是呢?究其原因主要有以下几个方面:

(1) 这是由于管理的依附性和普遍性所造成的。因为管理依附和渗透在社会生产和生活的各个领域,因此从不同角度、不同的领域来理解管理,就对管理产生了不同的认识。

(2) 这是管理的复杂性所造成的。因为管理具有多种职能,涉及从经济基础到上层建筑,从物质生活到精神生活的各个层次和各种关系,具有各种不同的表现形态。因而,从某一职能出发或某一表现形态出发,都可以对管理概念作出不同的解释。

(3) 由于管理者和管理学者们从事管理实践或研究的角度不同、广度不同、深度不同,因而对管理是什么的看法也就纷繁复杂、极不统一。管理的概念、定义是人们对管理的认识,属于主观的东西,这种主观的认识必然与人们对管理实践和研究的角度、领域、深度、广度有密切关系。

1.1.3　管理的定义

为了科学、全面、准确地概括管理的内涵和特征,必须从分析管理活动的构成要素及其关系出发,从管理哲学高度来理解管理,从而提炼、概括、抽象出具有一般性、普遍性、通用性的管理概念。

管理活动的基本要素主要包括以下几个方面:

(1) 管理主体:由谁来管?

(2) 管理客体即管理对象:管理什么?

(3) 管理目标:为什么而管?

(4) 管理职能和方法:怎么管?

(5) 管理环境:影响管理的内外部因素和条件。

根据上述管理活动的基本要素,我们将管理的定义概括为:管理就是组织中的人们,在不断变化的环境中,运用科学的职能和方法,有效利用组织的各种资源,实现组织成员和组织整体目标的活动过程。

对于这一概念,我们可以从以下几个主要方面来解析:

(1) 管理的载体是"组织"。管理是组织劳动的产物,凡是有组织存在的地方就有管理,就需要管理。管理总是存在于一定的组织之中。正因为我们这个现实世界中普遍存在着组织,管理才有存在的必要。两个或两个以上的人组成的,为实现一定目标而进行协作活动的集体就是组织,有效的协作需要有组织,需要在组织中实施管理。社会组织越发达,管理就越复杂、越重要。

(2) 管理的主体是组织中的人们,包括管理者和被管理者。

(3) 管理的客体是组织中的各种资源,包括人、财、物、无形资产、时间、信息、知识、环境等。

(4) 管理的职能包括计划、组织、指挥、协调和控制,也可以简化为计划、组织、领导、控制。

(5) 管理的方法有经济方法、行政方法、法律方法、教育方法、定性与定量方法等。

(6) "有效"利用组织的各种资源,其含义包括效率和效果两个方面。效率(efficiency),是指输入与输出的关系。对于给定的输入(人力、财力、物质、信息等各种资源),如果你能获得更多的输出(目标),你就提高了效率;类似地,对于较少的输入,你能够获得同样的输出,你同样也提高了效率。因为管理者经营的输入资源是稀缺的(资金、人员、设备、信息等),所以他们必须关心这些资源的有效利用。因此,效率就是要使资源成本最小化,即"正确地做事"。效果(effectiveness),直白地说,就是"做正确的事",是以结果、目标为导向的。仅仅有效率是不够的,管理还必须使活动实现预定的目标,当管理者实现了组织的目标,就说他们是有效果的。因此,效率涉及的是活动的方式,而效果涉及的是活动的结果。

(7) 管理的目标包括组织成员和组织整体的目标两个层面。管理本身不是目的,而是实现目的的手段。

(8) 管理环境是不断变化并具有不确定性。管理者需要认识、适应、利用、改造和创造环境。

(9) 管理是人的主观行为。主观要符合客观实际,管理必须是科学的。

以上对管理概念的解析如图 1-1 所示。

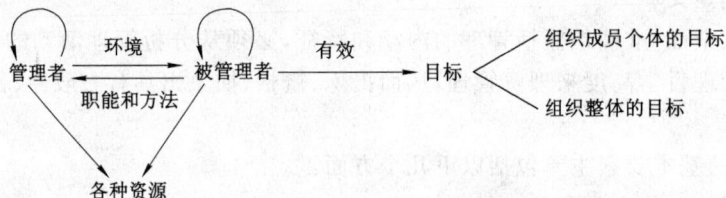

图 1-1　对管理概念的解析

1.2　管理的基本特征

1.2.1　管理的二重性

管理的二重性是指管理所具有的自然属性和社会属性。

　　管理的自然属性是指管理由于许多人进行协作劳动而产生的具有处理人与自然的关系、合理组织生产力的属性。所以也可以把它称为管理的生产力属性。管理是有效组织共同劳动所必需的,因此具有同生产力、社会化大生产相联系的自然属性。管理的自然属性通过"指挥劳动"体现出来,不因社会制度和社会文化不同而变化,主要受生产力发展水平的制约,反映生产力发展对管理的一般要求。通过管理,对劳动过程进行计划、组织、指挥、协调和控制,使劳动的各个环节协调进行,配合一致。如根据生产经营需要适当配备人员,有计划地对员工进行培训等。可见,管理是人类共同创造财富的活动,只要不是劳动者孤立劳动的地方,都必然会产生管理活动,而且共同劳动的规模越大,活动的社会化程度越高,管理就显得越重要。管理的自然属性又称为组织技术性,其表现为合理组织生产力的一般职能。

　　管理的社会属性是指管理具有处理人与人之间的关系,并受一定的生产关系、政治制度、意识形态影响与制约的属性。所以也可以把它称为管理的生产关系属性。管理是在一定的生产关系下进行的,必然体现出生产资料占有者指挥劳动、监督劳动的意志,因此它具有同生产关系、社会制度相联系的社会属性。管理的社会属性通过"监督劳动"体现出来。在不同的社会中,管理必然要遵循统治阶级的意志,为实现他们的预期目的,为巩固与发展一定的生产关系服务。

　　这两方面的属性就是管理的二重性:一是为节约劳动而如何管理的问题,是技术方法问题;二是为了服务所有者而如何管理的问题,是为谁管理的问题,是阶级利益问题。

　　认识管理的二重性,一方面,有利于我们全面认识管理的内容和作用,即明确管理既要合理组织生产力,又要适时调整生产关系,避免片面性;另一方面,有利于我们正确对待和自觉运用西方发达国家的管理理论和实践经验,特别是它们管理企业的经验和方法。

1.2.2　管理的科学性和艺术性

　　管理既是一门科学,又是一门艺术,是科学与艺术的有机结合体。

　　管理的科学性是管理作为一种活动过程,其间存在着一系列基本规律。管理科学发展到今天,已经形成了一套系统完整的理论体系,总结出了许多管理原理、原则与方法。人们利用这些理论和方法来指导管理实践,又以管理活动的结果来衡量管理过程所使用的理论和方法是否正确、是否行之有效,从而使管理的科学理论与方法在实践中得到不断的验证和丰富。因此,管理是一门科学,它以反映管理客观规律的管理理论和方法为指导,有一套分析问题、解决问题的方法论。

　　管理的艺术性是强调其实践性,没有实践则无所谓艺术。管理的艺术性,就是强调管理活动除了要掌握一定的管理理论和方法外,还要有灵活运用这些知识和技能的技巧和诀窍。管理者在管理工作中仅凭书本上的管理理论和方法是不能保证其成功的,必须在管理实践中发挥积极性、主动性和创造性,因地制宜地将管理知识与具体管理活动相结合,才能进行有效的管理。管理的艺术性强调管理活动的灵活性与创造性,要求管理者在管理工作中不循规蹈矩、生搬硬套,而是随着环境的变化采用灵活应变的措施。

　　由此可见,管理的科学性是指可以通过科学的方法探索管理活动的客观规律,形成可供传授的、用于指导管理实践的管理理论、方法、知识体系;管理的艺术性是强调其实践性,说明仅靠管理理论和知识不能保证管理活动的成功,还必须依靠在实践中获得的运用知识的能力和技巧。

　　管理的科学性和艺术性是管理表现出的两个不同的、不可分割的特性,我们既不能把管理单纯视为一门科学,也不能把它单纯视为一门艺术,而要将其视为科学性与艺术性的统一体。管理的科学性与艺术性是相互关联、互为补充的,二者是相辅相成的关系。

认识管理的科学性与艺术性这一特性,对于学习管理学和从事管理工作的管理者来说,可以促使其既注重管理基本理论的学习,又重视在管理实践中因地制宜地灵活运用管理理论,不断总结和创造适合自己的管理技能和管理诀窍。

1.2.3 管理的普遍性

管理产生于人类的共同劳动、共同工作、共同生活,凡是有人群的地方就有管理,就需要管理。管理存在于人们生产、生活的一切领域。

(1)从空间来说,管理贯穿在一切社会活动中,存在于社会活动的一切方面和一切领域。凡是有人类社会活动的地方,就有管理活动的存在。与其他社会活动相比,管理活动具有最大的普遍性。

(2)从时间来说,管理与人类社会共始终。自从有了人类就有了管理,每一具体的社会活动,它的全过程也都伴随着管理活动的进行。

因此,在人类社会中,管理活动是无处不在、无时不在的一种社会活动,它在人类社会活动总体中横贯各个层次,涵盖一切领域,具有普遍性。

管理是一个广泛的、普遍的社会实践概念。许多人一般都是把管理看成是一个经济概念,但是,管理作为人类社会协调的枢纽、兴衰的关键,它不仅是一个经济概念,而且同整个社会形态的各个领域、各个层次都是分不开的。

(1)就广度而言,社会生产力、社会经济关系、社会政治制度和活动、文化思想观念以至自然的资源条件等各个方面都需要管理,都有管理问题。

(2)就深度而言,管理系统的领导层、中间层、基础层各个层次都需要管理,都有管理问题。无论是一个国家、一个地区还是一个部门、一个单位都是如此。

1.2.4 管理的依附性

管理和管理活动不能独立存在,它只能与它的管理对象一起存在。管理依附于它的管理对象,即依附于社会活动、政治活动、经济活动和科技活动。由于这些活动由许多人共同完成,需要对其进行计划、组织、指挥、协调和控制,因此才产生了管理活动。所以,管理随着社会、政治、经济、科技活动的产生而产生,随着其发展而发展,随着其变化而变化。

管理活动之所以在人类社会生活中无处不在、无时不有,一方面是因为人类的任何集体活动都必须有管理,以协调人们之间的关系,社会活动才得以顺利地、有秩序地进行;另一方面也是因为任何管理活动都必须依附于人们一定的社会活动之中,它的全部实际内容和具体形式离开了其他的社会活动就不能单独存在,管理总是对某种社会活动的管理。

管理活动的依附性表现在:① 管理的目标必须依托于具体的社会活动才能实现;② 管理过程总是伴随着其他社会活动的进行而展开;③ 管理的结果则总是融合在其他社会活动的成果之中。

总之,管理活动必须以其他某一具体社会活动作为自己的"载体"。人类一切有组织的活动,都必然伴随着管理活动。同时,人类的一切管理活动又必然贯穿、渗透并体现于其他的社会活动之中,通过其他的社会活动来达到管理的目标,实现管理的职能。

1.2.5 管理的协调性

管理的协调性,指的是调节和改造各种管理对象之间的关系,使它们能相互适应,按事物自身固有的规律性,在整体上处于最佳的功能状态。

管理活动与其他社会活动不同。从活动的对象来看,一般社会活动总以某个特定的具体事物作为自己的对象,如生产活动以自然为对象,政治活动以社会为对象,思想教育活动以人们的思想意识为对象,而管理活动是以人类的各种社会活动为对象,是对这些活动之间的关系以及这些活动内部的各种要素之间的关系进行协调的活动;从活动的任务来看,一般社会活动都有自己的特定具体任务,或为了改变物质的存在形式,直接取得一定的物质产品,或为了发现事物的本质及其规律,直接得到一定的精神产品。而管理活动的主要任务是协调人们之间的关系和利益,协调人们活动的状态和过程,使各种社会活动的要素建立某种有序的优化结构。管理者一般不直接从事创造物质产品和精神产品的活动,他们主要是通过协调各种活动的内部和外部的关系,特别是人们之间的关系,使各种要素、各种环节在共同目标的指引下,消除彼此在方法上、时间上、力量上或利益上存在的分歧和冲突,统一步调,使各种组织活动实现和谐运转,结合成一个有机的整体。

1.2.6　管理的组织性

管理的组织性,一方面指的是管理活动总是通过一定的组织进行的,这种组织是由进行管理活动的人所组成的一个有序结构。组织既是管理的主体(因为任何管理都是由一定的组织机构去进行的),同时,组织又是管理的对象(因为任何管理都是对一定组织的管理)。另一方面,管理的组织性指的是管理活动本身就是一种组织活动,这种组织活动将分散的资源,如人力、物力、资金等组合起来,形成一个物质和社会双重结构的过程。这种组织过程既把各种离散的、无序的事物结合成一个相互联系、相互制约的管理组织系统,这是管理活动得以进行的物质和社会实体;同时又能不断地根据变化着的外部和内部情况,对管理活动的各种要素之间的关系进行调整,以寻求相适应的最佳物质和社会的匹配关系,使系统朝着管理的目标运动。前者指的是静态的组织性,它表现为一种有序的组织形式;后者指的是动态的组织性,它表现为一种能动的组织职能。管理的组织性是管理最基本的特征,是其他特征的内在根据和机制。

上述管理活动的特性是管理活动内在本质的外部表现,而它的深刻本质却蕴含在管理活动的组织结构之中,管理活动是由管理实践、管理认识和管理评价三种基本活动所组成的一个有机活动系统,这三种基本活动相互联系、相互依存、相互转化,形成了管理活动的全部内容和过程。

1.3　管理的对象及范畴

管理应该管什么?关于管理的对象具有两个方面的特征,一方面,它是不依赖于管理主体的意志而客观存在的,具有客观性;另一方面,它又不是自然地、现成地成为管理客体的,而是需要经过有思考、有需要的管理主体的发现与选择。具有经济价值和社会价值的那些资源、环境和条件才会成为管理的对象。管理对象是具有价值性的。

长期以来,人们把管理的对象一直局限在人、财、物三大方面。对人的管理主要是指组织内部对人力资源的管理,它包括人员的供求分析、招聘、考核、配备,工作内容设计、工作评价,人才选择机制的建立,人才培养与教育,激发人的积极性、主动性和创造性等;对财的管理表现为对组织内部各种价值形态的管理,如财务管理、成本管理、资金使用效果分析等;对物的管理主要是指对组织所拥有的有形实物的管理,包括对所投入的生产资料的管理,对产成品、半成品的管理,对机器、设备、工具器具、材料、能源及建筑物等的管理。

随着社会、经济、科技环境条件的变化与发展,人们对管理对象的认识也在不断深化,主要体现在对管理对象的认知范围的不断拓展和对管理对象中的各个因素的地位、作用的认识不断变化上。管理对象的变化性、动态性、开放性日益为人们所认知并认同。

1.3.1 管理对象的拓展

随着管理研究与实践的发展,我们已经认识到管理的对象已经不仅仅局限于传统的人、财、物三大对象,还包括时间、信息、无形资产、知识和环境等诸多客体。

(1)时间。商品的价值是由社会必要劳动时间决定的,世间一切节约归根到底都是时间的节约。时间就是生命,时间就是财富,通过提高效率来提高经济效益的实质就是节约劳动时间。时间是企业的最重要的稀缺资源。长期以来,在我国的企业与非营利性组织中时间观念淡薄,不重视时间管理成为效率低下的一个重要原因。日本丰田公司的"JIT 管理法",东芝电器公司"工人在车间因工作走动每一步不得大于 0.75 秒"的规章制度,松下公司1946 年开始规定职工迟到一次扣全月工资等做法,都体现了对时间效率的管理与重视,并且都因此取得了骄人的收益,这使得中国企业在管理上加强时间管理变得更加重要且必要。

(2)信息。信息革命正在并将继续带来管理的巨大变革。信息对企业发展壮大、生死存亡日益重要。谁拥有全面、准确、及时的信息,谁就可能在激烈的市场竞争中胜出;谁能在信息方面领先一步,谁就可能步步领先。信息是企业生产经营活动的先导,是联系市场的媒介,是企业科学决策的依据,是企业搞好经营的手段,也是企业提高效益的保证。信息已经无可置疑地成为企业最重要的资源之一,也成为管理者不容忽视的管理对象。因此,管理者树立信息观念,建立信息网络,拓宽信息渠道,重视信息的收集、储存、价值判断与反馈,已经成为企业生存和发展中的一个关键性要素。加强对信息的管理,设立信息主管,注意信息技术的发展也成为目前备受管理者关注的重要工作。

(3)无形资产。随着现代化的发展、新科技的不断诞生,企业已由过去主要依赖固定资产逐渐迈入依赖无形资产的时代。无形资产迅速发展,靠无形资产竞争并获取长期利润的格局日益凸现,无形资产在企业价值创造中的地位越来越重要。因此,无形资产成为管理对象中一个新的要素。对无形资产进行有效的管理也成为企业管理者不容忽视的一项重要工作。

无形资产分为可辨认无形资产和不可辨认无形资产,主要包括专利权、非专利技术、商标权、著作权、土地使用权、特许权、商誉等。无形资产的管理包括无形资产的确定、无形资产的培育、无形资产的评估、无形资产的营运和无形资产的保护等工作。

(4)知识。在工业社会,主要的资源是资本;在信息社会,主要资源是知识。信息社会是智能化、知识化的社会,是知识量、信息量急剧增长的社会,知识生产力已经成为社会经济发展的关键性因素。技术的内涵和实质是知识,知识将成为企业获取效益的主要手段。彼得·德鲁克早在 1965 年就预言:知识将取代土地、劳动、资本与机器设备,成为最重要的生产因素。因此,知识也成为管理者不应忽视的一个重要的管理对象。

20 世纪 90 年代信息化的蓬勃发展,知识管理的观念借助于电脑网络、资料库以及应用电脑软体系统等工具,成为企业累积知识财富、创造更多竞争力的新世纪利器。所谓知识管理,就是在组织中构建一个量化与质化的知识系统,让组织中的信息与知识,透过获得、创造、分享、整合、记录、存取、更新、创新等过程,不断地回馈到知识系统内,形成永不间断的个人与组织的知识累积,成为组织智慧的循环。知识在企业组织中成为管理与应用的智慧资本,有助于企业作出正确的决策以适应市场的变化。

每一现代企业都必须高度重视知识资源的开发和有效运用。电脑技术与现代通讯技术相结合,形成了超越企业与国家疆界的全球信息网络,为信息资源共享提供了条件,人们可以迅速、及时地从中获得所需信息和知识。所以,每一个现代企业,都应善于运用信息网络,把握世界范围内的新知识、新信息、新动向,充分利用全人类所创造的知识宝库和精神财富,加快自身的发展。

知识管理是一种漫长的经营策略,可以为企业创造新竞争价值、增加企业利润、降低企业成本、提高企业效率,并建立促进知识形成、整合、运用、创新的新型企业文化。

需要指出的是:知识不等于信息,信息只是知识的一部分。根据 1996 年世界经济合作与发展组织的报告,知识包括四大类:①"知道是什么"的事实知识;②"知道为什么"的原理知识;③"知道怎样做"的技能知识;④"知道是谁"的人际知识。见图 1-2。

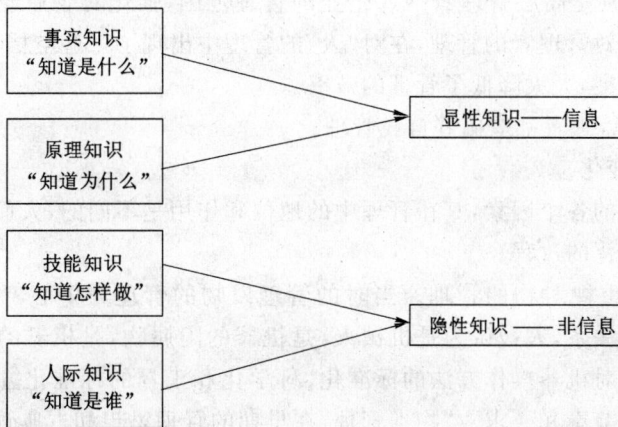

图 1-2　知识的类型及其与信息的关系

知识的概念比信息的概念要广泛得多。信息仅限于"知道是什么"、"知道为什么",即是记录于一定物质载体上的知识,称之为"显性知识"。而"知道怎样做"、"知道是谁",是存储于人的大脑的经历、经验、技巧、诀窍、体会、感悟等尚未公开的秘密知识,或者只可意会而难于表达的知识,称之为"隐性知识"。这些隐性知识不属于信息的范畴。

信息分为正确信息和虚假信息、有用信息和无用信息。而知识是正确的、有用的信息。知识是人们用于提高劳动生产率的信息,因此,没用的信息不是知识。知识是企业最重要的战略资源,知识创新能力是企业可持续发展的核心竞争力。

21 世纪的人类社会已经进入一个以知识为主导的时代,知识正在逐渐取代传统的生产要素(劳力、资本和土地)而成为企业最重要的核心资源。只有知识才是企业维护竞争优势的一切来源。而知识管理正逐渐成为现代企业管理的核心内容。

(5)环境。长期以来,管理一直局限于企业、组织内部。随着世界经济全球化的发展与深化、贸易的自由化、金融的一体化等变动趋势使得世界经济牵一发而动全局。科技的日新月异、文化的多元化、消费的个性化……在给企业带来无限商机的同时,也使得企业不得不面对风险和不确定性因素越来越多的内外环境。

企业的生存与环境的关系越来越密切。因此,企业必须加强对环境的管理,必须把环境作为企业的资源进行有效的管理。环境包括自然、生态、物资、技术、经济、政治、文化环境等。就范围而言,环境包括单位环境,地区、部门、行业环境,国家环境,国际环境等。因此,认识环境,预测环境,适应环境,利用环境,改造环境,创造有利于企业发展的环境,已成为管理研究的重要对象且日益重要。

1.3.2 管理对象中"人"的因素扩展

管理对象中的"人"的重要性日益彰显。长期以来,企业对"人"的管理一直局限在企业内部,而对与企业生产经营活动密切相关的企业"外部"的人没有纳入管理范围。管理客体中的"人"一直局限在"被管理者"而没有把管理者纳入被管理的范围。为了促进管理的有效性,管理研究中对管理客体中"人"的因素进行了拓展,主要体现为:

（1）把与经营活动密切相关的企业外部人,如出资者、供应商、金融中介、销售中介、用户、顾客、社区、上级主管部门纳入企业的管理范围。

（2）把管理者特别是高层管理者纳入企业的管理范围,强化对企业经营者的管理。长期以来,忽视、弱化了对管理者的管理,在对"人"的管理中出现了一些空档,加剧了管理者与被管理者的矛盾和冲突,大大降低了管理的效率。

（3）管理者和被管理者都应搞好自我管理。

1.3.3 管理重心的变化

对于管理对象中的各个因素,其在管理中的地位和作用是不同的,人们对此的认知经历了一个不断深入和变化的过程。

20世纪初,人们重视对物的管理。当时的管理以物的管理为中心,称为"物本管理"。管理处理的是人—机关系,人被认为是机械人,是机器的附属物,是机器的扩展。对人的研究主要集中在研究人对机器操作方法的标准化、科学化和工具的标准化方面,使人的动作、节奏符合机器的运转节奏和要求。"物本管理"在早期的管理思想和古典管理理论阶段成为主流。

20世纪30年代霍桑试验以后,人们开始重新认识作为管理对象之一的"人",开始重视对人的管理,提出以人为中心的管理,称为"人本管理"。由此行为科学形成并得到长足发展,各种激励理论、领导理论等的研究也日趋繁荣。

随着知识经济的悄然来临,知识成为最重要的生产要素。随着知识量、信息量急剧增长,企业的经营发展和持续的价值创造对知识的依赖性越来越强。企业所拥有的获取、激发、转化、运用和创新知识的能力,成为企业竞争优势形成的关键和基础。而具有活力的知识的真正载体就是"知识型员工",这就使得对"人"的管理重点也随之开始并将继续发生变化。

在工业经济时代,由于劳动者的性质主要是体力劳动者,对人的管理重点是调动人努力劳动,出满勤,干满点。随着现代高科技的发展,知识密集型企业劳动力的性质发生了变化,人的劳动由用体力转向更多的使用脑力(智力),对人的管理重点由对人的工作积极性调动和劳动规范的管理转向激发和调动人在劳动中的创造性、开发人的智力资源。于是,对人的管理由"能本管理"转向了"智能开发",管理的重心也由"人本管理"转向了"知本管理"。

1.4　管理学与经济学

1.4.1　管理学与经济学的关系

经济学是管理学的理论基础之一。经济学不仅与数学、行为学等一起共同构成管理学的理论基础,而且经济学还为管理学提供分析方法。这种分析方法要求对特定活动的费用(或成本)与效益(或效果)进行比较,旨在优化行为,以最低限度的支出获得最大限度的收入。这就是通常所说的"经济原则"。该原则与相应的分析方法,其使用范围远远超出了经济活动,几乎扩及人类的一切非经济活动,包括管理活动在内。管理学中的价值工程就是上述经济分析方法的一种发展和具体化。价值工程通过对决策过程和实施方案的管理,对产品或服务进行功能分析,用最小总成本可靠地实现必要的功能,以提高产品或服务的价值。

经济学与管理学的关系不是单向的,而是双方的。可以说是一种彼此促进的互动关系。经济学和管理学的发展都与资本主义制度尤其是工厂制度的出现有关。尽管经济学的历史比管理学的历史要长些,从亚当·斯密的《国富论》于 1776 年出版算起,经济学已有 200 多年的历史。但是管理学的历史从泰勒的《科学管理》1916 年发表算起也有了近百年的历史。管理学对于经济学的实用化有着巨大的作用,经济学只有通过管理才能转化为生产力。应用经济学就是在管理学的参与和帮助下迅速发展起来的。宏观经济学、微观经济学的应用研究导致国民经济管理学、企业管理学的产生;而国民经济管理学、企业管理学的发展反过来又促进了宏观经济学、微观经济学的应用研究进一步深入。宏观经济学中的需求管理和供给管理,以及微观经济学中的价格管理和市场管理,都是经济学向管理学延伸所研究的问题。

1.4.2　管理学与经济学的比较

1.4.2.1　经济学与管理学研究对象的比较

管理学与经济学是有着密切关系的两门学科。从理论上明确经济学和管理学研究对象的区别,无疑有助于这两门对我国经济改革与发展具有重要意义的学科的相互借鉴和各自完善,有助于中国管理学的构建。

管理学与经济学都是研究人类活动的。作为理论科学的基础,对于人性的假设就是一个十分基础性的问题。在许多关于管理学与经济学关系的文献中都会讨论到这一问题。例如,孙继伟提出了一个很有价值的问题:管理学和经济学的根本区别在于对人性假设和人们相互关系认识的不同,经济学中近似于"坏人假设",人们之间为等同关系;管理学中近似于"好人假设",人们之间为差序关系。这导致了两门学科的一系列差异。

但是,把人性假设和人们相互关系认识的不同作为两大学科的根本区别,目前来看并不充分。首先,所谓独立学科之间的根本区别一般应该表现为学科研究对象和问题的不同,对人性假设和人们相互关系认识的不同只是经济学与管理学研究方法的前提差异,同一研究对象、不同的前提假设和研究方法只会导致同一学科的不同学派或分支的产生,而不应是不同的独立学科。其次,不仅经济学和管理学学科之间对人性的假设不同,而且无论是经济学还是管理学,每门学科内部对人性的假设也是不统一的,从而形成了每门学科的不同流派或学派。对于经济学而言,虽然理性人假设作为主流经济学的人性假设,得到绝大多数经济学家的认同,但理性人假设不断得到一些经济学家的质疑。凡勃伦、西蒙、凯恩斯、哈耶克等经济学大师都曾对理性人假设进行否定;科斯则极力主张放弃人是理性的效用极大化这个观点,以实际的制度为出发点,恢复实际的人的显著特点;莱宾斯坦则认为人具有双重性,完全理性的经济人是一种极端的和个别的情况,提出了"X效率理论"。与经济学相比,管理学的人性假设分歧更大,存在经济人、社会人、自我实现人、复杂人和文化人等诸多假设,演化出众多方法、理论和学派,很难用一个近似的"好人假设"来概括。因此,以人性假设差异是无法区分经济学和管理学的。

就人们相互关系认识而言,经济学隐含的人们之间的等同关系与管理学隐含的人们之间的差序关系的差异的确存在,但这种差异却隐含着一个更为基本的前提,作为经济学研究领域中的人是独立的、不依附任何组织的行为主体(市场交易主体),而管理学研究领域中的人一定是某个层级组织内、依附组织而存在的行为主体。由此可以引申出经济学和管理学围绕组织是有研究"分工"的,它们围绕企业组织的研究领域的分工所形成的研究对象的差异是两门学科的根本区别所在。

按照新古典经济学的通用而简洁的定义,经济学是研究将稀缺的资源分于不同用途的学科。即在给定生产力和资源稀缺的条件下,研究各种产品的相对比例如何在市场上决定。由于资源的稀缺性,每一经济主体必须解决生产什么、如何生产、为谁生产三个基本的资源配置问题。这正是经济学面临的问题和任务。管理学虽然至今仍不存在统一的定义,但一般认为是研究管理活动、过程及其基本规律和一般方法,解决管理问题、指导管理实践的学科。而所谓管理,则是指在一定组织中通过计划、组织、控制、指挥、协调等职能充分调动利用各种资源、协调组织成员的行为,从而以尽量少的投入实现组织目标的活动或过程。从直观的定义看,二者各不相同,似乎没有区分的必要,但当两门学科都把研究集中于企业——当今社会最重要、最普遍的经济组织时,区分的问题也就产生了。

经济学认为,企业作为经济活动的主要的行为主体,其交易行为决定了市场和价格机制产生和运行,而生产什么、如何生产、为谁生产三个基本的资源配置问题的有效解决有赖于市场和价格机制的有效运行。针对三个基本经济问题,价格或价值理论、厂商理论、分配理论及一般均衡理论形成了主流微观经济学的主要研究内容。其中,价格理论是微观经济学的核心,它从均衡价格理论出发,并加以引申扩展,分别研究个别市场或个别商品的需求及供给问题;厂商理论是价格理论的延伸和发展,分析一家厂商在不同的竞争条件下的产量和价格是如何决定的;分配理论研究各种生产要素在各种竞争性用途中的分配,总产量在工业部门、产品和厂商中的划分;在单个市场分析的基础上,一般均衡理论分析所有市场、市场参与者共同作用下所有市场如何同时达到均衡,证明在完全竞争市场及其他一些假设条件下,存在稳定的均衡价格体系使所有市场达到供求均衡,并满足帕累托最优。

主流微观经济学的内容,可以用被认为经济学领域中得到最好发展和最具审美合意性的模型——阿罗和德布罗的竞争—均衡范式来概括:从可供选用的物品的非常精确的定义开始,假定消费者完全了解物品的所有特性,对物品组合有一个偏好次序,生产者(厂商)服务于消费者,赋有生产可能性集合。然后再加上市场组织范式,所有行为主体都是价格接受者,消费者在支出不超过其收入的条件下,使福利达到最大,从而产生了需求函数。生产者在技术可行的范围内使利润达到最大,这就产生了供给函数。竞争均衡是需求函数和供给函数决定的一组价格,使所有的市场都出清。

以上分析表明,企业作为经济学的研究对象,在主流经济学中只被作为一个"黑箱"组织,经济学感兴趣的是其追求利润最大化的行为导致市场均衡的作用和过程。只要企业是一追求利润最大化的投入产出组织,至于其内部组织构造怎样、如何有效地进行生产经营、管理运行机制如何,对于经济学而言无关紧要,这并不属于经济学的研究范围。而这些问题恰恰正是企业管理学所要解决的。

　　管理学自泰勒开拓性的贡献以来,至今已形成包括管理原理、生产管理学、经营决策、营销管理、财务管理、人力资源管理、信息管理、战略管理等众多分支学科以及管理科学学派、系统学派、人际行为学派、权变学派等诸多理论流派在内的庞大的知识体系。虽然企业管理学并不具有微观经济学那样的可以用公理化形式表示的理论体系,但企业管理学的知识体系是围绕企业组织生存和发展这一企业管理目标而建立的。也就是说,企业管理学研究的问题是具体一个企业组织生存和发展中面临的各种管理问题,其研究内容涉及解决这些问题的思想、理论、具体方法、手段等。

　　管理学同样追求效率,但不是社会范围内的资源配置效率,而是研究如何有效配置企业的资源,改进企业的经营管理效率,服务于企业组织目标。分析至此,我们可以这样认为,经济学和管理学在企业问题研究上达成了一种默契的"研究分工契约":经济学站在整个社会经济角度上,研究企业的性质、企业行为对市场价格机制的影响以及对经济稀缺资源配置的作用;管理学则站在具体一个企业的角度上,研究如何有效组织、运营、管理一个具体的企业,使企业适应社会经济外部环境而不断发展,实现企业组织的目标。

　　借用系统论的语言可能更能说明这种研究分工。经济学关于企业问题的研究,是把企业作为整个经济系统的构成要素,研究企业这个经济系统要素是如何影响经济系统运行机制的构成和运行效率、经济系统的整体功能的,因而没有必要过多关注作为系统要素的企业的内部构造及运行问题;对于管理学而言,正如系统管理学派所认为的,企业是一个独立的开放的社会技术系统,整个社会经济是企业系统的环境,管理学研究的是企业系统的内部构成、要素配置、运行机制,以及如何适应系统的外部环境,实现系统的功能,达到企业系统的目标。

　　由此可见,管理学与经济学都把企业组织当成重要的研究对象,但经济学把企业看成一个质点,而管理学则深入到研究对象的内部,解剖企业的结构。值得注意的是,现代经济学和管理学的一些发展似乎在尝试着突破这种隐含的"研究分工契约"。这些有必要进一步分辨的尝试至少表现在以下两个大的方面:

　　第一,经济学中"企业理论"的产生和迅速发展。20 世纪 30 年代,科斯以及伯利和米恩斯等人的开拓性的贡献表明,经济学家开始试图打开企业这个"黑箱",也标志着不同于传统的新古典微观经济学的厂商理论的企业理论的产生,但新兴的企业理论并没有引起经济学家的兴趣。直到 20 世纪 70 年代,由于微观经济学的基础研究引入了不完全信息,才使企业理论迅速发展为一门全新的微观经济学分支。

　　企业理论是 30 多年来成长最为迅速的经济学研究领域之一,以严格数学模型为基础的信息经济学、激励理论、契约理论、委托—代理理论等都可以归属于企业理论领域。企业理论旨在研究企业的本质和界限、企业的资本结构、企业的所有权与控制权的分离和企业的层级组织的内部结构等问题。由于对这些问题的研究,加深了人们对现代公司或现代企业的认识,以至于人们以为这是管理学的进展,把一些在这方面稍有研究的人看做是企业管理专家。然而,进一步仔细分析可以看出,经济学中企业理论主要关注的是企业的经济性质、企业所有权与控制权的经济含义,即使是对企业内部层级结构和激励机制的研究也是服务于这些目标的。在所有权与经营权分离的现代企业,经济学的企业理论主要服务于企业所有者的利益,研究所有者与经营者的关系;而企业管理学则用于指导经营者的经营管理实践。企业理论的发展虽然把经济学家的目光引向企业内部,但仍然只是停留在企业的性质及企业所有者层次。因而,我们仍可以认为经济学和管理学的"研究分工契约"依然存在。

第二,企业战略问题成为经济学中的产业组织理论和管理学中的战略管理共同关注的焦点。现代经济学发展已突破了适用完全竞争条件的阿罗和德布罗的竞争—均衡范式,开始着重研究不完全竞争市场的运行机制,增加了经济学理论对现实经济的解释力。尤其是研究市场运行的产业组织理论在20世纪70年代引入非合作博弈方法以后发展迅速,其研究企业间博弈行为方面的成果对企业战略分析极富指导意义。同时,由于市场竞争日趋激烈,企业为了生存和发展,更加关注企业外部环境和企业竞争战略问题,企业战略管理也成为企业管理学的重要分支。

在企业战略问题上,经济学和管理学的研究目光交织在一起。但这并没有与经济学和管理学的"研究分工契约"相冲突。产业组织理论研究不完全竞争市场下的市场结构、企业间博弈行为和经济绩效,虽然其成果对企业战略分析极富指导意义,其目的却在于为政府制定与企业有关的政策服务,重点是反垄断政策和直接管制政策,促进有效竞争,提高社会资源配置效率。而管理学对战略的研究则是把企业战略作为管理对象,以企业的生存和发展为目标,探讨企业战略的分析、决策、计划、组织和实施过程。

虽然我们可以看到管理学与经济学的研究有某种"趋同"现象,但是,经济学仍然侧重于产权组织,而管理学则必须考虑生产经营的全部过程。

1.4.2.2 经济学与管理学研究方法的比较

研究方法服务于研究目的和研究对象。经济学和管理学在各自的长期发展中,都形成了自己的独特的方法论。两门学科的方法论差异十分巨大,反映了各自鲜明的学科特色。

经济学的研究方法十分独特。"最大化行为、市场均衡和偏好稳定的综合假定及其不折不扣地运用便构成了经济分析的核心"。许多经济学家都以此引以自豪,对经济分析方法津津乐道。贝克尔认为,"经济分析是一种统一的方法,适用于解释全部人类行为"。但是,也有许多人对泛经济分析方法持批判态度。西蒙指出:"经济学家们给经济人赋予一种全能的荒谬理性,这种经济人有一个完整而内在一致的偏好体系,使其总是能够在所面临的备选方案中作出抉择;他总是完全了解有哪些备选的替代方案;他为择优而进行的计算,不受任何复杂性限制;对他来说,概率计算既不可畏,也不神秘。"

那么,具体地说,什么是经济分析方法呢?

一般经济分析方法分为四个层次或步骤。第一层次是把人们决策前的经济环境用数学函数描述,如用效用函数描述人的嗜好和欲望,用博弈论中的博弈规则描述经济制度,用生产函数描述生产条件等。第二层次是决策的比较静态分析,用数学中的最优决策理论分析人的自利行为。第三层次为均衡的比较静态分析,用均衡概念分析不同人的自利行为的相互作用形成的结果。如果在进行第二、第三层次分析时考虑时间因素,则为决策的比较动态分析和均衡的比较动态分析。这三个层次的分析都被称为实证分析,即不对问题做价值判断,只说明在什么条件下出现什么结果。第四层次的分析是与价值判断有关的所谓福利分析或规范分析。研究人们自利行为的相互作用形成的结果是否对社会有利。这四个层次的研究方法所依据的主要分析工具就是数学。由于数学语言的精确性,借助数学可以降低经济学家之间的沟通费用。数学模型有助于经济学知识的积累。经济学的这种研究方法使经济学与其他社会科学相比,内在逻辑统一,论证严密,知识可积累性强,更符合科学性原则。

与经济学相比,管理学缺乏这种内在逻辑统一的方法论。这决定于管理学的学科目的及管理学研究问题的性质。管理学是一门综合性的、强调实用的学科,旨在探索组织的管理活动、过程及其基本规律和一般方法,用于解决组织的管理问题、指导组织的管理实践,实现组织的目标。为了对组织进行科学有效的管理,必须考虑组织内外的多种错综复杂的政治、经济、社会、文化、科学技术、心理等方面的因素,针对组织中的各类管理问题,运用经济学、数学、运筹学、工程技术、心理学、社会学、系统工程、控制论、信息论等多种学科的方法和研究成果,对管理活动进行定性描述和定量分析。这就决定了管理学的研究方法的多学科移植交叉性。

从管理学的发展过程可以更清楚地说明管理学的多学科移植交叉性的方法论特征。管理学发展大致可以划分为如下几个阶段:20 世纪初到 20 年代末,以泰勒、法约尔、韦伯等人为代表的古典管理阶段,其核心内容是科学管理、管理过程和职能分析、古典组织理论等;30年代到 50 年代则是梅奥人际关系学说及随后发展的行为科学理论支配的阶段;进入 60 年代以后是现代管理阶段,这被孔茨在 1961 年和 1980 年的两篇文章中描述为"管理理论丛林"时期;进入 80 年代以后,世界管理学界掀起企业文化的研究热潮。

上述管理学发展过程反映了随着对管理学认识的深入,管理学的研究重心不断转移,而这种转移变化有赖于其他学科理论方法向管理学的移植。古典管理阶段侧重于物、财以及管理组织过程的管理,是以工业工程、经济学方法及社会学为基础的;以人为中心的管理——人际关系学说、行为科学则是建立在心理学、社会学和人类学等学科方法基础之上的;至于现代管理阶段则更是移植了数学、计算机科学、统计学、文化学等诸多学科方法形成了"管理理论丛林"。最初孔茨所谓的"管理理论丛林"包括 6 个学派,即管理过程学派、经验或案例学派、人类行为学派、社会系统学派、决策理论学派和数量学派。这些学派的根本差异就是来自不同学科的研究方法的区别。进入 20 世纪 80 年代,孔茨又宣称原来的 6 个学派已发展为 11 个学派,即经验或案例学派、人类行为学派、群体行为学派、协作社会系统学派、社会技术学派、决策理论学派、系统学派、管理科学学派、权变和情景学派、经理角色学派和经营理论学派,并认为所谓学派(school)应叫做方法(approach)更为合适。显然,管理学的这些学派或研究方法基本都是移植其他学科的方法单一或交叉使用发展而来的。

通过经济学与管理学研究方法的比较,我们可以看出:经济学注重统计与数学分析,管理学的方法更加灵活多样;经济学是科学,管理学既是科学也是艺术。

1.4.3　管理学和经济学的相互借鉴

在分析了经济学和管理学的研究领域分工和研究方法差异之后,有必要说明两门学科的相互依赖关系。经济学和管理学在企业问题研究上达成的默契分工只是学科理论上的划分,不是绝对的。有分工,必须有协作,这种理论研究分工的存在绝不会妨碍在解决现实企业问题时两门学科知识的综合运用,只会促进我们从不同角度对企业有全面而深入的认识。

从学科发展看,经济学与管理学是相互借鉴、互为促进的。一方面,经济学的微观经济学作为更一般意义上揭示经济运行规律的科学,会给企业管理学提供基础经济理论支持,管理经济学就是以此为己任的经济学分支;另一方面,对管理学提出的实际问题的研究,有助于经济理论的修正和发展,如西蒙通过对管理性组织的决策过程的研究,提出"有限理性"和

"满意准则"两个决策理论的基本命题,对微观经济学的基本命题提出挑战,促进了经济理论的发展。这种学科间的相互借鉴、互为促进无疑有利于各自的完善和发展。

然而,由于学科性质和研究方法的不同,两门学科之间相互借鉴的程度差异很大。管理学是一门综合性、实践性很强的学科,被认为具有科学性和艺术性双重属性,其研究方法具有多学科移植交叉的特征,因而管理学是一个开放的知识体系,任何有利于解决管理问题的知识,无论其属于什么学科,都可以被吸收、借鉴到管理学中。管理学家对此进行综合创新,促进管理学的发展。因此,管理学吸收、借鉴了大量的经济学知识,甚至可以认为企业管理学是以微观经济学为理论基础的。

与管理学相比,经济学崇尚理性,追求科学主义,有自己固有的研究分析方法,任何没有用数学语言表达的知识都难以进入主流经济学和被经济学家所接受。这无疑保持了经济学的纯洁性和科学性,有利于经济学知识的长期积累,但也阻碍了经济学从除数学以外的其他学科汲取营养、学习借鉴相关知识。这应是经济学中较少有管理学知识的原因之一。

经济学为追求形式的科学性,有时是不惜代价的。这一点在经济学对待企业家的研究上很有代表性。在早期的经济思想中,企业家是作为生产、流通、分配过程的关键角色,被认为对经济增长具有决定作用。但随着新古典主义经济学的兴起,企业家在经济理论中消失了。由于新古典主义理论强调完全信息和完全市场,这种市场会进行一切的必要协调,企业家的干预、管理和决策变得无足轻重,最具审美合意性的适用完全竞争条件的阿罗和德布罗的竞争—均衡范式中没有企业家的地位。因而,到19世纪末企业家这个术语几乎在主流经济理论著作中消失了。Baneto曾以一本专著的篇幅对这个现象产生的过程、原因、理论背景等进行了论述,其核心论点是:主流经济理论之所以抛弃企业家,是因为任何把企业家引入主流经济理论体系的尝试都会破坏理论模型的内在逻辑的一致性。

为了追求经济理论体系本身的完美,主流经济学家们把对经济增长具有决定作用的企业家"扫地出门"。但是,很多经济学家认为牺牲经济学的现实性和复杂性、建立经济数学模型、追求经济学研究方法的科学性,从长期来看对经济学的发展更为有利。正像15世纪化学中的炼金术与当时认真做简单的化学实验相比,前者看似离现实更近,而后者由于不成熟看似远离现实,但从长远而言,严格的科学方法终于靠数代人的连续有效的知识积累,用现代化学替代了炼金术。

从经济学与管理学的研究领域分工、研究方法差异引申到两门学科的相互借鉴问题,这无论是对经济学发展还是对管理学发展都具有重要的意义。一般地说,吸收借鉴其他相关学科的知识对任何一门学科的发展都是完全必要的。

综上所述,管理学与经济学有着密不可分的关系,二者应该相互借鉴、相互补充,才能不断提高各自的水平,才能更有效地探求客观规律的真谛。

第 2 章　管理理论发展的历史阶段

了解管理理论的发展历程和轨迹,将历史和未来相连接,我们会发现管理研究和管理实践领域的发展变化,这对于思考今天的管理实践,探讨今天的管理理论和进行有效的管理研究是至关重要的。本章首先根据管理理论的发展历程对管理理论发展的五个阶段进行概述,然后对管理理论的演变历程进行分析,在此基础上对管理研究流派中的主要管理理论学派进行介绍,从中探索管理理论发展的主要趋势,使得我们从纵向的历史维度对管理理论的发展有一个全面的把握。同时,本章还将对中国的管理思想进行简要介绍,以便学习者能够从历史的纵向和文化的横向两个层面汲取管理思想和管理理论研究的精华,拓展管理的视野,提升管理思维的格局。

2.1　管理理论发展的五个历史阶段

管理的历史知识能够帮助我们理解今天的管理实践。纵观管理理论的形成和发展历程,我们可以从历史的纵向将管理理论的发展分为孕育产生阶段、古典管理理论阶段、行为科学理论阶段、管理科学理论阶段和管理理论丛林阶段等五个基本阶段进行探讨。在这些不同的发展阶段,管理的中心、管理研究的基本问题、管理研究的领域和重点都在不断地延展和深化。通过对这五个阶段的把握,了解管理理论演变的轨迹,将过去与未来联系起来,我们会发现管理研究与社会需求相契合的持续发展轨迹。

2.1.1　孕育产生阶段

虽然管理的实践自古就有,但是在第一次产业革命之前的漫长的历史长河中,早期的管理思想主要是从直觉和经验主义出发,并没有科学地、标准化地对某一事件或工程等进行系统研究,管理思想大都是依附在其他学科的书籍或法典中,呈现出缺乏科学性、体系性和独立性的特征。直到第一次产业革命带来社会生产方式的巨大变革才促进了系统的管理理论的孕育与产生。

在 18 世纪 60 年代以后,发端于英国并迅速蔓延至其他一些资本主义国家的第一次产业革命使得以手工业为基础的资本主义工场向采用机器的资本主义工厂制度过渡;大机器工业逐渐代替了传统的手工业,工厂化组织逐渐代替了以家庭为单位的手工作坊;小生产的管理方式和管理方法逐渐被新的适用于社会化大生产和资本主义生产方式的管理制度、管理观念所代替。产业革命使生产力有了极大的发展和飞跃,企业规模不断扩大,劳动产品的复杂程度与工作专业化程度日益提高,企业经理人员也逐渐从其他工作中分离出来,专门从事管理。随之而来的便是管理思想的革命。

这一时期,英国重商主义后期的代表人物之一詹姆斯·斯图亚特,先于亚当·斯密提出了劳动分工的概念,比古典管理理论的代表人物泰勒早了 100 多年提出了工作方法研究和刺激性工资制的实质。

此后,以亚当·斯密、罗伯特·欧文、小詹姆斯·瓦特、马修·鲁滨逊·包尔顿和查尔斯·巴贝奇等人为代表,人们开始真正重视管理理论的研究。

英国的政治经济学家与哲学家亚当·斯密在 1776 年发表了他的代表作《国富论》。该著作不但对经济和政治理论的发展有着突出贡献,对管理思想的发展也有重要的贡献。亚当·斯密在《国富论》中提出了"经济人"的观点和劳动分工理论,他以制针业为例说明了劳动分工对管理效率提升的贡献,并进行了系统的分析和介绍。亚当·斯密关于劳动分工的分析,后来发展成为管理学的一条基本原则。

空想社会主义者罗伯特·欧文是 19 世纪初期最有成就的实业家之一,也是杰出的管理学先驱者,他最早播种下了人事管理的种子。欧文认为,人是环境的产物,只有处在适宜的物质和道德环境下,人才能培养出好的品德。为此,他在自己的工厂里进行了一系列劳动管理方面的改革:停止雇佣童工,压缩工作时间,禁止体罚,改善工人的生活环境等。欧文在关于人的因素方面的思考和实践,使得一些现代学者把他称为现代人事管理的创始人。

1796 年,小詹姆斯·瓦特和马修·鲁滨逊·包尔顿在英国的索豪工程铸造厂负责这家工厂的管理时,他们组织市场调查并据此确定企业的生产能力和编制生产计划,依据工作流程的需要,有计划地安排机器的空间布置,组织生产过程规范化、产品部件标准化;在会计与成本核算方面建立了详尽的统计记录和控制系统,采用了原料成本、人工费用、产品库存等分别记账的会计制度,进行了工作效率研究,制定了管理人员与职工的培训计划,实行按成果支付工资的方法,并试图改进职工的福利,为职工建立了一套互助保险制度等。他们的这些探索甚至会令今天的管理学家感到惊奇。

在产业革命后期,英国人查尔斯·巴贝奇在 1832 年发表的《论机器与制造业经济学》一书中继续了亚当·斯密关于劳动分工的研究,通过研究和成本分析,他进一步分析了劳动分工使生产率提高的原因。他还提出了一种工资加利润分享制度,以此来调动劳动者工作的积极性。这种制度认为,工人除了工资外,还应按工厂所创利润的百分比额外地得到一部分奖金作为报酬。巴比奇的这种工资奖金制度今天仍然有一定的参考价值。在该书中,巴贝奇还对经理人员提出了许多建设性的意见。巴贝奇的管理思想无论在深度上还是广度上都较前人甚至同代人有较大的进步。他几乎研究了制造业的各个方面,他提出的许多原则不但适用于企业,也适用于其他类型的组织。

在此期间,法国庸俗经济学创始人让·尹蒂斯特·萨伊是西方经济学家中第一个明确地把管理作为生产的第四要素而同土地、劳动力、资本相并列的人,他是首先承认管理是一个独立的生产要素的人。萨伊和艾尔费雷德·马歇尔强调管理中的计划职能,以后又有一些经济学家强调管理中的组织、控制、人事职能。法国数学和经济学教授查里斯·杜平是最早提出管理技术可以通过讲授来获得的人。

在小瓦特、欧文、斯密、巴贝奇等的研究基础上,管理思想从经验直觉进入了较为系统的研究。生产计划、成本记录、生产合理性、劳动分工与专业化、设备的合理使用、人事管理、劳资关系等都成为管理者的研究专题。

在此之后,尽管工厂制度及其管理经验从英国推广到其他国家,但是,由于缺乏持续的技术和组织创新动力,因此管理理论没有大的进展。这种情况直到美国的"管理运动"。"管理运动"是现代管理的前奏,是古代管理走向现代管理的标志,它直接导致"泰勒制"等现代管理理论的出现。

　　19 世纪 40 年代末,美国掀起了铁路建设的热潮,由此导致了美国铁路企业的成长。由于修筑铁路所需的巨额资本惟有通过资本市场才能筹集,使美国铁路企业几乎一开始就走上了公司制道路,从此公司制作为一种组织创新形式风靡世界。股份公司使企业规模突破了个人资本量的限制,使得投资巨大、拥有数千数万员工的企业成为现实,企业规模进一步扩张,内部结构日益复杂。在 19 世纪中叶年代,铁路管理是一个全新的管理领域,面对铁路管理中这些协调困难、事故频发、运输成本高等严峻挑战的是大批新型的经理人员。他们在实践中创新了许多管理思想,如乔治·W. 惠斯勒设立了现代化的分工仔细的内部组织结构;麦卡勒姆经过深入研究,提出了组织结构设计的 6 条基本原则,明确了权责关系;J. 汤姆森形成了一套分权的、权力机构与职能部门分设的组织形式——这就是后来 M 型组织结构的雏形;在 1849～1862 年间长期担任《美国铁路》杂志主编的亨利·普尔总结出了组织、沟通、信息三条基本管理原则,他还注意到企业中人的因素,提出灌输团队精神、克服照章办事的僵化做风、保持人的自觉性、各部门的生气、服务精神、消除“把人看做机器”等超前的管理思想。铁路企业的成长和管理创新成为美国“管理运动”的先声。

　　19 世纪六七十年代,在美国、德国等国家发起的“电气革命”(第二次工业革命)促进了新兴产业的兴起,这些产业对管理提出了更高的要求,于是管理运动应运而生。

　　19 世纪 70 年代,美国出现了长期的经济萧条,市场疲软,需求持续下降。面对日益激烈的竞争压力,企业家们开始把注意力从技术转移到组织管理上来。这是管理运动在整个工业界开始的契机。1886 年,新成立的美国机械工程师协会年会召开,改进组织管理成为探讨的主题。耶鲁—汤制造公司总经理亨利·汤从 1870 年就开始研究系统的高效率管理方法,在 1886 年的年会上,他发表了《作为经济学家的工程师》的主题讲话,呼吁建立一门管理的科学。在这次会议上,亨利·梅特卡发表论文总结了 1881 年在他管理的兵工厂中实行的一种从完备监督流程入手,分析控制管理费用的“车间—定单记账制度”;奥柏林·斯密提交的论文探讨了固定资产核算问题,引起了很大反响。此后,“管理运动”如火如荼地开展起来。

　　在管理运动中,管理终于成为一个独立的领域,管理思想连续地从偶然、片段和不完备的分析,发展到一种影响人们经济工作的较完整的思想和理论;管理思想和理论的探讨、传播,通过独立的管理学术团体——协会、出版物和会议进行,并形成了较成熟的学术规范;管理成为一种职业,管理通过教育来培养。这些都对以后的管理发展产生了深远的影响。100 多年以来,“管理运动”时期所确立的现代企业制度、组织结构以及一系列管理规则在经历沧桑巨变后仍然充满生机与活力。“管理运动”中所研究的问题已经遍及现代管理的各个方面。因此,“管理运动”在管理理论的形成和发展的历程中具有里程碑的作用,也奠定了现代管理研究的基础。

2.1.2　古典管理理论阶段

　　“管理运动”之后,管理科学是随着工厂制度和工厂管理实践的发展,逐步开始形成系统。19 世纪末 20 世纪初产生的古典管理理论,使管理活动从经验管理跃升到一个崭新的阶段。

　　对古典管理理论的产生发展作出突出贡献的人物主要有美国的泰勒、法国的法约尔和德国的韦伯。他们三人分别反映了那个时代在管理理论发展中的三个重要方面,即“科学管理”理论、“一般管理”理论(管理过程理论)和“行政组织”理论。这些理论成为管理学的最早期的经典理论,对现代管理思想和实践有很大的影响。

2.1.2.1　泰勒的科学管理理论

科学管理理论以美国人泰勒为代表。泰勒1911年出版的《科学管理原理》是资本主义管理理论或管理科学正式产生的标志,在西方管理理论发展史上具有划时代的意义。泰勒由此被誉为"科学管理之父"。他注重以试验研究代替直觉,在管理实践中推出了一整套科学管理方法和管理制度,主要包括工作定额管理制、刺激性的差别计件工资制、工人培训制、职能工长制、操作标准化、工具标准化等。泰勒还提出劳资双方都必须认识到提高效率对双方都有利,要来一次"精神革命",相互协作,为共同提高劳动生产率而努力。虽然泰勒所倡导的职能工长制和劳资双方的"精神革命"在现实中并不能有效地实现,但是基于动作研究、时间研究和实验的工作定额管理、标准化管理、差别计件工资制、员工选拔培训制还是行之有效的,大大促进了生产率的提高。随着科学管理的推广,美国企业的生产率有了大幅度的提高,出现了高效率、低成本、高工资、高利润的新局面。

然而,泰勒的方法虽然在某些情况下促进了生产力和工资的极大提高,却遭到了工人和工会的反对。因为他们担心加大工作强度、提高工作速度会导致工作机会减少和裁员。另外,泰勒体系明确表示以时间为核心。批评者认为"加速"的条件会给工人施加不必要的压力,迫使他们以越来越快的速度干活。结果,更多的工人加入工会,对资方的怀疑和不信任态度加深。这种不信任的阴影在以后的许多年一直笼罩着劳资关系。

泰勒是科学管理的先锋,其追随者和同行们也对科学管理作出了重要的贡献。其中著名的有卡尔·巴思、亨利·甘特、吉尔布莱斯夫妇、哈林顿·埃默森、莫里斯·库克等人。亨利·甘特用图表进行计划和控制的做法是当时管理思想的一次革命;亨利·福特在泰勒的单工序动作研究基础之上,进一步对如何提高整个生产过程的效率进行了研究,创建了第一条流水生产线——福特汽车流水生产线,使成本明显降低。同时,福特进行了多方面的标准化工作,包括产品系列化、零件规格化、工厂专业化、机器工具专业化、作业专门化等;弗兰克·吉尔布莱斯和莉莲·吉尔布莱斯夫妇携手工作,从事疲劳和动作研究,主要研究提高工人个体福利的办法。他们尝试借助电影摄像机找到完成每项任务最为省力的动作,以提高工作绩效,降低疲惫感。他们的动作研究既能明显地改善员工的健康状况,又能体现管理层对员工的关心,鼓舞工人的士气,为科学管理运动作出了不容忽视的贡献。

泰勒及其同行者与追随者的理论与实践构成了"泰勒制"。人们称以泰勒为代表的学派为科学管理学派。科学管理理论对我们当代企业仍具有十分重要的指导意义。

2.1.2.2　法约尔的一般管理理论

泰勒的科学管理开创了西方古典管理理论的先河。欧洲也出现了一批古典管理的代表人物及其理论,其中影响最大的首推法国的法约尔及其一般管理理论。法约尔于1916年出版的《工业管理和一般管理》是体现其一般管理思想的代表作。

法约尔的贡献主要体现在四个方面。首次,他区分了经营和管理的概念。法约尔指出:任何企业都存在着6种基本的活动,而管理只是其中之一。他将管理活动作为企业的6个基本活动之一,并指出在这6种基本活动中,管理活动处于核心地位。同时,他指出一个大型企业高级人员最必须的能力是管理能力,随着企业由小到大、职位由低到高,管理能力在管理者必要能力中的相对重要性不断增加。第二,他首先系统地提出了管理的计划、组织、指挥、协调和控制五种职能。第三,他提出了管理者需要遵循的14条管理原则。第四,他强调了进行管理教育和建立管理理论的必要性。法约尔认为管理能力可以通过教育来获得；"缺少管理教育"是由于"没有管理理论"，每一个管理者都按照他自己的方法、原则和个人的经验行事，但是谁也不曾设法使那些被人们接受的规则和经验变成普遍的管理理论。

　　法约尔的一般管理理论是西方古典管理思想的重要代表，后来成为管理过程学派的理论基础，也是以后各种管理理论和管理实践的重要依据，对管理理论的发展和企业管理的历程均有着深刻的影响。管理之所以能够走进大学讲堂，也全赖于法约尔的卓越贡献。

　　一般管理思想的系统性和理论性很强，对管理五大职能的分析为管理科学提供了一套科学的理论构架，来源于长期实践经验的管理原则给实际管理人员巨大的帮助，其中某些原则甚至以"公理"的形式为人们接受和使用。因此，继泰勒的科学管理之后，一般管理也被誉为管理史上的第二座丰碑。正是由一般管理理论才淬炼出管理的普遍原则，使管理得以作为可以基准化的职能，在企业经营乃至社会生活的各方面发挥着重要作用。

2.1.2.3　韦伯的行政组织理论

　　马克斯·韦伯生于德国，曾担任过教授、政府顾问、编辑等，对社会学、宗教学、经济学和政治学都有相当的造诣。韦伯的主要著作有《新教伦理与资本主义精神》、《一般经济史》、《社会和经济组织的理论》等。

　　韦伯提出的官僚组织模式（bureaucratic model）的理论（即行政组织理论）对后世产生了最为深远的影响。首先，韦伯对组织中的权力进行了精辟的分析，他认为，任何组织都必须以某种形式的权力作为基础，只有法定权力才能作为行政组织体系的基础，其最根本的特征在于它提供了慎重的公正。在这一权力基础上，韦伯勾画了理想的行政组织模式所应该具有的具体特征。

　　韦伯提出的这种强调规则、强调能力、强调知识的行政组织理论为社会发展提供了一种高效率、合乎理性的管理体制。韦伯对理想的官僚组织模式的描绘，为行政组织指明了一条制度化的组织准则，这是他在管理思想上的最大贡献，因此被称为"组织理论之父"。

2.1.2.4　古典管理理论的综合

　　古典管理理论通过泰勒、法约尔和韦伯等人的努力已经初具规模。但由于他们对管理问题的认识和研究的角度不相同，因而将他们的管理和思想观点简单地罗列起来，就会使人们对管理的理解支离破碎，难成体系。任何理论发展到一定阶段，总需要有人对它进行整理和综合。20 世纪 30 年代末期，英国管理学者林德尔·厄威克和美国的卢瑟·古利特对古典管理理论进行了综合和系统化方面的研究，提出了管理的 8 条原则和 7 项职能。经过厄威克和古利特的整理和综合，形成了如今体系完整的古典管理理论。

2.1.3　行为科学理论阶段

　　古典管理理论着重强调管理的科学性、合理性、纪律性，而对于管理中人的因素和作用没有给予足够重视。古典管理理论是基于"经济人"假设的，同时认为管理部门面对的是单一的职工个体或个体的简单总和。于是工人被安排去从事固定的、枯燥的和过分简单的工作，工人成了"活机器"。在生产率提高的同时，也使工人的劳动变得异常紧张、单调和劳累，因而引起了工人的强烈不满，并导致工人的怠工、罢工等劳资矛盾的凸现。

　　从 20 世纪 20 年代末，随着资本主义经济危机加剧，工人思想觉悟提高，劳资矛盾日益加剧，泰勒的科学管理理论和"胡萝卜加大棒"的管理制度已显示出了很大的局限性，这使得西方资产阶级感到再依靠传统的管理理论和方法已不可能有效地控制工人来达到提高生产率和利润的目的。于是,一些学者开始从生理学、心理学、社会学等方面出发研究企业中有关人的一些问题。如人的工作动机、情绪、行为与工作之间的关系等,以及研究如何按照人的心理发展规律去激发其工作的积极性和创造性。于是行为科学就应运而生。

美国哈佛大学心理学家梅奥通过霍桑试验提出的人际关系理论拉开了行为科学的序幕。

梅奥是人际关系理论的创始人。1924~1932 年间,美国国家研究委员会和西方电器公司合作,由梅奥负责在美国西方电器公司霍桑工厂进行了长达 9 年的著名的实验研究——霍桑试验。

通过霍桑试验的研究,1933 年梅奥在其《工业文明中的人的问题》一书中提出了著名的人机关系理论。梅奥指出:工人是"社会人"而不是"经济人";企业中存在着正式组织和非正式组织;新型的领导在于通过对职工"满足度"的增加来提高工人的"士气",从而达到提高效率的目的,高的满意度来源于工人个人需求的有效满足,不仅包括物质需求、还包括精神需求。

梅奥通过霍桑试验提出的人际关系理论真正揭开了作为组织中的人的行为研究的序幕。此后行为科学得以长足发展,掀起了 20 世纪 30 年代到 60 年代的管理领域行为科学研究的热潮。组织行为研究得以迅速发展和拓展,形成了从个体行为研究到群体行为和团队行为的研究。这一时期,在个体行为研究层面以人性假设理论和激励理论为主体,涌现了马斯洛的需要层次论、麦格雷戈的 X 理论和 Y 理论、赫兹伯格的双因素理论、麦克利兰的成就需要激励理论、弗罗姆的期望激励模式、亚当斯的公平理论、斯金纳的强化理论、波特和劳勒的期望激励理论、阿吉里斯的"不成熟—成熟"理论、凯利与韦纳的归因理论等诸多的行为研究理论。

在群体行为和团队行为的研究层面,涌现了卢因的团体动力理论、利克特的支持关系管理新模式研究、信息交流理论、团体成员之间相互关系理论等;重要的还有关于领导行为的研究,具有代表性的有坦南鲍姆和施米特的领导行为连续体理论、俄亥俄州立大学的学者们提出的管理四分图模式、布莱克和莫顿的管理方格理论、施米特的领导方式理论、伊万斯及其后继者们提出的路径—目标理论、菲德勒的权变管理思想、赫塞与布兰查德的情境领导理论等。

2.1.4 管理科学理论阶段

二战后,随着计算机的发展和数学在各个领域的应用与推广,在行为科学关注管理的同时,越来越多的学者借助于计算机技术和数学方法研究和解决管理问题,于是管理科学学派逐渐形成和发展起来。管理科学学派是泰勒管理学派的继续和发展,其代表人物为美国的伯法等人。1975 年伯法的代表作《现代生产管理》正式出版,成为管理科学发展的一个标志性的著作,也成为后来管理科学学派的重要著作。从此管理科学理论得到迅速的发展和繁荣,形成了以管理科学学派为核心的管理研究热潮。

管理科学是继科学管理、行为科学理论之后管理理论与实践发展的结果。这一理论源于应用科学的方法解决生产和作业管理的问题。虽然应用科学的方法解决生产和作业问题。早在 18 世纪末就有人尝试解决,但管理科学这一理论体系的形成并正式存在却是 20 世纪 50 年代的事。管理科学中的生产是指一个制造厂中的制造技术和原材料的流程。作业则含义较广,适用于任何一种组织的商品生产和服务活动,不管这种组织是公共的或私人的,营利性的或非营利性的。管理科学正是在此定义下探讨生产与作业的管理。

所谓管理科学,就是制订用于管理决策的数学和统计模式,并把这种模式通过电子计算机应用于管理之中。管理科学是运用现代科学技术和数理方法以及电子计算机,解决生产作业和经营管理方面的问题,以达到最优的工作效率和经济效益。它把管理看成是一个运用数学模型和程序的系统,认为只要管理(或组织、计划、决策)是一个逻辑过程,就能用数学符号和运算关系予以表示。这一理论学派的主要方法就是模型,借助于模型可以把问题用它的基本关系和选定目标表示出来。这个学派几乎把注意力完全放在为某些类型的管理问题建立数学模型、精致地进行模拟和求解上。

管理科学主要特点为:① 力求减少决策的个人艺术成分,依靠建立一套决策程序和数学模型以增加决策的科学性。他们将众多方案中的各种变数或因素加以数量化,利用数学工具建立数量模型研究各变数和因素之间的相互关系,寻求一个用数量表示的最优化答案。决策的过程就是建立和运用数学模型的过程。② 各种可行的方案均是以经济效果作为评价的依据。例如成本、总收入和投资利润率等。③ 广泛地使用电子计算机。现代企业管理中影响某一事务的因素错综复杂,建立模型后,计算任务极为繁重,依靠传统的计算方法获得结果往往需要若干年时间,致使计算结果无法用于企业管理。电子计算机的出现大大提高了运算的速度,使数学模型应用于企业管理成为可能。

管理科学理论阶段,除了有以伯法为代表的管理科学学派得到长足发展之外,以西蒙为代表的决策理论学派,以卡斯特、罗森茨威克和约翰逊等美国管理学家为代表在一般系统论的基础上建立起来的系统管理学派也得以长足发展。这一时期,管理的定量化研究日趋成熟和规范,管理的科学化特征得以形成和凸现。

管理科学理论的诞生标志着管理及管理研究由以定性分析、定性研究为主转向定量分析与定性分析相结合;标志着管理学科从管理艺术走向管理科学。1953 年美国成立了管理科学协会,"管理科学"这一名称也因此得到正式确认。1968 年美国又成立了决策科学协会,并开始出版《管理科学》杂志。

2.1.5 管理理论丛林阶段

二战后,随着现代化科学技术日新月异的发展,生产和组织规模的急剧增大,生产社会化程度的日益提高,引起了人们对管理研究的普遍重视。随着高新技术的发展和新技术革命的展开,生产社会化的程度进一步提高,企业的生产规模急剧扩张,生产过程日益复杂,生产的技术基础同样发生了深刻的变化。管理活动面临着全新的环境,迫切需要新兴的管理理论来指导管理活动。

管理的重要性正被越来越多地认识到,除了行为科学得到长足发展外,学者们从不同角度发表对管理的看法。除了实际管理工作者和管理学者外,一些心理学家、社会学家、人类学家、经济学家、生物学家、哲学家、数学家等也都从各自不同的背景、不同的角度,对现代管理问题展开研究,于是带来了管理理论的空前繁荣。到 20 世纪 80 年代,管理学发展成蔚为壮观的众多学派,美国著名管理学家哈罗德·孔茨(Harold Koontz)将这一时期形象地称为管理理论发展的"丛林阶段"。

管理理论发展丛林又被许多学者称为现代管理理论丛林。事实上,它不是一种管理理论,而是对各种管理学派理论的总称。管理理论发展到丛林阶段大致有以下几个主要学派:社会系统学派、管理程序学派、管理科学学派、决策理论学派、系统管理理论学派、经验或案例学派、权变理论学派和比较管理理论学派等。

20世纪90年代,在现代管理理论丛林的基础上又产生了许多新的管理理论,形成了现代管理理论的新丛林。主要的新兴管理理论有:学习型组织理论、企业再造理论、智力资本理论、无形资产管理理论、知识管理理论、企业联盟理论、虚拟组织理论、竞争合作管理理论、供应链理论、企业生命周期理论、企业成长理论、机遇管理理论、风险管理理论、危机管理理论、反向管理理论、企业核心能力理论、文化管理理论、管理创新理论、生态管理理论、企业群落理论等。关于当代最新的管理思潮,本书将在第17章进行较为详细的介绍。

2.2 管理理论的演变历程

通过从历史的纵向对管理理论的发展历程进行的分析和回顾,我们可以看出管理理论的发展和演变历程呈现出以下几个较为显著的特征:

第一,从总结企业的具体管理经验到阐述一般管理原理的演变过程。

西方管理理论的产生和发展,是从总结企业具体管理经验开始的。泰勒从米德维尔钢铁厂长期工作的经验和多次试验中总结和提炼出了"科学管理原理"。法约尔作为矿业公司的总经理,首先从总结管理本企业经验开始的。到了现代管理理论阶段,管理理论的研究不再局限于企业中的管理人员和技术人员,而是大大专业化和职业化了,其研究不再指某个具体企业。理论来自于实践,但又不是简单的实践经验和总结,它必然要经历一个从具体到抽象、从归纳到演绎的反复研究过程。

第二,从"经济人"假设到"社会人"、"决策人"、"复杂人"、"文化人"、"网络人"、"知识人"假设的演变过程。

在西方管理理论的研究中,普遍关注对人性的假设。不同的管理理论几乎都是建立在对人的本性、动机等不同的认识和理论假设的基础上。泰勒、法约尔及其以前的亚当·斯密等人,把人看做"经济人",因此主张在管理中实行严格的规章制度,建立严密的组织结构,并推行以物质刺激为主的管理方法。梅奥、马斯洛等行为科学家则认识到人不仅是"经济人",还是"社会人",因此主张在管理中要通过不断满足人们的不同层次的需要来调动他们的积极性。到了现代管理理论阶段,则更进一步地把人看做"决策人"、"复杂人"、"自我实现的人"、"网络人"、"知识人"等,因此极力主张实行参与式或灵活多变的管理,以适应日趋民主化、复杂化的管理环境。

纵观资本主义管理理论的发展,每一次大的理论突破,几乎都是基于对人的认识的飞跃;各种管理理论的不同,也多是基于对人的认识不同。因此,人是管理中的决定因素,关于人的理论假设也是管理理论研究的基本依据和出发点。

第三,从把管理组织看做是封闭系统到把它们看做是开放系统。

在管理理论发展的初期,由于客观条件和人们的认识水平所限,对于管理经验的总结和管理理论的研究一般都限于某个企业和某项工作局部的、封闭的系统,较少考虑外部环境的影响。20世纪40年代以来,由于系统科学的发展和运用,管理理论的研究开始由局部向整体、由封闭系统向开放系统的转变。与此同时,也出现了系统管理理论学派,其中有社会系统学派和社会技术系统学派。它们的共同特点是把管理系统看成是开放的、动态的系统,不但深入地研究管理系统内部的各个影响因素,而且考虑系统外部环境,运用系统观点和系统分析方法来解决管理问题。

系统理论在管理理论研究中的广泛运用,是管理科学研究中认识论和方法论的一次重大变革,它对进一步提高管理科学的科学性和实用性起到了非常重要的作用。

第四,从以定性分析为主到把定性、定量分析方法结合使用的演变过程。

科学管理和行为科学理论阶段,一般都偏重于经验总结和定性分析。由于当时条件所限,也只能用一些比较简单的数量分析方法。二战后,特别是 1946 年世界上第一台电子计算机诞生以后,突破了手工计算的局限性,使一些需要大量、快速、复杂计算的定量管理方法,如运筹学、投入产出、系统工程等在实际中得到了广泛的运用,并形成了一个专门以数学模型和数量分析为研究内容的管理科学学派或数量管理学派。

管理科学学派认为,管理就是制定和运用数学模型和程序的系统,就是用数学符号和公式来表示计划、组织、控制、决策等合乎逻辑的程序,求出最优解答,以达到合理的目标。他们主张用数学模型和电子计算机来解决管理问题,而且认为只有这样才称得上是科学管理。

但是,任何事物的发展都有质和量的两个方面。在许多影响管理的因素中,有些可以进行定量分析、建立数学关系,有些则不能。而如果在实际中舍掉那些无法计量的因素,那么建立的数学模型也就不准确了。恩格斯说,单靠数学演算就能确定一个论断为真理的事,这种情况几乎没有,或者只是在非常简单的运算中才有。

经济学创新制度学派的代表人物鲍尔丁指出:"社会经济学研究中,数学只是一个极好的仆人,而却是一个不好的主人"。因此,在经济理论和管理理论的研究中,一般都是采用定性分析与定量分析相结合的方法。在管理实践中,用数学、计算机辅助管理、辅助决策。

第五,从学派分化、百家争鸣向兼收并蓄、相互综合的演变过程。

在西方管理理论的研究中,始终存在着分化—综合—再分化的不断发展过程。在古典管理理论阶段,当出现了泰勒、法约尔、韦伯等各家不同学派以后,便有厄威克、古利特等人对各家方法进行综合。到了现代管理理论阶段,学派林立,于是有人企图兼收并蓄,综合各派理论观点,建立一种统一的、普遍适用的管理理论。例如,管理过程学派企图按照管理过程和管理职能的线索或用一种基本管理理论来统一各派观点;权变理论学派企图用权宜应变的灵活思想来统一各派的观点。但并未实现,从而使管理理论丛林更加盘根错节。

2.3　管理理论各学派的争鸣

第二次世界大战以后,特别是 20 世纪 60 年代以来,西方企业的经营环境发生了重要变化,主要表现在以下几个方面:

(1) 工业生产迅速增长,企业规模进一步扩大,资本在国际间相互渗透,出现了许多巨型的跨国公司,企业的经营范围不断扩展,结构更加复杂,影响和制约经营的因素也随之而不断增加。

(2) 技术进步的速度日益加快,新的科技用于生产的周期大大缩短。市场上的新产品、新设备、新工艺、新材料不断出现,企业之间的竞争进一步加剧。

(3) 生产的社会化程度不断提高,许多复杂产品的生产和大型工程的建设,需要组织大规模的广泛协作。

(4) 在凯恩斯理论和罗斯福"新政"的影响下,西方政府对经济活动的干预范围不断扩大,手段不断增加。

上述种种变化表明:环境对企业的影响越来越重要,它已成为企业经营与管理不可忽视的一个重要变量。在新的形势下,企业在组织内部的生产经营活动中,不仅要考虑到自身的条件限制,而且要研究企业的特点要求,提高适应外部环境的能力。然而,先前的管理理论不能有效地指导企业在新形势下的管理:这些理论的研究范围局限于企业内部,对外部环境的因素却考虑较少。为了解决管理理论与实践相脱离的矛盾,许多研究人员就企业如何应对变化的环境进行了多方面的探索,在此基础上形成了一系列不同的理论观点和流派。下面简要介绍具有代表性的 8 个主要的现代管理理论的学派:社会系统学派、管理程序学派、管理科学学派、决策理论学派、系统管理理论学派、权变理论学派、经验主义学派和比较管理理论学派。

2.3.1 社会系统学派

社会系统学派的基本观点是:组织是一个复杂的社会系统,应使用社会学的观点来分析和研究管理的问题。社会系统学派的形成以美国管理学家切斯特·巴纳德的现代组织理论体系的建立为标志。巴纳德主张使用社会的、系统的观点来分析管理问题,在管理理论丛林中独树一帜,后人称他为"现代组织理论之父"。

以巴纳德组织理论为代表的社会系统学派的主要内容可以归纳为以下几个方面。

(1) 组织是一个合作系统。

在巴纳德之前,人们总把组织当成是一种僵硬的结构,只注意到组织中的职责、分工和权力结构。这种组织观点是比较机械的、孤立的。而巴纳德认为"组织是二人或二人以上,用人类意识加以协调而成的活动或力量系统",他所强调的是人的行为、是活动和相互作用的系统。他认为在组织内,主管人员是最为重要的因素,只有依靠主管人员的协调,才能维持一个"努力合作"的系统。他认为主管人员有三个主要职能:一是制定并维持一套信息传递系统,这是主管人员的基本工作。通过组织系统图(以图表形式表现出组织在某一既定时期的主要职能和权力关系),加上合适的人选,以及可以共存的非正式组织来完成这项工作。非正式组织在沟通中十分重要,管理人员要给予足够的注意。二是促使组织中每个人都能作出重要的贡献,这里包括职工的选聘和合理的激励方式等。三是阐明并确定本组织的目标。这里包括要有适当的权力分散,组织中的每个人都要接受总体计划的一部分,主管人员要促使他们完成计划,然后经由信息反馈系统来发现计划实施中的阻碍和困难,据此来适当地修改计划。

(2) 组织存在的三个基本条件。

巴纳德认为,组织不论大小,其存在和发展都必须具备明确的目标、协作的意愿和良好的沟通这三个条件。

一个组织必须要有明确的目标,否则协作就无从发生。组织不仅应当有目标,而且目标必须为组织的成员所理解和接受,否则无法统一行动和决策。然而组织目标能否为其成员所接受,又要看个人是否有协作意愿。因此,目标的接受与协作意愿是相互依存的。一个目标只有当组织成员认为他们彼此的理解没有太大差异时,才能成为协作系统的基础。此外,一个组织要存在和发展,必须适应环境的变化,组织目标也必须随环境作适当的变更。

协作意愿是指组织成员对组织目标作出贡献的意愿。某人有协作意愿,意味着实行自我克制,交出个人行为的控制权,让组织进行控制。若无协作意愿,组织目标将无法达成。

一个人是否具有协作意愿依个人对贡献和诱因进行合理的比较而定。所谓贡献,是指个人对实现组织目标作出的有益的活动和牺牲。所谓诱因,是指为了满足个人的需要而由组织所提供的效应。巴纳德认为,当一个人决定是否参与组织的活动时,首先要将自己对组织可能作出的贡献和从组织那里可能取得的诱因进行比较。只有当诱因大于贡献时,个人才会有协作意愿;而当比较的结果为负数时,个人协作意愿会减弱。不仅如此,个人还要将参加这一组织和不参加这一组织或参加另一组织的净效果进行比较,从而决定是参加这一组织或参加另一组织或独立从事生产活动。然而对贡献和诱因以及其净效果的度量都不是客观的,而是个人的主观判定,它随个人的价值观念不同而有很大变化。作为组织,要在条件许可的情况下,针对不同的人来增大诱因,给职工的需求以更大的满足,从而激发他们为组织作出贡献的意愿。

良好的沟通是组织存在和发展的第三个因素。组织的共同目标和个人的协作意愿只有通过意见交流将两者联系和统一起来才具有意义和效果。有组织目标而无良好沟通,将无法统一和协调组织成员为实现组织目标所采取的合理行动。因此,良好的沟通是组织内一切活动的基础。

巴纳德认为:以上就是一个组织能够存在的必要条件,这里指的是正式组织。这三个条件中若有一条不满足,组织就要解体。

(3) 组织效力与组织效率原则。

要使组织存在和发展,不仅要包含三个基本要素,而且必须符合组织效力和组织效率这两个基本原则。

所谓组织效力,是指组织实现其目标的能力或实现其目标的程度。一个组织协作得很有效,它的组织目标就能实现,这个组织就是有效力的。若一个组织无法实现其目标,这个组织就是无效力的,组织本身也必然瓦解。因此,组织具有较高的效力是组织存在的必要前提。组织是否有效力是随组织环境以及其适应环境能力而定的。

所谓组织效率,是指组织在实现其目标的过程中满足其成员个人目标的能力和程度。一个组织若不能满足其成员的个人目标,就不可能使其成员具有协作意愿和作出实现组织目标所必需的贡献,他们就会不支持或退出该组织,从而使组织的目标无法实现,组织就会瓦解。所以组织效率就是组织的生存能力。一个组织要实现其目标,必须提供充分诱因满足组织成员的个人目标。

(4) 权威接受论。

巴纳德还认为,管理者的权威并不是来自上级的授予,而是来自由下而上的认可。管理者权威的大小和指挥权力的有无,取决于下级人员接受其命令的程度。他认为,单凭职权发号施令是不足取的,更重要的是取得下级的同意、支持和合作。巴纳德在他的《经理的职能》一书中有这样一段论述:"如果经理人员发出的一个指示性的沟通交往信息为被通知人所接受,那么对他来说,这个权力就是被遵从或成立了。于是,它就被作为行动的依据。如果被通知人不接受这种沟通交往信息,就是拒绝了这种权力。按照这种说法,一项命令是否具有权威,决定于命令的接受者,而不在于命令的发布者。"这是巴纳德对权威的一种全新的看法。

综上所述,巴纳德最早把系统理论和社会学知识应用于管理领域。他改变了前人采用静态的、叙述的方式来说明经理的职能,而是采用分析性和动态的方式来说明经理的职能。

他还首先对"沟通"、"动机"、"决策"、"目标"和"组织关系"等问题进行了开创性的专题研究；从心理学、管理程序学派和社会学的角度来研究管理，并且将其中的概念加以发展；他的"权威接受论"对权威提出了全新的看法，对我们很有启发。

2.3.2　管理程序学派

管理程序学派是在法约尔的管理思想的基础上发展起来的。该学派的代表人物有美国的哈罗德·孔茨和西里尔·奥唐奈(Cyril O' Donnell)。其代表作为他们两人合著的《管理学》。

最初这个学派对组织的功能研究较多，而对其他功能注意不够。二战后，法约尔的名著《工业管理和一般管理》的英译本在美国广为流传。法约尔将管理分为计划、组织、指挥、协调和控制五种职能使这个学派开阔了视野，从而得以迅速成长。其主要观点如下：

(1) 视管理为一种程序和许多相互关联着的职能。在该学派的著作中，虽然对管理职能分类的数量不尽相同，但都含有计划、组织和控制。

(2) 认为可以将这些管理职能逐一分析，归纳出若干原则作为指导，以便更好地提高组织效力，达到组织的目标。

(3) 提供了一个分析研究管理的思想构架，其内涵既广泛又易于理解，一些新的管理概念和管理均可容纳在计划、组织及控制等职能之中。

(4) 强调管理职能的共同性。任何组织尽管其性质不同，但所应履行的基本管理职能是相同的。

管理程序学派一方面为人们所普遍接受，另一方面也常常受到批评。主要批评意见是：① 将管理看成是一些静态的不含人性的程序，忽略了管理中人的因素；② 所归纳出的管理原则适用性有限，对静态的、稳定的生产环境较为合适，而对于动态多变的生产环境难以应用；③ 管理程序的通用性值得怀疑，管理职能并不是普遍一致的，不仅因职位的高低和下属的情况而异，而且也因组织的性质和结构的不同而发生变化。

2.3.3　管理科学学派

管理科学学派又称数量学派，它是泰勒科学管理理论的继续和发展。其代表人物为美国的伯法等人。伯法的代表作为《现代生产管理》。

这个学派认为，管理就是制定和运用数学模型与程序的系统，就是通过对企业生产、采购、人事、财务、库存等职能间相互关系的分析，然后用数学符号和公式来表示计划、组织、控制、决策等合乎逻辑的程序，求出最优的解答，以达到企业的目标。从名称上来看，凡以管理为研究对象的科学都可称为管理科学，但作为一个学派，它主要与将定量方法运用于企业管理的研究有关，所以通常也称作管理的数量学派或运筹学派。

管理科学学派在研究组织活动的管理时是以下述假设为前提的：

(1) 组织的成员是"经济人"，或者叫做"组织人"、"理性人"。他们认为，人是理性的动物，追求经济上的利益，会根据物质手段的刺激程度而提供不同的努力；

(2) 组织是一个追求经济利益的系统。管理科学学派认为，组织追求的是以最小的成本求得最大的收益，而且是整个系统的最大收益，不是局部的最大收益，是"整体优化"，不是局部优化。有时，局部的最大收益反而会妨碍整个系统的最大收益。

(3) 组织是由作为操作者的人同物质技术设备所组成的人机系统。这个人机系统对投入的各种资源进行加工，转变成为产品输出。工作过程能明确规定，结果也能用定量的方式准确地衡量和评价。

　　（4）组织是一个决策网络。决策是一个合乎逻辑的理性程序,并遍布于组织活动的各个方面,构成一个网络。许多管理决策都具有结构性,可以应用计量模型。

　　由于组织及其成员都是"理性的动物",组织活动的决策、过程及其成果可以用定量的方法加以描述,因此,在组织的管理过程中应该大量借鉴和利用数学的方法。根据这种认识,管理科学学派发展了许多数量分析方法和决策技术,比如盈亏平衡分析、库存控制模型、决策树方法、网络计划技术、线性规划、动态规划、排队论、对策论等。在利用这些方法和模型解决管理问题时,要依循以下程序:

　　（1）观察和分析,从而敏锐地发现组织活动中存在的问题;

　　（2）透过问题的表面现象,确定问题的实质,了解影响问题的诸种因素;

　　（3）根据对问题影响因素之间关系的分析,建立数学模型;

　　（4）从模型得出解决方案,通过不断试算,找出最优解;

　　（5）对模型和得出的最优解进行验证,包括用实际情况来检验模型的预测,并对实际的结果和预计的结果进行比较;

　　（6）建立对解决方案的控制,包括采取必要的手段监视各项变数的变化,并准备在发生重要变化时可采取的修正方案;

　　（7）把解决方案付诸实施,即把解决方案转化为可行的作业程序,并在作业过程中对临时发现的偏差和缺点予以补救纠正。

　　上述七个步骤的工作不是互相独立地进行的,而是相互联系、相互作用的。

　　管理科学理论是继科学管理、行为科学理论之后,管理理论与实践发展的结果。这一理论源于运用应用科学的方法解决生产和作业管理的问题。

　　管理科学的理论特征有四点:① 以决策为主要的着眼点,认为管理就是决策,给定各种决策分析模型。② 以经济效果标准作为评价管理行为的依据,为此建立诸如量、本、利等模型以讨论行为的结果及变化。③ 依靠正规数学模型,这些模型实际上是以数学形式表达的解决问题的可行办法。为此,建立合适的模型就成为管理行为可行性的前提。④ 依靠计算机运算以便计算复杂的数学方程式,从而得出定量的结论。

　　管理科学中所采用的数学模型可以分成两大类,即描述性模型和规范性模型,其各自又可分成确定性和随机性模型两种。流行的管理科学模型现有:决策理论模型、盈亏平衡点模型、库存模型、资源配置模型、网络模型、排队模型、模拟模型等。

2.3.4　决策理论学派

　　决策理论学派的代表人物是美国的卡内基梅隆大学教授赫伯特·西蒙（H. A. Simon）,其代表作为《管理决策新学科》。西蒙由于在决策理论方面的贡献,曾荣获 1978 年的诺贝尔经济学奖。

　　该学派认为管理的关键在于决策,因此,管理必须采用一套制定决策的科学方法,要研究科学的决策方法以及合理的决策程序。有人认为西蒙的大部分思想是现代企业经济学和管理科学的基础。

　　决策理论的主要内容表现在以下四个方面。

　　（1）决策是一个复杂的过程。

　　人们常常认为,决策只是在一瞬间即能完成的一种活动,是在关键时刻作出的决定。而决策理论学派认为,这种看法太狭窄了。它仅注意了决策的最后片刻,从而忽略了最后时刻之前的复杂的了解、调查、分析的过程,以及在此之后的评价过程。决策的过程在大的方面至少应该分成四个阶段:提出制定决策的理由;尽可能找出所有可能的行动方案;在诸行动方案中进行抉择,选出最满意的方案;然后对该方案进行评价。这四个阶段中都含有丰富的内容,并且各个阶段有可能相互交错,因此决策是一个反复的过程。

(2) 程序化决策与非程序化决策。

西蒙认为,根据决策的性质可以把它们分为程序化决策和非程序化决策。程序化决策是指反复出现和例行的决策。这种决策的问题由于已出现多次,人们自然就会制定出一套程序来专门解决这种问题。比如为病假职工核定工资,排出生产作业计划等。

非程序化决策是指那种从未出现过的,或者其确切的性质和结构还不很清楚或相当复杂的决策。比如某个企业要开发某种市场上急需而本企业又从未生产过的新产品,这就是非程序化决策的一个很好的例子。

此外,根据决策条件,决策还可以分为肯定型决策、风险型决策和非肯定型决策,每一种决策所采用的方法和技术都是不同的。

随着人们认识的深化,许多非程序化决策将转变为程序化决策。此外,解决这两类决策的方法一般也不相同。

(3) 满意的行为准则。

在决策标准上,主张用"令人满意"的准则代替"最优化"准则。以往的管理学家往往把人看成是以"绝对的理性"为指导,按最优化准则行动的"理性人"。西蒙认为,由于组织处于不断变动的外界环境影响之下,搜集到决策所需要的全部资料是困难的,而要列举出所有可能的行动方案就更加困难,况且人的知识和能力也是有限的,所以在制定决策时很难求得最佳方案。在实践当中,即使能求出最佳方案,出于经济方面的考虑,人们也往往不去追求它。所以,西蒙认为"最优化"准则在事实上是做不到的,应该用"管理人"假设代替"理性人"假设。这种"管理人"不考虑一切可能的复杂情况,只考虑与问题有关的情况,采用"令人满意"的决策准则,从而可以作出令人满意的决策。这种看法揭示了决策作为环境与人的认识能力交互作用的复杂性。

(4) 组织设计的任务就是建立一种制定决策的人机系统。

由于计算机的广泛应用,它对管理工作和组织结构产生了重大影响。这使得程序化决策的自动化程度越来越高,许多非程序化决策已逐步进入了程序化决策的领域,从而导致了企业中决策的重大改革。由于组织本身就是一个由决策者个人所组成的系统,现代组织又引入自动化技术,从而变成了一个由人与计算机所共同组成的结合体。组织设计的任务就是要建立这种制定决策的人机系统。

2.3.5 系统管理理论学派

系统管理理论侧重于用系统的观念来考察组织结构及管理的基本职能,它源于一般系统理论和控制论。这一理论是卡斯特(F. E. Kast)、罗森茨威克(J. E. Rosenzweig)和约翰逊(R. A. Johnson)等美国管理学家在一般系统论的基础上建立起来的。卡斯特的代表作为《系统理论和管理》。该学派的理论要点主要有:

(1) 企业是由人、物资、机器和其他资源在一定的目标下组成的一体化系统,它的成长和发展同时受到这些组成要素的影响,在这些要素的相互关系中,人是主体,其他要素则是被动的。

（2）企业是一个由许多子系统组成的开放的社会技术系统。企业是社会这个大系统中的一个子系统，它受到周围环境（顾客、竞争者、供货者、政府等）的影响，也同时影响环境，只有在与环境的相互影响中才能达到动态平衡。在企业内部又包含着若干子系统，它们是：① 目标和准则子系统，包括遵照社会的要求和准则确定战略目标；② 技术子系统，包括为完成任务所必需的机器、工具、程序、方法和专业知识；③ 社会心理子系统，包括个人行为和动机、地位和作用关系、组织成员的智力开发、领导方式，以及正式组织系统与非正式组织系统等；④ 组织结构子系统，包括对组织及其任务进行合理划分和分析，协调它们的活动，并由组织图表、工作流程设计、职位和职责规定、章程与案例来说明，还涉及到权力类型、信息沟通方式等问题；⑤ 外界因素子系统，包括各种市场信息、人力与物力资源的获得，以及外界环境的反映与影响等。此外，还有一些子系统，如经营子系统、生产子系统等，这些子系统还可以继续分为更小的子系统。

（3）运用系统观点来考察管理的基本职能可以提高组织的整体效率，使管理人员不至于只重视某些与自己有关的特殊职能而忽视了大目标，也不至于忽视自己在组织中的地位与作用。

该学派认为，组织这个系统中的任何子系统的变化都会影响其他子系统的变化。为了更好地把握组织的运行过程，就要研究这些子系统和它们之间的相互关系，以及它们怎样构成了一个完整的系统。

尽管这个学派在 20 世纪 60 年代达到它的鼎盛时代，以后逐渐衰退，但这个学派的一些思想还是有助于管理研究的。

2.3.6　权变理论学派

权变理论是一种较新的管理思想，它的代表人物是美国的卢桑斯、英国的伍德沃德等人。卢桑斯的代表作是 1976 年出版的《管理导论：一种权变学》，伍德沃德的代表作为《工业组织：理论和实践》。这一理论的核心就是力图研究组织的各子系统内部和各子系统之间的相互联系，以及组织和它所处的环境之间的联系，并确定各种变数的关系类型和结构类型。它强调在管理中要根据组织所处的内外部条件随机应变，针对不同的具体条件寻求不同的最合适的管理模式、方案和方法。

卢桑斯在其 1976 年出版的《管理导论：一种权变学》一书中系统地概括了权变管理理论。他的论点主要包括以下几个方面。

（1）过去的管理理论可分为四种，即过程学说、计量学说、行为学说和系统学说，这些学说由于没有把管理和环境妥善地联系起来，其管理观念和技术在理论与实践上相脱节，所以都不能使管理有效地进行。而权变理论就是要把环境对管理的作用具体化，并使管理理论与管理实践紧密地联系起来。

（2）权变管理理论就是考虑到有关环境的变数同相应的管理观念和技术之间的关系，使采用的管理观念和技术能有效地达到目标。在通常情况下，环境是自变量，而管理的观念和技术是因变量。这就是说，如果在某种环境条件下，对于更快地达到目标来说，就要采用某种管理原理、方法和技术。比如，如果在经济衰退时期，企业在供过于求的市场中经营，采用集权的组织结构，就更适于达到组织目标；如果在经济繁荣时期，在供不应求的市场中经营，那么采用分权的组织结构可能会更好一些。

（3）环境变量与管理变量之间的函数关系就是权变系统，这是权变管理理论的核心内容。环境可分为外部环境和内部环境。外部环境又可以分为两种：一种是由社会、技术、经济和政治、法律等所组成；另一种是由供应者、顾客、竞争者、雇员、股东等组成。内部环境基本上是正式组织系统，它的各个变量与外部环境各变量之间是相互联系的。

总之，权变管理理论的最大特点是：它强调根据不同的具体条件、采取相应的组织结构、领导方式、管理机制；它把一个组织看做是社会系统中的分系统，要求组织各方面的活动都要适应外部环境的要求。

伍德沃德提出，为了使问题得到很好的解决，要进行大量的调查和研究，然后把组织的情况进行分类，建立模式，据此选择适当的管理方法。建立模式时应考虑组织的规模、工艺技术的模糊性和复杂性、管理者位置的高低、管理者的位置权力、下级个人之间的差别、环境的不确定程度。总之，要根据组织的实际情况来选择最好的管理方式。

2.3.7　经验主义学派

经验主义学派的代表人物主要有戴尔（Ernest Dale）和德鲁克（Peter Drucker），他们的代表作分别为《伟大的组织者》和《管理：理论和实践》、《有效的管理者》。

这个学派主张通过分析经验（通常也就是一些案例）来研究管理问题，最早提出这一见解的是美国的戴尔、德鲁克等人。他们认为应该从企业管理的实际出发，以大企业的管理经验为主要研究对象，通过研究各种各样成功和失败的管理案例，就可以了解怎样管理。这一学派的主要观点大致如下：

（1）作为企业主要领导的经理，其工作任务着重于两方面：① 造成一个"生产的统一体"，有效调动企业各种资源，尤其是人力资源作用的发挥；② 经理作出每一项决策或采取某一行动时，一定要把眼前利益与长远利益协调起来。

（2）重视建立合理的组织结构。如德鲁克认为，当今世界上管理组织的新模式可以概括为以下五种：① 集权的职能性结构；② 分权的联邦式结构；③ 矩阵结构；④ 模拟性分散管理结构；⑤ 系统结构。他还强调，各类组织要根据自己的工作性质、特殊条件以及管理人员的特点，来确定本组织的管理结构，切忌照搬别人的模式。

（3）对科学管理和行为科学理论重新评价。这一学派中的许多人提出，科学管理和行为科学理论都不能完全适应企业实际需要。

2.3.8　比较管理理论学派

第二次世界大战后，美国的经济实力增长速度为各国所瞩目。许多国家采用比较的方法研究美国，为本国经济的发展提供某些选择依据。当时，欧洲大陆曾展开一场论战：欧洲的科学技术并不比美国落后，可经济发展为什么落在美国后面？英国有大批获得诺贝尔奖的大科学家，但科学的应用为什么远远落后于美国？人们在论战中逐渐认识到：欧美之间经济发展上的差距主要是管理上的差距。管理专家戴尔在《管理：理论和实践》一书中尖锐地指出：英国为什么不能长期维持它在经济发展中的领先地位？究其原因，在很大程度上必须归因于它的经营管理人员。他们中很多人采取"贵族态度"对待企业管理；"同工业革命早期阶段英国管理人员的行为形成对照的是缺乏革新精神"，英国人在企业管理上保守、固步自封，后来被日本人戏称为"贵族病"。在论战过程中，英国工党政府一位名叫克里卜斯的财政部长认为管理是一种能够使英国经济得以复苏的"力量"，是使科学技术应用于生产的"媒介"，他建议组织考察团去美国考察。在他的指导下，英国组织了一个由企业家和经理人员所组成的"生产力考察团"赴美国学习,研究美国的企业管理实践,从而促成了比较管理学的形成。

1959 年,美国纽约出版了《工业世界中的管理:国际分析》一书,这本书是由美国普林斯顿大学教授 F. 哈比森和麻省理工学院教授 A. 梅耶斯对世界上美、日、英、法、德等 12 个不同类型的国家的企业管理进行了充分考察研究后写成的。在这部著作中,他们运用大量的资料进行比较分析,建立起一个较为完整的比较管理学理论体系。

1965 年,美国印第安大学教授 R. N. 法默和加利福尼亚大学教授 B. N. 里奇曼合写了一部《比较管理学与经济进步》。这是世界上第一部以"比较管理学"命名的专著。在这本书里,法默和里奇曼尝试用建立分析模型的方式分析管理的各种要素对管理的不同影响。这种模型有助于确定不同文化环境中影响各国企业管理的共同性因素。比较管理学的出现,在世界范围内产生了广泛的影响,并较快地发展成为一门具有国际性的学科。

从 1973 年到 70 年代末期,比较管理学处于低潮。这一时期之所以出现低潮,直接的原因就是世界性石油危机及其触发的经济危机的影响,使研究经费来源枯竭。另一方面从学科形成的角度来看,60 年代比较管理研究的广泛发展决不是一种偶然现象,因为比较管理学是从世界整体这一宏观角度出发,在跨文化、跨国度、跨学科的基础上,通过比较研究来揭示世界范围内企业管理的共性和个性、一般规律和特殊规律。所以可以认为,比较管理学的形成受到了当时比较盛行的一般系统论的强烈影响和启迪。而随着一般系统论的衰退,比较管理的研究也势必受到影响。

而在西方世界普遍遭到石油危机沉重打击的情况下,惟独石油完全依赖进口的日本生产效率不但没有下降,反而有所提高。在西方各国通货膨胀严重的情况下,日本仍然维持着极低的通货膨胀率。"日本奇迹"使得居于世界领先地位的美国式管理受到了挑战,比较管理学者们不得不回过头来研究日本的经营管理。经过了一个时期的沉默后,到了 20 世纪 70 年代末期,比较管理研究又开始活跃起来,酿成 80 年代的"日本热"。

20 世纪 80 年代初期,美国管理学界相继推出了四部比较管理学的力作:日裔美籍教授威廉·大内撰写的《Z 理论》(1981 年),美国教授帕斯卡尔和阿索斯合著的《日本企业管理艺术》(1981 年),美国学者狄尔和肯尼迪合写的《公司文化》(1982 年),以及美国教授彼得斯和沃特曼合著的《成功之路》(1982 年)。这四部著作的问世,把比较管理研究推向了高潮,深得管理学界和企业界的推崇,被誉为"管理新潮流的四重奏"。作者们通过东西方管理的比较,向美国企业界提出了一个严峻的课题:美国企业正面临着来自日本的威胁!日本人在二战后不太长的时期内,创造出震惊世界的经济奇迹,在国际市场上一个又一个地夺走美国汽车、炼钢、造船、手表、照相机、家用电器等工业在世界上的优先地位。到了 1980 年,日本的国民生产总值已跃居世界第三位,仅次于美国和苏联。1974～1980 年,日本生产率增长速度比美国高出 3 倍。照此下去,到不了 2000 年,日本的人均国民生产总值即可超过美国,从而夺得世界首位。是什么原因使日本经济出现奇迹?学者们经过严肃的调查研究之后,得出一个共同的结论,这就是:日本的经济奇迹主要来自日本的经营管理。《成功之路》的作者认为,美国管理落后于日本管理的原因,在于过分拘泥以理性主义为基石的科学管理思想方式,从而导致了管理人员过分依赖定量分析的工具和方法,只相信明确的分工和自上而下的控制,仅仅依赖正式组织结构和规章制度等偏颇之见和狭隘的管理手段。该书作者认为,管理首先是对人的管理,而人就其本性而言,决不是纯理性的,人的感情起着重要作用。理性主义把管理当做一种纯粹科学来看待,但管理不仅是科学,还是一门艺术,因而反对单纯理性主义的观点,反对对"理性化"的迷信和滥用,提出重视非理性因素的作用。《日本企业管理艺术》的作者指出,企业管理可以分为硬性管理和软性管理,企业文化属于软性管理的范畴,它在整个企业管理系统中起核心作用。企业文化是企业特有的价值观念、传统习惯、行为规范等要素的有机体,它好比"粘合剂",使企业职工紧密地融为一体,为企业共同目标的实现竭尽全力。日本企业就是凭借其特有的文化一体意识获得了成功。学者们把美国管理水平下降的原因归结于"管理文化的局限性"。他们认为,匆匆忙忙地引进质量管理制度、理论等不配套的"单个零件",并不能解决整个问题。因此,美国企业要超过日本,必须重视企业文化的培养。

在东西方管理比较过程中,学者们发现,各国的历史传统、民族文化、思维方式等有着深刻的差异,决不可盲目照搬别国的管理经验。有人试图将日本成功管理范例中可为美国所接受的东西加以改造并与美国的某些管理因素相结合,从而另辟蹊径,结果收效甚微。一些美国学者在调查中发现,美国优秀企业成功之路在许多方面与日本企业的成功经验不谋而合。他们认为,"用不着远去日本寻找管理楷模",与其东土求教,不如本地寻珍。许多学者指出:"日本有卓越管理,我们有卓越公司","日本能我们也能"。

2.4 管理理论发展的趋势

管理活动无处不在,无时不在。为了自身生存和发展,为了维持社会生活的有序化,人类需要管理活动,从而也需要为管理活动提供理论武装的管理科学。人类社会发展中这种永无止境的实际需要,是管理科学演进发展的不竭动力。管理科学是一个充满勃勃生机并不断创新和发展着的学科门类。

对于管理的学习者和研究者而言,了解管理理论发展的趋势,尤其是注视和跟踪管理科学在中国的发展趋势,对于确立正确的发展对策和方略是至关重要的。

通过从纵向的历史维度对管理理论的发展历程进行的分析回顾以及从横向学派纷呈的角度对管理发展中形成的主要管理理论学派的比较分析,将过去和未来相联系,我们可以看到管理理论发展的趋势。

2.4.1 收敛式发展趋势

目前管理理论学派林立,形成了现代管理理论的"丛林"和"新丛林"。"天下大事,分久必合,合久必分"。在存在众多管理学科和管理理论的状态下,必然需要整合,建立统一的管理理论体系。普通管理学的创立就是一个尝试。普通管理学(或称为管理理论学)是整个管理科学的基点或核心,其地位类似于语言科学中的普通语言学、心理科学中的普通心理学。它的任务是探讨人类社会一切管理活动的普遍性、共同性、一般性问题,如管理活动的特征和职能、类型和过程、目的和手段、方法和原则、实施体制和机构等。1980年以来,许多高等学校开设了面向各个管理类专业的管理学课程并编写相关教材。这些课程和教材,大多只涉及经济管理或企业管理,远未涵盖所有领域的管理活动,还不是真正意义的普通管理学。管理科学作为一个包含众多学科的学科门类,必须有一个联系各门分支学科、边缘分支学科的交汇点。普通管理学就是这个交汇点,中国的管理科学工作者应当通力合作,从工商管理、经济管理、行政管理、教育管理、科学技术管理、军队管理等各个角度向普通管理学这个交汇点收敛、聚集,为创建和发展具有中国特色的普通管理学作出应有的贡献。

2.4.2　发散式发展趋势

管理活动遍及社会的各个领域、各行各业,管理科学研究队伍具有异质化的特点,研究者有着不完全相同的学科、专业背景,来自于不同的社会实践领域,从而为管理科学学科体系的发散式发展提供了方便条件。管理科学的发散式发展,意味着管理科学将渐次扩展研究范围,其分支学科、边缘分支学科还将不断增多,在现有分支学科、边缘分支学科尚未充分覆盖的地方,都有可能成为新学科的生长点。由于市场经济条件下管理社会公共事务的实际需要,学者们提出了在中国发展公共管理科学的设想。公共管理科学既要以行政管理学为基础,又要超出行政管理学的覆盖面,全方位拓展社会公共事务管理的广度。为了促成这种多极点演进发展的态势,管理科学应当成为广纳贤士、永远开放的研究领域。而各个领域的理论工作者和实际工作者,只要坚持从管理的角度思考问题,都有可能为管理科学的发散式发展贡献自己的一份力量。

2.4.3　交融式发展趋势

管理科学是一个介于哲学、社会科学与数学、自然科学之间的交叉学科门类。管理科学问世以来,一直同哲学、社会科学、数学、自然科学这些科学部类中的某些学科保持着密切的联系,先后孕育出管理心理学、管理社会学、管理工程学、社会管理学、管理哲学等一系列边缘学科、交叉学科。如果说学科之间的这种交汇融合过去主要表现为"内外交融"的话,那么在管理科学已经建立了众多分支学科、边缘分支学科的背景条件下,更应关注管理科学体系中学科之间的"内部交融"。今后,我们一方面要继续促成管理科学与哲学、社会科学、数学、自然科学以及系统科学、思维科学等科学部类之间的交汇融合,积极创建管理伦理学、管理思维学等"缺位"学科;另一方面还要有意识地强化管理科学现有学科之间的交汇融合。例如,发展历史较长的管理心理学已建立了较为成熟的理论,在工业管理心理学、商业管理心理学、教育管理心理学初步形成的基础上,管理心理学应当向其他社会活动领域全面渗透,同其他学科相交融,发展出行政管理心理学、政党管理心理学、人口管理心理学、环境管理心理学、人事管理心理学等边缘分支学科。

2.4.4　掘进式发展趋势

从理论上来说,管理科学的现有分支学科、边缘分支学科都有可能进一步分化,建立起下一层次甚至更下一层次的分支学科、边缘分支学科。这种类似于开采矿藏的掘进式分化发展的根本动力,来自于对管理科学不断增长的社会需要。例如,行政管理学经过100多年的演进历程,不仅建立了比较行政学、发展行政学、行政法学、行政生态学、社会行政学等分支学科、边缘分支学科,而且社会行政学之中又在孕育着公安行政学、司法行政学、文化行政学、教育行政学等分支学科、边缘分支学科。城市管理学尽管只有几十年的发展史,也同样进入了分化发展阶段,已经或正在形成城市经济管理学、城市社会管理学、城市交通管理学、城市土地管理学、城市规划管理学、城市环境管理学等边缘分支学科。而这些边缘分支学科的进一步分化,也在情理和预期之中,如城市社会管理学,有可能分化出城市人口户籍管理学、城市社会治安管理学、城市社会建设管理学。

2.5　中国古代的管理思想精粹

从中国管理思想形成和发展的历史轨迹来看,先秦时期诸子百家的管理思想是中国古代管理思想的发轫。当时的百家争鸣促使各种学派出现,他们虽然没有写过一本专门论述管理的著作,但他们的各种思想基本上是多功能的,适应的范围也是广泛的。他们阐述了各种不同的行政管理、经济管理、军事管理、社会管理和文化管理的主张,以老子、孔子、孟子、墨子、孙子、韩非子等人为代表的道家、儒家、墨家、兵家、法家等诸子百家对于经世治国的主张进行了充分的论辩,在管理目标、原则、方针、组织、手段等方面发表了各自的观点,留下了大量著作,如《论语》、《道德经》、《孙子兵法》、《墨子》、《孟子》、《荀子》、《庄子》、《韩非子》等。这些著作中蕴含着丰富的管理思想,构成了中国古代管理思想的精粹,也奠定了后世诸多管理理念的基石。

2.5.1　老子及其道家的管理思想

2.5.1.1　老子的生平及其著述

老子是道家学派的创始人。他的"清净无为"的思想具有很深刻的哲理和魅力,其影响十分深远和广泛。

老子姓李名耳,字伯阳,溢曰聃,亦称老聃,春秋时思想家。老子是楚国苦县(今河南鹿邑东)人,曾任周朝"守藏室之史",即管理藏书的史官。晚年离楚国奔秦国,在过函谷关时,应守关官吏的要求,口述了《老子》。《老子》又称《道德经》,分《道经》和《德经》上下两篇,共81章。第1~37章是《道经》,第38~81章是《德经》。"道",老子解释为"万物之奥";"德",老子解释为"孔德之容,惟道是从"。这就是说,道为本,德为器,道制约德,德说明道。如果说《道经》是老子的认识论,那么《德经》则是老子的政治观和历史观。自然两者的内涵是相依而不可截然分割的。《老子》这部书言语简练,内容丰富,虽然只有5 000字,却包括了一个相当完整的思想体系,自古以来为学术界所重视。它是一部涉及政治、经济、文化、军事诸多方面的国家或社会管理的专著。

《道德经》的每一章都是围绕着人类社会出现了国家、阶级和私有财产之后的状况,对诸如统治阶级应该怎样管理国家、应该怎样安排人民的生活,最高层管理者(圣人、侯王)应该怎样看待自己的功绩、怎样发挥自己的作用、怎样驾驭军事力量、怎样面对声、色和财富的诱惑、正确控制个人私欲的膨胀等国家(或社会)管理方面重大的理论和方法问题进行了探讨。老子创立的一家之言,历史上称之为道家,以其强调"道法自然",主张"清静无为"而得名。

《道德经》点明"圣人之治"应该如何的有20多处,未明言但含其义是随处可见:

是以圣人处无为之事,行不言之教。……功成而弗居。(二章)

是以圣人之治,……为无为,则无不治。(三章)

是以圣人,为腹不为目,故去彼取此。(十二章)

是以圣人常善救人,故无弃人。常善救物,故无弃物。(二十七章)

故圣人云,我无为而民自化,我好静而民自正。(五十七章)

是以圣人为而不恃,功成而不处,其不欲见贤邪!(七十七章)

圣人之道为而不争。(八十一章)

没有以圣人或侯王为主语的句子随手可得:

上善若水,水善利万物而不争,处众人之所恶,故几於道。(八章)

持而盈之不如其己;揣而锐之不可长保;金玉满堂莫之能守;富贵而骄,自遗其咎。功遂身退,天之道。(九章)

功成事遂,百姓皆谓:我自然。(十七章)

绝圣弃智,民利百倍;绝仁弃义,民复孝慈,绝巧弃利,盗贼无有;此三者,以为文不足。故令有所属,见素抱朴少私寡欲。(十九章)

执大象天下往。往而不害安平太。乐与饵,过客止。(三十五章)

以上足以证明《道德经》就其全部内容而言乃是反复论证国家如何管理的书。现在,我们从管理学的视角去探索存在于《道德经》里有关管理的一些理念,从而使我们进一步了解老子管理思想的体系及其内容,同时也有助于我们挖掘其思想中的精华,为改进当前的管理、提高管理水平服务。

2.5.1.2　老子关于"道"的理念

老子与先秦其他思想家一样重视对"治国之道"的思考和阐述。相比之下,老子有关"道"的理念所涵盖的空间更为广大。老子开宗明义第一章就说:"道可道,非常道;名可名,非常名。无名天地之始。有名万物之母。"显然,老子所讲的"道",不仅仅限于人类社会的范围,即所谓"人道",而且还包括"天道"、"地道",最后,天道、地道、人道都要服从于自然。所以,老子关于"道"的理念是一个"大自然法则支配一切"的概念。这就是有名的"道法自然"这一命题的由来。在老子看来,"道"先于物质生成之前就存在了。他说:"有物混成先天地生。寂兮寥兮独立不改,周行而不殆,可以为天下母。吾不知其名,强字之曰道。强为之名曰大。大曰逝,逝曰远,远曰反。故道大、天大、地大、人亦大。域中有大,而人居其一焉。人法地,地法天,天法道,道法自然。"(二十五章)

这段话可以说是老子全书有关"道"的一个主旨。2 500 多年前,老子就朦胧地感觉到有一种支配天、地、人间运行的客观存在的物质力量,他把这种力量称之为"道"。

老子的"道"的理念具有一定的自然规律性,是带有义理性的。孔、墨的"道"论都是继承西周以来的天道观念,即承认天是有意志的。墨子有《天志》篇专论"天志",墨子思想中的"天",保留了传统精神上的主宰性。"顺天意者,兼相爱,交相利,必得赏;反天意者,别相恶,交相贼,必得罚。"(《墨子·天志上》)这个能赏能罚的"天",无疑是有独立意志的天,表现出浓厚的宗教性。同样,孔子的思想也继承了西周的天道观念,在《论语》中可以看到他的天道观念仍带有一定的宗教性。如:"获罪于天,无所祷也"(《论语·八佾》);"天将以夫子为木铎"(《论语·八佾》);"予所否者,天厌之,天厌之"(《论语·雍也》);"死生有命,富贵在天"(《论语·颜渊》)等的论述。

由此可见,老子的"道法自然"思想所表现的"道"的理念完全突破了西周以来天道观的束缚。他明确意识到有一种"独立不改,周行而不殆,可以为天下母"的力量。这是老子讲"道"的精华所在。他接近于发现自然界存在着不受任何神力主宰的客观规律,这是对原始朴素的唯物论的重大贡献。然而,带有宗教性的孔、墨的天道思想,并没有使孔、墨成为宗教,而带有义理性的老子大宇宙的自然观却成为后来中国本土唯一宗教(道教)的理论基础。这与老子所主张的行政时必须"清静无为"有着直接关系。因此,我们从管理学角度就不必像哲学家那样仔细鉴定老子的"道"论里有哪些唯物因素、有哪些唯心因素,但不可忽略对类似"道法自然"这样对国家管理具有重大意义的思想观点的应用。

2.5.1.3 老子关于人性的理念

大凡一种管理思想都与其对人性的认识有着密切关系。如认为人性善者,多主张实行仁政、德治;如认为人性恶者,多主张实行法治。纵观《老子》全书,并没有直接谈论人性善恶问题,但是从他的一些言论中却可以分析出老子对人性是有认识和有要求的。

老子对人的本性有他自己的认识,他指出:"五色令人目盲,五音令人耳聋,五味令人口爽。驰骋畋猎令人心发狂,难得之货令人行妨。是以圣人,为腹不为目,故去彼取此。"(十二章)

老子认为人的本性是有欲、有私、贪财货的,特别受不得外界物质享受如五色、五音、五味、田猎和难得之货的刺激,人类社会的一切矛盾和争斗都源于此。依此观之,老子应属于"性本恶"范畴中的思想家。但是,老子根本拒绝用仁义、孝慈、隆礼、重法这些管理和教育手段来矫正人性方面的缺陷,他认为这些手段是加重社会纷争和冲突的原因之一。他提出:"大道废,有仁义;智慧出,有大伪;六亲不和,有孝慈;国家昏乱,有忠臣。"(十八章);"绝圣弃智,民利百倍;绝仁弃义,民复孝慈;绝巧弃利,盗贼无有。此三者以为文而未足。故令有所属。见素抱朴,少私寡欲;绝学无忧。"(十九章);"故失道而后德,失德而后仁,失仁而后义,失义而后礼。夫礼者,忠信之薄,而乱之首。"(三十八章)。

老子认为在人类社会里应该重新恢复大道的运行、废除仁义、孝慈、礼法等人为的干扰,净化人类的本性,达到"见素抱朴,少私寡欲"的境界,尤其是国家管理者(圣人)具有这样真正的人性,才能实现理想的、长治久安的社会秩序。

老子管理思想上的误区恐怕就在于没有区别自然秩序和社会秩序、自然规律和社会规律各自不同的性质,要求人类社会完全按自然界的规律办事,那是难以实现的空想。但是把"少私寡欲,见素抱朴"作为对国家管理者的基本品质要求,却是应该完全肯定的。

2.5.1.4 老子关于管理方法论的理念

通读《老子》全书,从管理方法论而言,最突出的特点就是矛盾对立统一法则的运用,有和无、生和死、刚和柔、美和丑、善和恶、为和不为、私和不私、取和予等相互对立的矛盾都存在着相互转化的必然性。他说:"天下皆知美之为美,斯恶矣;皆知善之为善,斯不善矣。故有无相生,难易相成,长短相形,高下相倾,音声相和,先后相随。是以圣人处无为之事,行不言之教。万物作焉而不辞。生而不有,为而不恃,功成而弗居。夫唯弗居,是以不去。"(二章)

老子要求最高层的管理者不应该为了张扬美名而去搞管理,这样的美名反而会转化为丑名;不应该张扬善行而去搞管理,这样的善行就会演变为恶行。有无、难易、长短、高下、音声、前后都是会相互转化的,所以,圣人治理国家就应采取"无为"的理念,有了这种"为无为"的理念,最后能达到"无不为"的效果。

怎样正确理解老子的"无为"思想是很重要的。把老子的"无为"思想理解成什么事也不做,什么话也不说,显然是过于肤浅了。很多人在读《老子》时,往往只抓住"无为"二字,而忽略在此二字之前还有一个"为"字,老子说的是"圣人之治……为无为,则无不治"(三章),"圣人之道为而不争"(八十一章)。所以,老子讲的还是"为",全书最后的结论也结在"为"上。这是我们运用老子管理思想时应该特别注意的地方。他说:"道常无为,而无不为。侯王若能守之,万物将自化。化而欲作,吾将镇之以无名之朴。无名之朴,夫亦将无欲。不欲以静,天下将自定。"(三十七章)

所以,"无为"和"有为"都是"为"的表现形式。老子在方法论上主张"无为",他认为"无为"要比"有为"为得更高明一些,效果更好一些。用现代的词汇来表述,老子似乎已经意识到要把有形的干预更多地变成"无形的手"。这个道理是很值得我们深刻领会的。

2.5.1.5　老子关于管理目标的理念

在《老子》书中有两个相互对立而只在理论上可以达到统一的管理目标。一个是实现"小国寡民",另一个就是实现能纳百川之水的"百谷之王"。他是这样表述上述两种管理目标的:"小国寡民,使有什伯之器而不用,使民重死而不远徙。虽有舟舆无所乘之;虽有甲兵无所陈之。使人复结绳而用之。甘其食、美其服、安其居、乐其俗。邻国相望,鸡犬之声相闻,民至老死不相往来。"(八十章)"江海之所以能为百谷王者,以其善下之,故能为百谷王。是以圣人欲上民,必以言下之。欲先民,必以身后之。是以圣人处上而民不重,处前而民不害。是以天下乐推而不厌。以其不争,故天下莫能与之争。"(六十六章)

一般研究老子管理思想的人往往只注意到老子的"小国寡民"思想,而忽略或不注意他的"百谷王"思想。看来"小国寡民"是他的近期目标,而"百谷王"则是他的远大的长期目标。所谓"百谷王",是一个形象的比喻,实际上老子也主张实现统一天下的。他认为,按照他的管理理论的实践运用,通过"小国寡民"阶段是能达到"天下莫能与之争"的"百谷王"阶段的。

尽管后来中国社会的发展并没有按照老子"小国寡民"的理想去发展,而是通过大国兼并小国或小国反取大国而成为"百谷之王"。但老子的上述思路中还是有很多有价值的思想因素可以为今天的管理服务。

2.5.1.6　老子关于管理稽式的理念

什么是"稽式"？这是老子独创的术语。据注家注释,稽式即楷式,亦即典范的型式。先秦诸子的管理型式不外乎集权管理型、分权管理型或集权与分权相结合型,而老子却独自创出一种"无智型"来。他说:"古之善为道者,非以明民,将以愚之。民之难治,以其多智。故以智治国,国之贼。不以智治国,国之福。知此两者,亦稽式。常知稽式,是为玄德。玄德深矣、远矣！与物反矣,然后乃知大顺。"(六十五章)

老子认为对于智识很丰富的人民,反而很难管理,所以,不能采取以智治国的型式,而应采取无智治国的型式。那些集权型、分权型或集权分权结合型,均属于以智治国的类型。老子提出了一种无权力型的组织理论,让国家机器变成一只无形的手。前一种型式是"国之贼",后一种型式则是"国之福"。而且指出这是必须知道的"稽式",实行这种稽式是国君既深厚又远大的"玄德",国君与多智的人物都能返朴归真,这样就能达到"道"所要求大顺于自然的至治境界。

尽管老子创造了这么一种管理思想,毕竟他没有把他的管理理念付诸实践,我们无法肯定他的这种"无智型"管理理念将会产生什么样的效果。如果是像有些学者领会的那样,他的"无智型"就是实行"愚民"政策,那么肯定不会有什么好的效果,应将其作为糟粕思想加以抛弃。如果可以把他的"无智型"理解为"傻瓜型"的话,即不论是谁都可以使用这种管理型式对多智人群进行管理,那么这种管理型式的创意倒还有作进一步研究的价值。

2.5.2　孔子及其儒家的管理思想

2.5.2.1　孔子的生平及其著述

孔子,名丘,字仲尼,春秋时鲁国陬邑(今山东曲阜)人。孔子是儒家学派的创始人,是中国历史上著名的思想家和教育家。他的先世是宋国贵族,因避宋国内乱而迁到鲁国,其父做

42   现代管理论

过鲁国的官吏。孔子幼年丧父,家境贫穷,年轻时曾做过管理仓库账目的"委吏"和看管牛羊的"乘田"。50~56 岁间,在鲁国也任中都宰、司空,后升任司寇。不久即辞官,周游列国,以宣传自己的主张。68 岁时回鲁国致力于教育和整理文献。虽然孔子一生中有过一点管理经济和治理国家的实践活动,可是他主要是位思想家和教育家。《论语》是孔子生前言论的汇编,集中反映了孔子的思想。

中国传统的管理思想,不论是它的积极内容或消极内容,都深深地打着儒家思想的烙印,而儒家的管理思想则是由孔子奠基的。从孔子开始,儒家的管理思想才有了自己独特的思想体系,儒家管理思想的各种基本观点,多是由孔子首先提出来的。孔子的管理思想有一部分涉及经济管理,而大部分却是同治理国家或管理社会的主张联系在一起的。

2.5.2.2　孔子的"仁礼统一"的管理伦理

孔子的以"仁"为核心,以"礼"为准则,以"和"为目标的伦理思想,是他的管理思想的精髓。

孔子认为,人类有着一种共有的道德本性,这就是相互间的爱、关怀、谅解和宽容。正是这种道德本性,使人们能够结合成和谐有序的人类社会。孔子把这种道德本性叫做仁。仁作为内在于个人的道德修养和道德感情,即是爱心;作为外在于人与人之间的道德行为,即是爱人。内在的爱心是通过外在的爱人行为表现出来的。爱心首先产生于血缘家庭内父母兄弟之间,孔子认为这是最本源的爱。把它推而广之,使整个社会在爱的基础上达到和谐有序,是实现国家管理的最高目标。但是在现实社会中,要把仁的爱心正确贯彻到人们的实际行动中去,还要有一种能为人们共同遵循的行为规范,孔子认为这就是礼。礼是规范各等级人在各种社会活动中的行为而制度化了的行为准则。它在行动上体现了仁的要求,是实现仁的管理目标的制度保证。他对"仁"的解释是"克己复礼为仁",指出要达到"仁"的境界,就必须按照"礼"的规定行事。

根据"礼",孔子主张维持严格的等级制度,认为这样才能稳定统治秩序,维持统治者的地位。孔子强调治国要做到"君君、臣臣、父父、子子"。就是说君、臣、父、子要各守本分,各按自己的等级名分办事。孔子还说:"不在其位,不谋其政"。要求人们丝毫不要超出自己的本分。子路曾经问孔子,如果去治理卫国,应该先做什么事情。孔子明确回答:"必也正名乎!"因为"名不正,则言不顺;言不顺,则事不成;事不成,则礼乐不兴;礼乐不兴,则刑罚不中;刑罚不中,则民无所错手足"(《论语·子路》)。可见孔子把"正名",即维护等级名分看做是管理社会的头等大事。

根据"礼",孔子把管理者与被管理者,也就是统治者与被统治者的界限划分得十分清楚.这无疑也是有利于统治者的地位的。孔子说:"君子不可小知而可大受也;小人不可大受而可小知也。"(《论语·卫灵公》)"君子"是当然的统治者,"小人"则是被统治者。统治者劳心,被统治者劳力。他还说:"君子怀德,小人怀土;君子怀刑,小人怀惠。"总之,在孔子眼里,"唯上智与下愚不移","君子"和"小人"有着天壤之别。根据他的"礼"来管理社会,就是要使这种区别固定化,把以礼治国确定为管理目标,

几千年来,孔子的仁礼统一的伦理思想所提供的处理人际关系的伦理管理模式,对塑造中华民族的伦理心理素质和社会伦理管理观念,起到了极为深远的影响。从社会管理和企业管理的角度来看,汲取仁礼统一的伦理原则,把强制性的制度约束与自律性的道德规范统一和结合起来,进一步创建和完善现代社会和企业经营中的人际关系与制度建设,形成有中

国特色的管理思想,将是有重要现实意义的。

2.5.2.3 孔子的"重义轻利"的管理原则

孔子认为所有的人都有追求私利的欲求,必然会产生利益上的冲突和对立。考虑到这一情况,孔子主张"重义轻利"的管理基本原则。"义"对"利"具有主导地位,"利"必须从属于"义"。孔子提出:"君子喻于义,小人喻于利。"(《论语·里仁》)这既美化了统治者,又表明了重义轻利的立场。他自己"罕言利",反对"不义而富且贵",还希望人们都有"见利思义"的美德。贯彻"重义轻利"的管理基本原则必须做到以下几点:

其一,管理者要以身作则,以义制欲。孔子要求管理者身体力行,以自己的行动为被管理者作出榜样。他说:"其身正,不令而行;其身不正,虽令不从。"(《论语·子路》)孔子反对统治者用各种手段搜刮民财和兼并土地,他说:"不患寡而患不均,不患贫而患不安。"(《论语·季氏》)因为这种行为破坏了礼制所规定的各等级贵族之间的权势、利益关系,破坏了礼制所要维护的和谐和安定,因而是不义的。

其二,教育百姓向义、好义。孔子说:"上好礼,则民易使也","上好义,则民莫敢不服"。"上好礼"和"上好义",一方面是要求当政的人喜好礼仪和道义,对百姓起一种示范作用;另一方面要求当政的人加强思想上的说教,用"礼"和"义"来教化百姓。孔子说:"为政以德,譬如北辰,居其所而众星共之。"(《论语·为政》)虽然孔子的主张是用统治阶级的礼义来麻痹人民,使他们从思想上安于受压迫的地位,但这种主张也反对赤裸裸的暴力统治,认为直接使用暴力强制手段并不是一种好的管理方法。

其三,选拔正直的人来参与管理。鲁哀公问孔子,怎样做才能使百姓服从统治,孔子回答:"举直错诸枉,则民服;举枉错诸直,则民不服"。意思是讲,选拔正直的人,罢黜邪恶的人,百姓就服从统治了;选拔邪恶的人,罢黜正直的人,百姓就不服从统治了。孔子十分重视政治领导人的思想道德品格的素养,认为对于实现有效管理具有决定的意义和作用。他提出"君君",要求君要像个君,要合乎君道,做一个有道之君。他以尧舜禹汤文武周公为理想楷模,赋予他们以崇高的政治品格,塑造了完美的圣王形象:他们严于律己,宽以待人;生活上俭约克己,工作上勤政廉政,礼贤下士,任贤使能;对百姓博施济众,造福于民;心怀天下,而不以天下为己有;以德服人,使近者悦远者来。概言之,即"修己以安人","修己以安百姓"(《论语·宪问》)。孔子所阐发的领导者的思想道德品格,对中国王道政治理想的形成,有极深远的影响。在今天,从管理思想角度来看,无论是对于管理国家或管理企业的领导者来说,培养和提高思想道德品质,仍然有着普遍重要的现实意义。

孔子提出的"义以生利"、"见利思义"、"义然后取"的义利思想,对于当前在市场经济条件下,以正确的指导思想,建立规范的市场经济秩序和良好的市场经济环境来说,更是不可缺少的经济关系准则,它的重要现实意义是不言而喻的。

2.5.2.4 孔子的"富民节用"的经济思想

孔子的经济管理思想仅是其治理国家理论的一部分,具有代表性的是其"富民"、"节用"的主张。

孔子提出"富而后教"的经济论点,认为实施政治教化,必须要以物质生产的发展为基础,首先要发展生产,使人民物质生活充裕起来,才能有效地进行政治教化。为此,他一方面主张统治者要"节用薄敛",减轻百姓的赋税负担,在生产上要"使民以时",保证农民的生产劳动时间,不滥用民力。另一方面提出"因民之所利而利之"、"废山泽之禁",主张打破贵族领主对自然资源的垄断,让百姓能比较自由地利用自然资源去发展生产;要求统治者不与民争利,使人民在发展生产的基础上"足食"、"富之"。人民富裕了,国家就有了充足的税源。这就是他的著名的"百姓足,君孰与不足? 百姓不足,君孰与足?"(《论语·颜渊》)的财政思想。他在理论上探讨了民富与国富的关系,提出了国富应建立在民富基础上的论断,开创了儒家富民思想的先声。管理国家要以民为本,富国要以富民为本,这是孔子最具特色的经济管理思想。

在经济管理方面,孔子提出"惠而不费"。孔子认为"小人喻于利",因此主张在使用"小人"即庶民从事特种劳动和服役时,必须使他们能得到一定的经济利益、这就是他所说的"惠则足以使人"。但是,怎样给被使役者、被管理者以"惠"呢? 或者说,怎样使他们获得足以调动其积极性的物质利益呢? 孔子对此提出了一个指导原则:"惠而不费"。意思是讲,能使被使役者、被管理者得到物质利益,但对统治者、管理者来说却没有多少花费。这实际上包含着以尽可能少的代价取得尽可能多的成果的经济原则。

孔子主张治国要"节用而爱人",又一再宣扬"礼,与其奢也,宁俭"。这都说明,他把"俭"或"节用"看做管理经济的重要原则之一。孔子讲的"俭"或"节用",是从消费方面讲的。"惠而不费"和"使民以时"主要是从生产方面提出的,以促进生产增长。但生产增长了,如果统治者在消费方面挥霍无度,必然会以苛重的赋税、劳役剥削老百姓,结果虽然生产增长了,仍不可能富民,甚至反而使百姓更加穷困。孔子判断"节用"或"俭"的标准,是"礼"所规定的等级标准。如果处于这一等级的人的生活享用不超过"礼"为这一等级所规定的标准,就赞颂他为"节用"或"俭";如果超过了这一标准,则指责他为"奢"。

此外,孔子的"有教无类"和"诲人不倦"的教育思想,德才兼备的教育目标和因材施教、学思结合、启发诱导、教学相长的教育方法和治学精神,是我国传统思想文化中的一份珍贵的遗产。当前,在我国的国家管理和企业管理中,结合我国的民族特点和时代特点进行有效的人才管理来看,孔子提出的关于重视人才、任贤唯能和培养人才的思想和方法,仍有许多是值得借鉴和富于启迪意义的。

但是我们也必须认识到,孔子的管理思想,毕竟是产生于两千多年前的封建时代,它是为维护和巩固封建统治秩序服务的意识形态,特别是在人际关系上,有着深刻的封建宗法思想的烙印。在封建宗法制度下,人际关系是按照血缘的亲疏远近而差别对待的。血缘关系愈亲近,等级身份地位愈高,相应地在政治、经济、文化各方面所享有的特权也愈大;反之,血缘关系愈疏远,其等级身份地位就愈卑下,所能享有的权利也就愈少。这就是所谓的"亲亲"原则。在这种原则的基础上,整个社会形成一张按血缘关系亲疏远近编织起来的人际关系网。它为任人唯亲、裙带关系、结党营私等种种丑恶的社会现象涂上了一层温情脉脉的人伦光环。孔子虽然在人才的选拔与任用上,主张"举贤才"、"选贤与能",但由于在社会制度上采取维护传统的宗法等级制的立场,把"亲亲"原则作为一种道德准则继承下来,并把它运用到国家管理和处理人际关系中去,所以当有人告诉他,楚国有个正直的人,能无私地揭发自己父亲偷羊的事时,孔子大不以为然,说"父为子隐,子为父隐,直在其中矣"(《子路》)。他认为对亲属的犯罪行为,应相互包庇、隐瞒,才符合"亲亲"的道德原则。孔子把宗法制度的"亲亲"原则引入人际关系的管理原则中去,对我国传统管理思想的不良影响是极为深远的。当前,在我国的社会管理和企业管理中,普遍存在着人情因素,极大地阻碍着法制管理的有效实施。因此,我们对待孔子的思想遗产,必须认清它积极与消极的两重性,继承发扬其积极的方面,批判抛弃其消极的方面。

2.5.3 孟子的儒家管理思想

2.5.3.1 孟子的生平及其著述

孟子,名轲,字子舆,战国时期邹国人。孟子的管理思想是孟子思想体系的一个重要组成部分,它同孟子的哲学思想、政治思想、经济思想乃至教育思想有着密切的联系。任何管理思想都必须有自己的哲学思想作基础,这就是管理思想同哲学思想的内在联系。管理就是将各种资源组织结合起来为达到特定的目标而工作。这里离不开管理主体的决策、组织、指挥、协调和控制。而任何政治活动与经济活动也都离不开决策、组织、指挥、协调和控制,这就使得一个人的管理思想同他的政治思想和经济思想很难分开。管理不仅要出产品,而且要出人才,管理不仅包括人才的选择和使用,而且包括人才的培养和教育,所以一个人的管理思想很难不涉及他的教育思想。管理科学是一门综合性的科学,管理思想也应体现为各方面思想的一种综合。根据这样的认识,我们认为孟子的管理思想主要有六个方面的特点。

2.5.3.2 孟子基于"性善论"的管理哲学

管理科学离不开人性问题,对人和人性的认识和理解是企业管理的出发点和前提。美国管理学家麦格雷戈指出:"在每一个管理决策或每一项管理措施的背后,都一定有某些关于人性本质以及人性行为的假定"。孟子的管理思想是以性善论作为自己的哲学基础的。战国时代,在人性问题上存在三种代表性观点,即孟子的性善论、荀子的性恶论和告子的"性无分善不善"论。孟子认为人性是善良的。他说:"人性之善也,犹水之就下也。人无有不善,水无有不下。"(《孟子·告子上》)在这里,孟子用水往低处流这一自然现象来证明人性趋善的必然性。孟子所说的人性并不是指人生来就有的一切本能,而是指人与其他动物不同的、使人成其为人的那些特性。他所谓人性本善,是指人的那些特殊本性是善的。具体说就是只有人才具有的恻隐之心,羞恶之心,恭敬之心,是非之心。他说:"恻隐之心,人皆有之;羞恶之心,人皆有之;恭敬之心,人皆有之;是非之心,人皆有之。恻隐之心,仁也;羞恶之心,义也;恭敬之心,礼也;是非之心,智也。仁义礼智,非由外铄我也,我固有之也弗思耳矣。"(《孟子·告子上》)。所谓人性本善,就是指人天生具有仁、义、礼、智四种本性,是"不学而能"、"不虑而知"的良知良能。孟子的整个管理思想都是建立在对人的这一基本信念上的。他坚信人心是向善的,人的本质和行为是健康合理的。这正是孟子全部管理思想的基本出发点和前提。

2.5.3.3 孟子的"仁政"管理思想

孟子的"仁政"思想来源于孔子的"仁"。"仁"是处理人与人的关系时所实行的一种准则和态度,就是尊重对方,把对方当人看,核心是"爱人",所谓仁者爱人,"己所不欲,勿施于人"。但在孔子那里,"仁"主要还是指个人修身养性所应追求的一种品质;而孟子则把孔子讲个人修身养性的仁推广到政治领域,把仁同政治结合起来,提出了"仁政"这一新概念,把它发展为安邦治国的管理学说了。孟子的"仁政"思想是一种早期的人本管理思想,是他整个管理思想的核心。

2.5.3.4 孟子倡导的义利统一的经营管理价值观

义利之辨是古代思想家所关注议论的问题之一。核心是人们的求利活动和在这种活动中所应遵循的道德规范和处理各种利益关系的行为准则。先秦儒家有一种贵义贱利、以义制利的传统。孔子主张"见利思义","义然后取"。所以他说:"不义而富且贵,于我如浮云"

（《论语·述而》）。在义利关系上,孔子更多地是从个人人格道德修养的角度来说的。孟子在很多时候也是从个人道德修养的角度来论述和处理义利关系,认为当对方的馈赠具有明显的行贿收买倾向时就应该加以拒绝,说"无处而馈之,是货之也。焉有君子而可以货取乎?"(《孟子·公孙丑下》)"万钟不辨礼义而受之,万钟于我何加焉?"(《孟了·告子上》)但在义利问题上,孟子对孔子思想也有发展。他将孔子个人道德修养的义利观扩大为一个国家或社会如何正确处理义利关系这样一个更具普遍性的问题。当梁惠王向他请教"何以利吾国"时,孟子提出了"何必曰利?亦有仁义而已矣"(《孟子·梁惠王上》)的名言。他还说过,如果一个国家一个社会上上下下都置仁义于不顾,在与他人交往中都尽做损人利己之事,这个社会和国家肯定要灭亡,"君臣、父子、兄弟终去仁义,怀利以相接,然而不亡者,未之有也"(《孟子·告子下》)。有人认为,孟子上述说法是将义和利对立起来,抬高仁义而贬低、抹煞利,否定对物质利益的追求。其实并非如此。孟子上述说法是针对"贵诈力而贱仁义,先富有而后推让"的战国这样一个特殊的时代,针对梁惠王这样一个以不仁不义出名的特定对象而说的。就一般情况而言,孟子并不反对人们的求利活动,他所反对的仅仅是不顾仁义的求利行为,主张将义与利统一起来,至多也只是讲先义后利。他认为义利统一是人们修身、治国、平天下所应遵循的重要原则,也是孟子为他的管理思想所确定的价值观。

2.5.3.5　孟子关于管理者人格修养的论述

儒家提倡"内圣外王"之道,把个人修养看做是搞好政治的前提。孔子认为统治者品行的好坏将影响到政治的良窳,说"其身正,不令而行;其身不正,虽令不从"(《论语·子路》)。《礼记·大学》提出修身、齐家、治国、平天下,每一项均以前一项为前提。齐家、治国、平天下的总前提就是搞好自身的修养。孟子有一系列关于搞好个人修身同搞好国家治理、取得事业成功的关系的论述。他说:"天下之本在国,国之本在家,家之本在身"。(《离娄上》)。认为搞好天下、国家的事情,其基础在于搞好统治者个人的修养。又说:"君子之守,修其身而天下平"。(《尽心下》)这是说君子应坚持这样的原则,先加强自身的修养,然后平治天下。他还有以下一段名言:"故天将降大任于是人也,必先苦其心志,劳其筋骨,饿其体肤,空乏其身,行拂乱其所为,所以动心忍性,曾益其所不能。"(《告子下》)这是说一个人要成就一番事业必须经受苦难的考验和生活的磨炼,培养起自己坚强的毅力和刚毅的性格。这些观点后来发展成《大学》中"意诚而后心正,心正而后身修,身修而后家齐,家齐而后国治,国治而后天下平"的完整表述。应该说,高度重视管理者的人格品行修养,强调管理者的人格高低和品行优劣将影响和决定管理工作的成败。可见,管理者先管理好自己,是孟子管理思想一个十分突出的特点。

2.5.3.6　孟子"以德服人"的情感管理

孟子主张对被管理者要以德服人,反对以力服人,主张说服教育,反对压制惩罚。他说:"以力服人者,非心服也,力不赡也;以德服人者,中心悦而诚服也,如七十子之服孔子也。"(《公孙丑上》)管理者对被管理者是以权压人,单纯靠规章制度惩罚人,还是靠说服教育,靠道德感化,使被管理者做到口服心服,这是两种不同的管理方式,前者是传统的古典管理方式。后者是现代才兴起的情感管理方式。可见,主张"以德服人"实际上就是古代的情感管理方式,是孟子管理思想的又一特点。

2.5.3.7　孟子强调的权变观念

孟子是一位机智并灵活应变的人,他善于在处理现实生活中的棘手问题时运用权变的艺术,不拘泥于既定的清规戒律。他认为权变是人生一种很重要的智慧:"执中无权,犹执一也。所恶执一者,为其贼道也,举一而废百也。"(《孟子·尽心上》)权是秤砣,它的特点是通过灵活移动来反映物品的重量,永远不固定在一个点上,所以用以形容变化与灵活性。这段话的大意是说,主张中道如果缺乏灵活性,就会陷于死板僵化。人们之所以憎恶死板僵化的行为,就在于它违背了事物发展的规律性,偏执一点而看不到丰富多彩的变化。孟子这种权变观点,构成他管理思想的一个突出特点。

孟子为我们所提供的大多属于企业经营管理的软件系统,是一种对企业整体把握的智慧和艺术。在当代越来越重视企业管理软件的趋势下,孟子管理思想显示出它独特的魅力与特殊价值。但孟子管理思想也有缺失和不足,即对管理的硬件系统不够重视。他虽然也说过"不以规矩,不能成方圆","不以六律,不能正五音"(《孟子·离娄上》)一类主张建立规章制度的话,但毕竟分量不够。

2.5.4　墨子及其墨家的管理思想

2.5.4.1　墨子的生平及其著述

墨翟,世人尊称墨子,战国初期鲁国人。墨子是我国古代伟大的思想家和社会活动家。墨家学派的学说及管理思想,集中记载在《墨子》一书中,是墨翟及其弟子的著述。《汉书·艺文志》著录《墨子》为 71 篇。历代亡佚 18 篇,现仅存 53 篇。

对《墨子》一书的结构和各篇的撰者,历代学者有不同的理解,仁者见仁,智者见智。从管理思想的研究角度看,《墨子》一书按其中性质可概括为三大类:

第一类,是讲宏观管理的篇章,由《尚贤》、《尚同》、《兼爱》、《非攻》、《节用》、《节葬》、《非乐》、《耕柱》、《贵义》、《公孟》、《鲁问》、《公输》等 36 篇组成,阐发了墨家管理思想的总目标,以及人事管理、行政管理、生产管理、消费管理等方面的重要内容,是研究《墨子》管理思想的主要篇章。

第二类,有《经》(上、下)、《经说》(上、下)、《大取》、《小取》6 篇,其写作的体例与全书迥然不同,大多数学者认为系后期墨家的著作。从内容上看,主要阐述墨家对逻辑学、数学、物理学、天文学、光学等学科的研究成果及名辩理论。当然,也涉及到"仁"、"义"、"礼"、"忠"、"孝"、"勇"、"利"、"害"等概念。这些概念与全书的思想、观点一致,其中的兼爱、尚利等管理思想,以及市场管理思想、法制管理思想等,与第一类一起,形成了墨家治国安民的管理思想体系。

第三类,包括《备城门》、《备高临》、《备梯》、《备水》等 11 篇,是专门研究守城防御战术的篇章,集中反映了墨家的军事管理思想。同时,对兼爱、非攻以及法制管理思想、人事管理思想等均有所阐述,是墨家管理思想的一个组成部分。

概括地说,墨子管理思想的核心内容是"兼相爱,交相利"(《墨子·兼爱上》),其他各种管理主张都围绕这一核心展开并构成一个相互关联的整体。惟兼爱交利,是以追求贤能政治,爱利万民,假天行道;惟治国安民,是以发展生产,反对奢侈,节用节俭;惟兴利除害,是以主张正义,扶弱御强,反对利己主义。可以说,墨子的管理主张,是针对时弊而发,具有明确的政治目的以及较强的时代感,因而具有重要的社会意义。

正是由于上述原因,《墨子》一书及墨家学说,战国时期在社会上有广泛的影响,学墨之人众多,达到了"充盈天下"的盛况。自西汉董仲舒提出"罢黜百家,独尊儒术"以后,墨家学说即遭到统治者的歧视和遗弃,逐渐衰微。一直到清代乾隆、嘉庆年间,方有少数学者开始研究《墨子》。至光绪年间,孙诒让褒扬墨学"用心笃厚,勇于振世救敝",乃撰成《墨子间诂》一书,为研究墨家学说提供了一个较为详尽的、学术价值较高的读本。《墨子间诂》出版以来,已近百年,研究《墨子》的论著逐渐增多,普遍认为《墨子》是一部经世致用之书,墨家学说是有利于国计民生的,有利于社会稳定和发展的,其治国安邦的管理思想,也具有极为重要的价值和现实意义。

纵观我国先秦诸子的管理观,以经国治民的宏观管理思想为主,墨子学说也不例外。关于如何管理国家,墨子曾在《鲁问》中提出了十项治国之策:凡入国,必择务而从事焉。国家昏乱,则语之尚贤、尚同;国家贫,则语之节用、节葬;国家喜音湛湎(喜欢音乐和沉迷于酒),则语之非乐、非命;国家淫辟无礼,则语之尊天、事鬼;国家务夺侵凌(争夺侵略),则语之兼爱、非攻。

这十个方面,是墨子宏观管理思想的基本内容,也是墨子针对当时的时弊提出来的具体主张。而兴利除害,则是墨家管理思想所要达到的最终目的。

2.5.4.2　墨子管理思想的总目标

墨子管理思想的总目标,在于"兴天下之利,除天下之害"。他认为这是治国、理家、做人的最根本的管理要求,"是仁人之所以为事者"。

墨子所谓的天下之利是什么呢?《墨子·尚贤》指出,在于"国家之富,人民之众,刑政之治"。那么,墨子所说的天下的祸害又是什么呢?他指出:"国之与国之相攻,家之与家之相篡,人之与人之相贼,君臣不惠忠,父子不慈孝,兄弟不和调,此则天下之害也"(《墨子·兼爱中》)。这些都是国家管理中存在的问题。

墨子认为,历来圣贤是把管理国家作为自己的任务的,必须知道产生祸害的原因,才能治理它;不知道祸害发生的原因,就得不到治理。这就好比医生给人治病一样,必须知道发病的原因,才能医治;不知道发病的原因,就不能把病治好。那么,天下的祸害是怎样发生的呢?墨子又明确指出:"皆起不相爱"。意思是都是由于人们之间互不相爱而产生的。

墨子列举大量事实,来说明人们之间互不相爱的状况。他指出,现在的诸侯们只知道爱他们自己的国家,而不爱别人的国家,所以不惜动员全国的力量去攻打别的国家,侵占别国的领土;卿大夫们只知道爱他们自己的家,而不爱别人的家,所以不惜借助于全家的力量,去抢夺别人的家;人们只知道爱惜自己的身体,而不爱别人的身体,所以不惜用自己全身的力量去损害他人的身体。这样,由于诸侯之间不相爱,必定发动战争;人与人之间不相爱,必定互相损害;君臣之间不相爱,就没有恩惠与忠诚;父子之间不相爱,就没有慈与孝;兄弟之间不相爱,就不会和睦相处;假如天下的人都不相爱,就必然会形成强的压迫弱的,富的欺负贫的,高贵的轻视卑贱的,奸诈的谋算老实的。因此,墨子指出:"凡天下祸篡怨恨,其所以起者,以不相爱生也。"

对于国家的管理者来说,以上这些现象,在治理中必须加以反对并应想办法予以解决。用什么方法去解决呢?墨子又明确指出,要"以兼相爱、交相利之法易之"。他甚至进而强调:"兼相爱、交相利。此圣王之法,天下之治道也"(以上为《墨子·兼爱中》)。不仅要以兼相爱、交相利的方法去改变一切祸害,而且要把它当做圣贤管理国家的根本原则,当做处理人际关系的基本要求。这是达到兴利除害的核心问题。

2.5.4.3　墨子管理的基本准则

墨子提出的管理的基本准则是"兼相爱则治"。"兼相爱"的"兼",本意为一手执两禾,引申为两种以上事情同时进行之意；所谓"相"，就是交互、互相、彼此之意。墨子"兼相爱"的本意，就是要社会上每一个人要爱所有的人。

墨子提出管理上的"兼相爱"原则，是有其历史和现实的原因的。从历史上看，墨子认为，在远古时代，由于没有统一的社会道德标准，每个人都有其衡量事物的准则和主张，结果得不到统一就互相攻击非难。在家庭内部，父子兄弟互相怨恨成仇，离心离德，不能团结和好，甚至有余力也不互相帮忙；有好技术、好管理方法却互相保密，不肯互相传授；有多余的财物，宁肯让它腐烂，也不肯互相支援。天下混乱得就像禽兽世界一般。可见，天下纷乱、互不相爱的原因，在于没有统一的社会道德标准，最终形成人们彼此之间以兵刃水火互相残害、攻击的混乱局面。从当时情况看，春秋战国之际，社会动荡不安，兼并战争频繁，大小诸侯林立，争相图强称霸，因而以强欺弱、以大攻小、以富欺贫的现象比比皆是。而处于社会下层的小生产者，他们不但在兼并战争中被大批地驱上战场，死于非命，而且在平时也要负担统治者横加给他们的各种欺凌和压榨，过着极为低下的生活。从当时人们之间的关系上看，"子自爱不爱父"、"弟自爱不爱兄"、"臣自爱不爱君"、"盗爱其室不爱其异室"、"贼爱其身不爱人"、"大夫各爱其家不爱其异家"、"诸侯各爱其国不爱异国"。这些严重的现象，就构成了人与人之间的"不相爱"局面。

解决这些问题的唯一途径就是在全社会提倡用"兼相爱"的原则去进行治理。

墨子提出了自己实现"兼相爱"的设想，他认为，要想达到"兼相爱"，必须上自国君，下至众民，都不能只知"自爱"，而要"相爱"，要使大家都能做到"视人之国，若视其国；视人之家，若视其家；视人之身，若视其身"（《墨子·兼爱中》）。这样，诸侯之间就不会再发生战争，士大夫之间不会再争权夺势，人们之间就不会再互相伤残和虐害；君臣、父子、兄弟之间就可以和睦相处。他说："若使天下兼相爱，爱人若爱其身，犹有不孝者乎？视父兄与君若其身，恶（憎恨）施不孝？犹有不慈者乎？视弟子与臣若其身，恶施不慈？故不孝不慈亡有。犹有盗贼乎？故视人之室若其室，谁窃？视人身若其身，谁贼？……视人家若其家，谁乱？视人国若其国，谁攻？"墨子特别指出，如果真正出现了"天下兼相爱"的局面，"国与国不相攻，家与家不相乱，盗贼亡有，君臣父子皆能孝慈"，这样，天下就能得到治理，就会出现"强不执弱，众不劫寡，富不欺贫，贵不傲贱，诈不欺愚"（以上为《墨子·兼爱上》）的太平盛世。所以，墨子把"兼相爱"看做是人人必须遵守的道德标准，是管理者必须奉行的治国之法。因此，那些把治理国家作为己任的管理者，一定要采取一切措施，禁止和制裁人们互相厌恶，劝勉和鼓励人们彼此相爱，这就是实现"圣王之道"而给予"万民之大利"的行为准则。用墨子自己的话说，就是"天下兼相爱则治，交相恶则乱"。这正是治理国家和做人的至理名言，是管理者必须依照的治世标准，是处理人与人之间关系的道德规范。

墨家的"兼爱"主张，在当时社会上就产生了广泛的影响，甚至连反对墨子的孟轲也不得不说："墨子兼爱，摩顶放踵利天下，为之。"（《孟子·尽心上》）对兼爱之说，后世也多有赞许。在西方文艺复兴时期，"博爱"的精神与"兼爱"可谓异曲同工。孙中山先生效法西方资产阶级革命家，也力主"自由、平等、博爱"，并说我国古代最讲"爱"字的莫过于墨子，称赞墨子的"兼爱"是一种平等意义的爱，是包括人民大众在内的广泛的"爱"。梁启超在评论墨子学说时，认为"兼爱"理论，最能道出墨子的全部精神。

2.5.4.4　墨子管理思想的理想境界

墨子管理思想的理想境界是"交相利则安"。墨子的"兼相爱"是与"交相利"相结合的。

"兼爱"是墨子的基本管理准则和社会道德规范,"交利"则是"兼爱"这一观念的具体反映,是否做到了"兼相爱",则必须看是否实行了"交相利"。可以说,实现"兼爱交利",一直是墨子所憧憬的理想境界。

所谓"交",是相互之间的意思。"交"必然体现出人与人之间的关系。墨子所说的"交利",当然不是谋取一己之私利,而是要人们去谋求社会或大众之公利。对墨子来说,"利"不仅仅是一个经济上"财利"的概念,也是一个政治道德的标准,它包含着"义"的内容。在《孟子·经上》里,墨子把"义"和"利"并提,认为"义,利也"。梁启超在《先秦政治思想史》中对此作过如下解释:"兼相爱即仁,交相利即义。义者宜也,宜于人也。曷为宜人?以其合于人用也。墨家认为,凡善未有不可用者,故义即利;惟可用故谓之善,故利即义。其所谓利者,决非个人私利之谓,实指一社会或人类全体之利益而言。"

可以这样说,墨子是把义、利二者看做同一事物的不可分割的两个方面。凡符合"兼相爱,交相利"的行为,谓之义,否则就是不义。

这里,我们还可以看出,墨家与儒家"义"、"利"观念的不同。儒家虽然也重视"利",但是把它看做是一个人的私利,而不是把"利"作为道德准则。孔子很少言利,即使谈到利时,也是以伦理道德来规范,奉行"先义后利"、"见利思义"(《论语·宪问》)的原则。孟子则反对直接谈利,他曾明确地表示:"何必曰利?亦有仁义而已矣。"(《孟子·梁惠王上》)墨子则不然,他虽然也承认个人的私利,但在总体上看,是把"利"看做天下之公利,是"义"的同义语,所以言必称"利"。在《墨子》中,谈到利的地方很多,但都是与谋求人民大众的公利相关联,观点鲜明,分析透辟,如"爱利万民"、"众利之所生何自生?从爱人利人生"、"天必欲人之相爱相利"、"兴天下之利,除天下之害"等。可以说,墨子是把"爱"和"利"作为善恶的标准、道德的规范而予以肯定的。因此,墨子把"义"作为"天下之良宝",认为"义可以利人"、"可以利民"、"天下有义则治,无义则乱"(以上分别见于《尚贤》、《法仪》、《耕柱》、《天志上》各篇)。可见,墨子是以公利作为区分义与不义的标准,以是否利人为前提,利于人的就是义,不利于人的就是不义。墨子认为,管理者只有以"义"作为治的指导思想,才能使人民得到"利",才能达到"人民必众,刑政必治,社稷必安"(《墨子·耕柱》)的政治局面。墨子认为,一个人的行为,应根据"利人乎,即为;不利人乎,即止"(《墨子·非乐上》)的原则,做到"杀己以存天下,是杀己以利天下"(《墨子·大取》)。这说明,他是立志要为天下能达到"兼相爱,交相利"的目标而奋斗终生,甚至牺牲自己的一切也在所不惜。这种以"利天下"为己任的思想,与当时《孟子·尽心上》所说的杨朱"拔一毛而利天下,不为也"的思想境界有天壤之别。

墨子所主张的"交相利",不同于儒家所说的追求私利,它反对损人以利己的行为。是与"不相爱"、"亏人自利"(《墨子·非攻上》)相对立的。

"交相利"的管理思想,直接针对并批判了财富分配不均、苦乐不等的社会弊端。他认为一部分人不劳而获,却生活奢侈,挥霍无度,另外一大部分人虽终日劳动,却过着"饥而不得食,寒而不得衣,劳而不得息"(《墨子·尚贤中》)的生活。这种现象的形成,是由于社会上一部分人对另一部分人的巧取豪夺,他们"厚作敛于百姓,暴夺民衣食之财"(《墨子·辞过》),以"亏人"而"自利",把自己的享受建立在别人的痛苦之上,这是应该坚决反对的。因此,墨家主张实行"兼相爱,交相利,侈(多余、富裕之意)相分"的政策,鼓励大家"有力者疾(勤奋)以助人,有财者勉(慷慨)以分人"(《墨子·尚贤下》)。要达到物质利益上的"交相利",就必

须反对"亏人自利"的行为,提倡爱人、利人,并将这种爱人、利人的思想变成一种普遍的社会
行为准则。

在《墨子·非攻上》里,墨子对那些损害他人利益而自利的行为,给予了揭露和鞭笞。他
指出,如果从个人出发,追逐私利,那就是一切奸诈、欺骗、争斗、篡夺等罪恶的渊源。因此,
必须批判一切"亏人自利"的行为,提倡"交相利","兴天下之利",把国家、百姓、人民之大利
放在首位,使人们互爱互利,天下百姓都能达到"饥者得食,寒者得衣,劳者得息"的境地,使
"老而无妻子者,有所侍养以终其寿;幼弱孤童之无父母者,有所放依以长其身"(《墨子·非
命下》)。故而,谋求天下之利,是反对"亏人自利",达到安民安国的最基本手段。

概括起来说,墨子的"兼爱交利"管理思想,反映了当时小生产者反对以强执弱、以富侮
贫、以贵傲贱的行为,体现了人们之间互助互爱、各不相害的生存与发展的要求。他们为了
生存,总希望做到对人对己两利。也正像墨子自己所说的:"夫爱人者,人必从而爱之;利人
者,人必从而利之"。相反,"恶人者,人必从而恶之;害人者,人必从而害之"。因此,要达到
"兴天下之利,除天下之害"的总目标,其核心是在全社会实行"兼相爱,交相利"的管理原则。
这就是墨子理想的社会境界,也是他一生为之奋斗的目标。

2.5.5　孙子及其兵家的管理思想

中国古代兵家的管理思想也是中国古代管理思想的重要组成部分。兵家的研究重心是
古代的军事战争和治军思想,涉及政治、经济、军事、天文、地理、国际关系管理等各个方面。
兵家形成较为系统的理论体系源于春秋时的孙子及其传世之作《孙子兵法》中。

先秦时期兵家的管理思想由孙子奠基之后,战国时期孙膑在孙子的基础上进行了发展
并著有《孙膑兵法》传世。这两部兵书,蕴含着丰富的管理思想,为我们今天的管理也提供了
诸多的思想精粹。

孙子的才华是在春秋时期吴国显示出来的,所以人们称他为吴孙子,他的兵书称为《孙
子兵法》、《孙武兵法》、《吴孙子兵法》。孙膑是孙武的后代,他俩相距约一个多世纪,孙膑的
业绩主要是在战国时期齐国施展的,所以人们称他为齐孙子,他的兵书称为《孙膑兵法》、《齐
孙子兵法》。

2.5.5.1　孙子的生平及其《孙子兵法》

孙子名武,字长卿,春秋末期齐国东安人。大约是孔子同时代人。孙武的先祖陈完是陈
国人,因内乱投奔齐国,改为田姓,受到齐桓公的器重,其后代也多为齐国的高官,因伐吕国
有功,齐景公赐姓孙。公元前 532 年,齐国发生了田氏、鲍氏等四姓之乱,孙武奔至吴国居
住。公元前 512 年,经吴国重臣伍子胥推荐,孙武得到吴王阖闾的赏识与重用,从此与伍子
胥一起辅佐吴王经国、理邦、治军,图强争霸,使吴国崛起。

孙武所著兵书《孙子兵法》今存本共 13 篇,总字数不过 6 000 字。《孙子兵法》13 篇是一
个有机的整体,有很强的系统性,第 1 篇计篇是全书的总纲;第 2 篇至第 6 篇,即作战篇、谋
攻篇、形篇、势篇、虚实篇,以战略性研究为主,主要讲战略决策的原则;第 7 篇至第 13 篇,即
军争篇、九变篇、行军篇、地形篇、九地篇、火攻篇、用间篇,以战术策略研究为主,主要讲战略
实施原则和实现战略的战术方法原则。

《孙子兵法》是中国也是世界最古老的军事理论著作。该书内容丰富,论述精辟,文笔美
妙。它问世以来,对中国古代军事思想的发展产生了重大影响,在世界军事史上也有重要地
位,被誉为"东方兵学鼻祖"、"世界古代第一兵书"、"兵学圣典"等。

2.5.5.2　孙子的战略管理思想

孙武是古代第一个形成战略思想的伟大人物。孙武说："是故百战百胜,非善之善者也;不战而屈人之兵,善之善者也。故上兵伐谋,其次伐交,其次伐兵,其下攻城。"意思是讲,百战百胜,不算是高明中最高明的;不战而使敌人屈服,才算是高明中最高明的。所以用兵的上策是以谋略胜敌,其次是通过外交手段取胜,再次是使用武力战胜敌人,最下策是攻城。在这里,孙武强调了战略制胜的重要性。如何制定战略?孙武认为要"知己知彼",即全面掌握竞争双方的各种情况,既了解对方又了解自己。为了进行有效的分析,按照孙武的说法,在运筹谋划大计方针时,需要把掌握的具体内容转化成可以计量的内容,即"五事"和"七计"。所谓"五事",就是"一曰道,二曰天,三曰地,四曰将,五曰法"。通俗地说,就是竞争双方的政治状况、天时、地利、将帅的情况和法律制度。所谓"七计",就是"主孰有道?将孰有能?天地孰得?法令孰行?兵众孰强?士卒孰练?赏罚孰明?""五事"、"七计"就是知己知彼的基本内容,对"五事"进行分析研究,用"七计"对比敌我双方的优劣,在知己知彼的基础上确定战略目标,作出战略决策,制定战略计划。

2.5.5.3　孙子的信息管理思想

《孙子兵法》中包含着古代朴素的信息观,揭示了信息联系的规律。按照孙武的认识,运用信息主要靠"算"和"知"。

第一,算。孙武说："夫未战而庙算胜者,得算多也;未战而庙算不胜者,得算少也。多算胜,少算不胜,而况于无算乎?吾以此观之,胜负见矣。"庙算,是古代人们出战前在祖庙里举行的一种定计谋、作决策的仪式。要打有准备之仗,就必须对敌我双方的情况进行计算、思考和比较。这种"算"要先算、算得早、算得及时,要多算、算得详细、经常权衡。

第二,知。知己知彼,突出一个"知"字。《孙子兵法》中提供了不少如何去获取"知"的做法,主要有以下几种:其一,"相敌",即直接观察法。这种方法是根据敌方各种不同的表象,以判断敌之虚实,意图是既能更好地保护自己,又能知敌之情、查敌之隙,找出出击的有利时机。其二,"动敌",间接观察法。孙武说："故策之而知得失之计,作之而知动静之理,形之而知死生之地,角之而知有余不足之处。"意思是讲,通过认真分析,可以知道趋利避害的方法;通过挑动敌人,可以了解敌人的规律;通过佯动示形,可以掌握敌方的地形道路情况;通过实地侦察,可以了解敌人兵力部署的情况。这里的"作之、形之、角之",实际上是告诉我们在任何正式行动之前,要进行试探侦察的方法。其三,"用间",即隐蔽观察法。孙武归纳出五种用间的方法,这就是因间、内间、反间、死间和生间。使用间谍这种隐蔽的方法,去搜集对方的情报信息、掌握对方的内部机密。

2.5.5.4　孙子的人才管理思想

孙武说："故善战者,求之于势,不责于人,故能择人而任势。""择人"者,善于量才用人也;"任势"者,善于造势和利用形势也。所谓"择人而任势",就是要求军事指挥员重视选用人才,利用形势,以战胜敌人。

从"择人"方面而言,兵战固然是军事实力的较量,但更重要的是人才竞争。在战争中,谁拥有人才,谁就会掌握战争的主动权,谁就有赢得战争胜利的可能。因此,挑选将领是战争胜败的关键。什么人能当将领?孙武的标准是"将者,智、信、仁、勇、严也"。"智"就是智谋,也泛指知识,孙武把智放在第一位,这说明对领导者指挥才能的重视。"信"就是讲信用,言必行,行必果,这是领导者的一种美德,也是领导者的力量所在。"仁"就是以浓厚的感情对待下属,实行民主管理。"勇"就是勇敢果断,勇必须以谋为支持,勇与谋应该统一起来,有勇无谋是冒失,有谋无勇是迂儒,有勇有谋才是值得提倡的。"严"就是严明的纪律和严明的法令。以上五德具备可为将,但必须强调一点,五德必须受到"道"的制约。孙武又说:"将能而君不御者胜。"意思是说,将有才能,主君就要放手让他施展才华。他早已意识到要用人不疑,只有"不责于人",才能"择人而任势"。从"任势"方面而言,在兵战中"任势"的根本作用是要激发和加强自身的力量,提高自己队伍的素质和士气,以增强战斗力。孙武说:"任势者,其战人也,如转木石。木石之性,安则静,危则动,方则止,圆则行。故善战人之势,如转圆石于千仞之山者,势也。"这就是说,善战人"之势"的指挥员要想办法激发自己队伍高昂的士气,使之蕴含一种一触即发的巨大冲力,这种冲力就像高山上向下滚动的圆石一样不可阻挡。那么怎样才能达到这样的境界呢?孙武认为要有"道","令民于上同意也,故可以与之死,可以与之生,而不畏危",这是最重要的。另外,还"投之亡地然后存,陷之死地然后生"。前者形成一种崇高的目标共识,万众一心,为之献身;后者形成忧患意识和危机感,激发为求生存而同舟共济的拼搏精神。

2.5.5.5　孙子的权变管理思想

孙武把权变管理的原则归结为这样一句话:"合于利而动,不合于利而止。"战略目标一定要实现,这是不可变的。但达到战略目标的战术方法却是应该不断变换的。可以概括为以下几个方面:

其一,出奇制胜。孙武说,"凡战者,以正合,以奇胜。故善出奇者、无穷如天地,不竭如江河。"出奇制胜就是运用与众不同的手段,以出人意料的斗争谋略与方法取胜于敌。出奇制胜必须造成对方的错觉和不觉,要奇得出乎人们意料之外,在敌人意料不到的方向、地点、时间上用兵,在敌人的致命点上用兵。这就是"攻其无备,出其不意"。

其二,迂直制胜。孙武说:"故迂其途而诱之以利,后人发,先人至,此知迂直之计者也。"意思是说,故意迂回绕道,并用小利引诱敌人,这样就能做到比敌人后出动而先到达必争的要地,这就是以迂为直的计谋。直路近,曲路远,这是普通常识。然而,远和近一旦与对方兵力部署的虚和实相结合,矛盾的双方就会各向其相反的方而转化:远而虚者,易进易行,机动快,费时少,成了实际上的近;近而实者,难进难行,行动慢,费时多,成了实际上的远。迂与直是对立统一的,迂中有直,直中有迂,所以孙武认为"先知迂直之计者胜"。

其三,以快制胜。孙武说:"凡先处战地而待敌者佚,后处战地而趋战者劳。"战争中捷足先登,抢占高地,把握战机,就能稳操胜券。兵贵神速、以快制胜的思想,在《孙子兵法》中多处有论述,诸如"兵贵胜,不贵久","兵之情主速"等。"兵贵神速"是克敌制胜的重要之法,也是管理处事的重要格言。

2.5.6　韩非及其法家的管理思想

2.5.6.1　韩非的生平及其著述

韩非,出身韩国贵族,生活在战国时代的末期,他死时离韩国灭亡(公元前 230 年)仅有3 年,离秦灭六国统一中国(公元前 221 年)也仅有 12 年。他生活的时代,各国先后都进行过变法,中央集权政治制度的经济基础和以君权为核心的法制基础已经奠定,儒墨显学失去了往日的辉煌,道家小国寡民的理想早已被统一中国的兼并趋势所粉碎,法家思想成为建立封建专制的中央集权政治制度和治国理民的指导思想。此时正是历史转折的关键时刻。

韩非是荀子的学生,擅长著述,"喜欢刑名法术之学"。他的同学李斯,虽然身居秦国相位,也认为自己逊于韩非。韩非口吃,不善言谈,但是关心国家命运,对秦灭六国步步紧逼,并且已经成为定局的形势忧心忡忡,形成了深沉的忧患意识和强烈的危机感,屡次上书韩王要求改革。但是,他没有被任用。于是,韩非"观往者得失之变,故作《孤愤》、《五蠹》、《内外储》、《说林》、《说难》十余万言"。他希望通过自己的著作向君主表达自己励精图治、富国强兵的思想。后来秦王嬴政读到了《孤愤》等篇,极为赞赏,说:"嗟呼!寡人得见此人,与之游,死不恨矣!"(以上见《史记·老子韩非列传》)

韩非长期没被任用,直到韩安王二年(公元前237年),才参与了国家军政机要。到韩安王五年(公元前234年),秦攻韩国,韩王派韩非出使秦国。到了秦国,韩非劝谏秦王伐赵存韩,正因为这次"存韩"的谏言,为李斯、姚贾向秦王进谗言提供了口实,使原来很敬重韩非的秦王产生了疑心,于是下令拘狱,李斯乘机令人送毒药,韩非服毒身亡。《史记·老子韩非列传》记载,李斯、姚贾害之,毁之曰:"韩非,韩之诸公子也。今王欲并诸侯,非终为韩不为秦,此人之情也……不如以过法诛之。秦王以为然,下吏治非。李斯使人遗非药,使自杀。韩非欲自陈,不得见。秦王后悔之,使人赦之,非已死矣。"

韩非是现实政治斗争的失败者。然而他洞察历史巨变,观往者得失,提出解决现实问题的对策,表现出了他的理论天才。

2.5.6.2 韩非的法术势三者合一的管理思想体系

韩非思想来源于战国时代错综复杂的现实斗争与社会思潮以及对前人思想的批判继承。他对于老师荀子的学说耳濡目染,对商鞅也颇为推崇。先秦诸家的人性学说、前人的求利思想和当时争权夺利的斗争,都为韩非所洞悉,成为他的人性自为思想的渊源。

荀子提出起礼义,制法度,隆礼重法,说"礼者,法之大分,类之纲纪也"(《荀子·劝学》),"非礼,是无法也"(《荀子·修身》)。韩非扬弃荀子礼治学说而取其法治思想,批判地继承慎到"势治"学说,并且把商鞅重法、申子重术和慎到重势三者加以扬弃,纳入自己的思想体系,成为先秦时代"法、术、势"三者融为一体的法家思想体系,并成为治理国家、管理民众的基本方略。同时,在意识形态和治国实践中,韩非又吸取老子为代表的道家的哲理和方法论,以完善其管理思想和领导艺术。

韩非的宏观管理思想是其整个思想体系的有机组成部分。他继承与发扬先秦法家治国的指导思想,以加强君权、实现富国强兵为目标。为此,他对如何治理好国家的许多问题,进行了系统的分析研究,提出了加强君权、实现富国的种种机制,以便达到治国的目的,从而在思想上逐步形成了对国家实施有效管理的思想体系。

首先,他把对国家的管理看做凭借实力对人的管理,即对臣民的管理,特别是对群臣的管理。臣民都是人,而人的天性是自利的,是谓"人性自为"。君、臣、民各有自身的利益,三者的利益不仅不是完全一致的,有的甚至是矛盾、对立的,都为寻求和维护自己的利益进行谋划与行事。所以韩非说"挟夫相为则责望,自为则事行"(《韩非子·外储说左上》),意思是怀着别人为自己着想的思想,就会互相责备和抱怨;怀着人人都为自己打算的想法,事情就好办。因为君、臣异利,所以二者之间的纽带是:臣下拼死出力来换取君主给予的爵位和俸禄,君主则用爵禄换取臣下的智慧和气力。不仅君、臣之间互相计算利害得失,就是"父母之于子也,犹用计算之心以相待也,而况无父子之泽乎?"(《韩非子·六反》)人人都在谋划自身的利益,不可幻想别人行义来恩赐自己,而要靠自身力量去追求、去创造。所以韩非提出"圣人之治国也,固有使人不得不爱我之道,而不恃人之以爱为我也。恃人之以爱为我者危矣,恃吾不可不为者安矣"(《韩非子·奸劫弑臣》),告诫人们"恃人不如自恃也,明于人之为己者,不如己之自为也"(《韩非子·外储说右下》),从而形成韩非的管理臣民自恃尚力论,主张"明君务力","力多则人朝,力寡则朝于人"(《韩非子·显学》)。

其次,他提出要创造、组织和运用好治国的权力。韩非统观历史与现实,概括出贤能的人屈服于不肖之辈,皆因权力小、地位低;无能的人能使贤能的人屈服,则是因为他的权力大、地位高。所以韩非说:"夫势者,便治而利乱者也"。这里的"势",是指君主的势位,指"自然之势",即君主已有的权势。贤能的君主用之,则天下治;昏聩的君主用之,则天下大乱。由于人的情性是贤能者少,不肖的人多,所以以"势"乱天下的多,治天下的少。这样,专凭"自然之势"是不足为训的。韩非主张的"势"是"言人之所设也"(以上见《韩非子·难势》)。这种人设之势,就是君立法、吏执法、民守法,建立起一套系统、完整的法制,使中等资质的君主也能依此治好天下。这样,国君依法行使权力,有效地维护"人主之大利"(《韩非子·六反》),即维护国家之公利(实即君主之私利),约束臣民之私利,使私利从属于公利。实现了私利从属于公利,叫做治;反之,叫做乱。韩非说:"抱法处势则治,背法去势则乱"(《韩非子·难势》),表明势、法有机结合是治理国家、管好民众的有效途径与手段。但是,势位的确立、保障和法治的贯彻,皆须讲究谋略和方法。韩非将君主的谋略和方法称之为"术",有势位才可以用术,并且行之有效。

韩非的"术"主要是指政治领导艺术,讲究治国的谋略和统治策略,包括使用、控制、监督的手段和方法。用术,有利于选拔、任用、考核臣下;有利于识奸、防奸、除奸,不失君主之势。术势互补,以术保势,又可以加强法制和统治的威力、管理的力度。这样,韩非明确了以帝王的权势为中心的法、术、势相结合的治理国家的管理思想体系。韩非主张用法、术、势三者管理自为的群臣和百姓。由于管理对象的天性是自利的,而且君臣与君民异利,所以归根结底,君主只有靠"力"驾驭臣民,方能达到"治"的目的。这种"力",首先来自势位,并且凭借势位立法和用术,法与术互补,又反过来共同强化势位,这样三管齐下,形成法、术、势有机结合的独特的韩非管理思想体系。

2.5.6.3　韩非管理思想的历史地位与价值

韩非死于秦国狱中,但是嬴政十分欣赏韩非的法家思想,在政治实践中运用了韩非的理论,完成了统一中国的伟大事业,建立起君主专制的中央集权的政治制度。这标志着韩非理论在实践上的成功。

秦朝传至二世,所处的历史时代和环境不同于嬴政时期,赵高、李斯专权,把法家的治国之道推向了极端,激起人民的强烈反抗,暴露了法家治国思想的缺陷。刘邦鉴于秦朝苛政的弊端,建立汉朝后实行与民休养生息的政策;但是并没有抛弃法家思想,而是汉承秦制,依然遵循法家路线,把法家思想奉为治国的指导思想之一。在经济政策上保护私田制并重农抑商,在政治制度上阳封诸侯、阴行削藩,在法制上行仁政之外又有严刑峻法。由于汉高祖、汉武帝等人先后采纳叔孙通、董仲舒、公孙弘诸位大儒汲取的法家思想,加强维护君权和国家治理,让法家披上了儒家的外衣,把儒、法思想捏合在一起,外宽内密,成为典型的阳儒阴法或外儒内法。从此,阳儒阴法的治国理民思想或隐或显地贯穿于中国历史的长河。

时至现代,韩非的法、术、势有机结合的管理思想,在我国现实的政治经济管理中,仍有旺盛的活力和可操作性,值得思考和借鉴。

第3章　管理科学的学科体系

在对管理研究的基本问题和管理理论的发展历程有了一个宏观把握的基础上,本章我们从管理科学的学科体系入手,对管理科学的研究体系、研究发展、方法论基础和研究难点进行探讨,进而对新形势下管理研究面临的挑战与形势、管理科学的发展变革趋势进行宏观把握,并对企业管理领域的几个理论前沿进行简要的介绍,以期促进现代管理论学习和研究的有效性。

3.1　现代管理科学的学科体系

3.1.1　管理科学的学科结构

关于管理科学的学科结构,国内外有各种各样的划分方法。在国家自然科学基金委员会组织编写的《管理科学学科发展战略调研报告》中,成思危将管理科学的学科体系划分为基础理论性学科、技术方法性学科与实际应用性学科三类。成思危指出:从管理科学产生和发展的过程看来,现代管理科学的学科结构可以归纳为三个基础、三个层次和三个领域。

管理科学的三个基础是数学、经济学和心理学。数学是管理科学中数量分析方法的基础,最常使用的是统计学(包括数理统计、回归分析及非参数统计等)、组合数学(主要研究存在性、计数、构造及优化等问题)、数学规划(包括线性规划、非线性规划、整数规划、动态规划及目标规划等)、随机过程、离散数学和模糊数学等。经济学是管理科学中各类决策的依归,最常使用的是理论经济学(主要包括微观经济学和宏观经济学)、应用经济学(例如工业经济学、劳动经济学、区域经济学及国际经济学等)和计量经济学等。心理学是研究人的心理活动和行为表现的科学,它是管理科学中研究人际关系、调动人的积极性的依据。最常使用的是工业心理学、社会心理学及认知心理学等。

管理科学的三个层次是管理基础、职能管理和战略管理。管理基础是管理中带有共性的基础理论和基本技术,主要包括管理数学、管理经济学、管理心理学、管理会计学、管理组织学及管理史学等。职能管理是将管理基础与特定的管理职能相结合,例如计划管理、财务管理、人事管理、生产管理、营销管理、科技管理、国际贸易管理及公共行政管理等。战略管理包括战略的制定和实施,它不但要以管理基础和职能管理为基础,还要包括政治学、法学及社会学等多方面的知识。

管理大致可以分为三个领域:第一个是公共政策和宏观管理。第二个是工商企业和非营利性组织管理,简称工商管理,是微观的,非营利性组织包括医院、学校等。第三就是管理理论和方法。其中,管理基础理论主要包括管理哲学、决策理论、组织理论等;管理方法既包括预测、评价、优化等基本技术,也包括企业重建、战略制定、成本控制等基本方法,还包括管理信息系统、决策支持系统等基本手段。

以上为管理科学学科所构筑的初步框架,还有待在今后的科研和教学实践中不断补充完善。

3.1.2　关于管理科学的学科体系的划分

1995 年 12 月科学出版社《管理科学》发表的国家自然科学基金项目"管理科学学科发展战略"调研报告中,提出的"管理科学学科体系"。其中对于管理科学的学科体系进行了概述,将管理科学划分为三个基础大类,分别是基础理论性学科、技术方法性学科和实际应用性学科。具体见表 3-1。

表 3-1　　1995 年"管理科学学科发展战略"调研报告中对管理科学学科体系的划分

一级分类		二级分类	
(1)	基础理论性学科(35 个)	(1)	交叉知识——管理与其他学科相交叉形成交叉性学科(9 个)
		(2)	管理理论(12 个)
		(3)	管理发展史(4 个)
		(4)	管理理论丛林——管理理论学派(10 个)
(2)	技术方法性学科(18 个)	(1)	决策方法
		(2)	决策支持系统
		(3)	计划和规划技术
		(4)	库存控制
		(5)	网络计划技术
		(6)	技术经济
		(7)	预测技术
		(8)	管理信息系统
		(9)	管理系统工程
		(10)	目标管理法
		(11)	质量管理与保证
		(12)	管理数学方法
		(13)	评价原理与方法
		(14)	数量经济
		(15)	组织行为调节方法
		(16)	价值工程
		(17)	预测与成本控制
		(18)	时间—动作研究
(3)	实际应用性学科(39 个)	(1)	国民经济管理(5 个)
		(2)	部门管理(10 个):工业、农业、交通运输、建筑业、第三产业、人事、行政
		(3)	企业管理(10 个)
		(4)	科技管理(10 个)
		(5)	生态环境管理(4 个):环境保护与治理、生态环境保护与建设协调管理、能源利用与开发管理、资源利用与共享管理

国家自然科学基金委员会管理科学部最近又对管理科学的分类进行了修订。将管理科学的一级学科划分为管理科学与工程、工商管理和宏观管理与政策三个一级学科。

(1) 管理科学与工程。着重于管理技术和方法以及一般管理理论和管理史的研究。

（2）工商管理。包括企业理论、企业战略、财务会计、市场营销、运作管理。

（3）宏观管理与政策。包括公共管理、金融管理、科技管理、信息管理、资源与环境管理。

国务院学位委员会于 1997 年 6 月颁发的《授予博士、硕士学位和培养研究生的学科、专业目录》对"管理学"学科门类的一级学科、二级学科加以划分，从中我们也可以看到关于管理科学学科体系的划分。其具体内容见表 3-2。

表 3-2   1997 年国务院学位委员会研究生专业目录中关于管理学科的划分

管理学一级学科		管理学二级学科	
（1）	管理科学与工程	（1）	信息系统与管理
		（2）	工程管理
		（3）	工业工程
		（4）	电子商务
（2）	工商管理	（1）	会计学
		（2）	企业管理
		（3）	旅游管理
		（4）	技术经济与管理
		（5）	MBA（专业学位）
（3）	农林经济管理	（1）	农业经济管理
		（2）	林业经济管理
（4）	公共管理	（1）	行政管理
		（2）	社会医学与卫生事业管理
		（3）	教育经济与管理
		（4）	社会保障
		（5）	土地资源管理
（5）	图书馆、情报与档案管理	（1）	图书馆学
		（2）	情报学
		（3）	档案学

3.1.3 管理科学的研究体系

了解管理科学的研究体系，有利于学习者和研究者更好地把握管理的学习和研究脉络，更好地选择和定位管理的研究方向。

关于管理科学的研究体系，我国西安交通大学的席酉民教授和复旦大学的芮明杰教授分别提出了自己的见解和观点，具有一定的代表性。

3.1.3.1 面向对象加面向过程的研究体系

西安交通大学的席酉民教授将管理科学的研究体系分为面向对象和面向过程的研究两个研究体系。其中，面向对象的管理研究是指对不同对象的管理研究，其中包括营利组织（工商企业）的管理研究、非营利组织（政府和社会团体等）以及特殊组织（军队和国际组织等）的管理研究等。面向过程的管理研究是指对管理过程的管理研究，包括预测、决策、组织、领导、控制、指挥的管理研究。

　　席西民教授指出管理研究具有特殊性，因为对象是不同的；具有一般性，因为管理过程和方法在应用在不同对象上时有其共性部分。

3.1.3.2　组织理论加管理方式方法加经营理论研究的研究体系

　　复旦大学芮明杰教授将管理科学的研究体系分为组织理论的研究和管理方式方法的研究两个研究体系。他对组织理论的演进过程、管理方式方法的演进路径和经营理论的演进路径进行了梳理，这对于从纵向和横向两个维度把握管理科学的学科体系提供了一个清晰的视角。

　　芮明杰认为：组织理论的研究经过了古典组织理论（古典理论）——组织行为学（组织行为）——组织社会学（社会技术系统）——领导科学（经理角色）——组织文化（企业文化）——彼得·圣吉的"第五项修炼"这一演替过程。管理方式方法的演进路径为：科学管理理论（泰勒）——行为科学（梅奥）——管理科学理论（伯法）——决策理论（西蒙）——生产管理、信息管理方法——海默和钱皮的"企业再造"。经营理论研究的演进路径为：产业组织（贝恩）——市场学（科特勒）——消费者理论——策略学、战略管理（波特）——哈默尔和普哈拉的竞争未来和波特的国家竞争优势。

　　芮明杰还把组织研究方法归结为契约分析（包括组织理论、团队理论和组织文化等）和非契约分析（包括交易费用理论、产权理论、委托代理理论和博弈论等）。

3.2　管理研究的发展过程

　　管理研究的起源和社会科学研究一样，受到自然科学的启迪。管理学科的创建以泰勒的科学管理为标志。泰勒以提高劳动生产率为目标，通过工时和动作研究制定出有科学依据的工人合理的工作量和合理化的操作方法，将劳动和休息时间、工具和作业环境更好地协调起来。例如，泰勒著名的"铲铁试验"，科学地确定一般工人每次铲铁的重量以 9.5 kg（21磅）为最优，按此规范工作，每天完成的工作量最大。和泰勒同一时代的梅奥等人沿用科学试验的方法，在美国西方电器公司霍桑工厂进行的工作条件、社会因素与生产效率关系的试验，得出社会和心理因素影响劳动生产率的结论，为行为科学研究奠定了基础。

　　第二次世界大战前后相继出现的工业工程、运筹学、系统工程等学科，集中体现了科学方法在管理研究领域中运用的成果。工业工程探索人、设备、物流和作业环境之间的最优配合，以获取最大的劳动生产率。运筹学的兴起则是在二战期间，最初由一些数学家和物理学家利用数学模型、优化技术来解决军事物资调配及军舰航行路线选择等问题，取得出人意料的成效。战后这些技术包括线性规划、统筹法等被广泛应用于企业的生产和存储管理中，国内外大学管理学院都设置了以运筹学为主的"管理科学"课程。运筹学后来向理论方向发展，而它的实际应用成果逐渐形成了系统工程学科。不少自然科学和工程技术人员以建模和优化为主的定量分析方法用于研究大型工程项目和社会经济系统问题，像 20 世纪 70 年代初的阿波罗登月工程的规划协调、交通运输规划、能源规划、土地和水利等资源利用规划以至宏观经济的预测、预警和控制等。系统工程方法在许多社会经济领域中的应用，已取得显著成效。

　　由于计算机技术和人工智能的发展，企业的计算机辅助管理不断地向纵深推进。计算机信息系统(MIS)、决策支持系统(DSS)、专家系统(ES)和企业资源系统(ERP)等都是为了向管理者提供清晰而规范的数据、信息和知识,以企业信息化促进科学管理,提高管理决策过程的效率和质量。

从操作合理化、工作地布置到工业工程、运筹学、系统工程和计算机辅助管理等,它们都是力图用自然科学研究的方法来研究管理问题,其研究过程和结果都力求符合客观性、实证性、规范性和共性这些科学方法的特点。

二战后半个世纪的实践表明,自然科学研究方法在管理领域中的应用已取得显著成效,但并非攻无不克。总的说来,从企业管理视角来看,操作层次应用较为成功,功能层次之,决策层则收效不大。

管理研究旨在发现、辨识和解决管理领域中发生的各种问题。管理研究与自然科学、经常学社会科学研究的区别主要在于研究对象的不同。作为自然科学研究对象的人是物质的人以及人的生理结构。作为经济学研究对象的人是抽象的"经济人"(消费者或供应者)。社会科学所研究的是社会人、社会和群体中的一员。而作为管理学科研究对象的管理者和企业成员则是个性人,是生活在现实中有各自价值观念、偏好和感情的人,这就和艺术一样涉及寻求人生意义的问题。首先提出这种差异的学者当推诺贝尔奖获得者赫伯特·西蒙。他在《管理行为学》一书中论述了事实与价值的区别。指出事实命题是关于现实世界的描述,价值命题是陈述人的偏好。科学命题都是事实命题,事实命题存在"是非问题",可以用实证办法证明其真或假,证明所描述的情况是否与现实相符合。价值命题则难以用科学方法去处理,不能用客观事实证明其是或非,不能以经验或推理证明其正确性,它只存在"该不该"的问题,根据人的主观偏好予以确定,无实证的真实性。因此,他提出管理领域中决策的准则应以"满意"替代曾盛行一段时期的"最优"。这是个意义重大的命题,意味着管理研究中曾一度追求的客观最优值应让位给最终由主观判定的满意值,揭示了管理学科中应用科学研究方法的局限性。像火箭发射这类复杂的工程技术问题,按模型计算或试验等科学研究方法得出的最优轨迹和最优控制方案,便可付诸实用。而管理领域中,像线性规划等模型算出的最忧运输或车辆调配方案很少能直接应用,只能是辅助决策,决策者在考虑各种主客观因素并调整满意后再作出决断。

近年来,我国企业引进制造资源计划(MRP-Ⅱ)软件数以百计,耗资约80亿元,但真正能够按预期要求运行的却寥寥无几。究其原因,不是由于计算机软件或硬件技术存在什么难以克服的问题,而主要是由于市场经营环境、企业组织结构和业务流程等与这些先进技术还不能充分融合,技术潜力难以发挥。所以人们感叹,即使像这类先进技术的研究开发、传播和运用,要取得成功也是"三分技术七分管理",人的因素十分重要。

"决策科学化"和"管理科学化"等口号的提出都有针对性和时代背景。20世纪80年代的决策科学化是针对长官意志、主观随意拍板造成建设中不少决策失误而提出的,已经起到而且会继续起到积极作用。但是从学术研究角度来说,要看清它的适用性,随意延伸便会出现谬误。

"管理是一门科学,又是一门艺术"。这个常见诸于文献的命题实属正确的说法。在西方各大学的管理学术界中用词还是比较精确。管理科学(management science)指的是运筹学、应用统计,有的加上管理信息系统等这些具有科学方法特征的内容,而整个管理知识领域则称为管理学科(management studies,business studies,business administration studies)。

3.3　现代管理理论研究的方法论基础简介

　　任何事物的发展演变过程都有其客观规律,管理科学的发展也不例外。作为一门学科,总有其理论上的假设、概念、原理、方法、应用等内容,而且一门学科也往往建立在其他学科提供的知识框架的基础上。随着管理对象的日益复杂及多变,对管理方法的要求也就越来越科学化、定量化,这就要求管理理论的方法论来指导。了解现代管理理论研究的方法论基础,对于管理理论的学习也是不容忽视的。

　　现代管理理论的基础是现代科学的基础理论,其中包括系统论、信息论、控制论和耗散结构论、协同论、突变论,它们构成了现代管理理论的方法论基础。通常把前三者称为"老三论",把后三者称为"新三论",这些都是现代科学研究的方法论。

3.3.1　系统论

　　系统论是研究系统的一般模式、结构和规律的学问,它研究各种系统的共同特征,用数学方法定量地描述其功能,寻求并确立适用于一切系统的原理、原则和数学模型,是具有逻辑和数学性质的一门科学。一般认为,系统论是由贝塔朗菲创立的,他的论文于 1945 年公开发表,确立这门科学学术地位的是其 1968 年发表的专著《一般系统理论:基础、发展和应用》,该书被公认为是该理论的代表作。

　　系统论把系统定义为:由若干要素以一定结构形式联结构成的具有某种功能的有机整体。在这个定义中包括了系统、要素、结构、功能四个概念,表明了要素与要素、要素与系统、系统与环境三方面的关系。系统论认为,整体性、关联性、等级结构性、动态平衡性、时序性等是所有系统的共同的基本特征。这既是系统论所具有的基本思想观点,也是系统方法的基本原则。系统论的核心思想是系统的整体概念。贝塔朗菲强调,任何系统都是一个有机的整体,它不是各个部分的机械组合或简单相加,系统的整体功能是各要素在孤立状态下所没有的新质。他用亚里士多德的"整体大于部分之和"的名言来说明系统的整体性,反对那种认为要素性能好,整体性能一定好,以局部说明整体的机械论的观点。系统论的任务,不仅在于认识系统的特点和规律,更重要的还在于利用这些特点和规律去控制、管理、改造或创造一个系统,使它的存在与发展合乎人的目的需要。也就是说,研究系统的目的在于调整系统结构,使系统达到优化目标。在管理学上,凡管理形态中其内部各组成部分之间存在着一定的联系、相互作用的关系的要素组合在一起,都可以看成为系统。所以,系统论的应用适合于管理学的研究对象,系统观念作为管理理论基础具有普遍的方法论意义。

3.3.2　信息论

　　信息论是关于信息的本质和传输规律的科学的理论,是研究信息的计量、发送、传递、交换、接受和储存的一门新兴学科。信息论的创始人是美国数学家香农(Shannon),他于 1948 年发表《通信的数学理论》一文,成为信息论诞生的标志。信息论可以分为狭义信息论与广义信息论。狭义信息论是关于通讯技术的理论;广义信息论则超出了通讯技术的范围来研究信息问题,它以各种系统、各门科学中的信息为对象,广泛地研究信息本质和特点,以及信息的取得、计量、传输、储存、处理、控制和利用的一般规律。显然,广义信息论适用于各个领域。

　　信息一般具有如下特点:可识别、可转换、可传递、可加工处理、可多次利用、在流通中扩充、主客体二重性、信息的能动性。信息科学是具有方法论性质的一门科学,信息方法具有普适性。所谓信息方法,就是运用信息观点,把事物看做是一个信息流动的系统,通过对信息流程的分析和处理,达到对事物复杂运动规律认识的一种科学方法。它的特点是撇开对象的具体运动形态,把它作为一个信息流通过程加以分析。信息方法着眼于信息,揭露了事物之间普遍存在的信息联系,对过去难于理解的现象从信息观上作出了科学的说明。信息论为控制论、自动化技术和现代化通讯技术奠定了理论基础,为研究大脑结构、遗传密码、生命系统和神经病理学开辟了新的途径,为管理的科学化和决策的科学化提供了思想武器。事实上,信息已成为现代管理思想的载体,并形成了一个特殊的管理形态——管理信息系统。

3.3.3 控制论

控制论是研究各类系统的调节和控制规律的科学。它是自动控制、通讯技术、计算机科学、数理逻辑、神经生理学、统计力学、行为科学等多种科学技术相互渗透形成的一门学科。控制论的诞生和发展是与美国数学家诺伯特·维纳的名字联系在一起的,1948年维纳发表的《控制论》是这门科学诞生的标志。

控制论的研究表明,无论是自动机器,还是神经系统、生命系统,以至经济系统、社会系统,撇开各自的质态特点,都可以看做是一个自动控制系统。在这类系统中,有专门的调节装置来控制系统的运转,维持自身的稳定和系统的目的功能。控制机构发出指令,作为控制信息传递到系统的各个部分(即控制对象)中去,由它们按指令执行之后再把执行的情况作为反馈信息输送回来,并作为决定下一步调整控制的依据。整个控制过程就是一个信息流通的过程,控制就是通过信息的传输、变换、加工、处理来实现的。反馈对系统的控制和稳定起着决定性作用,是控制论的核心问题。控制论就是研究如何利用控制器,通过信息的变换和反馈作用,使系统能自动按照人们预定的程序运行,最终达到最优目标的科学。

控制论的理论、观点可以成为研究各门科学问题的科学方法,这就是撇开各门科学的质的特点,把它们看做是一个控制系统,分析它的信息流程、反馈机制和控制原理,往往能够寻找到使它达到最佳状态的方法。控制论的产生和发展所带来的影响甚至导致了世界学科图景的改观,它也使管理思维方式发生改变,使得现代管理思想进一步深化。控制论思想有着深刻的管理哲学意义,它不仅引导管理主体在管理科学研究中开拓新领域,而且促使他们对管理对象的认识产生新的飞跃。

3.3.4 耗散结构论

关于"耗散结构"的理论是物理学的一个重要新分支,是比利时科学家伊里亚·普利高津于1969年提出的,这一成就使普利高津荣获1977年诺贝尔化学奖。该项理论主要讨论一个系统从混沌走向有序的机理、条件和规律。为了从各不相同的耗散结构实例中找出其本质的特征和规律,普利高津研究了非平衡热力学,继承和发展了前人关于物理学中相变的理论,运用了当代非线性微分方程以及随机过程的数学知识,揭示出耗散结构有如下几方面的基本特点:① 产生耗散结构的系统都包含有大量的系统基元甚至多层次的组分,基元间以及不同的组分和层次间还通常存在着错综复杂的相互作用,其中尤为重要的是正反馈机制和非线形作用;② 产生耗散结构的系统必须是开放系统,必定同外界进行着物质与能量的交换;③ 产生耗散结构的系统必须处于远离平衡的状态;④ 耗散结构总是通过某种突变过程出现的,某种临界值的存在是伴随耗散结构现象的一大特征;⑤ 耗散结构的出现是由于远离平衡的系统内部涨落被放大而诱发的。

　　由此可见,所谓耗散结构就是包含多基元、多组分、多层次的开放系统处于远离平衡态时,在涨落的触发下从无序突变为有序而形成的一种时间—空间结构。耗散结构理论的提出对当代哲学思想产生了深远的影响。在耗散结构理论创立前,世界被一分为二:其一是物理世界,这个世界是简单的、被动的、僵死的、不变的、可逆的和决定论的量的世界;其二是生物界和人类社会,这个世界是复杂的、主动的、活跃的、进化的、不可逆的和非决定论的质的世界。物理世界和生命世界之间存在着巨大的差异和不可逾越的鸿沟,它们是完全分离的,从而伴随而来的是两种科学、两种文化的对立。而耗散结构理论则在把两者重新统一起来的过程中起着重要的作用。耗散结构理论极大地丰富了哲学思想,在可逆与不可逆、对称与不对称、平衡与非平衡、有序与无序、稳定与不稳定、简单与复杂、局部与整体、决定论与非决定论等诸多哲学范畴都有其独特的贡献。耗散结构理论可以应用于研究许多实际现象,因而是现代管理理论的方法论基础之一。

3.3.5　协同论

　　协同论是 20 世纪 70 年代德国著名理论物理学家赫尔曼·哈肯在从事激光理论研究中提出来的,又称为协同论,它是研究协同系统从无序到有序的演化规律的综合性学科。协同系统是指由许多子系统组成的、能以自组织方式形成宏观的空间、时间或功能有序结构的开放系统。"协同论"一词来源于希腊文,意为共同工作。协同论研究开放系统内部各子系统之间通过非线性的相互作用产生协同效应,使系统从混沌走向有序,从低级有序走向高级有序,以及从有序又转化为混沌的具体机理和共同规律。

　　协同论的主要内容就是用演化方程来研究协同系统的各种非平衡定态和不稳定性。协同论中求解演化方程的方法主要是解析方法,即用数学解析方法求出序参量的精确的或近似的解析表达式和出现不稳定性的解析判别式。在分析不稳定性时,常常运用数学中的分岔理论。在有势存在的特殊情况下也可应用突变论。

　　协同论有着广泛的应用。在自然科学方面主要用于物理学、化学、生物学和生态学等方面,如在生态学方面求出捕食者与被捕食者群体消长关系等。在社会科学方面主要用于社会学、经济学,心理学和行为科学等。因此,它也是现代管理理论的方法论基础之一。

3.3.6　突变论

　　突变论是研究客观世界非连续性突然变化现象的一门新兴学科。自 20 世纪 70 年代创立以来,数十年间获得迅速发展和广泛应用,引起了科学界的重视。突变论的创始人是法国数学家雷内·托姆,他于 1972 年出版的《结构稳定性和形态发生学》一书阐述了突变理论,荣获国际数学界的最高奖——菲尔兹奖章。突变论的出现引起各方面的重视,被称为"是牛顿和莱布尼茨发明微积分三百年以来数学史上最大的革命"。

　　"突变"一词,法文原意是"灾变",是强调变化过程的间断或突然转换的意思。突变论的主要特点是用形象而精确的数学模型来描述和预测事物的连续性中断质变过程。在自然界和人类社会活动中,除了渐变和连续光滑的变化现象外,还存在着大量的突然变化和跃迁现象,如水的沸腾、岩石的破裂、桥梁的崩塌、地震、细胞的分裂、生物的变异、人的休克、情绪的波动、战争、市场变化、经济危机,等等。突变论方法正是试图用数学方程描述这种过程。突变论的研究内容简单地说,是研究从一种稳定形态跃迁到另一种稳定形态的现象和规律。

　　突变论是一门着重应用的科学,它既可以用在"硬"科学方面,又可以用于"软"科学方面。突变论与耗散结构论、协同论一起,在有序与无序的转化机制上把系统的形成、结构和发展联系起来,成为推动系统科学发展的重要学科之一。《大英百科年鉴》1977 年版中写道:"突变论"使人类有了战胜愚昧无知的珍奇武器,获得了一种观察宇宙万物的深奥见解。但是,突变论的应用在某些方面还要进一步的验证,在将社会现象全部归结为数学模型来模拟时还有许多技术细节要解决,在参量的选择和设计模型方面还有大量工作要做。目前,突变论在许多领域已经取得了重要应用成果。随着研究的深入,它的应用范围在不断扩大,相信它对人类的管理活动将发挥重要作用。

3.4 管理研究中的两个难点

李怀祖在其《管理研究方法论》一书中指出:"由于引入人的因素,管理研究面临两个难点,即高层管理者的形象思维和管理情境,这使得逻辑思维受阻,导致科学研究方法在管理学科中应用具有一定的局限性"。

3.4.1 管理者的形象思维

形象思维或称直觉思维。从思维对象来看,用"形象"较为贴切;从思维主体来看,用"直觉"较为准确。

具体的形象信息有三个特点可以和抽象的概念信息相区别:第一,个别性。形象的感知只能是诉诸人的感官所接触的个别事物。第二,细节性。人和事物的个别性体现在细节的差异上,"千人千面"。优秀的艺术作品靠细节来表达人物的个性和刻画主题。管理者总是从下属的言谈举止来判断其才能、品德和性格,通过察言观色来估计谈判对手的意图。第三,生动性。形象信息与数据、统计指标和书面报告相比,更能反映时间顺序和空间背景,可以同时提供姿势、表情、脸色、音色、语调和语速等体态的辅助信息,这些都是作出正确判断的必要条件。

形象信息的个别性、细节性和生动性这些特点和管理者工作的性质十分吻合,而且可以说,管理者只有依靠形象信息才能有效地完成本职工作。

首先,在信息方面,管理者要想有效和及时地掌握必要的信息,极其需要口语信息。从交谈、讨论、聊天等各种形式的沟通中,将对方的口语内容连同那些具体生动的辅助信息一并存储在脑海里,才能对对方在谈话中的语言含意作出正确判断,分辨对方谈话是出于诚意还是言不由衷或是有难言之处,从而分辨出事态的轻重缓急程度。当需要作出判断和决策之际,脑海中这些丰富的形象信息便能立即浮现出来,形成一幅描述问题的整体图像。数字、报表、报告等书面信息,尽管从管理规范角度来看是必要的,但书面信息抽象、枯燥、容易遗忘,时空背景来龙去脉难以交代清楚,容易引起错误理解或理解时各取所需。形象信息的重要性决不会因为"信息社会"的来临而改变,也不会因为有了计算机信息系统而失去作用。

有些主管部门为评估企业管理状况而设计了详细的考核标准,按照几十、几百个条款去比较实际情况和标准的差距,然后打分评定成绩和等级。然而企业现场形象的某个细节可能打破几百个评估问题得出的结论。例如,某食品厂厂长在陪同商谈合作的外商参观过程中随地吐痰,外商以此判断该厂食品卫生条件达不到标准而未签协议。形象信息最具说服力。

其次,在用人方面,管理者要"知人善任",离不开对部属形象的了解。录用一个重要岗位的工作人员,绝不会未经面谈单凭文字介绍就作出决定。实际形象比语言表述更能说明问题。晋升一位下属人员也必然要经过一段时间共事,从其处事细节和实际形象作出判断。

管理者自己的形象又受到企业所有职工的关注。有成效的领导者会抓住每一个机会在工厂里转一转,接触员工,让人们看到他工作、谈吐和处理问题时的形象,让人们感到是在一个自己所熟悉、信得过的人领导下工作。

第三,在决策方面,管理者的决策还离不开直观判断和抉择。管理者不能按照规范程序和科学方法证明存在某种问题或机遇,如果只凭工程师的逻辑思维方式去从事企业管理活动的话,势必在寻求问题、把握时机、及时应变等方面束手无策。

美国企业家保罗·盖蒂在《我的经营心得》一书中写道:"感觉、直觉、意愿和下决心的能力,这些都是超一流老板的特征,它不具学术性,不是从曲线上推导出来的,也不是从迷惘的市场研究或电脑中找得出的","假如所有的决策都能缩减成一个等式,那么商界将是多么忧郁,如果所有冒险都从商界中剔除,那么商人不如去当公务员了"。

概括起来,管理者离开了形象、形象思维,他所得到的信息只能是间接、过时而且往往是不确切的;他无法做到"知人善任"和建立上下相互信赖的关系;他将贻误时机,难以作出开拓性的正确决策。可以看出,管理者离不开形象思维,发现、辨识和解决各种涉及管理者行为的管理问题,运用形象思维进行个性分析是不容忽视的,但是这难以用科学方法抽象出共性,因此成为管理研究中的一大难点。

3.4.2　管理情境

管理者直觉思维引发出的另一个阻碍科学方法运用的因素便是管理情境。"情境"一词英文为 context。用对应的英文词意来说明情境的概念可能更为清晰:context 是由 text 一词冠以 con 这一前缀构成。英文 text 是纺织的意思,所以纺织业的英文为 textile industry;汉译 text 为文本或本体,与原词意有所偏离,如 textbook 指各种内存编织在一起的书,只能意译为教科书。con 来自拉丁文 com,是"同……一起"的意思。context 的概念在语言学、文学、历史学研究中均受重视。

借鉴语言学、文史研究中"文本"和"语境"的概念,可更看清管理研究与自然科学、工程技术研究的差异。自然科学和工程系统着重于"文本"或"本体",只研究系统(对象)的主体,按一定边界将本体和环境分离开来。控制论用输入、输出和黑箱来描述一个系统,视输入为外部环境给系统施加的作用,着重研究以传递函数表示的系统本体特性。力学和控制系统研究都可以在试验室进行,在设定条件下得出的试验结果,基本上可与现实相符。即使像航空、航天飞行,都可根据试验结果,预先对火箭发射、运载工具的飞行轨迹作出精确的判断。控制论、系统论等运用于管理科学,当前仍着重在探索系统本体和构造,将生产过程、企业、经济活动等作为一个系统看待,根据设定的输入和系统本体的模型推算输出变量、并按实际输出偏差施加调节手段和控制。

管理系统要复杂得多,人们无法将系统本体和环境隔离处理,因为管理离不开人的因素。决策者在自己的知识结构引导下,对系统本体的输出作出判断,而系统本体和决策者又总处在某种工作环境之中。思维模式和工作环境构成了所研究系统的管理情境,管理情境可理解为系统本体所处的主客观背景。

客观背景和环境在自然科学和工程技术研究中虽然也不容忽视,工程系统研究中也包括环境因素,但是,管理系统除客观环境外还要加入主观背景,亦即行为主体——人的知识结构(knowledge structure)或称思维模式(mental scheme)。这个因素的介入,从研究角度来说是非同小可的变化,使问题有了实质的不同,解决问题的难度由此而要大得多。正如前述,西蒙用"满意"替代"最优"准则。从此,客观和共性等这些科学方法所具备的特性便难以适用,而不得不尊重主观和个性等因素的作用。管理系统引入主体思维模式后,科学研究方法的运用也不可避免地受阻,工程系统即使考虑环境因素,系统的各个环节包括输入、处理、输出、反馈等变量取值也是独立于环境因素的。管理系统引入主观背景反映了个性人所起的作用,意味着系统各个环节的变量都与主客观背景相关,无法与管理情境隔离开来取值,是情境(context)的函数。

就管理系统的输入而言,既有数据、权表、书面报告等抽象信息,又有经视觉、听觉等感受到的形象信息。从思维科学研究成果可知,人们在思维和判断过程中所接受到的输入信息,至少要经过两级过滤。第一级过滤主要由生理和心理的限制引起。例如,人们对于视野中同一刹那出现的信息,大约只能感受其中的 1/70,因此不能不对外界信息加以选择。既然要选择,管理者的知识结构便起作用,管理者往往只觉察到他已理解到的事物,听到他所喜欢听到的信息。第二级过滤则由于认知过程而引起。认知具有选择性、组合性和恒常性等特性,加之人们的短期记忆容量有限,因此每个人在接受外界信息后,都须用自己特有的"代码"重构所获得的知识,并按自己所习惯的结构或规则进行存储和检索。换言之,各人都是带着各自的思维定势或框架审视周围的事件。对于同一事件、对象或系统,不同的管理者所接收和认定的输入信息都不一样;甚至对待同一个管理系统,选择什么作为输入变量,都是"仁者见仁,智者见智",结果不一。判断者的思维构架,即情境因素在起作用。

就信息处理环节而言。从工程技术系统看,处理环节由系统本体的特征决定。对于同一种生产设备(系统),输入同样原料应得出同样的产品,因为此设备的转换模式是固定的。但从管理角度来考虑却不然。系统本体转换模式的权变性在管理领域中屡见不鲜。企业管理者为了申报奖励、接待来宾和汇报业绩,对于本企业作出一种描述;为了申请补贴、减免或补助项目,则企业又被描绘成是另一种类型。就管理中的个体而言,系统本体的特性即个人才能并不能决定个人的事业前途。机遇、处境、人缘儿、时尚、个人追求等,这些主客观背景因素都和本体的特性结合在一起。事实上,社会给予个人的报酬是个人能力和情境两个变量的函数,两者缺一不可。例如,在人事管理中,人们往往想设计一套科学的人才选拔指标体系,据此录用和晋升管理人员。可能设计多达几十个指标来测评某个人的素质和能力,但是无法科学地设计出他今后工作中所处的客观时空环境和主观思维模式。因此,至今尚未见有哪位出色的管理者是靠科学的指标体系测评出来的。科学的选拔方式和程序虽然能够提高提高个人能力和工作要求的匹配性,但是,由于情境要素的存在,没有哪种管理方式或程序是成功的保障。

对于管理系统的输出,由于输入和转换都是情境的函数,因而输出也和情境密切关联。不仅如此,在管理系统中,管理者往往凭主观愿望来判断输出。从系统输出的后果中选定自己所偏爱的一种。科学分析往往难以改变主观的愿望。

对于管理系统的反馈而言,管理系统的反馈离不开主观的判断,要靠管理者对原先决策的实施结果作出评价——合格或不合格,满意或不满意,成功或失败,并估计其强度。然而,人们接受的反馈信息结构总是不完全的,客观上难以完备地收集反馈所需的信息。同时,人们主观上往往倾向于接受正反馈、迎合原先判断和决策的信息,并逐渐形成对自己的决策的过分自信。总之,管理系统的反馈过程始终和主观思维构架拧在一起。

企业是一个投入产出系统,可用上述输入、转换、输出和反馈诸环节来描绘,并且企业的状况、绩效和企业所处的客观环境相关。企业主管的思维模式深刻影响对于各环节变量的选择和取值,而所作出的选择、施加的控制行为无疑决定着企业的状况和绩效。如果要了解并描绘清楚企业主管的思维模式和具体背景,然后作出符合实际的判断,这种研究工作的难度很大,规范性、重复性和共性很差,这便是管理情境带来的难题。

任何艺术作品,个性、特性愈鲜明,则价值愈大;反之,数学、自然科学则讲求共性,概括层次愈高、愈抽象,则价值愈大,管理学科的发展历程,从泰勒的科学管理到运筹学、系统工程等,各种现代管理理论基本上是遵循科学研究方法,用逻辑思维抽象出管理领域中的规则、模型、共性,所欠缺的是借鉴艺术研究的思路,从形象思维角度来研究管理系统中的个性、特征,以致迄今为止的管理理论和方法还回答不了许多管理现实问题,特别是高层管理者的决策行为。管理情境问题的探索可能有助于弥补管理理论与实践之间的差距。

3.5 新形势下的管理研究

3.5.1 21 世纪之初的管理及管理研究面临的挑战与形势

21 世纪世界发展有几大趋势与管理研究相关,分别是:世界经济一体化和区域化发展,信息产业兴起并成为主导产业;文化碰撞加剧,具有不同价值观念和信仰的人群将在全球范围内展开竞争与合作;社会主义市场经济体制初步形成。

在这种大背景下,中国的经济形态也发生了明显的变化,呈现出以下的基本形态:① 社会主义市场经济体制逐步形成;② 国有经济成分和经营方式得到相应的改变;③ 金融体制逐步适应经济的市场化;④ 政府、银行、企业以及中央政府和地方政府等各种关系逐步规范化。

这些国际国内发展的趋势已经或正在或将要引发一系列的管理新现象或新问题,这对于管理领域的研究者或实践家来说,既是挑战,也是机遇。

当前,管理与管理研究面临的挑战和形势主要表现为以下特征:

(1) 经营从小规模、单一化、地域化到集团化、多元(角) 化、国际化。

这种变化趋势必然要求在经营和管理策略上进行一系列的变革,如从一些企业擅长的游击性销售方式向稳定目标市场方向发展、从单一产品的一枝独秀向主业与副业的有机结合方向发展、从地域性比较优势的利用向国际间比较优势的寻找与创造方向发展等。能否及时地根据自己的实际注意这种经营策略上的转变,也成为企业能否在即将来临的激烈的市场竞争中站住脚的关键因素。

(2) 资本和知识位置的转换。

要素市场和企业内部生产要素的巨大变化趋势是资本与知识位置的转换,知识的增值能力逐步超过资本的增值能力,企业中知识的权力结构正在取代资本的权力结构。这种变化对资本主义社会带来的巨大影响是不可低估的。

(3) 企业生产战略的重点从成本到质量再到时间。

竞争的国际化、外部需求的个性化、操作的信息化导致了管理系统的创新逐步从早期的规模模式演化到近几十年的质量模式,并正在慢慢过渡到信息时代的速度模式。组织方式也正在从过去的合作关系走向集成,从多级庞大的结构向灵活机动的虚拟组织过渡。

(4) 组织从"体力型"到"智能型"再到"虚拟化"。

随着社会经济活动的国际化、活动方式的信息化、合作过程的集成化,组织形态也发生了很大变化,其趋势是过去的金字塔型组织结构的塔底在逐步缩小,而塔的中上部在逐步变大。用西方的话说是企业组织中蓝领阶层随着现代技术(如机器人、CIMS 等)的使用而逐步减少,与此同时工作在管理和技术岗位上的白领阶层却在迅速增长。用中国过去常讲的话来说是一线人员在减少,而二线人员在增加。这种变化趋势意味着人才将成为企业未来发展的关键因素,也就是说企业组织逐步向智能化发展,谁占有人才优势,谁就占有市场的竞争优势。另外,现代信息技术的飞速发展使得地域上分散的各种组织为满足特殊要求迅速联合起来成为可能,灵活机动的"虚拟组织"形式应运而生,并会逐步成为重要的组织形式之一。

(5) 企业文化从"经济人"到"社会人"再到"文化人"。

随着社会经济的现代化发展,人类的需求和行为也不断转化,传统管理的"经济人"假设在逐步被"社会人"发展之后,人们越来越不得不注意由于国际间的合作与交流而产生的各种各样的文化冲击的后果,以至于出现了"文化人"的概念,即在管理和管理研究时要从包括文化因素这一更广阔的角度分析和处理人的行为与心理。

(6) 企业控制机制从"两权统一"到"两权分离"再到"两权的合作与竞争"。

由于人类能力和需求的差异以及企业规模、管理难度的增加,企业管理从经营权与所有权的统一发展到两权的分离(主要是大企业)。但在新的经济社会环境下,人们越来越发现两权分离后在控制上面临许多新问题,如代理成本问题,国有资产或股东非常分散、公司的委托人弱化问题,不同制度和文化环境下如何最有效地控制问题等。于是,在现代和未来社会,两权分离基础上的合作与竞争机制又成为管理和管理研究必须面对的重要问题。

(7) 组织整体从"简单系统化"到"分工协作"再到"复杂系统化"。

从系统的观点看企业或其他类型管理对象,随着科技、社会的发展和国际一体化趋势,组织基本上是从过去的简单系统走向分工协作,再随着信息社会的到来,组织间竞争与合作日益加剧,组织环境和内部结构都日趋复杂多变,新的分工协作形式不断涌现,组织系统日趋复杂化(钱学森称之为复杂巨系统)。这种系统将显现出有别于简单系统的许多新的特性,对其研究和管理也是现在和未来必须面对的。

(8) 企业的决策中枢从 CEO 到 CEO + CIO。

CEO(chief executive officer,意指企业的首席执行官)是过去企业发展成败的决定者。已经来临并日益发展的信息社会使得企业的经营环境变化无常,现代企业的成败不仅取决于是否具备高水平的 CEO,而且取决于能否及时获取重要的信息和正确地利用信息。因此,企业中逐步需要积极能干的 CIO(chief information officer,即信息主管)。许多大企业现在已经把能否充分利用 Internet 网等先进的信息手段进行经营管理作为衡量一个企业是否先进的重要标志。企业信息系统的建立,信息的采集、管理、利用也日益成为一个企业是否具有竞争力的重要因素。

(9) 企业运营的环境意识从小环境观念到大环境观念。

世界经济一体化和需求的现代化不仅意味着企业经营模式和服务目标的变化,而且意味着企业生存环境的变化。企业不能仅关心经济环境的变化,而且要注意政治、社会、文化、民族之间或地区之间或国与国之间传统习惯的变化,要树立大环境的观念,要有更宽广的视野。这样才能有更强的生存能力和发现更多的发展机会。从严格管理到无为而治,企业的发展大都经历了一个"能人企业示范效应(竞争)、孤军独进、规模膨胀、管理滞后、发展受阻"的过程。在企业发展到一定程度时,若能顺利度过这一关,将会得到更大的发展,否则,则会迟滞不前,甚至萎缩失败。出路在于从战略高度重视管理以及企业管理体系和机制的建设,而不再是靠企业家个人创业时的冲锋陷阵的勇猛精神。要利用组织和机制的力量弥补个人控制幅度的不足。

一般来讲,在这种情况下,企业需要高的领导水平、正确的战略、特殊、新颖或高质低价的产品和服务、新的实用的技术、高的生产率和效率。要做到这一点,企业的管理模式可能要逐步从过去那种严格的控制机制向制造一种宽松的环境、建立完善的管理体系和机制,从而使每一个企业部门和职员有余地和动力在企业大战略的指导下充分发挥自己的能动性和创造性。只要方向转得及时、转得到位,企业便会从受阻状态进入良好的新型运行状态。

3.5.2　21世纪之初中国管理面临的挑战和形势

(1)市场从不规范到逐步规范。

我国改革伊始,目标模式并非市场经济,只是想利用市场经济的一些规律弥补计划经济的不足。直到党的十四大才正式提出建设社会主义市场经济。所以,在这一历史时期,市场是非常不完善、不规范的,经济实际上是在市场规律和严重的政府行为干预下运转的,造成的结果是市场竞争虽激烈,但不公平、不规范。许多企业利用这其中的漏洞,通过种种不规范的手段得以迅速发展。然而,经过十多年改革发展,市场已逐步从不规范向比较规范的方向发展,人们也在这种激烈的、不规范的竞争中得到了锻炼和增长了经验。可以肯定地断言,市场的逐步完善和规范以及人们市场经验的不断积累,必使市场的漏洞越来越少,竞争日趋公平和更加激烈。若还在管理上抱着原来那种投机、钻空子的幻想,必然被动挨打,甚至遭致失败或被淘汰。即使现在是比较强大的企业,如不注意这种趋势和有意识转变经营策略,照样可能被公平、激烈的竞争打败。

(2)从国有资产流失、产权不明到各类资产有人关心。

如果这些企业没有认识到这种变化带来的危机,或没有在原始资本积累完成之后(哪怕是非正当的积累)迅速转变自己的管理策略,就难以维持原来的发展势头,甚至会在漏洞越来越少、竞争越来越公平和激烈的市场中惨遭失败。

(3)管理从粗放型到科学化。

市场从不规范走向逐步规范,原始资本积累过程中的许多方法开始失灵,此时需要一定的管理水平才能在竞争中取胜。所以,科学化的管理逐步从不重要的后台走向前台。当市场经济非常发达时,任何市场机会都需通过激烈的竞争获取,此时取胜几乎依赖于超人的管理。经过十多年的经济改革,中国大陆的经济发展已经逐步进入第二阶段,企业的管理如不及时从粗放型向科学化过渡,将会在激烈的市场竞争中失去取胜的能力。

(4)技术从廉价到高价。

改革开放以来,人们越来越深刻地认识到科技与经济建设之间的内在关系,"科学技术是第一生产力"的深刻内涵逐步深入人心。这种认识的变化不仅发生在企业界,同时也发生在科技界。加之科研管理体制的改革,科技界技术价值观也发生了重大变化,企业廉价利用科技成果的时代已经过去。具有市场潜力的技术要么要价很高,要么科研部门自己开发利用,从而使得认识到技术重要性的企业不仅选到好技术日益困难,而且必须花费日益昂贵的代价才能得到所需的技术。所以,在新的发展时期,如何选择和利用技术合作策略也成为企业发展成败的重要决定因素。

(5) 从政企隶属关系到新型政企关系、社区关系、社会关系。

在计划经济时代,企业和政府之间是一种隶属关系。随着改革的深入发展,这种隶属关系在不断被打破,新型的政企关系在逐步建立。企业在改革后的新型关系系统下,其生存的"上帝"不再只是政府和股东,而且包括顾客、其赖以生存的社区、社会和自然界。也就是说,在新的形势下,企业要长期稳定地发展,必须处理好政企关系、社区关系、社会关系和与自然界的关系。有眼光和长期稳定发展动机的企业家,会在企业发展的过程中建立与政府、社区、社会间的和谐关系,并注意企业资源和发展的可持续性,如绿色产品的设计等。因为这不仅会使企业树立良好的形象和信誉,从长远的眼光看,还会是企业低成本战略和创新战略实施的主要途径。

(6) 国有企业从政府的附属品逐步成为市场主体。

作为经济中规范运行的独立经济实体,占有主导地位的国有企业在管理体制上逐步过渡到适应市场机制需要的各类公司制度,产权已明确界定,遗留下来的难题是国有资产或国有股份的代表者如何选择,之后怎样激励和监督他们以使他们能像看待自己财产那样关心国有或共有资产的运作。从地位上讲国有资产在涉及国计民生的重要领域仍会起着主导作用,但在整个国民经济中所占比重可能低于其他经济成分,所要关心的问题是如何充分发挥国有资产在国民经济发展中的重要调节作用。

3.5.3 新形势对管理研究的要求

新形势下,管理研究如何满足发展的需要、甚至超前和指导管理的实践呢?一般很难给出具体而详尽的答案,但通过上述分析可以发现,管理研究应遵循的基本原则可以从以下几个方面来解析。

(1) 研究哲学上的"问题导向"和"环境依赖"。

面对复杂多变的未来世界,无论是管理理论研究,还是针对某种现象研究一种管理技术或者是研究解决某个具体的管理问题,有效和创造性的管理研究必须面对实际现象和问题,即必须坚持问题导向,从问题中来到问题中去。这也是由其所处的地位(描述和分析各种各样的管理现象,研究和解决各种各样的管理问题)所决定的。

另外,由于管理问题还有很强的环境依赖性,所以,管理研究不能脱离研究对象所处的环境就问题讨论问题,而必须紧紧地将问题与环境结合起来考虑和分析;否则,得到的理论、方法、技术是难以有效解决问题的。这就是为什么许多国外先进技术在中国难以有效使用的原因。

(2) 研究境界上应追求"在所研究问题的环境下最满意地解决问题"。

由管理研究的问题导向和环境依赖性可以明确推得:管理研究的最高境界是在所研究问题的环境下最满意地解决问题。

(3) 研究对象上要善于观察和预知新现象、新问题。

管理研究要迎接未来并对管理实践进行指导,除了解决面临的许多管理问题之外,还要针对 21 世纪社会发展速度快、变化多、复杂程度高等状况,磨炼自己敏锐的洞察力和预见力,以发现新问题、预料新现象,从而使管理研究能真正解决问题并起到超前指导作用。

(4) 研究思想上要有跨文化、跨制度的感悟力和理解力。

　　世界经济的一体化、信息化导致的跨国、跨文化、跨制度、跨民族的合作与竞争必然导致管理现象和问题的跨文化、跨制度特色。管理研究在这种新形势和挑战面前惟一的抉择是提高自己对不同制度、民族、文化传统等的感悟力和理解力,从更宽的视野观察、分析和研究管理现象和问题。

　　(5) 研究队伍上要善于进行跨国、跨专业、跨实践的合作。

　　对不同文化和制度的感悟力和理解力固然重要,但一个人的能力总是有限的,有意义和高质量的研究还需要研究者善于寻找同研究问题有关的不同领域、不同文化背景的专家,甚至和对研究问题有深入理解的实践家进行愉快的合作。

　　(6) 研究方法的多样性和相互印证。

　　由于人类行为的复杂性和管理问题与环境的紧密依存性,管理研究的正确性难以像自然科学那样准确论证。所以,管理研究要善于从不同的视角、用不同的方法进行分析和印证。通常用的方法主要有规范研究(normative res.)、实证研究(empirical res.)、论证研究(positive res.)、实验研究(experimental res.)。

　　(7) 研究结果的预见性和可操作性。

　　管理研究具有很强的实践性,其研究目的不只是对管理现象进行描述和阐释,更重要的是对管理现象有预见性,对管理问题的解决有指导作用或提供操作过程、方法和技术等。不管研究结果是思想、观念,还是理论、方法,或者是操作规程和技术,都要重视其结果的实践性和科学性。

3.6　21世纪管理科学发展的变革取向

3.6.1　管理科学的硬化与软化趋势并存

　　管理科学的硬化是指在管理科学的研究内容上注重对管理方法的研究;在研究方法上侧重于定量分析,即通过建立数学模型和引入自然科学的其他方法使管理方法数量化、精确化,如管理研究中的运筹学、决策理论、系统工程、评估技术、预测技术、数量经济分析方法、管理信息系统、企业流程再造、复杂性研究等内容。

　　管理科学的定量化是20世纪下半叶管理科学发展的一个重要特征。管理科学定量化,一方面是管理实践,特别是管理决策科学化的需要,另一方面,应用数学、运筹学、电子计算机技术、模拟技术的发展为管理科学的定量化创造了必要条件。线性代数用于资源利用优化的规划,产生了线性规划;概率论和数理统计用于不确定性决策,发展了风险决策方法;模糊数学用于不确定性决策,产生了模糊决策方法;质量控制的统计方法、设备的可靠性工程以及各种服务的排队论方法是建立在概率论和数理统计的数学基础之上的。在管理科学研究中,定性的方法和定量的方法相结合已成为必须遵循的原则。数学模型和模拟技术得到愈来愈广泛的应用,大量数据的收集和处理成为必不可少的工作。管理涉及的因素比较多、比较复杂,建立和应用数学模型有较大的难度和一定的局限性,但是众多的管理研究工作者在这方面进行着不断的努力,必将把管理科学定量化提高到一个新的水平。

　　管理科学的软化是指管理科学在研究内容上重视组织理论、组织文化和领导科学等管理原理的研究,重视企业经营理论、市场竞争和战略理论的研究;在研究方式上侧重于定性描述。定性分析是定量分析的前提和基础。

3.6.2　东西方管理科学更加兼容

中国管理模式以"情"为特质,日本管理模式以"理"为中心,美国管理模式以"法"为重心。随着全球化浪潮的深化和拓展,今后管理科学的发展更需要互相学习、互相借鉴,东西方的管理理念间将会出现更多的兼容和交融。

3.6.3　管理科学与技术科学结合更加紧密

管理科学需要吸收技术科学研究的最新成果,技术科学也为管理科学的研究提供了方法和手段。因此,随着科技的日新月异和新技术革命的蓬勃发展,管理科学与技术科学的结合将更加紧密。

3.6.4　基于数字化时代,管理科学研究成为当务之急

管理科学迫切需要研究数字化时代的管理理论和管理方式。例如,电子商务环境的研究;基于电子商务的管理理论、管理方法、管理模式研究;基于电子商务的市场营销理论和方法研究;基于电子商务的物流作业管理研究。

3.6.5　管理科学与其他学科的交叉发展趋势显著

随着管理科学研究的发展与深化,哲学、数学、经济学、心理学等作为管理科学的基础,其对管理科学研究的基础作用趋于加强。同时,管理科学与其他学科的交叉、融合的发展,使其不断创新繁荣。

管理科学与经济学的交叉,出现了管理经济学、企业管理经济学、教育管理经济学、科技管理经济学等;管理科学与心理学的交叉,出现了管理心理学、组织行为学;管理科学与数学的交叉,出现了管理数学、运筹学;管理科学与信息科学、计算机科学的交叉,出现了管理信息学;管理科学与哲学的交叉,出现了管理哲学。交叉学科的产生,大大推动了管理科学的发展。管理科学同其他学科的交叉、融合和渗透,并不是人们主观、随意的捏合,而是管理这种事物和其他事物客观上存在着固有的联系,当科学技术发展到一定水平,人们认识客观事物的能力增强,发现了这种固有的联系。管理科学与其他学科的联系、交叉是管理的依附性和管理的普遍性所导致的必然结果。

3.6.6　管理科学的实用化

管理具有依附性和普遍性。管理活动不会独立存在,它必须依附于社会、政治、经济、生产等活动。由于社会、政治、经济、生产等活动客观需要有序、高效的运行,就必须对其施加科学的管理。所以管理活动依附于其他客观活动,随着其他活动的产生而产生,随着其他活动的发展而发展,随着其他活动的变化而变化。管理活动存在于一切领域,存在于其他一切活动中。管理本身不是目的,而是实现目的的手段,是为了实现所要管理的社会、经济活动的目标。所以,管理科学是一门应用性的学科,是一门实用性的学科。因此,管理理论、管理方法、管理手段的创新都必须应用到管理实践中去,并且都必须以其被管理的社会、经济活动的有序、高效和最终结果的有益性大小来检验。

管理科学的实用化还表现在管理科学研究中的问题导向,从管理实践中需要解决的问题出发去开展管理研究,不能以方法导向、以管理理论为导向去研究管理中的问题。

管理科学的实用化还表现在管理科学的研究方法上,即要通过对大量的管理案例的总结和研究来探讨管理的经验和规律。

第 4 章　科学管理理论

科学管理理论对管理的本质认识是管理就是一门科学,它以"经济人"假设为前提,以提高劳动生产率为中心,主张用严格的规章制度、物质刺激和科学的方法进行管理。科学管理理论的创立以泰勒的《科学管理原理》的出版为标志,开创了用科学方法研究管理的先河,标志着人类告别经验管理的时代,进入了科学管理的殿堂。

4.1　科学管理理论产生的背景

现代科学管理的诞生源于当时的社会发展同时具备的三个基本条件:一是社会完成由自然经济向商品经济转轨;二是机器大工业的诞生与发展,社会化大生产客观上要求统一的指挥中心;三是社会特定的文化结构使得科学主义精神得以推广,提供了科学管理诞生的思想基础。18~19 世纪的西方产业革命推动了这三个基本条件的成熟,从而在 20 世纪初诞生了以"泰勒制"为核心的科学管理理论与方法,从而开拓了现代管理理论的发展历史。

4.1.1　工业革命带来的管理变革需求

现代科学管理的诞生是源于现代工厂发展的需求。在 18 世纪 60 年代以后,第一次产业革命发端于英国并迅速蔓延至其他一些资本主义国家,这使得以手工业为基础的资本主义工场向采用机器的资本主义工厂过渡;大机器工业逐渐代替了传统的手工业,社会完成由自然经济向商品经济的转轨。

产业革命带来的机器工业客观上要求优化管理。但是在作坊刚开始变为工厂的时候,最初的工厂管理制度却并没有形成,因而生产效率远远没有因为大机器诞生而成倍地提高,释放出来的生产力由于管理体制混乱而不能发挥规模效益,人的思想还束缚在手工作坊阶段。瓦特的蒸汽机图纸早就设计出来了,但却因为找不到能加工出符合公差要求的工人而迟迟不能诞生。为此,瓦特首先从完善管理制度上着手,建立严密的工厂制度,同时对工人进行专业培训,提高技术素质,然后才由自己培养出来的工人在自己制订的工厂制度内加工出自己设计的图纸,从而诞生了第一台蒸汽机。对于瓦特的工厂制度,一份报告说:"不论是泰勒、福特,还是别的现代专家,在计划方面都没有能设计出超过 1805 年以前博尔颜—瓦特公司伯明翰工厂所发明的东西。该厂成本核算制度比当代许多成功的企业所采用的制度还优越。因此,这家最早的工厂在管理方面所具有的能力,比之该厂培养出来的技工的高超技术并不逊色。"这就是现代工业发展对管理提出的要求。

于是,在产业革命的发展进程中,新的经济组织——工厂制度普遍建立。工厂的组织规模扩大,内部结构复杂,劳动产品的复杂程度与工作专业化程度日益提高,管理的对象和特征都发生了深刻的变化。组织运作所要求的连续性、规范性、精确性使管理难度空前增大,管理成本大为上升。传统的经验管理与社会化大生产的不相适应性越来越突出。大量工厂的经营不善和破产倒闭使传统的经验管理遇到了挑战,改进管理、降低组织活动的成本成为当务之急。管理实践需要新的管理思想和管理理论进行指导。这一时期,以亚当·斯密、小瓦特、欧文、巴贝奇等人为代表,人们开始仔细研究劳动分工对生产效率的提升,并开始真正重视组织管理理论的研究。这些研究都为科学管理理论的诞生奠定了基础。

4.1.2 工业革命时期的主要管理思想

4.1.2.1 亚当·斯密的管理思想

1776年英国经济学家亚当·斯密(Adam Smith,1723～1790)发表了著名的《国民财富的性质和原因研究》(简称《国富论》)一文,文中系统地阐述了劳动价值论并提出劳动分工的理论。亚当·斯密认为,劳动是国民财富的源泉,各国人民每年消费的一切生活日用必需品的源泉是本国人民每年的劳动。这些日用必需品供应情况的好坏,决定于两个因素:一是这个国家的人民的劳动熟练程度、劳动技巧和判断力的高低;二是从事有用劳动的人数和从事无用劳动的人数的比例。同时还指出,劳动创造的价值是工资和利润的源泉,并经过分析得出了工资越低,利润就越高;工资越高,利润就越低的结论。这实际上揭示了资本主义经营管理的中心问题和剥削本质。

亚当·斯密在分析增进劳动生产力的因素时,特别强调了劳动分工的作用。他对比了一些工艺和一些手工制造业分工前后的变化,对比了易于分工的制造业和当时不易于分工的农业的情况,说明分工可以提高劳动生产率。

亚当·斯密在《国富论》中以制针业为例说明了劳动给制造业带来的变化。他写道:如果一名工人没有受到过专门的训练,恐怕工作一天也难以制造出一枚针来。如果希望他每天制造20枚针那就更不可能了。如果把制针程序分为若干项目,每一项就都变成一门特殊的工作。一个人担任抽线工作,另一个人专门拉直,第三个人负责剪断,第四个人进行磨尖,第五个人打孔并磨角。这样一来,平均一个人每天可以生产4 800枚针,生产效率提高的幅度是相当惊人的。

亚当·斯密认为,劳动分工之所以能大大提高生产效率,可归结为下面三个方面:第一,劳动分工可以使工人重复完成简单的操作,从而可以提高劳动熟练程度,提高劳动效率;第二,分工节省了通常由一种工作转换到其他工作所损失的时间;第三,分工使劳动简化,使工具专门化,从而有利于创造新工具和改进设备。而新机械的发明和应用,又使劳动进一步简化和减少,从而使得一个人能够完成许多人的工作。亚当·斯密关于劳动分工的分析,后来发展成为管理学的一条基本原则。

4.1.2.2 小瓦特和包尔顿的管理思想

最早在工厂管理中使用科学管理方法的,当推詹姆斯·瓦特和马修·鲁滨逊·包尔顿。

1796年,在英国建立索豪工程铸造厂时,他们就开始负责这家工厂的管理,并对管理事务进行了分工。小瓦特主持组织工作与行政管理,包尔顿负责销售与商业活动。他们为工厂制定了许多管理制度,并在组织工厂的生产与销售活动中运用了许多管理技术,比如:他们组织市场调查,向欧洲大陆派出许多代表搜集可能影响蒸汽机需求的资料,并据此确定企业的生产能力和编制生产计划;依据工作流程的需要,有计划地安排机器的空间布置,组织生产过程规范化、产品部件标准化;在会计与成本核算方面,他们建立了详尽的统计记录和控制系统,采用了原料成本、人工费用、产品库存等分别记账的会计制度,从而能够计算工厂制造的每台机器的成本和每个部门所获的利润;在人事管理方面,他们进行了工作效率研究,制定了管理人员与职工的培训计划,实行按成果支付工资的方法,并试图改进职工的福利,为职工建立了一套互助保险制度。小瓦特与包尔顿在管理实践中的这些探索甚至会令今天的管理学家感到惊奇。

4.1.2.3 罗伯特·欧文的管理思想

罗伯特·欧文是空想社会主义者,是 19 世纪初期最有成就的实业家之一,也是杰出的管理学先驱者,他最早播种下了人事管理的种子。

欧文认为,人是环境的产物,只有处在适宜的物质和道德环境下,人才能培养出好的品德。为了证明自己的哲学观点是正确的,为了培养人的美德,欧文在他自己的工厂里进行了一系列劳动管理方面的改革:停止雇佣 10 岁以下的童工,将原来雇佣的童工送入学校学习;其余的人每天工作时间不超过 10 小时 3 刻钟;禁止对工人进行体罚;为工人提供厂内膳食;设立按成本向工人销售生活必需品的商店;以及通过建造工人住宅与修筑道路来改善工人生活的社区环境等。

为了吸引其他实业家也来关心工人工作条件和社会条件的改善,欧文正确地指出了人的因素在工业生产中的重要作用。他在自传中写道:"如果对无生命的机器给予适当的注意就能产生如此有利的结果,那么如果对你的极为重要的构造更为奇特的有生命的机器给予相同的关注的话,什么样的结果不可以期望取得呢?"他嘲笑那些实业家同事们只注意把数以千计的钱币和许多时间用来购买和改进机器,而不愿对人力资源进行投资。他认为,如果把同样数目的钱和时间用来改善劳动的话,那么带来的收益将不是资本的 5%、10% 或 15%,在许多情况下甚至会是 100%。他宣称自己在纽兰纳克的工厂获得了 50% 的利润,还说不久将会达到 100%,而这主要是关心人的结果。

欧文在关于人的因素方面的思考和实践,使得一些现代学者把他称为现代人事管理的创始人。

4.1.2.4 查尔斯·巴比奇的管理思想

查尔斯·巴贝奇(Charles Babbage,1792～1871)是英国数学家,他对管理思想的贡献是巨大的。

首先,巴贝奇详细分析了劳动分工对生产率提高的原因,他认为劳动分工的优越性主要体现在 7 个方面:① 节省了学习所需要的时间;② 节省了学习期间所耗费的材料;③ 节省了从一道工序转移到下一道工序所需要的时间;④ 经常从事某一工作,肌肉能够得到锻炼,不易引起疲劳;⑤ 节省了改变工具、调整工具所需要的时间;⑥ 重复同一操作,技术熟练,工作较快;⑦ 注意力集中于单一作业,便于改进工具和机器。

其次,巴贝奇为了调动劳动者的积极性,还提出了一种工资利润分享制。这种制度认为,工人除了工资外,还应按工厂所创利润的百分比额外地得到一部分奖金作为报酬。他指出这样做的优点是:① 每个工人的利益同工厂的发展及其所创造的利润多少有直接关系;② 每个工人都会关心浪费和管理不善等问题;③ 能促使每个部门改进工作;④ 有助于激励工人提高技术和品德;⑤ 工人同雇主的利益一致,可以消除隔阂。巴贝奇的这种工资奖金制度今天仍然有一定的参考价值。

巴贝奇的另一贡献是他在《机械及制造经济》中对经理人员提出了:① 制造程序及成本;② 应用时间研究技术;③ 搜集资料时应使用印好的标准表格;④ 分析企业机构的实际工作时,宜采用比较分析法;⑤ 应研究各种不同颜色的纸张与油墨的效果,以确定何种颜色不易使眼睛疲劳;⑥ 提问题时,要研究如何发问才能获得最佳效果;⑦ 应根据以所得为基础的统计资料来确定所需;⑧ 生产程序的管理应该集权化;⑨ 应重视研究发展工作;⑩ 应考虑厂址是否邻近原料供应地,以确定厂址位置;⑪ 应建立一套对人人都有利的建议制度。

在亚当·斯密、小瓦特、欧文、巴贝奇等人的研究与实践的基础上,劳动分工与专业化、生产计划、成本记录、生产合理性、设备的合理使用、劳资关系等成为管理者的研究专题。管理思想从经验直觉进入了较系统的研究。

此后,尽管工厂制度及其管理经验从英国推广到其他国家,但由于缺乏持续的技术和组织创新动力,因此管理理论没有大的进展。这种情况直到美国铁路企业出现后以及随之伴生的"管理运动"才开始改变。

4.1.3 美国的"管理运动"

"管理运动"是现代管理的前奏,是古代管理走向现代管理的标志,它直接导致"泰勒制"等现代科学管理理论的出现。

19 世纪 40 年代末,美国掀起了铁路建设的热潮,由此导致了美国铁路企业的成长。由于修筑铁路所需的巨额资本惟有通过资本市场才能筹集,这使美国铁路企业几乎一开始就走上了公司制道路,从此公司制作为一种组织创新形式风靡世界。股份公司使企业规模突破了个人资本量的限制而进一步扩张,内部结构日益复杂。同时,铁路企业的管理需要专业性的特殊技能和训练,支薪经理人员从此产生,现代职业经理阶层得以形成。

19 世纪四五十年代,美国铁路的管理面临很多全新的问题,如协调困难、事故频发、运输成本高等。面对这些严峻挑战的是大批新型的支薪经理人员,他们积极探索,不断创新,在企业的实践中创新了许多管理思想。铁路企业的成长和管理创新成为美国"管理运动"的先声。

19 世纪六七十年代以后,在美国、德国等国家发动的"电气革命"(第二次工业革命)进一步促进了生产力发展,电能的运用使各个行业的团队工作规模进一步扩大。同时,钢铁、机械、化工、橡胶、汽车、玻璃、通讯等新产业兴起。这些新工业规模大、技术要求高、计算精确、变换迅速,给管理提出了新的要求,加之运输业和通讯业的发展,使人际交往、社会联系的技术条件有了划时代的改变。一方面提高了市场交易效率和扩大生产、服务的社会化,促进了一体化市场的发育并形成了国际市场,企业之间的竞争日益激烈;另一方面降低了管理成本,许多企业逐步实现了大规模生产与大规模分配的结合以及产、供、销一体化经营。于是在企业规模扩大、跨国公司方兴未艾的同时,企业内部的劳动分工、机构设置进一步复杂化、多层次化。

与此同时,股份制的企业制度从铁路行业扩展到各个行业;所有权、控制权分离产生的职业经理人员形成了新的社会阶层,这一过程被称为"经理革命"。

在原有管理方法难以适应新情况,组织创新迫切需要新的管理理论作保证的形势下,职业经理人员构成了管理理论专业研究队伍的主体,从而形成了社会性的管理研究潮流——"管理运动"。实践中的管理者们从各个不同的方面对管理问题进行了研究和探讨,形成了诸多行之有效的管理方法和组织模式。管理思想和理论的探讨、传播,通过独立的管理学术团体——协会、出版物和会议进行,并形成了较成熟的学术规范;管理人员成为一种职业;管理教育也发展起来,管理人员不仅可以从实践中成长,而且可以通过大学教育来培养。这些都对以后的管理发展产生了深远的影响。

在"管理运动"中,管理终于成为一个独立的领域。管理思想连续地从偶然、片段和不完备的分析,发展到一种影响人们经济工作的较完整的思想和理论。

4.1.4　西方科学主义精神的逐步成熟

两次产业革命所带来的社会生产方式的变化和社会化大生产普及等,在实践层面上需要更加科学的管理理论和方法指导管理实践。当时西方社会特定的文化结构也为科学管理的诞生提供了必要的思想基础。

科学管理在西方的诞生是由科学文化的一些基本原则和特征所决定的。科学文化在文艺复兴时期以人文主义为其主体内容,即必须重视人的地位和作用,而不是崇拜神的力量,从而第一次把人自身从神学的禁锢中解脱出来,开始了人独立意志和主体活动的发展,开拓了近代文明。但是近代文明发展必须依据于科学主义的力量,依靠科学挣脱中世纪封建社会的桎梏。从古希腊流传下来的科学精神在新的历史条件下终于凝聚为推动历史进步的巨大杠杆力——科学主义。它开拓了近代文明,使人类创造了足以战胜神的力量,即现代生产力。因此,人们注意到了科学主义五大原则的现代功效,即逻辑主义、分解思维、规范形式、精确原则和受控实验。这样彻底摆脱了中世纪人类对事物认识和掌握的方法,使生产力诸要素在科学精神支配下重新组合,从而创造了现代化的生产力。

这种逐渐成熟的科学主义思想为科学管理的研究和发展提供了充分的思想基础,并成为科学管理理论诞生的一支强有力的推动力量。科学管理理论正是科学主义这五大精神原则的再现。

在两次产业革命形成的社会化大生产带来的管理对象特征的的变化、现代工厂管理制度面临的诸多现实管理问题、管理运动中形成的管理研究热潮和科学主义精神渐趋成熟等因素的共同推动下,20世纪初,以美国人泰勒为代表的科学管理理论应运而生。

1911年泰勒出版的《科学管理原理》是科学管理理论正式产生的标志,在西方管理理论发展史上具有划时代的意义。泰勒由此被誉为"科学管理之父"。以泰勒为核心的科学管理理论因为泰勒的突出贡献也被称为"泰勒制"。泰勒制的产生是以规范实验研究为起步的。强调用科学研究代替经验和直觉,其研究过程中将科学主义的逻辑主义、分解思维、规范形式、精确原则和受控实验五大精神进行了充分地实践和实现。此外,其同行们的研究也充分地体现了现代科学主义的精神,因此被称为科学管理理论。

4.2　泰勒的科学管理理论的主要内容

4.2.1　泰勒的生平和主要著述

弗雷德里克·温斯洛·泰勒(Frederick Winslow Taylor,1856～1915)是西方古典管理理论的主要代表,科学管理理论的创始人,被称为"科学管理之父"。

泰勒1856年3月20日出生于美国费城一个较为富裕的中产阶级家庭,他的父母希望他能够继承父业当一名律师。18岁时他考上了哈佛大学法律系,但由于眼疾不得不辍学,只好到一家小机械厂当学徒工。1878年转入费城米德维尔钢铁厂(Midvale Steel Works)做一名机械工,由于工作努力且表现突出,先后被提拔为技师、工长、总技师和总工程师。泰勒在担任工长时,通过自学获得了斯蒂文斯技术学院的机械工程学位。

在米德维尔钢铁厂的实践中,他感到当时的企业管理当局不懂得用科学方法进行管理,不懂得工作程序、劳动节奏和疲劳因素对劳动生产率的影响。而工人则缺少训练,没有正确的操作方法和适用的工具,这都大大影响了劳动生产率的提高。为了改进管理,从1881年开始他在米德维尔钢铁厂进行了一系列的试验,主要有搬运铁块试验、铁砂和煤炭的铲掘试验以及金属切削试验等,在试验中着重对工人的劳动实践和工作方法进行系统的分析研究,这为后来创建科学管理理论奠定了基础。

泰勒一生致力于"科学管理",但他的做法和主张并非一开始就被人们所接受,他在推行科学管理原理的过程中,并不是非常顺利的。他本人曾遭受过工人和经理的强烈反对,并因此而被革职,但他从不灰心,仍一往无前。

泰勒的研究工作是在他担任米德维尔钢铁厂的工长时开始的。他的特殊经历,使他有可能在工厂的第一线系统地研究劳动组织与生产管理问题。在他亲身体验并发现生产效率不高是由于工人们"故意偷懒"的问题后,便决心着手解决它。从1881年开始,他进行了一项"金属切削试验",由此研究出每个金属切削工人工作日的合适工作量。经过两年的初步试验之后,他给工人制定了一套工作量标准。泰勒认为,米德维尔的试验是工时研究的开端。

1890年,泰勒离开米德维尔钢铁厂。1891年独立开业,从事工厂管理咨询工作。1898～1901年间,泰勒又受雇于伯利恒钢铁公司(Bethlehem Steel Company),继续从事管理方面的研究。

泰勒在伯利恒钢铁公司期间进行了著名的"搬运生铁块试验"和"铁锹试验"。"搬运生铁块试验"是在这家公司的5座高炉的产品搬运班组大约75名工人中进行的。由于这一研究改进了操作方法、训练了工人,结果使生铁块的搬运量提高了3倍。"铁锹试验"首先是系统地研究铲上的负载应为多少的问题;其次研究使各种材料能够达到标准负载的锹的形状、规格问题,与此同时还研究了各种材料装锹的最好方法的问题;此外还对每一套动作的精确时间作了研究,从而得出了一个"一流工人"每天应该完成的工作量。这一研究的结果是非常出色的,堆料场的劳动力从400～600人减少为140人,平均每人每天的操作量从16吨提高到59吨,每个工人的日工资从1.15美元提高到1.88美元。

泰勒在米德维尔钢铁厂开始进行的"金属切削试验"延续了26年之久,进行的各项试验达3万次以上,80万磅的钢铁被试验用的工具削成切屑,总共耗费约15万美元。试验结果发现了能大大提高金属切削效率的高速工具钢,并取得了各种机床适当的转速和进刀量以及切削用量标准等资料。后来,他取得了一种高速工具钢的专利。1895年,他第一次以论文的形式在美国机械工程师协会的学报上发表了自己关于管理的观点,论文的题目是《计件工资制》。这些最初的观点经过后来的充实,于1903年出版了《工厂管理》。

1901年退休后,泰勒大部分时间用来从事咨询、写作和演讲等工作,宣传他的一套管理理论——"科学管理",即通常所称的"泰勒制"。泰勒与他的合作者和追随者一起,为科学管理理论在美国和国外的传播作出了很大的贡献。1911年泰勒发表了代表作《科学管理原理》一书。

泰勒后来试图将他的科学管理原理应用于政府兵工厂的管理,结果却引起了那里工人的骚乱。美国联邦众议院为此在1911年成立了一个专门委员会负责调查泰勒的企业管理方法。泰勒出席了众议院委员会的听证会,并在会上发表了证词,详细地阐述了自己的管理思想。

　　泰勒首创的科学管理原理在管理理论发展史上的功绩是不可低估的。他为美国后来产生的"工业工程学"开了先河。泰勒及其追随者的研究工作一直受到美国机械工程师协会的支持。1912 年,美国成立"促进管理科学协会",1915 年泰勒病逝后该协会改名为"泰勒协会"。

　　泰勒的主要著作有《计件工资制》(1895)、《工厂管理》(1903)、《科学管理原理》(1911)以及《在美国国会听证会上的证词》(1912)。这些著述充分体现了泰勒的科学管理思想。其代表作《科学管理原理》自出版至今已近一世纪,一直是管理人员的必读著作之一。

　　泰勒在历史上第一次使管理从经验上升为科学,提倡讲求效率的优化思想和调查研究的科学方法。1915 年泰勒病逝,由于他在科学管理制度和理论上的杰出贡献,而被人们称为"科学管理之父",并把这一称号刻在了他的墓碑上。

4.2.2　泰勒的科学管理理论的主要内容

　　泰勒在《科学管理原理》一书中谈到,他之所以要研究科学管理,其原因是为了向人们指出,工业生产由于效率低下而正遭受巨大损失;解决效率低下的办法,与其说要找到超人,还不如说要加强系统的管理;最好的管理的确是一门科学,它是以一系列的规律、法则和原理为基础的。

　　在泰勒看来,一切管理的基础在于认清人的本性并由此而设计出合理的生产体制。他认为人天生就有厌恶工作的本性,其表现就是人人具有"磨洋工"、"怠工"、"慢慢来"的习性。这种习性并不是后天形成的,而是一种天性与本能。泰勒甚至认为人的这种本性是从人来到人世间就有的。正因为人的本性是害怕工作,而工作的唯一目的是为了追求物质利益,这就是所谓的"经济人"假设。因此,泰勒认为人的最大的欲望就是获得金钱,只有金钱才能吸引和诱使工人勤快地干活。也正因为人天性是懒惰的,因而对人就不能过分地相信。管理就是要对付人的消极与被动,对他们要加以控制、惩罚、威胁。这就是"胡萝卜加大棒"的管理方式。

　　在泰勒看来,管理者并不知道这一套,在已有的生产体制中,经理们对工人完成各项工作所需要的时间标准是无知的,从而给工人"磨洋工"大开了方便之门。在工厂里,到处存在"怠工"或"磨洋工",其原因有两个:一是由于人们有一种贪图轻松的自然本能和倾向,我们不妨称之为本能的"磨洋工"行为;二是由于不科学的人事体制和人事关系造成的,我们不妨称之为由生产体制所造成的"磨洋工"行为。

　　但泰勒认为,导致这种"磨洋工"现象的另外一个原因就是管理体制问题。旧的管理体制不是运用科学的方法,而是依赖粗糙的经验;不是由专家对工人的操作和所需时间进行详尽的测定,也是依靠简单的经验。结果,工人只是从其本能出发来劳动。

　　泰勒对机械生产条件下的两种管理体制进行了比较。一种是旧的体制,或称为常规型管理体制。在这种体制下,工人是由于雇主实施一些特定的激励而发挥主动性与积极性的。泰勒认为,在旧体制下,所有的计划工作都是由工人的个人经验来决定的。而运用科学的管理原则,生产的计划必须由管理人员依据科学的规律来制定。在这种体制下,计划人员的专职就是预先制定计划,有科学依据地去找到使劳动的每一部分工作能够做得又好又经济的方法。总之,泰勒指出:在传统单一的"刺激积极性"管理体制下,整个问题实际上都"推给了工人";而在科学管理体制下,一半问题则"落到了管理人员的肩上"。

　　泰勒按照科学管理的基本原理,还进一步提出了一系列比较具体的管理制度、管理措施和方法。

泰勒的科学管理理论的主要内容可以概括为以下几个方面。

4.2.2.1 工作定额研究

科学管理的中心是提高效率。泰勒认为,当时提高劳动生产率的潜力非常大,但由于普遍实行经验管理,因而造成一个突出的矛盾,就是资本家不知道工人一天到底能干多少活,但总是嫌工人干活少、拿工资多,于是就往往通过延长劳动时间、增加劳动强度来加重对工人的剥削;而工人也不确切知道自己一天到底能干多少活,总认为自己干活多、拿工资少。当资本家加重对工人的剥削时,工人就用"磨洋工"消极对抗,这样企业的劳动生产率当然就不会高。为了发掘工人劳动生产率的潜力,就要制订出有科学依据的工作量定额。他把实行定额管理作为企业科学管理的首要措施。

泰勒认为,要制定出有科学依据的工人的"合理的日工作量",就必须进行工时和动作研究。方法是选择合适且技术熟练的工人,把他们的每一项动作、每一道工序所使用的时间记录下来,加上必要的休息时间和其他延误时间,就得出完成该项工作所需要的总时间,据此制订出一个工人"合理的日工作量",这就是所谓工作定额原理。

泰勒对实行工作定额管理提出的主要方法包括:

第一,提出企业要设立一个专门制定定额的部门或机构,并认为设立这样的机构不但在管理上是必要的,而且在经济上也是合算的。

第二,通过各种试验和测量,进行劳动动作研究和时间研究,确定工人"合理的日工作量",即劳动定额。

第三,根据定额完成情况,实行差别计件工资制,使工人的贡献大小与工资高低紧密挂钩。

在工作定额的研究中,泰勒非常强调和重视运用试验进行研究。泰勒的试验主要集中于"动作"、"工时"的研究;工具、机器、材料和工作环境等的标准化研究,并根据这些成果制订了每日比较科学的工作定额和完成这些定额的标准化工具。

这种建立在科学研究基础上的基本工作定额,并不要求额外地加强工人的劳动强度、额外地消耗工人的体力,而是要求消除、简化多余的程序和动作,改进操作方法和工作条件,使工人更有效地利用机器、工具和原材料,提高生产效率。从这个意义上说,"科学管理也不过是一种节约劳动的手段而已。也就是说,科学管理只是能使工人取得比现在高得多的效率的一种适当的手段而已。这种手段并不会大量增加比工人们现在的负担更大的负担"。

4.2.2.2 差别计件工资制

泰勒在其第一本重要著作《计件工资制》中,阐述了他的所谓"差别计件工资制"的新型激励思想,这一激励方式成为泰勒科学管理思想的重要组成部分。

泰勒认为,以前的工资制度存在各种缺陷,不能满足高效率的原则。计时工资不能体现按劳付酬,干多干少在时间上无法确切地体现出来;普通计件工资制虽然表面上是按工人劳动的数量支付报酬,但工人们逐渐明白了一个事实,只要劳动效率提高,雇主必然降低每件的报酬单价,这样实际上是提高了劳动强度,挫伤工人士气,因而工人们只要干到一定数量便不愿多干,这也引起了雇主与工人之间永久性的敌对情绪;而当时其他人所提出的"分享利润"或"付给工人奖金计划"等新付酬方案的共同缺点是不能充分发挥个人的积极性,因为这些奖励方式是按企业或部门中生产的总成果计算再平均分享的,没有顾及工人个人贡献的大小,而且利润要到年终才能分享,失去了及时刺激的作用。

泰勒在分析了原有的各种报酬制度的缺陷和不足之后提出了新的看法。他认为,要在科学地制订工作定额的前提下,可以采用差别计件工资制来鼓励工人完成或超额完成工作定额。所谓差别计件工资制,就是"对同一种工作设有两个不同的工资率:对那些用最短的时间完成工作、质量高的工人,就按一个较高的工资率计算;对那些用时长、质量差的工人,则按一个较低的工资率计算"。

泰勒指出实行这种差别计件工资制方案包括三部分重要的工作内容。

第一,设立专门制订工作定额的部门。这个部门的主要任务是通过计件研究、工时研究,进行科学的测量和计算,制定合理的劳动定额和恰当的工资率。

第二,制订差别工资率。即对同一工作,设两个工资率。能够保质保量地完成定额者,用较高的工资率计算工资;未能保质保量地完成定额者,按较低工资率计算工资。例如:某项工作定额是 20 件,每件完成给 0.1 元。又规定该项工作完成定额工资率为 125%,未完成定额工资率为 80%。那么,如果完成定额,可得工资为 $20 \times 0.1 \times 125\% = 2.5$ 元;如未完成定额,哪怕完成了 19 件,也只能得工资为 $19 \times 0.1 \times 80\% = 1.52$ 元。

第三,工资付给工人而不是付给职位。每个人的工资尽可能地按他的技能和所付出的劳动来计算,而不是按他的职位来计算。要尽力鼓励每个人的上进心。要对每个人在准时上班、出勤率、诚实、快捷、技能及准确程度方面作出系统的和细微的记录,然后根据这些记录不断调整其工资。

泰勒认为,他提出的这种计件工资制能有效地调动工人的积极性,促使工人大大提高生产率,企业管理当局的工资支出虽然看似增多了,但生产率的提高大于工资的提高,所以对管理当局实际是更为有利的。

4.2.2.3 能力与工作相适应原理

为实行科学管理,泰勒进一步提出了科学管理在人事管理方面必须遵守的基本原则,并提出了能力和工作相适应原理。所谓能力与工作相适应原理,即主张一改工人挑选工作的传统,而坚持以工作挑选工人,每一个岗位都挑选第一流的工人,以确保较高的工作效率。

挑选第一流的工人,既是泰勒在《科学管理原理》中提出的一个重要思想,也是他为企业的人事管理提出的一条重要原则。泰勒指出,健全的人事管理的基本原则是使工人的能力同工作相适应。企业管理当局的责任在于为雇员找到最合适的工作,培训他们成为第一流的工人,激励他们尽最大的力量来工作。所谓第一流的工人,就是指那些最合适而又最愿意干某种工作的人;所谓挑选第一流的工人,就是指在企业人事管理中,要把合适的人安排到合适的岗位上。只有做到这一点,才能充分发挥人的潜能,才能促进劳动生产率的提高。

对于如何使工人成为第一流的工人,泰勒认为,在对工人的选择与培训上要按科学来办事,以形成科学的选人与用人过程。他不同意传统的由工人挑选工作,并根据各自的可能进行自我培训的方法,而是提出管理人员要主动承担这一责任,科学选择并不断地培训工人。泰勒指出:"管理人员的责任是细致地研究每一个工人的性格、脾气和工作表现,找出它们的能力;另一方面,更重要的是发现每一个工人向前发展的可能性,并且逐步地、系统地训练、帮助和指导每个工人,为他们提供上进的机会。这样,使工人在雇用他的公司里,能够担当最高的、最有兴趣的、最有利、最适合他的能力的工作。"这样,就能使每个工人都能发挥他的最佳能力,成为各自岗位上的"第一流工人"。

4.2.2.4　标准化管理

泰勒认为,为使每个作业人员能确实达到一定的作业标准,就要从作业方法到材料、工具、设备和作业环境等方面都实施标准化管理。过去对工人在劳动中使用什么样的工具、怎样操作机器,缺乏科学研究,没有统一标准,而只是凭师傅教徒弟的传授或个人在实际中的摸索。泰勒认为,在科学管理的情况下,要想用科学知识代替个人经验,一个很重要的措施就是实行工具标准化、操作标准化、劳动动作标准化、劳动环境标准化等标准化管理。这是因为,只有实行标准化,才能使工人使用更有效的工具,采用更有效的工作方法,从而达到提高劳动生产率的目的;只有实现标准化,才能使工人在标准设备、标准条件下工作,才能对其工作成绩进行公正合理的衡量。

在工具改革方面,较为典型的事例是泰勒对钢铁厂工人使用的铁锹的改革。在钢铁厂,泰勒看见每个工人在铲运原料时,都使用同样大小的铁锹。他想到,这种做法显然是不合理的。根据他的设想,应找到每锹铲运量的最佳数量(既保证工人要 8 小时上班时间连续工作,又要寻找到每锹的最大重量)。经过大量的试验,泰勒发现 21 磅是铁锹容量的最佳值。依照这个数据,在钢铁厂的现场,就出现了依据原料比重不同而多样化的铁锹,每位工人的铲运量也从过去的 16 吨增至 59 吨。

4.2.2.5　职能管理思想

1903 年,泰勒在其《工厂管理》一书中论述了职能管理思想。他所倡导的职能管理原则主要包括两个部分:一是主张把计划职能(相当于现在的管理职能)同执行职能(即工人的实际操作)相分离;二是主张实行"职能工长制"。

泰勒的职能管理思想对组织管理的贡献是巨大的。他指出,工人单凭自己的经验是无法找到科学的方法的。而且即使有这个能力,也没有时间去从事这方面的研究。所以,必须把计划职能和管理职能分开。他按照职能分工的原理,提出必须把计划职能和执行职能分开。计划职能由管理部门负责,并设立专门的计划部门来承担。泰勒在其《工厂管理》中为专门设立的计划部门规定了 17 项主要负责的工作。从这 17 项主要工作的内容看,包括了企业生产管理、设备管理、库存管理、成本管理、安全管理、技术管理、劳动管理、营销管理等各个方面。由此可见,泰勒提出的计划职能与执行职能分开,实际是把管理职能与执行职能分开。所谓设置专门的计划部门,实际就是设置专门的管理部门;所谓"均分资方和工人之间的工作和职责",实际上是让资方承担管理职能,让工人承担执行职能,这也就进一步明确了资方与工人之间、管理者与被管理者的关系。

泰勒不但提出将计划职能与执行职能分开,而且还提出必须废除当时企业中军队式的组织而代之以"职能式"的组织,主张实行"职能式的管理"。泰勒认为,在采用军队式组织的企业里,工业机构的指令是从经理经过厂长、车间主任、工段长、班组长而传达到工人,其中工段长和班组长的责任是那样的复杂,需要相当的专门知识和各种天赋的才能,只有本来就具有非常素质并受过专门训练的人,才能胜任。因此,泰勒提出所谓"职能工长制"的车间管理方法。

泰勒的"职能工长制"设想把当时的 1 个工长所管的工作改由 8 个工长承担。他们各有各的专业职能,即每人只负责一个方面的管理工作,其中 4 人在计划部门工作,即工序和路线调度员、指示卡办事员、工时和成本管理员、车间纪律检查员;另外 4 人则在车间里帮助和指导工人工作,分别是班组长、速度管理员、检验员、修配管理员。

　　泰勒认为,在这样的组织形式下,管理者的职责分工明确,有利于发挥每个人的专长。这种职能工长制的优点在于:① 对管理者(职能工长)的培养只需花费较少时间,也容易找到所需人才;② 管理者职责明确,可提高效率;③ 由于作业计划已由计划部门拟定,工具和操作都已标准化,车间现场的职能工长只需进行指挥监督,因此低工资的工人也可以从事比较繁杂的工作,从而降低了整个企业的生产费用。

　　但后来的事实证明,这种单纯"职能式"的组织结构容易形成多头领导,造成管理混乱,因而在实际工作中没有得到普遍推广。但是,泰勒的职能工长制的思想为以后在企业中建立职能部门和实行专业化管理起到了有益的作用。

4.2.2.6　例外管理

　　泰勒认为,规模较大的企业不能只依据职能原则来组织和管理,而必须应用例外管理原则。所谓例外管理,是指企业的高级管理人员把一般的日常事务授权给下级管理人员去处理,而自己只保留对例外事项(重要事项)的决策权和监督权。他指出:"如果一个大企业的经理,几乎被办公桌上汪洋大海似的信件和报告所淹没,而且每一种信件和报告都被认为要签字或盖章,这种情况尽管是可悲的,却并不是罕见的。"因此,泰勒主张,在这种情况下,应使"经理只接受那些经过压缩、总结了的,而且总是属于对照性的报告,但这些报告要包括管理上的一切要素在内"。这样只要几分钟时间,就可以使经理全面了解事态是进展还是后退,并且腾出时间来考虑更为广泛的大政方针。泰勒的例外管理原则对后来管理上的授权原则、分权化原则的形成和实行事业部制等产生了较大的影响。

4.2.2.7　劳资双方的精神革命

　　科学管理不仅仅是将科学化、标准化引入管理,更重要的是泰勒所倡导的精神革命,这是实施科学管理的核心问题。许多人认为雇主和雇员的根本利益是对立的,而泰勒所提出的科学管理却恰恰相反,它相信双方的利益是一致的。对于雇主而言,追求的不仅是利润,更重要的是事业的发展。而正是这种事业使雇主和雇员联系在一起,事业的发展不仅会给雇员带来较丰厚的工资,而且更意味着充分发挥其个人潜质,满足自我实现的需要。只有雇主和雇员双方互相协作,才会达到较高的绩效水平,这种合作观念是非常重要的。

　　在《科学管理原理》中,泰勒全面阐述了他所提出的科学管理理论的基本内容和基本原则。泰勒指出,科学管理原理的最大特点在于"科学"二字,其含义是指提高生产率而又不增加雇主和工人的劳动量,从而使双方都从中受益。针对工厂效率低下的问题,泰勒寻求在工人和雇主双方间掀起一场思想革命,其方法是通过明确规定来提高生产率。他提出了管理工作的四项原则(其主要方面是针对管理人员)以换取工人们的艰苦工作、好意和聪明才智。这四项管理原则是:第一,对工人操作的每个动作进行科学研究,用以替代老的单凭经验的办法;第二,科学地挑选工人,并进行培训和教育,使之成长;第三,与工人们亲密地合作,以保证一切工作都按已发展起来的科学原则去办;第四,资方和工人们之间在工作和职责上几乎是相等的,资方把自己比工人更胜任的那部分工作承揽下来,而在过去,绝大多数的工作和大部分职责推到了工人们的身上。

　　泰勒在美国国会的证词中更为详细地谈道:"科学管理的实质是在一切企业或机构中的工人们的一次完全的思想革命——也就是这些工人在对待他们的工作责任、对待他们的同事、对待他们的雇主等方面的一次完全的思想革命。同时,也是管理方面的工长、厂长、雇主、董事会,在对他们的同事、他们的工人和对所有的日常工作问题责任上的一次完全的思想革命。没有工人与管理人员双方在思想上的一次完全的革命,科学管理就不会存在。"并指出:"这个伟大的思想革命就是科学管理的实质。"

泰勒还更为具体地解释了他一再强调的"伟大的思想革命"是"在科学管理中,劳资双方在思想上要发生的大革命:双方不再把注意力放在盈余分配上,不再把盈余分配看做是最重要的事情。他们将注意力转向增加盈余的数量上,变盈余为向一个方向并肩前进时,他们的共同努力所创造出来的盈利会大得惊人"。"这里,另一个思想转变对科学管理的存在是绝对重要的。那就是:无论工人还是工长,双方都必须承认,对工厂内的一切事情,要用准确的科学研究和知识来代替旧式的个人判断或个人意见,包括每项工作所采用的方法和完成每项工作所需要的时间。因此,在一切企业中,劳资双方必须实现这样的思想态度的改变:双方合作尽到生产最大盈利的责任;必须用科学知识来代替个人的见解或个人的知识经验。否则,就谈不上科学管理。这就是科学管理的两个绝对需要具备的要素"。这些针对美国企业问题所提出的管理变革思想,时至今日,对于企业的经营管理者依然是那么的重要和具有现实意义。

4.2.3　泰勒同行们的贡献

泰勒是科学管理理论的奠基者,但是建立这一理论体系并非只有他一个人,在泰勒的周围还聚集着一批合作者和追随者,他们进行了大量的试验研究,扩充和发展了以泰勒为代表的科学管理理论。其中比较著名的有卡尔·巴思、亨利·福特、吉尔布雷思夫妇、亨利·甘特和莫里斯·库克等。

4.2.3.1　卡尔·巴思的研究

卡尔·巴思是泰勒在米德维尔钢铁厂的数学顾问之一,是泰勒的最早、最能干和最亲密的合作者,被称为泰勒最正统的门徒。

卡尔·巴思在数学方面有较深的造诣,他发明了一种计算尺和一套公式表,利用其协助泰勒进行金属切削试验。工人们只要知道了机器的马力和所用的切削工具,便可用这种计算尺和公式表迅速计算出某种操作的进刀和定额参数。这种计算尺使得人们能为机械工人制定易于应用计算公式的指令卡,并能用于调节机器,解决了进刀和切削的速度问题,从而取得最佳效果。泰勒经常把他说成是"能解决那些不可能解决问题的人",并在美国国会的证词中说:"在设计出新方法把科学管理迅速付诸行动方面,卡尔·乔治·巴思先生也许是最有效率的人。"

卡尔·巴思还从事过一些早期的疲劳研究,以及确定合适的疲劳宽度时间。他曾经帮助泰勒在许多家工厂进行科学管理的试验。1911~1916 年和 1919~1922 年,他还在芝加哥和哈佛大学讲授过科学管理的课程。他反对篡改泰勒的方法,后来自己成立了一家咨询公司,利用他的计算尺来不断推动泰勒的科学管理直到去世。他是执行泰勒制的正统的忠实信徒。

卡尔·巴思的主要著作有《对奖金制的一种建议》(1924)等。

4.2.3.2　亨利·福特的贡献

泰勒是科学管理的先锋,其追随者和同行者也对科学管理作出了重要的贡献。亨利·福特(Henry Ford)就是其中重要的一位。

创办福特汽车公司的亨利·福特是"福特制"科学管理方法的创始人,对提高生产率作出了很大贡献。福特于 1908 年生产出廉价的老式汽车,接着建立起一个世界性的销售组织,销售耐用、可靠、便捷的汽车,但马上出现了持续的供不应求。为了扩大生产能力,福特在泰勒的单工序动作研究基础之上,进一步对如何提高整个生产过程的效率进行了研究。他充分考虑了大量生产的优点,规定了各个工序的标准时间定额,使整个生产过程在时间上协调起来,创建了第一条流水生产线——福特汽车流水生产线,使成本明显降低。

福特实行的流水生产线制度,后来称之为"福特制"。这种制度是:① 把机器和操作人员按详细规划的作业顺序排列;② 每个工人被指定只做一种高度专业化的工作。流水生产线制度的效果"立竿见影",组装出一辆车的时间从 1908 年的 12 小时 8 分钟降到了 1913 年的 2 小时 35 分钟,1914 年又降到 1 小时 33 分钟,1920 年又降到了 1 分钟,1925 年降到了10 秒。"福特制"对提高生产能力起了很大作用。

与此同时,福特进行了多方面的标准化工作,包括在产品系列化、零件规格化、工厂专业化、机器和工具专业化、作业专门化等。

然而,科学管理在大幅提高生产率的同时带来的失业现象很快就成为社会性的问题。

4.2.3.3　吉尔布雷思夫妇的研究

吉尔布雷思夫妇是科学管理运动的先驱者其,主要贡献是进行了动作研究和疲劳研究。

弗兰克·吉尔布雷思(Frank-Gilbreth,1868~1924)出身美国缅因州费尔菲尔德城的一个五金商人家庭。17 岁时通过了麻省理工学院入学考试,但因家境拮据而未能入学深造,而是进入建筑行业,并以一个砌砖学徒工的身份开始了职业生涯。后来,他成为建筑工程师,被晋升为承包公司总管。1895 年独自开办了承包商业务。1914 年独自开办咨询公司。吉尔布雷思毕生致力于动作研究和科学管理运动,他是最早享有盛名的效率专家,被称为"动作研究之父"。

弗兰克于 1904 年同莉莲·莫勒(Lillian M. Gilbreth,1878~1972)结婚。莉莲毕业于加州大学,是美国第一个获得心理学博士学位的妇女,被称为"管理学的第一夫人"。从此,吉尔布雷思夫妇共同开始了改进工作方法的探索。

吉尔布雷思夫妇对科学管理理论的主要贡献是他们从事的时间和动作研究以及他们创造的计时轨迹摄影技术。

对时间和动作的研究兴趣最早起于弗兰克·吉尔布雷思的砌砖实验。他在当砌砖工时,发现工人们砌砖的动作各不相同,速度也有快有慢,由此,他对砌砖动作和速度的关系产生了兴趣,就开始研究用什么姿势砌砖最舒适、最省力、动作最少;用什么样的工具、怎样安排原材料和工作点的位置,可以避免过多地弯腰、过多地来回走动;等等。经过一段时间的观察,他发现砖砌工人每次弯着腰从相对的、固定的脚手架上拿起一块砖,然后放在手里四面翻着,选择最好的一面向外,再涂上浓度很差的灰浆将砖砌上,这样既费力又浪费时间。吉尔布雷思不操旧规,设计了一套砌砖的方法:先是将砖块分类,让辅助工按操作的需要排在架上,并调剂好合用的灰浆,而后采用可以调节高度的脚手架,并使砖块和灰浆的位置恰当,再对操作方法加以改进,把动作从原来 18 个简化为 5 个,大大提高了工作效率,使每个工人一小时的砌砖数从 120 块增加到 350 块。砌砖工人也不像以前那么疲劳。他还想出了一种堆放砖的方法,使工人不用像往常那样检查砖的哪一面最好。他设计出一种可调整的支架,使得工人不必像往常那样弯腰取砖。他还调制了一种有精确浓度的灰浆,使得在砌砖时不必多余地用泥刀涂抹。弗兰克通过对工人的动作进行科学的研究和分析,制定出更有效而省时间的砌砖方法,从而不知不觉地开始以研究进行任何工作的最好方法作为终身事业。

吉尔布雷思夫妇的主要贡献是进行了动作研究和疲劳研究。他们从事时间和动作研究主要采用了两种技术,一种技术是将全部手工劳动分解为 17 个基本动作,即"基本分解动作"研究;另一种技术,是用影片记录和分析工人操作的动作,即"计时轨迹摄影"技术。

吉尔布雷思夫妇经过多年的探索,发明了一种规范动作的最佳方法,将动作分解为寻找、选择、抓取、夹持、移动、定位、装配、使用、拆卸、检验、预定位、放物、空移、休息、不可避免的耽搁、可避免的耽搁、计划等 17 个单元,然后合并为一种最经济的动作,并用一个生造的英文词"塞布利格"(therbliges,即吉尔布雷思英文字母的倒拼)来表示。在研究工人操作时,就要分析哪些动作是必要的,哪些动作是不必要的,哪些动作又是可以改变或用设备来代替的,这样就可减少不必要的动作和时间。经过这样的严格检查、分析和改进之后,剩下的动作就可以结合起来,形成一个新的工作方法。通过新的工作方法,可以达到用最少的劳动取得最大的工作成果,从而实现动作的经济原则,还可以减少工人的疲劳。

吉尔布雷思夫妇在动作研究中主要采用观察、记录并分析的方法。为了分析和改进工人完成一项任务所进行的动作和顺序,他们率先将摄影技术用于记录和分析工人的各种动作。由于当时的摄影技术无法确定一个动作所花费的时间,他们还发明了一种瞬时计,可以记录 1/2 000 分钟的时间。用这种瞬时计进行现场摄影,就可以根据影片分析每一个动作并确定完成每一个动作所需要的时间。为了在影片中更清楚地描述出一组动作的顺序,他们让工人在一个带长秒针的大面盘钟的背景前操作,在工人的手上绑上一个小电灯泡,并显示出时间。这样,所拍摄的影片中的灯光轨迹就表示完成某一工作所用的动作模式。但是,这种没有变化的灯光轨迹却不能确定动作的速度和方向。因此,他们又在电路中增加了一个间断开关,使得灯泡可以时亮时暗,这样,不仅得到了双手动作的连贯记录,而且也有了时间记录。还可以利用这种装置从影片拍摄灯泡痕迹的长度和方向来确定动作的加速、减速和方向。这种"计时轨迹摄影"技术后来得到了广泛应用。

吉尔布雷思夫妇为了记录各种生产程序和流程模式,制定了生产程序图和流程图。这两种图至今还在被广泛应用。吉尔布雷思夫妇除了从事动作研究以外,还制定了人事工作中的卡片制度——这是现行工作成绩评价制度的先驱。他们竭力主张,管理和动作分析的原则可以有效地应用在自我管理这一尚未开发的领域。他们开创了对疲劳这一领域的研究,该研究对工人健康和生产率的影响一直持续到现在。

虽然吉尔布雷思被人们称为"动作研究之父",但他的研究领域远远超出了动作研究的范围。他致力于通过有效的训练、采用合理的工作方法、改善环境和工具,使工人的潜力得到充分的发挥,并保持健全的心理状态。他把新的科学管理理论应用到实践中,从而使它更容易被人们所接受并取得成功。人们可以根据他的工作成果制定出更好的动作模式,提高生产率,并以此建立健全激励报酬制度。吉尔布雷思的思想对后来行为科学的发展有一定的影响。他的研究成果最先于 1911 年在美国《工业工程》杂志以《动作研究》为题发表,后于 1917 年出版了《应用动作研究》一书。

莉莲·莫勒是一位心理学博士,她比较多地进行工人劳动的主观心理分析,从而与吉尔布雷思的工作构成互补,而且她本人也有许多突出的贡献。除了协助丈夫吉尔布雷思进行动作研究和时间研究外,莫勒于 1914 年出版了《管理心理学》一书,此书是该学科的奠基著作。书中论述了传统管理、过渡性管理和科学管理这三种管理方式,并通过对个体、职能化、标准化、分析与综合、记录和程序、激励和福利等一系列问题所产生的影响,从心理学的角度进行了系统的比较研究,强调了科学管理的完善性。《管理心理学》对人的工作行为作了意义重大的探索,在管理学文献中,该书是了解工业中人的因素的最早著述。吉尔布雷思在工作中能注意到人的因素,很大程度上是受他妻子莫勒的影响。

吉尔布雷思夫妇还对疲劳进行了研究,他们认为进行疲劳研究的目的不仅要使工作干得更快、更好、更节省,而且干得更轻松。他们在 1916 年出版的《疲劳研究》一书里,从两个不同的层次,运用不同的方法,探讨了如何解决疲劳问题。

吉尔布雷思夫妇合写的著作有《疲劳研究》(1919)、《时间研究》(1920)。

4.2.3.4　亨利·甘特的贡献

亨利·甘特(Henry L. Gantt,1861~1919)出身于美国马里兰州一个富有的农民家庭。1880 年他以优异成绩毕业于霍普金斯大学,之后曾担任过中学自然科学和机械学教师,后又到一家工程公司担任制图员。1884 年获得机械工程师的称号。1887 年进入米德维尔钢铁厂,在工程部任助理工程师。26 岁时遇到了泰勒,成为泰勒在米德维尔和伯利恒钢铁公司的长期合作者。1901 年开始独立从事工业工程咨询工作,并先后在哥伦比亚大学、哈佛大学和耶鲁大学执教。1914~1915 年担任美国机械工程师协会的副主席。

甘特对科学管理理论的主要贡献可归纳为以下三个方面:

第一,甘特发展了计划和控制技术。他设计出一种生产计划进度表,称之为"甘特图"。所谓甘特图,是通过对生产日期和产量图来控制计划和生产的进行,也叫生产计划进度图或线条图,它具有简单、醒目和便于编制等特点。在甘特图中,并列着两条直线,一条直线表示各项作业的计划完成时间,另一条直线表示各项作业的实际完成时间。图中用线条、数字、文字、代号等来表示所需的时间、实际产量、计划开工和完成的时间等不同的内容。如果完成作业的实际占用时间比计划减少,这条直线就少于计划线;反之,这条直线就长于计划线。这样,人们从图中就可以清楚地看到计划的完成及进展情况,而且还可以对计划的执行情况进行预期和调整。这种甘特图,既可以按人员分,又可以按机器分、按工序分,还可以用来比较费用预算和实际支出的情况,通俗易懂,对改进计划管理工作十分有效。至今甘特图仍以多种形式为人们所采用,并在其基础上发展成为计划评审法(PERT)、关键线路法等管理方法。

第二,甘特发展了泰勒的刺激性付酬制度。1910 年,甘特在他的专著《劳动工资和利润》中提出了一个"计件奖励工资制",从而全面发展了泰勒的刺激性工资制度。泰勒的刺激性工资制度是建立在计件基础上的,不按日支付有保证的工资,因此工人的收入没有最低限度的保障。而按甘特提出的新的付酬制度,工人无论完成任务与否,都可按日得到基本工资,如果工人超标准定额完成任务可得到奖金。这种工资制度促进了管理部门同工人之间的合作。他还认为金钱不是激励工人士气的惟一因素,工作安全感、管理者与工人之间的互相合作关系,也是激励工人士气的重要因素。甘特较早地注意到了工业中人际关系问题。

第三,甘特还注意到职工的培训工作对提高劳动生产率的影响。他认为管理部门应加强对职工的教育和培训,使他们具备较高的技术、良好的习惯并熟悉工作,这些都有助于提高劳动生产率。

甘特一生著述很多,其中影响较大的管理方面的著作主要有:《劳动报酬的一种奖金制》(1902)、《制造业中的一种日平衡图示法》(1903)、《培训工人的勤奋习惯和协作精神》

(1908)、《劳动工资和利润》(1910)、《生产和成本的关系》(1915)、《工业领导》(1916)、《效率和民主》(1918)、《工作的组织》(1919)等。

4.2.3.5 哈林顿·埃默森的研究

哈林顿·埃默森(Harrington Emerson,1853～1931)出身于美国新泽西州一个长老会牧师家庭,是美国圣太菲铁路的工程师。埃默森从 1903 年起就同泰勒有密切联系,他独立发展了许多科学管理原理,在工作测定、降低成本、提高效率、消除浪费等方面作出了贡献。埃默森是为发展中的美国工业找到节省时间和开支方法的新型"效率工程师"的代表人物。

1910 年美国州际商业委员会因裁决东部铁路公司运费率案件举行了听证会,埃默森以专家身份出庭作证。他在证词中指出,由于经营管理不善,铁路方面每年在材料和劳动力方面的浪费达 3 亿美元,铁路公司如果采用科学管理方法,每天可节省 100 万美元。据此推论,东部铁路公司要提高运费率是没有必要,也是不合理的。他认为,铁路公司要想增加盈利,就必须采用科学管理方法。埃默森还将这种由于管理不科学而造成的浪费推而广之,认为在制造业、农业和教育部门都存在着巨大的浪费。因此,他强调必须实行科学管理,才能提高效率。埃默森的证词震动了全美工商界,引起了企业主对科学管理的兴趣,大大推广了科学管理。

与泰勒科学管理原理不同的是,埃默森将他研究的重点放在公司的组织和目标的管理问题上,这要比泰勒站得更高。他极力主张管理的思想和原则是提高管理效率的关键因素。

埃默森在 1912 年出版的专著《十二项效率原则》中提出了颇具影响的管理的 12 条原则,具体如下:

(1) 组织成员要有理想,要明确组织目标,并协调个人目标与组织目标的矛盾;

(2) 管理人员要不断吸收新知识,广泛征求各方面的意见;

(3) 要通过充分的协商进行决策,这需要选择优秀的参谋和顾问;

(4) 组织要纪律严明;

(5) 公平原则,即处理问题要公平,它要求管理人员必须具有同情心、思考力和公正廉明的精神;

(6) 要有可靠、及时、精确、经常的记录;

(7) 实行调度,对生产进行统一安排和控制,使部门工作服从整体的要求;

(8) 要规定标准工作时间、工作方法和工作程序;

(9) 工作环境标准化,以减少人力与金钱的浪费;

(10) 作业标准化,以提高工作效率;

(11) 用书面进行正确指导,以迅速有效地实现企业目标;

(12) 对提高效率进行奖励。

其中前 5 条原则是关于人际关系的,后 7 条原则是关于方法、体制和系统的。这些原则不是孤立的,而是相辅相成的,同时通过相互配合形成建立管理体系的基础。正是由于极力宣传效率观念,埃默森被人们称为"效率的大祭司"。

埃默森对科学管理的主要贡献是主张建立直线—参谋组织形式,采用一种同效率联系起来的刺激工资制度,提出了组织的效率原则。

4.2.3.6 莫里斯·库克的研究

莫里斯·库克(Morris Cooke,1872～1960)是科学管理的早期研究者之一,担任过许多社会职务,他在与泰勒合作之后,更致力于科学管理的研究和推广。他对科学管理的主要贡献是将科学管理原理应用到教育和市政管理上并设法使科学管理运动同有组织的工人建立良好的关系。1909 年他被泰勒派去对高等学校的管理状况进行调查研究,结果发现大学管理存在许多缺点,因此他主张把科学管理的原理和方法应用到大学管理中去,并提出了一些具体的建议,如教授应该把更多的时间用到教学和科研中去,而管理应由专家而不是委员会来承担,应该更多地使用一些助教来担任一些次要的工作,以便使高级人员能承担更多的复杂工作等。这些成果集中体现在他于 1910 年出版的《学院的效率和工业效率》一书中。1911 年,新当选的一位主张改革的费城市长要求泰勒帮助解决市政管理问题,泰勒这次又派库克去担此重任。库克开创了一些富有效率的新方法,进行了许多改革,如申诉的处理、财务计划、人事选择、公共关系、作业标准化等。这些实例充分说明,科学管理的理论不仅能应用到工业部门,而且也能应用大学、市政管理等非工业部门。

科学管理正是在这些管理先驱者们的努力下基本上发展成熟了,它是人类历史上第一次以科学的方法探讨管理问题,使管理从经验上升为科学,既反映了资本主义的生产力发展到一定阶段对管理的要求,又反过来对当时的生产力发展和社会进步起着极大的推动作用。当然,泰勒等所创立的科学管理不可避免地存在其自身的局限性,它对人性的探索仅仅停留在"经济人"的范畴之内,只重视技术因素,不重视人的因素,研究的重点放在企业内部的劳动组织与生产管理,虽然解决了具体工作的作业效率问题,但没有解决企业作为一个整体如何经营和管理问题。然而不可否认,科学管理理论为后来的西方管理理论的丰富和发展提供了必要的理论基础及方法上的指导。

尽管泰勒的追随者在许多方面不同程度地发展了科学管理的理论和方法,但总的来说,他们和泰勒一样,研究的范围始终没有超出劳动作业的技术过程,没有超出车间管理的范围。

4.3　科学管理理论的发展与评价

"科学管理之父"泰勒开创了科学管理的先河。泰勒的事业为许多后继者所继承和发展,其中最显著的是有"效率专家"美誉的弗兰克·吉尔布雷斯,他一生致力于寻找作业的最佳方法,使体力劳动简化,作业周期缩短;他丰富了泰勒的"工作分析"内容,总结出了"动作经济原则"。铁路工程师哈林顿·埃默森提出的"十二条效率原则","汽车大王"亨利·福特创新的生产标准化、专业化原则以及装配流水作业线法(统称为"同步化管理"),都是对泰勒的科学管理的丰富和发展。

1917 年成立的美国工业工程师学会,使泰勒的科学管理方法正式赢得了"工业工程"的名称。从此,这门学问得到了迅速的普及和巨大的发展。毋庸置疑,科学管理与工业工程对20 世纪以来各工业化国家生产的高速发展作出了重大的贡献。工业工程学早已进入了各发达国家高等教育的领地,工学院和企业管理学院都开设了有关的课程,培养了大批工业工程师。这又反过来促进了工业工程的普及、扩展与提高。企业界也遥相呼应,纷纷建立了工业工程部,或聘请专业工程师,从事工业工程的实际活动。

到 20 世纪 40 年代中期,工业工程学经过不断丰富充实,早已突破当初仅用于"时间—动作"研究的狭隘天地,范围更广阔,内容更完备。它甚至包括生产、库存、质量、成本与预算的控制、企业奖酬制度的设计与管理、工作绩效的评估与考核,乃至厂区布局设计、设备购置与更新、产品供给、量具的设计等。但作为工业工程学主体的两项内容,却是方法研究(又称方法工程)与工作衡量。这说明这门学科的主要研究方向与思考问题的方法,仍未脱离作为它的基础的科学管理所规定的轨道。正是"方法研究"与"工作衡量"这两项现代管理技术,组成了"工作研究"这门学问的躯干。

科学管理的本质,是工业化逻辑准则在管理上的应用,主要表现为三个层面的内容。

其一是对整个管理流程和考核指标的量化把握。正因为有了量化,管理才摆脱模糊而进入科学范畴。而要实现量化,关键在于分解。实际上,在科学管理五大原则中,分解是基础:惟有分解,管理才能量化,从而奠定管理的科学基础;唯有分解,管理才能精确,从而奠定管理的效益基础;惟有分解,管理才能规范,从而奠定管理的逻辑程序。把一个无法量化分析的变量,通过特定的程序使其量化,正是科学管理的基本要求。它的基本方法是:通过反复列举,把影响一个指标的所有变量全部罗列出来,然后选取其中几个主要变量;对这几个主要变量根据其重要度配以权数,这样就确立了这几个主要变量之间的关系;而后对每个变量进行五级打分,用求和形式加总每个变量分值和权数的乘积,就可形成一个量值。在此基础即可进行定量分析。

其二是对整个运作流程的科学把握。科学管理的本质乃程序化管理,体现的是工业化运作逻辑在管理上的应用。所以,凡是规范的管理必定有严格的程序。这也是科学管理能够产生实际效益的关键环节。

其三是职业经理人制度。企业家应当是职业经理人,受过专业训练,具有扎实的管理学知识,掌握企业运作的基本规律,能够及时发现新的经济增长点。按照马克斯·韦伯的科学管理制度,岗位的权力责任必须制度化和知识化,职位的任命是能力和技术资格的表现,管理者是一种职业,凭才干晋升。所以,职业经理人制度运作状况反映了科学管理的有效性。

量化管理、程序化管理和职业经理人制度反映了科学管理的基本特点。没有量化管理,管理不可能达到"科学意境",摆脱不了传统管理模式;没有程序化运作的管理,不可能实现管理的规范性,结果导致非程序化运作、非效率化倾向;经理不经过专业培训,就不可能培育真正的企业家,最多只是一个经营家,这也是中国缺乏职业经理人的根源。

科学管理在西方诞生的必然性给人们的启迪:一个后进民族要能形成自己独特的科学管理模式。首先,必须完成由自然经济向商品经济的转轨;其次,商品生产、社会化生产发展要达到一定的经济规模,从而产生优化管理、优化劳动组合的要求;最后,在思维方式上必须接受西方科学主义的思维方式,形成分解思维、逻辑思维、定量思维和科学思维特征。在此基础上,才能形成自己的科学管理模式。

上述泰勒开创性的研究成果和种种提高生产效率的做法,必定会对管理科学的理论与实践的发展起到强有力的推动作用,也会有利于当时困扰工厂发展的劳动生产率问题的解决。但是泰勒的科学管理仍然有它的历史局限性和诸多的缺陷和不足。

由于当时受社会客观现实条件和人们主观认识局限的影响,泰勒的理论和做法在当时并没有广泛地得到人们的承认和实施。如当时工厂的资本家认为,泰勒的做法会增加他们的生产成本、有损他们的权威,因而普遍持反对的态度;工人,特别是工会组织认为,泰勒的做法会损害工人的利益,削弱工会组织的影响能力,因此也持不合作的态度。1909年,工会组织与泰勒思想信奉者之间的冲突达到了最激烈的程度,以致美国国会要泰勒到国会作证,以解释何谓在美国闹得沸沸扬扬的"科学管理"。为平息社会不满情绪的增长，国会甚至通过了制止在军工企业和政府企业采用泰勒管理方法的法律。这项法律直到 1949 年才被撤销。

此外，在泰勒的工时研究中，他主张找到"第一流"的工人，把他们的每一项动作、每一道工序所使用的时间记录下来，加上必要的休息时间和其他延误时间，就得出完成该项工作所需要的总时间。因此在制订工作定额时，泰勒是以"第一流"的工人的工作速度为标准的，这必然加强了工人的劳动强度。其次，对工人的每一项工作都严格记时，留给工人做的事情只是准确地执行管理者的一切吩咐和"指示卡"中发出的一切指令，甚至连坐几分钟、站几分钟都要照办。这样工人失去了自主性和创造性，而被泰勒主张的管理方法塑造成了机器的组成部分——重复地完成某一动作的自动机。因此，当自动化日益发展，简单的重复的机械性劳动日益被机器所代替，生产者的工作中脑力劳动的成分比例越来越大的时候，资本家就不得不在严密制定制度的同时，更加重视刺激生产者的积极性和主动性。管理学者也开始主张重视调动人的积极性，以做好人的工作为根本，提倡"人本原理"。泰勒的科学管理原理也逐渐为"人际关系学"、"行为科学"等管理理论所取代。

针对泰勒对管理科学的巨大贡献及其明显的不足，列宁曾这样评价道：资本主义在这方面的最新发明——泰勒制——也同资本主义其他一切进步的东西一样，有两个方面：一方面是资产阶级剥削的最巧妙的残酷手段，另一方面是一系列的最丰富的科学成就，即按科学来分析人在劳动中的机械动作，省去多余的笨拙的动作，制定最精确的工作方法，实行最完善的计算和监督制，等等。苏维埃共和国在这方面无论如何都要采用科学和技术上一切宝贵的成就。社会主义实现得如何，取决于我们苏维埃管理机构同资本主义最新的进步的东西结合的好坏。应该在俄国研究与传授泰勒制，有系统地试行这种制度并且使它适应下来。

管理是一个历史的范畴，它是社会生产发展的产物。西方在建立现代社会生产管理漫长的历史中，积累了许多成功的经验及失败的教训，这些经验、教训在某种意义上反映了若干带有规律性的东西，会给我们的管理理论和实践以重要的启示。当我们今天再看泰勒的科学管理原理时，我们一方面应该继续从中学习有益的经验，另一方面还要发现其不足，并结合我国的具体情况，总结出适合我国国情的管理理论和方法。

第5章 古典组织理论

组织是由具有互动关系的人群构成的社会实体。以组织为研究对象的组织理论具有特殊的知识体系。西方的组织理论在其发展历史中形成了各种流派,应当运用历史与逻辑相统一的方法和比较分析的方法来研究这些流派。研究西方组织理论的历史与流派的作用在于了解西方的管理经验、认识西方的组织理论,并构建有中国持色的现代组织理论。

5.1 古典组织理论产生的背景

历史上,组织尤其是经济组织的演变与管理思想和理论的发展存在着互相促进的关系。经济组织的演变为管理提出新的研究课题,而管理研究的进展又为新型组织的巩固提供了支持和保证。这种如影随形的互动关系是管理思想和理论演进的根本动力。

组织理论的发展,按照时间维度大体经历了三个阶段:古典的组织理论、近代的组织理论和现代的组织理论。以古典组织理论为指导思想的组织设计,主要强调组织的刚性结构;以近代组织理论为指导思想的组织设计,则以行为科学为理论依据,着重强调人的因素,是从组织行为的角度来研究和设计组织的结构;以现代组织理论为指导的组织设计,则以权变理论为依据,它既吸收了以前各种组织理论的有益成果,又强调要适应组织的内部条件和外部环境的变化而灵活地进行组织设计,着眼于组织结构的开放性、适应性、弹性和动态性来加以研究。

古典组织理论,主要以法约尔的组织过程理论、韦伯官僚体制理论为代表,此外包括古尔德纳、默顿、塞尔兹尼克等人关于官僚制的拓展研究以及厄威克和古利克在前人研究基础上提出的组织设计理论。

由于组织在人类社会存在了几千年,因此组织管理的实践也有几千年了。从历史的发展来看,工业革命前的管理思想主要是从直觉和经验主义出发,零散分布于其他学科的书籍之中,缺乏科学性、系统性和独立性。中世纪后期,源于英国的产业革命使得社会生产、生活方式发生了巨大的变化。因此,20世纪前对管理最重要的影响就是工业革命(产业革命)。18世纪60年代以后,西方国家开始了产业革命。这场革命使以手工业为基础的资本主义工场向采用机器的资本主义工厂制度过渡。产业制度使生产力有了较大的发展,随之而来的是管理思想的革命,计划、组织、控制等职能相继产生,企业规模不断扩大,劳动产品的复杂程度与工作专业化程度日益提高,企业经理人员也逐渐摆脱了其他工作,专门从事管理。

工业革命后,机器劳动取代手工劳动使社会生产力取得了飞跃发展,新的经济组织——工厂制度普遍建立。组织规模扩大,内部结构复杂,组织运作所要求的连续性、规范性、精确性使管理难度空前增大,管理成本大为上升。大量工厂的经营不善和破产倒闭使传统的经验管理遇到了挑战,改进管理、降低组织活动的成本成为当务之急。于是,以小瓦特、欧文、亚当·斯密、巴贝奇等人为代表的学者们开始真正重视组织管理理论的研究。从此,生产计划、成本记录、生产合理性、劳动分工与专业化、设备的合理使用、劳资关系等成为管理者的研究专题。管理思想从经验直觉进入了较系统的研究阶段。

但在此之后,尽管工厂制度及其管理经验从英国推广到其他国家,但由于缺乏持续的技术和组织创新动力,管理理论没有大的进展。这种情况直到美国铁路企业出现后以及随之伴生的"管理运动"才开始改变。

19 世纪 40 年代末,发端于美国铁路企业大发展的"管理运动"拉开帷幕。公司制作为一种组织创新形式随着美国铁路企业的成长而风靡世界。股份公司使企业规模突破了个人资本量的限制,企业规模进一步扩张,内部结构日益复杂,协调困难、发生事故、运输成本高等管理难题日益凸显。面对这些严峻挑战,管理实践中的新型经理人员不断地进行组织创新和管理创新,如:乔治·W.惠斯勒设立了现代化的分工仔细的内部组织结构;麦卡勒姆提出了组织结构设计的 6 条基本原则,明确了权责关系;J.汤姆森形成了一套分权的、权利机构与职能部门分设的组织形式,成为后来 M 型组织结构的雏形;等等。在"管理运动"中,管理终于成为一个独立的领域。"管理运动"之后,管理科学随着工厂制度和工厂管理实践的发展,逐步开始形成系统,直到 20 世纪初古典管理理论体系正式形成。

20 世纪的最初 30 年是人类现代化进程亦即工业化发展明显加快的时期。这种加速发展主要体现在两个方面:一是工业生产的规模日趋扩大,从无数个小工厂因激烈竞争而倒闭的废墟上产生出一个个大型企业;二是随着自由竞争向垄断的过渡,政府对工业和市场的宏观调控职能进一步得到强化。

20 世纪初现代化进程的上述两个方面变化也带来了两个结果:一是在大型企业组织中,劳资冲突加剧,市场竞争激烈,管理混乱无章,生产效率低下;二是国家在社会生活中的作用明显加强,国家的行政职能得到强化,官僚制的政府机关表现出较高的效率。

工业组织与行政组织的现状引起了一批在企业与行政机关担任管理工作的专家、学者的注意。他们开始关注并研究组织问题,于是组织理论形成并得到发展。就组织理论的研究和发展而言,这一时期称为古典组织理论的形成和发展时期。

由于不同的研究者所处的环境和所关切的对象不一样,他们在对组织进行研究时所选取的角度也是不一样的,从而也就形成了不同的理论和学派。其中具有代表性的就是法约尔的组织过程理论(一般管理理论)和韦伯的行政组织理论(官僚制理论)。

在 20 世纪最初的 30 年里,泰勒的科学管理理论拉开了现代管理理论研究的序幕。泰勒的科学管理理论中也对组织中的职能管理进行了研究和探讨,提出了实行"职能工长制"和在组织管理中实行"例外管理"原则,为以后职能部门的建立和管理的专业化提供了参考。但是组织研究并不是泰勒管理思想的重心 。同一时期的法约尔的组织过程理论和韦伯的行政组织理论将古典组织理论的研究推向了高潮,成为古典组织理论研究的精华。此后,古尔德纳、默顿、塞尔兹尼克等人对官僚制进行了拓展研究,厄威克、古利克在汇集前人研究的基础上较为系统地提出了组织设计的原则。这些研究成果构成了古典管理理论时期古典组织理论的主干和基础。

科学管理注重提高车间和工人个体的生产力。古典组织理论则注重寻求管理像工厂这样复杂的组织的指导方针。

5.2 法约尔的组织过程理论

5.2.1 法约尔的生平与著述

法约尔(Henri Fayol,1841～1925)出身于法国一个资产阶级家庭。1856 年至 1860 年先后在中学和大学学习,1960 年从圣艾帝安国立矿业学院毕业后,同年进入康门塔里—福尔香堡采矿冶金公司,成为一名采矿工程师,并在此度过了整个职业生涯。在他担任工程师期间,很快就显露出非凡的管理才能,25 岁时开始担任矿井经理,31 岁被晋升为公司的总经理。当时这家公司正面临危机,法约尔运用新的组织与管理思想对该公司进行整顿,终于使该公司从破产边缘走向欣欣向荣。在总结这一段实践经验时.法约尔写道:"尽管矿井、工厂、财源、销路、董事会、职工同原来都是一样的,只是运用了新的管理方式,公司才以同衰落时一样的步调复兴和发展。"

1892 年,该公司在并入新的矿井和炼铁厂后,成立了新的联合公司。法约尔继续担任联合公司的总经理。77 岁退休后,法约尔继续担任该公司董事。在法约尔的细心经营下,该公司的经济实力一直比较强大,是法国中部最大的采矿和冶金公司之一。1918 年退休后的法约尔积极创办了法国管理研究中心并兼任高级商业学院教授。他先后曾荣获法国科学院德雷塞奖章、法国工业促进会金质奖和矿业学会金质奖与荣誉奖。

从采矿工程师到任矿井经理直至公司总经理,由一名工程技术人员逐渐成为专业管理者,法约尔在实践中逐渐形成了自己的管理思想和管理理论,对管理学的形成和发展作出了巨大的贡献。

法约尔于 1918 年退休以后,仍然致力于组织理论与管理理论方面的研究。他对法国的邮政机构、烟草专卖事业、陆军和海军学校等作过管理工作方面的调查。据说,在 1925 年,即他硕果累累的一生快要结束时,他还专心于有关烟草专卖事业管理的调查。另外,法约尔还在一个高等军事院校讲授过管理学的课程。法约尔从多年的管理实践经验出发,对组织行为中的过程管理理论作了科学的概括与阐释。他试图创立一种对各种组织都能适用的一般管理理论。

法约尔属于那种直到晚年其思想才被世人所知并因此而出名的人。事实上,当人们广泛地阅读法约尔的管理著作时,他已经年过七旬了。法约尔在担任总经理期间,一直致力于管理上的改革,他注意从组织的上层入手进行研究。1908 年,他在矿业工会的百年纪念大会上,发表了关于"一般管理的原则"的演讲。另外,他还写过关于采矿工程管理方面的论文以及若干管理学论著。但是直到 1916 年,矿业学会的公报才发表了他的《工业管理与一般管理——预测、组织、命令、协调、控制》的小册子,其他论著则鲜为人知。直到 1949 年,康斯坦斯·斯托尔斯才将法约尔的《工业管理与一般管理》由法文译成英文出版发行。

如果说泰勒的研究是从"车床前的工人"开始的,重点内容是企业内部具体工作的效率。那么,法约尔的研究则是从"办公桌前的总经理"出发的,以企业整体作为研究对象。

法约尔的古典组织理论与泰勒的科学管理不同。尽管他们生活在同一时代,但由于自身的经历不同,研究问题的着眼点也有所不同。泰勒是以一个普通工人的身份进入工厂的,作为一个技术工程师,一直从事基层的管理工作,他只能自下而上地观察管理问题,这也决定了他所研究的重点内容是企业内部具体工作的作业效率,强调对时间、动作和工资制度的研究,并将这些问题作为工厂组织理论研究的重要方面;法约尔则不同,他一进入企业,就加入了管理队伍,以后又升任为一家大公司的最高领导,并在法国好多个机构中从事过管理方面的调查研究与教学工作。这使他有了自上而下观察管理问题的条件,因此,他是把企业作为一个整体加以研究的。法约尔着重于企业全面经营管理的研究,研究企业管理者干什么以及怎样才能干好等更一般的管理问题,即注重于对协调组织内部各项活动的基本原则的研究。而且他认为其研究成果不仅适用于公私企业,也适用于军政机关和宗教团体。

法约尔一生著述很多,其中较有影响的著作有《论管理的一般原则》(1908)、《管理职能在指导营业中的重要性》(1917)、《论工业的积极管理》(1918)、《国家在管理上的无能——邮电与电讯》(1921)、《国家管理理论》(1923),他的代表作是于 1916 年问世的《工业管理与一般管理》。

1916 年法约尔《工业管理与一般管理》的问世,标志着一般管理理论(组织过程理论)的形成。他认为,管理理论是指"有关管理的、得到普遍承认的理论,是经过普遍经验检验并得到论证的一套有关原则、标准、方法、程序等内容的完整体系";有关管理的理论和方法不仅适用于公私企业,也适用于军政机关和社会团体。这正是一般管理理论的基石。所以,人们一般认为法约尔是第一个概括和阐述一般管理理论的管理学家。

法约尔是西方古典管理理论的重要代表,并且也是以后发展起来的组织理论中的管理过程学派的鼻祖。他既重视对组织加以研究,也重视对人加以考察。正如后来法国管理学家盖克所说,法约尔的管理理论是"指挥的理论,是指挥人的理论"。这实际上就为后来组织理论研究中人际关系学派的发展提供了基础。古典管理理论经过厄威克、穆尼—莱利、戴维斯、布雷克等人的继承与发展,后来又由孔茨、奥唐奈、纽曼荟萃成集,形成一门完整的学说。这些管理学者都仿效法约尔将管理的职能分成各种因素和各个过程来加以考察,于是被称为管理过程学派。法约尔的管理过程理论将管理分成计划、组织、指挥、协调、控制等几大基本职能。他认为可以从理论上来剖析管理人员职能,可以依据经验总结管理的一般原理,可以将原理扩展到实践中运用,管理原理可以为管理理论提供要素,管理是一种可以改进的技能,从实践中来的基本原理是可取的,完整的管理理论既包括基本原理又包括其他有关知识。

5.2.2　法约尔组织过程理论的主要内容

一般而言,我们将法约尔的贡献主要归纳在四个方面:第一,从经营活动中提炼出管理活动;第二,率先系统地提出了管理的计划、组织、指挥、协调、控制五种职能;第三,提出了管理者需要遵循的 14 条管理原则;第四,强调了进行管理教育和建立管理理论的必要性。

作为古典组织理论的杰出代表,在此我们将从他所提出的社会组织、组织构成因素、组织职能、组织管理原则等几个方面对他的组织过程理论进行详细深入的介绍。

5.2.2.1　法约尔关于社会组织的论述

法约尔对泰勒的组织理论作过评价。他认为,泰勒的组织理论强调了两点:一是辅助现场工长的必要性;二是提出工长在下命令时相互帮助,即多少否定了命令统一的原则。他认为泰勒的"第一点想法是有见地的,第二点想法是不健全的,也是危险的";"管理的基础是以一个作业人员不能同时在两个以上的工长指导下进行作业,这种原则体现出了军队式组织"。

法约尔提出将组织当做管理职能的一个要素加以研究。他的一个重要贡献就是在论述管理职能时,引进了一个概念,即社会体。他认为管理的基础是社会体,没有社会体,管理职能就不会存在,而离开了管理,社会体也就无法形成并得到维持。

社会体是同物的组织相区别的人的组织。在社会中,每个成员可以看成是一个细胞,多数成员结合在一起就形成为组织,随着成员数目的增加,组织也就日益完善化、专业化。这时的组织与管理就显得特别重要。他指出:"没有神经组织,也就是说如果没有管理活动,有机体就会失去活力,从而迅速地湮灭。"因此,在法约尔那里,组织是与管理分不开的,管理的功能只有通过组织机体才能产生出来;社会组织对管理职能来说是起限制作用的。从这一意义上来说,组织理论在法约尔的管理理论中占有非常重要的地位。法约尔认为:"组织一种事业,就是向这种事业提供一切有利于它发挥机能的材料、机械设备、资本、人员。这些东西可以分为物质组织和社会组织这两个主要部分。"但法约尔比较重视社会组织。他说,如果具备了必要的物质手段,组织成员就能行使其一切职能,进行事业所包含的一切活动。正是因为这样,法约尔的管理理论从其本质来说,是关于社会组织的理论。

组织的发展程度与组织的形式是相互联系的。处在不同发展程度的社会组织,具有不同的组织形式;而具有同样发展程度的社会组织,其组织形式都非常相像。但是,对于两个组织来说,其形式上的相同并不等于有同样的内部构成和同样的技术力量。形式一样的两个社会组织,一个可能很好,一个则可能很不好,关键是要看组织成员的才能。个人在组织中起着一种类似于细胞在生物体中所起的作用。在个体经营的企业中,个人是惟一的细胞,而在大企业中,个人则是这一组织的十分之一或百分之一。机体的发展是通过基本单位的组合来完成的,组织也是一样,它通过各种成分组合而逐步形成机构,这种发展是与分化同时并存的。社会组织这种机体与动物一样,原先的少量的基本功能可能会分化成无穷的活动。对于这些活动,如果缺少高级权力机构的直接干预,那么其功能就会紊乱,从而使组织衰落下去。可见,在一个组织之中,中心权威的作用是不可缺少的。

法约尔指出,在任何一个社会组织中,都存在一系列具有 6 种基本职能(技术、商业、财务、安全、会计、管理)的机构。在个体经营的企业中,这 6 种职能可能由一个人来承担,而在一个国家企业中,这些职能则极其复杂,分工很细,需要大量人员并形成数目众多的大小机构。比如在一个股份有限公司中,有以下主要机构:股东大会、董事会、总管理处、地区和地方领导,另外还有总工程师、各部门领导、车间主任、工长等。

5.2.2.2 法约尔关于组织构成因素的研究

法约尔在其组织理论中着重讨论了组织的构成因素:一是组织的外部形态因素;二是组织的内在因素。

对于组织的外在因素,法约尔指出,组织的一般形态是由组织人员的数目决定的。一个人承担的企业,不会形成任何管理阶层。在只有几个职工的小企业中,产生的是工人只从管理人员那里直接接受指令的组织形态。而一旦有了 10 人、20 人、30 人时,就要形成具有中间管理阶层的组织形态。比如,在企业的最高领导与职工中间就需要增加工长这个层次。当工长增加到若干人数时,就需要增设一个管理工长的职位。如果管理工长相应地增加到 3 人、4 人、5 人时,在管理工长之上,就要增设一名科长,作为工长以上的管理层次。当科长也有了 3 名、4 名、5 名时,在科学之上就又要增设处长这一管理层次。如此类推下去,组织中的管理层级就必然会增多,从而组织也就会逐渐变为金字塔式的结构。

在法约尔看来,不管领导处于哪个层级,他都只能指挥极少的部下,一般不超过 6 人。

而当管理工作特别简单时,比如工长,有时可以直接指挥 20 人或 30 人。如果将工长所管的职工数定为 15 人,处长以上各个层次的监督人员数不超过 4 人的话,那么就会出现管理者逐层递增现象。组织规模越大,其职能就会越复杂,加上分工极细,这就需要设立较多的中间组织,从而占有大量人员并形成数目众多的机构。在法约尔看来,这种组织发展的一般形式能够适应于对任意人数的职工实行组织化;另外,即使是最大的企业,其组织层次一般也不会超过 8 层或 9 层。事实上,法约尔的层级结构原理表明,他所认为的理想组织形态是一种线性组织形态。

从法约尔关于组织的外部结构分析中可以看出,他比较多地强调应当将命令的统一、指挥的统一和层级分布作为组织管理的基本原理。在他的组织理论中,不管组织的种类如何,只要它们是处在同一发展阶段上,其组织形态都具有某种类似性。他曾指出,在同类型的企业中,组织的职能是完全相同的;在不同类型的企业中,组织的职能也有某种类似性。法约尔的这一观点并没有否定泰勒关于组织职能化的原理。这是因为,法约尔本人并没有否定组织中职能的专业化问题;同时,尽管他认为在相同的发展阶段上,组织的外部形态是一样的,但是,仅外部形态相同并不意味着具有相同的局部结构和相同的有机特性。

对于组织的内在因素,法约尔认为:"为了建立有效的组织,光聚集人和分配职务是不够的,还必须具备如何使有机的整体适应各种要求、如何发现所需要的人才和如何因人制宜地安排每个人的岗位等方面的知识。总之,必须有多种重要的素质。""组织的效率取决于组织的内在因素"。这一点是法约尔组织理论的又一个重大特征。

法约尔明确指出,对组织的管理决不是机械式的。"管理组织,即各中级阶层的管理人员都可以成为力量和观念的源泉,而且必须是这种源泉……在管理人员中存在着能使最高权威者的行动力扩大的创造性"。形式相同的组织并不等于有同样的内部构成,关键在于组成组织的人员特别是管理人员的诸如创造性和实际能力等方面的"人的因素",这是决定组织是否有效的内在的因素。在这一点上,法约尔的确要比泰勒正确得多。虽然泰勒也谈到职工的选择与培训,但是,他基本上将职工看成是消极的、被动的,甚至他也将管理人员视为是没有创造性的存在物。

尽管法约尔没有真正重视职工的人际关系、感情以及各种需要等方面的因素,但是,他开始提出"人的因素"问题,并将这种因素看成是同"机械式"的因素相对立的东西。

在对组织的构成因素进行论述时,法约尔虽然要比泰勒深入详尽一些,比如他就考虑过组织的社会性问题,而泰勒仅仅考虑纯粹的管理问题。但是,法约尔并没有将他刚刚抓住的社会性因素应用于组织的分析。社会性因素在他那里仍然是抽象的。正因为这样,当他分析组织结构时,还是就组织本身谈论组织,而没有将一个现实的组织放到社会的大背景下进行分析。

法约尔没有提出组织的社会环境概念。事实上,任何组织都不是孤立的,缺乏物质的、技术的因素和手段,组织就无法存在,也无法正常运行。但是,一个现实的组织总有其外部环境,组织管理的重要任务则是要保持组织自身与外部环境的平衡。

5.2.2.3　法约尔关于组织职能的论述

法约尔通过对企业全部活动的分析,区别了经营和管理,认为这是两个不同的概念。他将管理活动从经营职能(包括技术、商业、业务、安全和会计等五大职能)中提炼出来,作为经营的第 6 项职能。他认为,任何企业的经营都存在着六种基本的活动,它们分别是:① 技术

活动(指生产、制造、加工等活动);② 商业活动(指购买、销售、交换等活动);③ 财务活动
(指资金的筹措和运用);④ 安全活动(指设备维护和职工安全等活动);⑤ 会计活动(指货
物盘存、成本统计、核算等);⑥ 管理活动(其中又包括计划、组织、指挥、协调和控制五项职
能)。

通过对这6种基本活动的分析,法约尔还进一步得出了普遍意义上的管理定义,即"管
理是普遍的一种单独活动,有自己的一套知识体系,由各种职能构成,管理者通过完成各种
职能来实现目标的一个过程"。

法约尔还指出,与组织的上述六个方面的职能相对应,组织成员也应当具备这几个方面
的能力。但是,对一般组织成员与组织领导人来说,不同能力的相对重要性是不一样的。

法约尔还分析了处于不同管理层次的管理者,对其各种能力的相对要求,随着企业由小
到大、职位由低到高,管理能力在管理者必要能力中的相对重要性不断增加,而其他诸如技
术、商业、财务、安全、会计等能力的重要性则会相对下降。同时,法约尔指出组织规模的大
小也会对组织成员的能力产生巨大的影响。一个小型组织的领导人只需要技术能力,而随
着企业等级的上升,管理能力的相对重要性突显出来,而技术能力的要求则相对降低。在一
个中等规模的企业中,技术能力与管理能力的重要性是相等的;对于一个大企业来说,领导
人的管理能力则是最为重要。

在从企业经营活动中提炼出管理活动的基础上,法约尔将管理活动进一步分为计划、组
织、指挥、协调和控制五大管理职能,并对这五大管理职能进行了相应的分析和讨论。

组织的六种基本活动与法约尔提出的管理的五大基本职能之间的关系如图5-1所示。

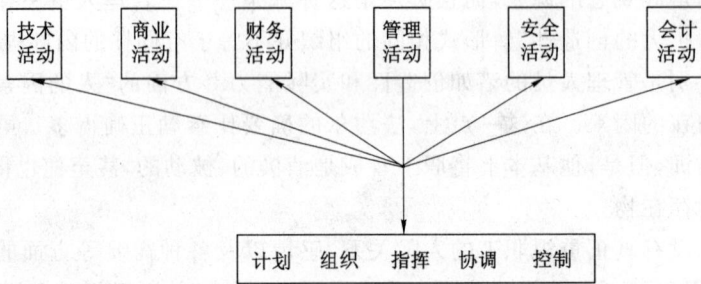

图 5-1 组织的六种活动与管理的五大职能之间的关系

法约尔认为,管理的这五大职能并不是企业经理或领导人个人的责任,它同其他五种活
动一样,是一种分配于领导人与整个组织成员之间的职能。另外,法约尔还特别强调,不要
把管理同领导混同起来。领导是寻求从企业拥有的资源中获得尽可能大的利益,引导企业
达到目标,保证六种活动顺利进行的高层次工作。

法约尔将计划作为组织管理第一项基础职能。在泰勒的科学管理理论中,计划占有非
常重要的位置。法约尔接受了泰勒的计划思想,对计划的根据、特征、制定计划的人力条件
进行了研究。任何组织的行动计划在其制定过程中都必须考虑下达的依据:组织已有的资
源、组织的活动性质和组织未来发展趋势。一个好的行动计划应当具有以下特征:统一性、
持续性、灵活性、精确性。统一性要求除了有总计划外还要制定与其相配套的具体计划如技
术计划、商业计划、财务计划等。持续性要求计划的指导作用必须是连续不断的。灵活性要

求计划能顺应人的认识而及时地加以调整。精确性则要求计划对组织的各种因素的认识必须尽可能是正确的。制定计划的各级管理人员应当具备对人管理的艺术、积极性、勇气、专业的能力等。

组织管理与运行的第二项职能是组织。法约尔是将组织作为管理的一种职能来加以理解的。他认为狭义的组织职能主要是：制定并执行行动计划；保证社会组织和物资设备组织与企业目标、资源、需要相适合；建立一元的、有能力的坚强领导；作出清楚、明确、准确的决策；有效地配备和安排人员；明确职责；鼓励首创精神；给职工以公平的报酬；对过失与错误加以惩罚；促使人们遵守纪律；保持秩序；统一指挥；等等。而且这种职能须经过长期的专业训练方能获得。

组织管理和运行的第三项职能是协调。协调就是要使组织中的一切工作都配合好，要使组织中的社会机构和物资设备机构之间保持一定的比例。在一个内部协调的组织中，各个部门之间都是相互了解、步调一致的。组织要做到协调一致，就必须有一个明智的、有经验的、积极的领导。通常可以利用领导们出席会议的机会来解决共同的问题。召开部门领导会议是组织协调不可缺少的方法。同时，组织内部的协调工作本身就是一门艺术，领导必须学会这门艺术，采取各种方式理顺内外部的关系，使组织能发挥出整体效益，并达到既定目标。

组织管理和运行的第四项职能是指挥。组织建立起来以后，要使组织发挥作用，就必须做好指挥工作。领导要很好地完成指挥职能，就必须做到：对自己的职工有深入的了解；淘汰没有工作能力的人；深入了解企业与职工之间的协定；领导要作出榜样；对组织进行定期检查；开好会议并充分利用书面的和口头的报告形式；领导不需要在工作细节上耗费精力；在职工中保持团结、积极、创新和效忠的精神。

组织管理和运行的第五项职能是控制。法约尔认为，控制的目的在于指出工作中的缺点和错误，以便加以纠正并避免重犯。在组织中，对物、人、行动都必须进行控制。组织控制与检查人员工作的好坏有很大的关系。法约尔认为一个好的检查员应该是有能力的、大公无私的人，他们依靠的是思想正直和独立自主的精神。

5.2.2.4　法约尔提出的 14 条组织管理原则

在法约尔看来，管理只是社会组织的手段与工具，这种管理既是对物的管理，又是对人的作用。社会组织健康与正常的活动取决于某些条件，法约尔将这些条件称为"原则"。他认为管理原则应当是灵活的，关键是人们必须懂得怎么运用这些原则，这里起作用的是领导者的经验与机智。

法约尔根据自己的工作经验，归纳出简明的 14 条管理原则，并将其称为"法约尔原则"。以下我们对这 14 条管理原则进行介绍。

（1）劳动分工。

法约尔认为，实行劳动的专业化分工可以提高效率。这种分工不仅限于技术工作，也适用于管理工作，而且毫无例外地适用于所有涉及一批人或要求几种类型的能力的工作。但是专业化分工要适度，劳动不是分工越细越好，"经验与尺度告诉我们不应超越这些限度"。

（2）权力与责任。

权力是指挥和要求别人服从的力量。法约尔把权力分成两类：职位权力和个人权力。前者是由职务和地位而产生的，后者则与担任一定职务的人的智慧、学识、经验、道德品质和领导能力有关。一个优秀的领导人必须兼有职位权力和个人权力,以个人权力来补充职位权力。权力与责任是互为依存互为结果的,责任是随着权力而来的奖罚。法约尔认为一个人在组织阶梯上的职位越高,明确其责任范围就越困难。避免滥用权力的最好办法就是提高个人素质,尤其是要提高其道德方面的素质。

(3) 纪律。

任何组织活动的有效进行,都必须有统一的纪律来规范人们的行为。法约尔指出:"为使企业顺利发展,纪律是绝对必要的。没有纪律,任何企业都不能兴旺发达。"他认为,纪律实际上是企业领导人同下属人员之间在服从、勤勉、积极、举止和尊敬等方面所达成的一种协议。纪律对于企业取得成功是绝对必要的。法约尔还认为,纪律是领导人创造的,无论哪种社会组织,其纪律状况取决于领导人的道德状况。高层领导人和下属一样,必须接受纪律的约束。制定和维护纪律的最有效方法是各级都要有好的领导,尽可能有明确而公平的协定,并要合理地执行惩罚。

(4) 统一指挥。

法约尔认为这是一条基本的管理原则。统一指挥是指"一个下属人员只应接受一个领导人的命令"。如果这条原则被打破,那么,"权力将受到损害,纪律将受到危害,秩序将被扰乱,稳定将受到威胁"。这条原则虽然非常重要,但破坏这条原则的双重领导现象在社会组织中"比比皆是",其原因主要有四种:① 为了争取时间或立即中止某项错误行为,高层管理者不通过中层而直接向基层发出指示;② 为避免给两个以上的工作人员分配职权而造成矛盾;③ 部门界限不清,两个部门的主管都认为有指挥同一工作的权力;④ 部门之间在联系上、职权上固有的错综复杂的关系。为了保证统一指挥,必须注意克服这些现象。

法约尔虽然钦佩泰勒在时间研究与动作研究方面的卓越贡献,但他对泰勒的"职能工长制"提出了反对意见。他认为,这种观念违背了统一指挥原则。

(5) 统一领导。

这条原则表示对于达到同一目标的全部活动,只能有一个领导人和一项计划。这是统一行动、协调组织中一切力量和努力的必要条件。法约尔指出,统一领导和统一指挥的区别在于:"人们通过建立完善的组织来实现一个社会的统一领导;而统一指挥则取决于人员如何发挥作用。统一指挥不能没有统一的领导而存在,但并不来源于它"。换句话说,没有统一领导,就不可能存在同一指挥;但是,即使有了统一领导,也不足以保证统一指挥。

(6) 个人利益服从整体利益。

集体的目标必须包含员工个人的目标。但个人总不免有私心和缺点,这些因素常促使员工将个人利益放在集体利益之上。因此,身为领导,必须经常监督又要以身作则,才能缓和两者的矛盾使其一致。

(7) 合理的报酬。

法约尔认为,报酬是人们"服务的价格,应该合理,并尽量使企业和所属人员都满意";报酬率的高低不仅取决于人员的才能,即员工的工作成绩与工作效率,也取决于(甚至首先取决于)"生活费用的高低、可雇人员的多少、业务的一般状况、企业的经济地位"以及报酬方式等因素,即奖励不应超过某一适当的限度,奖励应以能激起职工的热情为限,否则将会出现副作用。

法约尔认为,合理的报酬方式必须符合三个条件:① 能保证报酬公平;② 能奖励有益的努力和激发热情；③ 不应导致超过合理限度的过多报酬。此外，他还认为，任何良好的工资制度都无法取代优良的管理。

（8）适当的集权和分权。

分权是"提高部下作用重要性的做法"，而集权则是"降低这种作用重要性的做法"。作为管理的两种制度，它们本身无所谓好坏，并不同程度地同时存在着，"这是一个简单的尺度问题，问题在于找到适合企业的最适度"。一个组织机构，必须有某种程度的集权，但问题是集权到何种程度才为合适。法约尔指出，影响权力集中程度的因素主要有：组织规模、领导者与被领导者的个人能力和工作经验、环境的特点。但是，这些因素总是变化的，因而一个机构的最优的集权化程度也是变化的。所以，领导人要根据本组织的实际情况，适时改变集权与分权的程度。

（9）跳板原则。

企业管理中的等级制度是从最高管理人员直至最基层管理人员的领导序列，它显示出执行权力的路线和信息传递的渠道。从理论上说，为了保证命令的统一，各种沟通都应按层次逐级进行，但这样可能产生信息延误现象。为了解决这个问题，法约尔提出了"跳板"原则。

法约尔用图来解释"跳板"原则（见图 5-2）。他说："在一个等级制度表现为 I—A—S 双梯形式的企业里，假设要使它的 F 部门与 P 部门发生联系，这就需要沿着等级路线攀登从 F 到 A 的阶梯，然后再从 A 下到 P。期间，在每一级都要停下来。然后，再从 P 上升到 A，从 A 下降到 F，回到原出发点。"

"非常明显，如果通过'F—P'这一跳板，直接从 F 到 P，问题就简单多了，速度也快多了，人们经常是这样做的。"

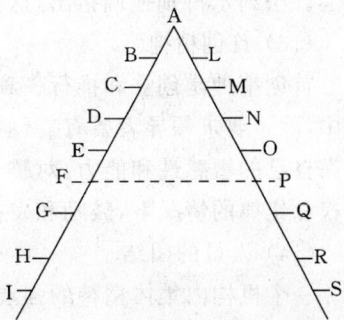

图 5-2 跳板原则

如果领导人 E 与 O 允许他们各自的下属 F 与 P 直接联系，等级制度就得到了捍卫；如果 F 与 P 立即向他们各自的领导人汇报他们所共同商定的事情，那么，整个情况都完全合乎规则。

"只要 F 与 P 双方意见一致，而且他们的活动都得到了他们直接领导人的同意，这种直接关系就可以继续下去；他们的协作一旦中止，或他们的直接领导人不再同意了，这种直接关系就中断，而等级路线又恢复了原样。"

法约尔认为，"跳板"原则简单、迅速、可靠，它减少了信息失真和时间延误，既维护了统一指挥原则，又大大提高了组织的工作效率。但是，必须事先请示，事后汇报。在实际工作中，违反"跳板"原则的现象屡见不鲜，怕负责任是主要原因。换句话说，领导人管理能力不够是导致下属违反"跳板"原则的主要原因。

（10）秩序。

秩序包括"物的秩序"和"人的秩序"。物的秩序要求"每件东西都有一个位置，每件东西都放在它的位置上"。为此，不仅要求物归其位，而且要求正确设计、选择和确定物的位置，以方便所有的工作程序。

"人的秩序"或称"社会秩序"，要求"每一个人都有一个位置，每个人都在他的位置上"。

完善的社会秩序要求让适当的人从事适当的工作。因此,要根据工作的要求和人的特点来分配工作。要做到"凡事各有其位",不仅有赖于有效的组织,而且也有赖于审慎的选人。

(11) 公平。

法约尔认为,公平和公道是有区别的。公道是执行已确立的协定。但是制定协定时,人们不可能预测到将来所发生的一切事情。因此,要经常地说明它,补充它的不足之处。领导人为了激励其下属人员全心全意地做好工作,应该善意地对待他们。公平就是由善意和公道产生的。在怎样对待下属人员问题上,领导人要特别注意下属要求公平和平等的愿望。为了使这种愿望得到最大的满足,而同时又不忽视其他原则,不忘记总体的利益,领导人应该充分发挥自己的能力,努力使公平感深入人心。

在正常情况下,几乎每个人都有平等的愿望,都希望领导者能够公平地对待他们以及他们的工作。领导者如果不公平,往往导致他们积极性下降,甚至造成思想上的混乱。

(12) 人员的稳定。

人员稳定对于工作的正常进行、活动效率的提高是非常重要的。一个人要适应新的工作,不仅要求具备相应的能力,而且要给他一定的时间来熟悉这项工作,因为经验的积累需要时间。如果这个熟悉过程尚未结束便被指派从事其他的工作,那么,其工作效率就会受到影响。法约尔特别强调指出,这条原则对于企业管理人员来说是尤为重要的。

(13) 首创精神。

首创精神是创立和推行一项计划的动力,是指人们在工作中的主动性和创造性。在组织中,除了要求领导者要有首创精神外,还要使全体成员发挥其首创精神,这样,将促使职工提高自己的敏感性和能力,对整个组织来说将是一种巨大的动力。因此,领导者要在不违背职权和纪律的情况下,鼓励和发挥下级的首创精神。

(14) 人员的团结。

一个机构内集体精神的强弱取决于这个机构内职工之间的和谐和团结情况。全体人员的和谐和团结是企业的巨大力量,领导者应当尽一切可能,保持和巩固人员的团结。培养集体精神的有效方法是严守统一指挥原则并加强情况的交流。法约尔还认识到,人员间的思想交流,特别是面对面的口头交流有助于增强团结,因此,他认为应该鼓励口头交流,禁止滥用书面联系的方式。

这些原则虽然在早期的工厂管理实践中已经在不同程度上得到了自觉或不自觉的运用,但把它们进行系统概括则是法约尔首创的。法约尔的这 14 条原则,包涵了许多成功的经验和失败的教训,为后人的管理研究与实践指明了方向。但这并不是说,人们只要记住了这些原则,就能进行有效的管理。在同样的条件下,几乎不能两次使用同一原则来处理事情,要真正使管理有效,应当注意各种可变因素的影响,还必须积累自己的经验,并掌握住应用这些原则的尺度。因此,这些原则是灵活的,是可以适应于一切需要的,但其真正的本质在于懂得如何运用它们。

5.2.2.5 法约尔的组织参谋论

组织参谋论是法约尔组织理论的一个具有独创性的内容。参谋部这种机构在现代组织中变成智囊团。法约尔关于在组织中建立参谋部的思想在一定程度上是从泰勒那里接受来的。泰勒在论述组织职能时谈到必须在企业中为现场工长配备各种专家。在大的企业中,工长承担的任务是非常复杂的,为了支持工长完成任务,就必须聘请各类专家做好参谋工作。法约尔曾明确地指出:"我认为,泰勒在强调这种参谋职能的必要性和让人注意设置参谋的方面作出了很大的贡献。"

随着组织规模的扩大和管理层次的增加,管理职能所占比重越来越大。没有一个组织的领导能够解决组织运行过程中提出的所有问题,也没有任何一个领导具有完成组织中各种协调、控制和决策等职责所需要的精力与时间。因此,为了领导好一个组织,就有必要设立参谋机构。

法约尔显然是从军队组织的建制中受到启发,他认为社会组织也应当建立一个在名称上与军队一样叫做"参谋部"的机构。法约尔认为:"参谋部是指由具有领导人所欠缺的知识、能力和时间的人们形成的集团,它是经营人员在素质上的补充和加强,从某种意义上来说是扩大。"可见这一机构是由一组有精力、有知识、有时间的人组成的。参谋部是领导的依靠,是一股加强的力量。参谋部的成员不分等级,他们只接受最高领导的命令。在不同的组织中,参谋人员的职位是不同的,可以是秘书、咨询专家,也可以是研究小组、实验室成员。

参谋人员不能形成拥有自己权限的阶层,他们只能接受领导人的命令。同时,他们无权让下级机关执行这些命令。为了使参谋人员能完全接受领导的安排,并且只对领导负责,参谋人员一般不参与下属部门的执行工作。参谋人员既可以在参谋部工作,也可以在其他时间为组织中另外的部门工作,甚至一个参谋人员可以同时在几个不同的企业组织中做参谋工作。

参谋人员的主要职能是"在经营者的计划下指导未来,争取获得一切可能的改进"。管理者应当养成把参谋部看成是为此而进行思考、研究和观察的机构的习惯。参谋人员为了能圆满地执行这一重要任务,必须摆脱对日常性业务管理的责任,从而自由地进行活动。

法约尔认为参谋人员有四种功能:① 为领导的日常工作、通信、接待、案卷的准备与研究提供帮助;② 同组织内部与外部取得经常性的联系,并对组织的运行加以控制;③ 预测未来,制定与协调各种计划;④ 调查研究,提出改进工作的措施。

法约尔一方面认为正常的组织形态应当是线性组织;另一方面,他又认为在正常的组织中应当设立参谋组织,参谋组织是非线性组织。这样,在法约尔的组织理论中就出现了有关线性组织与参谋组织的关系问题。

综上所述,法约尔关于管理过程和管理组织理论的开创性研究,其中特别是关于管理职能的划分以及管理原则的描述,对后来的管理研究,尤其是组织理论的发展具有非常深远的影响。

此外,法约尔还倡导管理教育。他认为,人的管理能力可以通过教育来获得,可以也应该像技术能力一样,首先在学校里,然后在车间里得到。为此,他提出了一套比较全面的管理理论,首次指出管理理论具有普遍性,可以用于各个组织之中。他把管理视为一门科学,提出在学校设置这门课程,并在社会各个领域宣传、普及和传授管理知识。

5.2.3 对法约尔的组织过程理论的评价

法约尔的组织过程理论是西方管理思想和理论发展史上的一个里程碑,它为以后管理理论的发展勾勒出了基本的理论框架。他跳出了泰勒以实践为基础研究管理原理的局限,在理论上第一次努力将管理的要素和管理的原则系统地加以概括,为以后推广管理学教育奠定了条件和基础,使管理具有一般的科学性,因此也称为一般管理理论。正如英国管理学家厄威克所说的,"亨利·法约尔是直到本世纪上半叶为止,欧洲贡献给管理运动最杰出的人物"。

法约尔的组织过程理论是西方古典管理思想的重要代表,后来成为管理过程学派的理论基础,也是以后各种管理理论和管理实践的重要依据,对管理理论的发展和企业管理的历程均有着深刻的影响。法约尔的一般管理思想的系统性和理论性很强,对管理五大职能的分析为管理科学提供了一套科学的理论构架,来源于长期实践经验的管理原则给实际管理人员巨大的帮助,其中某些原则甚至以"公理"的形式为人们所接受和使用。因此,继泰勒的科学管理之后,一般管理也被誉为管理史上的第二座丰碑。正是由一般管理理论才淬炼出管理的普遍原则,使管理得以作为可以基准化的职能,在企业经营乃至社会生活的各方面发挥着重要作用。

管理之所以能够走进大学讲堂,也全赖于法约尔的卓越贡献。法约尔强调了进行管理教育和建立管理理论的必要性,认为管理能力可以通过教育来获得。他认为"缺少管理教育"是由于"没有管理理论",每一个管理者都按照他自己的方法、原则和个人的经验行事,但是谁也不曾设法使那些被人们接受的规则和经验变成普遍的管理理论。

法约尔对组织理论的发展是有特殊贡献的。他明确地讲过,"组织这个词近来为表示经营的方法而被广泛使用,正确地讲,它同管理有着同样的含义。组织的目的是实现计划、组织、调节、控制"。

法约尔的组织理论还起着承上启下的作用。首先,法约尔在组织研究方面继承和发展了泰勒的很多思想。比如,他提出的"跳板"原则,其实是对泰勒的"例外原则"的深化;他也强调了泰勒所论述过的职能化原则。

其次,法约尔将管理与组织结合起来,并认为组织与管理是同一个含义,这一点与西蒙后来所讲的"所谓管理,就是建立组织,管理组织"是相同的。这一见解与现代组织理论是相通的。

法约尔在考虑企业与行政机关的管理职能时,为了使这一职能与生产、财务、会计这些职能明确地区分开来,在物质的经济结构与人的社会体之间划了一条清楚的界限,并在此基础上形成了他的社会组织理论。这样做的结果是双重的:一方面,所有的社会组织都成为同类的东西,从而可以进行比较,对任何一个组织的描述,同样适用于其他的组织,这就使其组织理论带有普通性;另一方面,这使组织与其外部环境割裂开来,组织就成为抽象的存在物。

其实任何一个组织都不是孤立的,如果离开了技术和其他的物质条件,即脱离了具体的环境,组织不仅不能正常运行,不能实现其目标,而且根本就无法存在。

时至今日,法约尔的一般管理思想仍然闪耀着光芒,其管理原则仍然可以作为我们管理实践的指南。但是,应该认识到法约尔的管理理论并不是包罗万象、一成不变的。后人在他的理论基础上,对管理的各项职能在内容规定上有了较大的发展。如在当时的历史条件下,法约尔的管理职能中不可能十分突出人事管理的内容。他所归纳的管理的一般原则也在以后的发展中显示出了不适应性的一面,并得到了补充和发展。正如他自己所强调的,这些原则并不完整,也不是一成不变的,它不能回答特殊的问题。他不主张在实际工作中盲目地、刻板地套用这些原则,而应结合具体管理情况而灵活应用它们。

管理思想既是文化环境的产物,又是文化环境的过程体现。它是随着文化模式、道德水准和社会制度的变迁而不断向前发展的。只有站在这个高度,才能真正领会到法约尔一般管理理论中所蕴含的精神实质,才能在现代管理中"巧用其芒"。

没有原则,人们就处于黑暗和混乱之中,但是如果没有经验和尺度,即使有最好的原则,人们仍将处于困惑和不安之中。原则是灯塔,它虽能照明所有的路,且一视同仁,但它只会被那些知道自己方向的人所利用。法约尔提出的管理原则,包含了许多对管理精髓的感悟。这些原则是用来指导理论和实际工作的,是指导行动的灵活信条,而不是一成不变的法则。教条化的理解只能导出教条化的结局——管理失效;要使管理真正有效,还必须积累自己的经验,并适宜地掌握合理运用这些原则的尺度。

5.3　韦伯的行政组织(官僚制)理论

被称为"组织理论之父"的韦伯与泰勒、法约尔是西方古典管理理论的三位先驱。韦伯生活在德国历史上的一个特殊时代,他从个人的主观行为出发,论述了个人行为的合理性与社会结构秩序的合法性。韦伯在前人对科层制研究的基础上,对行政组织(官僚制)的特征、权力结构、效率、作用进行了经典性的概括。在韦伯之后,古尔德纳、默顿、塞尔兹尼克也对官僚制进行了有益的探讨。

5.3.1　韦伯的生平与著述

马克斯·韦伯(Max Weber,1864～1920)出生于德国图林根埃富尔特市一个有着广泛社会和政治关系的富裕家庭,从小受到了良好的教育。他 5 岁时,全家迁至柏林。韦伯的父亲原是一位地方行政长官,到柏林后,担任普鲁士国民议会议员和德意志帝国国会议员。韦伯的父亲没有坚定的信念和崇高的理想,习惯于妥协和舒适。韦伯的母亲海伦具有与丈夫完全不同的气质,她对加尔文教非常虔诚而且富有责任感。这种不同的气质使家庭关系十分紧张,丈夫用铁腕统治着家庭,对妻子实行虐待。这种家庭生活的背景导致马克斯·韦伯成年后内心一直充满矛盾。

儿童时代的韦伯羞怯多病,但智力超群。他青年时博览群书,能写出学术论文。18 岁,韦伯进入海德堡大学学习法律。其间,他去施特拉斯堡军队服役。在那里,他与姨父、姨母建立了亲密的关系。这对夫妇的关系比韦伯父母要和谐很多,其新教伦理观念使韦伯开始仿效他的母亲,反对父亲那种盛气凌人和对母亲的非道德态度。韦伯退役后继续其学业。毕业后到柏林法院工作。1889 年,他完成了题为《中世纪商业社会的历史》的博士论文,论文研究中世纪罗马土地所有权问题。完成了博士论文,韦伯就取得了在柏林大学执教的资格并成为该校的讲师。同时,韦伯还在法院服务。1893 年,他与玛丽安·施尼策结婚并从家中搬出。

1894 年,韦伯接受了弗赖堡大学经济学教授的职位,他全身心地投入学术研究。两年后,他又回到母校海德堡大学担任经济学教授。这一很有希望的开端在 1897 年被他的父亲老韦伯打断了。老韦伯到海德堡看望儿子,父子发生争吵,韦伯指责父亲野蛮地虐待母亲,并将父亲赶了出去。一个月以后,老韦伯去世。这场悲剧使韦伯非常内疚,此后多年一直在心理上感到痛苦。1899 年,他不得不进精神病院住了几个星期。直到 1918 年,韦伯才能坚持在维也纳大学完成一个学期的工作。在忧虑与混乱的日子里,韦伯坚持在意大利和其他地方旅行。其间他与松巴特合作编辑了《社会科学和社会政治集刊》,这一刊物后来成了德国社会科学方面最有名的期刊。1904 年,他出版了《新教伦理与资本主义精神》,表达他对新教伦理的热爱。他还到美国旅行了 3 个月,考察了新教派的影响和科层制在一个民主社会中的作用。

作为一个热情的民族主义者,韦伯希望有一个强大的德国。第一次世界大战爆发后,他称这是一场"伟大而重要的战争"。尽管此时他已50岁了,但仍然自愿参战,当一名预备役军官,被任命管理9所军事医院。利用这一职位和机会,他以局内人的身份观察科层制。后来,战争规模不断扩大,韦伯开始反战,他想对德国政治施加影响,但没能成功。

从预备役退伍后,韦伯继续大量写作。他想完成早些时候就开始动笔的《经济与社会》。但是,他最终还是未能完成这一巨著。1920年6月,韦伯因患肺炎,过早地结束了他充满悲剧的一生。韦伯终生从事学术研究,从社会学的角度对宗教生活、经济生活和政治生活进行了研究,对犹太教、基督教和佛教都作过探讨。

韦伯在世时的德国社会状况与其家庭的状况是类似的,即到处充满了矛盾和冲突。德国没有经历过像法国那样较为彻底的资产阶级革命。因此,尽管西部地区的工业获得了发展,形成了资产阶级控制经济的局面,但是,整个德国仍然被东部地区的传统的封建制度所左右。封建贵族式的传统价值观念依然盛行,即使是处在迅速上升中的资产阶级也希望他们的后代在将来的某一天能进入贵族阶层。

在韦伯从事学术研究的时期,德国的社会和政治结构就具有这样的特点:经济的结构及政治的结构与社会价值体系之间明显地分裂开来。经济结构越来越受到工业制度和资产阶级的统治,而文化价值体系和政治结构则仍然受传统的半封建社会价值观和官僚保守主义的支配。在这种内部充满矛盾与冲突的基础上,政府与军队中存在着通行的复杂的官僚制度。德国的政府与军队都受着普鲁士保守主义和忠于职守精神的支配。在普鲁士政府、军队的管理制度和工业企业的组织结构中,韦伯认识了科层制的许多特点,他对这些特点作了详尽而深刻的分析;同时,他也看出了这种制度对人格的荒谬而可笑的影响,对科层制的缺陷感到失望。

虽然韦伯与泰勒、威尔逊等是同时代的人,并且在学术上取得了同样巨大的成就,但是他的著述大多采用了德国哲学家的那种令人枯燥乏味的文体,从而不能为一般的人所接受。韦伯很晚才被西方的学者所认识,他的书很迟才翻译成英文。20世纪40年代以后,韦伯的思想开始得到研究。西方学者一致认为韦伯是一名杰出的社会学家,同时又是官僚组织模式的创始人。

韦伯通过不同的途径提出了与亨利·法约尔、卢瑟·古利克、林德尔·厄威克相类似的古典组织管理模式。1946年以后他的组织结构理论在美国引起人们广泛的注意,其著作《社会学随笔》、《社会与经济组织理论》在被译成英文后受到人们的重视。

韦伯研究的重点是:人们为什么感到有义务服从指挥,而不考虑每个命令对他们自身的价值。他认为在这里起作用的是合法性的权力。正是这种合法性,才值得下级产生出一种对组织系统中的指挥者服从和尊重的稳定模式。合法的权威不能靠诸如上级的喜爱或赞赏之类的感情动机,也不能求助于下级对纯粹物质利益和个人进步方面追求的动机,更不能指望理想的动机。韦伯论述了三种合法性权力:法定权力、传统权力和超凡权力(神授权力)。

韦伯是当代社会科学史上非常有影响的人物。他将理论思想与历史分析广泛地交织在一起。许多社会科学家都喜欢将历史资料置于预先设立的理论框架之中,而韦伯却不是这样,在其著作中,历史资料被用作发展理论概念和范畴的基础,从而使研究与分析更为灵活、更为开放。韦伯通过对历史与现实的研究,确立了现代组织的结构学说。他认为行政领导要履行规定的职责就必须具有合法的权力,在合理的官僚制度中,上下级之间应贯彻职位等级原则,官僚组织应当由经过充分专业训练的、专职的、支薪的、被任命的职业官员组成,在"官僚机器"中的人应该去掉他们之间人性方面的差异。

韦伯的主要著作有《新教伦理与资本主义精神》、《一般经济史》、《社会和经济组织的理论》等。

韦伯提出的官僚组织模式理论(即行政组织理论),对后世产生了最为深远的影响。首先,韦伯对组织中的权力进行了精辟的分析。他认为,只有法定权力才能作为行政组织体系的基础,其最根本的特征在于它提供了慎重的公正。其次,有了适合于行政组织体系的权力基础,韦伯勾画出理想的行政组织模式所应该具有的具体特征。

韦伯这种强调规则、强调能力、强调知识的行政组织理论为社会发展提供了一种高效率、合乎理性的管理体制。韦伯对理想的官僚组织模式的描绘,为行政组织指明了一条制度化的组织准则,这是他在管理思想上的最大贡献,因此被称为"组织理论之父"。

5.3.2　韦伯组织理论的主要内容

5.3.2.1　韦伯的组织权力论

韦伯的组织理论研究侧重于对社会结构和文化的分析。他反对抽象的社会、国家等概念。在他看来,个人及其行为是进行经验性的科学分析的基本单位,"社会"、"国家"乃是标志着一定类型的人类相互作用。而个人的行为都具有主观的意义,社会行为乃是行为者的主观意图与他人之间的互动,这样就造成了主观与客观之间的矛盾。因此,必须用合理性来评价个人的主观行为,社会行为必须是合理的。

按照行为的合理性,韦伯将人们的社会行为分成四类:一是目的合理的行为。这是最高程度的合理性,它包括行为者对行为的目的以及达到这一目的的手段的自觉思考和选择。这种合理性主要是在无人的市场体系的经济行为中表现出来,其次也会在科层制组织中反映出来。二是价值合理的行为。其特点是行为者只对行为的手段进行过自觉思考,其目的即终极的价值是不合理的。在这类行为中,个人不会在比较中衡量哪种价值更可取,他只考虑获取这种价值的手段,而价值本身是被赋予的。这类行为的典型例子就是宗教行动。三是传统的行为。这是一种不合理的社会行为。个人进行这种行为的唯一正当的理由是"我们的祖先就是这样做的,我们的祖先也是这样做的,事情从来就是这样做的,并且将来永远这样做"。四是情感的行为。这也是不合理的行为。这类行为的特点是个人受情感或情绪的支配,未经过有意识的考虑和反省,实际上是不加思索的行动。韦伯指出,这四类社会行为的分类是纯理论的,实际上个人的行为中都会具有这些因素,因而是混合型的。

韦伯认为,个人的社会行为是构成更大的社会结构的基本建筑材料。如果说,个人行为主要是合理性问题的话,那么,在社会结构与秩序的层面则是一个合法性的问题。

韦伯认为,任何组织都必须以某种形式的权力作为基础,没有某种形式的权力,任何组织都不能达到自己的目标。人类社会存在三种为社会所接受的权力:超凡权力(来源于别人的崇拜与追随)、传统权力(传统惯例或世袭得来)、法定权力(法律规定的权力)。

(1) 超凡权力。

韦伯认为与这类权力相对应的是"神秘化"的组织。在这种组织形态中行使权力的方式是基于领袖人物的个人人格。这些领袖人物具有"超凡魅力"的特征。借助于这一特征,领袖成为超凡的并且被赋予超自然的、超人的权力的人,像先知、救世主、政治领袖就属于这类神秘化的人物。"神秘化"的组织大多由领袖和他的一批弟子组成,典型的这类组织是以宗教的或政治的形式出现的。由于这类组织只是靠个别领导的权威或其人格来维系的,对领袖的命令,组织成员只能坚决地服从,因而这种组织的基础是对某个人特殊的、超凡的神圣性、英雄行为或典范品格的崇拜以及对这类人的启示或发布的命令的信仰。在超凡权力的范围内,人们之所以服从,是因为对某些有超凡资格的人以及他的品质的信任。这种服从是一种对超凡能力的信仰问题。

韦伯认为超凡权力的合法性,完全依靠对于领袖人物的信仰,他必须以不断的奇迹和英雄之举赢得追随者,超凡权力过于带有感情色彩并且是非理性的,这种组织的基础并不是稳固的。领袖在世时或一旦去世,组织内部都会因为争夺接班人位置而发生分裂。即使领袖生前就指派了接班人,这个继承人也不一定就能被组织中的其他成员所完全接受。这种权力的基础不是依据规章制度,而是依据神秘的启示。所以,超凡权力的形式不宜作为行政组织体系的基础。

(2)传统权力。

韦伯认为与传统权力对应的组织形式是"传统的"组织。在这种组织中,命令和权威的基础是先例和惯例,或者说成员的服从是坚信古老传统的神圣不可侵犯,以及对根据这些传统行使权力者的不可怀疑性。在传统权力的范围内,从前发生过的东西就被看做是神圣不可侵犯的东西,并由此确定了各种团体的权利和期望。在这类组织中,习惯成了伟大的仲裁者;人们对领袖之所以服从是因为发布命令的人占据着神圣不可侵犯的职位。这种服从所依赖的是一种在习惯性义务范围内对个人的忠诚。在"传统的"组织中,存在着两种制度:一种是世袭制;另一种是封建制。在前者那里,官员只是领袖的个人奴仆,并因其忠诚而从领袖那里领到报酬;而在后者那里,官员则有自己的收入,他们对领袖保持着一种传统上的忠诚关系,从而比世袭制下的官员具有较多的自主权。当一个公司实行世袭制时,经理的职位就是后代从其父亲那里获得的基于财产继承权的一种遗产。在挑选和任命公司的管理人员时,公司所优先考虑的不是人们的专业知识,而是血统关系。

对于传统权力,韦伯认为人们对其服从是因为领袖人物占据着传统所支持的权力地位,同时,领袖人物也受着传统的制约。人们对传统权力的服从是在习惯性义务领域内的个人忠诚。领导人的作用似乎只为了维护传统,因而效率较低,不宜作为行政组织体系的基础。

(3)法定权力。

韦伯认为第三种合法性权力是法定权力,与其对应的组织是"合理化—法律化"组织,它是以官僚组织的形式出现的。其基础是正规形式的法律以及对处于掌权地位的人依据法律所发布的命令的信任。在韦伯看来,这种组织是在现代社会中占主导地位的权威制度,并且是一种合理的制度。

韦伯认为,只有法定权力才能作为行政组织体系(官僚组织)的权力基础,其最根本的特征在于它提供了慎重的公正,原因在于:① 管理的连续性使管理活动必须有秩序地进行;② 以"能"为本的择人方式提供了理性基础;③ 领导者的权力并非无限,应受到约束。

韦伯认为以法定权力为基础的官僚组织的合理性表现在:它犹如一台精心设计的机器,在执行每一项功能时,机器上的每一项零件都会发挥出最大的功能。这一组织又具有法制性,因为组织中存在一系列的规则和程序,在组织中担任一定职务的成员则必须依据相应的规则和程序来行使其职责。在法定权力的范围内,人们之所以服从命令,所依据的正是依法制定的非人格化的规章。这种服从是忍受约束的问题。

5.3.2.2 韦伯的理想行政组织体系(官僚制)

有了适合于行政组织体系的权力基础,韦伯勾画出了理想的行政组织体系(官僚制)的特征。韦伯所倡导的行政组织(官僚制)理论的核心是组织活动要通过职务或职位而不是通过个人或世袭地位来管理。他也认识到个人魅力对领导作用的重要性。他所讲的"理想的",不是指最合乎需要,而是指现代社会最有效和合理的组织形式。之所以"官僚制"是"理想的"组织模式,主要是因为它具有以下几个特征:

(1)这种组织是一个按规则或程序来行使正式职能的持续性组织。组织中的人员应有固有的和正式的职责并依法行使职权。组织应根据合法程序制定一套完整的法规制度,并靠着这套法规制度组织与规范成员的行为,以期有效地追求与达到组织的目标。

(2)建立自上而下的等级系统。组织内的各个职位按照等级原则进行法定安排,形成自上而下的等级系统。人与工作的关系、成员间的关系只有对事的关系而无对人的关系。

(3)专业分工与技术训练。对成员进行合理分工并明确每人的工作范围及权责,然后通过技术培训来提高工作效率。

(4)成员的选用与保障。每一职位根据其资格限制(资历或学历),按自由契约原则,经公开考试合格予以使用,务求人尽其才。

(5)成员的薪酬与升迁。按职位支付薪金,并建立奖惩与升迁制度,使成员安心工作,培养其事业心。

(6)组织中人员之间的关系。组织中人员之间的关系完全以理性准则为指导,并且只是职位关系而不受个人情感的影响。这种公正不倚的态度,不仅适用于组织内部,而且适用于组织与外界的关系。

韦伯认为,凡具有上述六项特征的官僚制组织可使组织表现出高度的理性化,其成员的工作行为也能达到预期的效果,组织目标也能顺利地完成。韦伯对理想的官僚组织模式的描绘,为行政组织指明了一条制度化的组织准则。

韦伯认为,这种高度结构的、正规的、非人格化的理想行政组织体系(官僚组织)是人们进行强制控制的合理手段,一方面有规则使行政人员自己的行为受其制约,另一方面他们有责任监督其他成员服从于这些规则。因此,这种行政组织体系是达到目标、提高效率的最有效形式。这种组织形式在精确性、稳定性、纪律性和可靠性方面都优于其他组织形式,能适用于各种管理工作及当时日益增多的各种大型组织,如教会、国家机构、军队、政党、经济企业和各种团体。

在人们的习惯上,官僚主义与低效率是同义语。它强调的是烦琐的办事程序、拖拉的工作作风,以及泛滥成灾的各种公文和会议记录。但是,韦伯所讲的官僚制度却具有完全不同的含义。韦伯认为,从纯技术的观点来看,官僚制度能为组织带来高效率。他根据经验表明,从纯技术的观点来看,纯粹的官僚制形式的行政组织是能够实现最高效率的。从这一意义上可以说实行强制性官僚制是已知的最合理的手段。它在精确性、稳定性、纪律的严格性和可靠性方面都优于其他任何组织形式。

韦伯指出:在纯粹的官僚制度中,"精确性、工作的速度、任务的明确性、对文件的熟悉程度、活动的连续性、权限的划分、指挥的统一、严格的上下级关系、对人员摩擦的控制,以及在物质和人员方面的成本的减少"等等都达到了最佳的状态。若用机器来比较不同类型组织之间的差别,官僚制度才像现代的机器生产,而其他组织则只能属于非机械化的生产。

官僚制的优势的一个主要源泉是技术知识的运用。官僚制的管理从根本上说是在实际操作中以运用技术知识为基础的。官僚组织总是利用自身的优势或利用其掌权者依靠的知识来进一步增强权力的。官僚组织正是利用如同手工劳动中工艺技术的"秘密"一样以其掌握的知识来争夺权力。

官僚制度之所以会给组织带来高效率,关键在于其组织形式。在官僚制组织中,组织所采取的手段能最有效地实现既定的目标,领导人一时产生的错误想法或已经不再适用的传统程序,都不大可能危害组织的发展。因为在这样的组织中有一大批官员,其中每个人的权威与责任都有明确的规定,这些官员的职位按等级制的原则依次排列组织内部还有一整套规则与程序,它们已足以能处理一切可能发生的事情。

同时,韦伯指出,在官僚制组织中,有专门妥善保存一切记录和文件的"档案员",一切都能随时加以核对、检查。此外,在官僚制组织中,公事与私事之间具有明确的界限。官僚制组织发展的一个重要标志是专业人员的不断增加。这些也保证了此类型组织的高效率。

官僚组织产生高效率的另一个原因是:这种组织能对自身加以协调与控制。在官僚制度下,合理化的组织遵循的是等级制和一系列规则,从而保证了对组织成员的控制,使组织活动具有非人格化的特征。在官僚组织内部有大批专家,他们拥有专门知识,再加上充分利用档案,组织就有可能对未来的事件进行可靠的预测,"通过组织历来采用的手段进行愈益精确的计算,组织能稳稳当当地实现明确规定而又切实可行的目标"。

5.3.3 对韦伯行政组织理论(官僚制)的评价

韦伯的行政组织理论,对泰勒、法约尔的理论是一种补充,对后来的管理学家们,尤其是组织理论学家们则有很大的影响,因而,他被称为"组织理论之父"。

韦伯的组织理论的创新之处在于他忽略了对官僚制效率的争论,而是把目光投向其准确性、连续性、纪律性、严整性与可靠性。韦伯这种强调规则、强调能力、强调知识的行政组织理论为社会发展提供了一种高效率、合乎理性的管理体制。现在普遍采用的高、中、低三层次的管理就是源于他的理论。

韦伯的组织理论明确而系统地指出理想的行政组织(官僚制)应以合理合法权力为基础,这样才能有效地维系组织的连续和目标的达成。这种强调以合法权力为基础,而非超凡权力或传统权力为基础,对现代组织仍有现实意义。

行政组织化是人类社会不可避免的进程,韦伯的理想行政组织体系自出现以来得到了广泛的应用,它已经成为各类社会组织的主要形式。韦伯的行政组织理论虽然不是管理思想的全新开创,只是社会实践的理论总结。但是,我们在重温韦伯行政组织理论之时,不是为了赞美他在历史上的重大贡献,而是认同其思想对现代组织行为的现实指导意义。

到今天,"官僚"一词已从技术意义上的"行政组织"(中性)演变成"效率低下"的代名词(贬义)。然而,现今社会行政组织的过分低效,并不是"官僚制"本身的错误,而是由于官僚行政组织内部机制障碍所致。

长期以来,我国政府和企业机构臃肿、效率低下,对照一下韦伯关于理想的官僚组织的六项特征,也许它们可以作为政府机构改革和企业内部重整的准则。同时,韦伯关于组织中三种合法权力的精辟分析,犹如茫茫大海上的灯塔。随着社会的发展,组织中法定权力的重要性和科学性日益凸显。中国几千年的历史,在各类组织中基本都是传统权力和超凡权力远远比法定权力更有影响力。当前我国提出建设法治国家的目标,其关键就是要确定法定权力在国家行政组织体系中的基础及决定地位。改革开放以来,国内许多企业取得了长足的发展,涌现了一批知名企业和企业家。然而在许多企业中,维系企业权力基础的却是企业最高领导人个人的超凡权力。他们或因卓越的远识、杰出的才能、非凡的人格魅力,或因"时势造英雄"而成为企业的绝对主宰和精神领袖,并且企业还在乐于渲染个人权威、塑造个人英雄。"一人身系天下安危"这种脆弱的权力体系将直接影响企业长远、稳定的持续发展。在企业领导人决策失误或其之后的时代,企业不可避免地将陷入动荡的局面,企业的发展也难以预测。因此,逐步向现代企业制度转化,建立以法定权力为基础的企业组织内部权力体系,才是企业长久稳定发展的保证。企业的持续发展,决不仅仅依赖于其英雄人物的"超凡卓识",在更大程度上应依赖于其"顺其自然"的原则体系——公正地识人、用人和育人的体系。

当然,韦伯所倡导的行政组织理论也有其不足之处。韦伯的行政组织体系仍与现实的实际问题有一定的距离。同时,组织原则过于笼统抽象,在管理实践中有时缺乏操作性;假设组织中的人是"经济人",却忽略了对"人性"的深入研究等。同时,韦伯的行政组织理论强调人在工作中只有对事的关系而没有对人的关系,这也忽视了人在管理中的主观能动性和情感偏好性等因素,而在实际管理中,这些关于人的因素是不容忽视的。

5.4 其他古典组织理论

5.4.1 古尔德纳对官僚制度的研究

阿尔文·古尔德纳(Alvin W. Gouldner)是美华盛顿大学的社会学教授。他曾在"美国犹太人委员会"和"社会科学研究会"中从事社会问题的研究。他最初研究的课题是关于工业组织方面的。另外,古尔德纳还担任过新泽西州美孚石油公司的顾问。

古尔德纳试图将韦伯的官僚制度运用到对现代工业组织的研究中去。在研究官僚组织时,古尔德纳发现,韦伯忽视了一个问题,即一旦组织成员拒绝服从上级的命令,也就是组织成员同组织发生抵触时,组织的权威就会受到破坏。

古尔德纳以美国一个石膏矿为例说明这一问题。这个矿的工人纪律松弛,管理部门也很少检查工人对纪律的遵守与执行情况,工人虽对公司抱有友善的态度,但经营效果并不好。新经理来到以后,认真检查规章制度的执行情况,结果加剧了工人与矿方的矛盾,甚至发生了罢工。由此,古尔德纳得出了官僚组织的三种行为方式:虚幻式的、代表式的、以惩罚为主式的。

在"虚幻式"的行为模式下,组织的规则是由某些外部的机关强加给组织的。比如,保险公司制定的关于在工作场所禁止吸烟的规定。在这种情况下,组织中的管理者或成员都没有参与规章的制定,也没有人认为这些规章是与自己的愿望相一致的,因而他们也就理所当然地不会将那些规章视为是合法的。除非制定规章的组织或人员在场,否则组织中的上级与下级都会以违犯外来的规章来抬高自己。而组织向其上一级领导的报告也纯粹是官样文章,组织的实际情况与官方的要求相差甚远,人人都在装模作样。但在"虚幻式"的行为模式下,组织内部的士气可能会很高,因为组织上上下下都进行着"真正的假公济私"。

在"代表式"的行为模式下,规则是由专家制定的,这些专家的权威则为组织的所有成员所接受。由于组织的规则与组织成员的愿望相一致,因此,整个组织无论是领导还是成员都会遵守规章。此外,组织还会给那些遵守规章者以一定的地位。像工厂中关于安全的规章,管理人员希望提高质量,而工人则更多地关心自身安全。就这一点来说,工人与组织会发生某些矛盾,但并不可能造成公开的冲突。在这种情况下,组织的权威不是靠个人所处的地位,而是靠组织成员所接受的知识与技能。

在"以惩罚为主式"的行为模式下,规则的制定主要为了解决来自管理部门或工人方面的压力,并要对某些不同意见进行限制。例如,管理人员为了对生产实行更为严格的控制,采用了上下班打卡和罚款等强制性手段。这时组织强调的就是韦伯的等级制。但是,古尔德纳认为这会在组织内部引发权力之争。此时组织中的下级团结起来,把另一些规定强加给管理部门。比如,工会会提出限制工作量、禁止加班加点等要求。组织中的某一级及其下级都会因为害怕惩罚而遵守规章,上、下级之间时刻互相监督。

古尔德纳认为,在上述的三种行为模式中,应用最广的是"以惩罚为主式"的行为模式,因为它强调的是利用普通的和非人格化的规则,而不是过分地强调权威人士的个人权力,从而减少了组织内部人与人之间的冲突,保证组织的高效率。但是,这种"以惩罚为主式"的行为模式也存在着问题。惩罚必须同严密的监督相结合,但在进行监督时,组织成员之间的权力上的差异就会显现出来,从而表现出不平等。比如,上级监督下级是易行的,而下级要监督上级就不那么容易。有时,靠正式组织去监督效果不大,相反非正式组织的作用却较大,但在监督问题上,又会因此而产生正式组织与非正式组织之间的矛盾。

古尔德纳比较重视官僚制组织的平衡问题。他认为组织的平衡中存在一种二律背反。当组织的高层加强控制,组织群体内部出现紧张关系时,必须依靠非人格化的规则来调整实现平衡。但这类规则的实施又降低了群体内部权力关系的可见度,从而影响管理职位的合法性。

为了保持组织的上述平衡状态,在官僚组织的运行中,上层领导总是要不断强化工作规则。然而工作规则会提供给权力范围以外的组织成员一定的线索,使他们获得关于可接受行为的最低界限的知识,从而将行为抑制到最低限度。因而,组织的功效也就必定是低的,这就必然造成组织成就与组织目标之间的不一致。

当官僚组织的上层领导一旦发现功效降低时,他们就会加强监督,增加组织内部权力关系的可见度,提高群体中的紧张程度。这样一来,最初的以制定工作规则为基础的平衡又被破坏了。因此,对于官僚组织来说,其运行只能处在这种不平衡—平衡—不平衡的循环之中。

古尔德纳的理论可以通化简化的组织图来表示(见图 5-3)。

5.4.2　默顿的官僚组织结构理论

默顿(Merton)是美国著名社会学家、结构—功能学派的创始人。1940 年,他对功能失调的组织进行了研究,指出官僚制虽具有高效率的特点,但其功能失调后,必然产生严重后果。官僚制减弱个人关系、增强规则内在化以及减少备择方案的数目,这三者结合起来,使组织成员的行为具有高度的可预见性,也使他们的行为日益刻板化。

韦伯的官僚制在实际运行中会产生出对其结果无法预见的问题。作为新官僚制理论的代表者,默顿注意的重点是如何对组织成员在行政管理中发生的"无法预见"的反应作出控制。他认为组织内的成员常常会将在某一情境中是适合的反应不自觉地运用到相类似的另

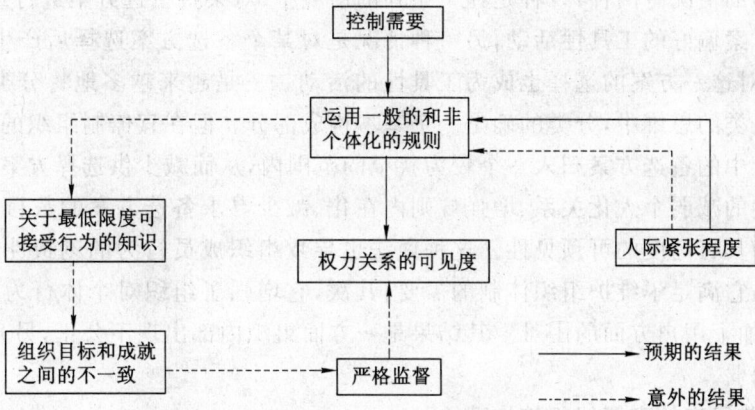

图 5-3　简单的古尔德纳模型

一情境中去,并由此产生组织所无法预见的、不满意的结果。默顿将这种"反应样式"称为"个性"。

　　默顿认为一种组织必须强调内部行为的可靠性,即可说明性、可预见性。要达到这一目的,就必须对这种"个性"加以控制。只有通过加强高层等级对组织成员行为的控制,组织才可能具有较大的可靠性。这种控制主要是通过制定出标准的操作程序并对操作过程进行检查来实现的。

　　默顿的理论可以通过简化的组织图来表示(见图 5-4)。

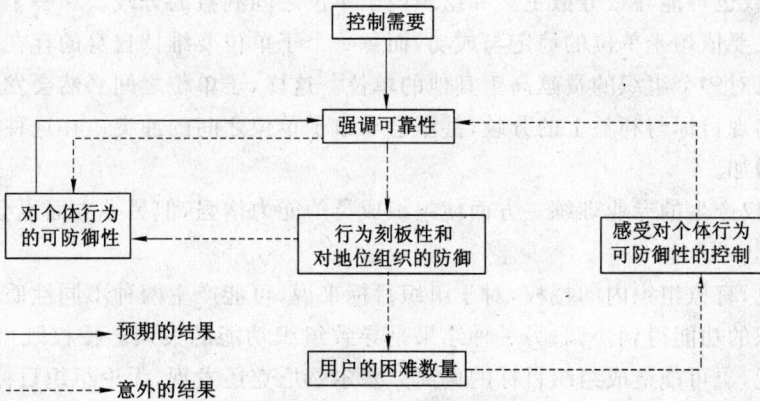

图 5-4　简单的默顿模型

　　默顿认为通过加强对组织成员"个性"的控制来实现组织行为可靠性的做法会产生三方面的结果:一是个人化关系数量减少。官僚制是一组职务或一组角色之间的关系,官员不是作为或多或少独特的个人,而是作为有明确权利和职责的职位代表对组织中的其他成员起作用的。组织内的竞争发生在一个严格规定的范围内,评价和晋升相对来说不依赖于个人成就。二是参与者对组织规则的内在化日益增强。组织为了实施自己制订的规则,最初设定了一些与组织目标无关或关系不大的价值观。但在后来的实践中,却发生了"目标位移"。

产生目标位移的情况有两种：一种是在一系列的情境中，对某些备选方案进行重复选择从而产生对某个方案偏好的工具性活动；另一种情况是对某个备选方案选择后产生了始料不及的结果，从而对这一方案的选择也成为工具性的活动。三是越来越多地将分类作为一种决策技术。在人类的思维中，分类的确是一个基本构成部分。但在官僚制组织的运行中，分类指的是将决策中的备选方案归入一个较为狭窄的范围内，从而减少供选择方案的数目。

通过上述的减弱个人化关系、增强规则内在化、减少寻求备选方案的数目等途径，使组织成员的行为具有高度的可预见性。这种做法也导致组织成员行为的刻板性，这会造成如下后果：首先，它满足了维护组织体制的需要；其次，它增强了组织对个体行为的防御性；第三，进一步增加了用户方面的困难。其结果是一方面组织内部出现不公正，另一方面组织的服务功能被削弱。

5.4.3 塞尔兹尼克的官僚组织结构理论

如果说默顿关心的是如何通过规则加强对官僚组织的控制的话，那么，塞尔兹尼克（Selznick）则与之相反，他关心的是组织中权力的授予问题。塞尔兹尼克在韦伯学说的基础上，提出了自己的官僚结构模型。在默顿的官僚结构模型中，需求的控制是重点；而在塞尔兹尼克的官僚结构模型中，重点却变成了权力的授予。

按照塞尔兹尼克的官僚组织结构理论，从组织的高层到基层，应实行较多的授权。授权会产生一系列的结果。首先，授权必然增加专业能力训练的数量。通过授权，管理者可以将注意力集中在相对少量的问题上，从而使有限范围内的经验得到丰富，并可以提高雇员处理本职范围内问题的能力。由于上述的作用，授权可以削弱组织目标与组织成员之间的差别，其结果是刺激组织进一步的授权。

其次，授权也可能导致分散主义和组织内子单位之间利益的分歧。在一个官僚组织中，许多人的发展要依赖于单位的稳定与成功，而每一个子单位要维持自身的存在并得到发展，就必须使自己对整个组织的贡献高于其他的单位。这样，子单位之间必然会发生利益纷争，使整个组织出现目标与利益上的分歧，甚至会导致子单位之间的冲突。在这种情况下，又会导致授权的增加。

第三，授权产生的专业训练一方面使组织成员的能力增强，但另一方面也会增加人事变动的费用。

由此可见，官僚组织内的授权，对于组织目标来说，可能产生两种不同性质的结果：一种结果是使组织的功能得到协调；另一种结果是导致组织功能的失调。授权既可能有利于组织目标的实现，也可能造成组织目标的偏离。塞尔兹尼克还发现，无论组织目标得到实现与否，都会引起组织内授权的增加。

塞尔兹尼克提出了一个模型（见图 5-5）他认为可以通过两个限制功能失调的"抑制因素"，即"参与者对组织目标的内在化"和"组织目标的业务有效性"的作用，控制日常决策对组织目标偏离的倾向。

人类对科层制的研究最早至少可以追溯到莫斯卡（G. Mosca），他在其著作《统治阶级》中指出，在所有的社会中，据有公共权力的人即政府总是少数。他将政府分为两种形态：一是封建的，一是官僚的。在官僚制的国家中，经济、司法、行政、军事等功能都有严格的划分，互不从属，备有专司。莫斯卡认为，公务人员即官僚不再是权威的附属物，它有可能发展成为"官僚专制主义"。因此，"代议制度"必须对官僚制实行制约。虽然莫斯卡并未对官僚制

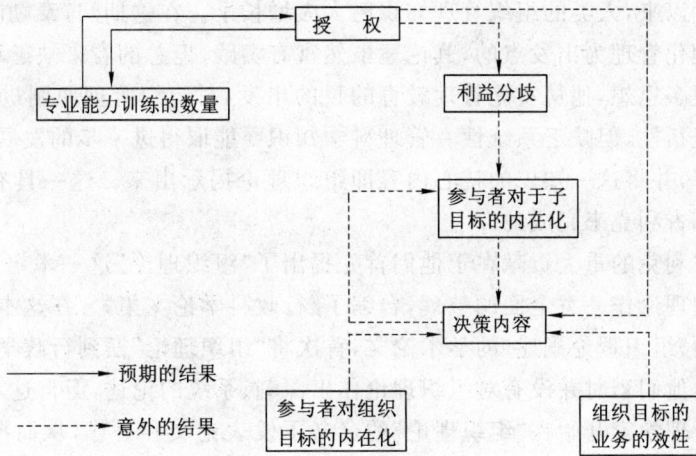

图 5-5 简单的塞尔兹尼克模型

作出明确的界定,但是,他的分析依然震动了当时西方的社会科学界,因为他将行政中的"文官体系"从政治体系中分离出来。

在莫斯卡之后对官僚制进行了进一步论述的是罗伯特·米歇尔斯(Robert Michels)。他认为,在现代国家中官僚制是必要的。但是他又指出,对官僚制的分析不应局限于国家,应当从组织的角度研究这种制度。米歇尔斯以政治组织为例进行分析。他认为政党的领袖雇用专任人员,帮助处理各种专业事务,这些人就是以管理层级组织起来的。这批专家与一般人员不同,成为专业化的领导层,他们的工资来自政党的收入,因而他们不会采取危害政党的措施。发展到最后,维护这专业化组织的存在与强大就成为目的。因此,米歇尔斯得出了一个著名的论断:"谈论组织,就是谈论寡头统治。"米歇尔斯对官僚制的研究的贡献在于,他将科层制与组织结合起来。

韦伯在莫斯卡和米歇尔斯的基础上提出了理想型的科层制。他研究与分析的出发点是合理的个人行为,他将个人对工作道德的遵守与服从完全作了理想化的夸大。因此,他没有更多地去考虑在科层制的严格控制下会发生哪些其他方面的问题。在韦伯生活的时代和国度中,人们可能较多地习惯于献身于工作,这种制度只能在不谈论经济原则和人的情感的条件下才能存在与发展。事实上,官僚制这种组织形态的存在是以牺牲人们的自由、有意义的私人关系、表达自身的情感和全面发展为代价的。一个完全根据科层制组织起来的世界肯定是一个感情上极端冷漠的世界。在这一点上,韦伯与泰勒是一致的。

5.4.4 厄威克和古利克的组织设计理论

林德尔·厄威克(Lyndall Urwick)和卢瑟·古利克(Luther Gulick)是古典组织理论和古典管理理论的汇集者。厄威克提出的组织设计的八条原则和古利克总结的组织管理的七项职能,迄今为止,仍然在管理界被广泛使用。

这两位管理学家之所以一直被后人所称道,并不在于他们为组织与管理理论增添了什么,而在于他们首次提出了"组织理论"这一学科名称。自此以后,人们就在这一名称之下进行研究和著述,并终于使"组织理论"这门学科建立和发展起来。

到 20 世纪 30 年代末,组织管理已成为人们广泛关注的一门学问。从 1911 年泰勒的科学管理著作问世以来,人类的组织管理知识已大大增长了。在这期间,泰勒的组织理论主要是以工厂的合理化管理为出发点的,其论述虽然富有实践,但总的看来缺乏科学性。法约尔吸取了泰勒的很多思想,他从实施管理教育的目的出发,对组织管理原则进行了总结,其论述只有很强的概括性,但缺乏系统性。管理科学知识要能取得进一步的发展,就需要把已有的知识加以整理,并将这一知识的核心内容即组织理论揭示出来。这一具有重大意义的工作是由厄威克和古利克来完成的。

厄威克和古利克的重大贡献在于他们首先提出了"组织理论"这一术语。1937 年. 他们为了对古典管理理论作一番全面的整理,合编了《行政科学论文集》。在这本论文集中,他们发表了一篇题为《组织理论概述》的学术论文,首次将"组织理论"摆到行政学、管理学的重要位置上来。虽然他们当时并没有对组织理论作出深刻、系统的论述,但自这本论文集问世以后,行政学家、管理学家开始在"组织理论"的名义下发表论文和著作,从而推动了这一独立学科的形成与发展。

林维克·厄威克生于 1891 年,他曾在英国牛津大学攻读过历史。第一次和第二次世界大战期间,他都在英国的军队和政府中服务过,最高军衔是中校。1920~1928 年间,厄威克担任过英国有名的朗特里公司的组织秘书。1928~1933 年间担任总部设在日内瓦的国际管理科学协会的首任会长。1951 年以前,他一直在伦敦领导着一家非常著名的管理咨询公司。此后,他专心致力于管理方面的教学工作和著述。

厄威克从事组织理论方面的著述年限很长,其主要贡献在于将古典管理理论系统化。他对组织结构进行了研究,提出了他认为可以适用于所有组织的八条原则:目标原则、相符原则、职责原则、等级系列原则、控制幅度原则、专业化原则、协调原则、明确性原则。

厄威克的主要著作有:《动态的管理》(1941)、《管理备要》(1956)、《行政的要素》(1947)、《科学管理的形成》(1945~1950)。

卢瑟·古利克曾经担任过罗斯福总统执政时期的行政管理委员会委员,由于他具有在联邦政府工作的经验,从而对政府的行政组织的性质、结构及其运行有深刻的了解。1937 年,古利克与厄威克合作,编辑了《行政科学论文集》。在谈到"科学价值与行政"问题时,他使用了"POSDCORB"来说明行政。

厄威克认为,组织原理是"研究分割是在实现目的的各种活动和职务,并落实到每个人,再对每个人的活动进行调节和控制的方法"。组织设计理论有三个主要内容:一是实践论,二是技术论,三是管理机构论。

对于组织设计理论来说,组织"是规定各个成员应该履行的职责和成员之间相互关系的,其目的是最有成效地促进从事经营的各个成员协调地进行活动";"组织就是规定成员的职务和职务相互间的关系";组织是进行管理的有效手段,是管理的一部分,是为管理服务的。

组织形态是通过规定某种权限关系使组织形成一定体系的方式。组织形态分为军队组织、职能组织、线性组织和参谋组织。与线性组织和参谋组织相对应的是线性部门和参谋部门。线性部门是直接实现经营目的的生产部门和营业部门。参谋部门包括由服务职能的分化而形成的经理部、人事部等服务参谋部门以及因计划、控制等管理职能的分化而形成的管理参谋部门。参谋部门只有向前者出主意、提建议和提供服务的权限,并以此来谋求职能部门的管理职能专门化原则和军队式组织的命令统一原则保持协调这样一种组织形态。

　　在管理范围扩大的社会中,参谋组织也相应地扩大。这是因为,企业的规模在增大,管理职能日益专门化,经营越来越科学化,只有通过参谋的活动,才能促进管理技术和生产技术的进步,经营才能科学化。

　　厄威克等人讨论了线性组织与参谋组织的关系。

　　一种观点认为,线性组织与参谋组织是两种不同种类的部门。这种观点以霍尔登为代表。这批学者将参谋部门划分为:① 旨在实行控制的控制参谋——成本管理、预算控制、监督、生产管理、人事管理;② 旨在提供服务的服务参谋——调查、采购、运输、设施、税务、统计;③ 旨在进行调节的调节参谋——生产计划部、产品部;④ 旨在提供咨询的咨询参谋——广告宣传部、劳资关系部、法务部。

　　上述将线性组织与参谋组织作上述划分并不是十分科学的。首先,参谋部门的分类已经表明,不同的参谋部门的权限是不同的,而这样的划分使参谋部门的性质变得不清楚了;其次,它只将参谋部门的作用限制在对线性部门的促进上,而事实上作业部门和参谋部门的职能在不少地方是交叉的,这就容易引起混淆;第三,认为线性组织、参谋组织一定要与相应的部门对应起来,这必然造成理论上的混乱,如人事部门主要是向最高一级领导就人事政策和人事计划提供咨询,因而,人事部应当属于参谋组织,但是在人事部内部,也存在上下级关系,也属于线性关系。

　　另一种观点是职能分化论。这种观点认为线性组织和参谋组织只不过是经营组织中具有不同职能的形态而已。坚持这种观点的是戴维斯,他认为任何企业都有自身的有机职能,即以经营活动作为目的,正是从这种有机职能中分化出线性组织和参谋组织。最初是有机职能,当职能化导致管理专门化后,一方面产生出线性职能(经营职能、业务管理职能、第一次作业职能),另一方面产生出参谋职能(专门参谋:计划方面;调节参谋:控制方面)。

　　第三种观点是权限关系论。其代表人物是厄威克和孔茨。他们认为任何一个组织都具有三种权限:① 线性权限;② 参谋权限;③ 职能权限。线性权限即线性关系,专指上下级阶层的权限关系,即指挥命令的权限;参谋权限专指参谋关系,即单纯的建议权限;职能权限是指一个管理人员在特定的职能范围内对其他部门关于业务活动的程序和方针的决定所具有的权限。本来这应当是线性管理人员的权限,但有时由于需要利用专门知识、统一方针,因此,参谋机构也必须具有这方面的权限。

　　厄威克和古利克一直致力于收集和整理前人留下的组织思想,他们试图构造出一个完美的组织原则体系。大量的研究使他们确信,合理的结构对于士气和效率来说,远比组织成员的个性重要得多。因此,他们特别重视组织结构的研究,并提出了组织结构的十大原则。法约尔最早提出了目标、专业、协调、权威、职责等五个原则,厄威克与古利克作了补充与发展。

　　一是目的原则。不管何种组织,它都必然具有某种目的,而组织结构则必须同其目的相符合。

　　二是专业化即分工原则。组织中的每一个成员都必须承担某种专门性的工作,履行专门性职能。这种专业化的发展必然引来三种正式联系:行业上的联系、功能上的联系和人员的联系。但古利克认为,组织内的分工并不是无限制的,它至少受到三个方面的制约:一是受人的全部时间所能容纳的工作量的制约,二是受给定的时间与空间中的技术与传统的制约,三是任何细致的分工不能超过人的机体的结构。

三是协调原则。设计和建立的组织结构必须便于组织内部以及外部的协调,有利于组织的统一。古利克对组织的协调问题十分重视,认为在组织中必须处理好全局与局部、整体与部分的关系。"当一个人单独去建造一座房子时,他的计划就是他的工作。他决定什么先做,什么后做,这就是'工作的协调'。当许多人一起建造一座房子时,专门的协调工作是万万不可忽视了。"古利克指出,协调必须通过组织。"组织作为一种协调的手段,它要求建立权威体系,通过将每一种专业化的作用联合起来,把共同目标转变为现实。"他将协调工作具体地分成四个步骤:第一步是要限定必须做的工作,比如以最少的成本将水分给居民和工厂;第二步是证明工作的目标已经被认识了;第三步是依据工作的范围、技术状况和给定时期的社会发展情况,来决定参与工作分工的专业化单位的性质与数量;第四步是在专业分工的基础上建立和完善权威机构。

四是权限原则。在任何一个组织中,都必须产生出一个拥有最高权限的人,并形成从最高权威到每个成员的界限分明的权限系统。组织中每个成员的职责要有明确的界线,职责要求应以书面的形式确定下来,以便使每个人都了解自己的职责并承认这一职责。同时,权力应与责任相符,具有一定的权力就意味着必须承担一定的责任。

五是统属原则。在组织内部形成明确的上统下属的机制,令行禁止。古利克指出:从很早的时代起,人们就认识到再没有什么比双重的命令更能引起混乱的了。一个人不能为两个主人服务,已作为日常生活中人们相互关系的准则被接受下来。在行政管理中,它以命令统一的原则为人们所熟知。

六是职责原则。组织内部各个职位的职务、内容、责任、权限以及同其他职位之间在权限方面的关联,都必须明文加以规定。

七是统一原则。处于同一职级的职位,其责任、权限必须是同等的。

八是幅度原则。一个上级直接控制的幅度一般以不超过 5 个部属为宜;一个主管人员的联系面也不能太宽,一般以 6 个为界。

九是平衡原则。任何一个组织的结构之间必须保持平衡。

十是继续性原则。组织结构是可以改变的,组织的生产与再生产过程就是组织的变革过程。

厄威克和古利克通过对各种组织的分析,提出了构成组织的七大要素(POSDCORB)。厄威克指出:"主要的机构必须组织起来。"在进行这一工作以前,我们必须对组织有一个清晰的图像。这一图像能使我们直接地面对这些问题:行政主管的工作是什么? 他应该干什么? 答案就是 POSDCORB。

P 指规划(planning)。任何组织,其运行都须事先作出周密的规划和制定详尽可行的计划,否则会陷入头痛医头、脚痛医脚的消极应付的境地。

O 指组织活动(organizing)。组织的重要职能是将相同的工作岗位归为一个职位,将相关的职位结合为一个单位,将相关的单位构成一个部门,如此层层归并,最终形成完整的组织形态。

S 指人事管理活动(staffing)。任何组织都要进行人事方面的管理,其中包括对人员的选择、使用、培训。

D 指指挥活动(directing)。组织的任务在于建立统一的指挥系统,确立各个层级之间的权限关系,明确各个成员的职责。

CO 指协调活动（coordinating）。组织必须对其内部的上下层级之间、平行层级之间的关系进行沟通和协调。

R 指报告（reporting）。组织必须对其工作的成果加以记载、分析、研究、审查、评估，并形成文字报告。

B 指预算活动（budgeting）。组织要对其活动的费用进行事先的计划，这就要求对预算加以编制、运用和审计。

尽管有上述众多原则，但是古利克认为："原则并不是随意的。原则是科学的一部分。当对原则建立起充分的设定时，人们相信它是自明的真理。只有这样行政管理才能成为科学的组成部分，就像几何学成为数学的一部分一样。"

上述的各种组织因素在不同的组织中所占的比重是不一样的，依据组织中何种因素占主导地位，可以对组织加以分类。古利克以行政组织为例，将组织分为四类：

一是目标组织。这类组织设计与建立的重点是服务于一定的、非常明确的目标，如教育局、环保局、交通局等。

二是程序组织。这类组织的重点是对工作中的某些程序加以管理，专门处理某些环节上的具体业务，而并无确定的目标，如预算单位、总务单位、审计单位等。

三是管理人、物的组织。这类组织的功能主要是对人或物加以管理。细分也可以划为两小类：其服务对象主要是以人为主的管理人的组织；其服务对象主要是以管理物品为主的管理物的组织。

四是地区组织。主要是以具体组织这一实体所在的地理位置为特征或名称的组织。

厄威克与古利克对科学管理时期的组织研究进行了总结，提出了"组织理论"这一范畴。他们对组织的因素、组织的类型、组织的结构原则作了系统论述。特别重要的是，他们对组织设计问题进行了探讨。与他们同时代的福莱特，则强调了组织中人的心理因素，从而为组织理论中人际关系学派的出现做了准备。

5.4.5 福莱特的组织动态管理理论

最先提出组织动态管理学说的是玛丽·派克·福莱特（Mary Farker Follett，1865～1933）。她出生于美国波士顿，先后就读于塞耶学院和哈佛大学。她既不是工程师，也不是管理专家，而是一位研究政治、历史和哲学的学者。福莱特在波士顿积极从事社会工作，领导了为年轻人创办夜校和娱乐中心的活动。同时，还帮助建立了一些青年服务社。

在从事社会福利事业的过程中，她亲眼目睹了其家乡波士顿工业界存在的种种弊病，这促使她开始关注工业方面的组织和管理问题。福莱特关于组织和管理的思想大多是通过演讲表达出来的。作为一位学者，她赢得了广泛的尊敬。

福莱特在其生命的最后 5 年中，一直在英格兰从事教学和研究，并发表演讲。后来，她的演讲稿经过厄威克的整理，编成《动态的行政》（1941）。她自己生前完成的著作有：《新国家》（1920）和《创造性的经验》（1924）。

福莱特的动态行政管理理论的重点是研究组织的运行。她认为在组织运行中，有两个问题是最基本的：一是组织想让人做什么，二是如何对人们的工作和学习给予科学的控制和引导。福莱特认为这两个问题都与人际关系中人的基本动机有关。她试图从人的角度来看待组织运行过程中的领导、权力、冲突等因素。

尽管在福莱特从事组织研究的时代，心理学还是一门非常新的学科，但是，她已经将这一学科的知识和方法运用到组织理论的研究中来。她将组织运行的关键看成是个人与组织的协调。在这一协调过程中,组织必须让个人了解其总体目标,从而使组织的总目标成为组织所有成员的共同目标。

福莱特认为要解决组织的协调问题,首先,就要将组织看成是"综合统一体"。在组织这个统一体中,每个人都应最大限度地发挥自己的能力,都应根据自己对需要完成的工作的认识来接受命令,都应对自己应起的作用承担责任。对于同一层次的成员,虽然谁也不能给谁下命令,但双方都应一致服从适应客观形势的命令。作为组织的领导,不应当将权力仅仅看成是控制性的,而应该看成是共有的。他应当将其领导工作看做是努力发挥每一个组织成员能力和作用的工作。用福莱特的话来说,领导者要提高的是组织的权力,而决不是要突出哪个人的权力。

其次,要对现实社会中发生的人与人的冲突进行研究。她指出传统的组织理论将人们之间的冲突看成是无法利用的和有害的。其实冲突是一个过程。分歧发生以后,只要能找到解决的方法,就能以一种建设性的态度达到组织的目的。处理冲突可以有三种方法:一是使一方获胜并由它来支配另一方;二是双方互相顺应和妥协;三是通过寻找共同点,达到相互结合。

第三,福莱特认为组织运行中的协调还与组织中权力的使用有关。传统的组织理论认为,组织的目的只能依靠命令来实现。福莱特却指出,人恰恰是怨恨管制的,越管制就越可能产生相对立的行为方式。因此,她认为权力这种作为使人们改变行为的能力并不是组织实施领导唯一可依赖的东西。在组织中,权威比权力更为重要。权威更多地与个人知识有关,而不是与等级制组织结构中正式委托的权力相关。

福莱特认为在组织运行的协调中一定存在一些原则。她概括为四条:一是能通过直接接触达到协调的原则。这一原则要求在组织中,无论哪一层次的管理人员,都必须相互间以及同职工保持直接的交往。由命令所构成的"纵向"链条和同层级之间的"横向"联系,对于达到组织内部的协调是同等重要的。二是组织内部的协调事先进行的原则。福莱特认为,为了更好地做好协调工作,组织领导应在一项政策或决策形成的过程中,就让组织成员参与其中,而不要等政策发布或决策公布以后出了问题才去进行协调。这种事先进行协调的工作可以提高组织成员的士气和积极性。三是组织内部协调的多因素原则。组织的协调往往涉及多方面的因素,各个因素相互间产生着交互作用。因此,要实现组织内部的协调,就必须考虑在一定情境下各种因素的影响及其变化。四是组织内部协调的过程原则。福莱特指出,在许多组织中流传着一种所谓行为的最终责任的说法,她认为这种说法是不正确的。因为组织协调是一个连续过程,某一项政策或决定只不过是其中的一点。因此,协调工作强调的是共同的责任,是一个过程的责任。

福莱特是第一批人本主义组织理论的倡导者之一。她强调了组织中人的相互关系的心理方面。她改变过去人们运用静态的方法研究组织的做法,使行政学与心理学相结合,注意人们在组织中的相互作用,启发组织领导更多地去关心人。正因为这样,虽然福莱特与厄威克等传统的组织学家联系较为紧密,但她的思想在很多方面已越出了传统的界限。后来一大批研究组织中人际关系的学者如梅奥、切斯特·巴纳德,都把第一个强调人与人的关系和把集体决策作为组织分析重点的荣誉归于她。从这一点来说,福莱特成为古典组织理论研究与行为科学时期的组织理论研究的过渡性环节。

5.5　古典组织管理理论的评价与发展

　　从泰勒、法约尔、韦伯到厄威克、古利克、福莱特，西方的管理专家和学者们对人类社会的管理行为和组织能力进行了卓有成效的研究。这种研究并不是出于这些管理工程师或学者单纯的兴趣，这种研究和探索最根本的也是最强大的推动力是生产的发展和工业的进步。当人类开始学会将技术运用于生产活动并产生大规模合作的需要时，组织就自然而然地形成了。但是，现代大工业所要求的组织性与人类从动物界中提升出来而具有的合群性，在性质上是根本不同的。后者只是一种本能与自然属性，而前者则是人类自觉性和理性的表现。

　　正如作为这一时期管理与组织思想的集大成者厄威克与古利克所认识到的那样，任何组织与管理都是与给定的时间和地点中的活动规模、技术状态以及社会发展的状况相联系的。组织理论的历史发展与人类对科学技术运用的程度的提高、生产的集约化水平的提高是相伴随的。在一个以机械和半自动化劳动为基础的时代，人类身上的机械性和低水平的需求得到充分的体现。因此，与这种组织的生态环境和人的发展程度相一致的只能将人视为"经济人"的古典组织理论。

　　古典组织理论比较多地带有机械性、经验性。无论是泰勒、法约尔、韦伯还是其他的研究者，都是以个人或个体作为分析的基点，他们赋予人两种基本的属性：一是趋利性；二是合理性。前者将人视为是以金钱为目的的存在物，后者将人视为事事计算的存在物。在这样的假设前提下，他们思考着"成功"的管理。

　　泰勒重视经验，他从动作与时间的分解研究着手，将工人组织起来。他的贡献在于把管理职能与作业职能分开来，管理成为专门的职业和一个层次。这样，也就提供了对管理进行专门研究的可能性。但在泰勒那里，组织只是一种能力。

　　法约尔也是一位从事组织管理实践的工程师，他认为组织的管理不只是管理者的事，从组织的最高领导到普通成员都要分担管理职能。法约尔将组织看成是管理的一个环节。他比较多地从组织形态方面研究一般组织理论。法约尔认为组织的外部形态是受其组成人员的数量制约的，组织的内在形态则是由人的因素决定的。他理想中的组织形态结构是命令统一、指挥统一的军队结构。

　　韦伯对组织研究的贡献在于，他运用经验观察与理性假设相结合的方法，提出了科层制是技术社会中大规模组织的最为理想、也最为可行的结构形态。他考察过科层制在德国这样一个较为专制的国家和在美国这样一个较为民主的国家实行的情况。他将组织结构的研究推向科学管理时期的最高水平。

　　厄威克与古利克总结了古典管理理论时代人类对组织管理研究的成果，首先提出了"组织理论"这一概念，从而将组织问题的研究提高到学科的水平。一旦从组织理论的视角再来回顾科学管理时代的管理理论研究，组织就从一般的管理中被提升出来。也只有从这时起，组织才成为一切管理的中心问题。

　　古典组织理论主要以法约尔的组织过程理论、韦伯的行政组织（官僚制）理论为代表，在此基础上，古尔德纳、默顿、塞尔兹尼克等人对于官僚制进行了拓展研究，厄威克和古利克在前人研究基础上对组织理论进行综合并提出组织设计理论，福莱特是第一批人本主义组织理论的倡导者之一，她提出的组织动态管理理论强调了组织中人的心理因素，从而为组织理论中人际关系学派的出现做了准备,成为古典组织理论到后续的行为科学研究和系统组织理论的一个过渡。

从 20 世纪 30 年代末起,在西方的工业生产中,电气化、自动化、通用化日益成为占主导地位的发展趋势。随着科学技术不断地转化为生产力,生产和资本的集中化程度越来越高,企业的规模以及管理社会的各种机构的规模也变得日益庞大。无论是工业企业的组织还是服务于公益目标的组织,它们与外部的联系、自身内部的结构,特别是组织成员之间的关系日趋复杂化。

在新的技术进步和工业的巨大发展面前,传统的组织理论已经显现出落后性。无论是泰勒、韦伯,还是法约尔、厄威克、古利克,他们都把组织成员看作是只有一种需要即经济利益需要的纯理性的存在物。并且,在他们的理论前提中,都包含着人只有通过物质的激励才能努力工作的假设。其实,在任何一个组织中,组织的成员除了有物质需求外还有各种需要,人们除了在组织中结成一定的正式关系外,还会形成非正式的关系。因此,随着社会环境的发展,古典管理理论的局限性日益显露,组织的发展和管理的实践需要理论指导。

古典管理理论只是把人当成是一个"经济的"存在物,而忽略了人还是一个"社会的"存在物,只把人当成是一个理性的存在物,而忽略了人还是一个感性的存在物。20 世纪 30 年代以梅奥的霍桑试验为开端,一批管理学家开始注意从人群关系入手研究个人的和群体的行为。也正是在这一时期,西方社会科学研究中兴起了一股行为主义热潮。组织理论对人群关系、人的行为的研究明显地受到当时在经济学、政治学、社会学、心理学等学科中流行的行为主义的影响,从而带有强烈的行为主义的色彩。

此后,以巴纳德的《经理人员的职能》的出版为代表,组织理论的研究已进入系统理论时期。巴纳德的系统组织理论后来发展成社会合作系统学派。

在 20 世纪 60 年代以后,本尼斯出版了《组织发展与官制体制的命运》,系统地提出了组织发展理论,对组织的内部协调性和外部适应性进行了详细的分析,并对未来组织的发展趋势进行了预测;卡斯特与罗森茨韦克于 1979 年出版了《组织与管理:系统与权变的观念》,将权变的观点引入组织理论的研究中,对组织的环境系统、组织目标、组织与工业技术系统的关系、组织结构与设计、组织计划、组织控制、组织变革等进行了系统的研究,这标志组织理论研究已进入现代科学时期。

20 世界 80 年代,沙因的组织文化理论、路易斯的组织文化渊源理论、斯默西奇的组织共有意义理论从文化的视角对组织理论进行了研究和丰富。

20 世纪 90 年代,彼得·圣吉的《第五项修炼》提出了学习型组织的概念,并对学习型组织的特征、如何构建学习型组织、学习型组织的五项修炼进行了系统的阐述,从而打开了一扇重新看世界的窗口,引发了理论界和实践界的广泛的关注,学习型组织一时间成为理论界和实践界研究和实践的热点,影响深远,甚至被誉为"21 世纪的管理圣经",成为世纪之交组织理论研究中的新的里程碑。

第 6 章　人际关系理论

梅奥通过霍桑试验提出的人际关系管理理论拉开了行为科学研究的序幕。通过长达 9 年多的霍桑试验,梅奥对科学管理时期的泰勒主义提出了批评。他认为在工业发展的野蛮阶段,技术与物质利益起着巨大的作用。但在工业文明时期,人们之间合作的本能会得到发展。组织中的人决不是单纯的"经济人"而是"社会人"。人的合作是要通过组织表现出来的,在组织内部会出现非正式的组织。基于此,梅奥提出了著名的人际管理理论。这是继古典管理理论之后管理学发展的又一个重要阶段,也是现代管理学的一个重要组成部分。

6.1　人际关系理论产生的背景

古典管理理论的杰出代表泰勒、法约尔等人对管理思想和管理理论的发展作出了卓越的贡献,并对管理实践产生了深刻的影响。但是,他们的共同特点是:着重强调管理的科学性、合理性、纪律性,而对于管理中"人"的因素和作用没有给予足够的重视。

以泰勒、法约尔、韦伯为代表的古典管理理论是基于"经济人"假设的,即认为社会是由一群无组织的个人组成的,他们在思想上、行动上争取获得个人利益,追求最大限度的经济收入,是"经济人"。同时,他们认为管理部门面对的是单一的员工个体或个体的简单总和。于是工人被安排去从事固定的、枯燥的和过分简单的工作,工人成了"活机器"。

从 20 世纪 20 年代美国推行科学管理的实践来看,泰勒制在使生产率大幅度提高的同时,也使工人的劳动变得异常紧张、单调和劳累,因而引起了工人的强烈不满,并导致工人的怠工、罢工以及劳资关系日益紧张状况的出现。

在新的技术进步和工业的巨大发展面前,传统的管理理论已经显现出落后性,通过这些理论和方法彻底解决提高劳动生产率的问题越来越难。首先,所谓"精神革命"的设想是不切实际的,因为雇主为了追求最大利润,总是想方设法压低工人工资,而且人也并非纯粹的"经济人",除了金钱,还有精神上的需要。其次,资本主义经历了二三百年的发展,逐渐形成了一套资本主义的民主制度,民主意识日益强烈的人们开始反对独裁、专制,这就使得科学管理理论在实践中遭到工人们的强烈反对。最后,随着科学技术的进步,生产规模不断扩大,有着较高文化水平和技术水平的工人逐渐占据了主导地位,体力劳动也逐渐让位于脑力劳动。这就使得金钱刺激和严格控制失去了原有的激励作用。

一方面是劳资关系的紧张加剧和工人的日益觉醒;另一方面是周期性的经济危机加剧。这些使得西方资产阶级感到再依靠传统的管理理论和方法已不可能有效地控制工人来达到提高生产率和利润的目的。因此,对新的管理思想、管理理论和管理方法的寻求和探索成为必要。一些管理学家和心理学家也意识到社会化大生产的发展需要有与之相适应的新的管理理论。于是,一些学者开始从生理学、心理学、社会学等方面出发研究企业中有关人的一些问题,如人的工作动机、情绪、行为与工作之间的关系等,以及研究如何按照人的心理发展规律去激发其工作的积极性和创造性,于是行为科学应运而生。

梅奥通过霍桑试验提出的人际关系管理理论拉开了行为科学研究的序幕。这是继古典管理理论之后管理科学发展的一个重要阶段,也是现代管理学的一个重要组成部分。

行为科学研究基本上可分为两大时期,前期叫做人际关系学说(或人群关系学),它以20世纪二三十年代美国学者梅奥的霍桑试验为开始;后期是1949年在美国芝加哥讨论会上第一次提出"行为科学",1953年在美国福特基金会召开的各大学科学家参加的会议上,正式定名为"行为科学"。

6.2 人际关系理论的主要内容

6.2.1 梅奥及其霍桑试验

乔治·埃尔顿·梅奥(George Elton Mayo,1880~1949),是原籍澳大利亚的美国行为科学家,美国艺术与科学院院士,人际关系理论的创始人。

梅奥20岁时在澳大利亚阿福雷德大学取得逻辑学和哲学硕士学位,并应聘至昆士兰大学讲授逻辑学和哲学。后赴苏格兰爱丁堡研究精神病理学,对精神不正常现象进行分析。此后,在洛克菲勒基金会的资助下,梅奥移居美国,在宾夕法尼亚大学沃顿管理学院任教。其间,梅奥曾运用完形心理学的概念解释产业工人的行为,认为对工人的行为来说,其影响因素是多方面的,没有一个单独因素起决定作用。1923年,他在费城附近一家纺织厂就车间条件对工人的流动率、生产率的影响进行了实验研究。

1926年,梅奥进入哈佛大学工商管理学院专门从事工业管理的研究。1927年冬,梅奥应邀参加了对芝加哥西方电气公司的霍桑工厂(Western Electrics' Hawthorne Plant)组织管理方面的试验,这就是管理科学和组织理论发展史上著名的"霍桑试验"(Hawthorne Studies)。这一实验于1924年开始,但后来由于中途遇到困难面停顿下来。从1927年到1936年,梅奥断断续续地花费了9年的时间领导了这项研究工作。

1924~1932年间,美国国家研究委员会和西方电气公司合作,由梅奥负责进行了著名的霍桑试验(Hawthorne Experiment),即在西方电气公司所属的霍桑工厂,为测定各种有关因素对生产效率的影响程度而进行的一系列实验,由此产生了人际关系学说。

霍桑试验历时9年分四个阶段进行。

第一阶段是工场照明试验(1924~1927年)。这一试验是在国家研究委员会的协助下进行的,其目的是要调查作为一种物质条件的照明同作业效率之间的关系。该试验选择一批工人分为两组:一个为"试验组",先后改变工厂照明强度;另一个为控制组,照明度始终不变。当试验组的照明度增加时,该组产量如预期的开始增加;当工人要求更换灯泡时,而实际只给他们更换了一个同样光度的灯泡时,产量却继续增加。与此同时,控制组的产量也在不断提高。通过这个试验,专家们希望得出照明度对生产率的影响,试验结果发现,照明度和作业效率没有单纯的直接关系,但生产效率仍与某种未知因素有关,另有未被掌握的因素在起作用。这个试验似乎以失败告终。

但这个试验得出了两条结论:① 工场的照明只是影响工人生产效率的一项微不足道的因素;② 由于牵涉因素太多,难以控制,且其中任何一个因素足以影响试验结果,故照明对产量的影响无法准确测量。通过这次试验却意外地发现,生产效率的高低的确同某种因素有着联系。

第二阶段是继电器装配室试验(1927 年 8 月～1928 年)。这一试验旨在试验各种工作条件的变动对小组生产率的影响，弄清休息时间、作业时间、工资形态等各种作业条件的变化同作业效率之间的关系，以便能够更有效地控制影响工作效果的因素。

为了有效地控制影响生产效率的因素，研究小组决定单独分出一组工人进行研究。他们选择了 5 位女装配工和一位划线工，把他们安置在隔离的房间进行试验，实行独立计件付酬。另外，研究小组还专门指派了一位观察员加入这个工人小组，他专门负责记录室内发生的一切。研究小组告诉这些女工，这项试验并不是为了提高产量而是研究各种不同的工作环境，以便找出最合适的工作环境。研究小组还告诉这些女工，一切工作按平时那样进行。

试验共分 13 期实施。试验过程中，研究小组分期改善工作条件，比如增加工间休息、公司负责供应午餐和茶点、缩短工作时间、实行每周五天工作制、实行团体计件工资制等；并且这个装配小组的女工们在工作时间可以自由交谈，观察人员对她们的态度也非常和蔼。这些条件的变化使产量不断上升。在实行了这些措施一年半以后，研究小组决定去掉这些变化，结果产量仍然维持在高水平上。无论人为的改变对工人是有利还是不利，这 5 名女工的劳动生产率都是持续上升的。这一试验表明，工作的物理环境和工作时间不是对工人行为产生影响的主要因素。

究竟是什么原因使这些女工提高了劳动效率呢？研究人员发现，社会条件和督导方式的改变导致了女工们态度的变化和生产率的提高。为了掌握更多的信息，管理部门决定通过一个访谈计划，来调查员工的态度。这是霍桑试验的一个转折点。

第三阶段是大规模的访问与调查(1928～1931 年)。在上述试验的基础上，梅奥等人又进行了一个为时两年的大规模访谈计划，涉及的访谈对象约 2 万多人次。访谈的目的是要了解如何获取员工内心真正的感受，倾听他们的诉说以对解决问题提供帮助，进而提高生产效率。

最初，调查人员采用"直接提问式"的调查，也就是列表调查员工对待公司、监督、保险计划以及工资等的态度。经过数次面谈，研究小组发现按事先设计好的问答式访问并不能获得他们所需要的材料。相反，工人们愿意自由地谈些他们认为重要的事。所以，研究小组决定改变直接提问的方式，允许工人自由选择他们自己的话题。结果，这些访问交谈很有价值，得到了大量有关员工态度的第一手资料，工人们通过交谈得以大大地发泄胸中的闷气，许多人觉得这是公司所做的最好的事情。工人们的工作态度之所以有所转变，是因为他们看到他们的许多建议被采纳，他们参与了决定公司经营与未来的决策，而不是只做一些没有挑战性和不被感谢的工作。

通过这些研究发现，离开感情就不能理解员工的意见和不满，只有对照员工的个人情况和车间环境才能理解员工的感情；员工的工作效率高低，不仅取决于其自身，还取决于其群体成员，任何一位员工的工作绩效都受到其他人的影响。为了进一步进行系统的研究，研究小组决定进行第四阶段的试验。

第四阶段是接线板接线工作室试验(1931～1932 年)。在第四阶段试验中，研究小组决定选择接线板接线工作室作为研究对象，以研究员工在工作中的群体行为。

研究小组选择了 9 位接线工、3 位焊接工和 2 位检查员，持续观察他们的生产效率和行为长达 6 个月之久，结果发现有许多行为准则会影响工人的行为。这些准则包括了工作的干多干少、与管理人员的信息交往、和"局外人"的关系约定等。

公司以集体计件工资制刺激员工,企图形成"快手"对"慢手"的压力以提高效率。公司给他们规定的产量标准是焊合 7 312 个接点,但他们完成的只有 6 000~6 600 个接点。试验发现,工人既不会为超定额而充当"快手",也不会因完不成定额而成"慢手",当他们达到他们自认为是"过得去"的产量时就会自动松懈下来。其原因是:生产小组无形中形成默契的行为规范,即工作不要做得太多,否则就是"害人精";工作不要做得太少,否则就是"懒惰鬼";不应当企图对别人保持距离或多管闲事;不应当过分喧嚷、自以为是和热心领导,等等。其根本原因有三:一是怕标准再度提高;二是怕失业;三是为保护速度慢的同伴。这一阶段的试验还发现了"霍桑效应",即对于新环境的好奇和兴趣,足以导致较佳的成绩,至少在初始阶段是如此。

对这种"传统假设与所观察到的行为之间神秘的不相符合",梅奥作出了如下解释:

① 影响生产效率的根本因素不是工作条件,而是工人自身;② 在决定工人工作效率的因素中,工人为团体所接受的融洽性和安全感较之奖励性工资有更为重要的作用。

通过四个阶段历时近 9 年的霍桑试验,梅奥等人认识到,人们的生产效率不仅要受到生理方面、物理方面等因素的影响,更重要的是受到社会环境、社会心理等方面的影响,这个结论的获得是相当有意义的,这对科学管理理论只重视物质条件,忽视社会环境、社会心理对工人的影响来说,是一个重大的修正。

霍桑试验的研究结果否定了传统管理理论对于人的假设,表明了工人不是被动的、孤立的个体,他们的行为不仅仅只受工资的刺激;影响生产效率的最重要因素不是待遇和工作条件,而是工作中的人际关系。据此,梅奥提出了人际关系理论。

根据霍桑试验,梅奥于 1933 年出版了《工业文明中人的问题》一书,提出了与古典管理理论不同的新观点,主要归纳为以下几个方面:

(1) 工人是"社会人",而不是单纯追求金钱收入的"经济人"。工人作为复杂社会系统的成员,金钱并非刺激他们积极性的唯一动力,他们还有社会、心理方面的需求,因此社会和心理因素等方面所形成的动力,对效率有更大影响。

(2) 企业中除了"正式组织"之外,还存在着"非正式组织"。古典管理理论仅注重正式组织的作用,这是很不够的。非正式组织不仅存在,而且同正式组织是相互依存的,对生产效率的提高有很大影响。这种非正式组织的作用在于维护其成员的共同利益,使之免受其内部个别成员的疏忽或外部人员的干涉所造成的损失。为此,非正式组织中有自己的核心人物和领袖,有大家共同遵循的观念、价值标准、行为准则和道德规范等。

(3) 新型的领导在于通过对员工"满足度"的增加,来提高工人的"士气",从而达到提高效率的目的。生产率的升降,主要取决于工人的士气,即工作的积极性、主动性与协作精神;而士气的高低,则取决于社会因素特别是人群关系对工人的满足程度,即他的工作是否被上级、同伴和社会所承认。满足程度越高,士气也越高,生产效率也就越高。所以,领导的职责在于提高员工的士气,在于倾听和沟通下属员工的意见,使正式组织的经济需求和工人的非正式组织的社会需求之间保持平衡。这样就可以解决劳资之间乃至整个"工业文明社会"的矛盾和冲突,提高效率。

对于梅奥的人际关系理论的具体内容,下面从组织协作、"社会人"假设的提出、非正式组织等方面进行全面细致的介绍。

6.2.2 梅奥的人际关系理论中的组织协作关系理论

梅奥指出,在工业化之前的社会中,人们通过地区和血缘关系形成了心心相连的共同体纽带,通过这些纽带可以测量出社会是否安定。工业化的发展,促进了分工的发展,工作专门化,劳动机械化,经营规模扩大化。在科学管理理论的作用下,人们片面地强调效率,结果车间共同体之间的纽带遭到破坏,从而导致工业文明社会的不安定。这样,车间共同体中的工人就从非正式组织中重新寻找新的共同体纽带,并确立起与效率原则背道而驰的非正式组织的原则。

梅奥具体引用了法国社会学家杜尔克姆对社会状况的描述。在法国那些技术工业发展得最快的地方,发生了危险的社会分化,个人和社会合作的希望逐渐减少。梅奥指出,导致现代工业社会瓦解的主要因素有两个:一是不愉快的人在数目上增加了;二是社会的组织水平下降了。人们不再热切地希望合作,相反地,他们常常是相互戒备和敌视。

梅奥认为,科学管理时代的组织理论完全把人与人之间的合作遗忘了。在他们眼中,社会完全是由一群乌合之众组成的。早期的组织与管理的理论家们完全跟着古典的经济学家跑。在李嘉图那里,经济学依赖于三条假定:一是自然社会是由一群没有组织的人组成的,二是每一个人都在按照自我保存和自我利益的打算而行动,三是每个人都在尽其所能为个人的目的而进行逻辑思维。

梅奥指出,李嘉图受了那个时代的历史学家和哲学家的影响,将自然人的生活视为是"孤独、贫困、肮脏、残忍和短命的"。这一假设已经被现代人类学的野外研究否定了。而且,人已经不再是处在自然状态下了。在一个社会中,人应当是合作的。如果人与人不是合作而是分解成一群个人,并且每个人都去拼命地寻求自我保存的办法,那么,这时的人就不是处在正常状态下,而是处在非正常状态之下。

可悲的是,经济学家正是把活生生的人看成是非常态的,经济学理论就变成对非常态情况下的人类行为的概括。但是"19 世纪经济学理论的主要假设已经不再站得住了。甚至在以前,可能还容易相信个人利益的追求是经济组织的基础这一原则根本上是切合的和恰当的。但是,虽然仍有一些经济学家和政治学家唱着这个假定,很明显,经济和政治的实践现在已经建立在极其不同的人类社会的概念上了……当大学里的经济理论家仍在假定个人利益足以成为发展理论和经济见识的基础时,行政人员由于他处理人事的实际经验,他的行动却建立在相反的、但是从实验里得出来的假定上"。

当然,也还有相当多的人死抱住上述的观念不放。他们仍旧认为即使是在工业文明的社会中,社会还是由一群乌合之众组成的。对这种过时的假定抱肯定态度的人几乎完全是那些同实际社会生活距离很远的学者、作家、律师,他们只有很少一点从经验中得来的知识,他们不具备处理人事的能力。已经进行的实际的工业情况告诉我们,人类社会有结合的本能,这种结合的本能很容易胜过单纯的个人利益和逻辑思考。在现实社会中,在普通人中间,甚至在最混乱的地方,仍然继续存在着人类对合作的活动的欲望。管理人员凡是能够获得合作的,他就一定能认识到"权威"的真正来源和性质。

梅奥指出,在 19 世纪里,科学和工业的急速发展把个人对团体的一致之感和对工作的满足之感取消了。人们好像不再期望有什么别的进步,要进步的只是人的物质环境和他的肉体享受。这种状况是灾难性的,它是因社会处理技术的能力与处理人事的能力之间缺乏平衡发展所造成的。"但是,社会总是要进步的。社会与其说是个人之间的竞争,不如说是个人在同他人进行着协作劳动；各个个人与其说是在追求利己之心，不如说是在为维护团体的地位而劳动；各个个人与其说是在合理地行动，不如说是非合理的感情逻辑地支配其行动。"

总之，在带有浓厚的商业气味的工业社会中，人与人之间的关系是个人通过对利己之心的追求并根据市场原理而形成的。在这种工业文明中，人们往往由心理上结合起来的纽带而形成共同体世界。管理者只有从这种小团体出发确立领导方式，才能建立工业社会的秩序和新型的工业文明。但是，如果没有组织也就不能有合作。任何工业组织都具备两个方面：一是技术上的专长和有效性，二是有效率的合作体系。梅奥认为，资本主义的发展使人们在物质和技术上取得了很大的成就，但是，在合作体系上却完全失败了。因此，人类必须推进工业文明，发展组织，从而发挥人类合作的本能。

6.2.3 梅奥的人际关系理论中的社会人理论

梅奥认为泰勒组织中的人是一种只讲经济利益的人，是一种"经济人"。企业家作为"经济人"，要追求个人的最大限度的利润；工人作为"经济人"，则要追求最大限度的工资。如果组织中的人都是"经济人"，企业家与工人将会发生矛盾，而解决矛盾的唯一的办法是提高单位时间的生产量。于是，泰勒只能提出以时间和动作的研究及奖励工资制为中心的科学管理理论。

这种"经济人"的假设出于古典的经济理论。梅奥考察了李嘉图的经济学逻辑，发现其中存在三个限制性的概念："① 自然社会是由一群没有组织的个人所形成的；② 每一个人按照自我保存和自我利益的打算而行动；③ 每一个人尽他力所能及为这个目的进行逻辑的思考。"

但是这种"经济人"的假设并不是非常科学的。"经济理论"在它涉及人的因素这一方面是非常不够的，简直是荒谬的。人类竟被不恰当地描写成为一群个人，每个人都被自私的利益所驱使着，每个人都为了争取稀少的生活资料在同其他的人斗争。梅奥认为这种理论完全歪曲了人类的常态。因此，必须要重建一套理论来代替正在流行的荒谬的经济学中的抽象概念。

梅奥指出，在工业文明建立起来以后，人们发现这种文明带来了很多的混乱。这种混乱是由于只讲人的物质需要和自私的属性造成的。事实上，在现实的生产组织中，工资、照明条件、休息时间等等同生产效率并没有直接的联系，相反，人与人之间的关系却对生产的效率起着较大的影响。人不仅是一个"经济人"，而且首先是一个"社会人"。

梅奥以"霍桑试验"的资料为根据，提出了与"经济人"相对应的"社会人"的假设。人是一种社会存在，在社会上生活的人决不是孤立的存在物，而是作为某一集团的成员或分子去参与社会生活的。"社会人"不仅要求通过劳动获取收入，而且作为人，他还需要得到友谊、安定和归属感，"社会人"是结成团体而行动的。

梅奥指出，正因为组织中的成员是社会的存在物，因此，组织的效率与人的态度、情绪有关。传统的组织理论认为生产效率、作业方法、作业条件之间存在着单纯的因果关系。而"霍桑试验"表明生产效率与工资、工作时间、休息时间、作业条件的变化并没有多少直接的关联。只有那些将社会看成是一群乌合之众的经济学家们才会得出所谓的必然结论：物质刺激是人类唯一有效的动机。事实上生产效率同组织成员的情绪有着十分重要的关联。情绪是组织成员在工作中所得到的满足程度的函数。组织成员的满足程度越高，情绪就越高；

情绪越高,组织的效率也就越高。

所谓组织成员的满足程度,指的是他们对安全感和归属感等社会需要的满足程度。它主要取决于两种因素:一是成员的个人情况;二是车间的情况。前者往往受家庭生活、社会交往等方面的影响;后者则受人际关系的制约。梅奥从试验中得出结论:"所有人的安全和稳定的感觉总是从成为一个团体的成员的保证上得来的。如果丧失了这个,不是任何金钱上的改善和职业上的保证所能抵偿的。"

6.2.4　梅奥的人际关系理论中的非正式组织理论

在梅奥的人际关系理论中,组织内部的非正式组织的概念占有很大的比重。在梅奥看来,任何一种经营,都首先可以区分为技术组织与人的组织。前者是为实现生产目的而使工具、机械设备等物质手段系统化的物质组织。后者则是由经营人员、工人、事务人员等较多的人构成的社会系统。

社会组织还可以再划分为正式组织和非正式组织。梅奥所说的正式组织指的是为了有效地实现生产目的而将各种成员间的相互关系安排得合理而有秩序的组织。组织系统表、人员编制、组织规章、行为准则等构成了正式组织赖以存在的主要因素。在正式组织中,每个成员的典型职能关系都能在组织系统表中显示出来。

但是,任何组织团体都只能显示出组织成员的职能关系,而不可能显示其相互接触和相互作用的社会关系。比如,在一个车间里,存在着不是明文规定的但事实上经常在起着作用的特殊价值标准:男子的工作比女子的工作更受到重视;在总公司的人,其工作更容易得到人们的赏识;尽管某位工人的生产效率很低,但他却是某个团体中的头目。只要人们在一起活动,他们就会自发地形成相互间的人际关系,从而形成非正式的组织。

在非正式的组织中,每个人都有一定的社会地位和社会作用,而且人们的行为都须遵循一定的团体准则。由于非正式团体中的人都能遵守这些并不是明文规定的准则,因而能保证相互间的稳定性。比如,多数车间中的非正式组织都有这么一条准则:凡其成员的生产效率皆不能超过一定的标准,如果超过这一标准,他就会遭到其他人的歧视,从而使这个成员感到丧失了安全感。正如梅奥所指出的:"人们之所以形成非正式团体,乃是为了获得生活上的幸福与快乐,并获得社会安全感。"

在非正式的组织中,人们都有共同的情感和态度。团体的共同情感就是一种价值标准,由于大家同属于这一团体,所以必须遵守。这样,非正式组织的共同价值标准就成为对每个成员加以约束的律条。对于非正式组织来说,其价值标准同正式组织以及技术组织是不一样的。经营性的正式组织和技术组织的价值标准是成本逻辑和效率逻辑。所谓成本逻辑,就是在一切活动中,应当最低限度地支出费用。所谓效率逻辑,就是确保每个人有效地进行合作。而非正式组织的价值标准却是感情逻辑,它是指成员的一种非合理的行为准则。

非正式组织不仅存在于组织的普通成员之中,而且也存在于上层管理人员之中。但对于上层的管理人员来说,其成本与效率的逻辑更为重要,感情的逻辑则可能稍弱一些。从这点来说,梅奥似乎认为,在经营性的组织中,感情逻辑是一种工人的逻辑。由此,他指出,作为经营管理者,更要时刻注意员工的感情,否则,成本和效率逻辑就会同感情逻辑发生冲突。梅奥把解决上述冲突看成是经营管理中的一个带有根本性意义的课题。

在人际关系组织理论看来,经营者同时承担着两种职能:经济职能和社会职能。前者的目的是为了有效地创造财富;后者的目的则是要充分认识非合理的感情逻辑在经营性组织的社会结构的底层所起的作用,从而采取有效措施培养良好的人际关系,使员工在情感上得到满足。

6.2.5 非正式组织理论的发展

自梅奥在"霍桑试验"的基础上提出了非正式组织理论以来,这方面的研究就日益成为管理学家关注的重要课题,先后出现了非正式组织结构理论、人际吸引理论、意见沟通理论、团体合作理论等。

非正式组织结构理论又称小团体(small group)结构理论。霍曼斯(Georgc C. Homanns)将非正式组织的成员分成三部分(见图6-1):一是内部核心分子,这些人在行动中往往表现出主动精神,他们是团体的领导者、旧的价值的变更者、新的价值体系的创立者。二是边缘分子,他们处在团体的核心区域的外围,其行为可分为两种趋势:或者想打入核心层,或者退居到外层区域。前者则表现出对核心分子高度的顺从性,服从团体的价值与行为规范;后者往往是那些企图打入核心层但幻想落空的人,他

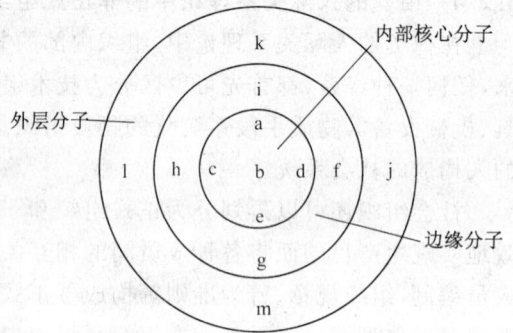

图 6-1　霍曼斯非正式组织结构理论

们一旦发现核心层已经相当稳定而无法挤入时,就想从边缘退到外层区域。三是外层分子,他们也有两种行为态势:或者是孤独,或者是试图对整个团体提出挑战。

人际吸引理论的代表人物有纽康姆(T. M. Newcomb)、温切(R. F. Winch)。他们认为在非正式的组织内,人们之间具有相互吸引的特点。这种彼此间的吸引,一方面是因为同一个小团体的成员在相同的环境下长期生活在一起而具有了相同的心理与态度,这种相同性越大,彼此间的吸引力也就越大;另一方面团体中的吸引力也可能来自成员之间的差异性,人们的行为是互惠的,团体中的成员之所以吸引,是因为一方需要从另一方身上获得自己所缺少的东西。

意见沟通理论主要讨论非正式组织内部成员沟通的形式。通常有以下几类沟通形态:连串式的沟通形态、放射式的沟通形态、循环式的沟通形态、放射连串式的沟通形态、放射循环式的沟通形态、连串放射循环式沟通形态。

团体合作理论主要讨论团体内部各个成员的目标之间相互一致,这种一致指的是"零—和"状态(zero sumsituation)。要达到这种状态,在团体内部,人们之间必须相互依赖、相互吸引、相互了解,心理应和,行为类似,协调活动,富有弹性。

6.3　人际关系理论的评价与发展

6.3.1 梅奥人际关系理论的贡献

梅奥以"霍桑试验"为基础提出的人际关系理论,对古典管理理论进行了大胆的突破,第一次把管理研究的重点从工作上和物的因素上转到人的因素上。不仅在理论上对古典管理理论作了修正和补充,开辟了管理研究的新理论,还为现代行为科学的发展奠定了基础,对管理实践产生了深远的影响。

　　梅奥人际管理理论的主要贡献体现在以下几个方面：

　　（1）梅奥的人际关系理论重视人的因素，克服了古典管理理论的不足，奠定了行为科学的基础，为管理思想的发展开辟了新的领域，因而它在管理思想和管理理论的发展史上具有划时代的意义。

　　（2）人际关系理论补充和发展了古典管理理论，将社会学、心理学应用于分析管理问题，为以后管理问题的研究开辟了新的视角，并对管理实践的影响和改革意义深远。

　　（3）人际关系理论在试验中的一些管理措施也为管理方法的变革指明了方向，导致了管理上的一系列改革，其中许多措施至今仍是管理者们所遵循的信条。这些管理措施大致可以归纳为以下几点：通过让工人参与企业的决策，允许工人提出意见，以此来提高员工的士气，改善人群关系；建立面对面的沟通方式，增加调解制度，以消除工人的不满和缓解劳资之间的矛盾；加强对管理者和监督者的教育和培训，以改变他们对工人的态度；重视管理者自身的人群关系以及协调人群关系的能力；重视非正式组织的作用；提高工人的工作和住宿环境，为工人建立娱乐、运动、社会福利设施等。

　　总的来说，人际关系学说的问世，开辟了管理和管理理论的一个新领域，在现代社会组织管理中，它仍不失为管理实践的一个重要指导思想。

　　人、财、物是企业经营管理必不可少的三大要素，而人力又是其中最为活跃、最富于创造力的因素。但是人的创造性是有条件的，是以其能动性为前提的。硬性而机械式的管理，只能抹煞人的创造才能。只有满意的员工才是有生产力的员工，富有生产力的员工才是企业真正的人才，才是企业发展的动力之源。因此，企业的管理者既要做到令股东满意、顾客满意，更要做到令员工满意。对于困难重重、举步维艰的中国国有企业来说，尊重人才尤为重要。要想盘活存量资产，首先要盘活现有人力资源，因为只有"活"的人才能激活"死"的资产，这是企业走出困境的唯一出路。员工不是企业的包袱，而是企业自救的中坚，只有尊重他们，才能使他们发挥创造力，与企业同呼吸、共命运，共同渡过难关。

　　怎样消除非正式组织施于员工身上的负面影响，也是当代管理者必须正视的一个问题。只有当个人、集体、企业三方的利益保持均衡时，才能最大限度地发挥个人的潜能。培养共同的价值观、创造积极向上的企业文化，是协调好组织内部各利益群体关系、发挥组织协同效应和增加企业凝聚力最有效的途径。

6.3.2　梅奥人际关系理论的局限性

　　梅奥通过其领导的"霍桑试验"得出了一些重要结论，指出人的生产能力不仅仅取决于体能和精力，也深受社会因素和心理因素的影响；非经济的奖赏和惩罚是激励组织成员工作的重要因素；组织成员对管理阶层的抗议通常是以非正式组织的形态来进行的。这些就为后来的人际关系组织理论的发展奠定了基础。

　　人际关系组织理论是对以泰勒为首的科学组织理论的一种批判。这一理论注意到组织中除了技术的一面以外，还有人的情感的一面。但是，人际关系学派在一反传统组织理论过分重视组织的技术结构和正式的管理以后，却走到了另一个极端，存在着一定的局限性。

　　首先，对"经济人"采取了过分的否定态度。泰勒的科学管理原理是建立在人都是好逸恶劳，但又拼命追求最大限度报酬的假设前提上的。梅奥从另一个方面观察到人还是具有相互依赖、富有感情的属性的。因此，人是社会存在物，说到底是"社会人"。但是，如果在强调人的感情和情绪这一方面的属性时，完全否定人的经济利益需求，过分强调感情对提高士气的作用,而过分否定了其他的因素,如经济报酬、工作条件等对士气和生产效率的作用,这不仅是不全面的,而且还会忽视组织的经济效率。

其次,梅奥过分偏重于非正式组织的研究。人际关系理论认为,组织内人群行为强烈地受到非正式组织的影响。尽管在"霍桑试验"中,梅奥的确观察到非正式组织对生产效率的影响,但是,这种影响并不总是必然的,非正式组织并非经常地对每个人的行为有决定性的影响。在相当多的组织中,非正式组织并不能对整个组织及其成员产生举足轻重的影响。组织要达到自己的目标,主要的不是靠小团体,而是要依赖正式组织,依靠规章制度。

第三,梅奥过分地甚至片面地强调非合理主义。在一个组织内,成本、效率和感情这三者都有作用。但是,三者的作用并不是均等的,更不是本末倒置的。在三者之中,效率与成本应当处在主导地位上,而情感的逻辑则是次要的。泰勒忽视人的非理性的一面固然是不对的,但是反过来,丢弃其成本和效率的方面,只讲感情的方面,这显然也是不正确的。事实上,任何一个组织的成员,支配其行为的主要不是非理性的或感情的因素,而是理性的、逻辑的因素。

6.3.3　人际关系理论的发展

"霍桑试验"以后,从人际关系学说到行为科学,梅奥和他的同事们是以科学方法研究处于工作环境中的人的先驱。后来的研究者受过更专业的社会科学(心理学、社会学和人类学)训练,采用更系统的研究方法,因而被称为"行为科学家"而不是"人际关系理论家"。

"霍桑试验"及其结论在当时并未引起人们的主意。20世纪30年代中期,美国国会通过了"全国劳工关系法",企业中工会相继成立,劳资关系和力量对比发生了变化。从这以后,"霍桑试验"的影响才逐步扩大,一些企业建立了专门的机构,负责研究和处理"工业关系",一些大学设立了相应的课程。1948年,美国成立了全国性的"工业关系研究会"。

1949年,在美国芝加哥的一次跨学科的学术讨论会上,有人提议用一个统一的名称来囊括有关企业人性方面的研究,以促进这类研究的发展。经过讨论,与会者普遍赞成使用"行为科学"这个名称。会后,福特基金会成立了"行为科学部",次年又建立了"行为科学高级研究中心",并在1953年拨款委托哈佛、史坦福、芝加哥、密执安等大学从事行为科学的研究。洛克菲勒基金会、卡内基基金会等也相继拨款支持这类研究。1956年,美国出版了第一期《行为科学》杂志。

此后,许多管理学家、社会学家、心理学家从行为的特点、行为的环境、行为的过程以及行为的原因等多种角度展开了对人的行为的研究,形成了一系列的理论,使行为科学成为现代西方管理理论的一个重要流派。理论研究的发展又反过来促进了企业管理人员重视人的因素,强调人力资源的开发,注意改善企业的人际关系,注意使组织的需要与其成员的需要协调一致等。

所谓行为科学,它是利用许多学科的知识来研究人类行为的产生、发展和变化规律,以预测、控制和引导人的行为,达到充分发挥人的作用、调动人的积极性的目的。由于任何人的行为都是在一定的组织和群体内、在一定主管人员的领导和控制下表现的,因此,行为科学不仅与个体的行为基础有关,还受到群体环境和管理人员领导方式的影响。

(1)关于个体行为的研究。这是行为科学的主体内容。行为科学认为,人的行为是由动机导向的,而动机则是由需要引起的。当人们有了某种需要尚未得到满足以前,就会去从事某种活动,表现出一定的行为。个体行为理论就是关于行为原因、行为过程以及行为结果的研究。这方面的理论有社会认知理论、归因理论(凯利与韦纳的归因模式研究)、管理者职业风格研究、激励理论等,其中激励问题是讨论和研究的热点。激励理论主要有马斯洛的需要层次理论、阿尔德弗的 ERG 理论、麦克利兰的成就需要理论、赫兹伯格的双因素理论、弗罗姆的期望理论、亚当斯的公平理论、洛克的目标设置理论、斯金纳的强化理论、基于弗洛伊德精神分析的挫折理论、波特—劳勒的综合期望激励模型研究等。此外,个体研究比较著名的理论还有麦格雷戈的人性假设(X、Y 理论)与管理方式研究等,都是对理论研究和管理实践富有成效的真知灼见。

(2)关于群体行为的研究。这方面的研究主要是人际关系理论的继续。群体行为的理论包括了对正式群体(组织)与非正式群体(组织)的特征、群体规范的研究、团队动力、群体内的角色研究、群体相互关系及其作用等方面的继续探讨等,涌现了卢因的团体动力理论、利克特的支持关系管理新模式研究等代表性的理论。另外,还包括了关于群体的沟通与冲突、信息交流理论,群体的动态发展("群体动力学")等方面的研究。

(3)关于领导行为的研究。员工是在一定主管人员的控制下进行工作的,主管的领导方式必然会对员工的士气和工作表现产生一定的影响。关于领导行为的研究主要包括两个方面的内容:一方面是分析领导者对人性的不同假设,另一方面是关于不同领导行为的分析。前者如麦格雷戈的 X、Y 理论,阿吉里斯的成熟—不成熟理论;后者如坦南鲍姆和施米特的领导行为连续体理论、斯多基尔和沙特尔的四分图理论、布莱克和莫顿的管理方格理论、施米特的领导方式理论、伊万斯及其后继者们提出的途径—目标理论、菲德勒的权变管理思想、赫塞和布兰查德的情境领导理论等。

(4)关于组织行为的研究。当复杂的群体行为与具有正式的责、权、利关系的组织结构相结合时,关于行为的研究就进入到了其最复杂的研究层面——组织行为层面。这方面的研究主要包括组织设计、组织变革的动因、组织变革的模式、组织变革的阻力与动力的力场分析、新型组织结构、组织发展、组织文化等方面。其中明茨伯格的组织设计理论、勒温的组织变革理论、卢因的组织文化研究具有一定的代表性。

第7章 激励理论

激励在管理活动中起着重要的作用。任何组织都是由人创建、由人管理的,组织内的一切物流、资金流、信息流都是由人来运作的,因此,人是决定组织运营成败的最关键因素。组织中人的积极性的高低,直接影响工作的绩效,而要提高人的工作积极性,就离不开激励。与其他的管理活动不一样,激励可能不直接对组织的利益有所贡献,但它却是组织目标能够得以实现的最可靠保障。本章我们将关注行为科学中关于激励的研究。

7.1 行为科学的产生与发展

行为管理理论始于 20 世纪 20 年代。梅奥等人于 1924~1932 年在芝加哥西方电气公司霍桑工厂进行的"霍桑试验",拉开了行为科学研究的序幕,奠定了行为科学研究的基础,促进了管理理论中行为科学学派的形成和发展。

行为科学学派主要是研究人类行为的产生、发展和变化规律,以预测、控制和引导人的行为,达到充分发挥人的作用、调动人的积极性和主观能动性的目的。行为科学主要是对企业员工在工作中的行为以及这些行为产生的原因进行分析研究,以便调节企业中的人际关系,提高生产率。

行为科学的发展主要集中在四个领域:① 有关人的需要、动机和激励的问题;② 有关"人性"假设的问题;③ 组织中的群体行为问题,包括群体的文化行为方式和行为特点等;④ 企业管理中的领导行为问题。

行为科学学派研究的主题包括关于个体行为的研究、关于群体行为的研究和关于领导行为的研究。其中关于个体行为的研究认为,人的行为是由动机引起的,而动机则是由需要引起的,当人的某种需要没有得到满足时,就产生了行为的激励,也就是动机,从而表现出一定的行为。个体行为理论就是关于行为原因、行为过程以及行为结果的研究,其中关于激励的研究是非常重要的内容。

行为科学对需求构成的分析、对需求满足追求的动机与行为的研究,对人激励的研究等为管理主体如何管理好人这一关键因素奠定了理论基础,将人的管理提升到所有管理对象中最重要的地位,并引发了许多全新的管理概念与方法,如参与管理、面谈制、目标管理等。

7.2 激励的需求理论

根据人类行为的基本模式,人的行为是由动机支配的,而动机又是由需要所引发的,人的行为总是有目的的。当目标实现后,人就进行满足需要的活动,然后又产生新的需要,再引发新的动机,这样周而复始。需要是人的行为的原动力,对人的需要进行研究是行为科学理论研究的起点。这类理论着重研究人的各种需要,确定这些需要的主次顺序或结构,以及满足何种需要将导致最大的激励等。其中具有代表性的有马斯洛的需要层次理论、阿尔德弗的 ERG 理论、麦克利兰的成就需要理论和赫兹伯格的双因素理论。这些理论也被称为内容型激励理论。

7.2.1　马斯洛的需要层次理论

需要层次理论是由美国心理学家和行为科学家亚伯拉罕·马斯洛（Abraham H. Maslow，1908～1970）提出的。

马斯洛于 1908 年出生在纽约一个犹太人家庭，高中毕业后进入纽约州立大学，1928 年转学到威斯康星大学，显示了他在心理学上的天赋，于 1934 年获得威斯康星大学心理学博士学位，并留校任教。在 1937～1951 年间，马斯洛在哥伦比亚大学和布鲁克林学院任教。1951 年，马斯洛来到布兰代斯大学任教授兼心理学系主任，并于 1968 年当选为美国心理学会主席。1970 年 6 月 8 日，马斯洛死于心力衰竭。由于马斯洛在心理学方面的杰出贡献，被人们称为"人本主义心理学之父"。他的主要著作有《反常心理学原理》(1941)、《人类动机理论》(1943)、《动机与人格》(1954)、《自我实现的人》(1954)、《良好精神管理》(1962)、《科学心理学》(1966)、《存在心理学探索》(1968)等，其中《动机与人格》被认为是马斯洛学说的奠基作。在这本著作中，他的一些主要思想都已形成，其中包括影响极大的"需求层次论"和"自我实现论"。

在马斯洛之前，西方心理学领域占主导地位的是两大思潮，即以弗洛伊德为代表的精神分析学派（第一思潮）和以华生为代表的行为主义学派（第二思潮）。以马斯洛为代表的人本主义心理学无论在思想内容、研究方法和研究对象上，还是在心理治疗方法上，都在扬弃精神分析学说和行为主义理论的基础上又有所突破，形成了西方心理学史上的"第三思潮"。

马斯洛始终强调在心理学研究中要采用整体论的方法。他认为，一种综合性的行为理论必须既包括行为内在的、固有的决定因素，又包括外在的、环境的决定因素。弗洛伊德学说只注重第一点，而行为主义理论只注重第二点。其实，这两种观点需要结合在一起。仅仅客观地研究人的行为是不够的，要对人的行为有完整的认识，就必须研究人的主观，必须考虑人的情感、欲望、企求和理想，从而理解他们的行为。马斯洛认为应该把人作为一个整体、一个系统来研究。既然每个部分与其他部分都紧密相关，那么除非研究整体，否则答案将是片面的。大多数行为科学家都企图分出独立的驱动力、冲动和本能来，对它们分别作研究。但这么做一般都不如整体论方法有效，因为整体论方法认为整体大于其各部分的总和。

马斯洛认为，个人是一个统一的、有组织的整体，个人的绝大多数欲望和冲动是互相关联的。驱使人类的是若干始终不变的、遗传的、本能的需要，这些需要是心理的，而不仅仅是生理的。它们是人类天性中固有的东西，文化不能扼杀它们，只能抑制它们。马斯洛把人类的各种需要分成几种递进的需求层次，因此其理论也被称为需要层次理论。

马斯洛认为，人的需求取决于他已经得到的东西，只有尚未满足的需求才能影响人的行为；人的这些需求是以层次的形式出现的，一旦某种需求得到满足，就会出现另一种需求需要得到满足。他将每个人的需要划分为五个层次（如图 7-1 所示）。

第一，生理的需要（physiological needs）。它是人类

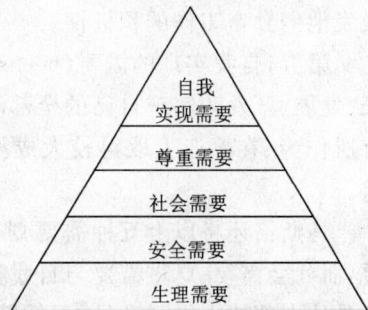

图 7-1　马斯洛的需要层次理论

维持生命所必须的最基本、最明显的需要,当其得不到最低限度的满足时,其他的需要都会退到次要的地位。马斯洛认为,生理需要在所有的需要中是最优先的,其具体的意思是:在某种极端的情况下,一个生活中缺乏任何东西的人,主要的激励因素是生理需要,而不是其他。一个缺少食物、安全、爱和尊重的人,他很可能对食物的渴望比对其他的东西更强烈,亦即如果所有的需要都得不到满足,机体就会受到生理需要的支配,所有其他的需要简直变得不存在了,或者被推到了一边。这时可以用"饥饿"一词来描述整个机体的特征,人的意识几乎完全被"饥饿"占有,所有的机能都被用来满足饥饿,这些组织机能几乎都为一个目的所支配:消除饥饿。此刻,感受器官和反应器官都可能被看做是消除饥饿的工具。那些对达到这个目的无用的机能则潜伏起来,或退入隐蔽状态。当这种需要得到满足时,又有新的(更为高级的)需要出现,依此类推。这就是所说的"人的基本需要组织起来成为相对的优势需要等级"的意思。因此,管理者应该明白,员工受到生理需要激励时,其注意力不会集中在工作上,他们会接受满足其需要的任何工作。

第二,安全的需要(safety needs)。它包括人们对目前生命财产安全的要求和对未来生活保障的要求两方面。马斯洛认为,如果生理需要相对充分地得到了满足,就会出现一整套新的需要,我们可以把它们大致归为安全的需要。这类需要大致包括对安全、稳定、依赖的需要,希望免受恐吓、焦躁和混乱的折磨,对体制、秩序、法律和保护者实力的需求等。当生活中的温饱需要得到满足之后,人们对安全感的需要变得强烈起来。不仅希望现在的生活环境稳定有序,而且希望在不确定的未来,不论发生什么情况都能有办法保证基本生活需要的满足,希望就业有保障、医疗有保险、老有所养等。

第三,社会的需要(affiliation belonging or social needs)。社会需要指人们在社会生活中,希望被他人所接受、关心和爱护,在感情上归属于某一个群体的要求。马斯洛认为,人都有付出爱和接受爱的能力,当有了一定的安全感后,会主动寻求社会交往,在与他人的相处中获得心理满足。这种心理上的社会需要比生理和安全的需要更细致,需要的强烈程度也因人的文化背景、个性特点和受教育水平而有明显区别。

第四,尊重的需要(esteem needs)。它是一种对于自尊和来自他人的尊重的心理需要。自尊包括对于获得信心、能力、成就的渴望和感到自身重要性的要求。来自他人的尊重建立在自己工作成就的基础之上,某人由于对集体或社会作出了贡献而得到他人的认可与赞扬,他就受到了别人的尊重,增强了自信与自尊。具有足够自尊的人会更有效率地工作,不甘落后、不轻易放弃努力是其突出的行为特点。管理者应认识到,对于尊重的需要是催人进取、促人上进的驱动力,只有爱护每位员工的自尊心,创造条件满足员工受人尊重的需要,才能激发他们勤奋工作的积极性。

第五,自我实现的需要(needs for self actualization)。自我实现需要指人类对于不断成长、发展、开发和实现自己的全部潜力和创造性的心理需要,这是更高层次的希望在工作上有所作为、在事业上取得较大成就的需要,是一种永无止境的对于证明自身存在价值的追求。

马斯洛还将以上五种需要划分为高和低两级。生理需要与安全需要称为较低级的需要,而社会需要、尊重需要与自我实现需要称为高级需要。两级划分基于以下前提:高级需要是从内部使人得到满足,而低级需要则主要是从外部使人得到满足。在人的各种需要中,只有尚未满足的需要才能影响人的行为,已经得到满足的需要不再具有激励作用。此外,只有当较低层次的需要得到基本满足之后,较高层次的需要才会变得更迫切,越是迫切的需要对引导行为的激励作用越大。

按照马斯洛的观点,人的基本需要的满足具有以下几个特性:

第一,只有尚未满足的需要才具有激励的力量。在上述各类需要中,当某种需要没有得到满足时,会使人在心理上产生紧张,于是人便会采取某种行为以满足需要、消除紧张,而当尚未满足的需要得到满足之后,这种需要就不再具有激发动机的力量。

第二,人的需要具有层次性。上述各种需要是按其优势程度或重要程度由低级向最高逐级形成的。这也就是说,他不仅假定人的行为都是追求需要满足的过程,而且假定需要本身是具有层次性的,认为人的满足需要的行为是由低层次的需要向高层次的需要逐级推移的;当低层次的需要得到满足,它的优势或重要程度就会随之减弱,从而产生新的满足需要的行为。但是,人的最高层次的需要——自我实现的需要得到满足后,其强度非但不减弱,反而会进一步增强,也就是说,会要求向更高水平的自我实现的目标前进。

第三,人的需要具有阶级性,即人在一定时期的各种需要总有一种需要处于主导地位。也就是说,一个人当其某一较高层次的需要出现并处于主导地位后,虽然其较低层次的需要会由于较高层次需要的出现和发展而退居次要地位,但它并不因此即告消失,而是继续存在,只不过它对行为的影响力减弱了而已。这种相对强弱的关系如图 7-2 所示。

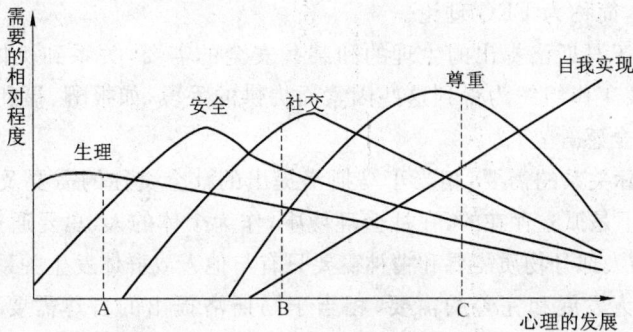

图 7-2 各种需要的相对程度

在图 7-2 中,处于 A 点的人,其生理需要占主导地位,安全需要次之,其他三类需要尚未出现;处于 B 点的人,社交需要占主导地位,其次是安全需要、生理需要和尊重需要,自我实现的需要虽已产生,但对其行为的影响并不强烈;处于 C 点的人,尊重需要占主导地位,其次是自我实现需要,而社交需要、安全需要和生理需要都已退居次要地位。

第四,人的需要具有动态性。从个人看,同年龄和地位的变化有关;从社会来看,同经济、文化的发展状况有关。

总之,对人的需要的这些特性的揭示,为管理者针对管理对象的具体情况而采取有效的管理措施,提供了重要的理论依据。

马斯洛从人的需要出发探索人的激励和研究人的行为在一定程度上反映了人类行为和心理活动的共同规律,对管理学尤其是激励理论的发展作出了杰出的贡献。他在 20 世纪 40 年代就提出了需要层次理论,使人们较普遍地注意到人的需要这个重大问题,因而被广为传播,影响很大,成为管理学科里很多观念的起点。马斯洛本人也得到了很高的评价。

《做人的权利:马斯洛传》的作者艾德华·霍夫曼评价说:"马斯洛不仅是学术大师,而且是一位破茧而出的心灵工作者。"正是因为有了马斯洛的存在,做人才被看成是一件有希望的好事情。但是,马斯洛的理论也存在着明显的不足,如对于人的需要层次的划分过于简单、机械;没有提出衡量各层次需要满足程度的具体标准;没有考虑到一种行为结果可能会满足一层以上需要的情况等。

实际上,人的需要是极其复杂的,每一个人都会同时存在着好几种不同的需要,不过有的已被明确认识到,有的还存在于潜意识之中,需要一定的外部条件来激活。同时,人类需要的等级层次也并非严格统一,尤其是心理需要的优先顺序,受到价值观念、文化修养、传统习惯的影响,有着明显的个体差异。管理者只有善于洞察每个人不同的迫切需要才能有的放矢地采取措施,达到激励的目的。

7.2.2 阿尔德弗的 ERG 理论

美国行为科学家、耶鲁大学心理学教授克莱顿·阿尔德弗(Clayton P. Alderfer)针对马斯洛需要层次理论所受到的批评,进行了大量的调查研究,并修正了需要层次论。他在《生存、关系及发展:人在组织环境中的需要》(1972)、《关于组织中需要满足的三项研究》(与本杰明·施奈德合著,1973)等著作中提出了生存、关系及发展理论。他把人的需要归结为三种,即生存需要(existence)、关系需要(relatedness)、发展需要(growth),取这三种需要的英文第一个大写字母,简称为 ERG 理论。

生存需要相当于马斯洛提出的生理的和某些安全的需要,关系到机体的存在。它包括衣、食、住、行等以及工作组织为得到这些因素而提供的手段,如报酬、福利补贴、安全的工作条件以及职务的安全感等。

关系需要是人际关系的需要,相当于马斯洛提出的社会交往的需要及受人尊重的需要。关系需要主要指人不是孤立存在的,在社会环境中,作为个体的人,总要通过人际交往与他人交流思想感情,人的大部分物质需要和精神需要只有与他人或群体发生关系才能获得满足。

发展需要是个人发展和完善的需要,相当于马斯洛提出的自尊需要及自我实现需要。发展需要是个人成长和发挥个人创造力的欲望,它主要在所从事的工作中得到满足。人不能只停留在现实需要的满足上,只有不断地充实自己、发展自己,才能不断获得新的能力和有所成就。

上述各层次的需要之间有着内在的联系,其相互关系如图 7-3 所示。

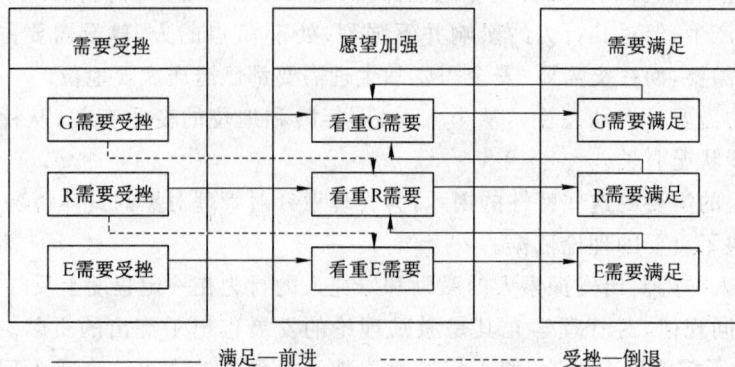

图 7-3 ERG 理论构成示意图

在图 7-3 中,"需要满足"表示在同一层次的需要中,当某种需要尚未得到充分满足时,就会要求得到更充分的满足,如工资较低者要求获得更高的工资;"愿望加强"表示当较低层次的需要得到充分满足时,较高层次的需要就会强烈起来,如 E 需要得到充分满足,R 需要就会强烈起来等;"需要受挫"表示,当较高层次的需要得不到充分满足时,便会转而追求较低层次需要的满足,如 G 需要受挫,就会导致 R 需要或 E 需要更强烈。

总体而言,阿尔德弗的 ERG 理论发展了马斯洛的需要层次理论:首先,人的需要并不都是生来就有的,有的需要(如关系需要和发展需要)是通过后天学习才形成的,而且不一定严格按照由低到高逐级上升的,可以越级发展。此外,多种需要可以在同一个时间发挥作用,而且一种需要得到满足后,既可能进展到下一种更高的需要,也可能没有。其次,ERG 理论认为较高级的需要受到挫折可能导致倒退,使人更加关心低层次的需要,而不是像马斯洛预言的那样,继续努力去满足受挫折的需要。最后,ERG 理论认为某些需要,尤其是关系需要和发展需要,如果为个人提供了满足这种需要的较好的条件,其强度可能会增长。这种情况与马斯洛的预言正好相反,也就是说,一种需要的满足与其重要性是正相关的关系。

阿尔德弗的 ERG 理论为管理者提供了一条重要的真知:如果下属的较高层次的需要(成长需要)满足受挫,也许因为公司政策或资源缺乏,管理者就要试图重新为下属制定努力的目标,以满足其关系或生存的需要。

阿尔德弗 ERG 理论与马斯洛理论相似。生存需要与马斯洛的生理需要和安全需要相近;关系需要与马斯洛的爱与社交的需要相近;成长需要与马斯洛的尊重需要和自我实现需要相近。但是,在对待人们满足不同需要的方式上,这两种理论有差别。马斯洛认为,需要未得到满足即构成动因;在前一组较低层次的需要得到满足之前,后一组较高层次的需要就不会被激活。因此,一个人只有当他的低层次需要得到充分满足,他才会进入寻求较高层次需要的满足。相反,阿尔德弗的 ERG 理论提出了"受挫—倒退"过程,即如果某人在试图满足成长需要时不断遭受挫折,关系需要就重新成为其主要激励力量,引发个人重新定向努力,以寻求满足该低层次需要的新方法。

7.2.3　麦克利兰的成就需要理论

成就需要理论是美国行为科学家麦克利兰(David C. McClelland,1917)提出来的。麦克利兰毕业于韦斯利安大学,在哈佛大学取得硕士学位,在耶鲁大学取得博士学位。曾在韦斯利安大学、康涅狄格女子学院、布林·莫尔学院等校执教,后任哈佛大学心理学教授。麦克利兰的主要论著有:《取得成就的社会》(1961)、《成就动机是可以培养的》(1965)、《渴求成就》(1966)、《权力的两面性》(1970)、《权力:内省经验》(1975)等。他在使用主题知觉试验等心理学方法进行定量及定性分析的基础上,认为在人的生存需要基本得到满足的前提下,人的最主要的需要有三种,即成就需要、权力需要、合群需要。

第一,成就需要(needs for achievement)。它是指根据适当的标准追求卓越、争取成功的一种内驱力。即需要成就的人,对成功有一种强烈的要求,同时也十分担心失败。他们愿意接受挑战,为自己树立一个具有一定难度的目标,对待风险采用一种现实主义的态度,有较强的事业心,喜欢长时间工作,敢于负责,把个人成就看得比金钱更重要,把报酬当做仅是衡量自己进步和成就大小的工具,因此,当得到嘉奖、提升或晋升时,会感到莫大的成就满足。

第二,权力需要(needs for power)。它是指一种发挥影响力和控制他人的愿望。研究者们发现,具有高度权力需要的人,往往会追求组织中的高层职位;他们大多能言善辩、性格刚强、头脑冷静,总是希望他人服从自己的意志并证明自己是正确的。

第三,合群需要(needs for affiliation)。它是指一种寻求被他人喜爱和接纳、力图建立友好亲密的人际关系的愿望与要求。合群需要强烈的人往往热心肠,乐于帮助别人,能从与他人的友好交往与相互理解中得到乐趣。这样的人有较好的合作精神,对于维护一个集体中融洽和谐的友好关系有重要的作用,但对被社会集体所排斥较为敏感并会感到很痛苦。

麦克利兰认为,当某人的某一需要强烈时,就会激励该人行动起来去满足那个需要。具有强烈权力动机的人所采取的行动会影响他人的行为,并在情感上强烈影响他人,即他们关心的是给其追随者以地位奖励;具有强烈合群动机的人倾向于与他人建立、维护及恢复亲密的个人关系;而具有强烈成就动机的人能长期参与、按最佳标准竞争并获得独特的成功。

麦克利兰和其同事们对高成就需要者进行了比较深入的研究,发现这一类人有三个主要特征:一是偏爱具有适度挑战性的目标,在那些成败机会均等的工作中表现最为出色,认为只有这样才能从奋斗的过程中体验到成功的喜悦并得到成就感的满足。二是避免选择难度极大的目标。高成就者是一些理性而又实际的人,愿意接受困难的挑战,勇于承担责任,但却不喜欢那些对于他们特别容易或者风险太大的工作。三是喜欢执行反馈快的任务。由于目标对高成就者来说很重要,他们就想知道他们做得究竟如何。这种欲望是高成就者从事某项专业工作或销售活动的原因之一。金钱对高成就者的影响也很复杂。他们通常高估自己的服务并出价颇高。如果组织未因其能力强给其高报酬,他们就不大可能留在那个组织内工作。激励计划不一定真正能提高他们的绩效,一般说来他们总会努力工作的。他们将物质激励视为成就和完美的象征,但如果物质激励未充分反应其贡献时,则会导致其不满。

从管理的角度来看,高成就需要者特别适合于那些独当一面,能够显示其工作业绩的工作,比如经营自己的企业,或者在公司中主管一个独立的部门,或者处理销售业务等。在一个组织中,善于发现那些具有高成就需要的人,为他们提供施展才能的机会,及时肯定和宣传他们的业绩,并给予较高的荣誉,有助于培养和激发其他成员的成就需要,对促进组织的成功十分重要。而那些有很高的权力需要但合群需要很低的人,往往能成为大型组织中的优秀管理者。

7.2.4　赫兹伯格的双因素理论

美国心理学家和管理咨询师弗雷德里克·赫兹伯格(Frederick Herzberg)通过对200多位工程师和会计人员,就职业满意度和生产率之间的关系进行调查。赫兹伯格调查了一个问题:人们希望从工作中得到什么。他要求人们在具体情境下描述他们认为工作中特别好或特别差的方面。赫兹伯格在分析调查结果后,提出了关于员工工作态度的"双因素"理论(two factor theory)。双因素即指不满意—满意因子、保健—激励因子或者说外部—内部因子。

赫兹伯格发现,对工作感到满意的员工和对工作感到不满意的员工的回答十分不同。企业中首先存在一系列的外部条件或工作环境,包括工资报酬、地位和工作条件。对满意的员工提供这些条件不一定能够激励他们,但缺乏这些条件则可能导致不满,因此,外部条件又称为不满意因素或保健因素(hygiene factors)。其次,企业中存在一系列的内部条件或工作内容,包括成就感、责任增加和承认。缺乏这些条件不会导致很多的不满,但这些条件存在时就会形成很强的激励作用,导致工作业绩优良,因此它们被称为满意因素或激励因素(motivation factors)。如图 7-4 所示。

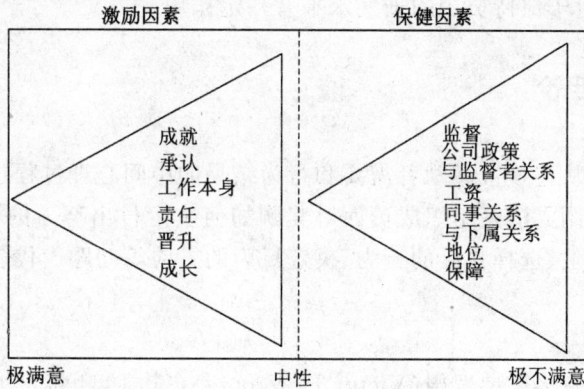

图 7-4 赫兹伯格的双因素理论

基于调查结果,赫兹伯格认为,在保健—激励理论研究工作之前,研究激励理论的人们把工作满意度视为单一维度的概念,即认为满意和不满意构成一个单一连续体的两个极端(如图 7-5 所示)。他指出,满意的对立面并不是不满意,消除了工作中的不满意因素并不一定能使工作结果令人满意。赫兹伯格提出这之中存在着双重的连续体:满意的对立面是没有满意,而不是不满意;同样,不满意的对立面是没有不满意,而不是满意。

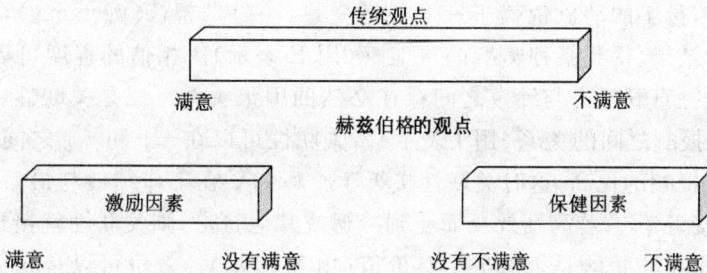

图 7-5 满意—不满意观点的对比

根据双因素理论,导致工作满意的因素与导致工作不满意的因素是有区别的。因此,管理者消除了工作中的不满意因素只能带来不抱怨,而不一定对员工有激励作用。这些因素只能安抚员工,而不能激励员工。

在所有的内容型激励理论中,双因素理论受到的批评最多,主要集中在以下几点:① 赫兹伯格采用的研究方法具有一定的局限性。人们容易把满意的原因归因于自己,而把不满意的原因归因于外部因素。② 该理论是基于对美国会计和工程师取样研究所得的结论。其调查的样本量较小,且多为脑力劳动者,由此得出的结论是否具有普遍意义需要进一步证实。③ 该理论过分简单化了员工的工作满意度特征,使人易形成这样的观点:管理者能够很容易改变保健因素或激励因素,以形成工作满意。这并不能正确反映在工作环境下激励的复杂性和困难程度。④ 对员工满意度并没有一个适用的评价标准,而满意度与生产率之间的密切关系只是一种假设,有待于深入研究。尽管如此,双因素理论在管理实践中仍很流行。相当多的管理者了解、讨论和运用它,并试图用赫兹伯格发现的因素来增强激励;有些组织运用双因素理论提出的特殊工作因素来创造激励的氛围,或注意改善工作环境以满足员工的保健性需要,对于保持员工的士气水平有一定作用。

7.3 激励的过程理论

过程激励理论是从连接被激励者需要和行为结果的中间心理过程这个角度来研究激励问题的。这类理论试图弄清楚组织成员面对奖酬如何决定付出努力的程度,它涉及组织成员如何对奖酬进行评估、选择自己的行为、决定行为的方向等问题。代表性的理论有期望理论和公平理论。

7.3.1 期望理论

美国心理学家维克多·弗罗姆(Victor H. Vroom)在其 1964 年出版的《工作与激励》一书中提出了期望理论(Expectancy theory),这是一种通过考察人们的努力行为与其所获得的最终报酬之间的因果关系,说明激励过程并选择合适的行为达到最终的报酬目标的理论。

期望理论与上述内容理论有较大的区别。它不注重造成工作满意或不满意的工作环境中的因素,而是俯瞰整个工作环境。该理论认为,当人们相信能够从工作中获得所需要的东西时,就有了工作动力。这种结果可包括满足安全需要、激励做某项挑战性工作或有能力制定并达到具有挑战性的目标。期望理论一个基本前提是,员工是理性的人,他们在工作前要思考:他们做什么才能赢得奖励,而奖励对人们意义又有多大。

弗罗姆认为,员工的动机依赖于三个关键变量:一是期望(expectancy),即员工相信其是否能达到某种结果、得到某种奖酬的可能性(用 E 表示)。相信的程度可以很大,从努力与绩效毫无关系一直到努力与绩效之间存在必然的因果关系。二是关联性(instrumentality),即指绩效与报酬之间的关系(用 I 表示)。关联性可以在 +1 和 −1 之间变化。若高工作绩效总是导致报酬的提高,这时关联性接近于 +1;如果在工作绩效与最后报酬之间没有联系,则关联性接近于 0;若高绩效反而受到冷遇或其他打击,则关联性就接近于 −1。三是效价(valence),即员工报酬是否对员工有价值(用 V 表示)。效价可以是积极性的,也可以是消极性的,它取决于可能的后果以及人们对此的感觉。根据上述三个变量,弗罗姆构建了期望理论模型(如图 7-6 所示),又简称为 VIE 激励模式:

$$M(激励) = V(效价) \times E(期望值)$$

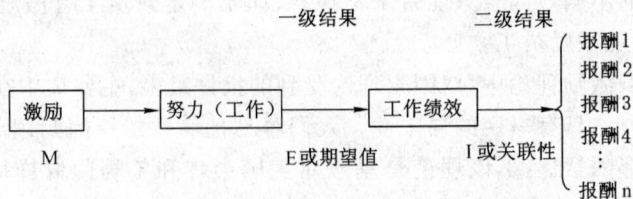

图 7-6 弗罗姆的期望理论模型

图 7-6 表明期望理论模型中激励是如何影响个人付出努力的。在通常情况下,员工觉得他们达到某一给定高度的绩效的可能性越小,那么他们向那个高度绩效去努力的可能性

就越小。努力与绩效之间的关系就是期望。一个员工从事某项工作的动力即激励力的大小,取决于他对三个关系的主观判断和认识,即主观努力与工作绩效之间的关系(一级结果);工作绩效与报酬之间的关系(二级结果);可能获得的报酬或成果对员工的吸引力之间的关系。

现实中的情况远非模型或公式这样简单明了,因为效价是一种主观偏好,它因人而异、因时而异。期望值也是一种主观判断,不仅与努力程度有关,也与个体的实际能力有关。但是,管理者仍然能够利用期望理论来开发激励项目:

(1)要关注员工对成功的期望。当员工感到其目标的实现以及相关的正结果超过了他们能力范围,就会导致生产率低下。管理者需要重新分配任务,进行奖励等。

(2)努力确定每个员工所看重的结果。管理者可以通过问卷调查、观察员工对不同奖励的反应以及询问员工想从工作中获得什么样的奖励等方法来把握或了解。

(3)确定并清晰地陈述所要求的绩效。因为员工需要知道上级对自己有什么期待。此外,管理者应以可观察、可测量的方法对良好、一般和差的绩效进行定义。

(4)为员工制定的绩效水平应该是可以达到的。员工如果认为获奖所需达到的绩效水平比他所能达到的要高,其工作积极性就低。管理者应把其希望的绩效与员工希望的结果直接联系起来。

(5)确保结果或奖励的变化大得足以刺激有意义的行为。奖励小,改善绩效的努力也会小。要改善绩效,奖励就必须足以刺激员工作出相应的努力。

7.3.2　公平理论

美国心理学家 J. 斯坦西·亚当斯(J. Stacey Adams)在其 1965 年出版的《社会交换中的不公平》一书中提出了公平理论(Equity theory)。亚当斯把激励过程与社会比较直接联系在一起,故也称为社会比较理论。

公平理论认为,员工把他们的付出(努力、经验、资历、地位、聪明才智)和获得(赞美、肯定、薪水、福利、升迁、被提升的地位等)与那些在同样工作环境下的员工进行比较,出现任何不公平性都会带来心理上的不平衡,从而产生激励意义。

该理论把工作情景的公平性比较过程描述为如表 7-1 所示的方式。

表 7-1　　　　　　　　　　　　　　　　　　　公平理论

觉察到的比较结果	评价结果
$Q_1/P_1 < Q_x/P_x$	不公平(报酬偏低)
$Q_1/P_1 = Q_x/P_x$	公平
$Q_1/P_1 > Q_x/P_x$	不公平(报酬偏高)

表 7-1 中,Q 为收入,P 为付出,I 代表本人,x 代表参照对象。人们是通过将自己所获得的收入与相应付出的比率同相关参照对象进行比较来作出判断的。当二者相等时,则为公平状态;如果二者的比率不同,就会产生不公平感。当他们认为自己的收入偏低或偏高时,便会调整自己的行为来保持公平感。

在公平理论中,参照对象是个重要的变量,一般将其划分为三个类型:"他人"、"自我"和"规则"。"他人"包括同事、朋友、邻居、同行等,人们大多选择那些与自己年龄、能力、受教育水平相近的人来比较。"自我"是指自己过去的情况,也就是将自己目前的收入与付出之比同过去的收入及工作相比较。"规则"是指组织中的付酬制度以及虽未明文规定却在实际中执行的利益分配惯例,人们会分析规则本身的公平性并将自己的状况与之相比较。

如果比较的结果是 $Q_1/P_1 < Q_x/P_x$,员工会感到不公平,从而要求增加报酬,或是自动减少付出,对工作采取消极态度乃至去寻找其他的就业机会,这是管理人员应该注意防范的情况,一旦出现征兆,应立即采取措施。

如果比较的结果是 $Q_1/P_1 > Q_x/P_x$,员工感到自己的付出得到了高于一般比率的回报,多半会更加努力工作,珍惜自己的岗位,但其积极性不一定会持久;他可能通过重估自己的投入而获得公平感。根据这一理论,对于管理者来说,在企业经营状况良好,财务状况允许的条件下,使本企业员工的收入略高于同行业平均水平,这对于保持员工队伍的稳定有明显作用。

公平理论的主要贡献是指出了人们对于公平与否的感受并不只是取决于绝对收入的多少,而是取决于自己的收入与付出的比率与参照对象比较的结果。就一个组织内部来说,不考虑贡献大小,简单化地普遍增加薪金报酬,其激励作用很有限。

公平理论主要的不足之处在于实践中较难把握,因为比较中的公平感受来源于主观判断,而人们往往倾向于高估自己的付出而低估自己的所得,而对参照对象的相应估算恰巧相反,不准确的估算自然难免使主观判断偏离实际,以致误导行为。管理者如果能做到每个人的工作绩效和报酬都具有可比性,用客观的量化标准代替主观判断,将会有较好的效果。

7.4 调整型激励理论

调整型激励理论主要从行为的结果出发来研究行为是否受到激励,激励的目的正是为了改造和修正行为。代表性的理论有强化理论和目标设置理论。

7.4.1 强化理论

强化理论是由美国心理学家和行为科学家伯尔雷斯·斯金纳(Burrhus F. Skinner, 1904~1990)首先提出的。斯金纳出生在美国宾夕法尼亚州,中学毕业后进入汉密尔顿学院主修英语,1928年进入哈佛大学读研究生,专攻心理学,1931年获得博士学位,并于1943年回到哈佛大学任教,直到1975年退休。1968年曾获得美国全国科学奖章。斯金纳的主要著作有:《有机体的行为》(1938)、《科学与人类行为》(1953)、《强化的相倚关系》(1969)、《超越自由和尊严》(1971)、《关于行为主义》(1974)等。

斯金纳所倡导的强化理论是以学习的强化原则为基础的关于理解和修正人的行为的一种学说,他最初把强化理论应用于训练动物上,后来又将它进一步发展并用于人的学习上,他指出:"行为被强化即被加强,也就是在未来类似情境下,同类行为再次出现的概率的增加。受到强化的行为不是指某一特定行为,而是指一类或一组相似行为。"和其他的激励理论不同,斯金纳的强化理论几乎不涉及主观判断等内部心理过程,而只讨论刺激和行为的关系。

所谓强化,从其最基本的形式来讲,是指对一种行为的肯定或否定的后果(报酬或惩罚)至少在一定程度上会决定这种行为在今后是否会重复发生。根据强化的性质和目的可把强化分为正强化和负强化。在管理上,正强化就是奖励那些组织上需要的行为,从而加强这种行为;负强化就是惩罚那些与组织不相容的行为,从而削弱这种行为。正强化的方法包括奖金、对成绩的认可、表扬、改善工作条件和人际关系、提升、安排担任挑战性的工作、给予学习和成长的机会等。负强化的方法包括批评、处分、降级等,有时不给予奖励或少给奖励也是一种负强化。

该理论认为人的操作性行为会由于得到外界刺激的不同而强化或者减弱,管理者可以通过采取不同的强化措施来引导或改变员工的行为使之符合组织目标。强化理论在管理实践中的运用有正强化与负强化两个方向不同的类型,同时还要考虑强化方式和时间安排两个方面的差别。

(1) 正强化(positive reinforcement)。

正强化即指对于符合组织目标的行为及时给予肯定、表扬和奖励,以促使员工在类似条件下重复和加强这些行为的激励方式。能够增加反应力度的强化物包括精神需要和物质利益两个方面,如赞赏、荣誉、提升、假期、奖金等。正强化是一种常用而又有效的激励方式,在具体运用中,除了选择的强化刺激物要与激励对象的需要一致外,还要注意强化的时间安排对效果的影响。连续、固定的正强化是指当某一种行为出现一次,立即进行强化刺激,而且间隔时间固定,强化的形式、数量不变,这虽然能立即见效,但长期效果递减。因为这会提高人们对于强化物的期望,管理者不得不持续增加强化力度,否则激励作用会逐渐减弱。而时间间断、数量不固定,完全依据组织需要和个体工作表现实施的正强化不仅成本较低,而且由于是"意外的惊喜"而有更好的作用。

(2) 负强化(negative reinforcement)。

负强化即指在组织中预先告知某种不提倡或不遵守规则的行为及不良绩效可能导致的后果,促使员工抑制或改变不符合组织要求的行为,以避免令人不愉快的处境。尽管从手段和形式上,负强化是从反面抑制不良行为,但其最终目的仍是引导员工行为符合组织目标,其效果与正强化是同样的。

负强化在具体操作上可分为淡化处理与惩罚处理两种方式。前者是指不进行正强化,对员工某种希望获得奖酬的行为长时间地不予理睬和作出反应,透露出对此行为的轻视或一定程度的否定,那么,不是发自内心需要的行为或者虽不提倡但没有明显损害的行为就会减弱乃至消失。惩罚是指以某种带有强制性、威胁性的结果来制造一种令人不快乃至痛苦的环境来表示对某种行为的否定,从而消除这种行为重复发生的可能性,如减少奖励、罚款、批评、降级、处分甚至辞退等方式。在时间安排上,负强化应该及时并连续进行,以免除人们的侥幸心理。

也有学者认为,对于损害组织利益的行为应该强化事前的监督与防范,一旦发生及时制止与批评,但要慎用惩罚。因批评的目的只是为了改进和避免重犯,客观、委婉的批评容易被接受,而惩罚往往造成伤害,产生抵触情绪乃至仇恨。管理者如果被惩罚带来的短期效果所蒙蔽而过多地滥用惩罚,尤其是惩罚的强度过大,有可能使组织中潜伏着产生极端行为的危险。

在实践中,管理人员态度鲜明地表示出提倡什么、反对什么,哪些该做、哪些不该做,对于组织成员理性地决定自己的行为有明显影响。同时,将正、负强化相结合,在否定某种行为的同时指出应该如何做,有改善的表现时及时进行正强化,往往会有较好的效果。强化理论具有应用价值的一些行为原则有:

（1）强化因素使行为趋向于重复发生。所谓强化因素，就是会使某种行为在将来重复发生的可能性增加的任何一种"后果"。如当某种行为的后果是受人称赞时，就增加了这种行为重复发生的可能性。

（2）要依照强化对象的不同采用不同的强化措施。人们的年龄、性别、职业、学历、经历不同，强化方式也应当不一样。如有的人更重视物质奖励，有的人更重视精神奖励，就应区分情况，采用不同的强化措施。

（3）小步前进，分阶段设立目标，并对目标予以明确规定和表述。对于人的激励，首先要设立一个明确的、鼓舞人心而又切实可行的目标，只有目标明确而具体时，才能进行衡量和采取适当的强化措施。同时，还要将目标进行分解，分成许多小目标，完成每个小目标都及时给予强化，这样不仅有利于目标的实现，而且通过不断的激励可以增强信心。如果目标一次定得太高，会使人感到不易达到或者说能够达到的希望很小，这就很难充分调动人们为达到目标而作出努力的积极性。

（4）及时反馈。所谓及时反馈，就是通过某种形式和途径，及时将工作结果告诉行动者。要取得最好的激励效果，就应该在行为发生以后尽快采取适当的强化方法。一个人在实施了某种行为以后，即使是领导者表示"已注意到这种行为"这样简单的反馈，也能起到正强化的作用。如果领导者对这种行为不予注意，这种行为重复发生的可能性就会减小以致消失。所以，必须利用及时反馈作为一种强化手段。强化理论并不是对职工进行操纵，而是使职工有一个最好的机会在各种明确规定的备选方案中进行选择。因此，强化理论已被广泛地应用在激励和人的行为的改造上。

（5）正强化比负强化更有效。在强化手段的运用上，应以正强化为主；同时，必要时也要对坏的行为给以惩罚，做到奖惩结合。

强化理论只讨论外部因素或环境刺激对行为的影响，忽略人的内在因素和主观能动性对环境的反作用，具有机械论的色彩。但是，许多行为科学家认为，强化理论有助于对人们行为的理解和引导。因为一种行为必然会有后果，而这些后果在一定程度上会决定这种行为在将来是否重复发生。那么，与其对这种行为和后果的关系采取一种碰运气的态度，就不如加以分析和控制，使大家都知道应该有什么后果最好。

7.4.2　洛克的目标设置理论

美国马里兰大学的心理学教授爱德温·洛克（E. A. Locke）和其他人自 1968 年进行的调查研究所取得的大量证据支持目标设置理论（Goal setting theory）。该理论提出，目标（goal）是一个人试图完成的行动的目的。目标是引起行为的最直接的动机，设置合适的目标会使人产生想达到该目标的成就需要，因而对人具有强烈的激励作用。重视并尽可能设置合适的目标是激发动机的重要过程。

洛克认为目标设置理论是实际应用的一种认知过程。他认为个体的意识目标（conscious goals）和意图是行为的主要决定因素。有意识行为的一个通常可观察到的特征，就是行为持续直到完成目的。洛克认真描述了目标设置中的精神（认知）过程的特征，即目标的具体性、目标的挑战性和目标强度。目标具体性即指目标数量精确程度；目标挑战性即指操作的熟练程度或水平；目标强度即指设置目标、决定如何实现目标的过程。

该理论研究表明：① 目标设置应具体。目标有具体的目标与含糊的目标之分，目标的具体性本身就是一种内部激励因素。事实上，洛克及其同事的 100 项研究中有 99 项的研究结果表明具体目标能产生更好的效果。② 目标设置的难易要适当。一般而言,目标实现越困难,业绩水平就越高。但是,当目标被认为是无法实现的,员工则会表现出挫折感;另一方面,目标不能定得太低,必须具有一定的现实性难度。③ 目标应是被接受或认同的,提高目标认同程度的一种方法是让个体参与到目标设置中。个体对目标的认同感高,对提高工作业绩有明显的作用。

目标设置理论对实际管理实践活动具有重要的意义。从管理的角度应用目标设置理论时,应采取以下关键步骤(如图 7-7 所示):

(1) 诊断员工、组织和技术是否适合目标设置。
(2) 通过增加人际交往、沟通、培训和目标设置的行动计划动员员工。
(3) 强调目标的特征,并必须让管理者和下属理解。
(4) 开展中期评估,对设置的目标进行必要的调整。
(5) 实施终期评估,检查目标的设置、修改及完成情况。

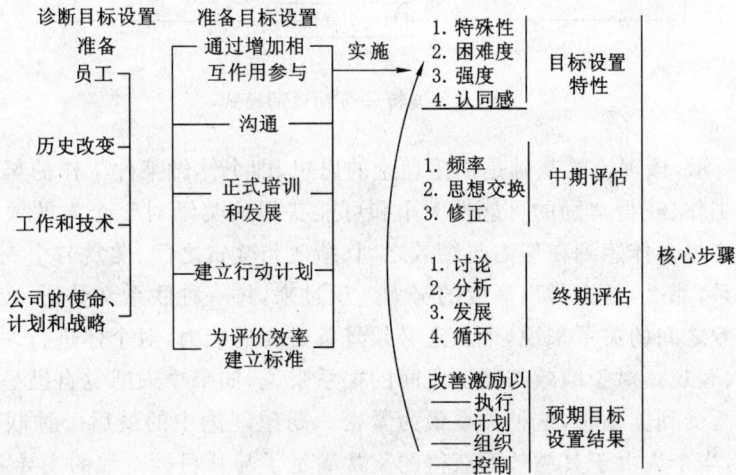

图 7-7　目标设置理论在组织中的应用

但是,目标设置理论也存在不足,如目标设置相当复杂、很难保持;但适用于那些接受目标并承担责任的人,这样的人一旦接受了目标,则困难目标将导致高绩效。

此外,洛克还将目标设置理论与成就需要理论、期望理论就目标困难与业绩的关系方面的差异进行了比较。期望理论预测较容易的目标能够增加工作业绩,因为成功的可能性大(得到奖励的可能性就大)。成就需要理论预测困难的目标能够改善工作业绩,但当目标太困难时,工作业绩会下降。目标设置理论预测当目标困难增加时,个体的工作业绩会提高,直至达到业绩的顶峰,而对困难目标缺乏认同感的个体,其业绩降低或者很差。

7.5　综合型激励理论

综合型激励是对内容型激励理论、过程型激励理论、调整型激励理论的概括和发展。综合型激励理论的研究主要包括波特—劳勒激励模式和罗伯特·豪斯的综合激励模式。

7.5.1 波特—劳勒激励模式

美国管理学家波特(Lyman W. Porter)和劳勒(Edward E. Lawler)建立了他们的激励模式,从内容看实际上是前述多种激励理论研究成果的综合,其特点是将激励看成是一个循环的完整过程。图 7-8 是对波特—劳勒激励模式的描述。

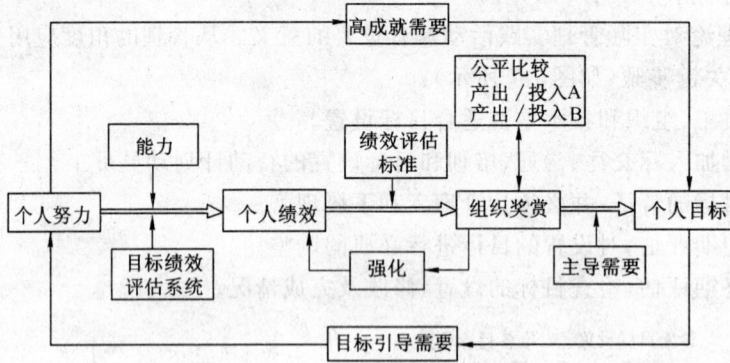

图 7-8　波特—劳勒激励模式

如图 7-8 所示,该理论的基础是期望理论的思想,即个体做某件工作的努力程度受到他预期能够完成工作、获得奖励的可能性大小和可能获得的奖励对于个人的效用价值高低两个因素影响。如果个体感到在努力与绩效之间、绩效与奖赏之间、奖赏与个人目标的满足之间存在密切关系,那么,他会付出高度的努力。反过来,每一种联系又受到一定因素的影响。对于努力与绩效之间的关系来说,个人还必须具备必要的能力,对个体进行评估的绩效评估系统必须公正、客观。对于绩效与奖赏之间的关系来说,如果个人感觉自己是因绩效因素而不是其他因素而受到奖励时,这种关系最为紧密。期望理论中的最后一种联系是奖赏与目标之间的关系,当个人由于其绩效而获得的奖赏满足了与其目标一致的主导需要时,他的工作积极性会非常高。另外,该模式体现了目标设置过程。"个人努力"处有一个从"个人目标"延伸而来的箭头,与目标设置理论一致,目标—努力循环意味着我们应注意目标指导行为。

图 7-8 中还包含了成就理论、强化理论和公平理论:① 高成就需要者不会因为组织对他的绩效评价以及组织奖赏而受到激励,努力与个体目标之间是一种直接关系。只要高成就需要者所从事的工作能够使其产生个体责任感、有信息反馈并提供了中等程度的风险,他们就会产生内部的驱动力。而且,这些人并不关心努力与绩效、绩效与奖赏以及奖赏与目标之间的关系。② 该模型也包括强化理论,即通过组织的奖励强化了个人的绩效体现出强化理论的作用。如果企业的奖励系统在员工看来能有效地激励工作,那么,奖励将进一步强化和激励这种良好的绩效。③ 报酬也体现了公平理论的重要作用。个人经常会将自己的付出与所得比率同相关他人的比率进行对比,若感到二者之间不公平,将会影响个人的努力程度。

总之,波特—劳勒激励模式提示管理者,激励是一个受多种因素影响的复杂过程,要想取得预期效果,管理者必须将激励的每个环节考虑周全,切不可简单化地进行处理。

7.5.2　罗伯特·豪斯的综合激励模式

罗伯特·豪斯(Robert House)所提出的综合激励模式,就是企图通过一个模式把几种类型的激励理论综合起来。综合后的激励模式可用公式表示为:

$$M = V_{it} + E_{ia}(V_{ia} + \sum_{j=1}^{n} E_{ej} V_{ej})$$

式中　M——某项工作任务的激励水平高低,即激励的大小;

　　　　V_{it}——对该项活动本身所提供的内在奖酬的效价,它所引起的内在激励不计任务完成与否及其结果如何,因而不包括期望值大小的因素;

　　　　E_{ia}——对进行该项活动能否达到完成任务的期望值,即主观上对完成任务可能性的估计;

　　　　V_{ia}——对完成工作任务的效价;

　　　　$E_{ej} V_{ej}$——一系列双变量的总和,这些双变量中的 E_{ej} 表示任务完成能否导致获得某项外在奖酬的期望值,V_{ej} 表示对该项外在奖酬的效价。

公式中下标的意思是:i 表示内在的;e 表示外在的;t 表示工作任务;a 表示完成;j 表示外在的奖酬项目。

如果去掉公式中的括号,将 E_{ia} 乘入,则公式变为:

$$M = V_{it} + E_{ia} V_{ia} + E_{ia} \sum_{j=1}^{n} E_{ej} V_{ej}$$

上式右边第一项为 V_{it},表示该项活动本身所提供的内在奖酬的效价,反映了工作任务本身所引起的激励强度,只要本人感到这种工作很有意义,那么完成工作任务的期望值就为1,即完成任务的主观概率为百分之百,因而这是一种内在激励。

上式右边第二项为 $E_{ia} V_{ia}$,分别表示对工作任务完成的期望与效价,其综合作用反映了工作任务完成所引起的激励程度,这也是一种内在激励。

上式右边第三项为 $E_{ia} \sum_{j=1}^{n} E_{ej} V_{ej}$,表示各种外在奖酬所起的激励效果之和,其中引入两项期望值是因为前者是对完成任务可能性的估计,后者则仅是对完成任务与获得奖酬相联系的可靠性的估计。

总之,前两项属于内在激励,第三项属于外在激励,三者之和代表了内外激励的综合效果。

需要指出的是,将豪斯的综合激励模式准确地数量化是难以做到的,但这一公式揭示了影响激励的因素,使人们有可能对激励效果在定量分析的基础上进行定性分析,从而更好调动人的积极性。

7.6　激励理论的新发展

激励是现代管理中最重要、最基本,也是最困难的职能,这是以人为本的管理理念决定的。随着管理学、信息经济学、制度经济学的快速发展,现代激励理论出现了一系列突破性的进展,成为令人振奋的现代管理理论和实践的前沿。

(1) 激励客体和对象趋向于集中对企业经营者的激励。

在以往的激励工作中,涉及的激励对象往往是一般员工,而企业经营者的激励问题则缺乏理论探讨和实践。对于普通员工的激励,相对来说是比较容易的。这是由于劳动分工和专业化的存在和深化,每一员工的操作和工作越来越单一、明晰和有形,确定性的工作表现为工作方法、方式、流程的标准化。这些都决定了可以比较容易地制定一系列准确、精密和具体的涵盖其工作数量、工作质量和工作速度等方面的考核指标体系,并以此为基础,确定对职工的奖惩方式和奖惩制度,合理地分配组织激励资源。

相对来说,企业高层经营管理人员的工作主要是决策、计划和人力资源开发等,其经营管理工作的直接成果主要是指令、宗旨、目标等,这些是无形的、软性的,同时,其努力程度、能力、风险态度、投资倾向和决策正确性等内涉变量和滞后显示变量,由于信息、时间和空间的限制很难及时,准确地用简单的考核指标来衡量。其次,企业经营者的间接劳动成果具有非常复杂的背景和归因。企业经营管理工作是个复杂的动态系统,其可察因素(如资本利润率、产值、成本等)往往是多维因素非线性作用的结果。如果这时偏倚、强调某一因素和特性,则会产生不适当的刺激作用,因此,平衡各方面的因素,清醒、恰到好处的激励决定着激励机制的制定、激励资源的合理导向和配置。再次,企业经营者的劳动成果——企业表现,不仅隐含着异常复杂的背景(如努力程度、能力、风险态度等),而且还要受到很多非经营者所能控制因素的影响。综上所述,对于企业经营者的激励和诱导日益成为现代激励理论的研究重点。

(2)对企业经营者进行有效的激励和约束。

我们掌握的激励理论主要是从心理学和组织行为学的角度来展开研究的。马斯洛的需要层次理论、赫兹伯格的双因素理论等都是以人的心理需要和动机为主要研究对象的内容激励理论;而波特—劳勒的激励模式、亚当斯的公平理论等,则是以人的心理过程和行为过程相互作用的动态系统为研究对象的过程激励理论。过程激励理论体系较之内容激励理论体系从系统性和动态性的角度来说虽然是一种巨大的进步,但从根本上来说仍以对人的心理特征和以此为基础的行为特征为出发点。而人的心理需求难以加以观察、评估和衡量,属于内涉变量;同时,心理特征必然因人、因时、因事而异,并处于动态变化之中,各种激励方法实施的可重复性差,因而难以把握;再次,随着人们对于激励条件的适应,任何激励因素都会变成保健因素,致使管理组织激励资源的稀缺性和激励因素(如工资、奖金)的刚性之间存在着严重的冲突,使得管理激励难以持久。因此,激励往往被认为是属于管理艺术和领导艺术的范畴,是一种令人敬而远之、望而生畏的工作。

激励,尤其是对企业经营者的激励一直是人们比较关注的难题,以往的激励理论和实践中所存在的种种问题就是最好的说明。但激励是现代企业经营管理工作的一项职能,并依附于其他职能(如决策、计划、人力资源开发、指挥、控制)及其衍生的目标,激励归根结底是在对其他职能履行状况的评价的基础上促进其他职能更好地开展的职能。因此,激励工作的真正科学性在于以企业经营管理工作的性质和规律为依据,设置合理的激励机制和约束机制,对企业经营者进行有效的激励和约束。

另外,对企业经营管理工作性质和规律的研究,也给我们提供了解决激励约束问题的方法论,我们可以从企业经营管理工作的性质和规律出发,设立对企业经营者的激励和约束机制。

(3)从激励方法、方式的研究过渡到对经济机制的设计和研究。

企业作为一个组织系统,主要包含和充斥两种关系——人与物之间的关系和人与人之间的关系。人处于管理系统中的核心位置,通过四通八达的信息网络与物(包括生产资料、生产设备、资金、运输工具等)和其他人相联系。一方面,在人与物形成的对立统一中,人与物之间主要存在着知识的信息不对称。由于真正的生产力是作为死的劳动的物的因素和作为活的劳动的人的因素相结合的产物,而且生产力的大小,即物的因素在生产力中所起的作用取决于人的能力的发挥,因此,激励就必须使人的积极性、主动性和首创性得到充分的发挥,不断努力学习和创新,使人减少对物的知识信息的不对称,最大限度地使自己的认识与客观物质世界相一致。另一方面,在人的组织系统中也存在着信息不对称。在企业经营管理中,企业经营管理工作者处于信息交汇中心,与企业外部管理层,如企业资产所有者或上级主管部门相比,企业经营者(即代理人)掌握的信息多或具有信息优势,而委托者掌握信息少或处于信息劣势。同时,企业内部各个阶层之间也存在着这种信息不对称。信息不对称包括动机不对称和知识不对称,从理论上讲,知识不对称是可以解决的,而动机不对称则难以克服。信息不对称又必然导致逆向选择行为和败德行为。

由于企业及其组织内部充斥着四通八达的、纵横交错的信息流和信息网络,同时又伴随着不可避免的信息不对称,因而传统的仅限于局部的、具体的、微观的激励方法、方式只能对有限时间和空间的信息予以疏导和规整,在一定程度上激发企业人员的工作积极性和主动性,而不能从根本上解决对企业人员尤其是对企业经营者的激励问题。也正是在这种意义上,激励成为管理学、组织行为学、信息经济学和制度经济学的前沿研究领域。

解决问题的关键途径在于经济机制的设计理论。以系统、健全、完整和适宜的经济机制,自动、有效地整合和规范企业的信息通道,减少信息不对称,提高组织成员的工作积极性,尽量以较少的投入获得较大的产出。经济机制的设计和研究应从以下几个方面入手:一是市场机制的设计,这主要包括产品市场、要素市场和资本市场的制度设置。由于现实中的三种市场皆为不完全信息市场,因此就给政府宏观调控机制和企业内部经济机制的设计留下了创新的空间。二是作为行为主体的政府,其运作机制的设计的主要目标是,规范和调节市场秩序,兼顾市场效率和公平,为企业创造一个良好的市场环境,使市场信息能够准确、真实地反映企业的利润指标和经营业绩,调动企业参与市场竞争、创造佳绩的主动性和积极性。三是企业制度的设计,主要就是建立和完善规范的公司制度下的内部治理结构和组织结构,规范企业经营行为,减少不对称信息带来的影响,从而使经营者和所有者之间的、各级管理者之间的激励趋于相容,同时构建和完善产权激励机制和管理激励机制。

第8章 领导效能理论

领导是一项重要的管理职能,也是一门关键的管理艺术。领导活动决定着现代管理职能的实施方向与发挥的水平。领导作用的发挥程度、优劣、效率,直接决定管理职能的实现程度和管理水平。因此,关于领导效能理论的研究一直是管理理论研究中的一个焦点。有关领导的研究成果可依其内容大致分为三类:领导特质理论、领导行为理论和领导权变理论。这三类领导理论的依次提出对应于领导理论研究的三个阶段。全面、系统地了解和学习西方领导效能理论,对于我们学习现代管理理论,形成适用于中国情境的管理理论是至关重要的。本章将从人性假设理论入手,论述关于领导效能的理论研究并对领导理论的近期发展进行介绍。

8.1 人性假设理论

对人的领导中一个实质性的问题是对人性的认识。在领导活动中,领导者制定什么样的管理制度,采取什么样的管理方法,采用什么样的领导方式,建立什么样的组织结构,都与他们对于人性的假设相关。西方管理学中先后提出了多种人性假设理论,构成了管理行为研究的基石。1965 年,美国心理学家沙因(E. H. Schein)将流行于西方的几种人性假设理论概括为"经济人"假设、"社会人"假设、"自我实现人"假设和"复杂人"假设。

8.1.1 "经济人"假设

"经济人"假设以英国经济学家亚当·斯密为先驱。亚当·斯密认为人的本性是懒惰的,必须加以鞭策,人的行为动机源于经济原因,必须以计划、组织、激励、控制等建立管理制度,并以金钱和权力为主刺激员工使其效力和服从。

美国工业心理学家道格拉斯·麦格雷戈(D. M. McGregor)在其 1960 年出版的《企业人性方面》一书中提出了两种对立的管理理论:X 理论和 Y 理论。麦格雷戈主张 Y 理论,反对 X 理论。而 X 理论就是对"经济人"假设的归纳和运用。因此"经济人"假设又称 X 理论,其主要内容如下:

(1) 大多数人的本性是懒惰的,他们都尽可能地逃避工作。

(2) 大多数人都缺乏进取心,没有雄心大志,不愿承担责任、心甘情愿受别人的领导。

(3) 大多数人天生以自我为中心,对组织需要漠不关心。

(4) 大多数人的个人目标与组织目标都是相矛盾的,必须用强制、惩罚的方法才能迫使他们为达到组织目标而工作。

(5) 大多数人本性反对变革。

(6) 大多数人都是缺乏理智的,常常轻信别人,易受到别人影响。

(7) 大多数人工作都是为了满足基本的生理需要和安全需要,都是由经济诱因来引发工作动机的,其目的在于获得最大的经济利益。因此,只有金钱和地位才能激励他们努力工作。

　　（8）人群大致分为两类，多数人符合上述假设，少数人能克制自己，这部分人应当负起管理的责任。

　　根据"经济人"假设，管理人员的职责和相应的管理方式为：

　　（1）管理人员工作的重心是提高生产率和完成生产任务，他们的主要职能就是计划、组织、经营、指导和监督。

　　（2）管理人员主要是运用职权、发号施令、使对方服从，让人适应工作和组织的要求，而不考虑在情感上和道义上如何给人以尊重。

　　（3）管理是少数人的事，工人的主要任务是听从管理者的指挥。

　　（4）强调严密的组织和制定具体的规范及工作制度，如工时定额、技术规程等。

　　（5）在奖励制度方面，主要是用金钱刺激员工的工作积极性，同时对消极怠工者采用严厉的惩罚措施。用通俗的话说，就是采取"胡萝卜加大棒"的政策。

8.1.2　"社会人"假设

　　"社会人"又称为社交人。"社会人"假设认为传统人性假设理论把人看成"经济人"是错误的，人的主导动机是社会需要。人在进行工作时，将物质利益看成次要的因素，而更重视的是和周围人的友好相处，满足社会和归属的需要。只有满足其社会需要时，其工作的积极性才能得到充分的发挥。社会需要不仅仅是物质的满足，更重要的还包括同事之间的接纳和喜爱，即良好的人际关系。这种社会需要往往比经济报酬更能激励员工。

　　"社会人"假设是由人际关系学说的创始人梅奥等人依据"霍桑试验"提出来的。梅奥认为人是有思想、有感情、有人格的活生生的"社会人"，作为复杂的社会成员，虽然金钱和物质对其积极性的产生具有重要影响，但是决定因素不是物质报酬，而是员工在工作中发展起来的人际关系。

　　"社会人"假设的主要内容包括以下四点：

　　（1）人类工作的主要动机是社会需要，通过与同事之间的关系可以获得基本的认同感。

　　（2）工业革命所带来的专业分工和机械化的结果，使工作变得单调而无意义。因此，必须从工作的社会关系中寻求工作的意义。

　　（3）工人与工人之间的关系形成的影响力，比管理部门所采取的管理措施和奖励具有更大的影响。

　　（4）人们最期望领导者能承认并满足他们的社会需要。

　　与"社会人"假设相应的管理方式和要点为：

　　（1）管理人员不能只把眼光局限在完成任务上，而应当注意对人的关心、体贴、爱护和尊重，建立相互了解、团结融洽的人际关系和友好的感情。

　　（2）管理人员不能只注意计划、组织、指挥、监督和控制，更应重视员工之间的关系，培养和形成员工的组织归属感和集体感。

　　（3）管理人员在进行奖励时，应当注意集体奖励，而不能单纯采取个人奖励。

　　（4）管理人员要充当上级和下级之间的联络人，经常了解工人感情，听取员工的意见，并向上级反应和呼吁。

　　根据这一理论，美国企业中曾实行了一项专门的计划，即提倡劳资结合、利润分享，其中除了建立劳资联合委员会、发动职工提建议外，主要的措施是将超额利润按原工资比例分配给职工,以谋求良好的人际关系。这项计划收到了较好的效果。

8.1.3 "自我实现人"假设

"自我实现人"假设又称 Y 理论,也是由麦格雷戈提出来的。它是以马斯洛的需要层次理论和阿吉里斯的成熟—不成熟理论为基础的。该理论的主要内容是:

(1) 人们并非天生就对组织的要求采取消极或抵制态度。人们之所以会如此,是由于他们在组织内的经历和遭遇所造成的。

(2) 人们并非天生就厌恶工作。运用体力和脑力来从事工作,对于人们来讲,正如娱乐和休息一样,是自然的。

(3) 外来的控制和处罚,并不是使人们努力达到组织目标的惟一手段,它对人们甚至是一种威胁和阻碍。人们愿意通过自我指挥和自我控制来完成应当完成的目标。

(4) 对实现目标的参和同获得成就和报酬直接相关。这些报酬中最重要的是自我意识和自我实现需要的满足,它们能促使人们为实现组织的目标而努力。

(5) 在适当条件下,人们不但能接受,而且能主动承担责任。逃避责任、缺乏抱负以及强调安全感,通常是经验的结果,而不是人的本性。

(6) 大多数人而不是少数人在解决组织的困难问题时,都能发挥较高的想像力、聪明才智和创造性。但在现代工业社会的条件下,一般人的智慧潜能只是部分地得到了发挥。

根据以上的假设,相应的管理措施为:

(1) 改变管理职能的重点。管理"经济人"的重点放在工作上,即放在计划、组织和监督上;管理"社会人"主要是建立亲善的感情和良好的人际关系;而管理"自我实现人"应重在创造一个使人得以发挥才能的工作环境,此时的管理者已不是指挥者、监督者,而是起辅助者的作用,应从旁给下属以支持和帮助。

(2) 改变激励方式。无论"经济人"假设还是"社会人"假设,其激励都是来自金钱和人际关系等外部因素。对"自我实现人"则主要应给予来自工作本身的内在激励,让其担当具有挑战性的工作,担负更多的责任,促使其在工作中做出成绩,满足其自我实现的需要。

(3) 在管理制度上给予员工更多的自主权,实行自我控制,让员工能够充分表现自己的才能,取得自己所希望的成就;让员工参与管理和决策,并共同分享权力。

8.1.4 "复杂人"假设

"复杂人"假设是在 20 世纪 60 年代由美国心理学家和行为科学家沙因等人提出来的。沙因在《组织心理学》一书中把有关人性的假设进行了归纳,提出经过几十年的研究证明,前面所说的"经济人"、"社会人"和"自我实现人",虽然都有其合理的一面,但并不适用于一切人。因为人是复杂的,不仅因人而异,而且同一个人在不同的年龄和情境中会有不同的表现。人会随着年龄、知识、地位、生活以及人与人关系的变化,而出现不同的需要。因此,研究者认为人是复杂的,并提出了"复杂人"的假设。其主要内容有以下几点:

(1) 每个人都有许多不同的需求和不同的能力。人的工作动机不但是复杂的,而且变动性很大。这些动机对应于各种不同的需求。动机的构成不但因人而异,而且同一个人也因时、因地而异,各种动机之间交互作用形成复杂的动机模式。

(2) 人在组织中可以产生新的需要和动机。因此,一个人在组织中表现的动机模式是他原来的动机和组织经验交互作用的结果。

(3) 人在不同的组织和不同的部门中可能有不同的动机模式。在正式组织中不合群的人,在非正式组织中却可能使其社会需要和自我实现需要得到满足。组织的各个部门可以利用成员的不同动机来达到其目标。

(4) 一个人是否感到心满意足、是否肯为组织尽力,决定于他本身的动机构造和他同组织之间的相互关系。工作的性质、本人的工作能力和技术水平、动机的强弱以及与同事间的相处状况,都可能产生影响。

(5) 由于人的需求各不相同,能力有差别,工作性质也不相同,因此对不同的管理方式,各个人的反应是不一样的,没有一套适合于任何时代、任何人的万能的管理方式。

领导者为了有效地影响个人或群体以达到组织的目标,就要运用他所具有的权力。但是,对于不同的人,权力的运用方式应该是不一样的。为了研究各种领导方式的效果,必须以对人性的研究为基础。

总之,行为科学的人性假设理论使人们对人在组织管理活动中的地位和作用有了更深刻的认识,看到了管理的组织结构、策略和方法同人性发展的相互关系,并力图通过建立某种符合人的心理发展规律的管理方式来调动人的内在动力、协调组织内部的人际关系,借以提高组织的效率。因此,在西方管理学界,往往把他们的理论观点称为管理的人力资源学说。这一方面反映了随着资本主义经济的发展,高层次需要对职工的激励作用越来越大;另一方面,也反映了随着资本主义生产过程的技术复杂程度日益提高,对于企业管理来说,调动人的主动性和创造性即发挥人的潜在能力也显得越来越重要。因此,他们所提出的管理主张和管理措施对现实的管理活动具有十分重要的指导意义。当然,不可否认的是,对人性的认识是一个不断深化和复杂的过程,总是带有时代的和历史文化的烙印,需要辩证地加以分析和运用。

8.1.5 人性假设的相关研究

关于对人性不同的看法,引出了各种管理理论和方法。著名的 X、Y 理论其实也是关于人的本性的另一种观点,即从考察管理者和其他人关系这一基本问题着手来探讨领导行为。在此基础上,后人又对 X、Y 理论作了检验和修正,并发展出一些新理论,如莫尔斯的超 Y 理论、阿吉里斯的不成熟—成熟理论等。

8.1.5.1 莫尔斯的超 Y 理论

根据麦格雷戈的研究,显然 Y 理论优于 X 理论,但通过验证人们发现,Y 理论不一定处处比 X 理论优越,无论组织采用的是 X 理论还是 Y 理论,其效率都有高与低。到底在什么情况下采取何种理论或方式为好? 实际上组织中有效的领导方式应该因组织成员的素质而定。管理学家莫尔斯(John J. Morse)和洛希(Jay W. Lorsch)试图以超 Y 理论来回答这个问题。超 Y 理论的主要内容如下:

(1) 人们加入组织的需要和目的是不同的。有人需要明确的规章制度,不喜欢参与决定和承担责任;有人却不怕承担更多的责任,需要有更多的发挥个人创造性的机会。

(2) 组织的目标、工作性质、员工素质等影响组织的结构和管理方式。所以,应采取权变的方式确定组织结构和管理层次、员工的培训和工作分配、工资报酬和控制程度等,使之与工作性质和员工素质相适应。

(3) 要使工作性质与从事工作的人们的需要相结合,采取适当的组织形式和领导方式。

(4) 一个目标达到后,会激起员工的胜任感和满足感,激发他们为达到新的更高的目标而努力。

8.1.5.2 阿吉里斯的不成熟—成熟理论

不成熟—成熟理论是由美国学者阿吉里斯(Chris Angyris)提出的,其目的在于探索领导方式对个人行为和下属在环境中成长的影响。

阿吉里斯认为,一个人由不成熟转变为成熟,主要表现在以下七个方面:由被动转为主动;由依赖转为独立;由少量的行为转为多种行为;由错误而浅薄的兴趣转为较深和较强的兴趣;由只知眼前到能总结过去、展望未来;由附属地位转为同等或优越的地位;由不明白自我到能明白自我、控制自我。他认为,每个人随着年龄的增长,会逐步从不成熟走向成熟,但成熟的进程不尽相同。领导方式是否得当对人的成熟进程很有影响。如果把成年人当小孩对待,总是指定下属从事具体的、过分简单或重复性的劳动,使其无法发挥也不必发挥创造性、主动性,就会束缚他们对环境的控制能力,从而阻碍下属的成熟进程;反之,如能针对下属不同的成熟程度采取不同的领导方式,对不成熟的人适当指点,促其成熟,对较成熟的人创造条件,增加其责任,给予更多的机会,则能激励其更快地成熟。

8.2 领导特质理论

关于领导的研究成果可依其内容大致分为三类:领导特质理论、领导行为理论和领导权变理论。这三类领导理论依次提出对应于领导理论研究的三个阶段。在20世纪40年代以前,有关领导的研究集中在领导者与非领导者相比应具备特殊素质方面;从40年代开始到60年代中期,关于领导的研究主要侧重于领导行为方面,试图根据个体所采取的行为解释领导;从60年代中期开始,领导理论的研究转向权变理论的研究,运用权变模型弥补了先前理论的不足,并将各种研究发现综合在一起。领导理论的变迁表明领导更像是一种风格,它不但强调领导者的实质,也强调领导者的外在表现。

8.2.1 领导特质理论的形成

领导特质理论是研究领导有效性的理论之一。领导特质理论着重研究领导者的品行、素质、修养、目的等,是要说明领导者的个人特性对领导有效性的影响。

这一理论最初是由心理学家开始研究的。他们的出发点是,根据领导效果的好坏,找出好的领导者与差的领导者在个人品质或特性方面有哪些差异,由此确定优秀的领导者应具备的素质。研究者认为,只要找出成功领导者应具备的特点,再考察某个组织中的领导者是否具备这些特点,就能断定他是不是一个优秀的领导者。这种归纳分析法是领导品质理论研究的基本方法。

领导特质理论按其对领导特性来源所作的不同解释,可分为传统领导特质理论和现代领导特质理论。

传统特质理论认为,领导者所具有的品质是天生的,是由遗传因素决定的,而不是后天培养的,他们具有一种超凡的神授能力与魅力。一些重大的政治、经济、社会变革,都与伟人联系在一起,历史仅是伟大人物的传说,如毛泽东、华盛顿、成吉思汗等。当代的伟人学派不仅对历史人物详加研究,还把重点放在一些大企业的领导者身上,介绍他们的身世、事业、个性,试图辨析他们在身体与精神上的先天内在品质。这就是所谓的伟人理论或称天才论。

现代领导特质理论则认为,领导者的品质与特性是在实践中形成的,是可以通过教育训练培养的。先天的素质只是人的心理发展的生理条件,它是可以在社会实践中加以培养与发展的。因此,这一理论主要是从满足实际工作需要和胜任领导工作所需的要求方面来研究领导者应具有的能力、修养、个性等。

8.2.2　对伟人论的否定

伟人论认为伟大的人物和普通的人有很大的差别,只有这些与众不同的人才能发挥杰出领导的作用。因此,其研究重点强调确认领导的特点,而不是解释伟人们所采取的行动。这样就自然和特质论合流了

当代的伟人论研究者们不仅仅局限于研究历史上的伟大领导者,而把重点放在对一些大企业的经理人物做分析研究。这类文献分为两大类:一类是主要介绍经理人员的家庭、教育、社交、事业、个性等;另一类属于对个别管理人员的案例研究。

伟人论的研究着眼于领导品质和领导性格,然而经过十多年的研究,许多人却难以从对领导者们不同的才智、个性、身体等特征所进行的评比中取得一致意见。以研究领导行为而著名的菲德勒曾在比利时海军中就领导者的品质进行过一次研究,结果表明,领导者没有一定比别人高明的品质,与被领导者没有显著的差异。

众多分离领导的先天特质的研究努力均以失败告终。人们并没有找到一些特质因素总能对领导者与下属以及有效领导者与无效领导者进行区分。可是比较乐观的是,大多数人相信,对于所有成功的领导者来说,他们都具备一系列一致而独特的个性特点,不论他们在什么样的组织中工作。

德鲁克也指出:"一般而言,管理者都具有很好的智力、很好的想像力和知识水准。但是一个人的有效性,与他的智力、想像力之间,几乎没有太大的关联。有才能的人往往最为无效,因为他们没有领略到才能本身并不就是成就。他们不知道,一个人的才能,唯有透过有条理、有系统的工作,才能最为有救。"所以,德鲁克认为,有效性是一种后天的习惯,是一系列实践的综合。领导才能是一种成就,是通过努力达到的,而不是与生俱来的。每一位渴望成为领导者的有志者和每一位希望提高自身领导水平的领导者,都可以结合自己的下属情况与环境态势,在上述的各种领导者特性理论中找到最有同感的那几条,把它们作为目标,引导自身素质的不断完善。虽然改变自身的身体、智力、个性和社会等特性非常困难,但是每迈出一步,就离理想的领导境界近了一步。

8.2.3　国外学者对领导者应具有的素质的研究

20 世纪 70 年代以来,有关领导者应具备的素质,国外学者进行了大量的研究。各种研究因为角度不同,得出的结论也包罗万象、各有特色、甚至有所矛盾。下面简单介绍几种研究结果。

8.2.3.1　斯托格第的观点

斯托格第(Ralph M. Stogdill)通过调查,总结出领导者的品格包括以下 9 个方面:

(1) 5 种身体特征,如精力、外貌、身高、年龄、体重等。

(2) 2 种社会性特征,如社会经济地位、学历等。

(3) 4 种智力特征,如果断性、说话流利、知识广博、判断分析能力等。

(4) 16 种个性特征,如适应性、进取心、热心、自信、独立性、外向、机警、支配、有主见、急性、慢性、见解独到、情绪稳定、作风民主、不随波逐流、智慧等。

(5) 6 种与工作有关的特征,如责任感、事业心、毅力、首创性、坚持、对人的关心等。

(6) 9 种社交特征,如能力、合作、声誉、人际关系、老练程度、正直、诚实、权力的需要、

与人共事的技巧等。

8.2.3.2　鲍莫尔的观点

美国普林斯顿大学的鲍莫尔(W. J. Baumol)提出了作为一个企业家应具备的 10 个条件:合作精神、决策能力、组织能力、精于授权、善于应变、敢于求新、勇于负责、敢担风险、尊重他人和品德高尚等。

8.2.3.3　皮奥特维斯基和罗克的观点

在皮奥特维斯基(Piotwisky)和罗克(Roke)两位管理学家于 1963 年出版的一本名为《经理标尺:一种选择高层管理人员》的著作中,对成功经理的个人特性列举如下:

(1) 能与各种人士就广泛的题目进行交谈的能力。

(2) 在工作中既能"动若脱兔",又能"静若处子"。

(3) 关心世界局势,对周围生活中发生的事也感兴趣。

(4) 处于孤立环境和困难局势时充满自信。

(5) 待人处事机巧灵敏,而在必要时也能强迫人们拼命工作。

(6) 在不同的情况下根据需要,有时幽默灵活,有时庄重威严。

(7) 既能处理具体问题,也能处理抽象问题。

(8) 既有创造力,又愿意遵循惯例。

(9) 能顺应形势,知道什么时候该冒险,什么时候谋求安全。

(10) 作决定时有信心,征求意见时谦虚。

8.2.3.4　德鲁克的观点

美国管理学家德鲁克在《有效的管理者》一书中指出了 5 种有效领导者的特性,并指出它们是可以通过学习掌握的,这 5 种特征包括:

(1) 知道时间该花在什么地方,领导者支配时间常属于被动地位,所以有效的领导者都善于系统地安排与利用时间。

(2) 致力于最终的贡献,他们不是为工作而工作,而是为成果而工作。

(3) 重视发挥自己的、同事的、上级的和下级的长处。

(4) 集中精力于关键领域,确立优先次序,做好最重要的和最基本的工作。

(5) 能作出切实有效的决定。

8.2.4　我国学者对领导者素质的研究

我国学者也对领导者的品质进行了一系列的研究,许多专家学者都撰写文章,提出领导者应具备的素质。概括起来,领导者应具备以下四方面的素质:

(1) 精神素质。

作为一个组织的领导者,应具备良好的精神品质和工作作风。具体地说,就是要具有强烈的事业心和责任感;要有创新精神、拼搏精神、奉献精神;要有竞争意识、人才观念、效益观念;要具有良好的生活作风,遵纪守法,品行端正,不搞特殊化等。

(2) 知识素质。

作为一名领导者,在从事管理工作的时候,面对的是各种各样的人和复杂的工作,而人和管理工作都具有很多不确定性,涉及多方面的知识,这就要求领导者具有广博的知识,要求掌握有关的法规和政策,具备经济和管理知识以及心理学、社会学、领导学及某些必备的科技专业知识。对于不同层次的领导者,在知识方面的要求是不同的,越是高层次的领导者,知识面要求就越要宽。

（3）能力素质。

能力在领导者素质中占有重要地位,一个人能否成为优秀的领导者,除了精神素质外,主要取决于其能力素质。能力来源于学习、实践和经验。作为领导者,起码应具有良好的决策能力、与人共事的能力、识人用人能力和较强的自我控制能力。

（4）身体素质。

领导者要体魄健壮,精力充沛,能够胜任繁忙的工作。

8.2.5　领导特质理论的评价

有人认为,领导特质理论不是一种研究领导的好方法。因为并非所有成功的领导者都具备上述特质理论所描述的品质,而且许多非领导者可能具备上述的大部分甚至全部品质,而且几乎没有哪一种品质是所有领导者所共有的。所以,领导特质理论无法指出哪些素质是领导者必需的,而且也无法对各种品质的相对重要程度作出评价。各研究者所列的领导者特性,大都是描述性的,并没有说明领导者应在多大程度上具有某种品质。并且,各种领导特质理论所显示的结果相当不一致,这是因为领导特质理论忽略了被领导者和环境的作用。我们应该看到,单纯的特质对解释领导能力来说并不充分,完全以特质为基础的解释忽视了情境因素。具备恰当的特质只能使个体更有可能成为有效的领导人,但他还需要实施正确的活动。而且,在一种情境下正确的活动在另一种情境下却未必正确。把领导活动割裂在被领导者因素和环境因素之外,仅从领导者自身研究,就会产生相互重叠甚至相互矛盾的结果。

尽管如此,这些理论并非一无用处,一些研究表明了个人品质与领导有效性之间确实存在着相互联系。此外,领导特质理论系统地分析了领导者应具备的条件,向领导者提出了要求和希望,这对于我们培养、选择和考核领导者也是有帮助的。

在考察与领导高度相关的特质方面,得到的结果却相当瞩目。众多的研究者发现领导者有 6 项特质不同于非领导者,主要表现在进取心、领导愿望、诚实与正直、自信、智慧、工作相关知识这六个方面,如表 8-1 所列。

表 8-1　　　　　　　　　　　　　　　成功领导者的特质

进取心	领导者表现出高努力水平,拥有较高的成就渴望,他们进取心强,精力充沛,对自己所从事的活动坚持不懈,并有高度的主动精神
领导愿望	领导者有强烈的愿望去影响和领导别人,表现出乐于承担责任
诚实与正直	领导者通过真诚、无欺以及言行高度一致而在他们与下属之间建立相互信赖的关系
自信	下属觉得领导者从不缺乏自信,领导者为了使下属相信他的目标和决策的正确性,必须表现出高度的自信
智慧	领导者需要具备足够的智慧来收集、整理和解释大量信息,并能够确立目标、解决问题和作出正确决策
工作相关知识	拥有较高的知识水平、广博的见识的领导者对于公司、行业和技术事项能够作出富有远见的决策,并能理解这种决策的意义

　　另外,最近的研究表明,个体是否是高自我监控者(在调节自己行为以适应不同环境方面具有很高的灵活性)也是一项重要因素,高自我监控者比低自我监控者更易于成为群体中的领导者。

　　总之,半个多世纪以来的大量研究使我们得出这样的结论:具备某些特质确实能提高领导者成功的可能性,但没有一种特质是成功的保证。

　　为什么特质理论在解释领导行为方面并不成功? 有研究表明至少有四个原因:第一,它忽视了下属的需要;第二,它没有指明各种特质之间的相对重要性;第三,它没有对因与果进行区分(如到底是领导者的自信导致了成功,还是领导者的成功建立了自信;第四,完全以特质为基础的特质理论忽视了情境因素。单纯的特质对解释领导来说并不充分,具备恰当的特质只能使个体更有可能成为有效的领导者,但它还需要采取有效的活动。而且,在一种情境下正确的活动在另一种情境下却未必正确。这些方面的欠缺使得研究者的注意力转向其他方向。因此,虽然在过去的 10 年中研究者对特质理论表现出复苏的兴趣,但从 20 世纪 40 年代开始,特质理论就已不再占据主导地位了。40 年代末至 60 年代中期,有关领导的研究着重于对领导者偏爱的行为风格的考察。

8.3　领导行为理论

　　由于领导特质理论在解释领导行为的有效性问题上出现了困难,于是人们把研究的重点转移到领导者的工作行为本身,试图从工作行为的特点上来说明领导的有效性,也就由此产生了领导行为理论(Behavioral theories of leadership)。领导行为理论侧重于领导的行为分析,它关心的两个基本问题是:第一,领导是怎么做的,即领导的行为表现是什么;第二,领导是怎样或以什么方式来领导群体的。

8.3.1　勒温的领导风格研究

　　关于领导行为的研究,最早是由美国依阿华大学著名心理学家勒温(P. Lewin)进行的。勒温和他的同事们从 20 世纪 30 年代起就进行了关于团体气氛和领导风格的研究。勒温等人发现,团体的领导并不是以同样的方式表现他们的领导角色,领导者们通常使用不同的领导风格,这些不同的领导风格对团体成员的工作绩效和工作满意度有着不同的影响。勒温等研究者力图科学地识别出最有效的领导行为,他以权力定位为基本变量,通过试验研究不同的工作作风对下属群体行为的影响,认为存在着三种典型的领导工作方式,即专制型方式、民主型方式、放任型方式。勒温认为,这三种不同的领导风格,会造成三种不同的团体氛围和工作效率。

　　(1) 专制型方式。

　　专制型领导方式是指以力服人,靠权力和强制命令让人服从的领导方式,它把权力定位于领导者个人手中。其特点是:独断专行,所有的决策由领导者自己作出,从不考虑别人的意见;领导者亲自设计工作计划、指定工作内容和进行人事安排,下属没有参与决策的机会,只能察言观色、奉命行事;主要靠行政命令、纪律约束、训斥和惩罚进行管理,只有偶尔的奖励;领导者很少参加群体活动,与下属保持一定的心理距离,没有感情交流。

　　(2) 民主型方式。

　　民主型领导方式是指以理服人、以身则的领导方式,它把权力定位于群体。其主要特点是：领导者总是将拟采取的行动和决定与下属商量，并且鼓励他们参与管理。所有的政策是在领导者的鼓励和协助下由群体讨论决定的；分配工作时尽量照顾到个人的能力、兴趣，安排下属工作时给予较大的自由度、较多的选择性和灵活性；主要以正式权力和威信，而不是靠职位权力和命令使人服从进行管理；领导者积极参与团体活动，与下属无任何心理上的距离，沟通顺畅。

（3）放任型方式。

采用放任型领导方式的领导者极少运用自己的权力，对组织成员的工作基本上是事先无布置、事后无检查，权力定位于组织中的每一个成员。他们给予下级从事业务活动的高度的独立性，让下级设置自己的目标和实现目标的方法。他们认为，领导者的作用主要在于为下属提供信息和做好与外界的联系工作，总之是为下属的工作创造有利条件。

勒温认为，在实际工作中，三种极端的领导方式并不常见，大量的领导人采纳的工作作风往往是处于三种极端类型之间的混合型，如图 8-1 所示。

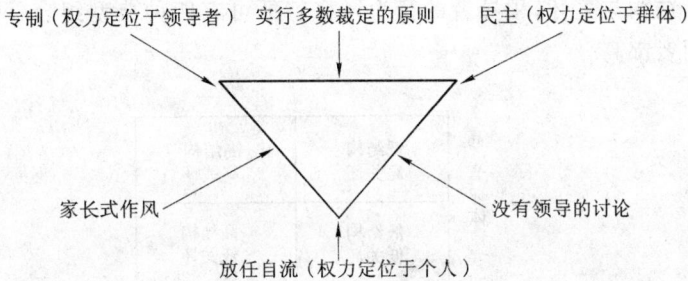

图 8-1　三种领导方式特点示意图

为了分析不同领导方式对群体成员所产生的影响，勒温于 1939 年进行了不同领导方式对群体影响的实验。他把一群 10 岁的儿童分成三个小组，由三个经过专门训练、代表三种典型的领导方式的成人轮流在各小组担任领导，组织儿童从事制作面具的活动，使每个小组都经受专制方式、民主方式和放任自流方式的领导。实验结果表明，三种不同的领导方式对群体产生的影响差别很大。放任型领导方式工作效率最低，只达到社交目标而完不成工作目标，产品的数量和质量都很差。专制型领导方式虽然通过严格的管理，使群体达到了工作目标，但群体成员没有责任感，情绪消极，士气低落，争吵较多。民主型领导方式的工作效率最高，群体不但达到了工作目标，而且达到了社交目标，儿童们表现得很生动、很成熟，并显示出较高的积极性。

勒温的实验研究虽然带有很大的人为性，但他首先以权力定位为基本变量，对领导方式进行了分类，并提出了不同领导作风对群体产生的不同影响，为后人进行领导心理的研究、选择理想的领导方式提供了一定的依据，开辟了一条新的途径，有一定的积极意义。但是究竟哪一种领导方式最理想，并没有统一的最后的结论。

勒温能够注意到领导者的风格对组织氛围和工作绩效的影响，区分出领导者的不同风格和特性并以实验的方式加以验证，这对实际管理工作和有关研究非常有意义。许多后续的理论都是从勒温的理论发展而来的。但是，勒温的理论也存在一定的局限。这一理论仅仅注重了领导者本身的风格，没有充分考虑到领导者实际所处的情境因素，因为领导者的行为是否有效不仅仅取决于其自身的领导风格，还受到被领导者和周围环境因素影响。

8.3.2 领导行为四分图理论

1945 年起,美国俄亥俄州立大学工商企业研究所发起了对领导行为研究的热潮。在斯多基尔(Ralph Stogdill)、弗莱西曼(Edwin Fleshman)及其同事的领导下,对大型组织的领导行为做了一系列深入研究,他们用高度概括的方法,通过对 1 000 多种描述领导行为的因素进行筛选,发现总有两种领导行为凸显出来,他们把这两种行为叫做"创立结构"(initiating structure)与"关怀体谅"(consideration)。

创立结构是指把重点放在完成组织绩效上的领导行为,如把任务规定得很明确,组织得条理分明,任务委派得职责分明,并使用职权与奖惩去监督和促使绩效目标的实现,这是一种重视任务的领导行为。

关怀体谅则指信任、尊重下级,友爱温暖,关怀下级个人福利与需要,上、下级沟通对话并鼓励下级参与决策的制定,这是重视下级及人际关系的领导行为。

这两种因素虽有一定关联,但却是基本分开的、独立的。图 8-2 是就此所作的图解,两个维度分别代表结构与关怀,领导者的行为风格特征可有四种典型组合:两者都低,此高彼低,此低彼高,两者都高。

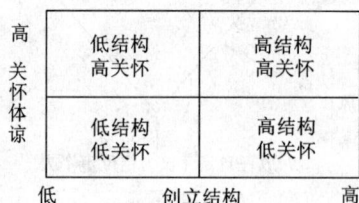

图 8-2　领导行为的四分图

该项目的研究者认为,关怀体谅和以创立结构这两种领导方式不应是相互矛盾、相互排斥的,而应是相互联系的,一个领导者只有把这两者相互结合起来,才能进行有效的领导。因此,研究者们逐渐形成一种称为"双高假说"的认识,认为最好的、最有效的领导方式就是兼顾关怀与结构、关系和任务两方面的。

然而,"双高假说"并未获得实证研究的支持。关怀和结构都可能是成功的原因,两者一起也能导致成功,但有时两者都不能。原因可能是"双高假说"过于简化了,其实关怀与结构都是较广的领导风格,各自包含了许多子因素。因此,四种领导行为哪种好、哪种差,不能一概而论,要根据具体情况而定。

8.3.3 管理方格理论

在美国俄亥俄州立大学提出的领导行为四分图的基础上,美国德克萨斯大学教授、行为科学家罗伯特·布莱克(Robert R. Blake)和简·莫顿(Jane S. Mouton)在 1964 年出版的《管理方格》一书中,在"关心人"和"关心生产"的二维基础上提出了管理方格理论(Managerial grid)。该书于 1978 年修订再版,改名为《新管理方格》。

管理方格理论为领导风格的概念化提供了框架。它主要强调的并不是产生的结果,而是领导者为了达到这些结果应考虑的主要因素。布莱克和莫顿用一张九等分的方格图组成一个二维矩阵。横坐标表示管理者对工作的关心程度,纵坐标表示对人的关心程度。纵横共组成 81 个小方格,每个小方格代表一种领导方式,其中有 5 种典型的领导风格,如图 8-3 所示。

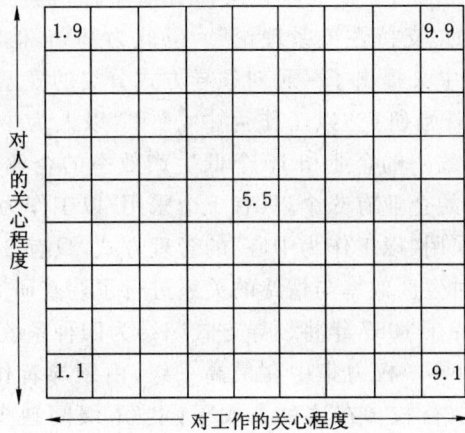

图 8-3　管理方格图

这 5 种典型的领导风格分别是:

(1) 贫乏型管理,即图中 1.1 管理方式。采取这种领导方式的管理者希望以最低限度的努力来完成组织的目标,对员工和工作均不关心,这是一种不称职的管理。

(2) 俱乐部型管理,即图中 1.9 管理方式。管理者只注重搞好人际关系,友好待人,态度轻松,以创造一个舒适的、友好的组织气氛和工作环境,而不太注重工作效率,这是一种轻松的领导方式。

(3) 任务型管理,即图中 9.1 管理方式。管理者对工作高度关心,全神贯注于任务的完成。但对人则很少关心,很少关心下属的成长和士气。在安排工作时,尽力把人的因素的干扰减少到最低限度,以求得高效率。

(4) 团队型管理,即图中 9.9 管理方式。管理者对工作和人的关心都有高标准的要求,他们既重视人的因素,通过与员工的互敬互信,依靠群体的协作来取得成果;又十分关心工作,努力协调各项活动,使它们一体化,从而促进生产。这是一种协调配合的管理方式。

(5) 中间型管理,即图中 5.5 管理方式。管理者对人和工作都有适当的关心,在关心人和关心工作两者间取得平衡,既有正常的效率完成工作任务,又保持一定的士气,这是一种中间式管理。

到底哪一种领导方式最好呢? 布莱克和莫顿组织了很多研讨会,绝大多数参加者都认为 9.9 型最佳,也有不少人认为 9.1 型好,其次是 5.5 型。布莱克和莫顿也认为 9.9 型领导方式最为有效。

需要指出的是,布莱克和莫顿所主张的 9.9 型领导方式只能说是一种理论上的理想模式,现实中要达到这样一种理想的状态并不容易。但他们提出的对人的关心与对工作的关心应当结合的观点在现实中具有重要指导意义。因为现实中的领导者虽然不一定都能够达到对工作与对人同等的高强度的关心,但在一定程度上使两者结合起来,不仅是必需的,也是可能的。管理方格理论还为领导者正确评价自己的领导行为及培训管理人员使其掌握最佳领导方式提供了有效的指导。

8.3.4 利克特的领导系统模式

利克特(Likert)曾任美国密歇根大学社会研究所主任,他在 1961 年出版的《管理的新模式》一书中提出了著名的"支持性关系理论"。以此为基础,他在 1967 年出版的《人群组织:它的管理及价值》一书中又提出了一种对领导方式分类的模型,即利克特领导系统模式。

1947 年以来,利克特开始研究"以工作为中心"和"以人为中心"两种领导方式哪种有效。他观察了 7 个高生产效率的企业和 10 个低生产效率的企业,发现在高效率企业中,采用以"人为中心"管理方式的企业有 6 个,只有 1 个采用"以工作为中心"的管理方式;在低效率的企业中,有 7 个企业采用"以工作为中心"的管理方式,只有 3 个企业采用"以人为中心"的管理方式。同时,他还对生产效率与情绪的关系进行了调查研究。

经过长期研究,利克特在 1967 年将领导方式归结为四种系统,如图 8-4 所示。

系统 1:专权独裁式领导。权力集中在最高一级,由领导者作决定,下级无任何发言权,只有执行权。在这种方式下,上、下级间缺少交往,领导者对下级缺乏信任,下级对领导也心存戒惧。只有自上而下的沟通,上级与下级之间的接触都是在互不信任的气氛中进行;激励主要用恐吓和惩罚的方法,偶尔也用奖赏;在这种方式下,最容易形成与正式组织目标相对立的非正式组织。

系统 2:温和独裁式领导。权力控制在最高一级,但授予中下层部分权力。领导者对下属采取父母对子女的方式,类似主仆间的信任,有一种较谦和的态度,但下级也有恐惧戒备心理,交往是在上级屈就和下级畏缩的气氛下进行。有一定程度的自下而上的沟通;激励方法是奖赏与惩罚并用;在这种方式下,通常也会形成非正式组织,但其目标不一定与正式组织的目标相对立。

图 8-4 利克特领导系统

系统 3:协商式领导。领导者对下属有一定程度的信任,但重要任务的决定权仍在最高一级,不过中下层有较低层次的决策权,上、下级间有双向的信息沟通。双向沟通在相当信任的情况下进行;激励基本采用奖励方法,偶尔也实行惩罚;在这种方式下,可能产生非正式组织,但它可能支持组织的目标,只有部分反对组织的目标。

系统 4:参与式民主领导。这是利克特的理想体系。上、下级之间彼此平等信任,下属参与管理,有问题互相协商讨论,共同制定目标,最高领导者最后决策。上、下级之间不仅有双向的沟通,还有平行的沟通。非正式组织和正式组织融为一体,所有的力量都为实现组织目标而努力;组织目标与职工的个人目标也是一致的。

利克特认为,一个组织的领导类型可以用 8 项特征来描述:① 领导过程;② 激励过程;③ 交流沟通过程;④ 相互作用过程;⑤ 决策过程;⑥ 目标设置过程;⑦ 控制过程;⑧ 绩效目标。

以系统 4 为例,其特征列举如下:

领导过程:在上、下级间灌输互信精神,可以无拘无束地交换意见、讨论问题。

激励过程:通过参与管理,广泛调动职工积极性,职工对公司以及公司的目标抱积极态度。

交流沟通过程:组织内上下左右之间信息畅通,不被歪曲。

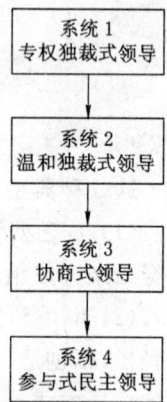

相互作用过程:做到公开和广泛,上、下级对于各部门的目标和活动都能起到作用。

决策过程:各组织都采取集体决策方式。

目标设置过程:鼓励集体参与目标设置,目标高标准,并切合实际。

控制过程:控制过程渗透到公司各个角落,全体人员都关心信息,实行自我控制。控制的出发点是解决问题而不是追究责任。

绩效目标:目标是高标准的,并为管理部门所积极追求。

为鉴别一个组织的领导类型,利克特根据这两项特征的指标设计了一套问卷表。利克特通过对很多公司的调查,发现系统 4 的企业生产效率要比一般企业高 10%～49%,因此,他建议领导者要真心诚意地让职工参与管理,要看到职工的智慧,相信他们愿意搞好工作。他认为独裁式的管理永远不能达到民主管理体制所能达到的生产水平和对工作的满意感。因此,他大力提倡系统 1、系统 2 型的企业必须向系统 3、系统 4 型的企业转变。

8.3.5　威廉·雷定的三维理论

20 世纪 70 年代美国管理学家威廉·雷定(Willian J. Reddin)由上述二维理论进而得到了三维理论。他在《管理的效率》一书中提出,有效的领导方式取决于三个因素:① 对工作的关心;② 对员工的关心;③ 领导效能的高低。

如前所述,与管理方格理论中对人的关心和对工作的关心相似,雷定把领导方式分为 4 种类型:

(1) 分离型,既不重视人际关系又不重视工作和任务,两者是分离的。

(2) 密切型,重视人际关系,不重视工作和任务。

(3) 尽职型,对工作关心程度很高,对员工不够关心。

(4) 整合型,兼顾群体需求和任务的完成,能通过群体合作实现目标,两者结合得较好。

雷定的三维理论的特点在于第三构面——领导效能。他并不简单地认为上述哪一种领导方式最具有效能,而是每一种方式都有可能产生效能,也可能没有效能,所以领导效能应该是一项独立的构面。由此在上述 4 种基本领导方式的基础上产生了 8 种领导模式,见表8-2。

表 8-2	三维构面的领导模式			
	密切者	分离者	尽职者	整合者
高效能的	培育者	官僚者	开明专制者	有效执行者
低效能的	传授者	冷漠者	专制者	折中者

8.3.6　领导行为理论的评价

领导行为理论的研究,从行为类型的角度探讨了有效领导问题,同时引入了被领导者的制约影响因素,比特质理论是一个进步。领导行为理论的最大特点是从行为的维度对领导进行了分类,从而说明了什么样的领导最为有效,它强调了行为间的交互影响。

如果领导的行为理论成功,它所带来的实际意义将与特质理论截然不同。如果特质理论成功,则提供了一个为组织中的正式领导岗位选择"正确"人员的基础;如果行为研究找到了领导方面的关键决定因素,则可以通过培训使人们成为领导者。

特质理论与行为理论在实践意义方面的差异源于二者深层的理论假设不同:如果特质

理论有效,领导从根本上说就是天生的,你要么就是要么就不是一个领导者;相反,如果领导者具备一些具体的行为,则领导是可以培养的,即通过设计一些培训项目把有效的领导者所具备的行为模式移植到个体身上。这种思想显然前景更为光明,它意味着领导者的队伍可以不断壮大,通过培训可以拥有无数有效的领导者。

然而特质理论和行为理论都忽略了情境的影响,认识到这一点后,人们开始重视情境对有效领导的影响。

8.4 领导情境理论

领导情境理论又称领导权变理论(Contingency theories of leadership),主要是探讨各种情境因素怎样影响领导者素质和行为与领导成效的关系,认为在不同的情境下需要不同的领导者素质和行为,才能达到有效地领导。

人们越来越清楚地认识到,为了预测领导的成功而对领导现象进行的研究其实比分离特质和行为更为复杂。由于未能在特质和行为方面取得一致的结果,使得人们开始重视情境的影响。领导风格与有效性之间的关系表明:X 风格在条件 A 下恰当可行,Y 风格则更适合于条件 B,Z 风格更适合于条件 C。但是,条件 A、B、C 到底是什么呢? 这说明了两点:第一,领导的有效性依赖于情境因素;第二,这些情景因素可以被分离出来。

对影响领导效果的主要情境因素进行分离的研究很多。在领导权变理论的发展过程中,人们经常使用的中间变量有:工作的结构化程度、领导者—成员的关系质量、领导者的职位权力、下属角色的清晰度、群体规范、信息的可得性、下属对领导决策的认可度、下属的工作士气等。

领导权变理论关注的是领导者与被领导者的行为和环境的相互影响。该理论认为,一种具体的领导方式不会到处都适用,有效的领导行为应随着被领导者的特点和环境的变化而变化。这种关系可以用下式来表示:

$$E = f(L, F, S)$$

式中 E——领导的有效性;

L——领导者;

F——被领导者;

S——环境;

f——函数关系。

下面主要介绍领导行为的连续体模式、菲德勒模式、情境领导理论(领导生命周期理论)、途径—目标理论、领导参与模式五种具有代表性的领导权变理论。

8.4.1 领导行为的连续体模式

领导行为的连续体模式是美国加利福尼亚大学教授、行为科学家坦南鲍姆(Tannenbaum)和施米特(Schmidt)于 1958 年在《哈佛商务评论》上合作发表的《如何选择领导模式》一文中首次提出的。他们认为在独裁和民主两个极端之间存在着一系列的领导行为方式,构成一个连续分布的连续体。这就是说一切领导方式不可能固定不变,而是随着环境因素的变化而变化,不是机械地只从独裁和民主两方面进行选择,而是按客观需要把两者结合起来运用。连续体模式表明了一系列民主程度不同的领导方式,有效的领导方式就是能在特定的时间和地点条件下选择适当的领导行为。

领导行为的连续体模式如图 8-5 所示,它以领导者(经理)运用职权的程度和下属享有自主权的程度为基本特征变量,以高度专权来严密控制的、以上级为中心的领导模式为左端,以高度放手间接控制的、以下属为中心的领导模式为右端,划分出了 7 种具有代表性的典型领导方式。

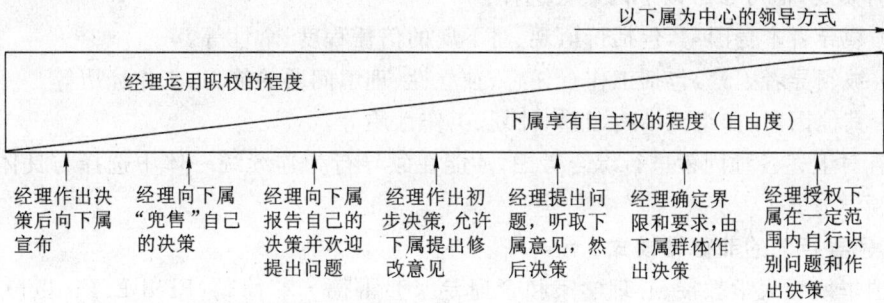

以下属为中心的领导方式

| 经理运用职权的程度 | | | | | | |
| 下属享有自主权的程度(自由度) | | | | | | |

经理作出决策后向下属宣布 | 经理向下属"兜售"自己的决策 | 经理向下属报告自己的决策并欢迎提出问题 | 经理作出初步决策,允许下属提出修改意见 | 经理提出问题,听取下属意见,然后决策 | 经理确定界限和要求,由下属群体作出决策 | 经理授权下属在一定范围内自行识别问题和作出决策

图 8-5 领导行为的连续体模式

坦南鲍姆和施米特认为,领导者应根据领导者、下属、环境三个方面的因素,有针对性地在一系列备选领导方式中选出最恰当的一种。

坦南鲍姆和施米特认为,应考虑的领导者个人的因素包括他们的价值观、对下级的信任、对专断与民主的基本倾向以及与下级共同决策带来的不确定性是否会威胁他自己;下属方面的因素则包括下属追求自主的意愿强度、他们是否愿承担责任、对情况不明的耐力、对解决问题的兴趣和赋予它的重要性以及他们自己的目标与组织目标的一致性以及他们对有待解决问题的了解、知识和经验等;要考虑的情境因素包括组织的类型、规模,还包括各下属单位距离的远近,尤其是对职工参与的信念,工作群体作为一个能顺利发挥其功能的集体的成熟程度,决策时限是否紧迫等。

由于坦南鲍姆和施米特在研究领导方式上摆脱了两极化倾向、统一基本参变量渐变的构思反映出领导模式的多样化,同时又没有简单化地宣布何者正确、何者错误,因此,显示出比较切合实际工作的真实图景。该理论首次提出考虑多种因素对采用领导方式的影响,开创了权变论的先河。

1973 年,两位作者回顾了 15 年来的种种变化,对自己的理论作了修改和补充,被《哈佛商务评论》列为经典论著在 5～6 月号上重新发表。他们改变了先前将影响领导方式的因素和条件看成是既定和不变的观点,认为它们都是相互影响和动态的。在讨论环境因素时,将其扩展到组织外部的各种力量,以及组织与社会环境的关系;改称下属为非经理人员,认为下属带有附属于别人的轻蔑意味,而经理与非经理人员的区别在于分工不同,不在于地位的高低。根据上面的考虑及新的组织管理理论(如组织发展理论、开放系统理论)、激励理论的新发展以及社会责任和社会效益问题等,给出了新的"经理—非经理人员领导模式连续分布场"。

坦南鲍姆和施米特认为,民主与独裁仅是两个极端的情况,这两者中间还存在着许多种领导行为。如图 8-5 列举的 7 种有代表性的领导方式,这些方式构成了领导行为的连续统一体。从左至右,管理人员运用职权的程度渐减,而部属享有的自由度渐增。左端是独裁的领导行为,这种领导人通常自己决定一切政策,严密控制下属,只告诉下属工作所需的事项;反之,右端是民主的领导行为,采用这种领导方式的管理者,允许下属发表意见,对下属控制宽松,鼓励下属回馈信息。

领导行为连续体理论对于管理的意义在于其可以帮助管理者判别自己的领导风格,启发管理者根据具体情况对其行为进行不同的选择。虽然不能断然决定哪一种模式是最好的领导行为模式,但可参考以下因素去选择:

(1) 领导者本身因素,包括价值观、对下属的信任程度、个性等。

(2) 被领导者因素,包括工作责任感、独立性、理解问题的能力、工作经历等。

(3) 其他因素,如组织结构、组织计划、工作性质等。

只有对上述各种因素进行综合考虑,才能在领导行为连续统一体中选择与具体情况相适宜的领导方式。

8.4.2　领导行为的菲德勒模式

美国华盛顿大学教授、心理学家和管理专家弗雷德·菲德勒(Fred E. Fiedler)从 1951年起,经过 15 的年研究,1965 年在《哈佛商务评论》9～10 月号上发表了《让工作适合管理者》一文,之后又陆续发表了《权变模型——领导效用的新方向》(1974)、《领导游戏:人与环境的匹配》(1976)等文章,系统地阐述了一种领导权变理论,人们称之为"菲德勒模式"(Fiedler contingency model of leadership)。

(1) 基本原理。

菲德勒权变模式指出,有效的群体绩效取决于与下属相互作用的领导者的风格和情境对领导者的控制和影响程度之间的合理匹配。

与领导行为理论不同,权变理论不认为有能适用于一切情景的惟一最佳的领导风格,而认为各种领导风格在对应的不同的情景中最有效。不过菲德勒的"权变"并不"彻底",他认为人们的基本领导风格是他们的一种内在倾向,属于个性的一部分,要改变它并非不可能,但至少也是长期而艰巨的事。所以领导者应首先摸清自己及所辖的下属的领导风格,并争取使自己和下属委派到最适合各自风格的情境中去,以实现最佳领导效能,即让工作适合管理者。

(2) 诊断领导风格的独特指标——LPC。

菲德勒相信影响领导成功的关键因素之一是个体的基础领导风格,因此,他首先试图发现这些基础的领导风格是什么。为此,他开发了 LPC 领导风格诊断问卷。LPC 是英语"最不愿与之共事的同事"(least preferred co-worker)的缩写。需要注意的是,LPC 不是包括一切方面,而只是在工作中最难与之交往而把任务完成的人;但他也许在看球、闲谈等方面还可以跟你谈得来。

菲德勒通过运用"最不愿与之共事的同事"的调查问卷测量个体是任务取向型还是关系取向型。该调查问卷首先要求自我诊断者想出并认定自己的工作经历中遇到过的一个最难与之共事的具体的人,可以是现在的同事,也可以是过去的,然后利用 16 对极端相反的形容词来描述此人,如快乐—不快乐、开放—防备、高效—低效等。自我诊断者在这 16 对形容词中用 1～8 的分数等级对该同事进行评价,然后把这 16 项分数相加,即得到此人的 LPC 得分。

菲德勒认为,人们如何描述自己的 LPC 能说明他自己的内在倾向与领导风格。LPC

得分高的人表现了重关系的风格,因为即使对一个自己认为是最难共事的人评价也不太坏,说明他必想到此人工作活动以外的其他表现。LPC 得分低的人则侧重任务,因为他必只想到此人工作的表现,可见最关心的是工作了。

但是,LPC 究竟是什么以及它是否真能单独地说明一个人领导行为的倾向性一直存在着争议。

（3）领导情境的确定。

菲德勒认为 LPC 得分高和得分低的人分别在不同情境下有效,但情境性质应怎样判定呢? 菲德勒提出从下列三个方面去确定情境的特征:

第一,上、下级关系（leader member relations）。这是最重要的考虑因素,菲德勒设计了一种问卷判断这种关系是好是坏。

第二,任务结构（task structure）。若目标明确,职责分明,有现成程序、规则可遵循来完成任务,即为任务结构性高,这是判断情境因素的次重要因素。任务结构性的高低也靠一种专门的问卷来测定。

第三,职位权力（position power）。这是确定情境因素相对来说较不重要的因素,也由专门设计的问卷来测定。

这三种情境因素可搭配成 8 种组合,如图 8-6 所示。其中上、下级关系好、任务结构性高而职权又大,有最大的情境控制与影响力,属最有利的领导情境;反之,上、下级关系不好,任务结构性低而职权又小,对情境控制与影响力最小,属最不利的情境。

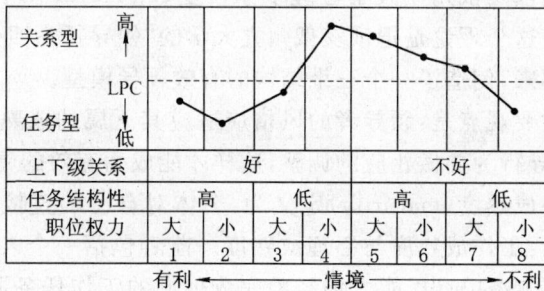

图 8-6　菲德勒模式

（4）领导风格—情境的匹配。

菲德勒发现,三种情境因素的重要性并不相同,对情境控制力影响最大的是上、下级关系,它若不好,控制力降低。次重要的是任务结构性,它若也偏低,对情境的控制力将进一步削弱。职权大小最不重要,但若偏小,当然也不利。

菲德勒指出,当个体的 LPC 分数与三项权变因素的评估分数相匹配时,则会达到最佳的领导效果。菲德勒研究了 1 200 个工作群体,对 8 种情境类型的每一种均对比了关系取向和任务取向两种领导风格。由此他得出结论:任务取向的领导者在非常有利的情境和非常不利的情境下工作得更好;在情境从有利到较有利（情境 1 至 3）或很不利（情境 8）时,任务型的（LPC 分较低）领导风格较有效;情境有利性中等（情境 4 至 7）时,则关系型（LPC 分较高）的领导风格较有效。

根据这些发现,菲德勒主张应该设法使人们的领导风格与相应有效的情境相匹配,使各展所长,人尽其用。

值得关注的是,菲德勒认为一个人的领导风格是较为稳定的。如果情境要求任务取向的领取者,而在此岗位上的是关系取向的领取者时,要想达到最佳效果,则要么改变情境,要么替换领导者。菲德勒认为一个人的领导风格是与生俱来的,个人不可能改变自己的领导风格去适应变化的情境。

菲德勒编写了整套的自导式训练课程,使领导者通过按部就班的自学,测定自己或部下的领导风格和判定面临的情境的性质,并学会如何去实现自己的或下级的领导风格与情境相匹配。

总体来说,大量研究对菲德勒模型的整体效度进行了考察,并得出十分积极的结论。也就是说,有相当众多的证据支持这一模型。但是该模型目前也存在一些欠缺,可能还需要增加一些变量进行改进或弥补。另外,在 LPC 量表以及该模型的实际运用方面也存在一些问题。例如,LPC 量表的逻辑实质尚未被很好地认识;一些研究指出回答者的 LPC 分数并不稳定;三项权变变量对于实践者进行评估较为复杂,在实践中很难确定领导—成员的关系有多好,任务的结构化程度有多高,领导的职位权力有多大。

8.4.3　赫塞—布兰查德的情境领导理论

另一个被广泛推崇的领导权变模型是保罗·赫塞(Paul Hersey)和肯尼思·布兰查德(Kenneth Blanchard)开发的情境领导理论(Situational leadership theory),这是一个重视下属的权变理论,又被称为领导生命周期理论(Life cycle theory of leadership)。

这个理论是由美国俄亥俄州立大学心理学家科曼(A. Korman)首先提出,其后由赫塞和布兰查德予以发展。这个理论是把俄亥俄州立大学的"领导行为四分图"与阿吉里斯的不成熟—成熟理论结合起来,创造了一个三维结构的有效领导模型。

情境领导理论的主要观点是:领导者的风格应适应其下属的成熟程度。在被领导者渐趋成熟时,领导者的领导行为要做相应的调整,这样才能成为有效的领导。

赫塞和布兰查德将成熟度(maturity)定义为:个体对自己的直接行为负责任的能力和意愿。它包括两项要素:工作成熟度与心理成熟度。前者包括一个人的知识和技能。工作成熟度高的个体拥有足够的知识、能力和经验完成他们的工作任务而不需要他人的指导。后者指的是一个人做某事的意愿和动机。心理成熟度高的个体不需要太多的外部鼓励,他们靠内部动机激励。

虽然情境领导理论使用的两个领导维度与菲德勒的划分相同:任务行为和关系行为。但是,赫塞和布兰查德更向前迈进了一步,他们认为每一维度有低有高,从而组合出以下四种具体的领导风格:

(1)指令(高任务—低关系)。领导者定义角色,告诉下属应该干什么、怎么干以及何时何地去干。

(2)推销(高任务—高关系)。领导者同时提供指导性的行为与支持性的行为。

(3)参与(低任务—高关系)。领导者与下属共同决策,领导者的主要角色是提供便利条件与沟通。

(4)授权(低任务—低关系)。领导者提供极少的指导或支持。

赫塞—布兰查德的情境领导理论还划分了成熟度的四个阶段,分别是:

第一阶段,这些人对于执行某任务既无能力又不情愿。他们既不胜任工作又不能被信任。

第二阶段,这些人缺乏能力,但却愿意从事必要的工作任务。他们有积极性,但目前尚缺乏足够的技能。

第三阶段,这些人有能力却不愿意干领导者希望他们做的工作。

第四阶段,这些人既有能力又愿意干领导让他们做的工作。

情境领导理论认为,随着从不成熟走向成熟,领导行为应按图 8-7 所示的下列程序逐步推移。图的上面部分的曲线表示变动着的领导方式,下面部分表示下级的成熟度。右边代表不成熟,由右向左逐渐成熟,用 M_1、M_2、M_3、M_4 表示不同的成熟程度。领导方式大致可分为四种,用四个象限表示。

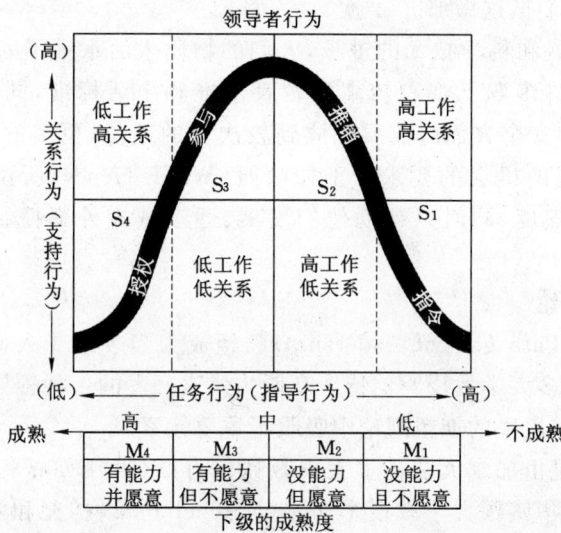

图 8-7　赫塞—布兰查德的情境领导理论

第一象限 S_1:指令型。高工作低关系,适用于低成熟度(M_1)的情况。下级的平均成熟度处于不成熟阶段,领导者以单向沟通方式向下级规定任务,命令下级干什么、怎么干。

第二象限 S_2:推销型。高工作高关系,适用于较不成熟的情况(M_2)。领导者以双向沟通的方式,相互交流信息,相互支持。之所以称为推销型,是因为绝大多数工作仍由领导者决定,不过领导者通过双向沟通获得职工心理上的支持。

第三象限 S_3:参与型。低工作高关系,适用于比较成熟的情况(M_3)。下级能独立工作,不希望领导者过多地指示和约束,领导者欢迎下级参与决策,通过鼓励的方式激励下级工作。

第四象限 S_4:授权型。低工作低关系,适用于高度成熟的情况(M_4)。下级具有能力和愿望来担负起工作的重任,领导者可授权给下级,让下级自行其是,领导只是监督保证,这样他们取得成果后会有胜任感和成就感。

赫塞和布兰查德还以父母与子女关系为例来说明这个理论。人在孩童时期,难以独立适应环境,因而父母必须为其安排一切,还要严格照料。在学龄以前,父母对待子女最适当的方式是高工作低关系。后来孩子逐渐长大,开始上学,父母也须为他们订立许多的规矩,因为这个小孩尚未成熟到足以接受太多的责任。同时小孩开始成熟,父母也必须对其表示较多的信任与尊重,逐渐增加"关系"的分量,这时父母的行为特征是高工作高关系。继而孩子长大,进入高中或大学,他会对自己的行为更多地负责。父母逐渐放松控制,但继续给予高度的感情上的支持,此阶段父母的行为特征是低工作高关系。最后年轻人开始工作,建立自己的家庭,并对自己的行为完全负责,对人际与感情上的需要也能自行控制。小孩现在是"靠自己"了,此阶段父母最适当的方式是低工作低关系。

此外,赫塞和布兰查德认为,对于受过高等教育,同时又是情感成熟的人,领导者应采取低工作低关系的授权型领导方式。如高级科技人员、大学教授等,他们往往只希望"有限的社会感情上的支持"。在他们心目中,有效的领导者应该是允许他们自己决定如何工作,厌恶上级指手画脚,要他们做这做那。

随着生产力的发展和科学技术的进步,人们的物质生活水平不断提高,受教育的机会和程度也不断增加。许多职工都有较高的教育水准和生活标准,同时也较成熟,随着成熟度的改变,对生理和安全方面的需要都放到较次要的地位,更多的是对归属和被认可、受人尊敬、发挥其才能的机会的要求。正如哈西(W. H. Hency)所说:"管理的技巧必须配合下属的目前的成熟度,同时以帮助他们发展、逐渐减少外部控制以及增加自我控制作为总的目标。"

8.4.4 路径—目标理论

路径—目标理论(Path goal of leadership)已经成为当今最受人们关注的领导观点之一,它是以加拿大多伦多大学教授罗伯特·豪斯为代表开发的一种领导权变模型,该模型从领导行为四分图模式与激励的期望理论中吸收了重要元素。

路径—目标模式是由加拿大多伦多大学教授伊万斯(M. Evans)于1963年首先提出,其后,由其同事豪斯及华盛顿大学教授米切尔(Mitchell)予以扩充和发展,于1974年发表了著名的《关于领导方式的路径—目标模式》一文。

这一理论认为,领导者的效率是以能激励下级达成组织目标并在其工作中使下级得到满足的能力来衡量的。当组织根据成员的需要设置某些报酬以激励组织成员时,组织成员就萌发了获得这些报酬的愿望,并开始作出努力。路径—目标模式研究的核心是帮助下属建立明确的工作目标,并为下属清理各项障碍,使其努力达成目标。

豪斯和米切尔曾解释说:之所以称为路径—目标理论,是因为它主要关心的是领导者如何影响下属对他们的目标和达成目标的路径或方法的认识和理解。

路径—目标理论关心的两大主要问题是:① 下属如何建立工作目标、方法和途径;② 领导者所扮演的角色,即如何帮助下属完成工作的路径—目标循环。

20世纪70年代正当激励研究热衷于期望理论的探讨时,伊万斯已首先把这种观点移到领导研究中,提出了路径—目标模式。他认为领导者对下级绩效与满意感的影响,从根本上来说是改变他们的激励状态。无论是任务型还是关系型领导行为,都是想改变下级对自己行为及其后果的认识:我的所作所为将有助于还是有碍于获得我想要的某种东西?因此,行为成了达到自己目标的路径。

伊万斯指出,领导者应牢记在心的有三点:一是只有下级认为有可能获得所想要的目标时,才愿付出努力;二是下级必须感知到哪种奖酬是直接源于他的哪种特定的行为,才知道应该怎么做(即沿什么路径);三是上级确认一种路径恰当与否,取决于他对下级体贴关怀的程度,如上级一般都认为取得"好工作绩效"是一种恰当的追求,但只有对下级很关怀的领导者才会认为"能帮助同事"也是一种同样恰当的活动。

对路径—目标模式的发展研究主要是豪斯和米切尔的贡献。他们以期望激励理论为基础,认为领导者应当设法影响下级对其目标和对实现该目标的路径的认识。按照路径—目标理论,领导者的行为被下属接受的程度,取决于下属是将这种行为视为获得满足的即时源泉,还是作为未来获得满足的手段。由此,他们提出了路径—目标模式的两条原理:第一条原理是领导行为能否被职工所接受,使职工产生工作上的满足感,取决于职工对领导行为的认识和拥护程度,只有大多数职工认识到这种或那种领导行为能给他们带来近期的或长期的利益,他们才会乐意接受这种领导行为;第二条原理是好的领导方式应当是激励性的,领导者的行为对下级有无激励作用,就看这些行为能否使下级需要的满足跟他们的工作绩效挂钩,以及能否向下级提供作出高绩效所需的指导、培训、支持与奖励,以充实他们的环境。

据此,豪斯和米切尔认为有效的领导应该能:① 保证下级多下功夫就能达到所要求的绩效标准,从而提高其期望值;② 向下级提供指导和培训,创造有利的工作条件,帮助下级克服困难,使一阶期望值更高;③ 向下级交待清楚对他们绩效的期望和对他们应起作用的要求,保证他们所作出的绩效符合设置的标准,从而获得上级的认可与奖励;④ 保证多劳多得,绩效越好,奖酬越多,以提高下级的二阶期望值;⑤ 保证手中掌握的奖酬能符合下级多样化的需要,既有内在性的,又有外在性的,以提高奖酬在下级心目中的效价。

为了考查这些陈述,豪斯确定了四种领导行为:

(1) 指令型领导行为。由领导发布指令,下属不参加决策。指令型领导让下属知道期望他们的是什么,以及完成工作的时间安排,并对如何完成任务给予具体指导。这种领导类型与领导行为四分图的结构维度十分近似。

(2) 支持型领导行为。支持型领导对下属很友善,更多地考虑下属的要求,并表现出对下属需求的关怀。这种领导类型与领导行为四分图的关怀维度十分近似。

(3) 成就导向型领导行为。成就导向型领导者为下属树立挑战性的目标,并表示相信下属能达到这些目标,期望下属实现自己的最佳水平。

(4) 参与型领导行为。参与型领导让员工参与决策和管理,与下属共同磋商,并在决策之前充分考虑他们的建议。

作为一种权变理论,豪斯和米切尔认为选择领导风格时应考虑如下条件:① 下级的特点,主要是技术熟练程度、需要的基本倾向、对成就的需要程度、领悟能力、愿意承担责任的程度、对独立性的需求程度等;② 任务性质,主要是工作结构性的高低;③ 职权的大小;④ 工作群体特点(是否合作良好,沟通是否密集和畅通);⑤ 组织环境,如企业文化是否倡导民主、支持参与等。

与菲德勒的领导行为相反,豪斯认为领导者是灵活的,同一领导者可以根据不同的情境表现出任何一种领导风格。因此,有效的领导应视所面对的领导情境的具体特征,采用在该情境下最有效的领导风格(一种或数种)。表 8-3 列出了领导风格与情境变量的对应关系。

由路径—目标理论引申出的一些假设主要有:

(1) 相比具有高度结构化和安排完好的任务来说,当任务不明或压力过大时,指导型领导导致了更高的满意度。

表 8-3   领导风格与情境变量的对应关系

情境变量	领 导 风 格			
	指令型	支持型	成就导向型	参与型
工作:				
结构分明	N	Y	Y	Y
结构不明确	Y	N	N	N
目标明确	N	Y	Y	Y
目标模糊	Y	N	Y	N
员工:				
良好技能	N	Y	Y	Y
不具备良好技能	Y	N	Y	N
高成就需要	N	N	Y	N
高社会需要	N	Y	N	Y
权力形式:				
广泛的限制性的	N	Y	Y	Y
	Y	Y	Y	Y
工作群体:				
高凝聚力群体	N	N	N	Y
有合作经验群体	N	N	N	Y
松散群体	Y	Y	N	N
组织文化:				
支持参与的	N	N	N	Y
成就导向的	N	N	Y	N
组织特征严谨明确的	Y	N	N	N

（2）当下属执行结构化任务时，支持型领导导致了员工高绩效和高满意度。

（3）对领悟能力强或经验丰富的下属，指导型的领导可能被视为累赘多余。

（4）组织中的正式权力关系越明确、越官僚化，领导者越应表现出支持型行为，降低指导型行为。

（5）内控型的下属对指导型风格更为满意。

（6）当任务结构不清时，成就导向型领导将会提高下属的努力水平，从而达到高绩效的预期。

对上述这些假设的验证性研究的结果是令人振奋的。这些证据支持了理论背后的逻辑性。也就是说，当领导者弥补了员工或工作环境方面的不足时，会对员工的绩效和满意度起到积极的影响。但是，当任务本身十分明确或员工有能力和经验处理它们而无需干预时，如果领导者还花费时间解释这些任务，则下属会把这种指导性行为视为累赘多余甚至是无用的。

8.4.5　领导参与模式

1973 年，美国耶鲁大学教授弗罗姆在《组织动力》春季号上发表了《管理决策新论》一文，与耶顿（Yetton）合著的《领导与决策》一书也随后出版，在文章和书中提出了一种新的领导权变理论——领导参与模式（Leader participation model）。这种独特的、规范化的领导模式主要是从领导行为的另一个侧面：领导者与下属分享决策的程度，亦即实行参与型管理的程度提出问题，主要指出了领导行为和决策参与的关系。这一些理论认为有效的领导者应根据不同的情况让职工不同程度地参与决策，领导方式主要取决于职工参与决策的程度。

领导参与模式认为领导者可以通过改变下属参与决策的程度体现自己的领导风格，其基本特点是将领导方式同职工参与决策联系起来。根据职工参与决策程度的不同，把领导方式分为三类 5 种（如表 8-4 所列）：独裁专制型两种、协商型两种、群体决策型一种。而有效的领导应根据不同环境来选择合适的领导风格。

表 8-4 　　　　　　　　　　　　　　　　领导风格与决策参与方式分类

领导方式种类		领导风格（决策方式）	参与程度
独裁专制型 （A）	A_1	领导者利用手头现有的资料，自行解决问题，做出决策	最低
	A_2	领导者向下级取得必要的资料，然后自行决策解决问题的方法。向下级索要资料时，可以说明情况，也可以不说明情况。在决策过程中下级只向领导提供必要的资料，而不提供或评价解决问题的方案	较低
协商型 （C）	C_1	以个别接触的方式让有关下级了解问题，听取他们的意见和建议，然后由领导者做出决策，决策可以反映下级意见，也可以不反映	中等
	C_2	让下级集体了解问题，并听取他们的意见和建议，然后由领导者做出决策，决策可以反映下级意见，也可以不反映	较高
群体决策型 （G）	G	让下级集体了解问题，并且与领导者共同提出和评价选择的决策方案，努力就决策方案的选择取得一致。讨论过程中领导者仅仅作为组织者，而不用自己的思想去影响集体，并愿意接受和落实任何一个集体支持的方案	最高

弗罗姆和耶顿认为不存在对任何环境都适用的领导风格，各种不同的领导者在进行决策时都应将精力集中在对环境特征、性质的认识上，以便更好地针对环境要求选择领导风格和制定决策。为使领导者能够正确地根据自己的条件认识所处的环境特性，有效地使用领导参与模型，弗罗姆和耶顿将对决策环境的描述用两类 7 个问题加以概括：其中一类问题与决策质量有关，另一类问题与领导者作出决策所需的信息有关。决策者对这 7 个问题逐个作出回答（是或否），用决策树的方法，按照选择法则的逻辑程序，筛选出一个或若干个可行的决策方式或领导方式。根据领导参与模式，表 8-4 中的 5 种领导风格分别适用于 14 种环境，如图 8-8 所示。在使用图 8-8 的模式进行选择时，从图的左端开始，逐次向右，用每格顶端的问题自我提问，按照是与否的逻辑关系予以回答，逐渐澄清自己所处的环境种类，当达到终点时就可得到适合于自己所处环境的领导方式。

1985 年，弗罗姆宣布了他对原模型的重大改进，对一系列问题不再是简单地回答是与否，而是一个五级量表来代替；对原来的 7 个问题又作了 5 条补充，即"下级掌握足够的情况否"、"时间限制严格否"、"下级在地理上分散否"、"领导想要节省时间否"和"领导愿意培养其下级否"。这样一来，模型中原有的决策树形式消失了，代之以 7 个方程式以及回答 12 个

A决策有质量要求吗？是否有某种决策方式比另一种更合理？ | B.为作出高质量的决策，我掌握了充分的信息吗？ | C.是不是结构性的工作问题？ | D.是不是下级接受决策才能有效地执行？ | E.如果我自行决策，是否肯定能为下级所接受？ | F.下级是否将解决工作问题所达到的组织目标视为自己的目标？ | G.下级间对于何种方案最佳是否可能出现分歧意见？

2 - AI
1 - AI 是 3 - GII
否 6 - GII
5 - AI
4 - AI 是 7 - CII
否 8 - CI
否 9 - AII
10 - AII 是 11 - CII 12 - CII
否 13 - CII
14 - CII

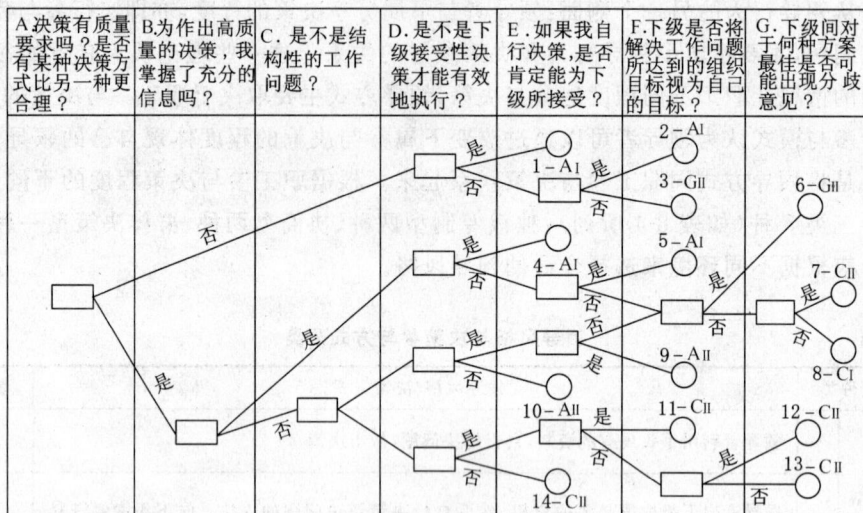

图 8-8　选择决策方式的模型

问题时在量表上所给的分数和一组系数矩阵。修订后的领导参与模式十分繁琐、复杂，弗罗姆曾运用计算机程序来处理新模型的复杂性。

8.4.6　领导情境理论的评价

在上述介绍的几个具有代表性的领导权变理论中，各理论的侧重点各有不同。连续体模式认为，在独裁和民主两个极端之间存在着一系列领导行为方式，要求领导者有较强的适应能力和应变能力；菲德勒模式认为领导行为的有效性，主要取决于领导者与被领导者之间的关系、工作任务是否明确、领导者职位权力这三种因素；情境领导理论（领导生命周期理论）认为领导的行为方式随着被领导者的成熟程度的变化而变化，强调的是下级特征的动态性质；路径—目标模式认为领导者应当给下属明确的工作目标，帮助下属排除实现目标的障碍，不断满足其需要，同一领导者在不同情况下应有针对性地选择四种不同的领导方式，即指令型、支持型、成就导向型和参与型；领导参与模式强调有效领导决定于下属人员的参与程度。

在权变理论中，一种观点（如菲德勒）认为个体领导风格的范围很窄，为使领导有效，就必须把他设置在恰当的情境中，"让工作适合领导者"。另一种观点认为个体领导者应首先评估情境的特性，再相应调整自己的领导风格，让领导风格适应工作环境。究竟应调整情境以适应个体还是调整个体以适应情境，斯蒂芬·罗宾斯（Stephen P. Reins）认为答案取决于领导者本身，尤其是领导者在自我控制方面的程度。因为个体在行为的灵活性程度上存在差异，一些人很容易调整自己的行为以适应外部环境，另一些人则不管情境如何，均表现出高度一致的行为风格。

8.5　领导效能理论的评价与发展

可以看出，西方领导效能理论最早是着重于领导者的个人品质和领导者的行为表现，这反映了西方社会科学中个体主义的思想。权变理论开始把个人和环境综合起来考虑，但这种综合主要体现在方法上,而在内容上仍然是静止和割裂的。交易理论吸收了社会科学中社会交换的思想,在内容上更进一步把个人与环境放到动态过程中去考察,因而是一个重大的进步。那么,如何看待西方领导效能理论呢?应该承认,从内容上看,西方领导效能理论在很多方面反映的客观现实和过程,其中有科学的东西,特别是研究方法上,科学定义、科学分类、突出定量分析和研究,使研究建立在一个共同的基础上,从而使得理论研究能够不断深入。

但是,西方理论也存在一些重大缺陷,这些缺陷是由其基本观点所决定的。在马克思主义看来,企业中领导与下属的关系从本质上说是社会关系,而这种社会关系是建立在一定的物质利益基础上的。西方理论从早期理论到现在的交易理论,实际上按照马克思理论观点和方法得出的结论。此外,这种物质利益关系还具有一定的阶级内涵。因此,领导效能理论需要以马克思主义理论为指导,结合西方理论才能得出正确的结论。

领导效能最重要的是发挥领导者处理企业内部和企业与外部的各种关系的作用,使其既能顺应各种要求,处理好各种关系,又能积极引导企业的发展,使各种关系在相互影响中处于良性循环,最终创造良好的群体氛围。为此,在外部关系上应注重体制和环境因素,在内部关系上应注重公平原则和交易原则,而所有这些都是为了最终能够实现整体性的要求。领导者要发挥领导效能,就必须遵循以上几条原则,而要做到这一点,最终还是要求领导者要有良好的品质。正如美国强生公司的拉尔夫·拉森所说的:"这不是风格问题,而是实质问题。"

长期以来,对于企业改革,我国理论界存在一个争论:"体制"与"管理"孰轻孰重?这一争论其实是体制与管理关系的争论。实际上,两者是紧密联系的。体制问题最终是通过管理来实现的,而管理则是一定体制下的管理。管理水平和理论的提高从根本上说是经济社会发展推动的结果。西方管理理论从发展的早期到现代的较高水平,与西方经济发展是分不开的。

从中国当前所处的世界经济背景中,我们认识到发展不仅是一种内部的推动,还有一种外在的压力。世界经济一体化为各国经济的发展不仅提供了一种机遇,同时也带来了更多的挑战。一个社会的进步正是从技术层次开始,然后渗透到思想和组织层次。因此,构造我国现代领导效能理论必然面临三个方面的要求:体制改革、经济发展和世界经济一体化。

我国领导效能理论的研究必须以马克思主义为指导,吸收借鉴西方理论,在研究方法上应该突出以下几个方面:

(1) 明确企业的社会主义性质。在此基础上,领导与下属的地位平等,表现在社会主义企业内部关系上是根本利益的一致性。

(2) 西方领导效能理论。西方分析方法的进步之处主要体现在两个方面:一是西方分析方法中的个体主义,在此基础上形成对机会成本、预期概念以及心理因素的考察;二是成本收益的分析方法,这种方法应该是更高程度上的社会成本和社会收益,但其交易是各主体权、责、利的统一。

(3) 体制因素。这是重要的情境因素,应坚持社会评价标准。作为一个领导者必须适应不断变革的社会环境,始终把握企业发展的方向。

领导效能研究工作应把握以下几个方面的原则:

(1) 品质要求原则。领导者不同于一般的管理人员。领导者的特点在于能够作出影响企业发展的重大决策。彼得·F.杜拉克对领导者的内涵作出了界定:把那些凭借职位或知识,在正常工作情况下,能作出对整体工作和成果有重大影响的决策的知识工作者、经理人员或个体专业人员称为管理者。好的领导者具有一些共同的标准,哈佛大学商学院教授约翰·科特认为有三个要素:一是能够帮助一个集体确定某种明智的方向,从而要求领导者要有长远的眼光;二是优秀领导者应善于挑选赞成、支持、笃信他们所确定的方向而又能发挥作用的伙伴;三是能够创造那种赋予人们力量,鼓励人们实干的条件。此外,优秀领导者还要善于把握投资方向,要有充分的工作热情。

(2)体制和环境原则。领导者作用的发挥离不开一定的社会体制和环境因素。尽管就小的环境来说,领导者可以施加影响,但就具体社会环境来说,施加影响是一个渐进的过程,更主要的是如何顺应这种社会环境的要求。当前,我国体制因素是最重要的情境因素,特别是处在一个新的体制环境下,更要求领导者能不断改变自己去适应形势发展的要求。

(3)公平原则。领导者进行领导时,很重要的一点是要遵循公平原则。公平原则要求领导者能够赏罚分明。领导者对下属的公平分配能够得到下属对领导者的拥戴,从而创造良好的群体气氛。

(4)交易原则。就是要求领导者能认清企业内部领导与下属的相互关系,从而进一步明确自身位置。这种相互关系就是交易关系。群体在社会化生产过程中产生了对领导的需要,从而交出自身的一部分权力。领导者拥有对下属的领导权,同时也负有相应的责任,要求为下属谋求更大的收益,只有这种相互关系长期协调,这种交易才得以维持,反之则会关系断裂。

(5)整体性原则。就是要求领导者要有全局眼光,能够使企业内各种关系以及与外界环境的关系能够相互协调,从而发挥最大的领导效能。作为一个领导者,要遵循整体性原则,就要全面具备多种素质,才能够审时度势、高瞻远瞩,表现出一个领导者所特有的风范。

第9章　社会系统理论

社会系统理论是现代管理理论中较早出现的一个学派,其创始人和主要代表人物是美国管理学家切斯特·巴纳德。该学派认为,组织是一个复杂的社会系统,因而主张用系统的理论和社会学的观点来分析、研究组织管理的问题。它以正式组织为研究对象,把组织中人们的相互关系看成是一种协作系统,并分析了非正式组织的积极作用。而且,巴纳德还探讨了权威接受理论、组织平衡理论以及经理人员的职能等。所有这些对后来管理理论的研究和发展如系统管理理论、决策理论及人际关系理论等都产生了重大的影响。

9.1　社会系统理论产生的背景

20世纪30年代的管理理论正处于行为科学理论的发展初期。人际关系学说的兴起,使管理学者已经开始注意使用社会学、心理学的方法来分析和处理管理问题,注意协调好组织中的人际关系。但在巴纳德看来,梅奥等人的人际关系学说研究的重点只是组织中人与人之间的关系。这种人际关系强调的是行为个体之间的关系,并没有研究行为个体与组织之间的关系协调问题。而如果将组织看做是一个复杂的社会系统,要使系统运转有效,则必然涉及组织中个人与组织间的协调问题,如个人目标与组织目标之间的协调,这也符合系统论的基本观点,即系统之间的协调。它不仅包括各个子系统之间的协调,也包括各个子系统与大系统之间的协调。而当时的管理实践中也暴露出了某些单纯以人际关系学说为理论指导而不能解释的管理问题。正是基于这样的历史背景,社会系统学派得以产生,并将协调组织中个人与集体之间的关系作为其研究的主导方向。

社会系统学派的基本观点是:组织是一个复杂的社会系统,应使用社会学的观点来分析和研究管理的问题。社会系统学派的形成以美国管理学家切斯特·巴纳德的现代组织理论体系的建立为标志,后人称他为"现代组织理论之父"。

大多数管理学家都认为,社会系统学派的理论基础主要有:① 意大利社会学家帕累托、德国社会学家韦伯的社会学著作,其中韦伯的理论对社会系统学派分析正式组织的影响很大;② 美国心理学家卢因、科弗卡的心理学理论;③ 梅奥等人的人际关系学说。

巴纳德的理论具有广泛的影响,他用社会的、系统的观点来分析管理,这是他的独到之处,后人把他的主要观点归纳起来称为社会系统学派。

9.2　社会系统理论的主要内容

9.2.1　巴纳德的生平及著述

切斯特·巴纳德(Chester I. Barnard,1886～1961)是美国高级管理人员和管理学家、社会系统学派的主要代表人物。他主张采用社会的、系统的观点来分析管理问题,在管理理论丛林中独树一帜。

　　巴纳德出生在美国马萨诸塞州的莫尔登,父亲是机械工,5 岁时母亲去世,由外祖父收养,受外祖父家人的影响,从小就养成了用哲学思考和弹钢琴的习惯。巴纳德上初中时由于家庭生活困难,靠为别人弹奏钢琴为生,同时筹资读完高中。1906~1909 年,巴纳德通过勤工俭学读完了哈佛大学的经济学课程,因缺少实验学科的学分而未能获得学位。在他的一生中,由于在研究企业组织的性质和理论方面作出了杰出贡献,先后获得过 7 个荣誉博士学位。

　　巴纳德于 1909 年进入美国电报电话公司统计部工作,先后做过译员和工程师,1922 年转入宾夕法尼亚贝尔电话公司做管理工作,1927 年起出任大型公用事业机构新泽西贝尔电话公司总经理,直到 1952 年退休。由于他博学多才,因而还是一个积极的社会活动家。巴纳德对组织的巨大热情使他参加过许多其他组织的工作。如他作为美国原子能委员会的委员,帮助制定过有关政策;担任过新泽西救济局、新泽西感化院和联合劳务组织的领导职务;还担任过大型慈善组织洛克菲勒基金会的董事长、美国国家科学基金会会长、美国财政部部长助理等。他还是许多公司的董事、美国科学促进会的委员和美国艺术和科学院的院士。

　　在长期的管理和组织实践中,巴纳德积累了丰富的企业经营管理经验,撰写了许多重要著作。其中最有代表性的是 1938 年出版的《经理人员的职能》,被誉为现代管理科学的经典著作,有的人甚至认为这本书可以同凯恩斯于 1936 年出版的《就业、利息及货币通论》一书齐名,这本书连同他 10 年后写成的《组织与管理》是巴纳德管理学理论的代表作。巴纳德的这些著作为建立和发展现代管理学作出了重要贡献,他也因此被称为社会系统学派的创始人。除了上面两本经典著作外,巴纳德还写过许多论著及研究报告,主要有:《组织实践中的业务原则》、《经理人员能力的培养》、《为企业服务的大学教育》、《工业管理中的集体主义和个人主义》、《关于能力的理论》、《关于经济行为中的非理性》、《民主过程中领导的困境》、《工业关系管理中的内部关系》、《集体协作》、《伦理和现代组织》、《经理人员的教育》、《工业研究组织的若干方面》、《技术、知识和判断》、《科学和组织》、《领导法律》、《企业道德的基本条件》等。

9.2.2　巴纳德的正式组织理论

　　巴纳德对组织理论的一个重要贡献在于他首先提出组织理论是现代管理理论的核心这一命题。巴纳德的第一项工作是对组织的本质进行了研究。在这个问题上,传统组织理论有两种基本看法:一是认为组织是由物质和人组成的,如一说起组织,人们就想到厂房、机械设备和人员等;二是认为组织是由管理人员、职工所组成的集团。巴纳德并不赞同这些看法。他认为,要把握组织的本质,首先就要使组织概念抽象化,然后再进行逻辑分析,从而揭示组织的本质。

9.2.2.1　组织的本质

　　巴纳德在对组织概念进行抽象时,首先将物质、技术系统从组织概念中排除出去。"物质组织"这一范畴最先由法约尔提出来的,他认为任何组织都包含物质组织与人员组织两大部分,后来物质组织就成为传统组织理论中的一个重要术语,从而造成一种错觉,凡是谈起经营组织,人们首先想到的就是厂房、设备等物质的或技术的东西。巴纳德指出,在现代组织理论中,组织只与人有关。所谓的物质组织或技术组织,其实都是组织赖以存在的环境。由此,他提出可用"物质环境"这个概念来概括组织中物质的和技术的因素,从而将物质与技术系统从组织概念中排除出去。

其次,巴纳德认为在构建组织的概念时应把社会因素排除在外。在绝大多数情况下,社会要素显然是一个具有协作体系的重要方面,但在一个有相当规模的协作体系中,社会因素只具有很次要的作用。他认为:"在许多情况下,远为重要的是特定的契约关系,这种契约关系不仅包含正式法律的情况,而且也包含带有一般社会性的持续态度和惯例。我们在给组织下定义时将把所有的社会环境排除在外。"

再次,巴纳德摒弃了将组织仅仅看成是人的集团的看法。他认为这种观点会造成组织概念的混乱与矛盾。这不仅是因为"集团"这个概念包含着太多的变数,而且如果只把产业组织视为是内部人的集团,那么债权人、供货商和顾客就不是组织的参与者了,而事实上,他们都是经营组织行为的一部分。当然,股东、供应商和消费者又是在不断变化的,也不能把包括不断变化着的股东、供应商和消费者在内的人的集团看成是组织。另外,具体的个人不仅参加一个特定的组织,而且也参加其他的组织;而在参加经营组织的同时,还可能参加宗教团体、俱乐部等。因此,个人是站在多数组织的联结点上的,不能简单地将组织视为是人的集团。

在此基础上,巴纳德认为,组织不是集团,而是相互协作的关系,是人相互作用的系统。"所谓组织,就是有意识地协调两个以上的人的活动或力量的一个体系"。他认为这个定义适用于军事的、宗教的、学术的、企业的等各种类型组织。这个定义指出了组织的本质特征。

第一,组织是由人的行为构成的系统。传统组织理论研究的只是组织的形式部分,它可以用组织图或部分分工表现出来,其缺陷在于忽视了人在组织中的行为。而巴纳德的组织概念是从人的行为出发来研究组织问题的,这就能较好地把握组织问题的实质。

第二,组织不是单个人形成的集合,而是一个有机的系统。任何组织,无论是单纯的还是复杂的,常常是得到调整的人的行为的客观系统。因此,协作体系中不但存在着个人之间的相互作用,而且存在着个人同集体之间的相互作用。从这个意义上说,集体代表社会行为的一个体系,作为一个整体同集体中的每一个人相互作用。当其中的一个部分与其他部分的关系发生变化时,作为整体的系统也会发生变化,因而组织又是动态的。

第三,组织是协作系统的一个组成部分。协作系统相当于一个企业,它是由组织系统、物质系统、人的系统和社会系统构成的一个具体的系统。由于组织是合乎目的的人的行为系统,所以它是整个协作系统的一个组成部分,但起着核心的作用。协作系统中的其他部分如由机械设备、材料等构成的物质系统,虽然已经从组织中排除出去,但通过组织活动,物质系统被组织起来,从而具有了价值。如果没有物质系统的支持,企业组织就不可能创造出任何经济效益。同样,在协作系统中由经营者和职工组成的人的集团,虽然也被排除出组织的概念,但通过组织活动,人的集团同样被组织起来,从而具有了意义。在协作系统中还有社会系统,即一个组织与其他组织交换效用的系统,也由于组织的活动而具有了存在的价值。但是,组织系统同协作系统以及其他各个子系统之间并没有明确的界限。物质系统、人的系统和社会系统都是通过组织的活动而被组织起来并受到管理的,因此,协作系统本身归根到底是指组织本身。

9.2.2.2　正式组织的三个基本要素

在对组织的本质特征进行分析的基础上,巴纳德阐述了组织的构成要素。他认为,作为协作系统的正式组织,不论其级别高低、规模大小,都包含有三个基本要素,即协作的意愿、共同的目的和信息交流。这三个基本要素对于一切正式组织来说都不仅是必需的而且是充分的。每一个正式组织的产生和存续只有通过这三个要素的结合才能实现。

(1) 协作意愿。

巴纳德认为，既然构成组织的是人的服务、行动、行为或影响，那么，人们向协作系统贡献努力的意愿就是必不可少的。他指出："这种意义上的协作意愿靠自我克制，对自己个人行动控制权的放弃，个人行为的非个人化。"没有协作的意愿，就无法把各个人的努力一致起来，也无法使各个人的努力持久下去。

在一个组织中，每一个成员的协作意愿的强度是不相同的，具有较大的差别性：有的非常强烈，有的非常微弱；有的是积极的，有的是消极的，甚至是憎恶的。而且，每一个成员协作意愿的强弱不是固定的，而是经常发生变化的。协作意愿强大的人数和协作意愿微弱的人数也在发生变化。这种情况的结果，导致组织总体的协作意愿不稳定。这种协作意愿的间歇性、变动性在组织外部人员的身上表现得特别强烈。他在研究中还发现，正式组织的规模愈大，其成员的协作意愿愈弱；反之，正式组织的规模愈小，其成员的协作意愿就愈强。组织成员的协作意愿的强度与组织的规模成反比。

但是，个人并不可能自发地产生协作的意愿，即不可能无缘无故地愿意为协作系统目标的实现作出个人的努力和牺牲。如果个人认为他所作的努力和牺牲有利于个人目标的实现，他就可能愿为组织目标的实现作出自己的贡献。对一个组织的成员来说，协作的意愿就是个人由于协作而得到的"诱因"同协作所付出的"牺牲"二者相比较后的净效果；同时又是个人参加这一组织同不参加这一组织或参加其他组织二者相比较后的净效果。这里所说的"诱因"，指的是组织为了补偿个人牺牲而提供的各种报酬，这种报酬可以是物质的，也可以是精神的。所谓"牺牲"，是指个人为实现组织的目标而提供的服务、时间等。一个组织成员是按照能最大限度地满足他个人目标的原则来行动的。因此，该成员要把参加协作后带来的"牺牲"和"诱因"进行比较，比较后所得的净效果就是该成员协作的意愿。诱因的净效果愈大，该成员的协作意愿也愈大；当诱因的净效果趋于零甚至成为负数时，该成员的协作意愿也将趋于零，甚至将退出这一组织。同时，参加这一组织所造成的诱因的净效果还可以同参加其他组织或个人单干时所造成的净效果相比较，从而决定该成员是继续参加这一组织，或改而参加其他组织，或是单干。但是，衡量"牺牲"、"诱因"和"净效果"的尺度并不是客观的，而是具有主观色彩，由个人主观决定。

因此，为了获得组织成员的协作意愿，保证实现组织目标，组织必须采取两个方面的措施：一方面为组织成员提供充分的诱因，如金钱、威望、权力等，满足组织成员的需要；另一方面通过说服教育来改变组织成员的主观态度，如培养组织成员的协作精神，号召他们忠诚、发扬团结精神、相信组织的目标等，以保证组织的存续与发展。

(2) 共同目的。

共同目的又称组织目的，它是协作意愿的必要前提。在巴纳德看来，重要的是组织目的的确定、分割和变更。组织中的各个个人采取什么行动，作出什么决策，都是由组织目的决定的。没有共同的目的，就不会有组织成员的协作；没有共同的目的，组织的成员就不知道组织要求他们干什么，在许多情况下也无法知道有些什么样的满足可以提供给个人。因此，共同目的是整个组织存在的灵魂，也是组织奋斗的方向，它对组织的活动和成员都有着重要的影响和作用。

对于组织目的，巴纳德提出了以下见解：

一是认为一个组织的目的不仅要得到成员的理解,而且还要为他们所接受。巴纳德指出:"如果不被将要参加组织的人们所接受,是不会激起协作行为的。因此,目的被接受同协作意愿是同时发生的。"

二是认为组织成员对组织的共同目的有两种理解,即协作性理解和主观性理解。协作性理解是指组织成员脱离个人立场而站在组织的整体利益的立场上客观地理解组织的共同目的。主观性理解是指站在个人立场上对组织目的的理解。当组织的目的比较单一、具体的时候,这两种理解不会产生多大的矛盾;但当组织目的是复杂、抽象的时候,这两种理解往往会发生较大的矛盾。因此,巴纳德指出:"反复灌输存在着共同目的的信念是经理人员的一种主要职能。"也就是说,要尽量消除对组织目的的两种不同理解的矛盾,使组织目的与个人目的一致。

三是认为必须区分组织内的个人目的与组织的共同目的。每一个组织成员都具有组织人格和个人人格的双重人格。组织人格是指个人为了实现组织的共同目的而作出合乎理性行动的一面。个人人格是指个人为了实现个人目的而作出行动的一面。对于组织成员来说,"个人动机必然是内在的、个人的、主观的事物。共同目的必然是外在的、非个人的、客观的事物,尽管个人对它的解释是主观的"。个人之所以对组织的共同目的作出贡献,并不是因为组织的共同目的就是他个人目的,而是因为他觉得实现了组织的共同目的有利于他个人目的的实现。

四是把组织目的看成是一个不断变化的过程。组织为了适应环境的变化,往往会重新确定自身的目的,这样才能使组织继续存在下去。他认为,组织是把组织目的作为一个要素而形成起来的,它一方面要不断地依据环境的变化改变目的,另一方面又要不断地将抽象的目的具体化。

(3) 信息交流。

巴纳德认为,在组织的两端是组织目的实现的可能性和个人对组织拥有的协作意愿,只有通过信息交流把这两端连接起来,才能成为有机的整体。如果组织有共同目的,而组织成员对它一无所知,就没有意义。因此,为了让组织成员了解共同目的,就必须通过信息交流把这个目的传达给每一个成员。同时,只有及时地传递信息,才能确保组织成员行为的合理性、目的性和协作性。

为此,巴纳德制定了信息联系的 7 条原则:第一,信息联系的渠道要被组织成员所了解,最重要的是要使信息联系的渠道惯例化,即尽可能使之固定化。第二,组织中的每一个成员要有一个信息联系的明确的正式渠道,也就是说,每一个人必须同组织有明确的正式关系。第三,信息联系的路线必须尽可能地直接或短捷。第四,一个组织的机构一旦建立,就必须经常运用完整的信息联系路线,以免产生矛盾和误解。第五,作为信息联系中的各级管理人员必须称职,要具有综合的工作能力。第六,当组织在执行职能时,信息联系的路线不能中断。第七,每一个信息联系都必须是有权威的,即组织中管理人员的职位是信息中心,管理职位的权威性是作为信息中心而有效地发挥其机能的。

9.2.2.3   非正式组织的积极作用

巴纳德所研究的主要是正式组织的问题,而不是非正式组织的问题。然而,他在研究过程中发现,非正式组织对于正式组织起着重要的积极作用,这也是巴纳德对组织理论的一个重要贡献。他认为:"非正式组织是不确定的和没有固定结构的,没有确定的分支机构。可以把它看成是一种没有固定形态的、密度经常变化的集合体。"也就是说,尽管人们在一个正式组织中(或并不受其管辖),但仍然常常接触和相互作用。这种接触和相互作用是自发形成的,没有正式的组织结构,也没有自觉的共同目的,它包含着人们无意识、无规律的行动,也包含着人们的感情和习惯。这种人的接触、相互作用和聚集的总和就产生了非正式组织。

正式组织与非正式组织有着明显的区别,但它们之间又是相互联系的。正式组织往往由非正式组织产生并且必须有非正式组织,但在正式组织产生以后,它们又创造出非正式组织并且需要非正式组织。正因为非正式组织的存在,才为正式组织的存在创造良好的条件。在巴纳德看来,非正式组织有着两类重要的后果:一种最普遍的直接后果是形成了一些风俗、道德观念、民俗、习俗、社会规范和理想;二是为正式组织的产生创造条件。要使得共同目的能够被接受、信息交流成为可能、协作意愿的精神状态得以达到,都必须有一个事前的接触和预备性的相互作用的过程。

重要的是,非正式组织使得一些正式组织非成立不可,如果不成立的话,非正式组织可能无法持续发展下去。虽然非正式组织可能对正式组织有某些不利影响,但它也能对正式组织产生积极的作用,这种积极作用主要表现为:

第一,非正式组织具有促进信息交流的机能。它能使一些易于引起争论、不便于在正式渠道提出的、难以确定的事情、意见、建议甚至怀疑等,在成员之间交换意见,从而弥补正式渠道的不足。

第二,非正式组织能通过影响组织成员的协作意愿来维持正式组织的凝聚力。通过非正式组织的关系,可以促使组织成员加深对组织目的的理解和认同,增强组织凝聚力,以获得组织的稳定和发展。

第三,非正式组织能维持人们的个人人格、自尊心和独立选择力。巴纳德指出,非正式组织的作用不是被一定的非个人的目的或组织表现的权威有意识地控制的,它的显著特征是选择力,并提供了加强个人态度的机会,因此,"这项职能虽然常常被看成对正式组织起着破坏作用,但它是维持个人的个性以反抗倾向于破坏个性的正式组织的某些影响的一种手段"。

9.2.3 巴纳德的权威接受理论

巴纳德最不寻常的思想之一是他的权威理论。他指出,一切复杂组织都是由单元组织构成的,并且都是由单元组织发展而成的,因而不管权威的性质如何,都可以说权威是简单的单元组织所固有的。正确的权威理论必须符合单元组织的实际。因此,应把对实际情况的考察作为揭示简单单元组织本质的首要工作。

9.2.3.1 权威及其被接受的条件

巴纳德认为,管理者的权威并不是来自上级的授予,而是来自下而上的认可。管理者权威的大小和指挥权力的有无,取决于下级人员接受其命令的程度。那么,什么是权威呢?在巴纳德看来,"权威是正式组织中信息交流(命令)的一种性质,通过它的被接受,组织的贡献者或'成员'支配自己所贡献的行为"。如果管理者发出的命令得到执行,那么在执行人员身上就体现了权威的被确认或确定。如果他不服从这个命令,就意味着他否认这个命令对他有权威。因此,命令是否具有权威性,其检验的标准不是发布命令的人,而是接受命令的人。一些管理者之所以失败,是因为他们没有能在组织内部建立起这种体现权威的"秩序"。

巴纳德从上述概念出发,进一步指出,命令能否被人们所接受即是否具有权威,决定于它是否具备以下四个条件：

（1）命令必须能够而且的确被接受者所理解，一个不能被人所理解的命令不可能有权威。凡是无法被人理解的命令不可能具有权威性，如命令的语言晦涩，令人费解，或者只罗列一些空洞的原则，连发布命令的人自身都难做到，在这种情况下，执行者对命令或者是不予理睬，或者是做些他希望能够符合于命令的事。

（2）命令必须与组织目的相一致，一个被接受者认为同组织目的相矛盾的命令是不会被接受的。如果领导的命令与组织的目的不相符，命令就无法得到执行。最常见的例子是许多命令自相矛盾，使人无所适从，难以执行。一旦发出了同组织的目的不相符合的命令时，管理者通常必须解释或表明那表面看来的矛盾其实是不存在的，并在贯彻的过程中进行补充和修正。

（3）命令必须同接受者的个人利益是一致的。如果命令被认为会损害组织某些成员的个人利益，那么它对个人为组织作贡献的纯诱因就不存在，个人就会缺乏执行的积极性，很可能出现不服从命令的现象。在实际生活中，比较多的人可能采取回避态度，假装生病或敷衍应付，也有人因此而自动辞职，离开组织。

（4）命令必须使接受者在精神上和能力上都能够执行。如果勉强让一个人去执行无法实现的命令，那么组织成员只能拒绝执行或敷衍了事。比如要求一个人从事他力所不能及的事情，或命令他做一件稍稍超过其能力的事。即使这种要求与其能力只相差一点点，但少量的不可能仍旧是不可能。

总之，在巴纳德看来，权威是正式组织用来传达命令以支配组织成员行动的，它具有被组织成员接受的性质。当命令被下属接受时，管理人员的权威就得到肯定，或者说管理人员有了权威；反之，当组织成员不服从命令时，管理人员的权威就不存在。命令是否具有权威并不取决于下达命令的管理者，而取决于被命令的下属，取决于命令能否为下属接受，因而这是一种权威接受理论。

9.2.3.2　权威的树立

权威接受理论认为权威的决定因素存在于被领导者之中，只有当被领导者愿意服从命令时，领导才具有了权威。因而，组织权威的决定权不在领导和管理者那里，而在普通的成员手中。这能实现一个组织的协调一致与团结合作吗？巴纳德的回答是肯定的。他指出，组织中的领导者下达的命令有三种情况：一是所下达的命令符合前面讲的四种要求，因而能被成员接受；二是每个人都存在一个"中性区域"或"无关心区"，在这个区域内，人们是乐于接受命令的；三是大多数关心组织命运的人对命令的支持态度会影响和改变少数人的态度，这反过来又有助于维护"中性区域"或"无关心区"的稳定。

因此，巴纳德认为，经理人员能否树立起权威，除了避免发布无法执行或得不到执行的命令外，还必须巧妙利用"中性区域"或"无关心区"。所谓"中性区域"或"无关心区"，是指管理人员的命令不受下属个人立场的影响而被接受的范围。如果将所有的行动命令按接受者可能接受的程度来排序，则可能出现三种情况：有一部分是明显不能接受的，即肯定不会被服从的；另一部分处于中间状态，即可能被接受，也可能被拒绝；第三部分是毫无疑问地被接受的。最后这一部分就属于"中性区域"或"无关心区"。在有关权威这一点上，组织成员对这个区域内的命令的内容持一种无所谓的态度。例如，一个士兵（无论是否自愿）入伍后，通常要在一个区域内调动，命令他到 A、B、C、D 等地都没有什么差别，因而到 A、B、C、D 等地的命令就处于他的无关心区内。

"中性区域"或"无关心区"的大小取决于给个人的诱因超过个人的负担或牺牲的程度，因为这是个人对组织忠诚程度的决定因素。这里的"负担或牺牲"是指组织成员对组织所作的贡献。这里的诱因是指对组织成员所作贡献支付的代价，如付给的工资、给予的奖赏、实施的晋级等。对组织成员来说，当诱因和贡献相等或超过贡献时，他就会产生与组织协作的愿望，产生与组织一体化的感觉。当诱因大于贡献时，下属得到的诱因越多，'无关心区'就越大，管理人员的命令就会毫无问题地被下属所接受，并付诸实施，组织的效率也就越高；反之，当诱因小于贡献时，"中性区域"就缩小，组织效率就下降。因而可以说，对于勉强同意为组织作贡献的人来说，能被接受的命令的范围是非常有限的。

"中性区域"或"无关心区"的大小，除取决于诱因与贡献的平衡外，集团的态度也是一个决定因素。巴纳德指出："由于组织的能力受到人们对命令同意程度的影响，对一项组织命令的否定威胁到所有从组织得到纯利益的人的影响。因此，对绝大多数贡献者来说，在任何时候，维持所有在他们的'无关心区'范围以内的命令的权威，有着积极的个人利益。"由此可见，组织中的大多数人员对于维护属于"无关心区"的一切命令的权威性表示强烈的关心。这种多数人的意志是无形的，它以"舆论"、"组织意愿"、"集体态度"等名义表示出来。这种多数意志有助于产生一种假想，似乎权威来自上面。这种假想又有助于鼓励个人接受领导者的命令，而不使他们感到这样做是出于卑躬屈膝，或害怕脱离群众。实际上，管理人员所下达的命令大多在"无关心区"内，并且在多数情况下，集团的态度又对个人产生影响，这时管理人员就是在维护自己的权威了。

巴纳德认为权威是否被接受取决于两个方面：一是主观的方面，即权威能否为下属从个人的、主观的方面所接受；二是客观的方面，即建立一定的管理组织，以确保权威被接受。后一方面被巴纳德称为主观权威客观化。主观权威客观化有以下三种情况：

其一是职位权威。这种权威与处于权力中心的个人的能力关系不大。一个人可能本身能力有限，但由于处于在"上级"的位置上，其意志自然得到重视和尊重，这就是职位权威。比如管理职位是组织情报的源泉，是信息的中心，所以，从管理职位发出的命令容易被下属接受。如果根据组织情报下达命令，权威归于来自管理职位的命令。这同占据管理职位的管理人员个人的能力无关，只是因为他们占据了这个职位，其设想才具有了权威性。

其二是领导权威。这种权威与某人占据的职位无关。一个人虽然在组织内部并不占据高位，但他很有才能，他的学识和对事物的理解使他深受人们尊敬，因而大家乐于听从他的意见，这种权威就是领导权威。职位权威和领导权威都是"推断的权威"。当一个人同时具有两者时，就会在组织内部产生出巨大的信任感，其命令的权威就会超出通常的"无关心区"而能被组织成员所接受，这样建立起来的就是真正的权威。

其三是组织权威，或称组织人格。处于管理职位的人对组织的行为和决策如果不以组织的名义采取行动，他的设想再好也没有客观的权威。如果管理人员以个人人格行动，为达到个人的目的而牺牲组织的利益，那么，组织的客观权威就不能归属于那个管理人员。管理人员的决策是受组织人格支配的。只有在为实现组织的目的而合理地进行决策的条件下，客观的权威才归属于那个管理人员。"没有责任就没有权威"指的就是这种组织原则。

要建立和维护一种既能树立上级权威，又能争取广大"无关心区"员工的客观权威，关键在于能在组织内部建立起上情下达、下情上达的有效的信息交流沟通系统。无论是职位权威还是领导权威,只有随时掌握准确的信息,作出准确的判断,才能一直维护权威;否则,无视客观条件滥发命令,或无视员工愿望乱下指示,权威就会丧失。无论一个人的能力有多强,知识有多丰富,如果得不到必要的情报,其能力和知识就不能发挥作用。向各管理职位提供适当的情报、提供传递命令的渠道,是信息系统的任务。通过将职位权威与领导权威结合起来,经过组织人格承担责任,进而建立和维持有效的信息系统,就可以使客观权威归属于管理人员。这种归属于管理人员的客观权威还具有使"无关心区"从一种可能性变为现实性的作用。

9.2.4　组织平衡理论

巴纳德认为,组织一旦建立,其最终目的就是组织的存续和发展。组织平衡理论就是研究组织如何存续和发展的理论。一个组织只有保持对内平衡和对外平衡,才能获得发展,反之组织就会衰弱。这也是巴纳德的独特贡献。

9.2.4.1　贡献和诱因的平衡

个人的协作意愿是组织成立的一个基本条件,个人是否具有协作意愿取决于贡献和诱因的平衡。贡献是有助于实现组织目的的个人活动;诱因是组织为满足个人的目的和动机提供的激励。在正式组织中和有意识地努力组织起来的组织问题上,诱因是基本的要素。诱因不恰当会导致组织解体、组织目的的改变或协作失败。因此,在所有各种组织中,最强调的任务是提供恰当的诱因以便自己能够存在下去。组织向各个成员个人提供或分配的诱因同个人的贡献相等或超过时,组织就保持平衡。

在企业组织中,其成员通过诱因和贡献保持平衡而得到满足,继续与实现企业组织的目的保持协作。由于贡献的继续,企业组织也就能够得到存续。如果诱因小于贡献,组织成员就会不满,就会丧失为实现组织的目的进行协作的积极性,企业组织也就不能存续。所以,贡献和诱因的平衡就是组织的平衡,这是组织存续和发展的条件。

巴纳德认为,组织是由两个过程构成的:一是整体适应环境变化的过程;二是创造诱因并把它分配给成员个人的过程。前者与生产有关,后者与分配有关。组织的效率不仅与组织内部的效率有关,而且还与组织对外部环境的适应性有关。因此,组织的平衡过程就可以分为两部分,即对内平衡和对外平衡。如图 9-1 所示。

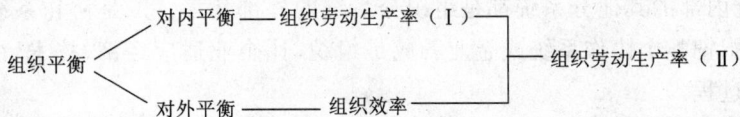

图 9-1　组织平衡

9.2.4.2　组织的对内平衡

组织的对内平衡是指有效地分配诱因,确保给每个成员的诱因和贡献平衡,从而保持成员协作的积极性。对于诱因,可以从经济的与非经济的两方面加以区分。经济诱因是指作为对贡献的报酬而提供给成员个人的货币、物品和物质条件。非经济诱因是指超越物质而确保个人为协作而努力的诱因。人们往往重视经济诱因,而巴纳德却更重视非经济诱因的作用。他认为:"尽管在现代,特别是在最近的情况下,对物质诱因极为强调,但如果没有其他诱因的帮助,超出了生理需要以外的物质诱因的效力是很有限的。"非经济诱因包括:

① 晋升、荣誉、威信、权势等;② 理想的满足,即工作的自豪感、胜任感、为他人服务、对组织的忠诚等,这是一种为理想而献身所获得的满足感,巴纳德称之为"理想的恩惠";③ 社会结合上的吸引力,即社会协调;④ 适合于自己习惯的工作方法和态度;⑤ 满足参与要求的机会;⑥ 思想感情交流的条件;⑦ 说服,即改变人们内心的状态。

物质诱因和前六种非物质诱因是客观性诱因,说服是主观性诱因。组织通过客观性诱因,使组织成员的活动与组织目的相协调,这是刺激的方法。但当组织的外部环境恶化时,组织有时也不能提供充分的客观性诱因。在这种情况下,如果组织不能通过改变个人的动机和态度,使不充分的客观性诱因也具有能够刺激个人贡献的效果,组织就将消亡。为了确保组织存续所必需的个人贡献,经营者必须通过改变成员个人的主观态度和动机标准,努力使诱因和贡献保持平衡,这种方法称为"说服的方法"。巴纳德指出,说服这个词是广义的,它包括:"① 造成一种强制的状态;② 机会的合理化;③ 动机的灌输。"

通过诱因和贡献的平衡而保持的组织平衡,是不稳定平衡。诱因的来源常常由于外部环境的恶化而不足,成员的需要标准总是缓慢提高的,这样,作为经营者采用说服的方法是很重要的。但是,如果由于诱因和贡献的不平衡使成员产生了不满,他们的协作情绪就低落,劳动生产率就下降,结果就会陷入诱因更加不足这样一种恶性循环的局面。所以,为了有效地维护组织的平衡,必须促进组织的发展,促使一切种类的诱因增多以保证组织成员的协作精神。

正是由于促进组织成员作贡献的诱因是不充分的,并且组织平衡是不稳定的,因此,为了组织收入与支出保持平衡,就必须采用差别诱因原则,即公正地评价各个成员的贡献,按照贡献大小分配经济的与非经济的诱因。巴纳德认为,有差别地分配诱因的原则对保持组织声誉和群体意识是不可缺少的。

9.2.4.3 组织的对外平衡

组织的对外平衡是指组织通过外部环境保持平衡,以提高组织效率的过程。它包括两方面内容:一是组织分系统与其相关的各个分系统之间的平衡。如果把组织系统视为协作系统的一个分系统,它就必须同包括生产分系统、人的分系统、社会分系统等其他分系统保持平衡与协调,从而使以组织为中心的协调系统内部各个分系统形成一个统一的整体。在这里,协作系统内部的其他分系统都是组织分系统的外部环境。二是协作系统与外部环境的平衡。这是指把整个协作系统或企业看成是组织,让企业适应经济、技术、社会等企业外部环境变化的过程。

巴纳德认为,为了适应环境的变化,组织有时就必须改变目的。企业组织如果失去对外平衡,组织的效率即组织的利润率和发展速度就会下降,导致诱因不足,企业组织也就难以存续。为了保持组织的对外平衡,就必须使组织适应外部环境的变化,重视经营目的和经营战略的决策。

总之,组织效率实现的是组织与环境之间的平衡,即对外平衡;组织劳动生产率实现的是贡献和诱因的平衡,即对内平衡。组织劳动生产率和组织效率互相影响,相辅相成。一方面,组织效率高,组织的经营就好,生产的诱因就多,提供给组织成员的诱因也就多,从而提高组织成员的协作意愿,进一步提高劳动生产率;另一方面,劳动生产率高,组织成员对实现组织目标而进行协作的意愿就高,从而有助于实现组织目标,提高组织效率。

9.2.5　经理人员的职能

巴纳德认为,经理人员的职能是为了维持组织并使其永续化,只有维持组织运营的专门化的工作才是管理工作。在一个正式组织中,经理人员的作用就是在一个信息交流体系中作为相互联系的中心,并对组织成员的协作活动进行协调,以便组织正常运转,实现组织的共同目标。

巴纳德指出:"经理人员的职能是维持一个协作努力的体系。经理人员的职能是非个人的。它们不像日常讲的那样管理一群人。"他认为日常的理解虽然方便,但却是狭隘的,严格讲是错误的,无助于正确理解管理工作。经理人员的职能是维持而不是"管理"协作努力的体系。协作努力的体系是自己管理自己,而不是由管理组织来管理。管理组织也是协作努力体系的一部分。具体而言,经理人员有三项职能:建立和维持信息交流的体系、促进个人提供次要的服务、制定组织的目的与目标。

9.2.5.1　建立和维持信息交流的体系

经理人员通过组织结构的建立,明确规定组织中的责任与权力的路线,以实现组织中信息的有效传递。巴纳德认为,正式组织的复杂性使得有必要建立一个正式的信息交流体系,也就是经理人员组织。经理人员组织的建立包括确定和阐明经理人员的职务以及找到合适的人来担任这些职务。这两个问题是互相联系的。

经理人员组织即信息交流体系的建立包含两个方面内容:

一是设计出信息交流体系的线路图。这受到组织中其他因素的影响,如劳动分工和专业化,各项工作的地点、时间、顺序和工艺技术,以及人们之间的协调性等。这种线路图同组织中的其他各种因素有着复杂的因果关系。二是在信息交流体系中具有重要意义的是非正式信息交流体系即非正式的经理人员组织。这种非正式系统有助于信息联系和保存整个组织。这是由于,在经理人员之间必须进行信息交流,而信息交流又必须以人们之间的相互信任和个人了解为依据。

非正式信息交流体系的一个重要方面在于其组成人员虽然在能力大小方面有不同,但都是互相融洽协调的。这种融洽协调表现为人们相处时感到舒适而友好。在这种非正式系统中,通过各种奖惩和戒律,使得其作用更为加强。非正式的信息联系可以提出和讨论问题而不必作出决定和加重经理人员的负担,可以使不利影响减低到最小程度并提高符合组织目标的有利影响,因此有助于组织的维持。

二是找到担任经理人员的合适人选。要使信息交流体系正确地发挥作用,就必须找到具有恰当品质和能力的人来担任经理人员的职务,并激励他们充分发挥自己的才能。巴纳德认为,经理人员的重要品质是:必须善于领会到组织的整体性和复杂性,使组织中的各个部分协调地进行工作;必须领会与组织有关的整个形势和组织所承担的责任;必须忠诚于组织,愿意使自己的个人利益服从于组织的整体利益。巴纳德非常强调忠诚,他认为:"这点之所以成为最必要,是由于除非经理人员在需要的时刻、在所要求的岗位上提供个人贡献,不因通常的个人理由而玩忽职守,否则信息交流线路就根本无法发挥作用。"

除了忠诚、责任心和组织人格占支配地位的品质外,还应具备灵活性、有勇气、有判断力、机警等品质或受过特别训练或有学习特别技能的能力。由于具有这些品质的人员较为稀有,所以一般组织都倾向于把经理人员的数量维持在最低限度,而雇佣大量专业参谋人员,以便在时间、精力、专业知识等方面协助经理人员。建立和维持这样一个信息交流体系需要有高度的管理技巧,但由于人们在有效地建立和维持这样一个体系方面受到限制而往往影响组织的发展。

9.2.5.2　促进个人提供次要的服务

这项职能主要包括两类工作:

其一,促使人们同组织建立协作关系。这类工作之所以必要,不仅由于新组织和现有组织的成长需要获得人员,而且由于必须补充不断发生的人员死亡、辞职、"背弃"、移住、解职、开除等造成的人员减少。为了增加或补充人员,要求组织做工作把人们吸引到能考虑组织提供的诱因范围内,以便把其中的一部分人吸引过来参加组织。因此,这类工作包括两个部分:① 把人们吸引到组织所做的获得人们服务的工作能够达到的范围以内;② 当人们进入这个范围以后,对他们做工作。这两部分的工作通常由组织中的一个人或部门来做,但它们有着明显的区别,并且有相当程度的专门化。

其二,使人们提供服务。为了使组织的成员能为组织目标的实现作出贡献和进行有效的协调,巴纳德认为应该采取维持的方法。这种维持的方法包括"诱因"方案的维持和"威慑"方案的维持。前者是指采用各种报酬奖励的方式来维持组织成员为组织目标的实现作出他们的贡献;后者是指采用监督、控制、检验、教育和训练的方法来促使组织成员为组织目标的实现作出应有的贡献。

9.2.5.3　制定组织的目的与目标

巴纳德指出,组织的目的与其说是由文字制定的,不如说是由实际行动的总体来制定的。实际行动的总体是关于目的和环境的决策的结果,是逐渐地接近具体行为的。目的要分解为各个部分、各项具体目的;不仅要在时间上按循序渐进的协作序列分解为各项详细目的和详细行动,而且要同时按各个单位组织内在的专门化来分解。经理人员的这项职能比其他职能更明显地表示出,是整个管理组织制定、再确定、分解和决定着无数同时进行的和循序渐进的行动。因此,"任何一个经理人员在任何条件下都无法单独地全部执行这项职能,而只能执行同他在管理组织内的职位有关的那部分职能"。这项职能的关键在于职责的委派,组织的共同目标必须由各个部门的具体目标来予以阐明。这事实上就是把权力和责任授予各个部门,使各个部门相互联系、协调而共同为组织目标的实现作出贡献。这一思想被西方管理学家称为"目标管理"的萌芽。

巴纳德认为,授权是一种决策。这种决策包括追求的目的和达到这些目的的手段两方面。其结果是在协作系统的内部对各种不同的权力和责任加以安排,以便组织的成员知道他们怎样为所追求的目标作出贡献。至于决策,则包含两个方面:一是分析,即寻找能使组织目标得以实现的战略因素;二是综合,即认识到组成一个完整系统的各个要素或部分之间的相互关系。

关于决策的客观要素,巴纳德列举了目的和环境两个要素并作出详细说明。巴纳德认为,一方面存在着要实现的目的;另一方面又存在着对实现目的起限制作用或促进作用的物理、经济和社会的环境。决策的机能就是制约这两个要素的相互关系。目的在这里之所以作为客观要素,是由于现在的目的是过去依据当时的条件进行决策的结果。因此,现在的目的对新的决策来说,就成了客观的事实。就目的同环境的关系来说,有了目的,才能识别环境中限制或促进目的实现的因素和中立的因素。同时,只有认识了环境以后,才能确定目的。如果对环境的认识很模糊,那就只能确定较为笼统的目的;如果对环境的认识比较具体,就能确定较为具体的目的;如果对环境的识别进一步具体化,就能确定更具体的、特定的目的。目的的具体化是通过依次渐进的决策使目的和环境相互反应的过程。

巴纳德进一步认为,组织的决策包括两个因素:心理的因素和事实的因素。心理的因素指在决定组织目的的时候必须考虑的道德因素,即以"好"或"不好"这种价值判断作为基础的指导思想。决策的事实因素就是在一定的目的和一定的环境下必须进行决策的客观存在。合理决策的客观存在在本质上是通过分析目的与环境相互反应依次渐进决策过程来体现的。

巴纳德以决策的客观性为依据,还提出了战略因素的概念。所谓战略因素,就是实现某种目的所必需而当时又不存在的制约因素。制约因素若被控制,就变成了补充因素,而其他因素可能成为战略因素。根据在一定的时刻实现一定的目的来决定什么是战略因素,就规定了为了实现目的而需要采取什么样的行动。

总体而言,巴纳德关于经理人员职能的论述是他关于正式组织和组织要素的分析发展的必然结果。他认为在一个正式组织中,经理人员的作用就是在一个信息交流体系的协作活动进行协调,以便组织正常运转,实现组织的共同目标。这三项职能不是孤立存在的,而是相互联系和相互依存的,是一个有机整体中的系统要素。其中一项职能产生其他两项职能,但又以其他两项职能为依据,共同为维持组织的正常运转而服务。正如巴纳德在其《经理人员的职能》一书中所指出:"只有这些要素在一个工作体系中的结合才能构成一个组织。"

巴纳德将组织看成是一个协作系统,并且认为经理人员的职能并不是孤立存在,而是整个组织的组成要素。经营管理过程就是要将各个分散的部门组成一个有机的整体,使部门利益和整体利益紧密结合在一起,找到一个最佳平衡点。由此可见,经理的职能决不限于各个部门取得效果的技术措施,而要领会平衡、体察和合理安排组织的整体及有关的整个形势,这就需要进行领导。巴纳德强调了领导在组织管理中的重要作用,并着重探讨了领导的道德方面。

巴纳德认为,道德是人的一种内在的普遍而稳定的力量或习性,它会禁止、控制或修正同这种力量或习性不一致的当前的具体愿望、冲动或兴趣,而加强同其一致的具体愿望、冲动或兴趣。一个人的道德准则就是他在某种具体情况下按某种方式行事的倾向,当这种倾向强烈而稳定时,存在着一种责任心的状态。责任心弱的人和能力有限的人不能同时承担许多不同类型的负担。因而,对于担任管理职位的经理人员而言,其责任主要有以下五个方面:① 有着复杂的道德准则。除了一般的个人道德准则的问题以外,组织还会给经理人员大大增加了道德准则的复杂性、责任的考验以及制定道德准则的职能。② 需要有高度的承担责任的能力。③ 处于活动状态。职位越高,各个方面要求他做的事就越多,这些都要求他作出决策。④ 需要具有作为一项道德因素的一般技术能力和特殊技术能力。职位越高,则道德准则越复杂,就越是要求具有更高的承担责任的能力,即处理随着职位而来的道德准则冲突的能力。⑤ 需要有为别人制定道德准则的能力。他认为:"经理人员责任的突出标志是,不仅要求他符合复杂的道德准则,而且要求他为别人制定道德准则。"这项职能最常见到的方面是,在组织中确保、创造和鼓舞士气。这是灌输观点、基本态度的过程,是培养对组织或协作体系、客观权威体系的忠诚心的过程。同时,经理人员应该在道德准则问题上发挥创造性,通过禁令、榜样、教育、说服、任命、制裁等来影响组织成员的道德准则,培养起他们忠于组织和权威的道德准则,以便有利于协作体系的工作。

通过以上分析,巴纳德得出了这样的结论:"经理人员的责任就是领导者的能力。这种能力反映的主要不是由领导者决定的态度、理想、希望,而是把人们的意愿结合起来,去实现超越人们的直接目标和时代的长期目的。当这些目的是高尚的,许多世代的无数人的意愿结合在一起时,组织将永久地持续存在下去。其原因是,持续存在的协作基础是道德性,而道德性是多元的。……领导的质量、其影响的长久性、有关组织的持续性、所引起的协调力,都表现着道德抱负的高度和道德基础的广度。所以,在协作的人们中,可见的事物是由不可见的事物推动的。形成人们的目的的精神产生于虚无之中。"

总之,巴纳德所提出的社会系统理论在管理理论发展史上起了重要的影响作用。他将法约尔等人的研究向前推进了一大步,从心理学和社会学的角度来研究管理,并且将其中的概念加以发展,从而为管理研究开辟了新的领域,影响了梅奥等人。巴纳德把组织中人们的相互关系看成是一种协作系统,这个系统受社会、经济、技术等各种环境的制约,因而是更大的系统的一部分,这实际上已经包含了系统管理思想的萌芽,为后来的系统管理理论的形成奠定了基础。巴纳德将组织中人的行为看成是由决策和作业两个部分组成,着重研究组织的决策过程,他认为"组织中的主要适应过程是决策",影响了西蒙等人的决策理论。他将组织中的个人目的和组织目的联系起来,提出了组织成员在实现组织目标时有助于个人目标的实现,并认为组织的共同目的必须用各个部门的具体目标来予以阐明,即把权力和责任授予各个部门,使各个部门相互联系、协调而共同为组织目标的实现作出贡献,对后来的目标管理的形成亦有很大影响。此外,巴纳德有关权威的理论、经理人员的职能及领导的道德准则的探讨,都是对演变中的管理思想的重大贡献。从巴纳德管理理论的方法论来看,贯穿如下两个特点:第一,运用社会心理学的分析方法,把对人性的理解作为其管理理论的出发点,他也由此提出了管理者必须通过提供适当的诱因来激发组织成员的协作意愿,以维持组织的生存和发展;第二,运用系统分析的方法,把企业组织作为一个由相互联系的各个部分构成的整体,并把这一整体置于同社会这一更大整体的相互联系之中。因此,巴纳德在现代管理思想发展史上占有十分重要的地位。

巴纳德的社会系统理论虽然作出了上述贡献,但在其发展中也暴露出以下不足:一是组织成员对于诱因的评价带有主观色彩和随意性,缺乏客观的衡量尺度,在涉及对非经济诱因如参与、荣誉、威信等方面的评价时尤为突出;二是没有充分地分析研究组织可能产生的冲突,包括组织内部与组织之间的冲突,以及解决这些冲突的措施。

9.3　社会系统理论的评价与发展

巴纳德最早把系统理论和社会学知识应用于管理领域,创立了社会系统学派。西方学者认为,巴纳德的思想中有着人道主义的成分,表现在他尊重每个职工独立个人的人格。他认为,要认识到人的生活中遇到的各种互相冲突的力量,并且要找到一种"恰当的平衡",要把各种差异结合起来而避免极端化。"经理人员的职能正在于通过具体的活动来促进对立的各种力量的综合,调节互相冲突的各种力量、本能、利益、条件、立场和理想。"当然,由于职工个人目标和正式组织的目标并不一致,这就需要用"效率"和"能率"这两条原则来解决。一个组织的效率的尺度就是它的生存能力,即它继续为其成员提供使他们的个人需要得到满足的诱因,以便组织目标得以实现的能力。如果一项行为达到了它特定的客观目的,就是有效;如果那项行为达到了目的而又没有产生低效的消极后果,它就是有能率的。巴纳德把正式组织的要求同个人的需要连接起来这一论点,被西方学者认为是管理思想发展史上的一个里程碑。

巴纳德第一次提出了关于组织理论是现代管理理论的核心这一命题。他对组织的结构及其发展作了富有创造性的阐述。同时,他系统地论述了组织的管理权限理论、组织的特殊化理论、组织的决策理论。另外,最值得提起的是,他对组织的平衡问题作了深入的研究。巴纳德关于组织理论的研究成果为他的后继者赫伯特·西蒙所继承与完善。

关于经理的职能,巴纳德与前人不同,前人多采用静态的、叙述的方式来说明,而巴纳德则采用分析性和动态的方式加以说明。巴纳德首先对"沟通"、"动机"、"决策"、"目标"和"组织关系"等问题进行了开创性的专题研究,这引发了后人对此进行更深入研究;巴纳德将法约尔等人的研究向前推进了一大步,法约尔等人主要从原则与职能的角度来研究管理,而巴纳德却从心理学和社会学的角度来研究管理,并且将其中的概念加以发展,从而为管理研究开辟了新的领域;巴纳德的"权威接受论"对权威提出了全新的看法,对我们很有启发。

巴纳德在组织管理理论方面的开创性研究,奠定了现代组织理论的基础。后来的许多学者如德鲁克、孔茨、明茨伯格、西蒙、利克特等人都极大地受益于巴纳德,并在不同方向上发展。对于经理人员,尤其是将一个传统的组织改造为现代组织的经理人员来说,巴纳德的价值尤其突出。因为传统的组织偏重于非正式组织和非结构化的决策与沟通机制,目标也是隐含的,要将其改造为现代组织,就必须明确组织的目标、权力结构和决策机制,明确组织的动力结构即激励机制,明确组织内部的信息沟通机制,这三个方面是现代组织的柱石。同时在转变的过程中,要充分考虑利用非正式组织的力量。这一点对我国当前的企业改革具有重大的现实意义。

第10章　管理决策理论

　　管理决策理论是以社会系统理论为基础,吸收了行为科学、系统理论、运筹学和计算机等学科的内容而发展起来的一种管理理论,它形成于 20 世纪 50 年代,其代表人物是赫伯特·西蒙等。该学派认为,决策贯穿于管理的全过程,管理就是决策,组织则是由作为决策者的个人所组成的系统;而现实中的人或组织都只是具有有限度的理性,不可能作出最优决策,必须以"令人满意"为准则。由于该学派对管理组织的决策过程进行了开创性研究,因而在现代管理理论中具有重要的地位。

10.1　管理决策理论产生的背景

　　21 世纪 50 年代以来,随着科学技术(包括管理科学)的发展和对于决策理论和实践的不断探索,决策理论和方法已逐步形成一门新兴的学科,并成为管理科学的核心。决策科学是一门综合性、方法性的科学,它研究怎样把科学的方法引入决策过程,怎样利用现代科学技术手段,采用民主的和科学的方法,把决策变成集思广益、有科学依据、有制度保证的过程,从而实现决策的民主化、科学化和制度化。在其发展过程中,辩证唯物主义理论为现代决策理论和方法提供了坚实的哲学基础;而系统论、信息论、控制论、运筹学、系统分析、网络分析、仿真技术、电子计算机技术以及社会学、心理学等新学科、新技术的发展又为决策科学提供了定性、定量分析的方法和工具。

　　作为一门学科的决策论的产生与赌博有关,16~17 世纪法国宫廷设有赌博顾问,他们是研究概率论、对策论的先驱,而概率论、对策论则是决策论形成的先导。

　　虽然早在 1738 年 Bernoulli 就提出了效用和期望效用的概念,但是到了 20 世纪 20 年代以后,决策论才从对策论中分离出来。对策论研究人与智能的对手(人)之间的对抗;而决策论则处理人与非智能的对手即自然界之间的关系。Ramsay(1926)在效用和主观概率的基础上提出了制定决策的理论;De Finetti(1937)则对主观概率的构造作出了重大贡献;Von Neumann Morgenstern(1944)建立了效用的公理体系,为形成和完善不确定性条件下制定决策的效用理论奠定了坚实的基础。

　　20 世纪 50 年代,Wald(1950)用对策论的定理解决统计决策中的一些基本问题;Blackwell 和 Girshick (1954)把主观概率和效用理论整合成一个求解统计决策问题的条理清晰的过程;Savage(1954)建立具有理论体系并形成具有严格的哲学基础和公理框架的统计决策理论。

　　统计决策理论一经形成,许多人把它用于涉及不确定性和数学上结构良好的随机试验样本的决策问题,形成了以贝叶斯分析为基础的统计决策理论。到 20 世纪 60 年代,统计决策理论取得长足进展,出现了实用统计决策与最优化统计决策等面向实际应用的决策理论和方法。尤其是 Howard(1966)采用"决策分析"一词,并把系统分析方法引入统计决策理论,从理论和应用两个方面推进决策论的发展。

半个多世纪以来,决策论的大部分内容与规范性决策论有关。由于经济学家、数学家以及系统科学家的努力,决策分析日益广泛地用于商业、经济、实用统计、法律、医学、政治等各方面;而行为科学家对描述性决策和效用的测度等问题的研究,使排序、有界区间的度量技术等因此而获得发展。

二战开始后发展起来的运筹学,在决策论的概念、方案的优化、统计决策理论、决策方法中有着坚实的基础,使决策理论成为运筹学中的一支。

从 20 世纪 70 年代开始,决策分析已经成了工业、商业、政府部门制定决策所使用的一种重要方法。一些规范性的决策方法,如成本效益分析、资源分配、计划评审技术(PERT)、关键路径法(CPM)等的应用得到普及;多目标决策问题的研究也逐步深入,方法层出不穷。

计算机的飞速发展与普及以及信息处理、数据存储与检索手段的进步,加上决策理论的进展(程序化决策方法能解决的问题日益增加,非程序化决策方法研究的深入),导致统计数据、研究资料迅速更新(决策矩阵的迅速更新)和决策模型的日臻完善;人工智能的发展、知识库的形成,使得根据新信息及时乃至自动修改策略成为可能;决策支持系统的产生和发展不仅为决策人提供求解问题所需的相关信息和适当的模型,也使某些常规性问题有可能自动求解。

模糊决策、序贯决策、群决策和组织决策及其支持系统等领域的研究也在不断深入。决策理论和方法至今仍是生气勃勃、不断发展着的研究领域。

管理决策理论学派的创始人和主要代表人物是美国的赫伯特·西蒙,他在对传统的格言式的组织管理理论进行科学批判的基础上,研究了组织影响问题。他认为组织的存在必须有权威的作用,这种权威就是正确的决策,并由此得出结论:管理就是决策。西蒙还研究了组织目标问题。他认为在一个有多层结构的组织中,目标乃是角色约束的总和与准则。在他的著名的决策过程理论中,他提出了有限理性决策的命题,进而建立了系统的决策理论。

管理决策理论学派的另一位代表人物是詹姆斯·马奇(James G. March),他于 1953 年在美国耶鲁大学获得政治学博士学位,以后在卡内基—梅隆大学工艺学院任教。1964 年他成为加利福尼亚大学社会科学学院的首任院长。1970 年任斯坦福大学管理学教授,同时还讲授政治学、社会学和教育学,还在胡佛研究所担任过研究员。马奇曾与西蒙协作研究,对管理决策理论的形成和发展作出了贡献。他的主要成就是有关组织理论的研究,尤其是组织决策的问题。马奇独自撰写或与人合写过许多这方面的著作,代表性的有《组织》(与西蒙合著,1958)、《企业的行为理论》(与塞叶特合著,1963)等。

10.2　西蒙的管理决策理论的主要内容

10.2.1　西蒙的生平及著述

赫伯特·亚历山大·西蒙(Herbert Alexander Simon)是管理决策理论学派的创始人之一,著名的管理学家和经济学家,是美国卡内基—梅隆大学计算机科学与心理学教授,在管理学、组织行为学、经济学、政治学、心理学和计算机科学等方面都有较深厚的造诣。

西蒙生于美国威斯康星州的密尔沃基,早年就读于美国芝加哥大学,1936 年获芝加哥大学政治学学士学位。芝加哥在行为主义方面的研究久负盛名,西蒙师从行为主义大师梅里安,并于 1943 年获得博士学位。

1949 年以前,西蒙先后在芝加哥大学、伯克利大学和伊利诺伊工艺学院任教。1938 年,他以衡量政府方案结果作为开拓性研究,进入了公共行政研究领域,其成果是与克拉伦斯·里德利合著的《市政活动衡量》。1946 年,他批评了十多年前由古利克和厄威克提出的行政管理的若干原理,认为那些格言是含糊不清和相互矛盾的。第二年,他出版了《行政行为》一书,在公共行政领域中发动了一场革命。1949 年以后,西蒙长期在卡内基—梅隆大学任教,是该校心理学和计算机科学的理查德·金·梅隆讲座的教授。他长期讲授计算机科学和心理学等课程,并曾从事过经济计量学的研究。

20 世纪 60 年代,西蒙与 30 年代就风行一时、到 60 年代仍很有市场的结构组织学派进行了论战,批判了他们的纯理性主义观点。结构组织论者认为可以用纯理性的方法来安排和管理组织。西蒙却认为智力决策是会受到多方面的限制的,人只能在"有限理性"范围内思考问题。70 年代,西蒙与人际关系学派进行了论战。人际关系学派指责西蒙想坚持理性人的理论。西蒙认为反对一切行政组织结构的观点是错误的,在计算机与新的决策技术作用下,白领阶层和行政官员工作发生了很大的变化,计算机具有巨大的能力,从而能使信息组织起来并程序化,赋予管理者作出完全理性决策的能力。他说:"组织中的人的行为,即使不是完全理智的,至少也有一大部分是倾向于这样的;这对于任何一个考察组织的人或组织理论研究者来说,看来都是非常明显的。"

1961～1965 年,西蒙任美国社会科学院研究委员会主席。1986 年获美国国家科学奖。他由于在决策理论的研究方面作出了重大贡献,被授予 1978 年度诺贝尔经济学奖。

西蒙的主要著作有:《管理行为》(1945)、《公共管理》(与史密斯伯格等合著,1950)、《人的模型》(1957)、《组织》(与马奇合著,1958)、《经济学和行为科学中的决策理论》(1959)、《管理决策新科学》(1960)、《自动化的形成》(1960)、《人类问题的解决》(与 A. 内威尔合著,1972)、《发现的模型》(1977)、《新管理决策学》(1977)、《思维的模型》(1979)等。

西蒙在管理学方面所研究的主要是经营者的行为,特别是当代公司中决策的组织基础和心理依据。他在早期对经营管理科学感兴趣,对"公司行为理论"的建立起了重要作用。这种公司行为理论对简单的利润最大化假设提出挑战,强调了大公司复杂的内部结构、其目标和子目标的多重性,因此其决策追求的是"令人满意的"而不是"最优的"决策模型。后来,西蒙又转而研究大型组织中的信息处理问题,认为信息本身以及人们处理信息的能力都是有限的,并进一步研究了利用计算机模型来模拟人们解决问题的思维过程,为公司决策人员提供"决策辅助系统"。

西蒙在管理学上的贡献概括起来最主要的有两个方面:一是提出了管理的决策职能。在西蒙之前,法约尔最早对管理的职能作了理论化的划分,此时,决策被包含在计划职能之中,其后的管理学者对此也没有提出疑问,直到西蒙在其《管理行为》一书中提出了"决策是管理的首要职能"这一论点后,决策才为管理学者们所重视。二是建立了系统的决策理论。西蒙对已有决策理论的假设前提进行了反思,把决策前提分为价值前提和事实前提,从而提出了"有限理性"和"令人满意的准则"这两个决策理论的基本命题。他还借助于行为科学、心理学、运筹学、计算机等学科的研究成果,对决策过程进行了科学分析,概括出了决策过程理论,从而使决策理论成为一种应用广泛的管理技术,为决策科学化提供了科学指导。西蒙也因此创立了管理决策理论学派。

10.2.2　西蒙的决策合理模式研究

西蒙等人认为,决策在管理中具有重要地位,贯穿于管理的全过程,管理就是决策。管理的任务在于实现决策的合理性,而能否实现决策的合理性又在于能否选择合理的决策模式。

10.2.2.1　几种典型的决策模式

西蒙和马奇在《组织》一书中按照有关人的假设(人的模式)把管理理论分为以下几类:

(1)"经济人"模式。

这种模式把组织成员(职工)看做似乎是从事一定作业的生产工具——机器,他们只能被动地接受命令、进行作业,在解决问题时并不发挥主导作用。古典管理理论就是属于这种模式的理论。

(2)"机动人"模式。

这种模式认为,组织成员(职工)不是机器而是人,是为了满足个人的要求、动机和目的而劳动的,组织成员(职工)为实现组织目的而进行合作的动机是劳动生产率的最重要的决定因素。行为科学管理理论就属于这种模式。

(3)"决策人"模式。

"决策人"模式又称为"管理人"模式,这种模式认为组织成员(管理者和职工)都是为实现一定目的而合理地选择手段的决策者。"决策人"模式把追求决策的合理性作为主要课题,认为"经济人"模式虽然也追求合理决策,但由于在现实中受到许多限制,只是抽象的合理模式;只有"决策人"模式才是更现实的合理模式。

10.2.2.2　"决策人"模式的特点

西蒙关于"决策人"模式的研究认为该模式具有以下几个方面的特点。

(1)"决策人"模式的决策是通过组织进行的决策。

西蒙认为:"决策人"与"经济人"那种孤立的企业家个人决策相比,具有很多优点。第一,它可以克服知识和信息的不足。通过分工,使组织的每个部门只限于掌握与本部门有关的知识和信息。在进行决策时,还可只考虑与本部门决策关系密切的可变因素及其结果,从而大大缩小了知识和信息的搜索范围。同时,通过设立专门的职能部门来搜集和处理各方面的有关信息,从而克服了个人知识和信息的不足。第二,它可以克服集体行为的不确定性。组织的决策常常涉及两个以上的不同部门,在这种情况下,个人要预测其决策的结果,就必须了解与之相关的其他人的决策。对此,西蒙提出了协作的行为方式。在这种方式下,个人的目的都是组织目标的一部分,而且每个人都了解与之相关的其他人的决策,因而能保证决策的合理性。第三,它可以克服价值体系的不稳定性。所谓价值体系,也就是目标体系。个人的价值体系往往是易变的,而组织的价值体系总是比较稳定的,只要环境不发生重大变化,组织目标就不会变化。

(2)"决策人"模式的决策遵循"满意"的原则。

西蒙认为:"决策人"模式的决策遵循"满意"的原则,追求"现实的理性"。"经济人"决策遵循"最大化"原则,追求"绝对的理性",在现实中是无法实现的。西蒙认为,只有"满意"的原则才是现实的、合理的、切实可行的原则。

(3)"决策人"模式以学习、记忆和习惯等心理学的要素作为行动的基础。

西蒙认为,影响决策合理性的心理学要素有三项:一是学习。人能够根据过去的经验,采取试验的方法,通过知识的传递和理论的推断,对特定的选择将产生的结果作出估计。这种学习过程对组织和个人都是作出合理决策的基本条件。二是记忆。这就是把为了解决一个问题而搜集到的信息,以及从这些信息中得出的结论储存起来,以便在发生同类问题时,就可以把现成的信息拿出来应用并作出新的决策。因此,决策组织需要有"记忆装置"。三是习惯。它是帮助符合目的的行动方式持续下去的重要途径。当合理的决策行为得到"学习"和"记忆",便会形成"习惯",从而使决策者能对同样的刺激或同样的情况毫不犹豫地作出反应。只要这种习惯对实现目的来说是合理的,它就能对合乎目的的行动起着有益的作用。借助于这种惯例性的反应,就可以使合理的决策行为持续下去,从而形成程序化决策。总之,"决策人"模式由于运用心理学上的学习、记忆和习惯三项要素而提高了决策的合理性。

10.2.3　西蒙的决策要素研究

西蒙认为,管理通常是被当做"设法完成任务"的艺术来加以讨论的,它强调保证行动明智的过程和方法。管理原则的提出,通常也是为了让一群人采取协调一致的行动。但是,所有这类讨论都没有充分注意任何行动开始之前的抉择,即关于要干什么事情的决定,而不是决定的执行。任何实践活动都包含着"决策制定过程"和"决策执行过程"。而管理理论既要研究后者也要研究前者,这一点却还没有得到普遍承认。这种忽视决策过程研究的状况也许是这样一种观念:决策只不过是总的方针的公式化而已。但事实与此相反,"当一个组织的大目标已经确立时,决策过程并没有结束。决策的任务,同执行决策的任务完全一样,也是渗透在整个组织当中的;事实上,这两者紧密相连,缺一不可"。因此,关于管理的普遍理论,既要包含确保有效行动的原则,又必须同样包含保证正确制定决策的组织原则。

为了更深刻理解和认识管理者的决策过程,西蒙提出了决策要素的概念。他指出,人的大量行为都是富有意图的,尤其是管理组织中的个人行为,也就是说,它们是意在目标或指向目的的。这种目的性导致了行为的整合模式。假如没有这种目的性,管理也就失去了意义,因为如果管理就是设法让一群人"完成任务",那么,在究竟要完成什么任务的问题上,目标是一个主要的准则。而要实现一定的目标,组织就要采取一定的手段。如果说组织的总体目标或者说最高目标是组织中最高管理层的职责的话,那么为了实现这一目标所需要的手段就成了下一层次的管理者的目标。为了实现下一层次管理者的目标,又需要采取一定的手段,而这个手段又成了更下一层次的管理者的目标。这样不断进行层层分解,直到组织的总体目标能通过现有的行动计划或其他具体的手段的实施而实现为止。这样,在组织中就形成一个不中断的目标——手段链,或叫目标层级系统。这个目标层级系统与组织中形成的不中断的等级链是相吻合的。在这个系统中,每一个层次的目标既是上一层次目标的手段,又是下一层次手段(活动)的目标。而这个系统中的人们所从事的活动实际上是一种决策活动,这种决策活动主要解决两个问题:目标的确定和目标的实现。西蒙把这两个问题分成价值判断和事实判断的问题。他说:"就决策导向最终目标的选取而言,我们把决策称'价值判断';就决策包含的最终目标的实现而言,我们把它称作'事实判断'。"西蒙认为,把组织中的每一项决策分成"事实要素"和"价值要素",对于管理者来说,是具有根本性意义的。通过这样的区分,第一,可以使我们懂得"正确的"管理决策究竟指什么;第二,"它澄清了管理学文献中频繁出现的政策问题与管理问题之间的区别"。

事实要素是对环境及环境的作用方式的某种描述(信息)。这种描述是否正确,可以凭经验进行观察、判断,或通过实验加以验证。决策总是涉及某种事实要素,从这个角度来说,决策是从事实要素引申出来的。管理者决策时所要考虑的事实要素涉及的范围很广,大致可分为两大部分:一是有助于处理各种情况的决策技术和知识;二是环境所反映的有关信息。一般而言,决策技术和知识可以通过参与实践取得经验和接受教育得到训练;信息则是由决策者对环境直接观察、分析和诊断或通过查询信息系统得到的。在实际工作中,这两方面都对决策的合理性有极大的影响。

价值要素是关于管理者对某种事物喜好的表示,表明重在对该事物的某种判断,即管理者对该事物的态度反映出的价值标准。价值要素不是以客观的事实证明其是或非的,即不是能以经验证明其合理性的。价值要素既具有事实的内容,同时又具有价值判断的内容。价值要素反映的是管理者根据事实要素表现的情况,按自己的价值标准作出判断、看法的表示,而这种看法是不能以事实来评价对错、优劣的。

西蒙对价值要素作了较为详细的考察。他列举了价值要素所包含的内容有:① 组织目标,这是一切组织的管理决策的首要价值要素。通常组织目标都是一个多元层次体系,决策时既要考虑各方面、各层次的关系,又要以不损害组织的总目标为前提。另外,在进行管理决策的过程中,应始终以组织目标作为价值要素对方案权衡利弊,进行评价和决断。② 效率标准,它是指在所用资源一定的情况下,选择能产生最大效益的备选方案。效率标准要求在决策中遇到费用相同的两个备选方案时,选择目标实现程度较好的一个方案;而遇到目标实现程度相同的两个备选方案时,选择费用较低的一个方案。在资源、目标和费用皆为可变因素的情况下,组织决策不能单纯建立在效率方面的考虑上。当资源数量和组织目标已经给定时,效率就成为管理决策的一个控制要素。③ 公正标准,当组织决策涉及人的活动和利益时,公正标准就是决策的价值要素。④ 个人的价值观,这是指在作出决策时,决策者本人的价值观对组织决策来说,就成了价值要素。

在实际决策中,价值要素与事实要素是相互关联、交错在一起的。组织中管理者的每项决策活动,实际上都包含事实要素和价值要素。对于事实要素,人们可以通过科学的方法确定其是否正确;对于价值要素,人们不可能通过科学的方法确定其是否正确。在这种情况下,是否就意味着管理问题不是科学的问题呢?对此,西蒙给予了明确的否定的回答。决策中是包含了伦理要素,但不完全是伦理的要素。要让伦理命题有助于人们合理地决策,就应遵循两条原则:"① 被取为组织目标的那些价值要素必须是明确的,必须明确到足以评价它们在任何情况下的实现程度的地步;② 必须能判断特定行动方案实现目标的可能性。"由此,他认为价值要素和事实要素的区分相当于目的和手段的区分,行动的目的是一个价值问题,为了实现目的而采取什么行动最为恰当的问题是事实前提。

除了要了解决策的事实要素和价值要素在决策过程中的作用外,对影响决策要素的力量也应给予足够的重视。作为组织一员的管理者来说,特别值得注意的是组织对个人的影响。由于组织对其成员具有强大的影响力,所以形成了各具特色的组织决策文化。

10.2.4　西蒙的决策准则研究

西蒙认为,管理的核心是决策,决策的过程是选优,选优的前提是确定什么样的选优准则。对此有不同的观点。按照"经济人"模式,人们对各种可行方案进行评价和选择时,总是从"客观理性"出发,采用"最优化的准则",即人们总是希望通过对各种可行方案进行比较,从中选择一个最好的方案作为可行的方案。对于这种决策准则,西蒙认为,它需要满足三个前提:① 在决策之前,全面寻找备选方案;② 对可供选择的方案及未来的后果无所不知;③ 具备一套价值体系,作为从全部备选方案中选定其一的选择准则。西蒙指出,生活在真实世界中的人不是一个完全理智的"经济人",而是一个具有有限理性的"管理人"。他所指出的"管理人",其实质就是一种有限理性的人。可以说,有限理性论是西蒙全部决策过程理论的基石。在《现代决策理论的基石》一书中,西蒙对有限理性机制作了进一步的阐释。他指出,有限理性即"缺乏全智全能的理性,就是备受限制的理性"。所谓缺乏全智全能,主要是指不能知道全部备选方案,有关意外发生事件具有不确定性,人也无力去计算后果。

人的理性之所以在管理决策中受到限制,其原因是多方面的。就个人角度而言,它受到自己的习惯、价值观、认识能力、时间、经费、信息来源等方面的限制,"事实上,一个人对自己的行动条件的了解,从来只能是零碎的",因而个人在决策过程中的理性必然是有限的。从群体的角度而言,任何决策必须建立在两大基本要素的基础上:一是从最高层到决策操作层,必须有信息沟通和传达,人们总是受到这方面的限制;二是群体决策必然要面对一定的有限的环境,并且它也许是多个人决策的整合。环境总是一种客观的限制,而且每个人的理性总是有限的。

有限理性论包括两个重要的分理论:一是搜索理论;二是寻求满意理论。搜索是指决策者在开始进行决策行为时并不一定具有备选方案,因此,他就必须去搜索。寻求满意指的是假设决策者对于应寻求什么程度的方案已经形成某一欲望水平,当他一旦发现了符合其欲望水平的备选方案,便结束搜寻,选定该方案。从长期的均势来看,如果将搜索的费用考虑在内,动态调整欲望水平而作出的选择,也可以看成是最优选择。但是,对于搜索理论和寻求满意理论来说,它要求人们不要去寻求过分的计算量和完全的信息,而应当从实际出发而作出选择。

西蒙指出,正因为如此,人们在决策时常常追求"足够好的"或"令人满意的"标准,而非最优标准。在决策过程中,决策者确定一个最基本的要求,然后分析现有的备选方案,如果有一备选方案能较好地满足确定的最基本的要求,决策者就实现了满意标准,而不愿再去研究或寻找更好的方案。这是因为人们往往不愿发挥继续研究的积极性或不愿多花时间,仅满足于已有的备选方案,而且由于种种条件的约束,决策者本身也缺乏这方面的能力。因而在实际管理决策中,往往可以得到较满意的方案,而非最优方案。因此,从某种意义上讲,一切决策都是某种折中。正如西蒙所指出:"在任何时候,都存在大量可能的备选方案,一个人可能选取其中任何一个方案;通过某种过程,这些大量备选方案,被缩减为实际采用的一个方案了。"在这一过程中,选择其实就是折中。决策者最终选定的行动方案,决不会是尽善尽美地实现原定的目标,决策只能是在当时的情况下可以利用的最好办法。

10.2.5 西蒙的决策过程理论

10.2.5.1 决策的一般过程

西蒙认为,决策决不仅限于从几个备选方案中选择一个最优方案的瞬间行动,而是包括几个阶段和涉及许多方面的整个过程。它必须以事实和逻辑为依据,遵循一定的科学程序,而不能凭想当然办事。他把决策过程的阶段划分为四个主要阶段:"一是情报活动阶段;二是设计活动阶段;三是抉择活动阶段;四是审查活动阶段。"具体如下:

(1) 搜集情报阶段。

一切决策都是从问题开始的,决策的第一步就是在调查研究、系统搜集信息的基础上确认问题,并抓住问题的关键。因而在这个阶段的活动就是搜集和分析组织所处环境中有关经济、技术、社会文化等方面的情报以及组织内部的有关情报,以便为拟订和选择方案提供依据。因此,这个阶段的任务是探查环境,寻求要求决策的条件及制定决策的依据。

(2) 拟定方案阶段。

决策的本质是选择,而要进行选择,就必须有多个备选方案,没有选择也就没有决策,因此必须制定多种可供选择的方案。一般而言,拟定方案数量越多,质量越好,选择余地就越大。因此,在方案拟定过程中必须发挥创造性,尽量把一切可能的方案挖掘出来,可运用头脑风暴法,或采用数学模型,也可建立随机模型和模糊模型等。同时,各个方案之间应有原则的差异且互相排斥,执行了方案甲就不能同时执行方案乙。所以,这个阶段的任务是设计、制定和分析可能采取的行动方案。

拟定方案的步骤可分为条件分析、措施分析和行动阶段分析。条件分析主要包括约束条件分析、边界条件分析、现有条件分析和可能条件分析等,其中分析最高限度的目标和最低限度的目标所对应的条件就是边界条件分析。措施分析即分析如何使可能条件变为现实条件,它包括直接促进目标实现的措施分析和应变措施的分析。行动阶段分析即要分析如何分步骤地实现目标。

(3) 选定方案阶段。

从各种可供选择的方案中权衡利弊,然后选取其一或综合成一个行动方案,是决策过程中的一项重要工作。有时会在方案全面实施之前进行局部试行,验证在真实条件下是否真正可行。若不可行,为避免更大损失,则需再次考察上述各个活动步骤,修正或重新拟定方案。这个阶段的主要任务是从可以利用的方案中选择一个具体方案。

方案的选择通常有三种做法,即根据经验、根据实验或通过研究和分析进行选择。需要强调的是,在实际决策过程中,由于受主客观条件的限制,很难找到最优方案,决策者只要找到满意方案就可以了。而且各种方案各有利弊,并不是简单地挑选一个而丢弃其他方案,而应把这些方案都放在一起,综合考察它们的利弊得失,尽量发挥各方案的长处,克服其短处,把不同方案综合成更优且可行的方案。这实际上是在原有方案基础上的再创造过程。

(4) 审查方案阶段。

这个阶段的活动是在选定方案的实施过程中进一步审查、评价该方案,以便对方案给以补充和修改,使其更趋于合理。其任务是对已作出的抉择进行评价。特别是在方案投入实施后,决策者必须对决策的效果进行追踪和评估。若在决策方案运行过程中发现重大差异,在反馈、上报的同时,决策者应查明原因、进行分析,根据具体情况区别对待:若是执行有误,应采取措施加以调整,以保证决策的效果;若方案本身有误,应会同有关部门和人员修改方案;若方案有根本性错误或运行环境发生不可预计的变化,使得执行方案产生不良后果,则应采取追踪决策,即当原定决策方案的执行表明决策目标将难以实现时,就应对目标或决策方案进行根本性的修正。

在决策实施过程中,即使决策方案事先经过了细致周密的考虑,也会由于各种因素的不断变化而出现偏离目标的情况,这就要实施控制反馈。通过反馈可对原方案进行不同地再审查和再改进。当原有决策实施的情况出乎预料,或者环境发生重大变化时,需要将方案推倒重来。当原有决策实施了一个阶段后,需要对方案运行及预测的结果作出评价,评价可以由个人或专家组负责,目的是审核方案是否达到了预定目标或解决了问题,随时指出偏差的程度并查明原因。值得注意的是,评价和反馈应体现在每一阶段的工作上,特别是重大的决策,必须时刻注意信息的反馈和对工作的评价,以便迅速解决突发问题,避免造成重大损失。

总体上看,上述各个决策阶段是有前后顺序的,必须循序渐进。但是,这四个决策阶段不仅其本身包含着更为细小的环节,而且,各个阶段也不可能机械地按照固定的顺序推移,它们总是相互包含、交错的。任何一个阶段都可能产生一些次要的问题,这些次要的问题中又会有各自的情报、设计和抉择活动。因此,整个决策过程就是一个"大圈套小圈,小圈之中还有圈"的复杂过程。决策过程的四个阶段可用图 10-1 表示。

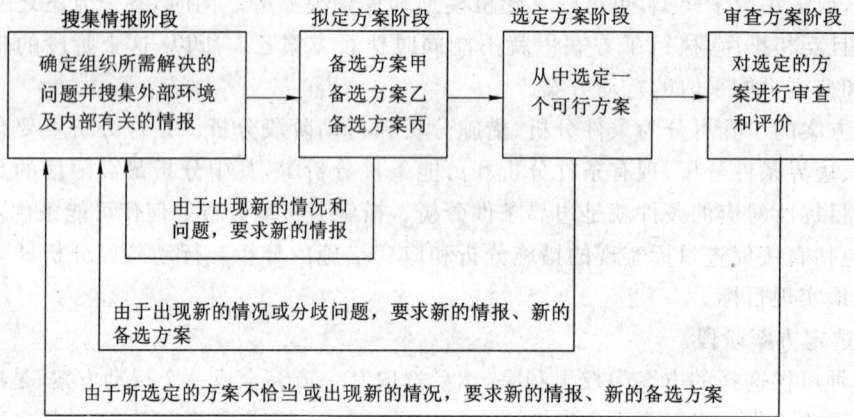

图 10-1　决策过程的阶段

10.2.5.2　复合决策过程

管理活动是群体的活动。虽然人们对由一个人自己策划、单独完成任务的简单情形比较熟悉,但是,一旦任务变得复杂起来,变得需要几个人去努力完成,那种简单情形就不可能再维持下去了。正因为如此,西蒙指出:"我们的分析是围绕一个中心论点而展开的,这个中心论点就是,组织行为乃是众多决策过程所构成的一个错综复杂的网络。在组织决策当中,几乎没有任何一项决策是由单独一人制定出来的。"实际上,组织的任何一项重大决策都不是单独一个人制定出来的。即使组织把制定某项重大决策的责任明确地交给了某人,此项决策看起来是由此人制定出来的,然而,他形成此项决策的各种前提是由许多相关部门和人员提供的,也就是说,在此之前,已有许多部门和人员进行了与之相关的决策,为其决策提供了前提和依据。当他对所有这些前提都已经考虑清楚的时候,也就清楚应当如何决策了,因而他的决策只不过是从这些前提的分析中得出的最后结论。正如西蒙所说:"重大决策既不是董事会作出的,也不是哪一个管理人员作出的,同样不是任何一伙人。那些决策是由个人、管理团体和董事会的众多决策,经过相互作用演变而来的。"由此可见,一切重大决策的形成过程几乎都表现为一种"复合过程",即由众多决策相互作用的过程,因而它总是一种"复合决策"。

西蒙进一步指出,在复合决策过程中,在给单个决策造成多种影响的过程中,有两种至关紧要的管理方法。这两种方法之一是所谓计划——使各种专家的知识和技能可在正式决策作出之前,事先对一个问题进行研究和产生影响的一种方法;第二种方法是评审——使个人能对支配其决策的内部前提和外部前提保证作出解释的一种方法。一个评审过程至少有四种不同的功能：① 诊断下属决策的质量；② 通过对后续决策的影响，改善今后决策的质量；③ 矫正既成的错误决定；④ 对下级人员进行制约，以保证其在决策时承认权威。

不仅如此，西蒙还把复合决策过程细分为双重决策过程、多方案决策过程和创新决策过程，并对它们进行了分析。在双重决策过程中，西蒙提出的方案是两个完全相反的备选方案，就其性质而言，它们是两个彼此对立的方案。它们迫使决策者作出"对与否"、"做与不做"的选择。这种决策只是极少数，大多数双重决策是因为没有对问题进行必要的分析才发生的。

多方案决策过程是比较复杂的，这种复杂性突出反映在运用合格鉴定标准阶段。在标准化决策程序中，合格鉴定标准是为了测定备选方案的相对价值，作为相对标准出现的。但是，当备选方案大量出现，各个备选方案实际达到的指标繁多，因而在必须实行多方案决策的情况下，合格鉴定标准就难以完成众多备选方案相对价值的测定。为了克服这一困难，必须改变合格鉴定标准的作用，即把合格鉴定标准作为备选方案价值的绝对标准，而不是把它当做备选方案的相对标准。这就是说，要对每一个备选方案进行单独评价，不是把一个备选方案和其他备选方案相比，而是把它与满意的绝对标准相比。

在进行创新决策的时候，管理者会遇到这样的情况：要在没有明显的现成备选方案的情况下作出选择。在这种情况下，决策者应该从逻辑思维转向创造性思维。因而，在创新决策过程中，制定有效备选方案的困难性是与把逻辑思维过程转向创造性思维过程、尔后再回到逻辑思维过程的必要性分不开的。正是这种转换构成了制定有效方案的复杂性。

10.2.5.3　信息联系在决策过程中的作用

西蒙等人非常强调信息联系在决策过程中的作用。他们认为，信息联系就是决策前提赖以从一个组织成员传递给另一个组织成员的任何过程。至于被传递的决策前提，则是以命令、情报或建议等形式出现的。信息联系是一种双向过程，包括从组织的决策中心向组织的各个部分的传递，也包括从组织的各个部分向组织的决策中心的传递。也就是说，决策前提的传递是向上、向下并水平地贯穿于整个组织之中的。与巴纳德不同，西蒙等人对信息传递的非正式渠道更为重视，而把权力机构的正式网络放在次要的地位。

西蒙对信息联系过程中产生的各种困难和障碍进行了分析。他指出，在信息联系的三个阶段（发出信息、传递信息、接收信息）都可能发生阻塞或歪曲。在系统中造成信息联系混乱的障碍可能有多种多样：信息发送者和信息接收者在地位等方面的差异、地理位置上的距离以及对信息的偏向性等。此外，日常工作的压力使得人们不能对全部的信息联系给予足够的注意。

由于保证信息联系这一问题的复杂性，因此就有必要在绝大多数组织中成立一个特别的信息联系服务中心和良好的新型系统。这主要应该借助于电子计算机。信息联系服务中心不但收集和传递组织内部和外部的信息，并且把信息储存在档案室、资料室、电子计算机数据库等"组织的资料库"中。除了通过这个服务中心外，还可以通过等级组织渠道、各种通知、指示、会议、程序、委员会等来传递各种信息，西蒙特别重视利用各种会议作为信息联系的手段。因为通过会议可以造成"共同的组织语言和结构"，从而消除有效信息联系的某些主要障碍。以上指的都是正式的信息联系系统，即对信息的收集、传递线路和到达的地点以及信息内容等事先安排好的系统。此外，还有未经事先安排好的非正式信息系统。西蒙在其《公共管理》一书中就指出,在许多组织中,决策时利用的信息大部分是由非正式信息联系系统传递的。这些信息包括情报、建议、意见和某些命令。非正式信息联系系统作为正式信息联系系统的补充,有其特有的功能,可以更灵活、更迅速地适应事态的变化,省去许多文件和程序,但有时难以控制,且可能在组织内部形成派系。

西蒙等人认为,当代社会是信息大量产生、形成"信息爆炸"的时代。重要的不是获得信息,而在于对信息进行加工和分析,使之对决策有用。决策者需要的是对决策有意义的信息。决策者的注意力是一种最宝贵的资源,不能无谓地消耗在大量无关的信息上。所以,对信息的提供应当有一定条件的限制。不符合这些条件的信息,不应该输送给决策者。这就要明确管理人员在作决策时需要些什么信息,根据决策需要提供信息,避免大批无用的公文报表的出现。要认识到,人脑处理信息的能力是有限的。因此,必须重视信息处理效果,以便作出好的组织决策。计算机在处理信息时,如果输入大于输出,它就起到了作用;如果输入了一大堆信息,输出的仍是一大堆信息,它就没有起到作用。所以,信息系统中应包括一个筛选系统,以保证提供与决策有关的有用信息。

信息联系在决策过程中作用的发挥还离不开信息处理技术。信息处理技术在决策过程中的应用越来越广泛,它是使我们如何更有效地获得和使用知识的知识。现代化的设备,例如那些使我们能检测空气中、水中和食物中微量污染物的设备,将我们行为的后果告诉了我们,而以前我们对此是不知道的。信息处理技术正促使我们所有的人重视过去很少使我们关心的在一般时间距离和空间距离以外的我们的行为的后果。因此,信息处理技术无论在产生这种认识中,还是在提供处理这些问题的新方法方面,都起着重要作用。管理决策的科学和它所依赖的信息处理技术,对于我们作为一个社会集体和个别的人,是否能够履行我们所承担的广泛责任将是重要的。

10.2.6　决策中的思维过程和决策技术

西蒙指出,近几年我们才开始对人类在解决问题和非程序化决策制定中使用的信息过程有了较多的理解。一个人能思考、学习和创造,是因为人的生物天资赋予了他程序,以及由于他出生后的环境与原有程序交互作用而在该程序中所产生的变化,共同使他能够思考、学习和创造。尽管计算机在人的设计下似乎也能思考甚至创造,但那是由于借助于程序的作用,是程序使得计算机具有这种能力。有关解决问题理论的研究表明,其核心假设是:在解决问题时,人类的思维是由程序控制的,而这个程序将把无数简单的信息过程(即无数符号的控制过程)组织成整齐而复杂的序列,并且它们对任何环境和序列展开时环境抽取的线索很敏感、适应。人们可以编制程序来描述人类符号控制的情况,这些程序可用来诱导计算机去模拟人类的思维过程。这属于人工智能的研究。人工智能是计算机科学的一个分支,主要是研究用计算机来模拟人类某些智力活动的理论和技术。因此,通过编制一些程序再用计算机进行模拟,使得计算机似乎也能思维和推理。

西蒙通过对人的思维过程的研究,提供了一种新的决策方法,即所谓"目标—手段分析法"。这种方法首先要为实现总目标找到一些手段和措施,然后把这些手段和措施看做是新的、次一级的目标,再为完成这些次一级的目标找出一些更详尽具体的手段和措施,这样分层反复寻找下去,直到有了解决问题的办法为止。这种解决问题的过程可以看成是通过把非程序化决策简化为一系列程序化决策而最后完成非程序化决策的过程。西蒙设计了一种可以使用该方法来解决以某种一般形式存在问题的装置,即"通用问题计算机",它的程序使它能描述或达到三种目标:一是转变,变 a 为 b;二是缩小差异,消除或减少 a 与 b 之间的差异;三是应用程序或方法。

关于以人类思维过程为依据的决策技术,西蒙还提出了以下说明:第一,"强"的方法,用来解决决策目标和结构都已明确的问题。如根据电机原理设计电机,应用数学模型和电子计算机解决问题。第二,"弱"的方法,应用人类思维研究及心理学、社会心理学等学科的成果,解决事物的性质和情况还不很清楚的非程序化决策问题。如德尔菲法、方案前提分析法等。第三,"撞试"法,即拟出方案进行实验,不行就再拟再试,直到问题得到解决。第四,"探索"法,要求决策者对决策的问题有一个初步认识,然后逐步向前探索,对每一步进行评价,看它能否更接近目标,直到找出满意的方案为止。第五,"爬山"法,把决策比作爬山,即逐步向山顶攀登,达到山顶也就是解决了问题。但如果发现爬完最后一步达到山顶时只是个小山丘,旁边还有高山,那就得下坡另找高山,重新攀登。

总之,以西蒙等人为代表的管理决策理论学派在许多方面都受到了巴纳德管理思想的影响,它的一个重要特点是把各种具体的组织现象加以分析,重点分析组织活动的一般特征,指出决策是贯穿于组织管理活动全部过程的核心内容,并强调了信息联系和计算机技术在决策过程中的作用,进而提出了"管理就是决策"的命题。因此,西蒙的管理决策理论,不仅适用于企业组织的管理,而且适用于其他各种组织的管理,具有普遍的适用性。对于西蒙在决策理论研究上作出的开创性贡献,应特别把握如下两点:第一,他从"有限理性"出发,提出以"令人满意的"准则代替"最优化的"准则和决策的合理模式,推翻了微观经济学"完全理性"和"最大化原则"的基本命题,不仅奠定了厂商经济理论和管理研究的基础,而且较为实际可行;第二,他强调"刺激—反应"的行为模式和与此相关的决策程序化的重要意义。西蒙对决策过程、程序化决策和非程序化决策以及决策中的思维过程的分析,体现了该学派的重要特色。而且,该理论目前已经渗透到管理学的不同分支,成为了现代管理理论的基石之一。正因为西蒙对决策理论的杰出贡献,他也成为管理方面惟一获得诺贝尔经济学奖的人。

但是,西蒙的决策理论也存在着明显的不足:他过分强调了决策在管理活动中的地位,彻底否定"经济人"模式在实践中的作用,成为一些西方学者批评该学派的焦点;他重视程序化决策,而对于具有创新性质和战略性质的非程序化决策的探讨则不够充分。

与此相联系,他过分注重组织的内部平衡,重视提高组织的效率,而对组织的外部平衡,即对外部环境条件的适应则未作充分探讨。然而,组织对外部环境的适应问题,即组织追求的目的的合理性问题或组织的战略决策问题,对于组织自身的生存和发展来说,却是带有根本性的、首要的问题。此外,塞叶特和马奇认为,西蒙的决策理论没有同企业的经济理论紧密地结合起来,他们试图建立一种企业行为理论,并指出这种理论"是对企业的经济决策进行验证和确定过程的一般性理论",包含企业的组织目标、组织设想、组织选择和组织控制四个部分的内容。塞叶特和马奇的这些观点,也是值得重视的。

10.3　科学决策的发展趋势

20 世纪到现在不单是自然科学蓬勃发展的时代,同时也是科学决策发展的时代。当今管理活动日益复杂化,正如享有世界声誉的美国未来学专家托夫勒所说:"火箭般的、不均匀的变化速度,发展方向的转移和急促变动,迫使我们发问:技术社会,即或是像瑞典和比利时那样较小的技术社会,是否也已经发展到太复杂、太快以致难以管理的地步。"决策所面临的任务就是如何更有效地把握住动态的今天,以掌握不定的未来。

现代科学决策呈现出以下几个发展趋势:

(1)个人决策向群体决策发展。

面对现代管理活动宏大规模产生的巨额数量的动态信息,任何一个天才的决策者个人都无法收集、分析、整理、归纳、综合、判断并作出最后的抉择。这正是个人决策崩溃的主要原因。面对瞬息万变的复杂的宏大系统,要作出正确的科学管理决策,不但要求有高速自动化的信息收集、信息处理以及信息分析、归纳与综合,而且还要求有由庞大的、密切合作的、组织有序的、各种各样的专家构成的集团发挥整体的功能,只有这样才能作出正确的决策。

(2)定性决策向定性与定量结合的决策发展。

定性决策向定性与定量结合的决策发展是当代管理决策活动普及发展的必然趋势。把现代科学中的系统工程学、仿真技术、电子计算机理论、科学学、预测学,特别是当代新数学(运筹学、布尔代数、博弈论、排队论、对策论、模糊数学、泛函分析等)引进决策管理活动,为定性决策向定量决策的发展起到了强大的推动作用。人们现在将大量的常规性管理决策,经过严密的系统理论分析,配合模拟仿真技术,转化成一定程序的确定型决策。但许多战略性、关键性问题的决策,属于非常规性决策。虽然它同常规性决策相比数量上要少一些,但它在社会政治与经济的管理中却占有非常重要的地位。由于处理这类问题非常复杂,所以,在历史上对于诸如国家、政治、经济、军事等重大问题的决策,多是由"权势加超群的才能"作出的,很难把握这一过程的规律。近代决策研究中,有人试图把这类问题全部规范化,但实践证明,这只能是设想。决策的本质是人的主观认识能力,因此它就不能不受人的主观认识能力的限制。所以,要想把一切现实因素均能给以定量化的描述,那只能是一种奢望。近代决策活动的实践表明,尽管定量的数学分析结合电子计算机在决策活动中能将许多因素进行比人的头脑更精密的高速的逻辑推理、分析、归纳、综合与论证,可是,它绝不能代替人的创造性思维。当人类的决策想全部用定量的方法解决但又碰到不可逾越的困难时,不得不又向直观的定性方法求助。决策管理的发展在从决策方法实现数学化、模型化、计算机化的第一次飞跃的基础上,又在进行第二次飞跃,即决策方法向以创造性逻辑思维与定量分析法相结合的方向飞跃。这一结合更加便于在不确定性中捕捉确定性的规律,在非模式活动中发现某种相对稳定的模式。管理决策的活动在遵循着定性、定量、定性与定量相结合的道路上前进。决策活动的定量发展与普及,为管理决策活动的科学化奠定了基础,而定性与定量的结合将把管理决策的科学推向更高的发展阶段。

(3)单目标决策向多目标决策综合发展。

单目标向多目标综合是决策活动的又一发展趋势。人类认识的发展是无限的,人类的欲望也是无穷的,科学技术的发展,生产的日益扩大,为人类带来了巨大的物质利益与现代精神文明。但是,由于人类对自然缺乏更深一层的认识,在单目标(指追求一方面利益)决策活动的指引下,第一步实施的结果显然是取得了"辉煌的"胜利,可是如果再向前迈进第二步甚至第三步,大自然就会无情地报复人类。火电厂烧去了大量的煤,取得了热能,发出了电力,造福了人类。但是,烧煤排出的烟灰造成了大气污染,排出的灰渣造成了危害。所以,在现代管理决策活动中,人们开始同时对决策实施后潜在的长远影响进行分析与研究,并设法变害为利,取得多目标综合收益的决策效果。这就是单目标决策向多目标决策综合决策发展的理论与现实的基础。但对于一个复杂的广泛相连的管理系统,划定系统的边界并把握它长系统链的约束是一个相当困难的事情;而且,面对具体的决策问题,如何划定被决策系统的边界并不是一件简单的事。将决策对象的边界划定以后,通过边界与外界的每一种联系即约束,都会构成一种目标;就约束来说,有的是间接的约束,有的是通过长系统链带来的约束。比如为了多挖煤,多建矿厂就是直接的约束,而多建又受到资金、设备、人力、设计能力、技术人员培养等约束,随之而来的是矿区建设、生活物质供应、土地占用、环境生态破坏、交通建设、港口码头建设等。这些因素都是煤炭开发目标的相关目标,不考虑这种相关目标,多挖煤不但不能及时运出,反而还会因煤炭堆积大量占用土地,不仅得不到良好的经济效果,而且会带来一系列的不良后果。所有这些都说明一个问题:管理决策活动的目标不但不是单一的,而且就是以经济利益为核心的多目标综合也是容纳不下的。目标要容纳更广阔的社会的、非经济的领域,这意味着目标本身也构成了一个难以确定的庞大系统。它进一步说明了单目标决策向多目标综合是管理决策活动向前发展的必然趋势。

（4）管理决策发展为更远未来服务的战略决策。

浅见的、单目标的、近在咫尺的决策的实施,随着科学和生产的发展越来越显示出它的弱点、不足以至于错误。这种弱点、不足和错误造成的后果则是长远的害处,有时抵消这些害处的成本甚至超过近期带来的利益。例如,为了扩大种植面积,增加粮食产量,草原被开垦,粮食所增无几,然而却大大改变了环境气候条件,开垦的草原变成了沙漠,使得风沙内侵,危害了内地城乡,最后还要影响到粮食本身;反过来又驱使人们不得不花费更高的代价进行沙漠改造和植被种植。所以,从集中着眼于当前的决策,同时又向更长远的未来思考,是决策科学发展的又一种趋势。战略是对全局的一种规划和谋略,管理决策发展成为为更远未来服务的战略决策,这是人们在时间序列上认识长系统链约束的必然结果。比如教学大纲,如果不作长远未来的考虑,经过学校培养出来的学生掌握的知识绝大部分可能是陈旧过时的,不能适应社会的需要。

为了使决策活动的时域向远延伸,决策者不但要把握过去和现在的信息,而且要经过科学的预测,通过时间序列系统链的约束分析,掌握未来的信息,理性地认识遥远的未来。决策是对未来实践的方向、原则、目标、方法等所做的决定,所以,决策从本质上说乃是未来的,而未来又是有多种可能性的。要决策,就要认识、把握向遥远延伸的不定的未来。可见,管理决策向遥远未来发展的趋势是一种必然的趋势,管理决策必然发展成为为更远未来服务的战略决策。

第 11 章 管理科学理论

管理科学学派是泰勒科学管理学派的继续和发展。这个学派认为,管理就是制定和运用数学模式与程序的系统,就是用数学符号和公式来表示计划、组织、控制、决策等合乎逻辑的程序,求出最优的答案,以达到企业的目标。

11.1 管理科学理论的产生背景

管理科学学派的正式形成虽然是在第二次世界大战以后,但其渊源可追溯到泰勒的科学管理甚至更早的查尔斯·巴贝奇(Charles Babbage,1792~1871)等人。作为世界上第一台计算机("差数机")的设计者,巴贝奇主张在科学分析的基础上制定出控制企业行为的一般原则,强调将数学方法应用于管理领域,因而被称为是管理科学的先驱者。20 世纪以后,运用数学来研究管理的学者日益增多。泰勒首先提出了最优化的管理思想,主张"对工厂内的一切事情,要用准确的科学研究和知识来代替旧式的个人判断和个人意见"。他还指出,应当把管理的这些要求概括为规律、守则甚至数学公式,而这些规律、守则和数学公式都必须来自对客观事实的科学分析。

1915 年,福特·哈里斯(Ford W. Harris)第一个应用数学模型研究存货控制问题,促进了存货控制理论的建立。1917 年,丹麦数学家厄兰格(A. K. Erlang)应用数学方法研究电话线路与电话用户呼唤关系时,解决了当时新兴的自动电话的设计问题,建立了排队论的基础。1931 年,休哈特(Walter Shew Hart)把概率的概念应用于质量控制领域。1934 年,蒂皮特(L. H. C. Tippett)发表了有关工作抽样理论。

在 20 世纪 30 年代,美国科学家莱文森(Hovace C. Levinson)应用极复杂的数学模式来研究市场问题。1933 年,苏联数学家康特洛维奇(L. A. Kantorovich)应胶木板联合工厂的要求,运用数学方法,制定了一个最佳方案,合理组织 8 台生产能力不等的车床,生产 5 种不同规格的胶木板,达到了最大生产量。他在 1939 年出版的《生产组织与计划中的数学方法》一书中,最早涉及了规划论等管理科学内容。但是,直到 20 世纪 50 年代以后,人们才真正将数学作为一种通用的管理方法大量用于管理的各个方面,尤其以运筹学的广泛应用为代表。

一般来讲,运筹学作为一门学科,首创于军事部门。运筹学的英文为 operations research,意指军事行动的研究。二战期间,军事上出现许多超过各级指战员知识范畴的技术问题。为了更好地解决这些问题,军事部门组织了多种学科的专家集体研究,为作战和后勤决策提供依据,于是产生了运筹学。英国率先成立了许多运筹学的研究小组,其中最有名的是于 1940 年 8 月成立的英国曼彻斯特大学一个专门从事新的反空袭雷达控制系统研究的小组,领导人是布莱克特(P. M. S. Blackett)教授。布莱克特是一位物理学家、诺贝尔奖获得者,并与他人共同发明了雷达,著有《运筹学方法论上的某些方面》等著作。他领导的运筹学小组由三位生理学家、两位数量物理学家、一位天体物理学家、一位空军军官、一位测量学家、一位普通物理学家及两位数学家组成。当时的英国飞机数量远远落后于希特勒统治下的德国,由于反空袭雷达的发明,使英国空军的战斗力提高了 10 倍。布莱克特小组又对飞机的出击时间、队形编列等作了缜密的研究,其效果使战斗力提高了近 20 倍,如此抵消了德国的空中优势。继此之后,他们又组织研究了反潜艇战、人工防御、护航船舶的最佳调度等复杂的军事问题。例如,袭击德国潜艇的深水炸弹,原来在 100 英尺深处爆炸,但效果不好。科学家威廉教授建议把引火装置改为在 20~25 英尺深处爆炸,该建议采纳后使潜艇击沉率提高了 4~7 倍。再如,当时德国发射 V_1 导弹轰炸伦敦,英国人开始时实行摸不准这种武器是针对目标发射还是任意投发,科学家们在伦敦地图上划出 576 个等面积地域,统计每个区域下落 V_1 的数目,发现各区域里的分布符合泊松分布,而这一分布是典型的随机分布型,由此得知 V_1 的袭击是漫无目标的。科学家运用数学方法所得这些军事领域内的研究成果大大鼓舞了士气,使反对纳粹德国的战争从战略上的波动转为主动。

在英国之后,美国军事机关参谋部门也设置了作业分析小组,组织数学家、统计学家、概率理论学家及计算机专家专门进行作业分析。1951 年,曾经在二战期间参加过美国国防部工作的莫尔斯(Philip M. Morse)和在美国海军工作的金布尔(George E. Kimball)两人,在总结二战期间的部分经验和方法的基础上,广泛结合海军的实例,合著了《运筹学方法》一书,这是第一本关于运筹学的著作。战后,美国的陆、海、空三军都先后成立了运筹学研究机构。闻名于世的兰德公司也就是在这种情况下成立的。

在军事部门研究成果的促进下,人们开始运用运筹学方法解决经济和工业生产管理领域中的问题,并使它在这些领域的实际应用逐步丰富起来。1947 年,乔治·丹兹格(George Dantzig)运用线性代数确定了稀有资源的最优分配方案,提出了求解线性规划问题的一般方法——单纯形法。1951 年,美国数学家贝尔曼(Richard Bellman)提出了动态规划方法。1957 年,美国杜邦公司和兰德公司合作,研制出一种新的计划管理方法——关键路线法(简称 CPM)。1958 年,美国海军特别规划局最先把计划评审法(简称 PERT)应用于北极星武器系统的计划和控制。在此期间,还提出了决策树的方法。1964 年,约翰·马吉(John E. Magee)在《哈佛商业评论》上发表了《决策用的决策树》一文,使这一方法得到了更广泛的应用。

与此同时,有关的学术团体也相继成立。英国于 1948 年成立了运筹学俱乐部(1954 年改名为英国运筹学会),并于 1950 年出版了这门学科的世界上第一份刊物——《运筹学》季刊。1952 年,美国成立了运筹学会并出版了《运筹学》杂志;1953 年,美国又成立了管理科学学会,并开始出版发行《管理科学》杂志;1969 年成立了美国决策科学研究会。1957 年,在英国牛津大学召开了第一届国际运筹学会议,有 21 个国家的代表参加,这次会议标志着对管理科学的研究已经进一步国际化和普遍化。1959 年,在各国学者督促下成立了国际运筹学联合会。这些组织机构的相继成立大大推动了管理科学的发展。

运筹学创立的目的是为了把科学知识和方法用于对复杂问题的研究,旨在为完成组织目标的决策推导出数量模型,因而把它应用于生产管理是很自然的事情。由于生产管理理论深受运筹学技术的影响,由此导致了管理科学的语义学问题。虽然统计及概率理论有助于质量控制中的抽样和其他事务,线性规划及其特殊技巧有利于在给定的限制条件下选择合适的行动路线,排队论使成本与机器和其他设备的服务取得了平衡,通过建立数学模型可以检测一个或多个变量乃至整个模型变动时的影响等,但是,"对大多数人而言,管理科学家的语言就像巫医用的偶像一样,让人莫名其妙。建立模型的仪式,仪式中所用的符号,令人生畏的咒语般的用语,最终导致了其语义学问题"。这才使得传统的生产管理理论在更为先进的统计与数学技术的基础上发展为新的生产/运筹管理。为帮助战后的日本恢复经济,戴明、朱兰等人在日本进行质量控制的传播,使日本企业接受了新观念,在生产技术中引入质量控制,并进一步发展成为质量管理理论。

20 世纪 60 年代以后,管理科学不仅在理论上得到了迅速发展,在数学模型的建立和求解方法等方面也取得了许多新的突破,而且更加注重实际应用。尽管它与泰勒的科学管理理论有较密切的联系,有人认为它是泰勒科学管理理论的继承和发展,二者都摒弃凭经验、凭直觉、凭主观判断来进行管理,主张采用科学的方法进行管理,但管理科学学派已不局限于作业管理、操作方法的研究范围,而是扩展到整个组织的管理。特别是随着计算机技术的发展,这个学派的数量特点得到了充分发挥,因而被广泛应用于研究城市的交通管理、能源的分配和利用、国民经济计划的编制以至世界范围的经济发展模型等一些更大和更复杂的经济与管理领域,它要求使用现代的科学技术对管理进行整体性、系统性、全面性的研究。目前,在美国、日本、欧洲等地都有相当规模、组织完善的管理科学的机构在进行广泛的研究和传授。

概而言之,管理科学理论主要有以下特点:

(1) 用系统观点研究各种功能关系。该学派认为,组织中任何部分或任何功能的活动必然会影响其他部分或功能,因而评价一个组织中的任何决策或行动都必须考虑到它对整个组织的影响和所有的重要关系。正确的决策必须从整个系统出发,考虑到各部门和各因素,对整个组织最有利才是最优化。

(2) 应用多学科交叉配合的方法。管理科学学派认为,同样数目的人员,如果分别属于不同的学科而互相配合进行研究,比属于同一学科的人进行研究效果更好。所以,在管理科学的研究和应用中,除了需要用数学和电子计算机知识外,还需用经济学、管理学、心理学、会计学、物理学、化学及各种工程技术的知识。

(3) 应用模型化和定量化来解决问题,并随情况的变化而修改模型。管理科学学派的一个重要特点就是模型化和定量化。对一个要研究的问题按预期的目标和约束条件,将其主要因素和因果关系变为各种符号来建立模型以便求解。而且,随着对问题的了解和分析的深入,其模型也逐渐复杂,以前的最优解或许就不是最优了,这就需要不断地对模型进行优化。

(4) 广泛地使用电子计算机。现代组织管理中影响某一事务的因素错综复杂,建立模型后,计算任务极为繁重,依靠传统的计算方法获得结果往往需要漫长时间,致使计算结果无法用于管理活动中。电子计算机的出现大大提高了运算的速度,使数学模型应用于企业和组织成为可能。因而可以说,电子计算机是管理科学所应用的最重要的先进工具,是管理科学方法得以进一步发展的重要推动力量。

管理科学学派的主要内容包括以下几个方面:

(1) 关于组织的基本看法。他们认为组织是由"经济人"组成的一个追求经济利益的系统,同时又是由物质技术和决策网络组成的系统。

(2) 关于科学管理的目的、应用范围、解决问题的步骤。科学管理的目的就是将科学原理、方法和工具应用于管理的各种活动之中。应用范围着重在管理程序中的计划和控制这两项职能。解决问题的步骤为:提出问题;建立数学模型;得出解决方案;对方案进行验证;建立对解决方案的控制;把解决的方案付诸实施。

(3) 关于管理科学应用的科学方法。这主要有线性规划、决策树、计划评审法和关键线路法、模拟、对策论、概念论、排队论、博弈论等。

11.2　管理科学理论的主要内容

11.2.1　伯法的管理科学理论

管理科学的应用范围较为广泛,但其重点是在生产过程中的管理。在这方面作出突出贡献的是伯法。

11.2.1.1　伯法的生平与著述

埃尔伍德·斯潘塞·伯法(Elwood Spencer Buffa,1918)是管理科学学派的代表人物之一。他在威斯康星大学获得学士和商业管理硕士学位,在加利福尼亚大学获博士学位。他担任过加利福尼亚大学管理学系主任助理和副主任、该校学术委员会主席,并任该校管理科学和经营管理教授。曾先后在加利福尼亚大学管理研究院、哈佛大学工商管理学院任教。伯法的代表著作是《生产管理基础》(1975)。《生产管理基础》是伯法根据《现代生产管理》改写的,更为简明易懂,内容着重于系统地阐明现代化生产管理的基本原理,出版后就被《哈佛商业评论》推荐为经理必读书目之一。伯法的生产管理理论主要包括以下几部分内容。

11.2.1.2　生产和业务管理系统

有效率的生产系统,在现代社会的生产和生活方式中起着决定性的作用。伯法在论述中以适宜的方法探讨了生产系统的设计和运转中遇到的各种问题。他提出:"在一定生产系统中,成功的管理依赖于计划;关于实际情况的信息系统;管理者对需求、库存状况、进度、质量水平、产品和设备革新等方面的变化所作出的决定。"因此,管理者需要在决策理论的指导下作出合理的决定。管理科学学派试图建立一个坚定的植根于数学和科学以及现实世界的决策逻辑结构。

伯法认为,管理的首要任务是作出能够决定企业今后短期和长期行动路线的决策。这些决策可以针对每一个可以设想到的物质领域和组织领域,它们可以涉及财务计划、销售、人事安排,以及作业和生产方面。生产系统中所产生问题的性质,要求两种主要类型的决策:一种是长期决策,它关系到生产系统的设计,例如产品的选择和设计、设备和生产过程的选择、加工对象的生产设计、作业设计、生产系统的地址选择、设备的平面布置等;另一种是短期决策,它关系到生产系统的运行和控制,例如库存和生产控制、生产系统的维修和可靠性、质量控制、劳动控制、成本控制等。

系统可以分为开放系统和封闭系统两类。开放系统的特点在于输出对输入作出反响,但输出却并不影响输入。封闭系统即反馈系统,是受它自己过去行为影响的系统。一个反馈系统有一个封闭的回路结构,它使系统的过去行动的结果回过来控制未来的行动。管理人员把系统概念应用于工作的最大好处是加深了对其所管理系统的理解。系统思想的最重要贡献之一也许是次优化概念,即从子系统来看是最优的,但从整个系统来看却是不好的。当一个人狭隘地只从本部门来看问题时,往往发生次优化。

11.2.1.3　生产和业务管理的分析方法

随着数学的统计的和模拟模型的广泛应用,表明生产和业务管理正在迅速变成一门应用科学。伯法指出:"管理科学中用到的关于生产和业务管理中的各种分析方法,本质上是在遵循科学方法的基本原则,并利用各种模型,这些模型代表所研究的系统或分支系统的某些部分。"

分析方法中必须确定衡量效率的尺度,即建立一套标准来衡量生产行动中各种可供选择方案的效率。这些方面的衡量尺度可以包含利润、贡献、总成本、增量成本、机器停工时间、机器利用率、劳动成本、劳动力利用率、产品单位数量和流程时间等。这就必须建立一个模型,其一般形式为:

$$E = f(X_i, Y_i)$$

其中,E 为效率,f 代表函数关系,X_i 代表可控变数,Y_i 代表非可控变数。

在分析的基础上产生可供选择的各种方案,并通过制定模型,用 E 作为衡量效率的尺度,对这些可供选择的方案作出评价。在衡量和决定究竟选用哪个方案时,要以数量分析同所处环境中不能用数量表示的诸因素进行全面权衡作为依据。

伯法列出的分析方法主要有:成本分析、线性规划、等待线或排队模型、模拟模型、统计分析、网络计划模型、启发式模型、计算机探索求解方法、图解和图像分析等。

11.2.1.4　生产系统的设计

生产一个部件或产品的可能的最小成本,最初是由设计者确定下来的。最灵巧的生产工程师也不能改变这种状况,他只能在设计的限度内使生产成本最小化。这种为降低制造成本而做的有意识的设计就叫生产设计,以区别于功能设计。有了生产设计以后,就必须进行制造的过程规划,仔细从细节上说明各个过程及其顺序。生产设计通过对材料、公差、基本结构、各个部件的联结方法等的规定可能做到最小成本;而过程规划通过规定能满足设计的确切要求的过程及其顺序来达到这一最小成本。

一个生产系统的设计还取决于它的建厂地区,因为建厂地区所形成的物质因素影响工厂的平面布置,而且建厂地区部分地决定着运行成本和资本成本。从运行成本和资本成本的观点来看,装运原料和成品是否方便、劳动成本、税款、土地以及其他因素,都影响着一个企业的全面的竞争地位。

此外,生产系统的设计还包括作业设计和人机系统设计、生产定额和劳动测量等。

11.2.1.5　生产和业务的计划与控制

在生产系统的设计完成以后,产品或所要制造的东西已具有很具体的规格,对生产过程的性质和顺序已做了具体规定,同时也有了能使生产过程形成一个统一系统的设备的平面设计或布置。作为系统的一部分,对各项作业必须进行设计,以求适应生产过程和工作流程的需要。因此,必须重视组织机构中职能之间的各种相互依存关系,如生产、销售、财务、采购等之间的相互作用。

伯法指出,对生产—储存系统可用两种方法进行分类:一是分为连续生产系统和间断生产系统;二是分为可储存产品系统和不可储存产品系统。在考虑物质设备和具体的活动安排问题时,前一种分类法最为有用;而在考虑总体计划和规划问题时,后一种分类法最为有用。分类方法的比较见表11-1。

表 11-1	生产—储存系统分类表
连续生产系统	间断生产系统
（1）大量的标准化产品的生产—储存系统 （2）分配系统	（1）订货车间（开放式和封闭式） （2）大型工程项目
可存储产品系统	不可存储产品系统
（1）连续生产大量标准化产品系统 （2）封闭式车间系统	（1）开放式车间系统 （2）大型工程项目

生产系统的设计和业务的计划控制与生产系统的类型相关。在实际环境中，分配型组织、大量生产—分配系统、生产和管理间断生产系统以及大型工程项目在生产和业务管理中面临的任务各有不同。例如，分配型组织的任务主要有：确定分配的性质、预测需求、确定一次订货量、服务水平和保险库存量等；大量生产—分配系统的任务主要有：确定、预测需求和多阶段库存系统、物质设备的长期总体规划、生产设施设计、设备和人力总体规划等；生产和管理间断生产系统的任务主要有：确定标价政策、安排设备、最经济的原材料采购、劳动力、机器设备的控制等；大型工程项目的任务主要有：通过制定作业网络来达到最终结果，制定作业网络的进度表等。

11.2.2　戴明的质量管理理论

管理科学将其理论应用于工商企业管理活动中，非常注重改进工作方法与检测工作，为质量工作提供促进手段，形成了质量管理理论。在质量管理研究及应用方面最具代表性的是戴明和朱兰。

11.2.2.1　戴明的生平与著述

威廉·爱德华兹·戴明（William Edwards Deming，1900～1993）是世界著名的质量管理专家，戴明对世界质量管理发展作出的卓越贡献享誉全球。他出生在美国爱荷华州的苏欧克斯市，曾在怀俄明大学和科罗拉多大学学习，后于 1928 年获得耶鲁大学数学物理学博士学位。1939 年进入美国国家人口统计局工作。戴明在其早期的工作生涯中，发展了运用统计方法来提高组织效率的思想。二战期间，他主张利用统计学来改进美国生产质量，并于 1945 年进入纽约大学，担任统计学教授。虽然在 20 世纪 50 年代他在美国不太出名，可是在 1950 年他应日本科学家及工程师联合会的邀请作工业统计方法和质量控制的演讲后，很快就成了日本的国家英雄，是第一个被日本天皇授予杰出人才奖的美国人。此后，他在美国和日本传播的思想均得益于他在日本的经历。直到 20 世纪 80 年代初，戴明才在西方国家得到认可，成为质量管理的权威，被称为"现代质量管理之父"。以戴明命名的"戴明品质奖"，至今仍是日本品质管理的最高荣誉。作为质量管理的先驱者，戴明学说对国际质量管理理论和方法始终产生着异常重要的影响。

戴明的主要著作有：《商业研究中的样本设计》（1960）、《走出危机：质量、生产力和竞争地位》（1982）、《戴明论质量管理》（1986）、《适用于工业、政府及教育部门的新经济学》（1993）等。

11.2.2.2　戴明的"管理十四要点"

作为质量管理的先驱者，戴明对国际质量管理理论和方法产生了非常重要的影响。其主要观点为"管理十四要点"，成为 20 世纪全面质量管理（total quality control，简称 TQC）的重要理论基础。

戴明的"管理十四要点"主要如下：

（1）提高产品与服务要有持续不变的目的。最高管理层必须从短期目标的迷途中归返，转回到长远的正确方向，也就是把改进产品质量和服务作为恒久目的，这需要在所有领域加以改革和创新。

（2）采用新观念。绝对不容忍粗劣的原料、不良操作、有瑕疵的产品和松散的服务。

（3）停止靠检验来提高质量。以往的做法是依靠大批量的检验来提高质量，但检验出来已经太迟，且成本高而效率低。正确的做法是改良生产过程。品质的提升才是关键。

（4）废除以最低价竞标的制度。价格本身并无意义，只是相对于质量才有意义。因此，只有管理当局重新界定原则，采购工作才会改变。公司一定要与供应商建立长远的关系，并减少供应商的数目，采购部门必须采用统计工具来判断供应商及其产品质量，并借此最大程度地缩减总成本。

（5）不断提高生产与服务系统的效率，以提高质量与生产力，从而成本也会不断降低。在每一活动中，必须降低浪费和提高质量，包括采购、运输、工程、方法、维修、销售、分销、会计、人事、顾客服务及生产制造。

（6）建立在职训练制度。岗位培训必须是有计划的，并且必须是建立于可接受的工作标准上，必须使用统计方法来衡量培训工作是否奏效。

（7）建立领导体系。在工作中应建立上、下级关系，督导人员必须要让高层管理知道需要改善的地方。当知道之后，管理当局必须采取行动。

（8）排除恐惧，使人人都能有效地为公司工作。公司的所有同事都必须有胆量去提出问题，或表达意见。

（9）破除部门与部门间的藩篱。工作中应推倒职工之间的壁垒，每一部门的职工都不应只顾独善其身，而需要发挥团队精神，跨部门的质量圈活动有助于改善设计、服务、质量及成本。

（10）取消那些要求员工做到零缺点及高生产力水准的口号、训示及目标。很多配合的改变往往是在一般员工控制范围之外，因此这些宣传品只会导致反感。虽然无需为员工订下可计量的目标，但公司却要有这样一个目标：永不间歇地改进质量。

（11）废除工作现场的工作标准量和废除目标管理、数字管理及数值目标，代之以领导。定额是把焦点放在数量，而非质量。计件工作制更不好，因为它鼓励制造次品。

（12）排除那些不能让工人以技术为荣的障碍。员工心声是品质改善的灵魂。

（13）建立一个有活力的教育与自我提高机制。由于质量和生产力的改善会导致部分工作岗位数目的改变，因此所有员工都要不断接受训练及再培训。一切训练都应包括基本统计技巧的运用。

（14）让公司每个人都致力于转型。这种转型是每一个人的工作。

在以上"管理十四要点"中，质量是一种生存方式，是企业的生命意义，尤其是管理的意义。戴明不断重复强调要"为质量而管理"。

11.2.2.3 戴明的 PDCA 循环

戴明最先提出了 PDCA 循环的概念，所以又称为"戴明环"。PDCA 循环是任何一项活动有效进行的一种合乎逻辑的工作程序，特别是在质量管理中得到了广泛的运用。P、D、C、A 四个英文字母所代表的意义是：P（plan）——计划，包括方针和目标的确定以及活动计划的制定;D(do)——执行,就是具体运作,实现计划中的内容;C(check)——检查,就是总结执行计划的结果,分清哪些对了,哪些错了,明确效果,找出问题;A(action)——行动(或处理),对总结的检查进行处理,成功的经验加以肯定,并予以标准化,或制定作业指导书,便于以后工作时遵循,对于失败的教训也要总结,以免重现,对于没有解决的问题,应提给下一个PDCA 循环中去解决。

PDCA 循环有以下四个明显的特点:

(1)周而复始。PDCA 循环的四个过程不是运行一次就完结,而是周而复始地进行的。一个循环结束,解决了一部分问题,可能还有问题没有解决,或者又出现了新的问题,再进行下一个 PDCA 循环,依此类推。

(2)大环带小环。类似行星轮系,一个公司或组织的整体运行体系与其内部各子体系的关系是大环带动小环的有机逻辑组合体。

(3)阶梯式上升。PDCA 循环不是停留在一个水平上的循环,不断解决问题的过程就是水平逐步上升的过程。

(4)统计工具。PDCA 循环应用了科学的统计观念和处理方法,作为推动工作、发现问题和解决问题的有效工具,其典型模式被称为"四个阶段"、"八个步骤"和"七种工具"。四个阶段就是 P、D、C、A。八个步骤是:分析现状,发现问题;分析质量问题中各种影响因素;分析影响质量问题的主要原因;针对主要原因,采取解决的措施,如为什么要制定这个措施,达到什么目标,在何处执行,由谁负责,什么时候完成,怎样执行;执行,按措施计划的要求去做;检查,把执行的结果与要求达到的目标进行对比;标准化,把成功的经验总结出来,制定相应的标准;把没有解决或新出现的问题转入下一个 PDCA 循环中去解决。通常,七种工具是指在质量管理中广泛应用的直方图、控制图、因果图、排列图、相关图、分层法和统计分析表等。

戴明的质量管理理论反映了全面质量管理的全面性,说明了质量管理与改善并不是个别部门的事,而是需要由最高管理层领导的推动才可奏效。戴明理论的核心可以概括为:高层管理的决心及参与;群策群力的团队精神;通过教育来提高质量意识;质量改良的技术训练;制定衡量质量的尺度标准;对质量成本的认识及分析;不断改进活动;各级员工的参与。

11.2.3　朱兰的质量管理理论

11.2.3.1　朱兰的生平与著述

约瑟夫·朱兰(Joseph M. Juran)1904 年出生于罗马尼亚的布莱勒,1912 年移民美国。朱兰曾获得明尼苏达大学电子工程学士学位,后又获得芝加哥洛约拉大学法学博士学位。他当过工程师、企业管理人员、政府官员、大学教授、劳动仲裁员、公司董事和管理顾问。40 岁时,他成为一名自由职业者。此后,他同戴明等人一样成为质量观念的倡导者之一,提出全面质量管理(TQC)的概念。1953 年,他应日本经济联合会和日本科学家及工程师联合会之邀访问了日本。在日本的两个月里,朱兰研究了日本的管理实践并用他的"质量管理"模式来培训管理者和工程师。

在朱兰的职业生涯中,他写过很多关于质量的著作。1951 年首次出版的《质量管理手册》至今仍是这一领域中重要的国际性参考著作。其他重要著作还有:《管理的突破》(1964)、《高层管理和质量》(1982)、《朱兰论质量计划》(1988)、《朱兰论质量领导:执行手册》(1989)、《朱兰论质量设计》(1992)。他提出的"质量计划、质量控制和质量改进"被称为"朱兰三部曲"。他最早把帕累托原理引入质量管理。由于在质量管理方面的突出贡献,他先后

30余次获得奖章、名誉称号、名誉成员等荣耀,其中最显赫的是获得日本的圣宝勋章。1981年,日本裕仁天皇为奖励他在"提高日本的质量控制水平和增进日美友谊"方面所作出的贡献,授予他"二等圣宝勋章",这是非日本公民所能获得的最高荣誉。

11.2.3.2 朱兰的"突破历程"思想

朱兰所提出的"突破历程"思想综合了他的基本学说。主要有以下七个环节:

第一,把握突破的态势。管理层必须证明突破的急切性,然后创造环境使这个突破能实现。要去证明此需要,必须搜集资料说明问题的严重性,而最具说服力的资料莫如质量成本。为了获得充足资源去推行改革,必须把预期的效果用货币形式表达出来,以投资回报率的方式来展示。

第二,突出关键的少数项目。在纷纭众多的问题中,可利用帕累托法分析,找出关键性的少数,再集中力量优先处理。

第三,成立"突破"小组。成立两个不同的组织去领导和推动变革,即"指导委员会"和"诊断小组"。指导委员会由来自不同部门的高层人员组成,负责制定变革计划、指出问题原因所在、授权作试点改革、协助克服抗拒的阻力以及贯彻执行解决方法。诊断小组则由质量管理专业人士及部门经理组成,负责寻根问底、分析问题。

第四,进行分析。诊断小组研究问题的症结,提出假设,以及通过试验来找出真正原因。另一个重要任务是确定不良产品的出现是操作人员的责任还是管理人员的责任。

第五,决定如何克服对变革的抗拒。变革中的关键任务必须明了,变革对员工的重要性。仅靠逻辑性的论据是不够的,还必须让员工参与决策及制定变革的内容。

第六,实施变革。在进行变革时,每一个部门都要清楚知道问题的严重性、不同的解决方案、变革的成本、预期的效果,以及估计变革对员工的冲击和影响,必须给予足够时间去酝酿及反省,并提出适当的训练。

第七,建立监督系统。变革推行过程中,必须有适当的监督系统定期反映进度及有关的突发情况。

11.2.3.3 朱兰的"质量三部曲"

朱兰的质量理论围绕着一个"质量三部曲"建立,他认为,质量管理是由计划、控制、改进三个管理过程来实施的。这三个管理过程是:质量计划、质量控制、质量改进。我们称这三个步骤为"朱兰三部曲"。特别重要的是质量管理过程的每一个步骤都可以进一步展开。表11-2列出了开展各种质量活动的一般顺序。

表 11-2   "质量三部曲"的一般步骤

质量计划	质量控制	质量改进
建立质量目标	选择控制对象	论证需求
确定顾客	选择计量单位	确定项目
发现顾客需求	设置目标值	组织项目小组
开发产品特性	测量实际的性能	诊断原因
开发过程特性	说明差异	提供修正办法,并证实其有效性
建立过程控制,转向实施	针对差异采取措施应付变化阻力	控制收益的获得

质量管理的三部曲既有各自的任务,又相互联系质量管理。过程中的质量问题可分为两类:非常突出的偶发的质量问题和不引人注目的长期存在的浪费。质量控制过程只能检测和解决偶发的质量问题,而后一类问题就需要质量改进过程来解决。后一类质量问题通常都是由质量计划工作的不充分造成的。

质量管理的三部曲作为一个实现质量目标的成功构架,还需要有积极向上的领导力和环境以及对质量管理的有力支持作为其基础。没有这样的质量文化作为根基,它也不能充分发挥作用,因为这些因素对公司的各层人员都有影响。

11.2.3.4 朱兰的"质量世纪"的八项原则

朱兰曾在美国质量协会年会上发言指出:20 世纪是生产力世纪,21 世纪是质量世纪。质量作为一种理念和文化,将渗透到社会的各个方面。他认为,在 21 世纪这个"质量世纪"中,企业至少将按照以下八项原则行事:

第一,组织依存于它的顾客,因此组织应理解顾客当前和未来的需求,满足顾客需求,并力争超过顾客期望。顾客是实现商品到货币这个"惊险跳跃"的决定者。顾客既是需求的提出者,又是产品和服务的接受者,对质量的最终评价决定于顾客。以顾客为中心的落脚点是使顾客满意,质量管理的任务就是要确保企业能达到持续的顾客满意。顾客满意是指"成功地理解顾客的爱好,着手满足顾客的需要并达到预想的结果"。这个含义指出了顾客满意的两个关键内容:首先要成功地理解顾客的需求,然后是努力满足顾客需求。

第二,领导者要建立企业内统一的宗旨和内部环境,使员工能够充分参与实现企业目标的活动。由于质量管理涉及的部门和过程极其复杂,没有最高领导层强有力的领导、承诺和亲自参与是乏力的。世界上成功企业的一条共同经验就是"高层领导承担质量管理",包括美国波多里奇奖和欧洲质量奖在内的各国的国家质量奖标准都无一例外地把"领导作用"列为第一项,领导作为推进和实施全面质量管理是重中之重。

第三,各级人员都是组织的根本,只有他们充分参与才能使他们的才干为组织带来收益。质量管理涉及全过程,因而与参与过程的所有人员都有关。重视人员的作用,调动全体人员的积极性和创造性,是确保质量管理体系有效性和高效率的重要前提。以质量管理小组为代表的群众性质量活动是全员参与的有效形式。重视员工参与的目的是为了充分发挥每个人的才干,更好地参与质量改进。与全员参与直接相关的是培训,组织应通过培训使员工达到保持其从事工作的能力。此外,员工参与还应重视相应的授权。

第四,将相关的资源和活动作为过程进行管理,可以更高效地达到预期的目的。产品质量的产生、形成和实现,都是通过过程来完成的,要想控制质量,就一定要控制过程。同时,过程本身是(或应当是)一种增值转换,在过程受控条件下,可以使相关的资源和活动通过过程方法得到增值,并高效地达到预期目的。

第五,每个组织都通过自己的一个管理体系进行操作,而体系又是由许多过程所组成的。一个组织的过程网络不是简单的按顺序排列的结构,一般来说是相当复杂的。因此,针对质量目标要求,一个有效的质量管理体系,应以协调一致的方式控制全过程并要求这些过程相互协调和兼容,并确定其接口关系。

第六,持续改进是一个永恒的目标。这是当代质量管理一个十分强调的原则。质量被定义为达到持续的顾客满意,而顾客的需求和期望是随着时间的推移而不断变化的,因此,对质量的改进是永无止境的。持续的质量改进被视为组织成功的关键。

第七,有效的决策是建立在对数据和信息进行合乎逻辑的直观的分析基础上的。质量体系运行过程中产生的数据和信息是决策所依据的事实,有效的决策需要对数据和信息进行科学分析,以便掌握现状,发现问题,找准原因,作出有效的改进决策。统计技术是必不可少的分析手段。

第八,组织与供方之间保持互利关系,可增进两个组织创造价值能力。产品质量与原材料、零部件的质量紧密相关,服务质量同样与提供有形产品的质量以及服务的质量直接有关,而组织的兴衰业绩,对于供应商的生存和发展也有直接关系,这就是价值链中互利关系。因此,将供方作为组织的合作伙伴,保持稳定的供应关系,有利于双方都能从中获益。

11.3 管理科学应用的科学方法

管理科学应用的科学方法事实上就是应用各种数学模型和计算机技术来求解。对于这些方法,不同的学者有不同的分类。目前在管理中应用较广泛的数学模型有线性规划模型、决策理论模型、盈亏平衡模型、库存控制模型、网络模型、排队论、博弈论、概率论、模拟等。这里选择其中部分内容加以简要介绍。

11.3.1 管理科学理论的常用方法

(1)盈亏平衡分析。

盈亏平衡分析也称量本利分析,是指对销售量(Q)、成本(C)和利润(P)三者相互关系的分析。它运用数学计算和图示的方法,以变动成本法为基础,以边际利润为中心,分析成本、销售量、利润之间的相互关系,为决策提供依据。在企业的生产经营活动中,有的费用是随着产量的变化而变化的,这种性质的费用称为变动成本,它与产量成正比例关系,如原材料费用、能源费用等;有的费用则基本上是恒定的,不随产量的变化而变化,这种性质的费用称为固定成本,如管理费用、固定资产折旧费等。当产量很少时,企业单件产品的成本就可能高于市场价格,从而使企业发生亏损;只有当产量达到一定水平时,才能收支相抵;超过这个水平,企业方可获利。产量、成本以及收益的这种关系用平面坐标图表示就称为盈亏平衡图,如图 11-1 所示。

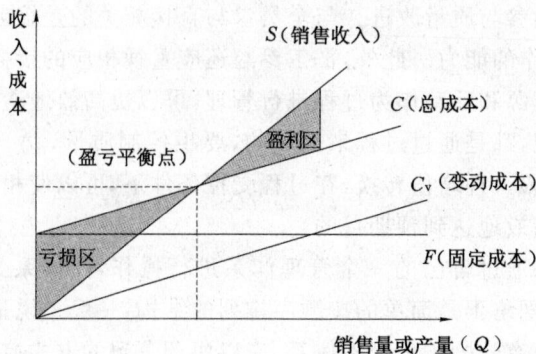

图 11-1 盈亏平衡分析图

在分析计算时可根据平衡点的位置和可能的条件,采取降低成本、扩大销售等措施,尽量降低成本线,抬高收入线,使平衡点下移,从而创造更多盈利,提高投资效益。

（2）规划论。

规划论是运筹学中发展较快、应用较广的一类方法。这类方法所研究的问题可概括为两种：一是确定了某项任务后，研究怎样以最少的人力、物力、财力去完成该项任务；二是在已有一定数量的各种资源的情况下，研究怎样合理安排，发挥这些资源的作用，完成最多的工作任务。

当解决问题的条件可以用一组多个变量的线性等式或不等式即约束条件表示，解决问题的目标是求某个变量的最大或最小值，而这个变量可以用多个变量的线性函数即目标函数表示时，所研究的问题叫做线性规划问题。常见的线性规划问题主要有：物资运输问题、资源利用问题、任务分派问题、生产设备调配问题、经济计划综合平衡问题等。

在规划论中，除了线性规划外，常用的还有非线性规划、动态规划、整数规划等方法。

（3）决策论。

决策不仅仅是行动方案的最后选择，而且是一个过程，因为人们对行动方案的确定有一个反复考虑和比较的过程，并不是突然作出的，要经过找出问题、确定目标、搜集资料、制订方案、分析评价到最后抉择等一系列过程，而在方案最后决定后，还有个检查监督、贯彻执行的阶段。通过决策过程分析，能根据未来事件的可能性，作出近似的结论，从而帮助管理人员作出决策。在决策过程中需要应用一系列的技术手段和科学方法，常用的决策技术方法有：决策树法、马尔可夫分析、正面试验和反面试验法、功效系数法、目的规划法、目标分层法、层次分析法、网络决策法、成本—效益法等。

以决策树法为例，它适用于决策过程中带有不确定性的风险型决策问题的决策分析。它是以树状图解方式表达决策问题，以决策收益为依据，通过计算各个不同方案在不同自然状态下的损益值而作出选择的一种决策方法。采用决策树的形式，比较形象、直观，能把各决策方案遇到的问题一步一步清晰地展开，便于决策者在综观全局的基础上对决策过程进行合理的分析，从而得到较好的决策结果。所谓决策树，就是从决策点出发，将各种可行方案全部标注在一个树状的图示中，从而对在决策过程中由于主观或客观条件所造成的各种可能性进行分析，在此基础上再对最终的决策方案作出决策。其基本形状如图 11-2 所示。

决策树的结构包括决策点、自然状态点、方案枝和概率枝。绘制决策树时，首先要绘出决策点，用方块表示；其次，按照不同方案数从决策点绘出数根方案枝；再次，在各个方案枝末梢绘出自然状态点，用圆圈表示；最后，由各个自然状态点绘出若干概率枝，每根概率枝代表一种自然状态。绘制好决策树后，计算各概率枝的期望值，记在该方案的自然状态点上，然后比较各个方案的综合损益值，从中选出综合损益值最大的方案为实施方案，剪去期望收益值较小的分枝，然后把所选方案在扣除实施费用后的综合损益值记载决策点上。如果是多阶段或多级决策，则需重复以上各项工作。

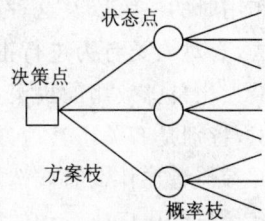

图 11-2　决策树基本图

（4）排队论。

排队论（line up theory）又称随机服务系统理论，主要研究排队现象的统计规律性，并用以指导随机服务系统应如何合理地设计与控制，以达到既能满足顾客需要又能使费用最省。排队论所要解决的问题可以描述为顾客来到服务台要求服务。如果服务台前的顾客太多，就得排队；如果服务台太多，又会造成浪费。排队论研究的就是顾客等待时间、排队长度、服务台空闲时间等因素的概论分析,以便做到费用最省、效率最高。

排队模型的结构可概括为四种:单通道单次模型、多通道单次模型、单通道多次模型、多通道多次模型。如图 11-3 所示。

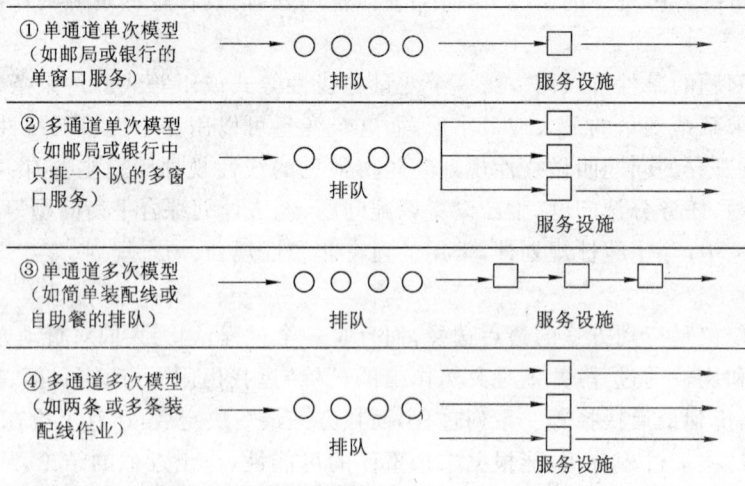

图 11-3　排队模型结构图

上述排队模型结构的排队原则都是先到先服务,但还有其他一些安排优先次序的原则。服务对象的到来和服务工作本身的分布特点是排队模型的重要结构特性。通过对排队模型的分析和模拟,管理人员能够更好地了解随机服务系统是怎样进行工作的,从而采用最优设计和最优决策。

(5)博弈论。

博弈论(game theory)原为运筹学中的一个重要分支,早先被译为对策论,后改译为博弈论。它是研究多元决策主体的决策问题,即研究这种多元决策主体的行为发生直接相互作用时的决策以及这种决策的均衡问题。它为解决冲突和对策现象提供了数学理论和方法,为对人类行为进行正规分析提供了技术手段。博弈论由参与者(指在博弈中选择行动以最大化自己效用的决策主体)、行动(指参与者的决策变量)、信息(指参与者在博弈中的知识,特别是有关于其他参与者的特征和行动的知识)、战略(指参与者选择行动的规则,它告诉参与者在什么时候选择什么行动)、支付函数(指参与者从博弈中获得效用的水平,它是所有参与者战略或行动的函数)、结果(指博弈分析者感兴趣的要素集合)和均衡(指所有参与者的最优战略或行动的组合)等基本概念构成。博弈分析的目的是利用博弈规则(参与者、行动和结果称为博弈规则)预测均衡。

博弈可从两个角度进行划分:一是根据参与者行动的先后顺序将博弈划分为静态博弈和动态博弈。静态博弈是指参与者同时选择行动或虽不是同时但后者并不知道前者采取了什么具体行动;动态博弈是指参与者的行动有先后顺序,且后者能够观察到前者所选择的行动。二是根据参与者对有关其他参与者的特征、战略空间及支付函数的知识将博弈划分为完全信息和不完全信息的博弈。完全信息指每个参与者对所有其他参与者的特征、战略空间及支付函数有准确的知识;不完全信息则与其相反。这样将两个角度的划分结合起来就得到完全信息静态博弈、完全信息动态博弈、不完全信息静态博弈和不完全信息动态博弈四类模型。与这四类模型相对应的求解方法依次为纳什均衡、子博弈精炼纳什均衡、贝叶斯纳什均衡和精炼贝叶斯纳什均衡。

(6) 网络分析技术。

网络分析技术是指通过网络图的形式,反映和表达计划安排,并据此选择最优方案,组织、协调和控制工作的进度及费用,以达到预定目标的方法。它主要有计划评审法和关键路线法。其应用范围很广,特别适合于一次性的项目,如新产品的研制、大型工程建设等。网络计划方法的基本原理是:用科学的方法把一个工程项目分解成各项作业,通过绘制网络图来表达计划任务的进度安排及各项工作(或工序)之间的相互关系;在此基础上进行网络分析,计算网络时间,找出关键路线;并根据关键路线的完成时间不断改善网络计划,求得工期、资源与成本的最优化。

网络图是网络技术的基础,是用图解形式表示一项生产任务或工作项目中各组成要素之间的逻辑关系,并形成时间的流程图,旨在反映工程项目全貌,以便对工程项目的进度进行科学的统筹安排。它由活动(又称工序或作业)、事项(又称节点)和路线组成。其简图如图 11-4 所示。

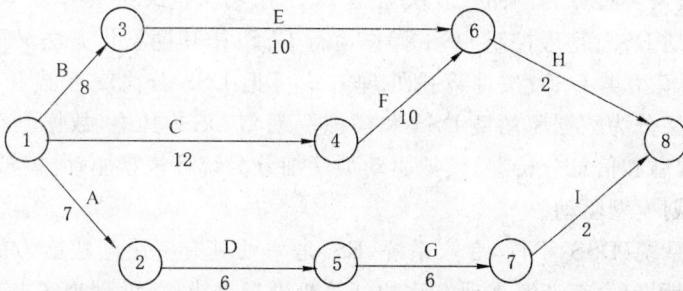

图 11-4 网络图示例

图 11-4 中,节点"○"是两条或两条以上箭线的交接点,表示某一项活动的开始或结束的瞬间,不消耗时间和资源。箭线"→"代表一项工作的过程,需要一定的人力、物力和时间才能完成;箭线下的数字表示完成该项工作所需的时间。经过计算网络时间,即可确定关键路线。关键路线的确定方法有两种:一是将每条路线的路长计算出来,路长最大者为关键路线,如图中①→④→⑥→⑧所需时间最长,就是影响整个活动的关键路线;二是将时差都为零的各项作业连接起来所得的路线即为关键路线。确定关键路线,据此合理地安排各种资源,对各工序活动进行进度控制,是利用网络技术的主要目的。

11.3.2 管理科学应用的先进工具

电子计算机是管理科学所应用的主要先进工具,它是在电子技术和数理逻辑的基础上发展起来的新型计算工具。由于电子计算机具有数值运算与逻辑运算能力,所以它不仅被用于科学计算,而且被广泛运用于人类生活的各个领域。尤其是 20 世纪 70 年代以来,微型电子计算机的普及,大大地扩大了电子计算机的应用范围。目前在发达国家已经实现了计算机联网,通过数据交换和数据共享,为人们提供各方面的完善服务。严格来说,电子计算机在管理技术中的应用不是一种独立的管理技术,而是与其他管理技术配套、为其他管理技术服务的技术手段。

在 20 世纪 70 年代决策支持系统(DSS)产生之前,计算机手段一般仅能用于日常程序性的管理工作,即用于解决结构化决策问题。但自从 1970 年美国麻省理工学院教授 M. S. Soctt Morton 首次提出决策支持系统之后,尤其是作为人工智能学科重要分支的专家系统(ES)的产生和发展,使得计算机手段开始用于半结构化甚至部分非结构化决策问题的处理。

决策支持系统(DSS)是指以计算机技术为工具,以管理学、运筹学、控制论、行为科学和计量经济学等方面知识为基础,综合运用模型和数据,辅助中高层决策人员解决半结构化问题,旨在提高决策质量和管理效率的人机系统。由于 DSS 支持半结构化问题的解决,辅助中高层管理者的决策,因而相对 MIS 而言,DSS 代表着计算机与管理结合的高级形式。为了有针对性地辅助决策,DSS 通常是用模型和数据驱动,而 MIS 则为单纯数据驱动。一个 DSS 具备的功能有:及时收集、整理、存储、提供和处理本系统内部和系统之外的与决策过程有关的各种数据;存储并提供所需的各种辅助决策模型;对系统所使用的数据和模型进行组织、管理和维护等。DSS 是由构成系统的软件、硬件和使用它的用户等部分组成。从软件角度看,一个 DSS 由人机接口子系统、数据库子系统、模型子系统和方法子系统组成。

DSS 有很多种类,除了可以按其所处理问题的性质分为结构型 DSS 和半结构型 DSS 以外,DSS 还按决策类型分为产品开发决策型 DSS、市场营销决策型 DSS 等;按决策层次又包括高层战略规划 DSS、管理控制 DSS、操作运行 DSS;按其模型化方法又可分为模拟模型类 DSS 和最优化模型类 DSS;按计算机处理方式可把 DSS 分为交互式和批处理 DSS;按 DSS 的操作形式又分为数据驱动型 DSS 和模拟驱动型 DSS,其中,数据驱动型又包括文件检索型、数据分析型和信息分析型,模拟驱动型又细分为统计模型驱动、模拟模型驱动、最优化模型驱动和规划模型驱动。

与决策支持系统(DSS)不同,专家系统(ES)是一种具有解决问题能力的智能计算机程序软件。ES 能利用包含有专家推理方法的计算机模型来求解、处理现实世界中需要由具有专门领域的知识和经验的专家来分析和解决的复杂问题。一个 ES 至少由知识库、推理机制、知识获取工具和人机接口四部分组成。ES 的知识库是用于储存解决问题所需的,以计算机能够处理的形式表达的事实、经验和知识;ES 的推理机制包括知识库管理系统和推理机制,能自动的搜索、解释、控制、扩展、更新、推理和生成知识库中的知识;ES 的知识获取工具是解决如何从相关专家那里获得知识并为知识库和推理机制所用的辅助设施;ES 的人机接口是用户与计算机系统交互的窗口。

从一般的信息系统、决策支持系统到专家系统,反映了用计算机手段处理、解决企业决策问题的能力的增强。一般信息系统主要是处理数据,而决策支持系统是利用模型对数据进行处理,至于专家系统则是采用启发式方法在大型知识库上进行操作,主要是处理知识。从以下对信息系统、决策支持系统和专家系统的详细比较中我们可以看出,从信息系统、决策支持系统到专家系统,代表了计算机手段在企业中的运用范围的逐渐扩大、解决问题的逐渐深入过程。

第一,从系统的性能看,信息系统主要是用于完成具有明确的业务处理范围的结构化操作,为管理决策提供必要的信息;决策支持系统是对管理决策的某个或某几个阶段进行模拟分析,给出运行结果作为决策依据;专家系统则针对某一类决策问题,通过对知识的解释、推理过程来完成类似专家的决策推理过程,为企业管理决策提供建议和解释。

第二,从系统的运行过程看,传统信息系统和决策支持系统都是按照预先确定的路径运行的,其决策过程是静态决策过程;而专家系统则对解决问题的路径事先无法确定,据专家知识系统的判断运行,其决策过程为动态决策过程。

第三,从系统的运行方法看,传统信息系统和决策支持系统不具有信息记忆、自学功能,只能处理精确的数据,采用机械的或单调的推理方法;专家系统具有信息记忆功能,可以把新的知识不断地加入到现有知识库中修改原有知识,具备自学功能,而且可以处理精度不同的数据,采用启发式的推理方法。

第四,从系统的运行结果看,传统的信息系统和决策支持系统往往是一个或几个简单的答案;而专家系统则是以定性为主,辅以定量的建议,而且还有相关的详细解释。

由于计算机和信息技术发展日新月异,新概念、新技术不断涌现,因此,这里只对计算机和信息技术在企业管理中的常用方法或管理系统进行简要概括和说明(见表11-3)。

计算机和信息技术尤其是网络技术的发展,使当今世界进入了全球性的网络时代。所谓计算机网络,是指利用现代通信技术将多个独立的计算机系统连接起来,实现相互之间交换信息、资源共享、互连的但自主的计算机群体系统。从物理上看,计算机网络是由一系列具有独立操作系统的计算机及将其连接在一起的传输介质组成;从逻辑功能上讲,计算机网络是由负责通信的通信子网和负责数据处理的用户资源子网组成;从资源观点来看,计算机具有共享外部设施和公共信息的能力。通常将计算机网络按其规模分为局域网 LAN(local area network)、区域网(地域网)MAN(metropolitan area network)与广域网 WAN(wide area network),其中广域网又分为企业网和全球网等。这些网络都具有资源共享、信息交互、提高可靠性和系统处理能力,以及便于实时集中的特点。随着国际互联网的日益普及,它不仅改变着人们的生活方式,而且其诸多服务功能对于企业现代化、科学化管理具有特别重要的意义。

表 11-3　　　　　　　　企业管理中计算机和信息技术应用方法或管理系统

中文名称及简称	英文名称	基本含义	说明
1.计算机辅助设计(CAD)	computer aided design	应用计算机辅助进行产品选型、工程制图等产品设计活动	根据市场信息经 DSS 或 ES 辅助决策确定设计什么产品
2.计算机辅助工艺编制(CAPP)	computer aided process planning	应用计算机自动生产产品的工艺	其输入信息来自 CAD 的输出
3.计算机辅助制造(CAM)	computer aided manufacturing	利用数控机床等自动化设备制造产品	其输入信息来自 CAPP 的输出
4.CAD/CAPP/CAM 集成	CAD/CAPP/CAM integrated	实现从零件设计、工艺编制到制造出产品全过程自动化中的信息数据共享	通过工程数据库实现数据共享、达到集成目标,是 CIMS 的设计层次
5.管理信息系统(MIS)	management information system	集成化的人机系统,为企业各层管理人员提供信息支持	狭义的 MIS 包括办公自动化(OA)和制造资源计划(MRP),广义的 MIS 包括 DSS 和 ES
6.计算机辅助管理系统(CAMS)	computer aided management system	计算机在企业管理中的综合应用	可以广义地理解为企业信息化,有时也与 MIS 有相同含义

中文名称及简称	英文名称	基本含义	说明
7. 数控机床(NC)、加工中心(MC)、自动机床(AC)、柔性制造系统(FMS)	numerical control, machining center, automotive control, flexible manufacturing system	NC 可通过改变程序加工不同零件;MC 能在一次装夹中自动完成多道工序的集中加工;AC 能完成几个工序的自动执行;FMS 是按成本效益原则,以"及时"的方式适应产品品种变化的加工制造系统	FMS 输入信息源于 CAM、MRP;FMS 集成了 NC、MC、AC 和 CAQC;FMS 为 CIMS 的制造层次
8. 计算机辅助质量控制(CAQC)	computer aided quality control	利用计算机进行 100%的质量检验和在线控制	CAQC 包括计算机辅助检验(CAI)和计算机辅助试验(CAT);CAQC 构成了 CIMS 的检控部分
9. 决策支持系统(DSS)专家系统(ES)	design support system expert system	利用专家智能和 MIS 提供的信息,辅助 DSS/ES 高层经营决策	是 CIMS 的高层决策部分
10. 计算机集成制造系统或计算机集成管理系统(CIMS)	computer integrated management (manufacturing) system	集成了产品设计、制造、控制层(CAD/CAPP/CAM、FMS、CAQC)、生产管理层(MIS)、经营决策层(DSS/ES),是企业活动全过程中各功能子系统的集成	亦统称为计算机集成信息系统(CIIS),被认为是一种面向企业管理和生产的计算机化的理想模型
11. 信息网络技术(Internet、Interannet)	internet, interannet, web server	国际互联网、企业内联网和网络服务器,实现资源共享、信息交互	通信技术和计算机技术结合的产物
12. 并行工程(CE)	concurrent engineering	集成、并行地设计开发产品及其相关过程的系统化方法与技术	通过组织多学科产品开发队伍、改进产品开发流程、利用各种计算机辅助手段,使产品开发在初期阶段就及早考虑下游的各种因素
13. 电子数据交换(EDI)	electronic data interchange	利用计算机和数据通信网络,对具有一定结构的标准商业文件在贸易伙伴间交换	又被形象地称为"无纸贸易"或"无纸交易"
14. 光速商务(CALS)	commercial at light speed	企业的全面信息环境,被认为是几乎所有信息技术的总集成	又被称为"连续获取和全过程支持"
15. 供应链管理(SCM)	supply chain management	一种集成的管理思想和方法,它执行供应链中从供应商到最终用户的物流的计划和控制等职能	主要涉及四个领域:供应、生产计划、物流和需求
16. 企业资源计划(ERP)	enterprise resource planning	以系统化的管理思想为企业决策层及员工提供决策运行手段的管理平台	其实质是在 MRP Ⅱ(Manufacturing Resources Planning,制造资源计划)基础上发展而成的

中文名称及简称	英文名称	基本含义	说明
17.客户关系管理(CRM)	customer relationship management	企业通过富有意义的交流沟通,理解并影响客户行为,最终实现可持续性的竞争优势	CRM 是一个强大的商业发展战略,这种建立在以客户为中心基础上的信息结构将改变公司经营模式
18.电子商务(EC)	electronic commerce	交易各方以电子交易方式而不是当面交换或直接面谈方式进行的商业交易	是一种多技术的集合体,包括交换数据、获得数据以及自动捕获数据等

　　总之,管理科学理论是当代西方管理的一个重要管理学派,它借助于数学模型和计算机技术研究操作方法和作业方面的管理问题,大大促进了管理过程的定量化和科学化,有助于实现整个系统总效果的优化,在解决实际管理问题方面作出了相当的贡献。但是,有些学者对管理科学学派持批判态度,认为数量并不能真正解决管理中的重大问题。管理是一种复杂的系统动态活动,涉及的学科领域也极为复杂,总是包含着定性因素,完全采用管理科学的定量方法来解决管理问题是片面的,也是不可能的。更重要的是,管理对象中人的心理、行为等因素往往无法进行定量计算,这样管理科学学派的特长就得不到很好的发挥。尽管如此,管理科学学派的管理方法(模型法)在管理中有着广泛的应用,特别是随着计算机技术的发展,这个学派的数量特点得到了进一步发挥,因而被广泛应用于研究城市的交通管理、能源分配和利用、国民经济计划编制及世界范围经济发展的模型等一些更大和更复杂的经济与管理领域。因此,必须把管理科学学派的管理方法和技术置于恰当的位置,并使之同其他管理理论和方法结合起来,才能更好地发挥其作用。

第12章 权变管理理论

权变管理理论的最大特点是：它强调根据不同的具体条件，采取相应的组织结构、领导方式、管理机制；它把一个组织看做是社会系统中的分系统，要求组织各方面的活动都要适应外部环境的要求。权变管理理论是一种较新的管理思想，它的代表人物是美国的卢桑斯、英国的伍德沃德等人。

12.1 权变管理理论的产生背景

在人类社会的管理实践活动中，对"权变原则"一直都很重视。中国古代教育家孔子的"因材施教"的教育思想一直影响到当代的教育培训。著名军事家孙武在《孙子·虚实篇》写到："兵无常势，水无常形。"特别强调将领指挥战争要"因势利导，因变制胜"。例如，战国时孙膑用"减灶"术战胜庞涓。事隔几百年后，东汉安帝元初二年（公元115年），虞诩却用"增灶"术让羌军以为汉的援军已到，不敢追击，使虞诩胜利地完成了增援东汉武都的目的。减灶、增灶不拘一格，孙膑、虞诩均"因变而制胜"。在西方，"圣诞老人"也有一句名言——"为了让每一个人高兴，我会给不同的人不同的帽子"。这些思想的实质就是"权变原则"。

现在，面对全球范围内愈演愈烈的人才争夺战，世界知名企业纷纷推出了各自独特的揽才标准，如摩托罗拉的"5个E"、西门子的"企业家类型的人物"、惠普的"看推荐人怎么说"、微软的"雇佣有潜质的人"、朗讯的"GROWS标准"、GE的"不拘一格"以及宝洁的"8个基本原则"等，都是根据组织自身的特点而提出的。这些都是人力资源管理实践中的"权变"。

可以肯定，权变原则作为一种意识早就存在于人们的头脑之中，而且有经验的人自觉不自觉地都在应用着这一意识。但从意识到理论却有一个漫长的过程，管理思想史大师——丹尼尔·A. 雷恩（Daniel A. Wren）认为："管理活动自古以来就存在，但是对管理进行正式的研究则是一门较新的学科。管理是人们有组织的努力所必不可少的。"即使有经验的人都知道如何应用这一重要原则，但是把这些正确的管理惯例（规则）整合成理论的动力，还是来自于想把知识更为连贯地传授给那些渴望成为管理实践者的人的强烈愿望。那些最初试图对管理作出描述的，基本上都是实践家。一种无意识的经验原则（隐性知识）形成有体系的理论（显性知识）有着一个明显的好处——可以使知识被传播、理解、接受、实践、争论和扩展。基于这些认识，权变管理理论的形成是必然的，是管理实践的内在需要。

20世纪60～70年代的美国，石油危机、经济动荡和政治骚动达到空前的程度，对西方社会产生了深远的影响，企业所处的环境瞬息万变。权变管理理论就是在这种情况下形成的一种管理学派。该学派认为，在企业管理中要根据企业所处的内外环境、条件的变化而随机应变，没有一成不变、普遍适用的最好的管理理论与管理方法。

权变理论学派认为，以往的管理理论有两个方面的缺陷：一是忽略了外部环境的影响，主要侧重于研究加强企业内部的组织管理。如科学管理理论、古典组织理论、过程管理理论、行为科学等。而系统管理理论尽管也强调系统和环境之间的关系,但是它太抽象,又把企业作为一个独立的系统来研究,其实在许多情况下,企业不仅仅是一个独立的系统。二是大都带有普遍真理的色彩,追求理论的普遍适用性和最合理的原则、最优化的模式,但是真正在解决企业的具体问题时,却常常显得无能为力,而权变理论的出现意味着管理理论向实用主义方向发展。

最早运用权变思想来研究管理问题的是英国学者伯恩斯(Tom Burns)和斯托克(G. M. Stalker),他们对生产电子设备、机械产品和人造丝等不同产品的 20 个企业进行了调查。经过研究得出了以下的结论:企业按照目标、任务、工艺以及外部环境等活动条件的不同,可以分为"稳定型"和"变化型"两大基本类型。稳定型的企业适宜于采用"机械式"的组织模式。它的特征是:有严格规定的组织结构;有很明确的任务、方法、责任和与各个职能作用相一致的权力;管理系统内部的相互作用是上、下级垂直的命令等级;在组织活动中,具有重要意义的是职务的权力和责任,而不是工作人员的技能和经验。而变化型的企业适宜采用"有机式"的组织模式。它的特点是:有相当灵活的结构,可以不断调整每个人的任务;系统内部的相互关系是网络型的,而不是等级控制;强调横向的联系而不是垂直的领导;在组织活动中,技能与经验居于优先地位,权力的分散以技术业务专业为基础,而不是以等级职位为基础等。他们两人认为,这两种组织模式可以同时存在,甚至在同一个企业内部的不同部门中也可同时并存,它们在不同的条件下都有效率。他们反对把"机械式"看做是陈旧的模式,把"有机式"看做是最进步的和现代的模式。当前采用"有机式"的组织结构的企业增多,这是由于企业活动条件不稳定性增加和它们渴望适应新的需要的反应,不能说"机械式"的组织结构已经过时。1961 年,他们合作出版了《革新的管理》,1967 年又发表了《机械式和有机式的系统》,专门论述了上述观点。

1967 年,美国的保罗・罗杰・劳伦斯(Panl Roger Lawrence,1922)和杰伊・洛希合写《组织和环境》一书,论述了外部环境和组织结构之间的关系,提出组织结果的主要特点是分散化和整体化。由于他们在这方面的研究具有突出的贡献,因而被称为权变理论的创始人。

1973 年,卢桑斯发表了《权变管理理论:走出丛林的道路》一文。1976 年,他又出版了《管理导论:一种权变学》,系统地介绍了权变管理理论,提出了用权变理论可以统一各种管理理论的观点,并对权变管理理论的特征进行了归纳,从而使权变理论迅速普及。

权变理论学派的理论基础是超 Y 理论,它是根据对麦格雷戈的"X、Y 理论"进行的试验而产生。为了验证 X、Y 理论,一些行为科学家选择了两个工厂和研究所分别用 X 理论和 Y 理论进行管理。试验结果是应用 X 理论的工厂效率高,应用 Y 理论的工厂效率低;相反,应用 Y 理论的研究所效率高,而应用 X 理论的研究所效率低。由此可见,X 理论并非一无是处,Y 理论也并不是到处适用。管理的指导思想和管理方式要视工作性质、环境特点、成员素质等而定,不能一概而论。

根据上述试验结果,约翰・莫尔斯和杰伊・洛希于 1970 年在《哈佛商业评论》上发表了《超 Y 理论》一文,提出了"超 Y 理论",并于 1974 年出版了《组织及其成员:权变方法》一书。他们提出的超 Y 理论的主要观点有:

(1) 人们是怀着许多不同的需要加入工作组织的,而且人们有着不同的需要类型。有的人需要更正规化的组织结构和条例规章,而不需要参与决策和承担责任;有的人却需要更多的自治责任、发挥个人创造性的机会;每个人最需要的是实现胜任感。

（2）不同的人对管理方式的要求也是不同的。需要更正规化的组织结构和条例规章，而不需要参与决策和承担责任的人，欢迎以 X 理论为指导的管理方式；需要更多的自治责任、发挥个人创造性的人，欢迎以 Y 理论为指导的管理方式。

（3）组织的目标、工作性质、员工的素质等对组织结构和管理方式有很大的影响。凡是组织结构和管理层次的划分、员工的培训和工作的分配、工资报酬和控制程度的安排等适合于工作性质和员工素质者，其效率就高；反之，效率就低。

（4）当一个目标达到以后，可以继续激起员工的胜任感，使之为达到新的更高的目标而努力。

12.2　权变管理理论的主要内容

12.2.1　卢桑斯的权变理论研究

美国的卢桑斯（F. Luthans）是权变管理理论学派的重要的代表人物。

卢桑斯把过去的管理理论划分为四种学说：作业学说、计量学说、行为学说和系统学说。他认为，这几种学说，即使是重视环境影响的系统学说，也没有把管理与环境妥善地联系起来；同时，这些学说的代表人物都强调他们的学说具有普遍的适用性。而实际上，上述任何一种学说的特有的管理观念和技术都不能使管理有效地进行，管理理论与实践相脱节。权变学说企图把环境对管理的作用具体化，并使管理理论与管理实践密切联系起来。

卢桑斯认为，权变学说不仅不抛弃上述几种学说，而且还是它们发展的结果。从 20 世纪 50 年代开始，过程学说分成行为学说的人群关系论和计量学派的狭义的运筹学两条完全不同的途径发展，两者在 50 年代和进入 60 年代时占支配地位。60 年代中期，行为学说向组织行为发展，计量学说向"管理科学"发展，而这两方面又都在系统学说的基础上前进。当作业、计划、行为、系统四种学说结合在一起时，就产生了"不同于部分总和的某种东西"，这就是管理的"权变学说"。

卢桑斯的权变理论的主要内容如下：

（1）权变理论就是要把环境对管理的作用具体化，并使管理理论与管理实践紧密地联系起来。

（2）环境是自变量，而管理的观念和技术是因变量。这就是说，如果在某种环境条件下，要想更快地达到目标，就要采用某种管理原理、方法和技术。比如，如果在经济衰退时期，企业在供过于求的市场中经营，采用集权的组织结构，就更适于达到组织目标；如果在经济繁荣时期，在供不应求的市场中经营，那么采用分权的组织结构可能会更好一些。

（3）权变管理理论的核心内容是环境变量与管理变量之间的函数关系就是权变关系。环境可分为外部环境和内部环境。外部环境又可以分为两种：一种是由社会、技术、经济和政治、法律等组成；另一种是由供应者、顾客、竞争者、雇员、股东等组成。内部环境基本上是正式组织系统，它的各个变量与外部环境各变量之间是相互关联的。

卢桑斯把权变关系看做是一种"如果—那么"的函数关系。"如果"是自变量，"那么"是因变量。这就是说，如果（if）存在某种环境条件，那么（then）采用某种管理技术和方法可以比其他方法更有效地达成组织目标。这就是权变管理理论的基本分析框架。例如，如果企业所处的市场和技术环境相对稳定和简单（机械型组织），那么宜实行集权管理；如果企业所处的市场和技术环境具有不确定性、复杂性和多变性(有机型组织),那么宜实行分权管理。

12.2.2　权变管理理论的主要观点与核心内容

权变管理理论是以系统观点来考察组织的,与系统管理理论有着十分密切的关系。它的理论核心就是将组织视做"开放系统",这一点与雷恩的看法也是一致的。管理不是一种与外界隔绝的活动,因为管理人员是在特定的文化价值准则和体制内管理组织和作出决定的。因此,管理具有"开放系统"的特点,管理人员会影响他们的环境,而环境反过来又要影响他们。

权变管理理论通过分析组织的各子系统内部和各子系统之间的相互联系,以及组织和它所处的环境之间的联系,来确定各种变数的关系类型和结构类型。权变管理理论强调管理者要根据组织所处的内外部条件随机应变,针对不同的、具体条件寻求不同的、最合适的、管理模式、方案或方法,如图 12-1 所展示。

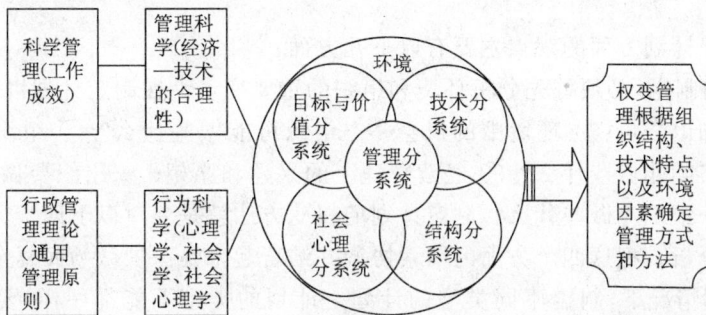

图 12-1　权变管理系统图

权变管理理论主要研究经营环境与企业管理之间的关系,它以经营环境为自变量,以企业管理为因变量,认为环境自变量与管理因变量之间存在着一种函数关系,但不一定是因果关系。这就是说,作为因变量的管理思想、管理方法和管理技术,随着企业经营环境自变量的变化而变化,以便有效地达到组织目标。所以,这种函数关系可以解释为"如果—就要"的关系,即"如果"发生或存在某种环境情况,"就要"采用某种管理思想、管理方式来更好地达到组织目标。在通常情况下,环境是自变量,而管理的观念和技术是因变量。环境变量和管理变量之间的函数关系就是权变关系,这是权变管理理论的核心内容。

关于权变管理中环境变量和管理变量的具体内容如表 12-1 所示。

表 12-1　　　　　　　　　　　　　　　　　　环境变量和管理变量表

环境变量			管理变量			
外部环境		内部环境 (正式组织系统)	管理程序变量	计量变量	行为变量	系统变量
一般环境	特定环境					
社会	供应商	组织结构	计划	决策	学习	一般系统理论
科学技术	顾客	决策程序	组织	经济批量	激励	系统设计与分析
经济	竞争者	联系与控制	指挥	排队模型	团体力学	管理信息系统
政治与法律		技术状况	联系和控制	模拟模型	组织发展	

从表 12-1 中可以看出,环境变量分为外部环境和内部环境两种。外部环境是自变量,

内部环境可能是自变量,也可能是因变量,权变管理可以按照实际情况处理好这两项变量的关系。至于管理变量,则全部属于因变量,它们是权变管理中的重要因素。

总之,权变管理理论的最大特点是:

(1) 它强调根据不同的具体条件,采取相应的组织结构、领导方式、管理机制。

(2) 把一个组织看做是社会系统中的分系统,要求组织各方面的活动都要适应外部环境的要求。

12.2.3 计划的权变理论

权变管理理论认为,计划是为了进行某事或制造某物事先制定的一些详细方法。它预先决定做什么和怎么做的程序,一般包括目标、策略、方案、程序和规章。计划具有三个特征:第一,它一定涉及未来;第二,它一定涉及行动;第三,它一定涉及个人或组织的参与及因果关系。

权变理论在计划方面的观点主要有以下几方面:

(1) 计划的制定,必须首先分析环境和组织的重要变量。在制定计划以前,要对以下四个方面的因素加以分析:① 环境中的机会——组织可能做些什么? ② 组织拥有的能力与资源——组织实际能做些什么? ③ 经营管理上的兴趣和愿望——组织要做些什么? ④ 对社会的责任——组织应做些什么? 制定计划的权变方法就是要对以上四个方面的因素及其相互关系进行分析。把这四个方面的因素协调并结合起来是一项微妙而复杂的工作。

(2) 在不同情况下,制定不同类型的计划。计划的类型不能都一样,要根据不同的情况,制定不同的计划。它主要可分为"有目标的计划"和"指导性的计划"两类。

(3) 计划中的模糊性与灵活性。制定计划时,对目标的明确性问题要具体分析。对封闭式的、机械式的组织和程序化的作业活动来说,明确的目标是可行的,并能收到良好的效果。但对开式的、有机式的组织和非程序化的作业活动来说,明确的目标以及为达到目标而规定的机械的程序,可能会忽视人的因素,窒息个人的主动性,使人力资源不能得到充分利用,在这种情况下,应考虑使计划保持一定的模糊性和灵活性。

当组织较为复杂而有多项目标时,不可能在所有的时间把注意力集中在几个目标上。一般在某段时间只能集中注意某一特定目标,而其他目标必然相对地处于模糊的、不太明确的状态。同样的,就长期目标和短期目标来讲,短期目标可以相当明确,而中期目标和长期目标则比较模糊。

12.2.4 组织结构的权变理论

权变理论在组织结构方面的观点是以权变管理思想为基础的,它把企业看成是一个"开式系统",是一个受外界环境影响而又对外界环境施加影响的系统。关于组织结构的权变理论,不同的学者从不同的视角有不同的分类研究。

12.2.4.1 伍德沃德的研究

英国管理学家琼·伍德沃德(Joan Woodward,1916~1971)在对一些工厂进行调查的基础上,于 1965 年出版了《工业组织:理论和实际》一书。她认为,每一种有着类似的目的和类似的工艺技术复杂程度的生产系统,都有其独特的组织模型和管理原则。企业的目的指的是它的产品和市场。这些目的决定着企业会有怎样的生产工艺技术。

她按照企业的生产系统的工艺技术复杂性和连续性的程度,把企业分为五种类型:单件和小批量生产;大批量生产伴有单件生产;大批量和大量生产;大批量生产伴有流水生产;流水生产。这五种类型再结合其他的目标,就可以把企业归纳为三种类型:① 单件和小批量生产。它主要就顾客的"订货"或"定做"的产品进行生产。② 大批量和大量生产,它的产品大部分是标准化或统一的,只在最终外形上有变化。③ 长期的流水作业生产,它所生产的标准产品是通过预先规定的工艺程序制造出来的。把企业分成这样三类,就可以不必对各个企业所用的生产工艺技术的渐进性进行比较,而只需集中考察企业以下的一些组织特点:管理层次、管理幅度、管理人员同其他人员的比例。

伍德沃德对大约 100 个企业进行了考察,并就以上这些组织特点在这些企业中的分布情况作了研究。处于中间类型的企业,即大批量和大量生产类型的企业,在许多方面同处于两端的单件生产类型的企业和流水作业生产类型企业不同。在这种中间类型的企业中,更多采用直线—参谋组织结构,在直线人员同参谋人员之间有更严格的区分,职务和责任规定得更为明确,管理职能更加专业化,信息联系更多地采取书面的形式,组织结构更为明确并有组织图,强调生产控制,并对职工有更严密的监督。两端类型的企业则较为灵活。流水作业生产类型的企业,或者主要是职能式组织结构,或者主要是直线式组织结构;在单件生产类型的企业中,雇佣专家很少,所以也强调直线管理人员在工艺上的能力。

在每一种生产类型的企业中,都有成功的企业和失败的企业。成功的企业都有着共同的组织特点,这些特点聚集在这种类型的平均值(即顺序排列数据的中值)的周围。而在这种类型两端的企业则往往失败。伍德沃德的研究表明了工艺技术对组织设计的影响。凡是成功的企业,都是组织结构适宜于其工艺技术的。上述两端类型的企业,即单件生产企业和流水生产企业,要求能及时适应顾客的需要或科学技术的发展,所以在组织结构上要求有更大的灵活性;而中间类型的企业,即大量生产的企业,并不需要对外界很快作出反应,而要求有均衡持续性的生产作业,所以必须有更正式的组织结构。

12.2.4.2　皮尤和希克森的研究

英国管理学家德里克·皮尤(Derek S. Puhg)和戴维·希克森(David J. Hickson)等人在 20 世纪 60~70 年代对英国企业的组织结构做了大量研究,发表了《组织结构的各个方面》、《工作组织结构的经验分类法》等论著。他们试图找出对组织结构进行精确而可靠比较的手段。他们发现,不能采用单一的行政组织类型,而必须采用一些可以衡量并能够得到资料的结构上的变数来对企业组织进行分类。结构变数共有四种:① 各种活动的结构(各项任务规定和专门化的程度,以及日常工作和书面程序的范围);② 权力的集中化(集中于上层或组织之外);③ 工作流程的控制线(人的因素同不具人格的因素相比较的程度);④ 支持部分的相对规模。

他们认为,结构变数同关系变数是有关联的。也就是说,组织结构同环境及组织中的一些特点有关。他们按结构变数把企业划分为以下七种类型:

(1)工作流程—行政组织型。这类组织的活动结构程度高,权力集中程度低,非人格的控制成分高。大企业和大规模制造业属于这种类型。

(2)人员—行政组织型。这类组织的活动结构程度低,权力集中程度高,直线控制成分高。地方和中央政府部门和大企业所属的小工厂就属于这种类型。这类组织在雇用人员和人事工作的处理上有一个高度的行政组织系统,但在日常工作上的结构并不高。

(3)含蓄结构型。这类组织的活动结构程度低,权力集中程度低,直线控制成分高。一些在管理和所有权上重复、主要依靠习惯而不是依靠正式规则来工作的小单位就属于这种类型。

（4）完全的行政组织型。这类组织的活动结构程度和权力集中程度都高，非人格的控制成分高。这类组织很少，只有中央政府部门所属的制造工厂才属于这一类型。

（5）前工作流程—行政组织型。这同含蓄结构型一样，也是一些小单位属于这种类型。但其工艺技术的整体性较强，所以工艺技术上的变化能使它变成工作流程—行政组织型。因而叫做前工作流程——行政组织型，它的特点是活动结构程度和权力集中程度低，非人格的控制成分高。

（6）萌芽状态的工作流程—行政组织型。这类组织较大，它的权力集中程度低，而控制是非人格的，活动结构程度处于中等。制造业集团中的辅助作业单位就属于这种类型。

（7）萌芽状态的完全行政组织型。它的特点同完全行政组织型相似：权力集中程度高，实行非人格的控制，但活动结构程度处于中等。这类组织只要工作流程的整理性加强，或其规模扩大，使得活动结构程度进一步提高，就会发展成为完全行政组织型。如土木工程业务部门就属于这一类。

12.2.4.3　劳伦斯和洛希的研究

劳伦斯和洛希在《组织和环境》、《复杂组织的分化和整体化》等论著中提出的组织分类强调外界环境的影响。他们用"分化"这个词来表示一个企业为适应外部环境而划分成为各个小单位的程度；用"整体化"这个词来表示企业中各个小单位的协作或工作的统一。

他们选择了在稳定和变化情况下各不相同的三类环境进行分析比较：

第一类环境是高度稳定和变化较少。这类环境中选了集装箱工业。这类工业中革新和发明的数量少，新成立的公司少，其主要问题是很好地安排生产，及时提供足够数量的优质产品，满足长期来往的老顾客的需求。这类工业中主要子系统是生产子系统。

第二类环境的稳定程度是中等的。这类环境以食品工业为代表。食品工业的主要问题是消费者的口味变化快，因而每一公司的销售量有些变化，但对未来的趋势还是可以预见的。食品工业公司基本上都生产同样的产品，所以食品公司的主要子系统是销售系统。公司必须注意消费者的口味变化趋势，并宣传本公司的产品优于竞争者的产品。

第三类环境是很不稳定而变化极快的。这类环境中选了塑料工业。这类工业中的发明和革新快，公司的地位变化快，要不断地适应科学技术的新发展和消费者需求的变化，密切注意竞争者使用的新工艺、新方法。塑料工业公司的主要问题是革新其主要的子系统，研究与开发子系统。

他们对这三类工业中大量的成功企业和失败企业进行了研究，发现成功的企业都是整体化的途径适应于外界环境因素的企业。可见，随着外界环境变化程度的加大，企业分化程度的提高，企业要获得成功，就应逐步从机械式结构转为有机式结构、从集权转向分权。总之，没有一成不变的"最好的"组织设计。不仅不同的工业部门和不同的企业，即使同一企业的不同发展阶段，也都要因时、因地制宜，设计出不同的组织结构，采用不同的管理方法，才能取得成功。

12.2.4.4　赫雷格尔和斯洛坎姆的研究

美国管理学家唐·赫雷格尔（Don Hellriegel）和约翰·斯洛坎姆（John W. Slocum）在1973年发表的《组织设计：一种权变方法》一文中，依据企业的外界环境和工艺技术两个方面的因素，把企业分成以下四种组织结构模型：

（1）市场条件等外界环境变化快、内部各种产品之间工艺技术差别大的企业，如美国通用汽车公司。其组织设计为按产品（地区）划分为各个事业部。各事业部内部整体化和计划程度较高，而各事业部之间的联系较弱，只是通过财务经理、行政经理等的协商会议以及一些政策小组来制定某些共同的战略和方针政策发生联系。

（2）外界环境因素的变化较快、内部产品品种多，但工艺技术差别不大的企业，如美国的休斯飞机公司。其组织设计采用的是矩阵组织结构。公司下设几个分部，有相当大的独立性，但各个新产品系统的研制和生产都由各分部有关科研和生产人员参加协商。所以，各水平组织之间存在着大量的正式的联系和协商。

（3）市场条件等外界环境因素较为稳定、产品品种较简单、工艺技术较稳定的企业，如美国大陆包装品公司。其组织设计采用直线—参谋组织结构，由最高管理阶层掌握生产和技术政策的决策权。

（4）外界环境因素十分稳定而产品非常单一的企业，如美国麦克唐纳联号餐厅公司。其组织设计采用高度集权式的组织结构。该公司制定颁发了各个分店必须严格遵守的《公司服务手册》，对产品的规格标准、工艺、原材料和设备的采购、保管和使用、请示汇报制度、职工的定期轮训等都作了详细的规定。整个公司的核算和监督都由总部集中进行。

12.3　权变理论的评价与发展

权变理论在上述关于计划的权变理论和组织结构的权变理论研究之外，还有关于领导效能的权变理论。其中具有代表性的理论有菲德勒模式、路径—目标理论、保罗·赫塞和肯尼思·布兰查德开发的领导生命周期理论、领导参与模型等。权变的领导理论我们已经在本教材的第 8 章"领导效能理论"中进行了较为详细的介绍，在此不再赘述。

应当肯定地说，权变理论为人们分析和处理各种管理问题提供了一种十分有用的方法。权变管理理论的产生是管理实践的需要。它要求管理者根据组织的具体条件及其面临的外部环境，采取相应的组织结构、领导方式和管理方法，灵活地处理各项具体管理业务。这样，就使管理者把精力转移到对现实情况的研究上来，并根据对具体情况的具体分析，提出相应的管理对策，从而有可能使其管理活动更加符合实际情况、更加有效。所以，管理理论中的权变的或随机制宜的观点无疑是应当肯定的。同时，权变管理学派首先提出管理的动态性，人们开始意识到管理的职能并不是一成不变的，以往人们对管理行为大多从静态的角度来认识，权变管理学派使人们对管理的动态性有了新的认识。

但权变管理学派存在一个带有根本性的缺陷，即没有统一的概念和标准。虽然权变管理学派的管理学者采取案例研究的方法，通过对大量案例的分析，从中概括出若干基本类型，试图为各种类型确认一种理想的管理模式，但却始终提不出统一的概念和标准。权变理论强调变化，否定管理的一般原理、原则对管理实践的指导作用，但却始终无法提出统一的概念和标准，每个管理学者都根据自己的标准来确定自己的理想模式，未能形成普遍的管理职能。权变理论使实际从事管理的人员感到缺乏解决管理问题的能力，初学者更无所适从。

权变理论试图改变一种局面，变各派理论互相"诋毁"为相互"承认"。因此，有管理学家说权变理论犹如一只装满管理理论的大口袋。在权变理论产生之初，不少管理学者给予它高度的评价，认为比其他一些管理理论有更光明的前景，是解决企业环境动荡不定的一种好方法,能使管理理论找到走出理论丛林之路。然而,没有过多久,他们就不得不承认,这个期望又一次落空了。

权变管理学派与经验主义学派有着相似之处,但又有所不同。经验主义学派的研究重点是各个企业的实际管理经验,然后才在比较研究的基础上作出概括;而权变管理学派的重点则在于通过大量案例的研究和概括,把各种各样的情况归纳为几个基本类型,并给每一类型找出一种模型,所以它强调的权变关系是两个或更多可变因素之间的函数关系,权变管理是一种依据环境自变量与管理思想和管理技术因变量之间的函数关系,来确定对当时当地最有效的管理方法。

第 13 章　经理角色理论

经理角色理论是 20 世纪 70 年代在西方出现的一个管理学派,以对经理所担任的角色的分析为中心来考察经理的职务和工作,力求通过对经理角色的系统研究提高管理工作的有效性。

13.1　经理角色理论的形成

经理角色学派的主要代表人物是加拿大麦吉尔大学的亨利·明茨伯格(Henry Mintz-belg),其代表性著作是《经理工作的性质》(1973)。明茨伯格对先前出现的各种领导理论进行了全面分析和批判总结,提出了经理角色理论。他所谓的经理,其实就是广义上的领导者,包括企业、事业单位的各种领导者。

明茨伯格 1939 年出生于加拿大的多伦多,1961 年取得麦吉尔大学机械工程学士学位,1965 年在美国麻省理工学院取得管理学硕士学位,并于 1968 年在该校斯隆管理学院取得博士学位,后长期在麦吉尔大学管理学院任教,是该校的管理学教授,并担任《战略管理》、《管理研究》、《一般管理、经济和工业民主》、《行政管理》、《企业战略》等杂志的编委,还是加拿大皇家学会会员。

明茨伯格的著作成果丰硕,主要有:《经理工作的性质》(1973)、《组织的结构:研究的综合》(1979)、《组织内外的权力》(1983)、《明茨伯格谈管理:进入奇妙的管理世界》(1989)、《战略过程》(与 J.B. 奎因合著,1991)、《战略计划的兴衰》(1994)、《战略历程》(与 B. 阿尔斯特兰德、J. 兰佩尔合著,1998)等。其中,《经理工作的性质》是明茨伯格的代表作,也是经理角色学派最早出版的经典著作。

在明茨伯格之后,经理角色学派的主要人物及其著述还有:

乔兰(Choran),用结构分析的方法对 3 个小公司的总经理所担任的各种角色进行了研究,并于 1969 年出版了《小公司的经理》一书。

科斯廷(Costin),对 200 个中层经理所担任的各种角色进行了研究,并于 1970 年出版了《工商业和政府中的管理轮廓》一书。

英国的贝克斯(John Bex),于 1971 年 9 月在英国运筹学学会召开的大会上宣读了《对变动环境中的经理角色的某些观察》一文。

萨尔宾(T. R. Sarbin)和艾伦(Alien),于 1968 年发表了《角色理论论》一文。

托马斯(E. J. Thomas)和比德尔(Biddle),于 1966 年出版了《角色理论:概念和研究》一书。

托马森(G. F. Thomason),于 1966 年发表《经理工作角色和关系》论文。

该学派认为,其他一些管理学派未能全面地理论结合实际,不能反映经理工作的真正面貌和实质,因而对提高经理的工作效率帮助有限。他们采取的方法是,一方面采用日记的方法对经理的工作活动进行系统的观察记载;另一方面又在观察的过程之中及观察结束以后对经理的工作内容进行分类。这样,既得到了有关经理工作特点的资料,又得到了有关经理工作内容的描述,从而可以更深入地了解经理工作的实质。经过调查,他们发现,在各种经理类型的经理职务之间存在着一些区别,也存在着一些基本的共同点,找出这些共同点就可以找到探讨提高经理效率的共同规律的东西。

经理角色理论是在现代企业组织理论基础上发展起来的,是在企业经营权与所有权分离以后职业经理成为一种企业制度的产物。该理论不仅对我们正确理解经理人的角色、工作性质、职能及职业经理的培养具有重要意义,而且还对如何提高经理工作效率,尤其是对改革我国传统的经营管理体制(如激励机制、监控机制、决策机制)具有非常重要的现实意义。

13.2 明茨伯格的经理角色研究

13.2.1 经理工作的共同特点

明茨伯格认为,其他一些管理理论未能全面地、理论结合实际地对经理的工作进行深入的研究,不能反映出经理工作的真实面貌和性质,因而对提高经理的工作效率帮助有限。因此,有必要采用新的方法,即一方面采用日记法对经理的工作活动进行系统地观察和记载,另一方面又要在观察的过程中及观察结束后对经理工作的内容进行分类。这样,既得到了有关经理工作特点的资料,又得到了有关经理工作内容的描述,从而可以更深入地了解经理工作的实质。在《经理工作的性质》一书中,明茨伯格总结了经理工作的以下六个特点:

(1) 大量的工作,永不松懈的步调。由于全面负责一个组织或组织中的一个单位的工作并要同外界联系,所以经理总有大量的工作要做,必须毫不松懈,保持较快的工作节奏,而且很少有休息时间。

(2) 工作活动具有简短性、多样性和琐碎性。社会上大多数人的工作是专业化和专一化的,而经理的工作是全面而多样的。他作了一个统计,总经理每天有 36 个书面联系和 16 个口头联系,每项联系涉及的都是不同的事情,而且工作活动也是非常短暂的,一般在 10 分钟左右。用这种短暂、多样而琐碎的方式工作必然造成经理工作的肤浅性,这是要努力克服的。

(3) 把现实的活动放在优先地位。经理倾向于把注意力和精力放在现场的、具体的、非例行的活动上,他们对现实的、涉及具体问题和当前大家关心的问题的信息作出积极的反应,而对例行报表及定期报告则不那么关心,他们强烈地希望获得最新信息。因此,他们经常通过闲谈、传闻、推测等来收集非正式的、及时的信息。

(4) 爱用口头交谈方式。经理使用的工作联系方式主要有五种:邮件(文件通讯)、电话、未经安排的会晤(非正式的面谈)、经过安排的会晤(正式的面谈)和视察(直视的)。这几种联系方式有很大的差别。但经理们大都爱用口头交谈方式,约占经理工作时间的 78%,按次数计算则为 67%。

(5) 重视同外界和下属的信息联系。经理与三个方面维持联系:上级、外界和下属。经理实际上处于下属和其他人之间,用各种方式把他们联系起来。事实上,经理"处于他的组织与联络网之间"。

明茨伯格把经理的位置形象地比喻为"沙漏之颈":从外界的接触中得来的信息和请求向他流来,他坐在这个联系网以及他的组织之间,把他从外界收到的信息过滤并把大部分传入他的组织;其他信息输入和请求来自下属,有一些由他自己使用,其他的则送回组织的不同部分或经理接触不到的地方。

(6) 权力和责任相结合。经理的责任很重大,经常有紧急事务需要处理,似乎很难控制环境和他自己的时间。但经理具有很大的权力,具有两个重要的决策权:第一,经理能够做出一系列的初步决定,而这些初步决定又反过来规定了他的许多长期义务;第二,经理贯彻自己意志的方法是通过控制或通过为他自己的目的而使用职权。经理可以采取步骤,在解决问题的过程中想出一些新主意而把问题变成机会。通过以上两个因素,便可以明确地辨别成功的和不成功的经理。

以上是各种类型的经理在工作中共有的特点。认识了这些特点,有助于进一步认识经理工作的性质和他所担任的角色。

13.2.2 经理工作的角色分类

人们在集体里为实现某种目标一起工作时必须担当特定的角色,"角色"这个概念的意思在这里是指人们做一项工作应有明确的目标或目的。他们了解自己的工作任务如何构成集体工作的一个组成部分,同时他们拥有必要的权力、手段和信息去完成任务。

管理者到底扮演着什么样的角色? 20 世纪 60 年代末期,明茨伯格的研究取得了重大进展,树立了该领域的一个里程碑,其他学者的研究均是在此基础上的扩展。有关对经理所担任的角色的论述是经理角色理论所关注的中心,这个学派因此而得名。

长期以来,一个普遍的观点是:管理者在作决策之前,总是深思熟虑,仔细和系统地处理信息。针对这个观点,明茨伯格进行了一项研究,得出的结论和当时流行的观点并不一致。他发现,经理们并不像人们所想像的那样深思熟虑地思考,而是经常停下工作——超过半数的管理人员的工作持续时间不到 9 分钟,他们陷入了大量的、不断变化的、没有固定模式的、短期的活动中。

在大量观察的基础上,明茨伯格提出了经理角色纲要。在这个纲要中,明茨伯格认为,经理一般都扮演着 10 种不同的但又高度相关的角色,而经理的工作可以分成 3 类:主要同人际关系有关的工作,主要同信息传递有关的工作以及主要同决策有关的工作。因此,10 种角色也分成 3 类:人际关系方面的角色 3 种,信息传递方面的角色 3 种,决策方面的角色 4 种。这 10 种角色的概要如表 13-1 所示。

表 13-1　　　　　　　　明茨伯格的 10 种管理者角色

角色类型		描　述	特征活动
人际关系方面	1. 挂名首脑	象征性的首脑,必须履行许多法律性的或社会性的例行义务	接待来访者,签署法律文件
	2. 领导者	负责激励和动员下属,负责人员配备、培训和交往的职责	实际上从事所有的外部委员会工作,从事其他由外部人员参加的活动
	3. 联络者	维护自行发展起来的外部接触和联系网络,向人们提供恩惠和信息	发感谢信,从事外部委员会工作,从事其他有外部人员参加的活动

角色类型		描　述	特征活动
信息传递方面	1. 监听者	寻求和获取各种特定的信息(其中许多是即时的),是透彻地了解组织内部和外部信息的神经中枢	阅读期刊和报告,保持私人接触
	2. 传播者	将从外部人员和下级那里获得的信息——有些是关于事实的信息,有些是解释和综合组织的有影响的人物的各种价值观点——传递给组织的其他成员	举行信息交流会,用电话形式传递信息
	3. 发言人	向外界发布有关组织的计划、政策、行动、结果等信息;作为组织所在产业方面的专家	举行董事会议,向媒体发布信息
决策制定方面	1. 企业家	寻求组织和环境中的机会,制定改进方案以发起变革,监督某些方案的策划	制定战略,检查决议执行情况,开发新项目
	2. 混乱驾驭者	当组织面临重大的、意外的动乱时,负责采取补救行动	制定战略,检查陷入混乱和危机时期的组织
	3. 资源分配者	负责分配组织中的资源——事实上是批准所有重要的组织决策	调度、询问、授权、从事涉及预算的各种活动和安排下级的工作
	4. 谈判者	在主要的谈判中作为组织的代表	参与工作,进行合同谈判

(1) 人际关系方面的角色。

人际关系角色中的第一个就是挂名首脑。首先它是管理者所在组织或部门的象征。各个层次的管理者均扮演着这一角色。该角色之所以重要,是因为它的主要作用是激励组织成员努力工作,调动员工的积极性。

为了鼓励下级发挥出高绩效,管理者还要扮演领导者的角色。在管理职能中我们已经对领导工作做了比较详细的论述,这里就不在赘述。总之,领导者的角色要求管理人员充分履行他的领导职责,协调组织目标与个人目标,有计划地培训、指导下级,促使他们的潜能得到最大程度的发挥。

联络者这一角色要求管理者对组织内外个人和群体的行为进行联系并协调。对于组织内部,管理者主要负责协调不同部门之间的活动。对于组织外部,要维护组织的外部关系网络,与供应商、消费者、政府等保持良好的关系,为组织争取更多的稀缺资源。在知识经济时代,这种外部关系网络也是一种重要的战略性资源。

(2) 信息传递方面的角色。

信息传递角色是指所有的经理在某种程度上,既要从外部的组织或机构等接受和传递信息,又要从组织内部某些方面接受和传递信息。明茨伯格把经理在信息方面的角色划分为三种:一是监听者角色;二是传播者角色;三是发言人角色。

经理人员处于信息交流的中枢地位,从而获得从各种渠道获取信息的特权。作为监听者,经理人员不停地监测环境、探问各种联络者及下属以获得完整的信息。但是,通过这一角色所获得的信息,绝大多数是口头形式的,因而对信息进行分析加工成为这一角色的关键。作为传播者的主要任务是将信息传递给无缘知道信息的下属。当各下属之间由于某种原因难于沟通的时候,经理人员便成为信息的传播者。作为发言人的经理人员负责向组织外部的人员传递信息,即经理代表组织向外界公布态度、决定、报告和进行演讲等,这可能是组织运作的需要,也可能是外界压力的结果。

(3) 决策制定方面的角色。

明茨伯格认为,经理对其组织的战略决策系统负有全面的责任,因而在决策制定方面可形成四种角色。一是企业家,即能捕捉发展机会、进行战略决策并承担责任的管理者;二是故障处理者或混乱驾驭者,即处理组织发生的混乱事件并通常能获得成功的管理者;三是资源分配者,即根据组织目标的分解对组织的有限资源安排时间、安排工作和批准行动;四是谈判者,这是经理角色中极为重要的部分,当经理为了组织的利益与其他组织商定合作和成交的条件时,他们就在扮演谈判者的角色。

经理的上述 10 种角色是一个相互连接的整体。虽然各种类型的经理由于行业、等级和职能的不同,担任每一种角色的分量不完全一样,但总的来说都或多或少地担任着这 10 种角色。这表明,从组织的角度来看,经理是一个全面负责的人。但从另一方面来看,经理的工作也是专业化的,这 10 种角色都包含着专业化的活动,所以经理也是一个专业工作者。

13.2.3　经理角色的变动

一般而论,经理有 10 种角色。而在现实中,当组织的类型不同,组织内处于不同层次的经理,扮演这 10 种角色的侧重点是不同的,这就是经理角色的变动。

13.2.3.1　组织中的管理层次

一个组织可能很庞大,成员众多,而每个经理的管理能力又是有限的,即不可能一个人把所有的事都管好,因此,组织内进行分工,进而划分管理的层次就十分必要。通过划分组织内的管理层次,可以使高一级的经理通过委派工作给下一级经理而减轻压力,从而保证工作的有效性;另一方面使自己管理的下属保持合理数量,也使协调变得容易。

威廉姆森曾提出最优科层理论:假定组织有 1 000 个专业化的成员,他们各从事1 000 种不同的专业,组织用一个科层结构来组织分工。这个科层结构可以分成三层:最高层是个主管,他管 10 个部门的部长,每个部长管 10 个工作单位,每个工作单位负责人管 10 个专业成员。该科层结构也可以只设一层,一个主管管 1 000 个专业成员。三层结构的坏处是管理人员多,工资开销大;而其好处是,每个层次负责人管的人少,因而协调容易。一层结构的好处是管理人员的工资开销少,而坏处是协调困难,会导致组织效率的下降和损失。所以,最优科层结构就是对这个两难的局面加以折中,找到一个最优层次数,使好处减去坏处的净利最大化。事实上,一般组织通常都可以分成三个管理层次:决策层、中间层(或执行层)和操作层,见图 13-1。

组织的层次划分通常呈现为金字塔式,即决策层的经理少,执行层的经理多些,操作层的经理更多。决策层的经理有时又称为高层经理,执行层的经理称为中层经理,操作层的经理则称为基层经理。基层经理是直接管理组织的工作任务的承担者。而中层经理则是承上启下的,或作高层经理某一方面的参谋。操作层经理、执行层经理和决策层经理的职责具体如下:

(1) 操作层经理。

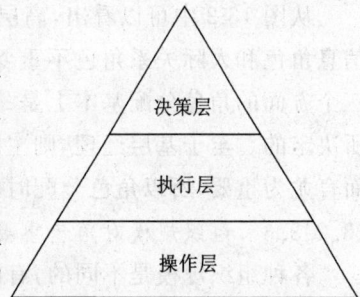

图 13-1　组织的三个管理层次

处于操作层管理等级的是一线管理。他们的职责是对从事产品生产或服务等特定活动的非管理层员工进行日常监督管理。操作层经理遍布组织的各个部门。

（2）执行层经理。

执行层经理监督操作层经理的工作，他们的职责是找出运用组织的人力和其他资源以实现组织目标的最佳方法和途径。为了提高效率，执行层经理要想办法找出能够帮助操作层经理和非管理层员工更好地利用资源、降低成本的方法，找出改进顾客服务的手段。为了提高效率，执行层经理要分析判断组织目标是否正确恰当，并向决策层经理提出如何加以改进的建议。

在很多情况下，执行层经理的这些建议会极大地提高组织的绩效水平，其工作职责的一个主要部分就是发展、改进工作中的某种专业技术，以使组织更加有效率和效益。执行层经理在产品生产或服务的过程中需要作出成千上万决定，如：哪些操作层经理应该被选入某个特定的项目？到哪里找到最佳质量的资源？怎样组织员工才能够最佳地利用资源？

（3）决策层经理。

与执行层经理不同，决策层经理对组织的所有部门负责，他们负有跨部门的职责。决策层经理负责确立组织的目标，如：决定公司应该提供何种产品或服务；决定不同部门之间如何联系协作；监控各部门的执行层经理利用资源以实现目标的进展情况。决策层经理对于组织的成败负有最终责任。

13.2.3.2　经理的角色的时间分配

由于组织中的经理可能处于不同的管理层次，从事不同层次、不同岗位的管理工作，因而他们在组织运行中扮演 10 种角色的频率、程度等方面均是不同的，见图 13-2。

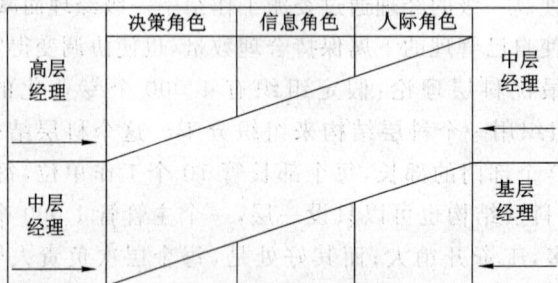

图 13-2　不同层次经理的角色分配

从图 13-2 中可以看出，高层经理最重要的角色是决策角色，当然并不是说高层经理的信息角色和人际关系角色不重要，而是就三个方面角色而言，决策角色最重要。中层经理在三个方面的角色分配基本上是一致的，这也是因为中层经理既承上启下又独当一面的特点所决定的。至于基层经理，则主要是调动下属成员进行团队合作，故而人际关系的处理对其而言尤为重要，所以角色分配时应以人际角色为主。

13.2.3.3　组织规模对角色重要性的影响

各种组织规模是不同的，有的组织或许只有几个成员，有的组织甚至达到有成千上万的成员。当然，划分组织规模大小除了用成员多少为标准外，还可以用其他标准，如企业的年销售收入、净资产规模，或者如医院的病床拥有量等。虽然不能说组织规模大就特别具有重要性,小组织就微不足道,但由于组织规模不同,不同组织内的经理角色的重要性也是不同的,见图 13-3。

小组织的经理最重要的角色是发言人,这是因为
小组织的经理要花大量时间让他人认识本组织,花大
量精力筹措资源,寻找新的机会促进发展。而大组织
的经理则无这些事务缠身,故他可以主要处理内部资
源的有效配置以获得最佳的资源配置效果。与大组
织的经理相比,小组织的经理更可能是一个多面手,
他的工作内容可能上至最高领导的必要工作,下至基
层管理者的必要工作。

13.2.4 经理职务的八种类型

明茨伯格认为,在各种类型的经理职务中,既有
共同性,又有差异性,但共同性大于差异性,前面讲
的经理工作的特点和经理所担任的 10 种角色,都属
于经理职务的共同性。但是,经理职务也存在差异
性。形成经理职务差异性的原因,主要有以下四类
因素:

(1) 环境因素,包括组织规模的大小、产业部门的
影响等。

图 13-3 小组织和大组织中
经理角色的重要性

(2) 职务因素,包括等级高低、信息联系所花时间的多少、专业化程度等。

(3) 个人因素,包括个人的价值观、个性和风格等。

(4) 情景因素,包括许多与时间有关的因素。

由于这些因素的影响造成的差异,经理职务形成不同的类型,通常可概括为以下八种类型,如表 13-2 所示。

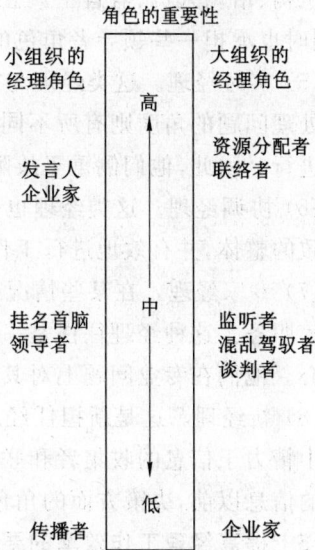

表 13-2   经理职务的八种类型

经理职务类型	关键的角色	经理职务类型	关键的角色
联系人	联络者、挂名首脑	实时经理	故障排除者
政治经理	发言人、谈判者	协调经理	领导者
企业家	企业家、谈判者	专家经理	监听者、发言人
内当家	资源分配者	新经理	联络者、监听者

(1) 联系人。有些经理把他们大部分的时间用于他们的组织之外,同那些可以给他们
提供优惠、提供订单和有利信息的人打交道。此外,这类经理通过演说或提供优惠等为自己
和组织树立信誉。他们所担任的主要角色是联络者角色和挂名首脑角色。

(2) 政治经理。这类经理也把大部分时间用于同外界打交道,但其目的却不同于"联系
人"的招揽生意,而是调和许多对其组织有政治影响的不同的政治势力。

(3) 企业家。这种类型的经理把大部分时间用于寻找机会和在其组织中实行变革。这
类经理的关键角色是企业家,同时在谈判者角色上也花费相当多的时间,以便实行其所倡议

的变革。

（4）内当家。这类经理主要关心的是维持组织内部业务的平稳进行，把时间大都用在建立机构、培训人员、监督下属正常地进行作业。他们主要通过资源分配者角色来进行工作，同时也承担一些领导者角色的工作。

（5）实时经理。这类经理与"内当家"类似，主要关心维持组织内部的业务，但其时间尺度和处理问题的角度则有所不同。他们主要从事组织的当前业务，致力于保证组织日常工作的进行。因此，他们侧重于故障排除者角色。

（6）协调经理。这类经理也是主要面向组织内部的，但他们最关心的是创造出一个团结一致的整体，并有效地进行工作。协调经理最重视的是领导者角色。

（7）专家经理。在某些情况下，一个经理除了担任通常的经理职务以外，还必须担任一个专家职务。这种经理往往是一个专家参谋集团的首脑，在大组织中作为专业化信息的一个中心。他们在专业问题上对其他经理提供建议和咨询。

（8）新经理。这是新担任经理职务的人的类型。他们开始时缺乏联系和信息经验，往往集中精力于信息的收集者和联络者角色，试图建立起联系网络和信息基地。在他们拥有更多的信息以前，决策方面的角色不能充分发挥作用。

13.2.5　提高经理工作效率的要点

为了提高经理的工作效率，明茨伯格提出了 10 个要点：

（1）与下属共享信息。因为信息是下属有效地进行工作所必需的。

（2）自觉地克服工作中的浮浅性。经理应纵览全局，考虑问题的各个方面，并利用管理科学家和分析人员对政策和方针作出系统分析。

（3）在共享信息的基础上，由两三个人分担经理的职务。

（4）尽可能地利用各种职责为组织目标服务。对于一个精明的经理来说，他的每一项职责都给他提供了为组织目标服务的机会。处理某些危机，当然要花费经理的时间和精力，但他也可以乘机进行某些必要的改革。

（5）摆脱必需的工作，腾出时间规划未来。经理必须在维持组织的稳定运行和寻求组织的变革机会之间加以平衡。

（6）以适应于当时具体情况的角色为重点。经理虽然要全面地承担 10 种角色，但在不同的情况下要有不同的重点。影响这些情况的因素有：行业的种类、组织的规模、经理本人在等级制度中的地位和担任的职务、当时的形势和环境的影响等。

（7）既要掌握具体情节，又要有全局观点。

（8）充分认识自己在组织中的影响。经理要知道下属对自己平时的言行是十分敏感的，所以经理必须要注意到自己对组织的影响，凡事要谨慎从事。

（9）处理好各种对组织施加影响的力量的关系。任何一个组织之所以能够存在，是由于有一些人创建了它，另有一些人支持它，这些人对组织有影响。经理的任务之一就是处理好与这些对组织能施加影响的人和机构的关系，使他们协调起来，共同促进组织的发展。

（10）利用管理科学家的知识和才能。经理所要处理的问题日益众多和复杂，所以必须在编制工作日程、作出战略决策等方面利用管理科学家的知识和才能。

经理角色理论是在现代企业组织理论基础上发展起来的，是在经营权与所有权分离以后经理成为一种职业的产物。由于经理工作极为重要，权力又非常大，其行为的影响非常深远，因此如何建立既不影响经理发挥职能，又能有效地发挥其积极性、创造性，同时还能约束其滥用职权的制度，对企业的发展至关重要。该理论关于经理实际活动的论述和分析，对企业管理的实践具有一定的指导意义，因而得到西方工商界的认可。

第14章 战略管理理论

企业战略管理是西方管理学理论的一个重要分支，自 20 世纪 60 年代形成为一门学科以来，就一直居于管理学的前沿地位，吸引了管理学家们的广泛探讨。随着战略管理理论在企业管理实践中的地位和作用的日益突出，其理论本身也得到了不断丰富和发展，形成了多种观点争鸣、多家流派竞存的局面。

14.1 战略管理理论的发展过程

"战略"这个概念历史悠久，它来源于希腊语，意思是作将军的艺术和科学。古希腊能干的将军们需要率领军队征服并且维护领土的安全，保护城市不受侵略，还要消灭敌人等等。这样，每一个目标都需要不同的人力和物力资源的调动。因此，一个军队的战略可以定义为对敌人的行动作出反应而采取的一系列行动。而把商业与战略联系在一起则是近代的事情。

14.1.1 早期战略思想阶段

在此阶段，虽没有出现完整的战略理论体系，但已产生了很精彩的战略思想。美国哈佛大学的迈克尔·波特教授对此作了精辟的概括，总结了早期战略思想阶段的三种观点。

第一种观点：20 世纪初，法约尔对企业内部的管理活动进行整合，将工业企业中的各种活动划分成六大类：技术活动、商业活动、财务活动、安全活动、会计活动和管理活动，并提出了管理的五项职能：计划、组织、指挥、协调和控制，其中计划职能是企业管理的首要职能。这可以说是最早出现的企业战略思想。

第二种观点：1938 年，美国经济学家切斯特·巴纳德在《经理的职能》一书中，首次将组织理论从管理理论和战略理论中分离出来，认为管理和战略主要是与领导人有关的工作。此外，他还提出管理工作的重点在于创造组织的效率，其他的管理工作则应注重组织的效能，即如何使企业组织与环境相适应。这种关于组织与环境相"匹配"的主张成为现代战略分析方法的基础。

第三种观点：19 世纪 60 年代，哈佛大学的安德鲁斯对战略进行了四个方面的界定，将战略划分为四个构成要素，即市场机会、公司实力、个人价值观和渴望、社会责任。其中市场机会和社会责任是外部环境因素，公司实力与个人价值观和渴望则是企业内部因素。他还主张公司应通过更好地配置自己的资源，形成独特的能力，以获取竞争优势。

14.1.2 传统战略理论阶段

1965 年，安索夫出版第一本有关战略的著作《企业战略》，成为现代企业战略理论研究的起点。从此以后，很多学者积极地参与企业战略理论的研究，在这一时期出现了多种不同的理论学派。

（1）设计学派。这一学派是以安德鲁斯教授及其同仁们为代表。设计学派认为，企业战略的形成必须由企业高层经理负责,而且战略的形成应当是一个精心设计的过程,它既不是一个直觉思维的过程,也不是一个规范分析的过程,战略应当清晰、简明、易于理解和贯彻。

(2) 计划学派。计划学派是以安索夫为杰出代表。计划学派认为,战略的形成是一个受到控制的、有意识的、规范化的过程。战略行为是对其环境的适应过程以及由此而导致的企业内部结构化的过程。

(3) 定位学派。其杰出代表人物是迈克尔·波特。定位学派认为,企业在制定战略的过程中必须要做好两个方面的工作:一是企业所处行业的结构分析;二是企业在行业内的相对竞争地位分析。

(4) 创意学派。创意学派认为,战略形成过程是一个直觉思维、寻找灵感的过程。

(5) 认知学派。认知学派认为,战略的形成是基于处理信息、获得知识和建立概念的认知过程。其中,后者是战略产生的最直接、最重要的因素,而在哪一阶段取得进展并不重要。

(6) 学习学派。学习学派与以往学派的不同之处在于,它认为战略是通过渐进学习、自然选择形成的,可以在组织上下出现,并且战略的形成与贯彻是相互交织在一起的。

(7) 权力学派。权力学派认为,战略制定不仅要注意行业环境、竞争力量等经济因素,而且要注意利益团体、权力分享等政治因素。

(8) 文化学派。文化学派认为,企业战略根植于企业文化及其背后的社会价值观念,其形成过程是一个将企业组织中各种有益的因素进行整合以发挥作用的过程。

(9) 环境学派。环境学派强调的是企业组织在其所处的环境里如何获得生存和发展,其所起的作用不过是一种让人们关注环境因素的作用。

(10) 结构学派。结构学派把企业组织看成是一种结构——由一系列行为和特征组成的有机体,把战略制定看成是一种整合——由其他各种学派的观点综合而成的体系。

14.1.3　竞争战略理论阶段

在企业战略理论的发展过程中,10 种战略学派都曾在一定时期内发挥过一定作用。但随着企业战略理论和企业经营实践的发展,企业战略理论的研究重点逐步转移到企业竞争方面,特别是 20 世纪 80 年代以来,西方经济学界和管理学界一直将企业竞争战略理论置于学术研究的前沿地位,从而有力地推动了企业竞争战略理论的发展。回顾近 20 年来的发展历程,企业竞争战略理论涌现出了三大主要战略学派。

(1) 行业结构学派。该学派的创立者和代表人物是迈克尔·波特教授。他的杰出贡献在于,实现了产业组织理论和企业竞争战略理论的创新性兼容,并把战略制定过程和战略实施过程有机地统一起来。波特建立了五种竞争力量分析模型,他认为一个行业的竞争状态和盈利能力取决于五种基本竞争力量之间的相互作用,即进入威胁、替代威胁、买方讨价还价能力、供方讨价还价能力和现有竞争对手的竞争,而其中每种竞争力量又受到诸多经济技术因素的影响。在这种指导思想下,波特提出了赢得竞争优势的三种最一般的基本战略:总成本领先战略、差异化战略、目标集聚战略。

(2) 核心能力学派。1990 年,普拉哈拉德和哈默尔在《哈佛商业评论》上发表了《企业核心能力》一文。其后,越来越多的研究人员开始投入企业核心能力理论的研究。所谓核心能力,就是所有能力中最核心、最根本的部分,它可以通过向外辐射,作用于其他各种能力,影响着其他能力的发挥和效果。核心能力学派认为,现代市场竞争与其说是基于产品的竞争,不如说是基于核心能力的竞争。企业的经营能否成功,已经不再取决于企业的产品、市场的结构,而取决于其行为反应能力,即对市场趋势的预测和对变化中的顾客需求的快速反应。因此,企业战略的目标就在于识别和开发竞争对手难以模仿的核心能力。另外,企业要获得和保持持续的竞争优势,就必须在核心能力、核心产品和最终产品三个层面上参与竞争。在核心能力层面上,企业的目标应是在产品性能的特殊设计与开发方面建立起领导地位,以保证企业在产品制造和销售方面的独特优势。

(3)战略资源学派。战略资源学派认为,企业战略的主要内容是如何培育企业独特的战略资源,以及最大限度地优化配置这种战略资源的能力。在企业竞争实践中,每个企业的资源和能力是各不相同的,同一行业中的企业也不一定拥有相同的资源和能力。这样,企业战略资源和运用这种战略资源的能力方面的差异,就成为企业竞争优势的源泉。因此,企业竞争战略的选择必须最大限度地有利于培植和发展企业的战略资源,而战略管理的主要工作就是培植和发展企业对自身拥有的战略资源的独特的运用能力,即核心能力,而核心能力的形成需要企业不断地积累战略制定所需的各种资源,需要企业不断学习、不断创新、不断超越。只有在核心能力达到一定水平后,企业才能通过一系列组合和整合形成自己独特的、不易被人模仿、替代和占有的战略资源,才能获得和保持持续的竞争优势。

14.1.4　动态竞争战略理论阶段

随着 21 世纪的到来,全球众多企业面临的竞争环境更加易于变化和难以预测。面对竞争环境的快速变化、产业全球化竞争的加剧、竞争者富于侵略性的竞争行为以及竞争者对一系列竞争行为进行反应所带来的挑战,传统战略管理的理论和方法无法满足现实商业生活中企业战略管理决策的需要。于是,近年来一些管理学者提出了新的战略理论,即"动态能力论"和"竞争动力学方法"。

(1)动态能力论。该理论的提出主要基于以下的认识:过去的战略理论是由从企业战略的层次上对企业如何保持竞争优势的分析构成的,而对企业怎样和为什么要在快速变化的环境中建立竞争优势却论述不多。动态能力论则主要是针对基于创新的竞争、价格/行为竞争、增加回报以及打破现有的竞争格局等领域的竞争进行的。它强调了在过去的战略理论中未能受到重视的两个方面:第一,"动态"的概念是指企业重塑竞争力以使其与变化的经营环境保持一致的能力,当市场的时间效应和速度成为关键、技术变化的速度加快、未来竞争和市场的实质难以确定时,就需要企业有特定的、创新的反应。第二,"能力"这一概念强调的是战略管理在适当地使用、整合和再造企业内外部的资源和能力以满足环境变化需要。

(2)竞争动力学方法。竞争动力学方法是在竞争力模式理论、企业能力理论和企业资源理论的基础上,通过对企业内外部影响企业经营绩效的主要因素——企业之间的相互作用、参与竞争的企业质量、企业的竞争速度和灵活性进行分析,来回答在动态的竞争环境条件下,企业应怎样制定和实施战略管理决策,才能获得超过平均水平的收益和维持竞争优势。

近年来,竞争动力学的研究成果被普遍地应用在战略管理的实践中。首先,它研究处于竞争状态的企业之间的竞争作用,这种竞争作用产生的原因,以及竞争作用发生的可能性;第二,它研究和分析影响企业竞争或对竞争进行反应的能力要素;第三,它还对不同条件下的竞争结果进行了分析和对比。

14.2　战略管理理论的内容

14.2.1　层次战略

14.2.1.1　公司层战略

公司层面的战略主要有增长战略、稳定战略、收缩战略以及为实现这些战略的诸如转变与节流战略、组合战略等战略。

（1）增长战略。

增长战略即提高组织经营层次的战略，如提高销售额，增加雇员或扩大市场份额。制定了增长战略，公司就会扩大自身的经营规模。常见的增长战略主要有三种：

① 集中战略（concentration strategy）。集中战略就是企业集中于一个产品或一个产业、一个市场、一种技术方面积极扩张。此种增长战略最简单的经营方式就是扩大现有事业线经营的地理区域从而达到占领更多的市场份额的目的。另外，增加某一产业、某一细分市场的产品种类，或利用同一技术开发同系列产品都属于集中性扩张。

② 一体化战略（integration strategy）。一体化战略即垂直一体化战略，是对现有的事业线向前或向后地扩展以增大经营规模。当企业向前进入接近最终消费者领域时，它就是在执行前向一体化（forward integration）；后向一体化（backward integration）则是指企业向后进入原材料（或零配件）生产的领域。

③ 分散战略（diversification strategy）。分散战略即多元经营战略，企业从当前的事业线扩展到其他有关联或无关联的产业与部门。分散战略或是为了降低主营业务的风险，或是为了捕捉新的机会，按照与已有事业线的关联程度可以分为两类：相关性分散和非相关性分散。

（2）稳定战略。

稳定战略是指企业试图维持现有状况，或者逐步慢慢地成长。其特征是已经制定的战略很少发生变化，比如持续地向同类型的顾客提供同样的产品或服务、维持市场份额、保持组织一贯的投资报酬记录等。通常制定稳定战略的公司，是那些对公司现状和绩效感到十分满意并且认为产业环境不大会发生变化的公司。

（3）收缩战略。

收缩战略是指组织通过减少成本和资产而重组的过程，如裁员、关闭工厂等。

（4）转变与节流战略。

转变战略就是企业试图很快扭转某个正在面临衰退中的业务。节流战略则是指资产的清除和脱手。多数的转变战略包含着一些节流性的做法。转变战略通常会借着降低成本、减少资产或综合这些做法来改进现金流。

（5）组合战略。

企业可能针对不同的事业线，分别采用增长、稳定以及转变和节流等战略，这种同时实行两种或两种以上战略的形式称为组合战略。

14.2.1.2　事业层战略

（1）适应性战略。

适应性战略框架是雷蒙德·迈尔斯（Raymond E. Miles）和查理斯·斯诺（Charlies

Snow)首先提出来的。迈尔斯和斯诺在研究经营战略时分辨出四种战略类型:防御者、探索者、分析者和反应者;并论证了前三种战略都可能使企业获取成功,是适应性战略;只有第四种战略常常导致失败。适应性战略侧重于强调适应外在环境的改变,并以进入新市场作为增加销售量的一种手段。

　　每一条事业线都需要根据变化中的环境和成长率来选择适应性战略,同时此战略还要能呼应公司层的大战略(见表14-1)。每一个适应性战略都反映出不同的目标,下面具体分析事业层的几个适应性战略。

表 14-1   适应性战略

环境变化的速度	成长潜力的速度	适应性战略	呼应的公司层战略
快速	高度	探索性战略	增长战略
适宜	适度	分析性战略	组合战略
缓慢	低度	防御性战略	稳定战略

　　① 探索性战略。该战略追求创新,不断地推出新产品和(或)进入新市场。如联邦快运公司采用探索性战略发展出隔夜包裹递送业务。探索性战略的实力在于发掘新产品和新市场机会,它非常适应于快速变化和高度成长潜力的环境。

　　② 防御性战略。该战略就是在原有的产品线上和原有的市场上增加顾客群或维系已有的顾客群。这种战略倾向于采用标准的经济行为,如以竞争性价格和高质量的产品或服务作为竞争手段,拼命阻止竞争者进入自己的地盘。实施防御性战略的公司一般来说不受其细分市场以外的发展和变化趋势的诱惑,凭着市场渗透和有限的产品开发获得增长。经过长期的努力,真正的防御性企业能够开拓和保持小范围的细分市场,使竞争者难以渗透。如麦当劳公司在快餐业中奉行的就是防御性战略。防御性战略与稳定战略一样,非常适应于变化缓慢和低度成长潜力的环境。

　　③ 分析性战略。该战略是一种中庸战略,介于探索和防御之间。分析性战略会以小心谨慎的步伐进入某个新市场,或提供核心产品和寻求新契机。为了使风险最小化和利润机会最大化,分析者通常靠模仿生存,他们复制探索者的成功思想。如凯洛特公司基本上是紧跟比它规模更小但更具创新精神的竞争对手,在竞争对手已经证实了市场的存在之后才投入战斗。

　　采用分析性战略的企业必须具有快速响应领先者的能力和对竞争者的产品模仿的能力。另外,分析者还要保持其稳定产品和细分市场的经营效率。而探索者必须有很高的边际利润率以平衡风险并补偿他们生产上的低效率。一般来说,分析者的边际利润低于探索者,但其效率通常比后者高。分析性战略非常适应于适度变化和适度成长潜力的环境。

　　(2)竞争战略。

　　竞争战略理论是波特在20世纪80年代初依据建立在产业理论基础上的五种竞争力模型而提出的,自该理论建立以来,已成为战略管理理论方面的主流思想。波特认为有效的竞争战略是总成本领先战略、差异化战略和目标集聚战略。

　　① 总成本领先战略(overcall cost leadership)。该战略就是以尽可能低的总成本把"可以接受"的产品提供给顾客。通过对所有关键成本形成动因包括经验曲线因素的积极管理,

公司可以获得持续性竞争优势。为了保持领先地位，公司必须通过价值链或市场链积极控制成本。为了同运用差异化战略的竞争对手相抗衡，使用总成本领先战略的公司其产品及相关的服务都必须尽量与前者的产品和服务相当。成本领先者的产品在最新的功能或最好的客户服务方面可能暂时会落后一点，但它们不能长期落后很多，否则客户会认为这家公司的产品没有任何价值。

要成功实施总成本领先战略，企业必须持续关注降低成本，直至低于竞争对手。企业经常通过在规模经济上进行设备投资、紧缩开支、加强控制，以及在服务、销售、研究与开发上使成本最小化等措施来降低成本。

② 差异化战略（differentiation）。该战略就是企业以产品的独特的特性为顾客创造价值。由于差异化产品满足了顾客特殊的需求，采用差异化战略的企业可以制定高价。要使此战略成功，"企业的产品必须真正在某些方面独特或使顾客感到独特"。

与成本领先战略不同，差异化战略的焦点是在顾客价值方面不断投资和开发差异化产品的性能。从整体上看，采用差异化战略的企业可以在许多方面寻求与竞争者的差异。企业的产品或服务与竞争者相差越多，企业对竞争者的行动就越有缓冲余地。

产品的差异可以来源于许多途径：不寻常的特性、尽职的顾客服务、快速的技术革新和技术领先、声望和地位、与众不同的品位、工程设计和表现等。如果一家公司成功地以差异化的产品和服务领先于其竞争对手，这家公司就应该能够享有溢价。溢价应当超过差异化的成本。很明显，差异化战略并不是让公司忽视成本。在所有不直接构成差异化的各个方面，公司必须努力实现与竞争对手的成本相等。

③ 目标集聚战略（focus）。该战略是企业为满足某个特定群体的需求而设计的生产产品和服务的战略。与成本领先战略或差异化战略不同，采用目标集聚战略的企业努力将自己的核心能力服务于特定产业部门的需求，如一个特定的顾客群、一部分产品线或某个地域市场，在狭窄的竞争领域或部门中攫取成本优势或差异化优势，而后者是在广泛的顾客群中获得竞争优势。尽管目标的范围有限，但目标集聚战略的实质是开发一个较狭窄的市场而不是整个产业。通过成功采用目标集聚战略，即使企业不能获得整个产业内的竞争优势，也能够在选定的目标市场中获得竞争优势。

目标集聚战略的基础是企业在某一部分产业中运行比在整个产业中运行的企业更有效率。目标集聚战略的成功依赖于企业能够发现那些顾客特殊需求根本没有满足或没有很好满足的目标市场，即成功地进行市场细分并选择和定位于一个"正确的"细分市场的能力。

14.2.1.3　职能层战略

职能部门必须发展各自战略来完成事业层的宗旨和目标。职能层战略包括营销、生产、财务、人力资源和其他部门的战略。

营销部门的主要职责就是了解顾客想要什么，如何增加顾客价值以及界定目标市场。营销的"4P"为产品（product）、促销（promotion）、地点（place）和价格（price）。这就是说，营销必须决定应推出什么产品，如何包装这些产品，如何做广告，该在何处出售产品，价格定为多少。如果事业层的战略是探索性的，那么营销部门就应该进行新产品和新市场的规划与执行；如果是防御性的，那么营销部门就不必考虑新产品、新市场和新广告；如果是分析性的，营销部门就会在探索和防御之间找出中性的办法；万一公司使用的是转变与节流战略，营销部门就不得不挑出被淘汰的产品和要退出的市场。

生产部门肩负着把输入转换成输出这个过程的责任。它注重的是产品制造的品质和效率，而究竟应生产什么产品，由营销部门来判定。在公司探索性战略下，生产部门就要参加新产品的规划和制造；在防御性战略下，生产部门必须竭尽所能地改善产品品质和运营效率，并减少支出。

人力资源部门必须与各职能部门密切地合作，为它们招聘、训练、评估和奖励员工。在公司探索性战略下，人力资源部门就要参加员工数量的规划和扩展；若采用转变和节流战略，人力资源部门就要进行裁员。

财务部门战略至少涉及两方面：① 通过发行股票或贷款来募集资金，以便负担各种商业活动的经费支出，决定债务的权益比例以及清偿债务和发放股利；② 保存交易记录、开发预算和报告财务结果。

其他部门比如研发部门，其重要性视每个企业的性质而定。在小企业里，研发部门的重要性没有在大企业里大。采用分析性战略的企业，仅是复制探索者的成功产品，所以对研究开发方面的资源需求没有采用探索性战略的企业大。

14.2.2　战略规划理论

首开企业战略研究先河的是美国著名管理史学家艾尔弗雷德·D.钱德勒（Alfred D. Chandler Jr.）。第二次世界大战期间，钱德勒从哈佛商学院获得学士学位后到海军服役 5 年。此后，他在北卡罗莱纳州大学从事有关美国南部地区的研究，并获得了该校硕士学位。1952 年，钱德勒在哈佛大学获哲学博士学位。1950～1963 年他在麻省理工学院教书，1963 ～1971 年转到霍普金斯大学，1971 年被哈佛大学商学院聘为商业史教授，一直工作到 80 岁才退休。钱德勒曾先后撰写和编辑了许多著作，其中有三部被公认为经典著作：《战略与结构：美国工商企业成长的若干篇章》(1962)、《看得见的手：美国企业的管理革命》(1977)、《企业规模经济与范围经济：工业资本主义的原动力》(1990)。

《战略与结构》是钱德勒最具开创性的一部作品，其动态框架是当今盛行的战略管理学的重要理论来源。这本书的主题是美国大企业的成长以及它们的管理组织结构如何被重新塑造以适应这种成长。通过研究美国 70 家最大的公司(其中包括杜邦、通用汽车、标准石油和西尔斯)的成长和发展，他认为，当一个大型企业通过收购或创建新的设施实现产品多样化并进入新的工业生产领域时，或者当它在更大范围的地理区域扩展其多职能部门时，应该建立一系列一体化的分部级单位，并由总办事处统一管理。于是，钱德勒提出一个战略与结构互动的分析框架来研究战略决策导致组织结构变化的过程。战略被定义为"企业长期目标的决定，以及为实现这些目标所必须采纳的一系列行动和资源分配"，结构则被定义为"管理一个企业所采用的组织设计"。基本的假设是结构追随战略。因而钱德勒所研究的总论题就是："战略起源于对机会和需求——它们来自不断变化的人口、收入和技术——的识别，以便更有利可图地利用现有的或新的资源。新的战略要求建立新的或至少更新了的结构，才能使扩大了的企业更有效地运营。"其后，就企业战略问题的研究，形成了 20 世纪 60 年代最具代表性的两个学派，即设计学派和计划学派。这两个学派的学说标志着企业战略管理理论的正式形成，且在 20 世纪 60 年代到 70 年代初，战略规划思想占据着战略的核心地位。

14.2.2.1　设计学派

设计学派以哈佛大学商学院的肯尼斯·安德鲁斯(Kennetch R. Andrews)等人为代表。

安德鲁斯接受了钱德勒的战略思想,他在1965年编写的哈佛教科书《商业政策:原理与案例》中,提出了战略的四种构成要素,即市场机遇(企业可能做什么)、公司能力(企业能够做什么)、个人激情(企业想做什么)、社会责任(企业应该做什么)。战略就是实现四者的契合。按照安德鲁斯的观点,环境的不断变化产生机遇与威胁,组织的优势与劣势将不断地被调整以避免威胁并利用机遇。对企业内部的优势与劣势的评估可以确定企业的独特能力,对外部环境的机遇与威胁的分析可以确定潜在的成功因素。这两种分析构成战略的基础。

由此,安德鲁斯认为,企业战略是使企业组织自身的条件与所遇到的机会相适应。战略规划的基本步骤包括资料的收集与分析、战略制定、评估、选择与实施。

第一步是研究外部环境条件与趋势及企业内部的独特能力。外部环境的分析包括社区、国家与世界的政治、经济、社会、技术等对企业经营有影响的相关因素,即企业的竞争环境和企业发展的外部极限。企业内部能力分析包括企业的财务、管理及组织方面的能力、企业的声誉和历史等。

第二步是识别外部机遇与风险、内部资源的优势与劣势,并把它们结合起来。

第三步是通过评估决定机遇与资源的最佳匹配。

第四步是做出战略选择。

这种方法的实质是认为战略乃是如何匹配企业能力与其竞争环境的商机,因而战略规划最核心的任务是机会与资源/能力匹配,并由此建立了著名的SWOT(strengths, weaknesses, opportunity, threats)分析模型,见表14-2。

表 14-2   **SWOT 分析模型矩阵**

内 部 环 境 外 部 环 境	优　势 $S(S_1, S_2, \ldots)$	劣　势 $W(W_1, W_2, \ldots)$
机　会 $O(O_1, O_2, \ldots)$	SO 战略	WO 战略
威　胁 $T(T_1, T_2, \ldots)$	ST 战略	WT 战略

上述矩阵中的四个象限分别代表四类不同的组合,从而匹配出四种战略:优势—机会战略(SO)、劣势—机会战略(WO)、优势—威胁战略(ST)、劣势—威胁战略(WT)。每一类组合均可产生多个方案,企业在制定战略时可综合评价和选择不同的组合模式,从而选择不同的战略。SWOT分析是战略规划的典型分析方法,其核心是寻找影响企业发展的重要环境机遇与威胁,以及企业的内部优势与劣势,以便在战略制定中对内部资源和能力与外部机遇进行有效的匹配。

(SWOT)分析模型是计划学派的基础,其主要假定也反映了该学派的主张:

(1)战略形成应当是一个受到控制的有意识的思想过程。因此,企业组织既不能靠直觉发展战略,也不能以自然的方式实现,而应当经过尽可能仔细慎重的考虑才能形成。

(2)高层管理者应当承担整个战略形成过程的责任。他虽不承担具体战略计划的制定工作,但应是整个战略计划的设计者。

(3)制定战略时,必须经过充分的设计。在勾画和选择某种特别的战略,即完成决策过程之后,制定过程也就告以结束。

(4) 战略应该是清晰的、易于理解和传达的。

14.2.2.2 计划学派

传统战略规划的致命弱点表现在它是一个单向静态过程。环境不断变化,规划同样也要不断修改调整,否则难以适应新环境,因此规划应是一个循环动态而非单向静态的过程。以安索夫为代表的计划学派则强调了战略规划的动态化。

伊戈尔·安索夫(Igor H. Ansoff,1918～2002)是战略管理理论的重要代表人物之一,他出生在海参崴,父亲是美国人,母亲是俄国人,1936 年移民美国。他在斯蒂文斯技术学院获得了数学与物理学硕士学位,随后在布朗大学获得哲学博士学位。1950 年,安索夫进入美国军方的 RAND 公司数学部工作,之后在洛克希德公司任副总裁。1963 年,安索夫离开商界进入学术界,加入了卡内基—梅隆大学工商管理研究生院。随后,他在范德比尔特大学任教。1983 年,他加入了以圣地亚哥为基地的美国国际大学。安索夫的主要著作有:《公司战略》(1965)、《战略管理思想》(1972)、《从战略规划到战略管理》(1976)、《战略管理》(1979)、《树立战略管理》(1984)等。安索夫的战略管理思想主要有以下方面:

(1) 公司战略的构成要素。

安索夫在 1965 年出版的《公司战略》一书中提出了自己的企业战略观。他认为,公司战略是贯穿于企业经营与产品和市场之间的一条"共同经营主线",决定着企业目前所从事的或者计划要从事的经营业务的基本性质。这条共同经营主线包括四个要素:

一是产品与市场范围,它说明企业属于什么特定行业和领域,企业在所处行业中产品与市场的地位是否占有优势。

二是增长向量,是指企业计划对其产品和市场范围进行变动的方向。他提出了一个分析矩阵就叫"安索夫矩阵"(Ansoff matrix)。在这个矩阵中,安索夫根据产品与市场的两个维量——维持现状和创新扩张定义了四种可供选择的战略(如图14-1所示):① 市场渗透,即企业专注于在现有的市场中成长,其方法有价格战略、消费者服务战略、品牌战略等。② 产品开发,即企业通过在替代品和互补品上拓展产品范围来实现利润的增长,包括公司对其现有产品的重大修改、增加或改变。③ 市场开发,即为企业产品寻找新的消费群,包括产品打入新的地理区域、推行现有产品的新

	现有产品	新产品
现有市场	市场渗透	产品开发
新市场	市场开发	多元化

图 14-1 通过产品—市场
扩展方格识别市场机会

用途以及进入新的细分市场。④ 多种经营或多元化,即对企业来讲,它的产品与使命都是新的,意味着企业步入了一个新的经营领域。

三是竞争优势,是指企业及其产品和市场所具备的不同于竞争对手的能够为企业奠定牢固竞争地位的特殊属性。

四是协同作用,是一种联合作用的效果,是企业获得的由部分资源独立创造的总和的联合回报效果。"协同"(synergy)本是一个自然科学领域的概念,但自安索夫开始,它便被广泛地用于管理学领域,以表达"2+2=5"的效果,即公司整体的价值大于公司各独立组成部分价值的简单总和。当然,如果协同作用使用不当,也会产生"2+2=3"的结果。

(2) 战略管理的概念。

"战略管理"的概念是 1972 年安索夫在《商业政策》杂志上发表的文章中正式提出的,为后来的企业战略管理理论的发展奠定了基础。1976 年,安索夫又出版了《从战略规划到战略管理》。在该书中,安索夫认为战略规划并不能涵盖企业经营中面临的所有战略问题,因此他提出了一个"2×2×3"矩阵。其中一个坐标是"管理的问题",包括外部联系和内部安排;另一坐标是过程,包括计划和实施;第三个坐标是环境,包括技术—经济—信息因素、心理因素和政治因素。在由此划分出的 12 个方格中,战略规划只考虑到其中一个——由外部联系、计划、技术—经济—信息变化三因素所包含的那个方格。所有 12 个方格体现的工作,就是战略管理的内容,战略规划只是其中之一。

这样,战略管理诞生了。虽然它的成长过程没有战略规划那么快,但是大约到 1980 年,"战略管理"已经成为很受欢迎的词汇,频繁地出现在书籍和文章里。现在关于战略管理的外延已经超出了安索夫的预期。根据上面的叙述,安索夫并没有把战略管理作为战略规划的变异,而是认为战略规划是战略管理的一部分。现在战略管理这个概念已经被扩大很多了,几乎囊括了商业的所有方面。

(3) 战略管理的权变观。

安索夫对战略管理理论的第三大贡献是将战略和管理与动荡的环境条件相联系的权变观。他把环境变动的激烈程度分为五个层次:稳定性、反应性、预期性、探索性和创造性。安索夫指出,在 20 世纪的前 70 年间,环境的动荡程度在增加,但并非所有的行业环境在同步变化。他认为,进入 20 世纪 70 年代以来,环境周围的湍流(turbulence)扩大了,也就是说,扰乱组织的力量扩大了。所谓湍流,大体上和不确定性的含义相同,可用四种尺度加以测验:① 环境和组织结合的强度(利用为战略行动所作的预算比例测定);② 预测不可能性(不可能预测的事情发生的次数);③ 奇特性(应用过去的知识和经验不能处理的程度);④ 速度(为了跟上环境变化,被组织要求的反应速度)。

预测的结果,按前述的五种环境层次,形成了稳定型、反应型、先导型(预期型)、探索型及创造型等五种环境类型和战略模式。安索夫的基本构想是,在环境、战略模式和组织三个要素一致时,企业的效益就能提高;反之,则降低效益。譬如,环境是稳定型的,如果采取创造型战略,则必然失败。又如,组织是反应型的,突然采取创造型战略,就会遭到组织的抵抗,亦会失败。因为创造型战略只有在环境和组织也都是创造型的情形下才能发挥威力。

总之,安索夫的理论将一个特定的战略管理概念与一个特定的环境联系了起来。他强调指出,经营满意的企业比那些做不到这一点的企业能够更好地处理环境的快速变化,这些企业组织之所以取得令人满意的结果,是由于它们采取了针对特定环境情况,应付不确定性的最恰当的战略模式,同时又使企业组织有能力管理这种战略突击形式。这也就是人们常说的安索夫的战略突击论或战略类型论。

14.2.2.3　对战略规划理论的评价

总体上看,尽管设计学派和计划学派的研究角度、观点主张有所不同,但它们核心思想是基本一致的,即要求企业根据经营环境的变化因素来对企业的资源进行优化配置。然而,该理论从现存的产业市场出发,要求企业在已结构化的市场环境中寻求资源的最佳配置,事实上是非常困难的,甚至是不可能的。对此,明茨伯格在《战略计划的兴衰》一书中进行了深刻批判,他明确指出,规划是表述、论证与说明企业领导头脑中早已存在的战略远景。战略不是规划师做出来的,而是在规划师的帮助下由经理做出来的。战略计划存在三个主要缺陷:① 认为间断可以被预测的假设;② 战略计划者采取与组织的现实情况分离的方式制定计划;③ 战略计划可以公式化的假设。战略规划的最致命的弱点是它假设环境是可预测的,而且它并不注重创造机遇及创造资源与能力以实现企业的战略目标,因而该理论也不注重企业的长期竞争优势的获取。

14.2.3 战略适应理论

尽管战略规划理论还在一定程度上发挥着重要作用,但 1973 年美国经济面临的石油危机开始动摇战略规划的垄断地位,再加上遇到崛起的日本及欧洲的挑战、科技竞争愈演愈烈,管理学界开始重点研究如何适应充满危机和动荡的环境。因此,战略规划关于未来可以预测、可以计划的思想越来越受到怀疑,以环境不确定为基础的适应学派应运而生。

战略适应理论的核心观点是强调组织适应,由于受外界不可预测和不可知因素的影响,人的理性过程受到约束,因此战略决策是一个适应过程。该学派中有许多分支,包括适应进化论、改良论、愿景论等,其代表人物有伊丹敬之、奎因、柯林斯与泼拉斯等。

14.2.3.1 适应进化论

适应进化论受达尔文进化论的影响,强调变化与差异,认为环境不但难以预测,而且没有战略可以应付;组织不断地受到冲击,只能被动地对现实作出反应而无法计划未来。因此,战略成功的本质在于战略的适应性。伊丹敬之认为,战略适应包括环境适应、资源适应与组织适应。其中,环境适应是指战略的内容与企业环境变化的动向相适应。战略的内容包括战略的各项要素以及战略与各要素之间的良好均衡状态的战略适应。他指出战略适应的三个标准是:① 以战略要素的现状为前提的适应;② 战略与各因素自身规律相适应,使企业主动地朝所期望的方向变化;③ 企业在战略上要紧扣各要素的本质和变化,并使其成为推动企业发展的杠杆。

适应进化论的主要特点有:

(1)战略是动态的,要预测变化的格局,包括变化的速度和变化的可能途径。进化模型关注战略变化的步伐与轨迹。

(2)战略存在偏差,组织不断地搜寻各种不同的战略选择。

(3)战略要研究选择过程如何影响战略变化的步伐和轨迹以及战略变化如何反过来影响选择过程。企业的内部选择与外部选择决定企业的命运。

环境的不确定性与不可预测性使战略的重点从试图去适应一个可预测的未来,转变到对变化的现在作出灵活快速的反应。适应进化论强调监控环境与调整行为是同时的与持续的,认为战略的目标就是与环境相一致。它不仅要求企业战略适应外部环境因素,包括技术、竞争和顾客等;同时,企业战略也要适应企业的内部资源,如企业的资产、人才等;而且,企业战略也要适应企业的组织结构。因此,用适应进化论的观点看,战略就是开放动态的适应过程。

14.2.3.2 改良论

詹姆斯·奎因(James B. Quinn)提出逻辑改良主义(logic incrementalism)思想,认为有效的战略来自于一系列战略子系统,每个战略子系统应付特定的战略问题,这些活动改良性地、机会地融合成一个内在关联的模式就构成了战略。按照奎因的观点,战略就是对环境变化的逻辑反应。一个企业通过审视环境和不断地尝试新战略,会导致企业不断地学习与调整以适应环境的变化。

奎因倡导的逻辑改良主义的要点是：

（1）小的战略举措可以允许反复地试验，同时在行动中感知环境的变化，当这种小的战略举措被证明是成功的，这种战略就会得到进一步的发展。

（2）股东追求短期回报，因此他们对投资大量钱与物支持重大的战略变化不敏感。

（3）人们认为应该不断调整战略以保证企业适应市场变化，否则战略将萎缩，长期下来将导致企业剧烈的战略变化。

（4）机遇管理有助于过去和现在的战略与变化的市场相匹配。

（5）企业的员工比较习惯细小渐变。

为了提高应付突发事件时决策信息内容及决策过程的质量，理性与实践都表明他们一般应该以一种渐进改良的方式行事。自觉的改良主义有助于消除在重大决策过程与认识上的局限，有助于构建决策所需的逻辑分析框架，有助于形成个人与组织的共识、理解、接受和承诺，从而有效地实施战略。

14.2.3.3　愿景论

愿景驱动思想强调企业的愿景（vision）在企业战略中的重要作用。德鲁克在 20 世纪 50 年代提出的目标管理就是重视愿景的作用。他在 1973 年出版的《管理：任务、责任、实践》一书中提出，工商企业需要明确说明自己的宗旨和使命，它要回答这样的问题："我们的企业是什么、将会是什么以及应该是什么？"受德鲁克思想的影响，20 世纪 70 年代管理学者更加认识到企业宗旨是战略管理过程的一个重要部分。柯林斯与泼拉斯等人是这一学派的代表。

柯林斯（James C. Collins）与泼拉斯（Jerry I. Porras）在《基业长青》一书中提出了"愿景公司"的概念，他们强调全公司范围的理念共享及简单、直截了当的愿景驱动管理。他们指出，美国长寿公司持续成功的关键是他们的首席执行官的核心意识形态被定位在企业管理的核心。虽然那些成功的企业的战略与实践在不断地适应变化的环境，但企业的核心价值与核心意图是保持稳定的。这种核心价值不变而不断变更其过程的机制是那些精英企业能够不断更新自己并取得长期卓越业绩的原因。他们总结了愿景企业的成功习惯，特别强调系统与全公司范围的进取精神。"伟大的公司的创办人通常都是制造时钟的人，而不是报时的人。他们主要致力于建立一个时钟，而不只是找对时机，用一种高瞻远瞩的产品打入市场；他们并非致力于高瞻远瞩领袖的人格特质，而是致力于构建公司的组织特质，他们最大的创造物是公司本身及其代表的一切。"柯林斯与泼拉斯的思想是战略随着核心意识形态变。战略要根据环境的变化而变化，而核心意识形态要保持不变。愿景论思想很像中国传统的"外圆内方"观念，本质内核持久不变，而外在形式可以应环境的改变而改变。

总之，战略适应理论强调企业与环境的互动，认为企业的组织结构是个开放的、适应性的系统，企业战略是动态的、应变的。战略不是一蹴而就的，而是逐步显现的、不断修正的。同时，该学派带有浓厚的生态类比色彩，它是一种描述性工具，把企业的战略看成是设计一种生存在某种环境的动物。该理论的致命弱点是缺乏有效的分析工具，对企业经营战略方面的建议比较空洞，对企业如何与同行竞争、针对不同的环境应采取何种不同的对策也没有具体的政策主张和指导方针，因而其政策主张的可操作性受到普遍的质疑。

14.2.4　竞争战略理论

20 世纪 80 年代，战略管理研究的一个重要发展趋势是，经济学思考逐渐进入战略管理研究的中心。最重要的是，波特的研究在战略管理和产业组织经济学间架起了一道桥梁。

美国当代著名管理学家、哈佛大学商学院的迈克尔·波特(Michael Porter,1947)出生在密歇根州的安阿博尔,1969 年毕业于普林斯顿大学航空航天和机械工程专业,获科学工程学士学位,1971 年获得哈佛商学院工商管理硕士学位,1973 年在哈佛商学院获得商业经济博士学位。1973 年起在哈佛商学院任教,32 岁即获哈佛大学商学院终身教授之职。他曾在 1983 年被任命为美国总统里根的产业竞争委员会主席,开创了企业竞争战略理论并引发了美国乃至世界的竞争力讨论热潮。他还是世界各地很多企业领导和政府官员的顾问。他先后获得过威尔兹经济学奖、格雷厄姆—都德奖、亚当·斯密奖、查尔斯·库利奇奖及许多其他奖项,四次获得麦肯锡奖,拥有瑞典、荷兰、法国等国大学的 8 个名誉博士学位。波特担任了很多知名公司的顾问,如瑞士信贷波士顿第一银行、杜邦、英特尔、宝洁、荷兰皇家壳牌等。波特著有 10 多本著作,其中最有影响的代表作是被称为"竞争三部曲"的《竞争战略》(1980)、《竞争优势》(1985)和《国家竞争优势》(1990)。波特由于在竞争战略理论研究方面取得的突出成就而被称为"竞争战略之父"。

波特把梅森—贝因的"结构—行为—绩效"(structure conduct performance)的产业经济学研究范式引进企业战略分析中。在极短的时间内,波特的移动壁垒、产业分析和三种基本战略等概念和方法,在商学院、咨询公司和工商企业被广泛地接受和运用。与此同时,以资源为基础的战略理论也在不断发展。芝加哥学派对传统的"产业结构反映市场力量,从而影响企业绩效"的观点提出挑战,认为产业结构反映的是资源配置的效率,而非市场力量;不同产业及不同企业的绩效是由它们的资源禀赋和对资源配置的效率的不同决定的。芝加哥理论构成了基于资源的战略理论的基础。

除了哈佛大学的产业组织理论和芝加哥大学的可竞争理论对战略管理研究产生影响外,经济学思想和方法被研究战略管理的学者们广泛采纳和运用。比如金融理论中的事件研究法(event study methods)被运用于考察企业的战略与组织变革和企业收购行为中的战略匹配问题;证券市场绩效评价的新方法被运用于分析多元化与企业绩效、市场份额与企业绩效等关系(这些问题是 20 世纪六七十年代的老问题);交易成本理论被运用于企业多元化、一体化等战略分析中;委托代理理论被运用于研究企业规模、管理者报酬、企业成长等战略问题中;博弈论被运用于产业组织分析中,研究生产者声誉、进入和退出、技术变迁和统一标准的采用等问题。

14.2.4.1　行业结构分析

波特称行业为产业,他的《竞争战略》和《竞争优势》两部著作实际是将以结构—行为—绩效(SCP,structure conduct performance)为主要内容的产业组织理论引入到企业战略管理理论领域中。SCP 分析范式是贝恩(J. S. Bain)在 1959 年出版的《产业组织》一书中提出的,贝恩重点研究了产业集中、产品差异化、进入壁垒、规模经济等对市场结构与经营绩效的影响。波特引入这一范式,重点对公司战略展开研究,他以产业结构、产业内优劣对比、进入壁垒、退出壁垒、壁垒后的行为等概念和相关理论来解释企业如何制定战略、获得持续超额利润。波特认为,企业经营成败的关键在于选择何种竞争战略,而竞争战略就是在某一产业里寻找一个有利的竞争地位,即针对决定产生竞争的各种影响力建立一个有利可图和持之恒久的地位。竞争战略的选择由两个根本问题构成:一个是所选行业要有吸引力,即产业选择问题;另一个是在该行业中获取有利地位,即产业定位问题。他指出,"产业结构强烈地影响着竞争规则的确立以及潜在的可供公司选择的战略"。竞争战略受制于该企业所属产业的结构状况,制定战略应从产业分析开始。为此,波特反复强调,产业结构分析是确立竞争战略的基石,理解产业结构永远是战略分析的起点。

在这种思路下,波特重点分析了各种不同的产业环境中的产业结构和竞争企业,构建了一个制定竞争战略的模型,剖析了决定产业因潜在利润而带来吸引力的五种竞争力量:进入威胁、替代威胁、买方侃价能力、供方侃价能力和现有竞争对手的竞争。这就是著名的"五力模型",如图 14-2 所示。"五力模型"是用来确定某一行业的竞争程度的,其理论假设是行业的获利能力不是由产品属性或产品的技术含量决定的,而是由行业的市场结构决定的。

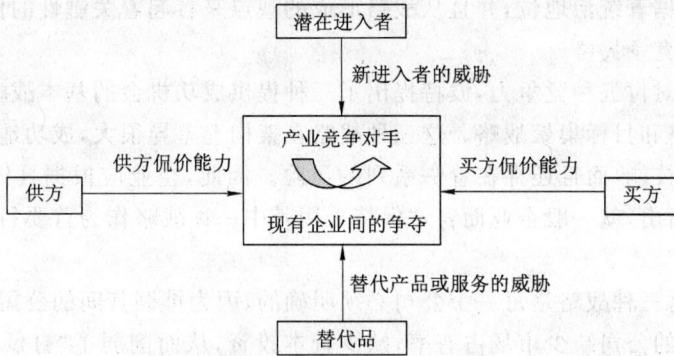

图 14-2 驱动产业竞争的力量

(1)潜在进人者。

新的进入者构成的威胁程度取决于行业进入障碍以及原有竞争者对新竞争者有效反应的能力。如果行业进入障碍小,业内企业的客户就可能利用新竞争者参与的这种威胁,从供应商那里得到更低的价格或更优惠的条件。在供应商不能有效反应的情况下,客户就鼓励其他国家或邻近行业的供应商进入市场。原竞争者对新进入者作出强烈反应的能力和意愿也影响进入市场的障碍。如果原竞争者资源充足,并显示出要使用价格武器或其他武器来对付新进入者,那么这就会影响新进入者的热情。

(2)替代产品或服务的威胁。

替代产品或服务是指能够满足顾客需求的其他产品或服务,它包括行业内的更新换代产品以及其他行业所提供的具有相同功能用途的产品。如果许多物品可以替代某种产品,那么这种产品竞争压力就很大,反之则小。若替代品的价格比较低,就会限制行业产品的价格进而限制行业利润。

行业中的竞争企业常常会因为另一个企业能够生产出优质的替代品而面临竞争的威胁,替代品威胁包括:替代品是否在价格上具有吸引力;替代品在质量、性能以及其他一些重要属性方面的顾客满意度怎样;购买者转向替代品的难易程度如何等。

(3)买方的力量。

买方的影响力大时,会迫使业内企业降低价格,提供更高质量的产品或服务并使同一行业内的企业相互竞争。此种情况的发生会降低整个行业的获利能力,因而进行产业分析时要分析购买者的力量。

(4)供方的力量。

供应商通过提高供货价格和降低产品或服务的质量等手段影响业内企业的盈利能力。一般来说,供应商的讨价还价能力取决于其数量、集中程度以及可供选择的替代输入等要素。

（5）现有的竞争者及竞争强度

行业内的竞争者是五种竞争力中最强大的竞争力量。为了获得竞争的成功,这些竞争者往往会不惜代价地开展竞争,甚至会出现产品价格低于单位成本的价格大战从而导致全行业亏损。一般来说,在同一行业内部,竞争者间的竞争激烈程度是由一些结构性因素决定的,如竞争者数目、行业增长率、产品或服务的差异化程度以及退出障碍等。

总之,波特认为,"这五种作用力共同决定产业竞争的强度以及产业利润率,最强的一种或几种作用力占据着统治地位,并且从战略形成的观点来看起着关键性的作用"。

14.2.4.2　基本竞争战略

为了成功地对付五种竞争力,波特提出了三种提供成功机会的基本战略,即总成本领先战略、差异化战略和目标集聚战略。这三种战略在架构上差异很大,成功地实施它们不仅需要不同的资源和技能,而且还存在着一系列的风险。因此,企业应根据具体情况慎重选择。不过,波特强调指出,就一般企业而言,"保持采用其中一种战略作为首要目标对赢得成功通常是十分必要的"。

波特认为,这三种战略是每一个公司必须明确的,因为徘徊其间的公司处于极其糟糕的战略地位。这样的公司缺少市场占有率,缺少资本投资,从而削弱了"打低成本牌"的决心。全产业范围的差异化的必要条件是放弃对低成本的努力。而采用专一化战略,在更加有限的范围内建立起差异化或低成本优势,更会有同样的问题。"夹在中间的公司几乎注定是低利润的",所以它"必须作出一种根本性战略决策",向三种通用战略靠拢。一旦公司处于迷惘状况,摆脱这种令人不快的状态往往要花费时间并需经过一段持续的努力;而相继采用三种战略,波特认为注定会失败,因为它们要求的条件是不一致的。

14.2.4.3　价值链理论

价值链(value chain)是波特分析竞争优势所创造的重要分析工具。三种通用战略是确定企业竞争优势的方向,价值链则是从战术角度分析企业如何成功地实现竞争定位和竞争优势战略的操作工具。波特认为,每一个企业都是用来进行设计、生产、营销、交货以及对产品起辅助作用的各种活动的集合。所有这些活动都可以用价值链表示出来,如图14-3所示。

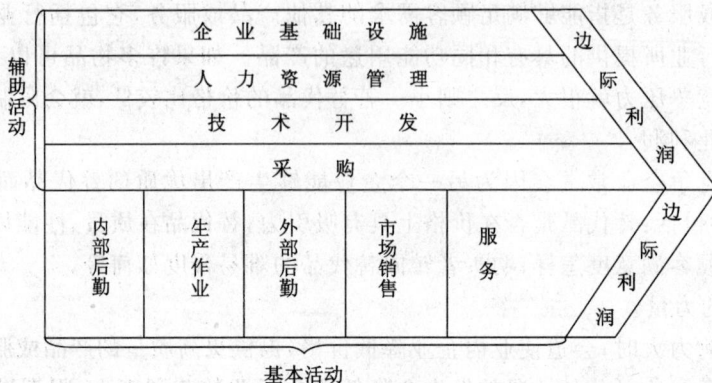

图 14-3　波特的基本价值链

波特指出,企业每项生产经营活动都是其创造价值的经济活动,所有这些互不相同但又相互关联的活动,便构成了企业创造价值的一个动态过程,即价值链。这个价值链反映了企业生产经营活动的历史、战略、推行战略的途径以及这些活动本身的经济效益。

波特认为,"每一个企业的价值链都是由以独特方式联结在一起的九种基本的活动类别构成的。"这九种活动可分为两大类:基本活动和辅助活动。基本活动是产品的物质创造及其销售、转移给买方和售后服务的各种活动,包括内部后勤、生产作业、外部后勤、市场销售和服务。辅助活动是辅助基本活动并通过提供外购投入、技术、人力资源以及各种公司范围的职能来相互支持,主要包括采购、技术开发、人力资源管理、企业基础设施等。

波特认为,企业竞争优势来源于企业的价值活动。"价值活动是竞争优势的各种相互分离活动的组成。每一种价值活动与经济效果结合是如何进行的,将决定一个企业在成本方面相对竞争能力的高低。每一种价值活动的进行也将决定它对买方需要以及差异化的贡献。与竞争对手的价值链的比较揭示了决定竞争优势的差异所在。"企业获得竞争优势的办法可以是重构企业价值链、重构上下游价值链、联盟、专一化、寻求战略协同等。不过,价值链分析面面俱到,涉及的因素与环节太多,没有轻重缓急,虽然看起来简洁但实际上很难操作。

除了波特的观点外,"现代营销学之父"菲利普·科特勒(Philip Kotler)的品牌竞争优势论也很具有代表性。科特勒认为,品牌是产品战略中的一个主要课题。一方面,开发一种有品牌的产品需要大量的长期投资,特别是用在广告、促销和包装上;另一方面,制造商最终认识到了拥有自己品牌的公司的威力。品牌作为一种无形资产,对它的决策管理对企业竞争优势的形成至关重要。而且,它对企业供的应商、消费者和竞争者都会产生相应的竞争优势。

14.2.4.4　产品生命周期分析

产品生命周期指的是产品随时间的流逝而经过的一些阶段。对于处于不同生命周期的产品,应该制定适应所处阶段的不同战略。图 14-4 描绘了产品生命周期中每一阶段适用的战略。一般而言,导入期的产品类似于"问号",市场发展缓慢,需要大力投资,使之尽快被消费者所接受,所以处于此阶段的产品需要采用增长类策略。成长期的产品处于销售快速成长阶段,其他竞争者会争相效仿开拓者的做法,纷纷投入到竞争中。此阶段的产品类似于"明星",谁最快投入谁将获得效益,因此该阶段的产品需要持续性的增长类策略。在成熟期,产品的销售增长会持续地变缓下来,甚至停滞不前,或是下滑。此阶段的产品类似于"现

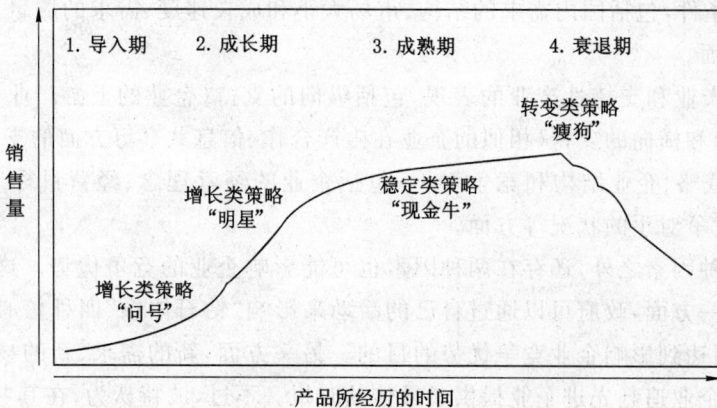

图 14-4　产品生命周期各阶段及相应策略

金牛"，维持最低水平的投入，保持稳定即可。在衰退期，产品的销售量向下滑落，企业需要采取措施转变经营下滑的局面。在业务组合矩阵中，处于衰退期的产品就是矩阵中的"瘦狗"，应该逐渐地淘汰。

14.2.4.5 国家竞争优势理论

波特认为，企业可以将自己的竞争优势建立在两个不同的层次上。低层次的竞争优势是一种"低成本竞争优势"，而高层次的竞争优势则是一种"产品差异型竞争优势"。为了创造高层次的竞争优势，企业惟一的选择是进行持续的投资和创新。因此，一个有利于企业的持续投资和创新的环境对企业创造高层次竞争优势来说是至关重要的条件。在国家竞争优势理论中，波特提出的"钻石体系"模型（见图 14-5）正是对这种投资和创新环境的描述。

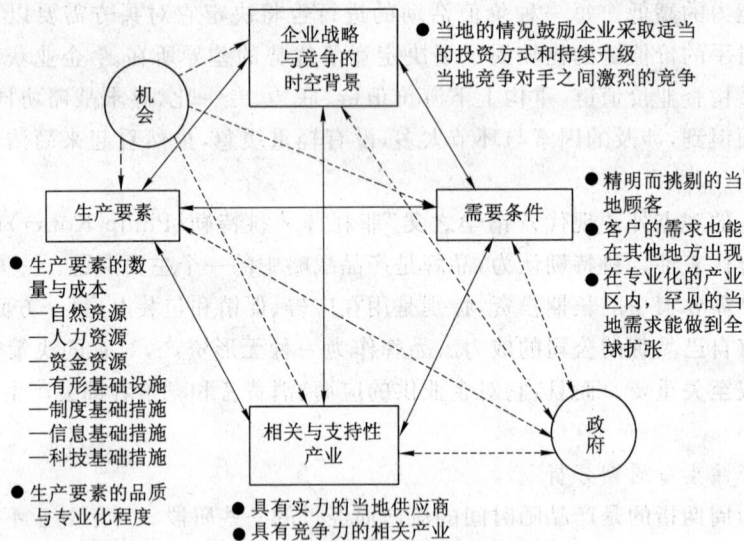

图 14-5 波特的"钻石体系"模型

具体来说，"钻石体系"包括四种主要因素：

（1）生产要素，包括初级的生产要素（一般的人力资源和天然资源）和被创造出来的生产要素（包括知识资源、资本资源和基础设施）。

（2）需求条件，包括国内需求的结构、市场大小和成长速度、需求的质量、需求国际化的程度等各个方面。

（3）相关产业和支持性产业的表现，包括纵向的支持（企业的上游产业在设备、零部件等方面的支持）和横向的支持（相似的企业在生产合作、信息共享等方面的支持）。

（4）企业战略、企业结构和竞争对手，包括企业的经营理念、经营目标、员工的工作动机、同行业中竞争对手的状况等方面。

在上述四种因素之外，还存在两种因素也可能影响企业的竞争优势。这两种因素就是政府和机会。一方面，政府可以通过自己的活动来影响"钻石体系"四种核心因素中的任何一个方面，从而达到影响企业竞争优势的目的。另一方面，新的需求、新的技术出现等机会因素则为落后企业追赶先进企业提供了最佳的时机。不过，波特认为，在其"钻石体系"模型中，四种核心因素的作用是不可替代的。如果没有四种核心因素的存在和相互配合，单纯政府的影响和机会的出现通常并不会使企业取得竞争优势。这是因为,机会是"可遇不可求"的;另一方面,"政府的影响虽然可观",但"政府本身并不能帮助企业创造竞争优势"。通过其"钻石体系"模型,波特解释了一个国家的企业(或行业)如何取得持久的国际竞争能力。在此之后,波特将这一企业竞争力理论发展成为一种经济发展理论。按照波特的逻辑,国家经济发展的目标是使其国民取得较高的收入水平,而收入水平的高低则决定于该国企业(或行业)的生产率水平。既然只有发展高层次的竞争优势才能够使企业获得高层次的生产率水平,那么,国民收入水平的高低也就同样取决于该国的企业能否获得高层次的竞争优势了。这样,波特就将其企业竞争优势理论与国家的经济发展水平联系在一起,并最终将企业竞争优势理论发展成为国家竞争优势理论。因此,"在资源和竞争条件的允许下,企业必须尽快走向全球战略。国内成本过高、生产成本过高、货币升值等现象,并不足以成为企业走出国门的借口。正确的全球战略,必须能克服这些不利因素"。

　　综上所述,这些理论研究开拓了企业经营战略领域的新视角,推动了全球企业发展和管理理论的进步。这些理论从产业角度来考察战略,强调了企业选择行业的重要性,特别是企业外部竞争环境对战略制定的决定作用。波特的竞争战略理论的一大贡献是将企业战略理论动态化,突出了在战略制定过程中要考虑竞争对手的反应。而且,他以长期研究的国际间生产率与竞争率比较的结果为比较优势理论所无法解释的现象提供了新的思考方位。但是,波特过多强调了外部环境,忽视了企业自身的特质与能力。现代社会日新月异的变化,使得其理论在某些方面已经不太适合当今管理实践的需求。如他的战略观念将现有的产业结构视为既定,较少考虑产业变革以及企业如何建立长期竞争优势,因而竞争战略理论也存在着明显的局限性,这为后来资源基础论的兴起埋下了伏笔,也是资源基础论的立足点。

14.2.5　资源基础论与核心能力理论

　　20 世纪 80 年代中后期,许多研究范围经济与交易成本的学者开始关注企业的内部资源在决定企业活动的边界方面的作用,这对资源基础论的形成起了重要作用。资源基础论从企业的内部来寻找企业成长的动因,用资源与能力来解释企业差异的原因,弥补了波特理论的缺陷。资源基础论有两个分支学派:一是强调资源的作用;另一是强调能力的作用。但一般的资源基础论把能力也当成是企业的资源,因而它包括了核心能力理论,其代表人物有沃纳菲尔特、巴尼、皮特瑞夫、柯利斯、普拉哈拉德和哈默尔等。

14.2.5.1　资源基础论

　　资源基础理论范式构造了"资源—战略—绩效"的基本框架。这个框架表达了资源基础理论的核心思想:企业竞争力的差异是由战略的差异,或者更进一步说是由企业的资源差异来解释的,这是一个从资源到战略再到竞争力的因果关系。也就是说,企业的成功与竞争优势的来源是一个企业独特的资源与在特定的竞争环境中这些资源的配置方式。企业的卓越业绩最终取决于对有竞争力的稀缺资源的有效配置。因此,资源基础论主要回答这样三个问题:① 为什么企业之间存在差异? ② 为什么一个企业能比另一个企业盈利更大? ③ 是什么使企业的竞争优势得以持续存在? 这三个问题吸引了许多学者进行探讨。

　　资源基础论的思想最早来源于科斯(Coase)。早在 1937 年,科斯就指出,"通过形成一个组织并运用某些权力指导资源的运用,就可以节省某些市场成本"。这是对企业资源最早的认识。1959 年,彭罗斯(E. Penrose)在其《企业成长理论》一书中认为,企业是资源的集合体,内部资源是企业成长的依托。但直到 1984 年,沃纳菲尔特(B. Wernerfelt)在《战略管理》杂志上发表的《企业资源基础论》一文中，才明确提出了企业内部资源对企业获取并维持竞争优势的重要意义。他认为企业内部环境同外部环境相比，具有决定性的作用。企业内部的组织能力、资源和知识的积累是企业获得超额利润和保持竞争优势的关键。沃纳菲尔特的观点对 20 世纪 90 年代后的战略理论研究产生了非常重要的影响。

巴尼(J. B. Barney)的思路主要是如何从一般的资源概念入手，最终分解出导致竞争力差异的战略性资源。资源是资源基础论中最基础的概念，他认为资源是指企业控制的所有资产、能力、组织过程、企业特质、信息、知识等，是企业为了提升自身的效率和效益而用来创造并实施战略的基础。这些企业资源被巴尼分成三类：物质资本资源、人力资本资源和组织资本资源。在巴尼看来，上述这三类资源与竞争力的关系既可能是促进，也可能是阻碍，亦或是无关的。由此而言，资源基础论关注的必然是起促进作用的战略资源，即巴尼所说的"战略相关资源"。战略资源的性质可归纳为四点：① 必须是有价值的资源；② 必须是稀缺的资源；③ 必须是不完全模仿的资源；④ 必须是不完全替代的资源。这四个性质十分重要，由此，战略资源只能是异质性的、不完全流动性的资源。这就为资源基础论提供了企业差异产生的根源。

皮特瑞夫(M. A. Peteraf)是从企业的资源差异入手，研究如何分离出不同的竞争战略。他区分了四种类型的竞争战略：第一，以资源异质性为核心的竞争战略。第二，事后限制竞争的战略。事后限制竞争的战略具备两个关键要素，即不完全模仿能力和不完全替代能力，它可以有效地限制竞争，避免企业租金被耗散。第三，不完全流动性的竞争战略，是指那些可以市场交易，但在现实企业中的用途较其他企业更有价值的资源。第四，事前限制竞争的战略，其核心是企业如何以较低的成本从市场上获得优势资源。总体上看，皮特瑞夫侧重于对竞争战略及其结果的解剖，且在分析中应用了经济学中的租金思想。这实质上反映了皮特瑞夫的研究是在市场的层面上展开的。

大卫·柯利斯(D. J. Collis)与辛西娅·蒙哥马利(Cynthia A. Mongomery)在《公司战略：企业的资源与范围》一书中总结了资源基础论，提出其过程包括三步：选择有价值的资源；对这些有价值的资源进行投资；提升资源的质量与运用资源。他们认为，企业是以自己的资源与别的企业竞争，因此它所具备的能力是要与竞争者相比较有优势，同时又是顾客所需要的。企业的核心竞争力是顾客需要的，同时又是能比竞争对手做得更好的能力。对于如何保持资源的竞争优势，他们认为要不断投资维持资源的竞争力，还要不断对资源进行升级，如增加新资源、开发新资源或转移到较少竞争的行业，同时通过多元化来实现资源效用的最大化。

总体来看，资源基础论的假设是：企业具有不同的有形和无形的资源，这些资源可转变成独特的能力；资源在企业间是不可流动的且难以复制；这些独特的资源与能力是企业持久竞争优势的源泉。当一个企业拥有有价值、独特、不易复制、难以替代的资源时，它就能比其他企业更具有竞争优势。

14.2.5.2　企业核心能力理论

企业核心能力的思想起源可追溯到 1957 年塞尔兹尼克(D. Selznick)提出的独特能力(distinctive competence)的概念，他在对管理过程中领导行为的社会分析中，把那种能够使一个组织比其他组织做得更好的特殊物质叫做组织的能力或独特能力。从本质上说，核心能力理论脱胎于资源基础论，其战略思想的精髓没有超过资源基础论的范围，细小的差别表现在传统的资源基础论把能力也作为资源的一种，并没有突出能力的作用，而核心能力理论强调企业是能力的集合体，能力决定企业的发展方向。

对企业核心能力研究最有影响和标志性的著作是普拉哈拉德与哈默尔 1990 年在《哈佛商业评论》上发表的《公司核心能力》一文。普拉哈拉德(C. K. Prahalad)1941 年出生在印度的哥印拜陀，曾就职于美国化学制品集团联合碳化物公司，1975 年获得哈佛大学博士学位。1978 年以来，他一直在密歇根大学教授战略和国际商务，并致力于企业战略以及大型多元化跨国公司高层管理的作用和价值的研究。作为战略管理方面的专家，他的主要著作除了《公司核心能力》外，还有《跨国公司的使命：平衡本地的需求与全球观点》(与 Y. L. 多兹合著，1987)、《竞争大未来》(与哈默尔合著，1994)、《成长的战略》(1997)等。加里·哈默尔(Gary Hamel)是策源咨询公司(Strategos)的创办人和董事长，也是伦敦商学院战略与国际管理的客座教授。1978 年，哈默尔辞去了一家医院的行政管理工作到密歇根大学攻读博士学位，师从令他终身受益的普拉哈拉德。在普拉哈拉德的激励下，哈默尔在管理思想方面取得了许多重大突破。作为诸多里程碑般的经营理念的开创者，哈默尔彻底改变了世界许多最成功公司的战略重点和内容。《经营战略》杂志把哈默尔列入 20 世纪 25 位顶尖的经营智囊之一。《经济学家》杂志称他为"世界一流的战略大师"。哈默尔与普拉哈拉德合作，在《哈佛商业评论》上发表了 7 篇文章，介绍了诸如战略意图、核心能力、公司想像力、探险式营销以及战略扩展等具有突破性的观念。哈默尔的代表著作有：《公司核心能力》(与普拉哈拉德合著，1990)、《竞争大未来》(与普拉哈拉德合著，1994)、《领导企业变革》(2000)等。

普拉哈拉德和哈默尔的主要战略思想在于积极建立并发挥企业的核心能力。他们认为，企业在战略上的成功来源于它们在发展过程中的核心能力。所谓核心能力，就是"组织中的累积性学识，特别是关于怎样协调不同生产技能和整合各种技术的学识"。它具有三个明显特征：① 能够给客户带来独特的价值，即核心能力具备最终消费者可感知的价值。② 能够支撑多种核心产品，即核心能力提供了企业进入种类繁多市场的潜在途径，从而显示出系统的竞争能力，使一家公司能够参与相当分散的业务。③ 竞争者难以复制或模仿，即核心能力是企业遵照某种特定的"路径依赖"逐步积累起来的，其竞争者难以模仿或难以在短期内赶上。

他们将多元化的公司看成是一棵大树，树干是核心产品，树枝是业务单元，叶、花、果是最终产品。而提供营养、保持稳定的根系是企业的核心能力。其中，核心产品是核心能力与最终产品之间的纽带，也是一种或几种核心能力的实物体现。核心产品是决定最终产品价值的部件或组件。树的生命源在树根，企业只有在核心能力领域中保持领先地位，才能有牢固的基础，维持其最终产品在市场竞争中的优势。由于核心能力是企业技术和技能的综合体现，体现了企业的整体竞争力，可实现高于竞争对手的价值，具有进入多种市场的潜力，其他企业难以复制模仿，因而具有持久性，是企业长期竞争优势的源泉。

核心能力理论倡导的企业战略中，核心能力的识别、培育、扩散与应用是企业核心能力管理的关键环节。对于核心能力的识别，普拉哈拉德与哈默尔认为它必须提供占领广阔多数市场的能力；它能够使购买最终产品的顾客明显受益；它必须是竞争对手无法模仿的；作为资源要具有稀缺性特征，作为资产要具有专用性特征，作为知识要具有方法性特征。在核心能力的培养上，可以通过长期的学习、积累形成，也可以通过兼并其他企业来获取；从长期来看，内部积累可能是获得难以模仿或难以替代的资产的最主要来源。在核心能力的应用上,他们认为,多元化经营要以培育核心能力为前提。核心能力的一个显著特征是具有延展性,而这种延展性恰好是多元化经营的根基。在根基不扎实的情况下,盲目进行多元化,必然导致战略上的失败,而基于核心能力的多元化可降低风险、提高效益、强化企业现有核心能力并获取新的竞争力。

1994年,哈默尔和普拉哈拉德共同合著的《竞争大未来》一书,用与以往迥然不同的思维方式提出了如何塑造企业的未来竞争战略,更全面地概括了正在出现的竞争现实,即企业竞争的目标已不只是组织转型,而且还必须产业转型,成功的竞争未来需要具有在自己行业或市场空间引起革命的核心专长。他们认为,专长是一组技能和技术的集合体,"核心专长是对各种技术学习心得的总和及各个组织知识的总和"。核心专长是克敌制胜的撒手锏,因此企业要培养自己的核心专长,牢固建立核心专长观念。他们提出需要全体管理人员充分理解并积极参与五项关键的专长管理工作:① 辨别现有的核心专长;② 制定获取核心专长的计划;③ 培养核心专长;④ 部署核心专长;⑤ 保护并保持核心专长的领先地位。

总之,企业核心能力是企业长期积累和学习的结果,和企业初始要素投入、追加要素投入、企业的经历等密切相关,具有突出的路径依赖性(path dependence),它存在于员工的身体、战略规划、组织规则、文化氛围之中。因此,积累、保持、运用核心能力是企业的长期根本战略。任何企业单是依靠某一项或某几项职能战略,最多只能获得短暂的一时优势,惟有追求核心能力才是使企业永久立于不败之地的根本战略。

当然,资源基础论与核心能力理论也存在着缺陷,即极少关注企业外部环境,完全从企业内部的视角出发,对能力本身的界定过于笼统,尤其缺乏具有可操作性的管理方法与工具。而且,资源基础论在很大程度上受演化经济学的影响,具有浓厚的"向后看"色彩,对远景驱动的作用重视不够。

总体来看,战略管理理论自产生以来,已经形成了相对比较完整的理论体系,为企业的生存与发展发挥了巨大的指导作用。然而,由于人们对战略的本质没有达成共识,因而战略形成的整体就像一头大象,存在着各种各样的战略管理学派。对此,明茨伯格等在其《战略历程:纵览战略管理学派》一书中将战略管理分为十大学派:设计学派把战略形成看做一个概念作用的过程;计划学派把战略形成作为一个正式规范的过程;定位学派把战略形成看做是一个分析的过程;企业家学派把战略形成看做一个预测的过程;认识学派把战略形成看成是一个心理的过程;学习学派把战略形成看成是一个应急的过程;权力学派把战略形成看成是一个协商的过程;文化学派认为战略形成是一个集体思维的过程;环境学派认为战略形成是一个反应的过程;结构学派认为战略形成是一个变革的过程。各学派的理论主张各有侧重,也各有其自身的优缺点。虽然观点不同,但并不是以一种观点代替另一种观点,只是适用的环境和对象有所不同而已。而且,随着实践的发展,它们都需要进一步的提高和改善。

14.3 战略管理理论的评价与发展

14.3.1 战略管理面对的挑战

战略管理理论不断丰富和发展,但在实际管理中,人们还是问:战略制定到底有没有用？战略管理面临着哪些挑战？20世纪初的100家美国大公司中,今天只有16家尚为人知,这一事实证明了商业竞争的激烈和战略管理的挑战。IBM 前任主席小托马斯·沃森曾经提醒人们注意"公司是会消亡的,成功充其量不过是一时的成就,随时会从你手中滑落"。既然战略管理是从长远谋划公司的发展,那么如何使公司可持续发展是战略管理面对的永恒课题。据《财富》杂志的一次调查,虽然几乎所有的大公司都投入大量的人力、财力制定战略,但制定出的战略中只有 25% 得到了实施,似乎印证了战略无用论。但不少学者和咨询顾问认为,这表明传统的战略制定方法过时了,管理者需要寻找新的卓有实效的战略方法。

　　毫无疑问,这是对战略管理理论提出的重大挑战。从科学实践的观点看,战略制定需要科学的战略管理理论的指导(虽然战略理论和战略实践是互动的),而战略管理理论的科学性又是战略管理作为一门学科存在的最终的理由。明显的道理是:以一个片面的战略管理理论(如资源论或价值链理论)来指导战略制定,是注定要失败的;完善战略管理理论是制定有效战略的一个基本条件。从现有战略管理理论看,都是涉及对企业内外部因素及企业社会关系的分析。综合现有的战略管理理论,图 14-6 归纳出一个战略管理学说体系的基本框架。

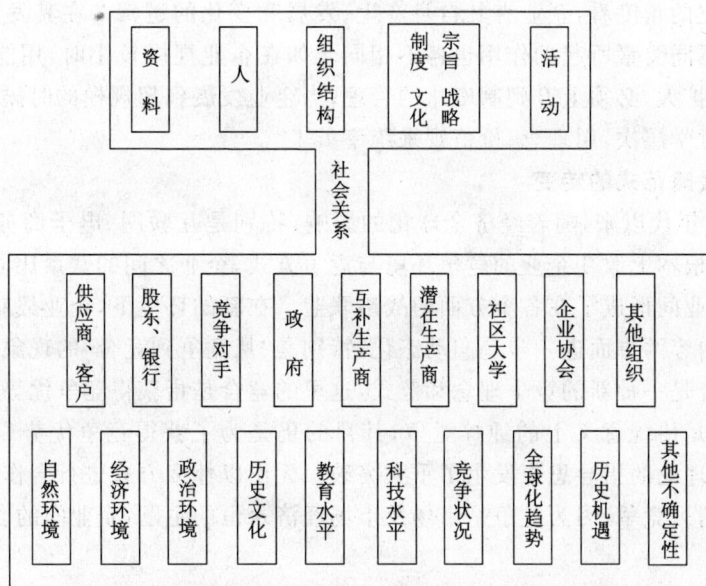

图 14-6　战略管理学说体系的基本框架

　　图 14-6 可以说是对企业存在的真实状况的反映,从企业内部情况看,要认识企业内部的基本结构,其基本结构不外乎包括五个维度:财物、资金、知识、信息等资源的维度;人的维度;组织结构的维度;制度、文化、宗旨、战略等精神的维度;管理、研发、生产、营销、服务、运输等活动的维度。可以看出,分别从这五个维度出发形成战略的理论都已基本具备,它们分别是资源论、企业家战略理论、钱德勒的结构追随战略的观点、新制度学派的部分观点(包括在个人的层次上,管理者的准则、习惯以及对传统的审慎的认同,影响着管理者的决策;在企业的层次上,公司文化、共享的价值观系统和政治程序)、波特的价值链理论。

　　企业社会关系确实不同于一般企业环境分析。二者的差别在于企业可以或能够在一定的程度上协调、整合甚至管理、控制其社会关系；对于环境来说，企业则无法或难以进行协调、整合，更谈不上管理了。

在理论研究中，仅做静态分析显然是不够的，因为任何事物都随着时间的推移而不断地变化发展。在图 14-6 中，尽管没法将时间的因素画进去，但是显然无论是企业本身，还是企业社会关系、企业外部环境，都是随时间的推移而变化发展的，若能发现这种变化发展的规律，对理解战略和战略的制定都是有指导意义的。如波特从中观历史的方面将一国经济发展分为要素推动阶段、投资推动阶段、创新推动阶段和富裕阶段，在不同的阶段企业内部、企业社会关系以及企业外部环境中的诸要素的作用各不相同。

关于历史的分析，除了波特的这种从主要经济推动因素考虑外，还可以从别的角度，如卖方市场阶段和买方市场阶段考虑。这两个不同阶段，企业内外部不同要素的地位作用会大不相同。一个明显的不同是，在卖方市场阶段，企业只要进入平均利润高的行业，搞好基本管理，而不必考虑顾客，就能赚钱；在买方市场阶段，顾客需求导向便成了企业制胜的必要条件。欧美从 20 世纪 1960 年代由卖方市场进入买方市场，才开始有了战略管理，可能不是偶然的。

从微观历史的角度看，企业有其自身产生、发展和变化的逻辑。在其发展的不同阶段，企业内外部的不同要素所起的作用也各不相同。如在企业规模较小时，用能人管理就可以了；随着规模的扩大，必须上升到制度化的管理；当企业发展到超规模的时候，则必须使管理上升到文化与哲学层次，用理念、价值观来统率员工。

14.3.2　企业战略范式的转变

20 世纪 90 年代以来，随着经济全球化的影响，特别是互联网、电子商务等信息技术的迅速发展，正从根本上改变企业的竞争环境与竞争方式，企业之间的联系比以往任何时候都要紧密，因而企业间形成了在各个方面的战略联盟。在新的环境下，企业战略管理理论的研究也在环境和内容两方面进一步趋向动态化，特别是"从竞争到竞合"的现象，引起了学者的广泛关注。竞合是一种新的竞争理念和范式，这里的竞合是指获得竞争优势的合作方式、秩序及过程，而不是传统意义上的纯粹竞争，其目的仍是为了获得竞争优势。竞合理念的出现，标志着战略理论的指导思想发生了重大突破。无论以什么方式进行合作，竞合的过程并没有也不可能消灭竞争，因为竞争是市场及市场经济永恒的主题，企业间的合作方式是以竞争为条件的。

新经济时代从根本上改变了企业战略的假设前提。工业经济背景下，企业战略的假设前提是：现在的趋势将延伸到未来；环境较稳定，未来可以预测；企业资源可以流动。在这种假设前提下，经验的连续积累可以成为企业竞争优势的源泉，局部的创新成为企业竞争力的持续动力，这种战略形态称为线性战略形态。在新经济条件下，企业战略的假设前提完全改变了——现在的趋势不一定延伸到未来，未来充满不确定性；环境波动惊人，不仅不连续，且不可预测；难以流动的异质性资源是企业持续竞争优势的源泉。在这种假设前提下形成的企业战略称为非线性战略形态。非线性战略的核心是从全局出发，针对未来，根据组织能力，通过合作，利用资源共享，实现参与各方皆获利的"全赢"战略格局。它的目标不是简单地"做大"或"做小"（精益），而是怎样使企业不断适应各种变化的经营环境，使企业竞争优势持续发展。两种不同经济时代形成两种不同的战略范式，不仅其内涵根本不同，而且随之发生企业行为等系列相应变化（见表 14-3）。

表 14-3　　　　　　　　　　　　　　企业战略范式的转变

所处经济形态 企业的战略范式	工业经济时代	新经济时代
战略形态	线性战略	非线性战略
战略选择偏好	一体化战略(并购、自主研发、全资公司等)	基于合作和竞争的网络战略(外包、特许、研发财团等)
基本组成单位	原子	比特
战略出发点	经验层次	想像力层次
创新范围	局部(产品、流程等)	整体(经营模式)
发展方式	连续性	跳跃性
竞争动力学	基于市场的竞争(competition)	基于企业间关系的竞争(co competition)
竞争优势及其源泉	规模效应:终端产品/市场矩阵	网络化:核心竞争能力
实现竞争优势机制	基于价值链运用的相对静态	基本组织学习的互动性
博弈行为	零和博弈	非零和合作博弈
市场状态隐喻	每个蜘蛛各自坐在自己的网上	所有蜘蛛都坐在同一张网上
竞争主体	各个企业之间	各个企业联盟及其联盟群体之间
治理原则	市场治理和层级治理	网络治理
战略目标	"做大"或"做小"(精益)	持续强盛
战略收益	报酬递减	报酬递增

　　哈默尔和普拉哈拉德认为,新战略范式应该是创造未来,重构新的竞争空间。企业不仅要在现有产业范围内竞争,而且还要在塑造未来产业结构方面进行竞争。新战略范式的特征见表 14-4。

表 14-4　　　　　　　　　　　　　新战略范式的特征

既　能	又　能
在竞争性挑战方面	
改造程序	重建发展战略
改革组织机构	产业转型
竞争市场份额	竞争商机份额
在发现未来方面	
以学习为战略	以忘记为战略
以定位为战略	以预见为战略
战略计划	战略构架
动员起来面向未来方面	
以配合为战略	以拓展为战略
以资源分配为战略	以资源积累与资源利用为战略

既　能	又　能
领先到达未来方面	
在现有产业结构内竞争	为塑造未来产业结构而竞争
为产品领先地位而竞争	为核心能力领先地位而竞争
作为单个实体参与竞争	作为联合体参与竞争
最大限度地增加新产品的命中率	最大限度地增加新市场知识的学习率
最大限度地缩短进入市场时间	最大限度地缩短获得全球领先地位的时间

14.3.3　战略管理研究展望

基于以上的分析，可以对战略管理研究趋势作以下总结。

第一，战略管理学说将从对一个个要素研究而形成复杂的学说丛林局面逐步走向融合，即将复杂要素结合在一起，形成一个统一的、严密的学说体系，表现为企业内部—企业社会关系—企业外部环境的战略范式。当然，在融合的过程中，不排除对单个维度或要素的重新认识或深化。

第二，在战略管理理论中，历史分析将进一步加强。战略管理理论作为一个学科或一门科学，必须有历史分析，包括经济发展不同阶段、产业发展的不同阶段和企业发展的不同阶段中企业内外部的各要素地位和作用分析。这种分析将更有利于发展中国家的企业立足于本国、本企业的现实制定战略，而不会依照国外战略理论盲目模仿国外企业发展战略。

第三，战略管理研究方法将进一步规范和完善。伴随着战略管理理论走向完善，必然要求战略管理研究方法的规范化。战略管理作为一门经验性科学，其理论的形成主要是通过观察、调查研究得到经验资料，然后对经验资料进行比较、归纳、提炼形成通则。

通过对目前战略管理理论的考察，其研究的方法主要是定性方法，包括案例方法、比较方法。其中案例方法是管理研究中普遍使用的方法，但大多数研究运用少数案例甚至个别案例形成通则，很少研究运用众多的案例包括企业案例、产业案例和国家案例（如波特的"钻石体系"模型）来形成理论。在案例方法中，只有将经济发展阶段同企业史和产业史结合起来才能发现企业成长的逻辑，才能发现企业的战略逻辑。比较方法作为科学的方法，在运用中要求系统比较、历史比较，而且这种比较是形成科学理论不可或缺的。在战略管理中，只有波特、钱德勒运用得较多，也运用得好。

战略管理中的定量研究方法主要是统计分析，主要表现为：一是通过对现存有关某一现象的大量统计数据的分析，得出某一结论。如鲁梅尔特通过对 1949～1969 年间美国大企业多元化发展及事业部制有关资料的统计分析，提出围绕中心技能或能力的多元化经营的企业业绩最好，而无关多元化经营的企业经营业绩最差的论断。另一种是通过作问卷调查得到数据资料，经过统计分析，得出某两个变量间的关系。如 Seung Ho Park 等对中国企业的关系网络作了实证研究，提出关系就是社会资本，指出为了克服竞争和资源的不足，中国企业通过与竞争对手和政府合作及交换好处，进而将发展关系作为战略机制。通过实证研究，他们探讨了关系对公司绩效的影响，得出的结论是，关系给公司带来较高的绩效，但若仅限于销售量增长、公司市场扩张和竞争地位，对利润和内部运营没有促进作用。从战略管理理论的发展看，定性方法和定量方法的结合也是形成完善的战略管理理论的有效途径。

第 15 章 企业文化理论

20 世纪 80 年代以来,管理理论发展的一个显著的特点是对组织中的人有了更为深刻的认识,把人在组织和管理中的作用提高到了前所未有的重要地位。组织文化或企业文化概念在对经济增长动因的对比分析中被提出并由此带来了企业文化研究的热潮,对管理理论的丰富和发展起到了巨大的推动作用。

15.1 企业文化理论产生的背景

迄今为止,学术界对企业文化的概念还没有形成统一的看法和定义,得到较多认同的观点是:企业文化是企业内部人们在较长时间内形成的共享价值观、信念、态度和行为准则。它是一个组织特有的传统和风尚,制约着全部的管理政策和措施。由此可见,在一个真正建立起企业文化的企业中,企业文化就像社会文化一样,它会对企业的公众形象、策略和政策、生产和服务、员工的举止和行为产生重要的影响。企业文化实质上是一种企业管理哲学,是指企业长期的共同理想、作风、价值观念和行为准则,具有本企业个性的信念和行为方式。企业文化由五个要素组成,即企业环境、价值观、企业中的英雄、仪式和文化网络。其中企业的价值观也就是我们通常所说的企业精神。

关于企业文化,威廉·大内指出:"这种公司文化包括一整套象征、仪式和神话。它们把公司的价值观和信念传输给雇员们。这些仪式给那些原来就稀少而又抽象的概念添上血肉,赋予它们以生命力,从而能够对一个新雇员产生意义和影响。"企业文化建设的终极目标是,在组织内部全体人员价值观念、思想高度统一的基础上,形成一支团结、协调的队伍,参与竞争,获取成功。企业文化建设的着力点,依然是抓住了管理工作的核心——对人进行科学的管理,它体现了管理工作的整体性、目标性,是企业高层管理人员(特别是主要负责人)有意识的行为,是企业主要负责人精神、价值观念的体现。

20 世纪 70 年代,企业文化的研究首先兴起于美国。它是在美国企业经济效益下滑,开始落后于日本和西方一些企业的历史背景下产生的。70 年代,日本的产品以其高品质、低成本、低价格的竞争优势旋风式地大举进入国际市场,所向披靡。许多欧美产品的传统市场都被日本产品夺占。尤其是 70 年代夺回石油标价权的欧佩克两次进行了大幅度的石油提价导致石油危机爆发,西方世界普遍在遭到石油危机沉重打击下经济停滞不前,生产率因此下降。而惟独石油完全依赖进口的日本生产效率不但没有下降,反而有所提高。同时,在西方各国通货膨胀严重的情况下,日本仍然维持着极低的通货膨胀率。日本奇迹使得居于世界首位的美国式管理受到了挑战,素以经济实力强大、企业管理的理论与实践先进而蜚声世界的美国也尝到了竞争失败的苦果。美国人不得不开始自我反省,并开始对日本的增长奇迹进行研究,探索其经济和企业成功的秘诀,由此一度形成"日本热"。

1982 年,美国出版的《公司文化》一书首先提出了企业文化的概念。美国人的研究发现,传统的管理理论已经无法解释日本经济和企业成功的原因。日本企业的成功在于它们重视了人,强调了以人为中心,面向员工提出了共同价值准则和文化的概念。企业文化在日本企业的成功中发挥了极其强大的积极作用。于是,研究者们把企业文化上升为一种新的管理理论,并认为企业文化是一种新的管理革命。美国著名的管理学家、文化管理学派的主要代表人物劳伦斯·米勒就指出:管理正在重新寻找他的灵魂。美国最卓越的公司和最优秀的管理人员开始思考和辩论自己的企业应该建立在哪些价值理念上,他们逐渐认清价值观、行为及生产力之间的关联。他们开始思考如何塑造自己的公司文化,以便引导员工对企业的忠诚并形成积极的组织承诺,发挥创造力,促进企业的持续成长与发展。

因此,20 世纪 80 年代管理理论进入了一个新的发展阶段——企业文化理论阶段。

15.2　企业文化理论研究的三个阶段

西方国家对企业文化的研究是 20 世纪 80 年代从美国开始的。这是美国学者和企业家深感本国企业管理落后于日本而进行反思和比较的产物。因此,美国的研究具有较强的代表性。美国对企业文化的研究大致经历了三个阶段。

第一阶段是企业文化研究的起始阶段。这一阶段的主要特征是探索和寻找美国经济中的僵化因素,在美国与日本的对比中进行反思。他们发现,美国独特的历史文化背景使人们在社会生活中过多注重契约化和理性化,倾向于战略计划、组织结构、规章制度等硬件管理,从而加重了企业的僵化程度,阻碍了企业活力的发挥。而日本正好相反,在企业管理中,重视人、发挥人在生产经营中的主体作用。这一阶段的主要代表作有哈佛大学教授、管理学家伙格尔在 1979 年出版的《日本名列第一》一书。他在书中指出,日本的成功,在于日本能够在发扬本国民族传统的基础上,与其他国家的优良传统和先进经验相结合,使之融汇贯通变成自己的东西,从而在日本企业管理中形成了具有日本特色的企业文化,这是日本成功的关键。

1980 年 7 月,美国国家广播公司电视台给美国学者和企业家播出了一个发人深省的节目,题目为“日本能,为什么我们不能”,从而引起了全美各方面人士对企业文化的关注,掀起了研究企业文化的热潮。

第二阶段是企业文化研究的发展阶段。这一阶段的特征是美国对日本企业的管理经验,不再是一般的经验介绍,而是结合本国实践进行具体研究。其间的代表作是加利福尼亚大学日裔美籍管理学威廉·大内著的《Z 理论——美国企业如何迎接日本挑战》一书,该书发表于 1981 年。同年,还有一本具有代表性的著作是理查德·帕斯卡尔和安东尼·阿索斯合著的《日本企业管理艺术》。

Z 理论的原则是“爱厂如家”,其管理原则基于对人的群体意识和社会责任的充分了解,认为企业是由全体员工组成的有机整体,不仅是从事生产经营的经济实体,而且更是与每个企业员工命运相关的共同体。这种管理思想的宗旨是寻找并创造一种条件,使企业与员工、管理与被管理、工作与人生由对立走向统一。其中很重要的是要让员工与企业的文化心理(价值观念)形成自觉认同,员工以企业目标为自己的目标,以企业的成败为自己的成败。大内提醒美国企业要下决心革除原有弊端,建立起以美国文化为背景,兼有美、日两国管理模式优越性的,既有高生产效率又有职工高度满足的企业组织,即 Z 组织。

　　理查德·帕斯卡尔和安东尼·阿索斯在《日本企业管理艺术》中提出了著名的"7S"模型。他们认为,任何企业的成功,都必须紧紧抓住战略、结构、制度、人员、技术、作风、共同的价值观这 7 个变量(英文名称的第一个字母都是 S,所以称"7S"模型)。这 7 个变量分别代表着企业成功的 7 个最关键的因素,其中共同的价值观是核心。

　　第三阶段是企业文化研究的深化阶段。这一阶段的特征是美国企业文化理论已进入实施阶段,即结合美国企业中的弊端进行根本性变革研究,以增强美国经济活力,与日本抗衡。这一时期的论著也最多,如《未来的企业》、《公司文化》、《追求卓越》、《创造卓越》、《追求卓越的管理》、《追求卓越的热情》、《组织文化与领导》、《美国企业精神》、《创新与企业家精神》、《公司中的企业家精神》等不胜枚举。其中具有代表性的特雷斯·迪尔与阿伦·肯尼迪合著的《企业文化——现代企业的精神支柱》(也译为《公司文化》或《企业文化》),托马斯·彼得斯和小罗伯特·沃特曼合著的《追求卓越——美国企业成功的秘诀》(也译为《寻求优势——美国最成功企业的经验》)。

　　《企业文化》的作者对 80 家企业进行了详尽的调查之后,提出了一个最响亮的命题——"杰出而成功的公司大都有强而有力的企业文化",并曾预言说,"未来属于具有强文化的企业。强文化不仅能对环境作出反映,而且还能适应形形色色变化着的环境:当艰难的时期来临时,这些企业便会为真理深化其共享的价值信念,使自己安全渡过难关;当新的挑战出现时,它们能作出调整而从容应战","文化强的公司有着美好的前景"等。在该书中,作者还将西方企业文化分成强悍型文化、工作娱乐并重型文化、赌注型文化、按部就班型文化四种类型,并逐一进行了分析,也提出了企业文化的分析方法。他们认为,通过研究企业的实物设施、听公司对自身的介绍、体会公司如何接待陌生客人、和公司职员交谈、观察公司人员怎样运用时间、比较人们"说的"和"做的"等步骤,就能判断该企业文化的趋向。这一套方法主要是通过观察公司的无意识行为获得的,具有真实性。

　　《追求卓越》一书,以众多发人深省的有趣故事,用清新的笔触和耐人寻味的判断,展现了美国最成功企业的经验。依据该书的归纳,美国成功的公司具有八大特征,分别为:① 行动迅速,决策果断;② 接近顾客,以优秀产品和优质服务维持优势;③ 锐意革新,全力支持敢闯、敢创的改革者;④ 珍视企业最宝贵的资源——人,通过调动人的积极性来提高生产率;⑤ 以价值准则为最高准绳,把全公司的力量凝聚到企业目标;⑥ 善于扬长避短,应变能力强;⑦ 精兵简政,减少层次,组织结构精简;⑧ 宽严相济,张弛有节,注重管理艺术。这八条美式管理经验全无重大创新,但由于是以美国文化为背景的企业文化,再加上公司抱着强烈的信念彻底地实行上述原则,也就使这些原则落地生根,深受美国企业界的重视。作者最后断言,"以企业文化为动力、方向和控制手段"是取得成功的源泉。

15.3　企业文化理论的代表性人物及其著述

15.3.1　威廉·大内的"Z 理论"

　　Z 理论(Theory Z)是由美国日裔管理学家威廉·大内(William Ouchi)在 1981 年出版的《Z 理论——美国企业如何迎接日本挑战》一书中提出来的,其研究的内容为人与企业、人与工作的关系。

　　威廉·大内 1943 年出生于美国檀香山,曾先后在斯坦福大学获得企业管理硕士学位和在芝加哥大学获得企业管理博士学位。1972～1979 年先后为斯坦福大学商学院研究生院的助理教授、副教授,1979 年起为加利福尼亚大学管理学院研究生院教授。此外,他还是美国管理科学院、管理科学研究所的成员。1975～1981 年在行政管理科学编辑委员会中任职,1978～1981 年为《管理》月刊学术委员。

威廉·大内从 1973 年开始专门研究日本的企业管理。经过调查比较日、美两国企业管理的经验,提出了著名的"Z 理论"。

在 Z 理论的研究过程中,大内选择了日、美两国的一些典型企业进行研究。这些企业在本国及对方国家中设有子公司或工厂,采取不同类型的管理方式。大内的研究表明,日本的经营管理方式一般较美国的效率更高。这与 20 世纪 70 年代后期起日本经济咄咄逼人的气势是吻合的。作者因此提出,美国的企业应该结合本国的特点,向日本企业管理方式学习,形成自己的管理方式。他把这种管理方式归结为 Z 型管理方式,并对这种方式进行了理论上的概括,称为"Z 理论"。该书在出版后立即得到了广泛重视,成为 80 年代初研究管理问题的名著之一。当时,《Z 理论》一书与《成功之路》、《日本企业管理艺术》、《企业文化》一起被称为美国管理"四重奏",其中《日本企业管理艺术》的作者之一帕斯卡尔曾与大内一起研究日本的管理。

威廉·大内在其《Z 理论》一书的开头写道:"要了解我们能够向日本学习什么,需要对日本管理方式的那些复杂性和微妙性做更仔细的考察,对日本企业的基本性质进行调查,并借此形成一个与西方企业比较的指南"。

威廉·大内的 Z 理论认为,一切企业的成功都离不开信任、敏感与亲密,因此主张以坦白、开放、沟通作为基本原则来实行"民主管理"。大内把由领导者个人决策、员工处于被动服从地位的企业称为 A 型组织。他认为当时研究的大部分美国机构都是 A 型组织。A 型组织的特点为:① 短期雇佣;② 迅速的评价和升级,即绩效考核期短,员工得到的回报快;③ 专业化的职业道路,造成员工过分局限于自己的专业,但对整个企业了解并不很多;④ 明确的控制;⑤ 个人决策过程,这不利于诱发员工的聪明才智和创造精神;⑥ 个人负责,任何事情都有明确的负责人;⑦ 局部关系。

相反,大内认为日本企业具有不同的特点:① 实行长期或终身雇佣制度,使员工与企业同甘苦、共命运;② 对员工实行长期考核和逐步提升制度;③ 非专业化的职业道路,培养适应各种工作环境的多专多能型人才;④ 管理过程既要运用统计报表、数字信息等清晰鲜明的控制手段,又注重对人的经验和潜能进行细致而积极的启发诱导;⑤ 采取集体研究的决策过程;⑥ 对一件工作集体负责;⑦ 人们树立牢固的整体观念,员工之间平等相待,每个人对事物均可作出判断,并能独立工作,以自我指挥代替等级指挥。他把这种组织称为 J 型组织。

大内不仅指出了 A 型和 J 型组织的各种特点,而且还分析了美国和日本各自不同的文化传统以致其典型组织分别为 A 型和 J 型。这样,就明确了日本的管理经验不能简单地照搬到美国去。为此,他提出了"Z 型组织"的观念,认为美国公司借鉴日本经验就应向 Z 型组织转化,Z 型组织既可符合美国文化,又可学习日本管理方式的长处,比如"在 Z 型公司里,决策可能是集体作出的,但是最终要由一个人对这个决定负责"。而这与典型的日本公司(即 J 型组织)做法是不同的。他指出:"在日本没有一个单独的个人对某种特殊事情担负责任,而是一组雇员对一组任务负有共同责任。"他认为"与市场和官僚机构相比,Z 型组织与氏族更为相似",并详细剖析了 Z 型组织的特点。

大内认为 Z 组织应该具有以下特点:

(1) 实行长期雇佣制。企业不要采取解雇职工的办来渡过难关,使职工在职业有保障的前提下,更加关心企业的利益。

(2) 采取下情上达的经营管理方式。企业在作出重大决策时,征求一线职工意见,鼓励和支持下级进行调查研究,主动提出各种建议,采取集体研究和个人负责相结合的"统一思想式"的决策方式。

(3) 上下级关系融洽,互相帮助。企业管理者关心职工,职工关心企业,树立员工平等观念。

(4) 培养能适应各种工作环境的多专多能人才。

(5) 对职工实行全面考察,包括社会能力。在考察的基础上实行逐步提升制度。

(6) 管理过程中既严格使用各种现代科学技术的控制手段,又注重对人的经验、潜能进行细致有效的启发诱导。

考虑到由 A 型组织到 Z 型组织转化的困难,大内给出了明确的 13 个步骤,认为这个变革过程一般应根据以下 13 个步骤来进行:

(1) 参与变革的人员学习领会 Z 理论的基本原理,挖掘每个人正直的品质,发挥每个人良好的作用;

(2) 分析企业原有的管理指导思想和经营方针,关注企业宗旨;

(3) 企业的领导者和各级管理人员共同研讨制定新的管理战略,明确大家所期望的管理宗旨;

(4) 通过创立高效合作、协调的组织结构和激励措施来贯彻宗旨;

(5) 培养管理人员掌握弹性的人际关系技巧;

(6) 检查每个人对将要执行的 Z 型管理思想是否完全理解;

(7) 把工会包含在计划之内,取得工会的参与和支持;

(8) 确立稳定的雇佣制度;

(9) 制定一种合理的长期考核和提升的制度;

(10) 经常轮换工作,以培养人的多种才能,扩大雇员的职业发展道路;

(11) 认真做好基层一线雇员的发动工作,使变革在基层顺利进行;

(12) 找出可以让基层雇员参与的领域,实行参与管理;

(13) 建立员工个人和组织的全面整体关系。

大内认为这个过程要经常重复,而且需要相当长的时间,比如 10~15 年。

15.3.2　理查德·帕斯卡尔和安东尼·阿索斯的"7S"理论

1981 年,美国斯坦福大学商学研究院教授理查德·帕斯卡尔(Richard T. Pascale)和哈佛大学工商管理研究院教授安东尼·阿索斯(Anthony G. Athos)合著出版了《日本企业管理艺术》,该书把日本企业管理方式提高到一种艺术的高度来认识,并以此来深刻反思美国企业管理中的失误,从而被美国著名的麦肯锡管理咨询公司总经理丹尼尔誉为剖析美国企业管理错误的"里程碑"和企业管理思想研究的"指南针"。

理查德·帕斯卡尔和安东尼·阿索斯在《日本企业管理艺术》一书中通过对日、美企业进行分析和对比,总结出了企业管理的 7 个要素,提出了著名的"麦肯锡 7S 框架"。"7S 框架"指出了企业在发展过程中必须全面地考虑的各主要方面情况。这 7 个要素分别是战略（strategy）、结构（structure）、制度（system）、风格（style）、员工（staff）、技能（skill）、共同的价值观（share value）。在这个 7S 模型中，战略、结构和制度被认为是企业成功经营的"硬件"，风格、人员、技能和共同的价值观被认为是企业成功经营的"软件"。

麦肯锡的 7S 模型提醒世界各国的经理们，软件和硬件同样重要。两位学者指出，公司长期以来忽略的人性，如非理性、固执、直觉、喜欢非正式的组织等，其实都可以加以管理，这与各公司的成败息息相关，绝不能忽略。

《日本企业管理艺术》一书中以日本松下电器公司和美国国际电话电报公司为实例，对日本公司和美国公司进行了深入的剖析和对比，发现日本和美国在企业管理上的主要差别。他们认为美国企业仅重视 3 个硬性的"S"，即战略、结构、制度，而日本企业除重视 3 个硬性因素之外，更重视 4 个软性的"S"，即人员、技能、作风和共同的价值观。

（1）战略。

战略是企业根据内外环境及可取得资源的情况，为求得企业生存和长期稳定地发展，对企业发展目标、达到目标的途径和手段的总体谋划。它是企业经营思想的集中体现，是一系列战略决策的结果，同时又是制定企业规划和计划的基础。"企业战略"这一管理理论是 20 世纪 50 年代到 60 年代由发达国家的企业经营者在社会经济、技术、产品和市场竞争的推动下，在总结自己的经营管理实践经验的基础上建立起来的。1947 年美国企业制定发展战略的只有 20%，而 1976 年已经达到了 100%。日本经济新闻社在 1967 年曾进行过专门调查，在 63 家给予回答的日本大公司中，99% 有战略规划。在美国进行的一项调查中，有 90% 以上的企业家认为企业经营过程中最占时间、最为重要、最为困难的就是制定战略规划。可见，战略已经成为企业取得成功的重要因素，企业的经营已经进入了"战略制胜"的时代。

（2）结构。

战略需要健全的组织结构来保证实施。组织结构是企业组织的构成形式，即企业的目标、协同、人员、职位、相互关系、信息等组织要素的有效排列组合方式。它是将企业的目标任务分解到职位，再把职位综合到部门，由众多的部门组成垂直的权力系统和水平的分工协作系统的一个有机的整体。组织结构是为战略实施服务的，不同的战略需要不同的组织结构与之对应，组织结构必须与战略相协调。如美国通用电气公司，在 20 世纪 50 年代末期，执行的是简单的事业部制，但那时企业已经开始从事大规模经营的战略。到了 60 年代，该公司的销售额大幅度提高，而行政管理却跟不上，造成多种经营失控，影响了利润的增长。在 70 年代初，该公司重新设计了组织结构，采用了战略经营单位结构，使行政管理滞后的问题得到了解决，妥善地控制了多种经营，利润也相应地得到了提高。由此看出，企业组织结构一定要适应实施企业战略的需要，它是企业战略贯彻实施的组织保证。另外，理查德·帕斯卡尔和安东尼·阿索斯两位学者在研究中发现简单明了是美国成功企业的组织特点，这些企业中上层的管理人员尤其少，常常可以看到管理人员不足百人的公司在经营上百亿美元的事业。

（3）制度。

制度是指信息在企业内部是如何传送的，有些制度是正式的"硬拷贝"类型的，如打印输出计划执行情况报表等，有些制度是非正式的，如会议。制度带有强制性，虽然平凡但却很有力。

　　企业战略的实施需要完善的制度作为保证,而实际上各项制度又是企业精神和战略思想的具体体现。所以,在战略实施过程中,应制定与战略思想相一致的制度体系,要防止制度的不配套、不协调,更要避免背离战略的制度出现。如具有创新精神的 3M 公司,其创新制度规定,一个人只要参加新产品创新事业的开发工作,他在公司里的职位和薪酬自然会随着产品的成绩而改变,即使开始他只是一个生产一线的工程师,如果产品打入市场,就可以提升为产品工程师,如果产品的年销售额达到五百万美元,他就可以成为产品线经理。这种制度极大地激发了员工创新的积极性,促进了企业的发展。

　　(4) 风格。

　　风格即作风,是指主要经理人员在达成企业目标的过程中所表现出来的行为风格,也包括企业的传统作风。理查德·帕斯卡尔和安东尼·阿索斯两位学者发现,杰出企业都呈现出既中央集权又地方分权的宽严并济的管理风格。这些企业让生产部门和产品开发部门极端自主,另一方面又固执地遵守着几项流传久远的价值观。

　　(5) 共同的价值观。

　　由于战略是企业发展的指导思想,只有企业的所有员工都领会了这种思想并用其指导实际行动,战略才能得到成功的实施。因此,战略研究不能只停留在企业高层管理者和战略研究人员这一个层次上,而应该让执行战略的所有人员都能够了解企业的整个战略意图。这就需要共同的价值观来支撑。

　　共同的价值观实际上就是为企业的职能人员提供了一个指南针,从而可以指出他们应走的方向。它可以使一个公司最高管理人员影响员工的行为并帮助员工独立地作出正确的决策。

　　理查德·帕斯卡尔和安东尼·阿索斯认为,有效的共同价值观应当有正确的含义,有持久性并能够实现。有效的共同价值观一般视公司为一个整体,强调公司的外部市场产生于公司的内部经营,关心公司的员工;考虑公司与社会和国家的关系,尊重公司与文化的关系。然而西方文化将人的精神生活和组织生活分开了。西方企业的问题在于,公司拒绝触及更高一级的价值观,而这正是使个人的工作生活和内心生活相互结合的最好方法;公司拒绝在社会中扮演有意义的角色,而只是过分重视利润、市场份额和技术革新等实践价值。

　　对企业而言,企业成员的共同价值观念具有导向、约束、凝聚、激励及辐射作用,可以激发全体员工的热情,统一企业成员的意志和欲望,齐心协力地为实现企业的战略目标而努力。这就需要企业在制定战略时明确共同价值观,在准备战略实施时要通过各种手段对共同价值观和基于共同价值观的战略规划与计划进行宣传,使企业的所有成员都能够理解它、掌握它,并用它来指导自己的行动。日本在经济管理方面的一个重要经验就是注重沟通领导层和执行层的思想,使得领导层制定的战略能够顺利、迅速地付诸实施。

　　(6) 人员。

　　战略实施还需要充分的人力准备,有时战略实施的成败系于有无适合的人员去实施。实践证明,人力准备是战略实施的关键。员工不论职位高低,都是产生效能的源泉。所以,企业在做好组织设计的同时,应注意配备符合战略思想需要的员工队伍,将他们培训好,分配给他们适当的工作,并加强宣传教育,使企业各层次人员都树立起与企业的战略相适应的思想观念和工作作风。人力配备和培训是一项庞大、复杂和艰巨的组织工作。

　　理查德·帕斯卡尔和安东尼·阿索斯认为,人员不只是指直线人员和参谋人员,而是指企业内部整个人员的组成状况。他们在《日本企业管理艺术》一书中以日本松下电器公司和美国国际电话电报公司为实例进行了研究。研究发现,松下对新招募人员进行特别培训和辅导,所有的松下专业人员,不论是工程师、会计师或推销员,均须从公司的基层工作做起,在刚进公司的头几年都得学会按"松下作风"办事。通过培训,松下向年轻人进行强有力的灌输,内容包括公司组织机构、财务制度及董事长的管理哲学等。松下并不注重从著名大学吸收管理人员,而是认为它所招募的人员更易被公司同化,会更有出息,即"从普通人得到非凡的成效"。同时,松下非常注意在职工队伍中发现人才和有潜力的人,并将适当的人安排在适当的职位上。在美国国际电报电话公司,尽管其管理者哈罗德·吉宁在待人接物方面并不十分高明,但他也很重视人,坚持用能干的人,并愿意给为他工作付出辛劳的人优厚的报酬。面对大型企业最难处理的管理人员接替问题,松下有一个很好的安排,经理人员均经过长期、彻底的同化过程,以企业的价值观作为培训职工的指南针。而国际电话电报公司则不同,吉宁退休后,一个个继承人先后离开公司,公司营业状况一蹶不振。

(7) 技能。

在执行公司战略时,需要员工掌握一定的技能,这有赖于严格、系统的培训。理查德·帕斯卡尔和安东尼·阿索斯认为,技能是指企业内部整体及其关键性人物的特长,亦即他们的竞争对手所没有的卓越能力。技能既适用于组织,也适用于个人。松下幸之助认为,每个人都要经过严格的训练,才能成为优秀的人才,譬如在运动场上驰骋的健将们的惊人体质和技术不是凭空而来的,而是长期在生理和精神上严格训练的结果。如果不接受训练,一个人即使有非常好的天赋资质,也可能无从发挥。考察松下公司的发展历史,可看出它的创办人松下幸之助的技能。他拥有惊人的随机应变能力,他追求事实、善于使用数字、愿意培养后继者,以及他所具有的松下精神,这些因素使得松下公司在市场上成为能力无比的竞争者。松下公司的技能是作为企业各个组成部分有机联合在一起的一个副产品而出现的。其组织结构由它的制度作为补充,而它的制度则又受到松下作风、精神价值观和人事政策的巨大支持。松下公司在将价值观和效率交织在一起的情况下,创造了一个具有惊人的韧性和活力的企业。美国国际电话电报公司的哈罗德·吉宁在完成企业的财务目标上取得了显著的成就,他使国际电话电报公司成为一家能够达到预定目标的公司。但是,他却使其他人付出了相当大的代价。在他退休后,公司的成果不能长久维持。吉宁的个人技能非常出众,他有惊人的准确记忆能力、处理大量资料的能力、不放过细节而又兼顾全局的能力、质询能力、不凭借言辞"看穿"人的能力,以及应付问题和人事的能力等。没有这些技能,公司的机制就不可能形成,也就不可能如意运转。问题在于吉宁没有将其个人杰出的技能很好地转化为可长久维持的公司技能。

理查德·帕斯卡尔和安东尼·阿索斯在《日本企业管理艺术》一书中对上述的 7S 模型进行了充分论述,并在此基础上指出:在企业发展过程中,要全面考虑企业的整体情况,只有在软硬两个方面的 7 个要素都能够很好地沟通和协调的情况下,企业才能获得成功。这 7 个变量分别代表着企业成功的 7 个最关键的因素。在此基础上,他们提出五条结论性的建议:第一,7S 构成了一个管理总体网络,忽视其中任何一环或者忽视整个网络的协调,都会影响管理成效;第二,在这个总体网络中,他们认为共同价值观是重要的因素,它将其他 6 个"S"紧紧地连接起来,是向员工灌输价值观念的依据;第三,在 7S 中,战略、结构、制度等前三个"S"是硬件,后四个即人员、技能、作风、共同的价值观是软件。企业管理的趋势是四个软件"S"的作用将不断得到加强;第四,日本企业管理之所以比美国企业管理优越,其根本的差别在于日本企业更重视四个软件;第五,美国企业管理要改进或超过日本企业管理,就必须纠正在企业中忽视软件的管理方法。

15.3.3　特雷斯·迪尔和阿伦·肯尼迪的企业文化研究

美国哈佛大学教育研究院教授特雷斯·迪尔(Terrence E. Deal)和著名的麦肯锡管理咨询公司专家阿伦·肯尼迪(Allan A. Kennedy)于1981年7月合著出版的《企业文化——现代企业的精神支柱》一书,是企业文化理论诞生的标志性著作。迪尔和肯尼迪认为,企业文化是由企业环境、价值观、英雄、习俗和仪式、文化网络五个因素所组成,五因素作用各异。

迪尔和肯尼迪所说的"企业环境"并不指企业的内部环境,而是指企业"经营所处的极为广阔的社会和业务环境",包括市场、顾客、竞争者、政府、技术等的状况。严格地说,这是企业文化系统之外的东西,不能视作企业文化的组成因素。价值观是指企业价值观,它是企业文化的核心或基石。对于怎样塑造出一个丰富而又优秀的价值观体系,迪尔和肯尼迪提出了两点:第一,企业的价值观不能凭空捏造,而是企业长期实践经验的概括,是企业职工在特定经济环境中进行尝试后知道什么可行、什么不可行的总结;第二,企业价值观的形成与企业主管的工作和灌输是分不开的。迪尔和肯尼迪所说的英雄人物是企业文化的人格化,是企业员工行为模仿效法的具体典范。英雄具有一定的标准:英雄是企业价值观的化身,是企业的支柱和希望;英雄有着不可动摇的个性和作风;英雄的行为虽然超乎寻常,但离常人并不遥远,它往往向人们显示"成功是人们力所能及的";英雄的行为可以起到鼓励员工责任感的作用。习俗与仪式是企业文化的外在表现,是在企业各种日常活动中经常反复出现、人人知晓而又没有明文规定的东西。美国企业中习俗类型有游戏、聚餐、"训人"等,常见仪式有问候仪式、赏识仪式、工作仪式、管理仪式、庆典、研讨会或年会等,它们在一定程度上提高了企业形象,增强了员工的凝聚力,并且提高了职工的技能。迪尔和肯尼迪所说的文化网络,是指企业内部以轶事、故事、机密、猜测等形式来传播消息的非正式渠道。管理者不应该避免被牵连进去,而是应充分灵活地掌握它,充分认识它的重要性。成功地开发文化网络,能够加强管理者与职工的联系,形象地灌输企业价值观,扩大人际交流,增加友谊和企业内部凝聚力。迪尔和肯尼迪的企业文化五因素说揭示了企业文化建设的历程。第一,根据企业所处的环境选定企业文化建设的模式;第二,通过树立英雄人物使全体职工认同企业价值观;第三,利用仪式等巩固企业价值观;第四,通过文化网络传播企业价值观;第五,最终实现企业文化建设的目标——形成企业价值观。

迪尔和肯尼迪把西方企业文化分为四种类型,即强人文化、"拼命干、尽情玩"文化、攻坚文化、过程文化。强人文化形成于高风险、快反馈的企业,其特征是:崇尚个人明星,机遇扮演重要角色,把仪式变成迷信。"拼命干、尽情玩"文化形成于风险极小、反馈极快的企业,其特征是:工作数量扮演重要角色,崇尚优胜群体,着迷于更有刺激性的活动等。攻坚文化形成于风险大、反馈慢的企业,其特征是:崇尚创造美好的未来,权威、技术能力、逻辑和条理性扮演重要角色,以企业例行会议为主要仪式。过程文化形成于风险小、反馈慢的企业,其特征是:崇尚过程和细节,小事扮演重要角色,仪式体现严格的等级观念。

对于企业文化这一新的理论体系,迪尔和肯尼迪的《企业文化》从最深层、最核心的企业价值观一直到最为表象的企业文化仪式,都作了具体而生动的阐述,将企业文化作为一门理论加以系统化,并确立了企业文化的理论体系。

15.3.4 托马斯·彼得斯和小罗伯特·沃特曼的文化品质论

20 世纪七八十年代,美国人饱受了经济不景气、失业的苦恼,同时听够了有关日本企业成功经营的艺术等各种说法,也在努力寻找着适合于本国企业发展振兴的法宝。托马斯·彼得斯(Thomas J. Peters)和小罗伯特·沃特曼(Robert H. Waterman)是长期服务于美国著名的麦肯锡管理顾问公司的学者,他们访问了美国历史悠久、最优秀的 62 家大公司,又以获利能力和成长速度为准则,挑出了 43 家杰出的模范公司,其中包括 IBM、德州仪器、惠普、麦当劳、柯达、杜邦等各行业中的翘楚。他们对这些企业进行了深入调查,并与商学院的教授进行讨论,以麦肯锡顾问公司研究中心设计的企业组织 7 要素(简称 7S 模型)为研究的框架,总结了这些成功企业的一些共同特点,写出了《追求卓越——美国企业成功的秘诀》一书,使众多的美国企业重新找回了失落的信心。

《追求卓越》是与《Z 理论》同一时期出版的书籍,它是一本在寻求和研究企业文化浪潮中出现的代表作。这本书在 1982 年出版后曾在美国引起轰动,并在全世界产生了不凡的影响。

这本书的最大特点是,它在对美国 43 家著名公司调查的基础上,认为美国经营最成功的公司比日本公司毫不逊色,而且有独到之处。美国优秀公司大多个性鲜明,有独特的文化、哲学和价值观。这本书在充分肯定美国优秀公司的同时,似乎也感觉到了美国公司盲目学习日本公司管理经验的难度。如作者在书中写道:"那时候(1980 年)为萧条停滞所困扰的美国经理们纷纷冒险采用日本的管理方法,完全忘记了两国间的文化差距比宽广浩瀚的太平洋还要大得多。"与《Z 理论》一书相比,《追求卓越》只晚一年出版,但强调美国公司学习本国优秀公司的重要性,其理论框架和一些结论也与《Z 理论》有所不同,因而可称为研究企业文化的第二代书籍。

《追求卓越》的作者彼得斯、沃特曼经过认真的调查后,得出这样的结论:"我们强烈地感到,优秀公司之所以优秀,是因为它们具有一系列独特的文化特质,这使得它们与其他公司大不相同……但通过调查,我们确实发现几乎每一个优秀公司都有一两个很强的领导人,他们似乎对于公司经营成功贡献颇多,起到了头等重要的作用。"

"不过这里有两点值得注意:第一,看来优秀公司发展起来了自己的文化观念,并且把它们的价值标准同杰出领导人物的实践结合成一个整体,这些共同的价值准则即使在最初培养建立它的那些领导人离开以后仍能在几十年内长期发挥作用。第二,主要经理人员的根本任务是发现、归纳、丰富本组织的价值准则,并充分发挥它的作用,这一点看来也是显而易见的。"彼得斯和沃特曼着重突出了"文化"在造就优秀公司上的重要性,但也未忘记美国管理方式的重要特点——个人的独特作用。

彼得斯和沃特曼认为,优秀的、革新性的公司具有八种典型的文化特征,并认为超群出众的企业"有一套独特的文化品质,是这种品质使它们脱颖而出、鹤立鸡群"。

这八种革新性的文化特征分别如下:

第一,贵在行动。它包含有两层含义:一是强调"组织的流动性",二是提倡"企业实验精神"。彼得斯和沃特曼说,出色的企业"很少让过分复杂捆住自己的手脚。它们不让人们去搞那种常设性委员会或是那种一拖好几年的工作组。它们不沉溺于长篇大论的报告,也不设置正规的矩阵型组织。它们的活动和……人的局限性倒是很相符的"。这就是说,人们一次只能处理一点儿信息,而且只要感到自己有了几分自主权,他们就会奋发起来的。许多优秀公司的标准工作方式是"干起来,做出来,试试它",而且采取许多实际措施保持公司的行动敏捷,防止随着经营规模扩大而难以避免的僵化趋势。

第二,接近顾客。这主要表现在对服务的执着、对质量的执着、开拓合适的市场和倾听用户的意见四个方面。他们指出,优秀公司善于向服务对象学习,向顾客提供别人无法比拟的质量、服务和适用耐久的产品。

第三,自主和企业家精神。优秀的公司培养出许多领袖人物和改革家,提倡创新、试验、进取、自主,打破常规,加强内部竞争,鼓励革新,容忍失败。这里所说的"革新"和所谓"创造"是有区别的,"创造是想出新名堂,革新则是干出新名堂"。因此,他们指出,"企业中最宝贵的人才,不是出创造性新主意的人,而是敢把新主意变成行动的革新闯将","出色公司之所以出色,正在于有鼓励革新闯将的历史传统和环境氛围,有容忍革新闯将失败的气度,又能控制其避免留下重大创伤的失败"。

第四,以人促产。优秀公司把基层的普通职工当成提高质量和生产率的最根本要素;不赞成用"我们如何,他们那些劳工如何"这种态度对待人,也不把资本投资看做是改进效益的主要源泉;把每一位工人看成有思想、有主意的人,而不只是一双会干活的手。他们提出:"对职工要当做成年人来对待、当做同伴来对待,待之以礼,尊重他们。而不是把资本支出和自动化作为提高生产率的最主要的源泉。这些就是对出色企业进行研究所得出的基本经验。"

第五,领导身体力行,深入现场。以价值观为动力,以价值准则为轴心,把公司内部的各种力量凝聚于企业目标。他们引用了 IBM 公司总裁小托马斯·沃森的话进行了解释:"一个组织的基本哲学对它的经营成果的影响,要远比技术力量、经济资源、组织结构、革新和选择时机这类因素大得多。"

第六,不离本行,发挥优势,扬长避短。在企业进行多元化经营时,一定要注意公司自我优势的发挥,紧紧地围绕中心业务进行,绝不能随意地进行跨行业多样经营。出色的企业不搞多行业的经营,尤其不依靠购买和兼并其他企业来搞多种经营。这是因为,买进来的企业无疑具有不同的价值观,从而很难实现各部门间的协同配合。"作为一般规律,经营绩效最佳的企业主要是通过内部发生的多样化来获得进展"。

第七,精兵简政。许多优秀企业的管理体制,可以近似地用三根支柱来描述:① 符合业务高效率需要的稳定性支柱;② 符合经常性革新需要的创业精神支柱;③ 符合避免僵化需要的打破旧习支柱。

第八,宽严相济,张弛有度,善于处理矛盾。优秀的企业既有松散的特性,又有严格的特征。在管理工作中做到既高度集中又高度分散。所谓的集中,是在珍视的为数很少的价值准则上狂热地虔诚,比经过洗脑的极端主义正统派成员还有过之而无不及。所谓分散,是最大限度地分析和发扬自主精神、创新精神,保持组织高度的活力,充分发挥人的主动性。具有俱乐部式的、校园般的环境,灵活的组织结构,允许自愿参加的革新活动,强调以一种略为紊乱的方式把东西搞出来的广泛的试验活动,这些都属于松散特征。而严格特征则有:一套认真奉行的共有价值观,注重行动,强调极其频繁的信息沟通和迅捷的反馈,不使不协调的、严重偏离主流的情况发生,简洁的公文和讲求实用,规定一两条主要的纪律,坚决按用户要求办事,坚持狠抓质量等。

从这八种文化特征中得出的结论是,这些出色公司都是以企业文化为动力、方向和控制手段。该书中作者认为,在这八种文化特征中,大部分并无惊人之处,但优秀公司却把发挥人的作用当做自己的使命,把质量和服务标准奉若神明,坚持发展成千上万普通职工持续的首创精神,而终究创造了企业各自的辉煌。

15.3.5 沙因的组织文化研究

艾德佳·沙因(Edgar H. Schein)是美国麻省理工学院斯隆学院教授,1947年毕业于芝加哥大学教育系,1949年在斯坦福大学取得社会心理学硕士学位,1952年在哈佛大学取得博士学位,此后一直任职于斯隆学院。在组织文化领域中,他率先提出了关于文化本质的概念,对于文化的构成因素进行了分析,对文化的形成、文化的同化过程提出了独创的见解,并在组织发展领域中针对组织系统所面临的变革课题开发出了组织咨询的概念和方法。他的主要研究著作包括《组织文化和领导》、《组织心理》、《职业动力学》、《咨询过程》、《重新思考咨询过程》等,另外还有几十篇研究论文。以下主要介绍他关于组织文化方面的研究成果。

沙因是组织文化研究的奠基人。在他看来,一个组织中最为基本的东西是它的文化。他指出,当我们要彻底改变一个组织的行为时,我们就必须改变它的文化,而真的要这样做时,我们实际上是在毁掉一个组织,而重新建构一个新的组织。

使沙因对组织文化特别倾心的是他的一段组织管理实践的经验。沙因有一段时间被聘为一些大公司的管理顾问。正是从这些实际经验中,沙因感觉到组织领导与组织文化的关联。他认为要理解组织中个人的行为和组织的运行,特别是领导的作为,光靠以往的做法即专门研究组织结构、组织目标、组织调控是不行的,还需要认真研究组织中的文化。1985年,沙因撰写了《组织领导与组织文化》,这部著作标志着组织文化学派的诞生。沙因对组织文化研究的贡献主要在于他提出了一个多数人能接受的组织文化的定义;他还对组织文化的层次进行了划分并对组织文化进行了细分研究。

15.3.5.1 沙因关于组织文化的定义

沙因是从组织中领导与文化的关系来阐述组织文化的重要性的。他认为,绝大多数人都生活在组织中,因此,人们总得与组织打交道。然而人们在自己的组织生活中却一直对许多观察到的或感觉到的东西感到困惑。比如,组织中总是存在太多的官僚主义,有些事情过于政治化,还有些方面明显地非理性。那些处在权力位置上的人,尤其是顶头上司,常常挫伤其部下的积极性。那些被我们认作是组织"领导"的人们,却不能了解我们的要求。在组织心理学和组织社会学的领域里,研究者们已经发展出一系列可用来理解组织中的个人行为以及组织建构自身的途径的概念。但是,一直使人们难以理解的是组织的原动力。正是这种原动力使得组织能够成立、变化、瓦解。而这种原动力又总是不被人们所知觉的。沙因认为,要理解组织生活,要了解组织发展的原动力,就必须建立组织文化概念。要对组织中的文化问题有深入的理解,就不仅要弄清楚组织中发生了什么,而且更为重要的是区分出哪些对领导是更要紧的问题,因为组织文化是组织的领导们创造的。组织领导有决定意义的功能就是创造与管理。在必要时,这种创造与管理则可能是对原有文化的破坏。当人们更仔细地研究组织领导与组织文化的关联时.就会发现这种关系如同钱币的两面,仅从自身出发是无法理解自己的。事实上,只有一件事对组织领导来说是真正重要的,这就是创造和管理文化。组织领导力所能及的就是通过组织文化来工作。如果说将领导概念从管理与行政中区分出来还有价值的话,人们就必须承认文化管理在这一领导概念中的中心地位。

沙因认为,人们平常考虑整个社会、国家、种族的文化比较多,但没有足够地注意在社会的组织和群体中也有发展文化的可能性。这种群体和组织中的文化是影响组织成员的思维、感觉和行动的主要途径。不学会精确地分析这些组织文化,我们就不能真正地理解为什么组织做它们要做的事,为什么组织领导有他们才有的困难。组织文化特别有助于我们理解在人类系统中发生的诸多神秘的、看上去似乎是非理性的事情。当一个人来到异邦的土地上,或一个人被新雇用到一个组织中,他要与那里的人友好相处,不理解那里的文化是不行的。

沙因指出,要了解组织文化,首先就必须构建一个关于组织文化的概念。这一概念应当有确切的含义。在构建组织文化概念时,应充分考虑人类学家、社会学家、心理学家在研究组织时已经积累起来的知识。同时,还要弄清楚哪些是不属于组织文化的,因为有一种趋势,即把文化同所有的事情连在一起。其次,要建立一个组织文化概念如何运作的模式,即要研究组织文化是怎样形成的,它有什么功能,可用它来解决何种问题,它为什么和怎么样变化,对它能否加以管理,如果能的话,又怎样管理。我们需要一个组织文化动力发展的模型,这一模型应该告诉我们,组织文化能够做什么,而不仅仅在于它是什么。因为也存在一种倾向,许多人将组织文化看成是治疗工业病的万用灵药。第三,要充分显示组织文化作为概念工具的功能,用它来解释组织中个体的心理行为,解释那些小团体和以共同性为基础的地下的、职业的组织中发生的事情,解释一些社会的、复杂的问题怎样通过扩大文化视野来获得解决。最后,要强调组织文化与组织领导的关系,使人们认识到这是一枚钱币的两面,没有了另一面,这一面也就无法得到理解,当一个领导者创造了一个组织或群体的同时就创造了文化。

20 世纪 80 年代,随着日本企业竞争力的快速增强,许多学者开始对日本企业的管理进行研究,结果他们发现日本企业的文化特征是促使企业发展的重要因素。由此,管理学家开始对企业文化或组织文化给予了相当热情的研究,综合起来主要有以下的内容:

(1) 人们进行相互作用时被观察到的行为准则:包括使用的语言,或者为了表达敬意和态度时类似一些仪式的做法等。

(2) 群体规范:如霍桑试验中所揭示的工作群体的规范。

(3) 主导性价值观:包括类似于产品质量、价格领导者等组织中所信奉的核心价值观。

(4) 正式的哲学:包括处理组织和其利益相关者如股东、员工、顾客的关系时应该信奉的意识形态,以及给予组织中各种政策指导的一种哲学,如惠普之道。

(5) 游戏规则:为了在组织中生存而学习的游戏规则,如一个新成员必须学会这种规则才能被接受。

(6) 组织气候:组织成员在与外部人员进行接触过程中所传达的组织内部的风气和感情。

(7) 牢固树立的技巧:包括组织成员在完成任务时的特殊能力,不凭借文字和其他艺术品就能由一代向另一代传递的处理主要问题的能力等。

(8) 思维习惯、心智模式(mental models)、语言模式:包括组织成员共享的思维框架。

(9) 共享的意思:组织成员在相互作用过程中所创造的自然发生的一种理解。

(10) 一致性符号:包括创意、感觉和想象等组织发展的特性,这些可能不被完全认同,但是它们会体现在组织的建筑物、文件以及组织其他的物质层面上。

沙因认为,对上述这些内容的讨论都没有涉及组织文化的本质,都不过是更加深层的文化的表象。他认为组织文化是一个特定组织在处理外部适应和内部融合问题中所学习到的,由组织自身所发明和创造并且发展起来的一些基本的假定类型,这些基本假定类型能够发挥很好的作用,并被认为是有效的,由此被新的成员所接受。

沙因认为,文化应当看成是一个独立的、稳定的社会单位的一种财富。如果你能假定有一批人在解决外部和内部问题的过程中,共同有大量的重要经验,那么你也就能假定,这些共同的经验已经指导了他们,并产生出关于他们的周围世界和他们生活在这个周围世界中的共同观点,这些共同享有的观点起作用的时间必然是足够的长,以至于被看做是理所当然的,并且变成不知不觉的。在这一意义上,组织文化就是一种群体经验发展性的产物。

15.3.5.2 沙因关于组织文化层次的研究

在对组织文化进行了较为明确的定义的基础上,沙因又对一个大型组织中的文化层次问题进行了研究。在沙因看来,任何一个社会的结构层次都意味着"文化"。

沙因认为组织文化由三个相互作用的层次组成。

(1)物质层。

物质层是指可以观察到的组织结构和组织过程等。沙因认为它们构成了物质的和社会的环境。在这一层次上,人们可以看到物理空间、群体输出的技术、书面的和口头的语言、艺术作品和组织成员公开的行为。

(2)支持性价值观。

支持性价值观包括战略、目标、质量意识、指导哲学等。沙因认为,在某种意义上,所有的文化知识最终都反映了某些人的基本价值观。它们是关于与"是什么"相区别的"应当是什么"的感觉。当一个群体面对新的任务、争论和问题时,首先要提出来解决的只能是价值的重要地位,因为这时还不存在决定什么是事实和真实的共同基础。群体中的某个人——通常是缔造者,他对真实性和如何处理群体面临的问题具有确信,且会依据这种确信提出解决的办法。这时作为个体,可能会确信已提出的解决办法是一种基于事实的信念和原则。但是,对于群体来说,只有当共同分享到解决问题的成功结果时,才会达到这种确信的程度。

(3)基本的潜意识假定。

基本的潜意识假定指潜意识的、暗含的一些信仰、知觉、思想、感觉等。

沙因指出,当解决问题的方法被反复运用后,就会成为理所当然的。当初仅仅为一种价值所支持的假设,后来就渐渐被当做是真实的。我们也逐渐相信事实本来就是如此办的。在某种意义上,基本的假设与一些人类学家所说的"占统治地位的价值"是不同的。那些占统治地位的价值所反映的是若干基本选择中人们所愿意选择的解决方案。但是,这些选择在文化中仍旧是可见的,组织中的成员能够不时地依据那些占统治地位的价值去行动。但是,沙因指出,在一定意义上他想界定的并且已经变成理所当然的基本假设,在一个文化单位中是不变动的。事实上,一种基本假设如果被一个群体所牢牢地掌握,群体成员就会发现,他们的行为要依据其他的前提是不可思议的。

沙因认为,他所讲的基本假设与阿吉里斯界定的"应用理论"是一致的。这种潜在的、实际上对人的行为起指导作用的假设,告诉群体成员怎样观察、思考和感受事物。基本假设像应用理论一样是无对抗、无争论的。但是进一步重新研究"应用理论"就会发现它存在着内在的困难。阿吉里斯和其他人提出的"双环学习"理论中,包含着对基本假设的再检查,并有可能对其加以改变,这显然是与基本假设的不可对抗、不可争论、不可改变相矛盾的。基本假设可能会歪曲真实的资料。如果根据过去的经验,我们假设其他人只要有机会就会乘机欺骗——这就是麦格雷戈所讲的 X 理论,我们就想通过希望被欺骗看到与希望的相一致的行为:我们看到的就是有人懒散地坐在桌边胡思乱想,而不是在思考重要的问题;我们见到有人没来办公室就认为是开小差而不是在家工作。相反,如果我们的基本假设是每个人都以高度的热情工作,当见到上述现象时,经理不会认为个人有什么不对,而会觉得在工作安排过程中出了问题。

沙因指出,无意识的基本假设常常涉及文化的一些基本方面,但是,这类基本假设是非常难以确定的。如果我们能非常细心地审查一个组织的人造品和它的价值,我们就能够猜出基本假设。有时通过两个人交谈将两种文化模型连接起来,基本假设通常就会被带到表层来。做这项工作时,应当特别的细心,因为不是人们不愿将他们的基本假设带到表层来,而是他们把这些假设看成是理所当然的。当人们将基本假设表层化,文化模型突然变得清楚时,我们就会开始感到我们真的理解了我们一直在做什么和我们为什么那样做。

根据沙因的组织文化层次的划分。目前的组织文化研究大多停留在物质层和支持性价值观的层面,对于更加深层的事物挖掘不够。

15.3.5.3　沙因关于组织文化的细分

沙因综合前人对文化比较的研究成果,对于深层的处于组织根底的文化分成以下五个维度:

(1) 自然和人的关系。指组织的中心人物如何看待组织和环境之间的关系,包括认为是可支配的关系还是从属关系或者是协调关系等。组织持有什么样的假定毫无疑问会影响到组织的战略方向,而且组织的健全性要求组织对于当初的组织—环境假定适当与否具有能够随着环境的变化进行检查的能力。

(2) 现实和真实的本质。组织中对于什么是真实的,什么是现实的,判断它们的标准是什么,如何论证真实和现实,以及真实是否可以被发现等等有一系列假定,同时包括行动上的规律、时间和空间上的基本概念。沙因指出在现实层面上包括客观的现实、社会的现实和个人的现实。在判断真实时可以采用道德主义或现实主义的尺度。

(3) 人性的本质。包含着哪些行为是属于人性的、哪些行为是非人性这一关于人的本质假定和个人与组织之间的关系应该是怎样的等等假定。

(4) 人类活动的本质。包含着哪些人类行为是正确的,人的行为是主动或被动的,人是由自由意志所支配的还是被命运所支配的,什么是工作,什么是娱乐等一系列假定。

(5) 人际关系的本质。包含着什么是权威的基础,权力的正确分配方法是什么,人与人之间关系的应有态势(例如是竞争的或互助的)等假定。

沙因认为组织文化决定了组织价值观以及在此价值观之下的组织行为,它是深刻地隐含在组织深层的东西,要了解它是非常困难的。通过对组织构造、信息系统、管理系统、组织发表的目标、典章以及组织中的传说等物质层面的分析,能够推论得到的文化信息是有限的。沙因举出两个组织结构完全相同的企业,它们的文化可能是完全不相同的。为了更好地解释一个组织的文化,沙因建议利用群体面谈和群体讨论的方法,而且对于以上所列举的五个文化维度分别列举一些应该讨论的内容。

15.3.5.4 组织文化的生成和领导的作用

具有同样背景和经历的两个领导者所领导的企业组织,在相同的社会环境中进行生存竞争,在经过了 5 年或 10 年以后,这两个企业组织的文化为什么会完全不同呢? 某种文化要素在新环境中已经没有任何意义了,为什么还能存在呢? 尤其是组织领导者(包括组织成员)已经认识到这种文化要素必须要改革,但是它却还是能够存在下去,原因何在呢? 在解释文化形成过程之前,沙因首先提出了以上这些疑问。

沙因认为,要解释组织文化的生成过程,就要综合使用群体力学理论、领导理论和学习理论。利用群体力学理论——通过观察组织中的各种群体,说明在群体根底中潜在的个人之间的情绪过程。这个过程可以帮助我们解决诸如"对于某个问题多数人所共有的思考方法,以及在此之上的共同的解决方案"中"共有"的意思。因为在所有对文化的定义中都包含着诸如被共有的解决方案、被共有的理解、被共有的共识等概念,可是人们的共有是如何发生的却没有被解释清楚。利用群体力学理论可以解释这个共有过程。

领导理论中关于领导者的个性、类型对于集团形成的影响的研究结果,对于理解文化进化会有许多帮助。

学习理论是组织关于如何学习认知、感情、行为方式等的说明,而文化也是被学习到的行为。利用学习理论可以对于文化的学习过程进行解释。

沙因在提出以上的理论框架后分别应用这些理论对小群体中文化的出现、组织的创始者是如何创造文化的、领导者是如何根植和传达文化的等进行了论述。沙因在其著作《组织文化和领导》中还专门探讨了组织的成长阶段和文化变革机制。

如何适应组织内部和外部环境的变化是企业组织经营过程中永远重要的课题,特别是近年来环境变化的速度越来越快,适应环境变化的重要性也越来越高。为了适应变化,企业需要具有新的思考方式和行为方式,可是这种新的方式却很难产生或很难生存。沙因对组织文化的研究为我们认识自己文化的深层本质提供了工具,企业需要从根本上进行改变才能适应新的变化,而不仅仅是简单地改变战略、组织结构、管理系统。

15.4 企业文化理论的评价与发展

我们可以这样认为,企业文化的思想和理论是 20 世纪 80 年代初形成和发展起来的一种管理思想和理论,是美国的管理专家在日美企业管理模式的差异比较中发现、总结出的一种管理理念和方法。企业文化理论的核心是,在充分认识人、尊重人的基础上,通过企业领导人有意识、有目的的活动,结合企业所处国度的社会文化以及企业经营方式、产品、行业等方面的特点,创立和建立起来的一种从上到下、有别于其他企业的价值观念和价值体系。

从总体上看,企业文化的思想和理论还不能作为管理理论发展的一个全新阶段,它只是第二次世界大战以后,"管理丛林"中一株挺拔的"大树"、一朵艳丽的"花朵"。它给予了管理人员新的启迪和方法,也使管理人员更深刻地理解了在管理工作中如何更好地运用管理方法去挖掘人的智慧和潜能,也使管理科学更自然和贴切地回到了对人的科学管理上。

企业文化理论的相关学说有十多种,且内容各具特色,从不同的角度提出并阐明了企业文化的某些基本理论问题。这与文化本身丰富性、多样性特点密切相关。

回顾 20 世纪 80 年代以来出现的企业文化理论著作的出版热潮,其中有一些代表性理论著作基本体现了"企业文化"这股国际性管理新思潮的表现形态。这些著作大致可以分为三类,第一是经验形态,即企业家本人的经验之谈,其代表人物及著作有:日本松下电气公司创始人松下幸之助的《实践经营哲学》,索尼公司创始人之一盛田昭夫的《日本造·盛田昭夫和索尼公司》,玛丽·凯化妆品公司创始人玛丽·凯·阿什的《用人之道——美国企业家谈人才管理》等;第二是理论形态,其中既有理论家研究本国一批企业而作出的概括,如托马斯·彼得斯和小罗伯特·沃特曼合著的《成功之路——美国最佳管理企业的经验》,也有管理学家对比几个国家典型企业的成败得失而作出的经验和教训的总结,如威廉·大内的《Z理论——美国企业如何迎接日本挑战》,理查德·帕斯卡尔和安东尼·阿索斯合著的《日本企业管理艺术》,以及埃兹拉·沃格尔的《日本名列第一——对美国的教训》等;第三是学科形态,即从整个企业文化的宏观视角来探讨企业管理科学,如特雷斯·迪尔与阿伦·肯尼迪合著的《企业文化——现代企业的精神支柱》等。正是这些企业家、管理专家和学者的热忱投入,促成了企业文化研究的方兴未艾、蒸蒸日上。

由于企业文化建立的必备条件是:① 具有特色的国家和民族文化;② 企业领导人本身具有丰富和鲜明的价值观念和价值取向;③ 有意识、有目地倡导和推行;④ 较长时间的努力进取和不懈探索。因而建立一个企业的企业文化并不是一件容易的事情,这个问题不仅制约着企业文化管理模式的推行,也为企业文化管理模式确立严格、精确的理论框架和体系带来了困难。

第16章   当代管理科学发展的新思潮

16.1   能力管理

16.1.1   能力管理的基本内涵

能力管理就是对能力的培养、使用、学习和贡献进行管理,所使用的管理方法还是管理的一般方法,即计划、组织、协调、控制,但对其管理时要以知识为指导,提高到知识管理的高度。能力管理的基本内涵可以通过能力的培养与获得、运用与使用、学习与训练、业绩与贡献等方面得以体现。

16.1.1.1   培养和获得

在工作实践中,能力管理的第一步是培养和获得能力,这是做好一切工作所必需的源泉。能力的获得是一项较为复杂的社会工程,且具有一定的不确定性。如有的人具有举一反三的良好悟性,而有的人反复从事一项工作却不见长进。因此,只有不断地吸收新的信息,不断地实践和总结,具有做好一项工作的强烈愿望,并且不怕失败努力去做,才是获得和积累能力的有效途径。

16.1.1.2   运用和使用

一个人从开始积累能力的时候起就必须不断地运用和使用自己的能力,只有这样才不至于使自己的能力枯竭。能力是不能库存的,我们既无法知道自己的能力是否已经入库以及如何保管,也无法知道自己的能力是否已经丢失。唯一的办法就是不断地去运用和使用它,才能保证能力之树常青。当然,能力的运用和使用必须有一定的节制,应当量才使用、量入为出,不能寅吃卯粮,最后导致江郎才尽。持续的能力才能保证社会的可持续发展,持续的能力才是人力资源能力管理的最重要目标。

16.1.1.3   学习和训练

信息社会,知识常新。过去的知识和能力固然重要,但并不等于说我们就可以用过去的知识和能力应对现在和未来,因为世界在不停变化。实际上,除了那些对组织有实质性贡献的具有优势的知识和能力之外,其他的东西我们差不多都要选择放弃。这就意味着,我们既要应对目前的任务,还要对长远作出安排,积蓄潜力。能力管理也犹如逆水行舟,不进则退。能力型社会就是学习型社会,强调实践型学习、终身学习和全社会的学习。企业既要考察员工的培训效果,又要监控员工的实际能力发展状况,才能真正保持发展的活力。

16.1.1.4   业绩和贡献

任何能力都是针对要解决的问题的,业绩和贡献是能力管理的直接目标。随着员工的能力在培训和锻炼中不断提升,反映在组织中应当是业绩和贡献的不断增加,无论是表现在工作效率的提高上还是时间和金钱的节约上。能力管理最大的挑战之一,就是能力管理的投资能否给组织和个人带来收益。如果对能力管理的投资不能给组织和个人带来收益,那将是没有意义的投资。

16.1.2 能力管理的理论框架

企业的战略、文化、人力资源、流程(包括结构、系统、规则、程序)等在企业的演进过程中都可能发展成企业的核心能力或核心能力的载体,因为它们都是影响或决定企业经营业绩的重要能力要素。因此,对这些要素的整合和管理是企业能力管理的基本范畴。在整合企业战略、文化、人力资源、业务流程等各个领域的过程中,必须关注具有共性的三项根本性任务,即能力的保护、能力的转移与扩散以及能力的发展。

16.1.2.1 能力的保护

无论采用什么方法和手段转移、扩散能力或积累新的能力,如果想收获预期的利益,就必须首先保护这些能力及其来源免受破坏。有效的能力保护需要做好以下各项工作:

(1) 危机管理,即企业为了有效地预防和应付各种危机事件,减少危机事件给企业的生产经营造成的威胁和损失,而采用计划、控制、员工培训等手段对危机事件进行因势利导的管理的过程。其目的是要把经理人员组织起来,并让他们在危机时期集中精力和智慧,发挥各自能力,防止生产率下降、士气低落、员工健康受损以及关键人员的大量离职等。

(2) 保证决策权与决策所需的有价值知识的结合,也是能力保护的一项重要内容。如果决策权控制在那些缺乏必要专门知识的人员手中,并且必要知识被传递给决策权拥有者的成本又过高,从而不能实现决策权与知识的最佳结合,那么,一方面可能导致错误的决策和错误的行动,另一方面必然导致专业人员不能充分利用知识,甚至大量离职,从而损害企业的竞争力和竞争优势。

此外,企业能力也可能存在于企业的其他组织因素之中,如业务流程、组织结构、管理系统等。对这些组织因素施加不适当的更改,有时也会损害存在于其中的企业能力,有的甚至是企业的核心能力。

16.1.2.2 能力的转移与扩散

哈斯巴斯那和杰米森在"企业能力论"中提到,整合的关键是"战略能力"(strategic capabilities)的转移和应用,战略能力的转移是价值创造的来源。但仅仅认识到这一点是不够的,企业能力的扩散也很重要。能力的转移和扩散往往以其他资源(如物质资源、财务资源)的重新配置为条件。

哈斯巴斯那和杰米森对战略能力的"转移"与"扩散"并没有作出区分,他们的"转移"概念包含有"扩散"的含义。但在许多情况下,区分能力转移与能力扩散是必要的。能力转移是指能力存在的位置发生了变化,且能力一旦输出就不能再被使用,或者使用的成本将会超过使用的收益。在此意义上,可转移的能力似乎是一种像物体一样能够被"搬运"的资源。能力扩散则指能力被新的使用者所掌握和运用,并且不会因此改变其原来拥有者对能力的拥有和使用。正如市场竞争中的技术模仿一样,模仿行为虽然会影响市场格局和顾客的购买,并最终影响到被模仿者的收入和利润,但被模仿者的技术及其运用却不会因此而受到损害。

16.1.2.3 能力的发展

企业能力,特别是核心能力需要根据产业和市场环境的变化而不断发展和演进,只有这样企业才能保持其竞争优势。企业能力积累、演进和发展的关键是组织学习。这需要企业创造学习的氛围,加强企业内部行为与经验的学习。

16.2 学习型组织

16.2.1 学习型组织理论的出现及其演变

16.2.1.1 学习型组织理论的提出

面对飞速变化的世界和激烈的竞争,管理模式也需要与时俱进,进行模式变迁。学习型组织理论正是一种出色的应对策略。20 世纪 80 年代,随着信息革命、知识经济进程的加快,传统的组织模式和管理理念越来越不适应环境,突出表现之一就是许多曾在历史上名噪一时的公众性人物或者团体纷纷退出了历史舞台。尤其是 20 世纪 90 年代以来,各种社会组织所面临的内外环境全然不同以往,正发生着一系列的变化。

就外部环境而言,这些变化主要表现在:世界经济一体化、国际经济政治化与区域经济集团化的趋势不断加强,市场竞争日益激烈;以信息技术为代表的高新技术的发展和广泛应用标志着知识经济时代的悄然临近及迅猛发展;可持续发展意识不断提高,系统地、辩证地看待资源,合理地、平衡地开发利用资源,科学地、有力地保护资源成为时代的主旋律;消费者需求复杂多变,个性化特征明显,过去大量、成批生产的商品很难找到市场,必须改为小批、单件按需生产;人才将取代资金与资源成为热点,这是知识经济发展的必然结果;随着跨国公司数量及类型的增多,社会文化对管理的作用力度不断加大。

单就组织内部而言,这些变化则主要体现在:组织的工作方式正在发生变化;原始的、简单的工作方式失去生命力,取而代之的是一种适应现代需求的新的工作方式;组织内员工的需求不断提高,不但追求物质方面的满足,更追求精神、文化与社会地位等方面的满足,以获得自身的全面发展;组织的管理手段和管理方式继续扩展,现代信息技术的运用极大地提高了信息采集、分析与传递的速度与质量。

面对以上这些变化,管理作为资源整合的一种系统方式,必须也必将作出相应的调整与变革。在这种情况下,国外不少专家和学者密切关注着当今世界组织管理实践领域出现的新动向,积极探索组织管理理论发展的前沿问题,并取得了一定的具有创建性的研究成果,相继涌现出学习型组织、组织再造、团队管理、组织能力等新的管理理论。

学习型组织理论是 20 世纪 90 年代以来在管理理论与实践中发展起来的全新的管理理论。这一理论的最初构想来源于美国哈佛大学教授佛瑞思特(Forrester)1965 年的论文《企业的新设计》。在这篇文章中,他运用系统动力学的基本原理,具体地构想了未来组织模式的一些基本特征,包括组织结构扁平化、组织信息化、组织开放化、员工与管理者的关系逐渐由从属关系转向工作伙伴关系、组织不断学习、组织不断调整组织内部的结构关系等等,开创了学习型组织理论的先河。

作为佛瑞思特的学生,彼得·圣吉一直致力于研究如何以系统动力学为基础建立一种更理想的组织。在研究过程中,除了进一步融入更多整体动态搭配的细节性技术外,彼得·圣吉还将一些新的创造性管理技术结合起来,终于在 1990 年出版了他的代表作《第五项修炼:学习型组织的艺术与实务》一书,这标志着学习型组织理论的正式诞生。

圣吉在对学习型组织的内部结构和运作规律进行系统、细致分析后得出结论,学习型组织将成为 21 世纪全球组织模式和管理方式演进的新趋势。果然,《第五项修炼:学习型组织的艺术与实务》出版后,立刻掀起了全球性的学习、推广和研究学习型组织热潮。美国的杜邦、英特尔、电报电话公司、福特汽车、通用电气、摩托罗拉、科宁、联邦快递,欧洲的赛恩斯钢铁、罗福等一批世界一流企业都积极创建学习型组织。据初步统计,美国排名前 25 名的企业,已有 20 家按照学习型组织的模式较为成功地改造了组织结构。学习型组织的概念也因此成为实业界与学术界探讨组织变革与再造相关课题的重要理论依据。在 MIT 史隆管理学院组织学习中心与许多大师级学者、实业界人士的努力之下,学习型组织的相关研究已取得了初步的成果。无论在理论界还是实业界,对学习型组织的推广和探索不断增多,进而丰富和发展了学习型组织理论。

学习型组织通过不断的学习来改革组织本身的资源配置方式,并不断提高组织的竞争力和组织的效率。善于不断地学习是学习型组织的本质特征。这里的学习不是单纯的看书、培训,而是在系统研究项目或产品的过程中学习。一是要全员学习,即决策层、管理层和操作层,都要全身心地投入学习;二是要全程学习,任何组织的运作都包括准备、计划和推行三个阶段,不能把学习与工作分割开来,必须做到边学习边准备、边学习边计划、边学习边推行;三是团队学习,不仅重视个人学习和个人智力的开发,更要重视团队学习和群体智力的开发。学习型组织是全体成员全身心投入并有能力不断学习的组织,是能让成员在工作中体验到生命意义的组织,是能通过学习创造自我、扩展未来能量的组织。比如,微软制定的学习理念是:通过自我批评学习、通过信息反馈学习、通过共同交流学习。微软公司的核心能力就是通过不断地学习来累积和提升的,而正是这种核心能力使其在竞争激烈的计算机行业里独领风骚。只有能够使组织的所有成员全身心地投入并有能力不断学习的企业,才能赢得长期的发展。各种类型的社会组织本身就是一个系统,这个系统可以通过不断学习来提高自身的生存和发展的能力。通过对思维的五项训练,即在组织中实行共同愿景、自我超越、团队学习、改善心智模式和系统思考的训练,将组织建成一个相互关照、彼此通融的"学习型组织",使组织形成"学习——持续改进——建立持续性竞争优势"的良性循环。

关于组织学习与学习型组织的研究在近 10 年里迅速发展,无论是在理论上还是实践操作中都取得了一大批重要成果,也造就了一批杰出的管理大师。由于这项理论创立的时间很短,时至今日,在相关研究领域中并未形成十分成熟的、广为接受的、定型的结论,还有很多问题尚未解决,甚至在最基本的语义定义等方面还存在很大分歧。

尚待深入研究的问题主要有:

第一,进一步明确和统一关于组织学习和学习型组织的定义、特征与判断标准。它必须合理、可行、易于操作,并有广泛的代表性。

第二,加强实证研究,整合相关理论与实务,给出各种理论、工具与方法的适用范围。人们需要清楚的行动指南,必须有具体的行动建议,而不能只停留在概念、定理或理念中。

第三,深入研究组织学习的过程、影响因素及组织状况与学习效果的关系,描绘出具体的组织学习模式或过程,给出衡量组织学习的标准或尺度,使理论在实际应用中更具可操作性。

16.2.1.2　学习型组织的内涵和特征

许多学者从不同角度对"学习型组织"进行了描述。派得乐(Pedler)等认为:"学习型组织是促使组织中的每一个成员都努力学习,并不断改革自身的组织。"加尔文(Garvin)指出:"学习型组织是指善于获取、创造、转移知识,并以新知识、新见解为指导,勇于修正自己行为的一种组织。"马恰德(Marquadt)指出:"系统地看,学习型组织是能够有力地进行集体学习,不断改善自身收集、管理与运用知识的能力,以获得成功的一种组织。"科姆(Kim)则认为:"几乎所有的组织都会学习,不管其是有意还是无意。学习型组织是指那些有意识地激励组织学习,使自己的学习能力不断增强的组织。而一般组织则对组织学习听之任之,从而一步步削弱了其学习能力"。因此,所谓学习型组织,是指通过弥漫于整个组织的学习氛围而建立起来的一种符合人性的、有机的、扁平化的组织。这种组织具有持续学习的能力,是可持续发展的组织。

彼德·圣吉认为:"在这种组织里,你不可能不学习,因为学习已经完全成了生活的不可分割的一部分","学习型组织是一群能不断增强自身的创造能力的人组成的集合或团队"。他说:"我更愿意这样来定义学习型组织——一个有自己的哲学的组织,它在预期、对变化的应对和反应、复杂性和不确定性等方面都有自己的一套。"以彼德·圣吉的"五项修炼"模型为基础的学习型组织的理念的提出,代表了学习型组织理论的框架正式形成。

学习型组织理论认为学习型组织是这样一种组织结构——在其中,大家得以不断突破自己的能力上限,营造真心向往的氛围,培养全新、前瞻而开阔的思考方式,全力实现共同的抱负,以及不断一起学习如何共同学习。这个现象的出现有其历史发展的必然条件:时代的进步、社会环境的剧变已经把组织学习推到了一个十分重要的位置,使这一古老的研究课题重新焕发了生命力,成为社会未来发展的方向。这对正处在历史十字路口的中国来说,更具有深远的现实意义。

相比以前各种管理理论的描述,学习型组织理论是目前管理领域内最新、最权威的一套理论体系。该理论关于学习型组织的定义有着自己的独到之处,一方面指明了学习的范围、对象,另一方面又指出了学习的目的和目标。学习型组织不描述组织如何获得和利用知识,而是告诉人们如何才能塑造一个学习型组织。学习型组织的战略目标是提高学习的速度、能力和才能,通过建立愿景并能够发现、尝试和改进组织的思维模式而改变他们的行为,这才是最成功的学习型组织。

任何组织都是一个完整的系统,同时也应该是一个有机的主体。就像一个完整的人,组织的内部结构、总体思维方式和自身的素质也构成一个完整的有机体,都将影响到组织对外在变化的反应;而组织对外在变化的适应能力的提高也和个人技能的提高一样,只有通过学习才能达到。同时,组织又作为一个有机体,必须强调总体的能力,即组织自己的智慧和判断、自我学习和适应等能力。

因此,学习型组织的内涵可以概括为:不是个体而是团队、不是一时而是持久、不是个人行为而是组织行为。这样一个自由、开发、便于信息交流和知识传播的共享学习成果的系统,能有效地将学习行为转化为创造性行为。这样的组织系统,永远不是一个终结的概念,而是一个不断进取、与时俱进的概念。它是人类智力进化的工具,只要人类在求索进步,它就在发挥作用。

根据学习型组织的内涵标准,我们可以看出,学习型组织是一种以学习为主导和纽带的包括各种社会团体在内的广义的社会组织。按照学习型组织的规模大小,可以分为学习型社会、学习型城市、学习型社区等;按照学习型组织的主体不同,又可分为学习型企业、学习型学校、学习型家庭等。

当然,强调学习型组织的学习主导性,并不意味着学习活动是组织的主要任务,更不是说学习活动应占据组织的主要时间,而是说这种学习应当围绕、服务于组织的主体发展目标,渗透于组织主体发展任务及其各项活动之中,而不是游离于组织目标之外。可见,学习活动同组织主体发展目标的相关性、渗透性,是学习型组织的本质特征,也是评价学习型组织的主要标准。

众所周知,任何事务都具有质和量统一的规定性,最终表现为质与量的统一。学习型组织是高质量的学习活动和大面积的学习活动的完美统一。所以,对于"学习型组织"的概念要有透彻的理解,也应从它的质、量及两者的统一上加以把握。

从质的方面看:

第一,学习型组织所进行的是真正的学习。所谓真正的学习,是指能够引导学习者行为、观念、方法以及知识结构、思维方式、技能技巧、行为习惯等心理和行为要素,朝着有利于社会进步、组织发展和个人完善方向发展变化的学习,是有利于社会物质文明和精神文明建设的学习。

第二,学习型组织区别于忽视学习的事务型组织。事务型组织的成员往往忽视理论知识,轻视学习活动,甚至把学习新知识、接受新信息视为"追时髦、赶浪头",他们不爱学习,而主要凭借经验行事,满足于埋头苦干、穷于应付、疲于奔命,结果事倍功半甚至劳而无功。这种事务型组织,在以知识经济为主导的社会转型期,必将会受到冲击乃至淘汰。

第三,学习型组织是绝大多数成员能够主动自觉地参与学习活动、焕发着创造和探索精神的组织,是凭借知识自身的力量协调运行的组织。组织成员积极主动的学习态度不仅来自外部的激励,更来自学习主体内在的迫切需要。组织成员在自身及组织发展实际需要所引发的强烈动机支配下的学习,必将是如饥似渴式的学习。也正因为如此,它才能取得良好的效果。

第四,学习型组织中所进行的是广义的学习。在内容和形式上都不同于狭义的学习。从内容上看,它既包括科学技术知识,也包括人文社会科学知识、日常生活和工作中的经验知识,以及获取、运用和创造知识的知识。从形式上看,学习的方式多种多样,包括读书、参观、访问、调查、考察、游览、交往以及网上浏览、交流乃至谈天说地等等。

从量的方面看,任何组织都不可能没有学习活动,但并非开展了学习活动的组织都可以称得上是学习型组织,只有开展了具备一定质和一定量的学习活动并取得发展绩效的组织,才能称为学习型组织。

当然,不同的学习型组织有着自己不同的指标,因具体情况的不同而异,其基本指标是:

第一,组织有团体学习规划(包括目标、内容、进度安排、组织形式、学习制度、考核评价及奖惩方式等),80%以上的成员还有个人的学习规划,团体和个人都能按照规划进行切实有效、持之以恒的学习和考核评价。

第二,组织有被全体成员认同的奋斗目标,绝大多数成员能自觉地为实现共同目标而勤奋学习,努力工作。

第三,有成效的团队学习促成了组织目标的实现,组织的学习与组织的发展形成了良性循环机制。

第四,存在一支占组织成员20%以上的学习骨干分子队伍,拥有公认的学习成果。

在学习型组织中,学习、知识共享、提高员工的素质将是组织的一项重要职能和目标,组织会开展经常性的培训以及团队学习活动。学习已经内化为组织的日常行为,融入组织的血液之中,主动学习、自觉学习将代替被动学习,制度性学习、系统化学习将代替零星式学习。这样,在实现组织规模扩大的同时,也实现了内在素质的提高。

16.2.2　学习型组织的构建原则

（1）带头学习原则。

学习型组织的创建,不仅要求社会组织的员工成为学习型员工,更要求其领导者成为学习型领导者。

（2）全员学习原则。

对学习型组织而言,团队学习是其最基本、最重要的学习形式。在学习型组织内,全体成员都应当积极、理智地参与团队学习,逐步树立自觉的学习意识,形成整个组织的浓郁学习氛围。

（3）创新学习原则。

创新学习原则有两个方面的要求:一是为创新而学习,即以整个社会组织的创新发展作为学习的根本目的,实现以观念、知识、智能更新为表征的人力资源创新、制度创新、管理创新和技术创新;二是为学习而创新,即为了确保和稳步提高学习效果而不断地改革学习体制、学习制度,讲究学习方法,努力追求学习体制创新、学习制度创新和学习方法创新。

（4）反思学习原则。

以学习型组织作为努力方向的社会组织,从领导者到普通成员都要敢于直面自身存在的问题和周边环境的问题,在不断的反思中发现和确认新问题,以问题、失误引导学习。

（5）互动学习原则。

在社会组织中,团队学习的突出特点是一个互相启发、互相激励的互动过程。一个人的体悟可以逐渐上升为组织知识,一个人的智慧可以逐渐演进为组织智能,从而发挥出系统的非加和性效能,即组织知识大于组织成员个人的知识之和,组织智能大于组织成员个人的智能之和。

16.2.3　学习型组织的模型

16.2.3.1　鲍尔·沃尔纳的五阶段发展模型

鲍尔·沃尔纳（Paul Woolner）运用实证研究法,从组织的教育与培训活动这一角度,对许多组织进行了深入的观察与分析,并在此基础上,归纳出学习型组织的发展模式。他认为,组织学习活动的发展一般经历五个阶段。

第一阶段是无意识学习。在这一阶段,组织本身尚处于初期发展阶段,组织中的学习活动一般是自发的、非正规的,此时组织没有安排学习项目的意识。

第二阶段是消费性学习。随着组织自身的发展和竞争的加剧,一方面,组织内部仍然存在着不正规的学习活动;另一方面,组织开始更多地出资选送部分员工到组织外的教育部门进修。

第三阶段是学习引入组织的开端。规模经济的发展使组织的教育与培训可能面向组织中更多的员工。组织开始有意识地在内部开发满足自身特定需要的学习项目,并建立相应的学习机制来推动这项工作。相比第二阶段,此阶段的学习活动已经有了很大进步,初步展现学习型组织的雏形,但其与组织长期发展战略之间尚缺乏明确的关系。

第四阶段是确定组织学习日程。到了这一阶段,组织已把学习纳入组织的日常工作中。无论是组织内部设计的课程,还是请相关专家设计的课程,都进一步趋于成热。

第五阶段是学习与工作的融合。这一阶段的特点就是学习与工作的完全融合。一旦这个阶段顺利完成,组织就已经成功地变革成为学习型组织了。

16.2.3.2 约翰·瑞定的"第四种"模型

约翰·瑞定(John Redding)主要从战略规划理论的角度分析组织学习的各种模式及学习型组织的基本特点。他认为,未来组织的生存能力取决于它能否实现系统的快速变革。实际上,近几十年来,各类组织一直在学习怎样进行变革。在这一过程中,人们逐渐发现有三种组织战略变革模型可引导组织取得变革成功。

第一种模型强调"计划"。其基本前提是只要高层管理人员能运用定量分析法理性地预测未来变化,并设计出变革计划,那么变革就能一蹴而就。在这一模型中,高层管理人员的计划能力是至关重要的,它与传统的命令—控制型管理模型相一致。这种模型在早期取得了良好的效果。

但由于组织环境的变化速度常常快于计划的实施,在计划实施过程中会碰到意想不到的问题,于是经过修正,产生了第二种模型,其战略变革的运行机制是"计划—执行计划"。执行计划是计划的进一步细化,它对计划实施过程中可能产生的问题制订了具体的解决对策,并对所需的各种资源做了规定。这种模型在一定程度上弥补了第一种模型的不足,能够适应计划的贯彻,但还有赖于组织环境的促成。许多系统问题如组织文化、管理风格、薪酬等也常常影响计划的实施,这是第二种模型实施起来遇到的新问题。

这样,第三种模型就应运而生,其运行机制是"准备计划—实施"。显然,第三种模型已把组织战略变革置于一个比较完整的框架之中,其不足之处是把变革看成是某个固定项目,忽视了变革与组织战略、结构和信息系统之间的相互关系。这三种模型都是传统的模型。

瑞定在前三种模型的基础上,提出了第四种模型,这就是学习型组织模型。它有四个基本要点:持续准备、不断计划、即兴推行、行动学习。

第一,持续准备。组织始终处于持续的准备阶段。它不是针对某个变革项目,而是广泛地关注组织与环境的协调,不断对经营行为提出质疑,随时准备因环境的变化而变革组织的相应环节。

第二,不断计划。在前三种模型中,计划是一种正式的书面文件,详细地规定了变革的项目和程序;而在学习型组织中,提倡设计开放灵活的计划,计划不一定局限于确定的内容,而是内化为一种组织的管理理念。

第三,即兴推行。学习型组织在推行变革计划的过程中,一般不要求员工按部就班,而是鼓励他们充分发挥潜力,采用即兴推行原则,创造性地实施变革计划。只有这样,才能够把员工的创造性充分发挥出来。

第四,行动学习。学习型组织不是通过一年一度的评估体系来衡量改革的成败;相反,它提供大量的机会使组织随时检验行动,及时作出反应,从而调整组织的行动路线,提高变革效益,加快变革速度。行动学习贯穿于准备、计划和实施的每一个阶段。

总之,学习型组织经过持续准备、不断计划和即兴推行,完成一次又一次的变革,同时又在为下一次变革做准备。

16.2.3.3 彼得·圣吉的"五项修炼"模型

彼得·圣吉模型是目前最为流行的理论,也是至今对学习型组织问题研究最为深刻、最有成果的理论。彼得·圣吉在对组织进行研究的过程中发现,"在许多团体中,每个成员的智商都在 120 以上,而整体智商却只有 62",之所以如此,是因为"组织的智障妨碍了组织的学习与成长,使组织被一种看不见的巨大力量侵蚀,甚至吞没了"。如何使这些组织变成学习型组织,并保持持久的竞争优势? 彼得·圣吉认为,必须进行五项修炼,即:建立共同愿景、自我超越、改善心智模式、团队学习和系统思考。

16.3 组织成长与再造

16.3.1 组织成长

16.3.1.1 组织成长的概念

所谓组织成长(organizational development),是利用行为科学的知识和技术,并结合组织目标和个人的发展要求,从而达到组织改革目的的过程。组织成长重视组织中人的方面,并要最大限度地开发人的能力,从而达到发展组织的目的。所以,组织成长既要提高组织成员的价值,同时也要提高组织的整体效率。组织成长的这种意图,实际上是提高组织成员和组织的灵活性、适应性、创造性和民主性的方法。组织成长是有意识、有计划的长期过程。

16.3.1.2 组织成长的特征

组织成长的具体特征如下:

(1) 应用行为科学。组织成长是为了解决组织的实际问题,是实际应用行为科学。

(2) 组织成长是有系统、有计划的变化,这是因为组织成长强调科学的合理性。

(3) 组织成长计划是由组织的上层制定的。由于组织成长包括政策的变化、引进新的价值观、重新分配资源等,所以组织成长一开始是由上层有计划地推动。

(4) 系统论的观点。组织成长把组织看成是一个系统,并把要改善组织系统整体视为最终目标。没有整体的发展,部分的组织改革不可能获得成功。

(5) 长远的观点。组织成长所关心的并不只是解决眼前的问题,而是更关心组织的长远发展。组织成长是一个长期而持续的过程。

(6) 根据经验资料的诊断。在组织成长中之所以强调根据经验资料的诊断,是因为组织成长倾向于以人及其行为为主并提高组织效率。因此,组织成长必然重视根据经验资料的诊断和实践活动。

(7) 强调团队的重要性。组织成长的介入对象包括组织、个人和人际关系以及团队和团队之间的关系,但组织成长最重视工作团队。当然,这种团队是组织中的团队,是为了组织整体的变化而追求团队的变化。

(8) 以过程为定向。虽然组织成长也关心业务内容或组织结构等,但关心的重点在于人际关系和团队以及组织过程。在这里,特别重视的是人与人之间的人际关系或相互作用的社会过程,以及为解决问题而进行的协作过程。因为,组织成长倾向于给组织注入人本主义的价值观,并要造成民主氛围。而且组织成长把实现变化的努力本身当做持续的过程,为提高其过程的合理性而努力。

(9) 充分利用磋商者并努力协作。组织成长使具有行为科学知识和技术的磋商者(也称为行为科学家、组织成长专家、介入者等)参与到这一过程中,并使他们承担推动改革的任务。这并不是让磋商者垄断组织成长的责任,而是要求组织成员和组织管理者积极参与。

(10) 强调制定目标。组织成长所追求的是要把组织变化为更好的状态。变化是在提高效率方向上的变化,而这种效率不仅包括合理性概念,还强调人本主义的价值。除了组织变化的目标以外,还包括以下目标:提高组织成员之间的相互信任和支持;不回避团队的问题,而是强调培养和提高正面解决团队问题的能力;提高信息沟通上的开放程度;提倡根据知识行使权力;提高组织成员的需求满足程度和履行职务需要的程度;提高创造性地解决问题的能力;给个人和团队赋予更多的责任;提高组织的灵活性,使组织能够根据业务性质而改变结构等。

16.3.1.3　组织成长理论的前提

组织成长理论是以关于人、团队、组织的假定为基础的。

(1) 关于人的假定。

组织成长理论关于人的假定如下:

① 组织成长关于人的假定,基本上以新古典组织理论关于人的解释,尤其是现代组织理论中的成长理论为出发点,认为人具有自我实现和自我发展的要求。

② 人的上述要求和潜在能力,在原先的组织条件下没有能够充分地表现出来,也就是说,通过组织成长还可以促进人的发展。

③ 通过解决存在于组织中的信息沟通与冲突问题,并营造良好的组织氛围,就可以同时追求个人的成长与组织的效率。

因此,应该通过人的发展来追求组织成长,而不应该通过外部的控制来实现组织成长。

(2) 关于团队的假定。

组织成长理论关于团队的假定如下:

① 组织成长理论假定,对组织成员来说,所属团队很重要,组织成员在工作团队中希望得到认可,并愿意互相协作,因此,这些团队对其所属组织成员的成长发挥很大作用。

② 这种所属团队的人际关系如果是开放和坦率的,那么个人就会对这种团队起重要作用。

③ 团队本身的性质。团队对组织既可以发挥积极作用,也可以发挥消极作用。

(3) 关于组织的假定。

组织成长理论关于组织的假定如下:

① 组织是人的集合体,而不是由各种零件构成的机器。为了了解组织,有必要考虑组织中的人际关系、非正式组织、信息沟通、人的自我实现要求等。

② 组织具有自己特殊的文化。组织文化对组织的实际运行和组织成员的工作效率具有重大意义。

③ 组织是由相互依赖和相互重叠的工作团队构成,组织和组织中的团队互相发生作用。

④ 组织是开放的有机系统。由于组织的系统性,组织中的每一个子系统的变化对其他子系统都发生影响。

⑤ 组织的氛围如果压制其成员的感情表达,而且组织成员之间进行过分的竞争,那么对个人的成长和职务满足很可能产生不利的影响。相反,如果组织保持民主的气氛,那么在解决问题和个人成长以及职务满足等方面就起积极作用。

⑥ 可以把组织设计成更适合于个人和团队及组织要求的结构。

⑦ 以前的组织由于在组织成员的自我发展和相互协作方面存在缺陷,所以应该通过组织成长予以改善。

⑧ 组织中所发生的一切事件并不是偶然的,而是由复杂的因果关系引起的。

16.3.1.4 组织成长的过程

组织成长的过程由六个阶段构成:

第一个阶段是介入对象团队的阶段。在这一阶段,组织成长专家同对象团队进行意见交流,并大体上把握组织的问题所在。在此基础上,明确地决定是否要推动组织成长的问题。

第二个阶段是同对象团队达成协议的阶段。这种协议的内容包括组织成长的目的、使用的方法、介入的中心对象、有关人员的角色以及要追求的结果等。

第三个阶段是诊断的阶段。在这一阶段,收集有关正式组织和非正式组织的信息。这些信息的内容包括组织的运行情况、组织成员的情况及其真实想法、需要改善的部分等。为了收集这些信息而使用的方法包括访谈、问卷调查、观察等。在诊断上最为重要的,就是有效地收集有关信息。

第四个阶段是制定实施计划的阶段。在这一阶段,为了达到组织成长所希望的组织状态,要制定有关事项的详细计划。计划里应该包括组织成长的对象组织、各具体目标及其相应的行动、所需要的资源等。

第五个阶段是实际介入的阶段。这是在组织成长专家的指导下,具体实践的阶段。而组织成长专家在具体实行以前,应该根据上述关于人和人际关系以及团队和组织的假定,制定有关组织及其成员的一系列目标,确定实现这些目标的一系列手段。

第六个阶段是反馈和评价阶段。在这一阶段,要不断地收集关于介入组织和实行组织成长的信息,并把这些信息反馈到有关人员那里,从而使他们继续理解和参与并促进组织成长。

16.3.1.5 组织成长的主要方法

(1) 敏感训练。

敏感训练也称为实验室训练或团队训练,这是在组织成长中最核心的方法。这一方法通过由 8～15 人构成的工作团队进行。敏感训练的目的在于发现组织组成人员的行为对其他人或团队产生什么影响,更好地了解个人的行为及个人在别人心目中的形象,更好地了解小组的工作过程,提高判断和处理小组工作中存在的问题的技能。

(2) 调查研究和反馈。

这里所说的调查研究和反馈,是指彻底调查组织所有成员的感情和价值观,并反馈给有关人员,从而引导他们的态度变化的过程。通过这种调查可以发现平时难以觉察的真实态度。

组织成长中所说的态度调查,必须联系到改善组织成员态度和发展方面。也就是说,这种调查研究应该反馈到有关人员那里,从而结合到组织成长的实践之中。而且,这种调查是以组织成员全体为对象,调查内容也应反馈到全体组织成员那里,共同解释这些资料并讨论改善方案。

(3) 管理类型图。

根据管理类型图的组织成长方法,是以管理类型图为基础,提高个人和团队以及团队之间组织整体效率的方法。

管理类型图以对人和组织生产的关心为依据,把管理分为以下五种类型:贫弱型,即对生产和人的关心程度都低的类型;和睦型,即对人的关心程度高,但对生产的关心程度低的类型;

任务型,即对人的关心程度低,但对生产的关心程度高的类型;折中型,即把满足人的要求和达到组织目标在中间程度上相互折中的类型;理想型,即满足人的要求和实现组织目标都要达到最佳状态的类型,组织成员互相信任和尊重,并为达到组织目标而尽最大的努力。

（4）过程磋商。

这是作为第三者的磋商者为组织成员或团队认识和理解组织过程中的问题而给予帮助的活动。过程磋商的重点在于发展组织中的"人的过程",以此来提高解决问题的能力并提高组织的效率。

磋商者在磋商过程中的任务是:理解组织中的"人的过程",并帮助他们自己解决在这些过程中产生的问题。组织中的"人的过程"具体包括:信息沟通过程、组织成员发挥作用的过程、团队的决策和解决问题过程、发展团队规范的过程、领导过程、权力过程、团队之间的相互作用过程等。

过程磋商阶段包括:设定关系阶段（通过磋商者和对象组织的有关人员之间的面谈,签订正式的和心理上的契约关系的阶段）、决定介入方法的阶段、介入阶段、评价及撤回阶段等。其中介入的具体方法有:选定议题、反馈观察到的结果和资料、个别指导和商谈、提议变更结构等,其中使用最多的是选定议题。这是提高组织成员对过程问题的感受性,并使他们对诊断这些问题感兴趣的一系列活动。

16.3.1.6　组织成长的局限性和成功的必要条件

组织成长理论强调以人为中心的组织改善、组织的民主化,把组织看成是具有生命的有机体,组织具有开放性,组织目标与个人目标的和谐等,因而具有值得肯定的积极意义。但是组织成长理论同时具有不少局限性。

（1）组织成长的局限性。

① 组织成长方法由于过分强调人的方面,所以具有忽略组织结构和业务之间的关系以及组织设计、系统方法等的倾向。

② 组织成长是以 Y 理论和成长理论为基础而开发的,因而这一理论提出的方案基本上都具有反官僚制的性质,虽然这是一个具有积极意义的倾向,但并不全面也不现实。

③ 组织成长需要很长时间和很多费用的方法。实行这一方法需要长期而持续的努力,如在组织成长专家方面就需要进行投资等。

④ 组织成长一般由外部专家起主导作用,但这种做法具有不少缺陷,如磋商者的无能、偏见、不诚实、失误等会使组织成长偏向,还可能导致组织对专家的过分依赖。

⑤ 组织的领导往往不信任组织成长或对组织成长具有不正确的认识。如果这些领导只是表面上支持组织成长,混淆组织成长的目标和手段,或者过于急于求成,就会导致组织成长活动的失败。

⑥ 如果简单地把组织成长的行为嫁接到原来的组织结构中,或只有一部分组织成员接受组织成长的价值,就很可能产生组织的混乱。

⑦ 由于政治上的制约、法律上的限制、组织程序上的复杂性和僵化倾向、组织领导的频繁交替、难以评价政府组织的目标和产出、以权威为中心的体制等原因,组织成长的努力面临不少困难。

由于组织成长所具有的这些局限性,应该在充分考虑对象组织的具体情况之后,慎重地判断组织是否适用组织成长理论。

（2）组织成长的成功条件。

组织成长要获得成功,需具备以下必要条件:

① 要有一个要求改革的组织内外压力,而且组织的领导认识到组织改革的必要性并支持组织成长。

② 要具备积极而有能力的磋商者或有关组织成长方面的专家,而且这些磋商者和组织成员之间要能够密切协作。

③ 组织要具备能够变化并接受新的人际关系的组织氛围和灵活性。

④ 组织成员应该认清组织成长的意义,组织成员之间应该形成相互支援的气氛,并积极参与组织成长过程。此外,各组织成员要准备好随时接受新的人际关系。

⑤ 组织成长过程应该公开进行,这样才能保证消除组织成员因受别人的操纵而可能产生的顾忌,并积极参与为组织成长而进行的各种活动。

⑥ 组织成长过程本身必须具备科学性和合理性。

⑦ 通过定期的评价,使组织成员认识到组织成长是值得的,从而确信组织成长成功的可能性。

16.3.2 组织再造

16.3.2.1 企业流程再造

企业流程再造(BPR)是指根据顾客的需求,以企业流程为改造对象,对企业流程进行重新思考和再设计,通过对企业流程的构成要素重新组合,产生出更有价值的结果,从而获得企业绩效的巨大改善,它是企业再造的核心领域。BPR 的出发点是顾客的需求;BPR 的再造对象是企业流程;BPR 的主要任务是对企业流程进行重新思考和再定位;BPR 的目标是绩效的飞跃。

（1）顾客需求与企业流程再造。

在漫长的历史岁月中,由于生产技术、交换手段以及运输方式等客观条件的限制,人们所能生产、交换的产品的品种与数量都非常有限。随着技术进步和社会发展,人们的消费水平逐步提高,顾客的消费需求发生了巨大的变化。

企业流程再造,从根本上说,就是站在顾客的立场上重新设计企业流程,这就要求企业对顾客的需求要有准确的把握;而要把握顾客的需求,企业就要视每一个顾客为有特别要求的"单一顾客",不能再以"群体顾客"的观点开展工作。如果做不到这一点,流程再造一开始就会偏离方向,以错误的目标来创造新流程或取消旧流程都是毫无意义的。

企业流程是指为完成某一目标或任务而进行的一系列逻辑相关的活动的有序集合,企业是流程的集合体,不同企业由不同的流程组成。活动是构成企业流程的第一个基本要素。组成流程的活动并非简单叠加,而是通过一定的方式连接起来,连接方式不同,形成不同的流程,因此,活动之间的连接方式成为企业流程的另一个基本要素。企业流程中的任一活动都必须由人来完成,活动的承担者构成了企业流程的第三个基本要素。企业流程中的人们进行活动往往要借助一定的技术和工具,技术和工作条件的变化可以形成不同的流程,企业员工完成活动的方式构成了企业流程的第四个基本要素。这四个要素是企业流程中最基本的要素,其中的任何一个发生变动都会导致一个新流程的产生。

16.3.2.2 企业组织再造

企业组织再造是指对企业组织结构重新整合,将传统面向功能的组织结构转化为面向流程的组织结构,以谋求组织整体效益最佳。组织再造要以企业流程为中心,建立能不断提高流程本身素质和流程绩效的组织结构,其特点是适应信息社会的高效率和快节奏,鼓励员工参与管理,扩大了员工的自主权和决策权,实现了企业内有效沟通,增强了企业的灵活性和应变力。这种新型组织具有持续学习的精神,属于学习型组织。

(1) 工作单位由职能部门变为流程工作小组,组织结构由垂直型趋向扁平化。通过再造,以流程的观点重新对员工进行安排,组成流程工作小组,取代了原来的职能部门。同时,中层管理机构逐渐萎缩或消失,组织结构自然趋于扁平。在扁平化的组织中,企业流程中的工作人员地位平等,凭着信息系统可与组织内任何人沟通,大大降低了组织运行成本。

(2) 考核标准由工作时间或活动内容转变为工作结果,晋升标准由员工表现转变为实际能力。流程再造后,考核员工的依据转变为员工工作结果,只有当员工的工作能给顾客创造价值时,员工才能获得相应的报酬。同时,员工晋升的标准变为实际工作能力,这样,对多数员工来说,可以根据其工作能力,让他们在专业道路上发展,为他们发挥专长创造更好的条件。同时,对管理人员的素质要求,不仅包括综合的知识和能力结构,还包括服务精神和持续学习的意愿。

(3) 员工角色从被动接受到主动参与,经理人员由监督者变为教练。在新型组织中,员工自我管理、自我激励,并广泛参与流程的管理和经营决策,在授权范围和责任范围内,具有充分的自主权。这一工作特征,一方面削弱甚至是完全取消了经理人员的监督职能;另一方面对经理人员的能力提出了更高的要求。相应地,经理人员以及资深的管理人员必须充当教练的角色,不仅要向员工传授技艺,更重要的是要辅导员工学习,这样才有利于开发员工的智慧,帮助员工规划事业发展。

16.4　知识管理

16.4.1　知识管理的概念

享誉世界的福特汽车公司在管理中非常推崇"知识管理",将"知识管理"看做是"智力资本杠杆",并认为它具有四两拨千斤的管理效能。公司在 1996 年到 1997 年间成功地节约了超过 3 亿美元费用,而其中的 2.4 亿美元可直接归功于其采用的一套知识管理技术——最优经验答复系统。更令人吃惊的是,这一系统是由福特内部网络 Web 开发者和两位经营专家在 10 天内开发出的一套系统。

那么,能发挥如此奇效的"知识管理"究竟是什么呢?

知识是人对事物的认识和经验(包括技能)的总和。从信息的角度看,知识是一种能改变人的行为方式、被人所利用的信息。但它不能独立存在于信息的集合中,也不表现为对信息的存储和提取的能力,它只能在人对信息的运用中体现和产生。当然,离开了信息,人也无法获得知识。可见,人是实现知识的主体,信息是转化为知识的基础。人的认识可以决定信息存在的价值,人的认识又会因被认识的事物所具有的信息而改变,从而形成不断提高的对事物的新认识,以至循环无穷。这就是信息在转化为知识的过程中与人的相互作用和内在联系。

因此,人在获取知识的过程中与信息的这种相互作用和内在联系决定了"知识管理"是一种对人与信息资源的动态管理过程。我们理解"知识管理"应是以人为中心,以信息为基础,以知识创新为目标,将知识看做是一种可开发资源的管理思想。

简单地说,"知识管理"就是人在企业管理中对其集体的知识与技能(不管它是写在纸上,还是存在人脑中)的捕获与运用的过程。其目的就是寻求信息处理能力与人的知识创新能力的最佳结合,在整个管理过程中最大限度地实现知识共享,以便达到将最恰当的知识在最恰当的时间传递给最恰当的人,使他们能够作出最恰当的决策。具体企业而言,知识管理的目标就是要提高企业所有知识的共享水平和知识创新的能力。

16.4.2　知识管理的内容架构

从结构上看,知识管理可分为人力资源管理和信息管理两个方面。

16.4.2.1　人力资源管理

人力资源管理是"知识管理"的核心内容。

著名的知识学教授野中郁次郎(Ikujiro Nonaka)曾说:只有人类才能在知识创新的过程中扮演核心角色,无论计算机的信息处理能力有多大,它们终究不过是人类的一种工具。可见,人既是知识创新的主体,又是知识的载体,因此对人的管理(即人力资源的管理)是知识管理的核心内容。

"人力资源"一词对应的英文有三个:human 是指人,resource 是指财富,human resource 是指将人力当作一种财富的企业价值观。

具体而言,人力资源管理就是一种以"人"为中心,将"人"看做是最重要的资源的现代管理思想。其管理模式是"以事就人",以人为主,旨在使人适其所、人尽其才,使组织的成长配合个人能力的发展,使组织的目标与个人的目标有机地统一。它反映的是"人才决定企业前途"的经营理念。

金钱资本与知识资本在知识经济时代具有显著的差异。资金的投入与商业表现和知识管理并没有直接的关联,投入同样数量的钱,可能会给某个公司带来可观的收益,也可能会给另一个公司带来一个昂贵的摆设。而知识资本的投入对每个公司的商业表现和知识管理都有直接的联系。因为在知识经济时代,决定企业成功的最主要的因素是企业所有人的知识创新能力。

可见,以"人"为中心比农业时代以"土地"为中心、工业时代以"金钱资本"为中心的管理思想更具有科学性,更适应以信息网络为基础的知识经济的时代。将人力看做是一种最重要的资源,从而最大限度地实现知识创新,这既是人类社会进步发展追求的目标,也是知识管理的最高境界和核心内容。

16.4.2.2　信息管理

良好的信息管理是实现有效的知识管理的基础。

在工业经济向知识经济迈进的新时代,人们对日新月异的信息管理技术的热情不断高涨,对构成信息管理基础的通信网络技术和计算机服务技术充满深深的惊奇。

然而上过 Internet 的人大都有过这种经历:面对信息的海洋,人们像迷途的羔羊,要想找到自己需要的那一撮青草,尤如在垃圾堆里刨金。

Internet 中的信息固然有许多可以转化为知识,但信息与知识却有本质的不同。

首先,知识是不能和人分离的,它只存在于人的实践过程中;而信息却可以独立于人之外存在。

其次,知识具有动态的属性,它只能在知识劳动者对信息的运用中体现,并可能在交流中发生裂变、聚变从而创造出新知识;而信息却是静态的,它无须人的交流与运用也照样能存在,比如一个静态的广告牌,虽然本身集合了许多信息,可我们却不能说它具有知识。

随着人们对知识与信息的理解日益深刻,技术派对知识管理的阐释的局限性充分暴露。如将知识管理混同为信息管理,将其定义为"对数据间关系的理解,为管理数据所制定的明确规则以及对数据库准确性和整合性的保证"。这样的理解,基本上以技术自身当中内嵌的规则和程序为基础,事实上只适用于一种独立于人之外的稳定的可预测的组织环境。而对于动态的不可预期的以人力资源管理为核心的知识管理,它显然无法正确分析、研究、阐释。

但是技术派的信息管理却又是实现有效的知识管理的基础。

知识管理从结构上可分为对人力资源的管理和信息管理两个方面。而信息管理又可分为三个层面,最底层的是通信网络,用来支持信息的传播;第二层是高性能计算机服务器层,这是存取信息、数据的关键环节之一,与通信网络一起为信息管理提供硬件支持;第三层是信息库、数据库系统层,它是信息管理系统的关键层,和计算机服务器层一起组成了信息管理系统的高性能信息、数据服务器,为各种信息转化为知识的应用提供了有力的支持。

不难看出,信息库、数据库系统层是信息管理的核心。它的功能包括:第一,存放经过整理、归类的信息;第二,提供获取各种人类专家的个人经验的工具;第三,为应付人类知识的更新提供必要的维护手段。其目标就是最大限度地实现知识资源的共享和交流。因此,对构成信息管理系统的基本要素,如数据库、文件管理系统、人工智能、电子邮件等的开发应用都是信息管理的重要内容,也是有效地实现知识管理的硬件基础。

虽然资源的现代管理思想强调人力资源管理是知识管理的核心,但并不是说它能独立于信息管理之外而实现有效的知识管理。在知识管理体系中,人力资源管理与信息管理是紧密结合、不可分割、相依存的有机统一体,如果割裂了二者的关联,采用人为封闭、静态的方法研究它,那么将不可能产生真正意义上的"知识管理"。

16.4.3　知识管理的实施

随着信息化建设的深入,IT 不仅成为企业运营的基础平台,而且在 ERP、CRM、OA 等信息系统内沉淀了大量的知识,成为企业创新的知识源泉,于是知识管理逐渐被大中企业提上了信息化建设的议事日程。

综合国内知识管理实践,企业实施知识管理主要分为五个步骤,如图 16-1 所示。

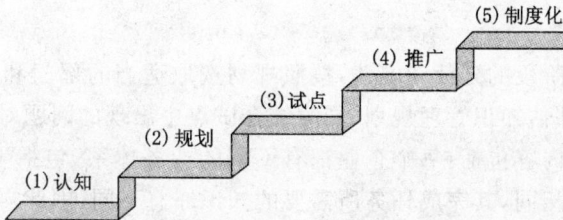

图 16-1　知识管理的五个步骤

（1）认知。

认知是企业实施知识管理的第一步,主要任务是统一企业对知识管理的认识,梳理知识管理对企业管理的意义,评估企业的知识管理现状,帮助企业明确是否需要知识管理,并确定知识管理实施的正确方向。

认知的主要内容包括:全面完整地认识知识管理,对企业中高层进行知识管理认知培训,特别是提高企业高层认识度;利用知识管理成熟度模型等评价工具多方位评估企业知识管理现状,通过调研分析企业管理的主要问题;评估知识管理为企业带来的长、短期效果,从而为是否推进知识管理实践提供决策支持;制定知识管理战略和推进方向等。

认知阶段是企业接触知识管理的第一步,需要特别注意三点:首先,企业文化和管理模式对知识管理采用何种实施方法有着决定性的作用,因此应特别注意不要忽略企业文化和管理现状;其次,知识管理的推广需要企业流程、组织、绩效等管理机制的配合,同时也需要深入企业业务层,必须得到高层重视,并将知识管理提升到战略高度,才能保证知识管理在企业中顺利推进;第三,由于知识管理是一项长期推进的工作,需要对知识管理的效益进行准确量化评估,才能转化为长期发展的动力。

多数企业会邀请外部的一些培训、咨询公司参与认知阶段的工作,关键在于了解业界标杆企业的做法和选择合适自己现状的解决方案。

(2)规划。

知识管理的推进是一套系统工程,在充分认知企业需求的基础上,详细规划也是确保知识管理实施效果的重要环节。这个环节主要是通过对知识管理现状、知识类型的详细分析,并结合业务流程等多个角度,进行知识管理规划。在规划中,应切记知识管理只是过程,不能为了知识管理而进行知识管理,只有把知识管理充分融入企业管理之中,才能充分发挥知识管理的巨大作用。

规划的主要内容包括:从战略、业务流程及岗位等方面进行知识管理规划;企业管理现状与知识管理发展的真实性分析;制定知识管理相关战略目标和实施策略,并对流程进行合理化改造;知识管理实施的需求分析及规划;在企业全面建立知识管理的理论基础。

规划阶段的难点主要包括:知识管理和企业战略目标与流程的结合;知识管理与其他管理制度如人力资源管理的结合及管理思想的转变;以知识管理思想为基础的业务流程的改造;知识管理的文化氛围的建立;知识管理规划与企业实际情况结合,建立适合企业自身特点的实践形式;等等。

本阶段建议由咨询公司和企业中高层统一认识后共同参与规划,确定知识管理实施的解决方案。

(3)试点。

试点阶段是第二阶段的延续和实践,按照规划选取适当的部门和流程进行知识管理实践,并从短期效果来评估知识管理规划,同时结合试点中出现的问题对规划进行修正。

试点阶段的主要内容包括:每个企业都有不同的业务体系,包括生产、研发、销售等,各体系的任务特性均不相同,其完成任务所需要的知识亦有不同,因此需要根据不同业务体系的任务特性和知识应用特点,拟订最合适、成本最低的知识管理方法,这称为知识管理模式分析(KMPA)。另外,考虑到一种业务体系下有多方面的知识,识别关键知识并判断关键知识的现状,进而在知识模式的指导下采取有针对性的提升行为,这称为知识管理策略规划(KSP)。此阶段的重点是结合企业业务模式进行知识体系梳理,并对知识梳理结果进行分析,以确定知识管理具体策略和提升行为。

本阶段是知识管理从战略规划到实施的阶段,根据对企业试点部门的知识管理现状、需求和提升计划的分析,应该考虑引入支撑知识管理实施的知识管理 IT 系统。根据前几个阶段的规划和分析,选择适合企业现状的知识管理实施方法,如带知识管理功能的办公协同系统、知识管理系统等。可以说,本阶段在知识管理系统实施中难度最大,如怎样选择合适的试点部门、知识管理模式和策略分析、增强提升计划的针对性等,因此,需要建立强有力的项目保障团队,做好业务部门、咨询公司、系统开发商等多方面协调工作。

试点阶段的难点主要有:选择合适的部门进行试点;知识体系的建立及知识管理模式和策略分析;针对性的提升行动计划。

(4)推广。

在试点阶段不断修正知识管理规划的基础上,知识管理将在企业大规模推广,以全面实现其价值。

推广的主要内容包括:知识管理试点部门的实践,在企业中其他部门的复制;知识管理全面融入企业业务流程和价值链;知识管理制度初步建立;知识管理系统的全面运用;知识管理提升计划的全面运行,并将其制度化;等等。

推广阶段的难点主要包括:对全面推广造成的混乱进行控制,对知识管理实施全局的把握;知识管理融入业务流程和日常工作;文化、管理、技术的协调发展;知识管理对战略目标的支持;对诸如思想观念转变等人为因素的控制以及利益再分配;建立知识管理的有效激励机制和绩效体系;等等。

(5)制度化。

制度化阶段既是企业知识管理项目实施的结束,又是知识管理的一个新开端,同时也是一个自我完善的过程。要完成这一阶段,企业必须重新定义战略,并进行组织构架及业务流程的重组,准确评估知识管理在企业中实现的价值。

在这一阶段,企业开始意识到知识管理是企业运作的一种战略,而且有必要成为综合企业运作机制的一部分,从而把知识管理全面融入企业战略、流程、组织、绩效等体系。在此基础上,知识管理将逐渐演变为企业核心竞争力的一部分,有力促进企业每一位员工的发展。

制度化阶段的重点主要是:知识管理深入业务体系;知识管理的广义推广;知识管理提供战略支持;知识管理新实践的创新;等等。

制度化阶段的难点主要是:知识管理深入业务体系的流程调整;知识管理思想推广到其他管理体系中;知识管理文化氛围的建立;知识管理新实践和方法的创新;等等。

综观国外知识管理的发展轨迹,结合国内知识管理的应用现状,可以预见,在不久的将来,知识管理将逐渐成长为一种管理思想,进而形成一种管理标准,如同质量管理、流程管理一样,成为体现组织核心能力的关键要素。因此,企业成功实施知识管理对企业核心竞争力的增强和企业的长久发展将具有重大的意义。

在知识经济飞速发展的今天,企业越来越清醒地认识到知识是企业最宝贵的资产,知识管理则是保证企业竞争优势的重要手段。然而,知识管理从知到行,决不是简单的、盲目的,而是需要涉及多个层面的综合解决方案。企业在推进知识管理过程中,只有透察现状、明确问题,才能合理设计实施路径,发挥知识管理的真正价值。

16.5　智力资本

在知识经济中,人力资源的地位日益重要。实际上,知识经济是智力资源消耗型经济,它主要依赖于知识、智力的投入。可以说,智力资本是知识经济的基础。

16.5.1　智力资本的提出

智力资本最早是作为人力资本的同义词由西尼尔(Senior)于 1836 年提出的,他认为智力资本是指个人所拥有的知识和技能。1969 年,加尔布雷斯(John Kenneth Galbraith)正式提出了"智力资本"这一概念。他认为智力资本不仅是纯知识形态的知识,还包括相应的智力活动,即智力资本不仅是静态的无形资产,而且还是有效利用知识的过程,是一种实现目标的手段。托马斯·斯图尔特(Thomas Stewart)认为,智力资本是企业里每个人所掌握的、能带来竞争优势的内容之和,并可划分为人力资本、结构资本和客户资本三部分。英国学者安妮·布鲁金(Annie Brooking)指出,智力资本是使企业得以正常运行的所有无形资产的总称。但是,从历史的观点来看,将人力资本列入智力资本范畴的观点缺乏内在的逻辑性,智力资本归根结底是由人力资本创造的,先有人力资本才有智力资本。我国学者李忠斌认为,智力资本是突出高科技特征且具有独占性的全新型(新理念、诀窍、管理技术、专利技术和新成果、新产品等)、扩张型的价值资本;金帆认为,智力资本是指存在于其主体自身的具有创造价值的才能,具体而言,智力资本包括企业家人力资本和技术创新型人力资本。

智力资本思想源于人力资本思想,智力资本的提出正是人力资本理论深化和知识经济发展的结果。智力资本与人力资本概念产生的历史背景不同。人力资本是在解释"经济增长之谜"的情况下,由经济学家费雪、舒尔茨、贝克尔等人提出的,代表着经济学理论的新发展。而智力资本是在两个不同的背景下提出的,一是在对人力资本理论的研究中,发现人力资本概念中的智力比体力更具有增值作用,智力资本在经济增长中起着关键作用;二是在知识经济迅猛发展的过程中,发现企业的市场价值远远高出其账面价值,虽然有资本运作的因素在其中,但是企业的无形价值是市场价值增值的主要原因。因此,人们将这部分资本称为智力资本。

知识经济使人们对知识和智力的认识发生了根本性的改变,知识和智力的概念更加清晰。然而,人类并不是今天才注意到知识和智力的作用,人类对经济增长中的知识、能力、科技因素已研究很久,人力资本理论的产生和发展就是最充分的说明。实际上,正是人力资本理论解释了长期困扰着人们的"经济增长之谜",揭示了人力资本是经济增长的根本动力,指出人们的知识、能力、健康等人力资本的提高对经济增长的贡献比物质资本、劳动力数量的增加重要得多。人们对人力资本的认识由浅入深,逐步形成了一套比较完善的人力资本理论。在人力资本理论中,人的体力和智力一直是研究的重点,尤其是智力,更是作为财富的源泉。所以,在知识经济研究中,对知识的研究自然会引入智力的概念,而智力资本的提出正好解释了知识经济发展的动力问题。

20 世纪五六十年代西方提出的人力资本理论中,智力作为人力资本的重要组成内容,已经逐渐被社会认可。高新技术产业的兴起,使智力资本这一概念被赋予了新的内涵,高新技术产业所具有的市场价值远远超过它的有形资产价值,物质资本对其最终产品(服务)的贡献远远小于无形资本。人们发现,人员的技能、高效的管理、品牌忠诚度等无形资本是企业超值收益的主要来源。因而,这些无形资本的总和应该称为智力资本。

人力资本思想源远流长,为智力资本概念的提出和理论的形成作好了充分的思想和理论准备。经济学把关于"资本"的理论推广应用到人力方面,把人力作为资本的一个特殊的、重要的存在形态来认识和研究,是经济学理论深化和创新的基本要求和表现,是理论回应现实经济问题的必然结果。经过近半个世纪的传播和发展,"人力资本"现已成为普遍使用的经济学术语和日常用语,人力资本理论已被广泛应用于经济学各个相关研究领域,人力资本投资的重要意义也已被社会各界广泛认识和普遍关注。

16.5.2　智力资本的概念

由于智力资本是无形的,且影响因素众多,加之考察和解释的视角不同,智力资本的观点和术语歧义纷呈,难以形成一个统一的概念。近年来关于智力资本概念的研究可以归纳为以下几方面:

(1) 从知识和学习角度解释智力资本,重点研究人力资本、知识的创造、知识的积累和知识对经济增长的作用。

(2) 从知识管理角度解释智力资本,主要侧重计算机信息系统管理,强调信息的作用。

(3) 从创新管理角度解释智力资本,是特指研究与开发(R&D)的管理。

(4) 从资本市场角度考察智力资本,是注重智力资本的数量、价值的大小对企业资产负债表的影响,属于企业价值管理。

基于国内外学者对知识资本、人力资本与智力资本分析研究的成果,本书认为,智力资本是指通过人的智力创造和应用所形成的,可以被规范化或系统化或隐藏在人力资本中的,可以被掌握和应用并对企业施以影响和产生更高价值的一种资本。

智力资本通常包括三个方面:人力资本(human capital)、客户资本(customer capital)和结构资本(structural capital)。同时,我们可以将智力资本分为狭义智力资本与广义智力资本,理解知识资本、人力资本与智力资本的关系,如图 16-2 所示。

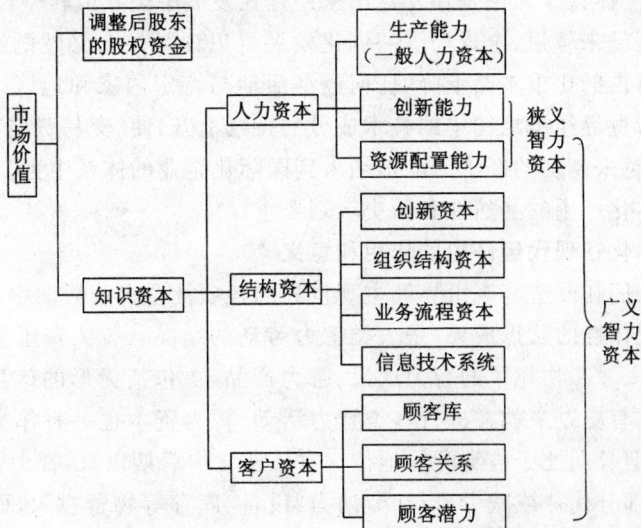

图 16-2　知识资本、人力资本与智力资本关系图解

16.5.3 智力资本的特征

(1) 智力资本与人密不可分,主要表现为人的素质和能力。

(2) 智力资本是通过对智力的投资形成并积累的,是投资的产物,具有市场性,能够带来收益。

(3) 智力资本具有可变性,主要表现在其不断的增加或逐渐的贬值。

(4) 智力资本具有明显的层次性、不可视性和难以度量性。

16.5.4 智力资本化产生的历史性和必然性

资本化是资本运动的过程,体现在资本的增值及带来的收益。智力资本是一个静态的概念,而智力资本化是一种动态的概念,智力资本化是智力资本的运动过程,是智力资本的运动轨迹,是智力资本的增值过程。

(1) 智力资本化是知识经济产生和发展的结果。

知识经济最突出的特征是知识经济一体化——一个知识与经济相互渗透、相互交融、相互包含的过程。智力资本化是随着知识的经济功能日益增大,经济的知识取向也日益强烈,二者的进程达到相当高度而产生的一种新的经济现象。作为结果,它是"知识的经济化"和"经济的知识化"这两种趋势的合流。知识经济一体化是当代世界经济和知识发展的新现象、新趋势。

在现代经济中,知识已经成为"知识资本",而土地、劳动力和资本等"有形资本"已经让位于"知识资本"等"无形资本"。创造性价值观、虚拟价值,是一个企业在21世纪竞争与发展的首要因素。可以用这样一个公式来表达新经济价值观:无形资本＝人才＝智慧＝知识＋创造。

(2) 智力资本化是全球经济一体化的必然结果。

20世纪90年代以来,世界经济发生了深刻的历史性的变化,这些变化集中反映为经济在全球范围内成为一个整体,从来没有一个时代像现在这样各国的经济发展紧密联系在一起,形成全球经济一体化。无论是在发达国家还是在发展中国家或转型经济国家,企业对世界经济的依赖程度越来越强,全球经济一体化发展可以说是一个必然的结果。初级材料在世界经济结构中所占的比重不断下降,任何经济活动与特定国家和地区之间的地理联系越来越弱;同时,随着世界经济结构中的技术成分的持续上升,使"交易费用"相对显得突出,为了减少这些成本,越来越多的经济活动被纳入到国际化企业的体系中去。

这是智力资本化产生的必然性和历史客观要求。

16.5.5 智力资本化在现代经济中的作用和意义

智力资本是人们在改造客观世界和主观世界的各项社会实践活动中形成的对客观事物发展变化状况和规律性的认识成果,是人类智力劳动的结晶。智力资本其实是有形与无形的统一体,既包括人才和物化了的智力成果、智力产品,更包括无形的信息、知识、智力活动和智力劳动。人类有史以来就在进行各类智力活动,智力资本也一直作为生产要素在经济活动中发挥作用,但长期处于被支配的地位。自工业化中后期以来,智力资本的重要性日益显现,它不仅可以部分代替或减少原料、劳动力、设备、库存等物资投入,而且可提高资本周转速度,左右资本流向,大大提高经济效益。智力资本已成为经济发展的核心生产要素。智力资本对经济增长的决定性作用主要体现在以下几方面:

(1) 智力资本比重上升。企业的经营成本不再主要是厂房、机器设备等有形资源和实物资产,信息、知识、品牌、人力资源等无形资产和非实物资产在企业资产中所占份额越来越大。

（2）科研开发的投资比重增加。目前发达国家每年研发费用占 GDP 比重大约在 2%～3%之间。国外企业的 R&D 费用一般占其年销售收入的 5%～10%,世界 500 强企业甚至普遍达到 10%以上。

（3）内部教育培训投资增长。跨国公司一般都设有专门的培训机构甚至公司大学。美国企业界对员工的教育培训支出从 1983 年的 396.66 亿美元提高到 1995 年的 6 000 亿美元,增长了 15 倍。

（4）产品和服务中智力密度大增。知识价值在产品总价值中的比重不断上升,智力产能化和知识密集化趋势日益明显,知识产品成为最具代表性和竞争力的产品。如软件产品中物资消耗成本占产品价格的比重微不足道,其价值主要取决于其中包含的智力成分。

（5）科技进步对经济增长的贡献加大。经济发达国家技术进步对经济增长的贡献率已从 20 世纪初的 5%～20%,上升到八九十年代的 60%～80%,已明显超过资本和劳动力的贡献。其中,技术进步对美国经济增长的贡献,1929～1947 年为 31.7%,1948～1969 年为 47.7%,到 90 年代达 80%以上。经济合作与发展组织（OECD）报告显示,其主要成员国国内生产总值超过 50%是以知识为基础的。

（6）智力成为企业利润本源。智力资本在现代企业增值活动中的作用日益显著,并逐渐取代物质资本成为利润的主要本源。全球 500 强企业中,最有价值的公司是那些有形资产规模或比例相对较低的知识型企业。如微软的账面资产不到通用汽车的三分之一,但其股票市值即使在新经济低迷时期仍是通用汽车的 10 倍以上。

（7）智力因素主导利润分配。1995 年美国企业收入的 64%落入知识拥有人之手。目前全球 500 强新型企业中,投资人所占的公司份额大多在 30%左右,70%被发明人和知识拥有人占有。

上述发展趋势标志着一个新的知识经济时代的到来。在这一时代,智力资源在经济增长中的角色已经从农业经济或工业经济中的辅助要素或"外生变量"上升成为竞争力的核心,成为决定性的终极资源和核心生产要素。

16.5.6　智力资本化是体现智力资本核心作用的根本途径

在知识经济时代,智力资本的核心作用如何充分体现和发挥? 根本途径是推进智力资本化。

智力只有成为资本,才能完整地参与社会分配。社会分配是经济活动的中心,如果智力不能取得完整的收益权,其核心要素的地位就无从谈起。纵观资本产生和发展的历史,无论是古典经济学,还是经过不断完善发展的现代经济学,资本始终是社会分配的基本依据,并在社会分配中处于主导地位,即可以支配剩余价值。因此任何一种要素投入,只有当其成为资本才能获得剩余价值的分配权,直接参与收益性分配。长期以来,智力对分配的参与基本从属于生产劳动得到自身价值的补偿即工资收入,或者物化在其他实物资本如劳动工具之中局部参与剩余价值的分配。随着智力的重要性日益凸显,客观上要求智力除了获得补偿性工资收入外,还应独立参与收益性分配,取得完整的收益权。这就需要拓宽资本的内涵,使智力独立为特殊的智力资本。

智力资本化是由其核心生产要素的发展地位所决定的。理论上说,智力只要能在一定条件下转化为生产力或物化在物质性资本之中,成为参与劳动生产过程的生产要素,就可以成为具有价值的资本。从这一角度看,智力其实早就具备了资本的属性,只不过由于其长期处于被支配的地位,只能作为一种隐性资本存在。智力上升为新的核心生产要素后,其对经济增长和财富创造的贡献应当得到客观的揭示和科学的衡量。资本化提供了一条量化的现实途径。智力转化为特殊的智力资本,也将扭转工业时代受制于货币资本和实物资本的局面,使知识雇佣资本成为可能,进一步凸显知识经济时代"以人为本"的基本理念。而且,由于智力资本具有可重复使用、边际报酬递增等特点,将促进社会经济从根本上超越资源依赖型经济增长方式的约束,实现较长时期内的稳定增长和可持续发展。

智力资本化也是推进智力产业化、市场化和国际化的重要前提。要促进智力同生产力的有机结合,实现智力产业化,需要通过智力资本化最大限度地调动智力劳动者的积极性和主观能动性;要大力探索知识经营,加快智力市场化,需要引入智力资本化这一市场化的运营机制,通过市场来实现智力价值;要在全球范围内优化智力配置,推进智力国际化,需要通过智力资本化确保智力的自由流动。

16.6 团队管理

16.6.1 团队的概述

世界著名的快餐连锁企业肯德基,其成功经验之一就是拥有一支优秀的团队。在这个性张扬、共性奇缺的时代,许多企业的经营者都在大声疾呼:我们愈来愈迫切需要更多、更有效的团队来提高我们的士气。团队究竟是什么?传统的诠释认为团队如同五六十年代提出的"集体主义",一个团队就是一个集体;时髦的诠释认为团队就是一条工作链。

有一个例子可以很好地说明什么是"团队":每年美国的职业篮球大赛结束之后,会从各个优胜队中挑选最优秀的球员,组成一支"梦之队"赴各地比赛,以制造新一轮高潮,但是结果总是令球迷失望——这支豪华阵容的队伍通常是胜少负多。

这是为什么呢?原因就在于"梦之队"不是真正意义上的团队。虽然其队员都是最顶尖的篮球明星,但是他们平时分居各个不同的球队,无法培养团队精神,不能形成有效的团队出击。由此看来,团队并不是一群人的简单组合。真正的团队与集合体有很多不同,例如:集合体没有共同的工作目标而团队有;集合体没有领导核心而团队有。高竞争力的团队是需要管理的,必须使团队的个人目标和集体目标一致,个人业绩和团队业绩是统一的,才能使团队成员协同作战,取得成功。团队不是"1+1=2",而是"1+1>2"。团队成员为共同使命和责任而努力,会产生大于个人努力总和的群体效益,而简单的集合体往往"一个和尚挑水吃,两个和尚抬水吃,三个和尚没水吃"。

任何一群人聚集在一起,都可以称为"团体"或者"群体",如一支职业球队、学校的一个班级、同一个部门的同事、旅游团等。如何从这些团体中区分出真正的团队?什么样的群体才是团队?团队和群体的真正区别在哪儿?

团队是由两个或者两个以上的人组成,通过人们彼此之间的相互影响、相互作用,在行为上有共同规范的,介于组织与个人之间的一种组织形态。人们为了共向的目标走到一起,承诺共同的规范,分担责任和义务,为实现共同目标努力,从而组成团队。其重要特点是团队内成员间在心理上有一定联系,彼此之间发生相互影响。

从行为心理上来说,团队的成员之间相互作用、相互影响,意识到团队中的其他个体,相互之间形成了一种默契和关心。不论何时,成员之间都相互给予必要的支持,而且他们也总是能够彼此协作,共同完成各项工作,达成团队的目标。团队成员具有归属感,情感上有一种对团队的认同感,意识到"我们是这一团队中的人"。每个人发自内心地感到有团队中其他成员的陪伴是件乐事,彼此心理放松,工作愉快。所以说,团队意识和归属感,形成了团队的深刻意义。

真正的团队,其队员都要有共同分担的责任,这是他们达到团队的共同目的、共同目标所必需的。世界上没有任何一个团队中的成员是不承担责任的,如果大家都不承担责任,实现共同的目标无疑是一个空中楼阁。

16.6.2　团队的要素

对于任何企业或者组织中的一个成员来说,都有五个基本要素,简称"5P",即目标(purpose)、定位(place)、职权(power)、计划(plan)和人员(people)。这五个因素的紧密结合构成了一个团队的整体框架。重点从这五个方面考虑团队建设,有利于抓住问题的关键。

(1) 团队目标。

对于每一个企业来说,自从打算开始在组织内部建设团队开始,就必须树立明确的目标,直至该团队完成使命。这些团队究竟是基于工作关系形成的自然团队、项目团队,还是仅仅为完成某项具体任务而组成的临时任务团队? 这些团队能够发展成为自我管理的团队吗? 这些团队是仅仅需要短期存在还是要能够持续多年?

这些都是在建立团队之前必须回答的问题。尽管各团队具体目标并不相同,但是所有的团队都有一个共同的目标——把工作上相互联系、相互依存的人组成一个相互协作的群体,使之能够以更有效的合作方式达成个人的、部门的、组织的和企业的目标。

为完成共同的目标,成员之间彼此合作,这是构成和维持团队的基本条件。事实上,也正是这种共同的目标,才确定了团队的性质。先有目标,才有团队。更重要的是,团队的目标赋予团队一种高于团队成员个人总和的认同感。这种认同感为如何解决个人利益和团队利益的碰撞提供了有意义的标准,使得一些威胁性的冲突有可能顺利转变为建设性的突破;也正因为有团体目标的存在,团队中的每个人才能知道个人的坐标在哪儿、团队的坐标在哪儿。因此,一定要把团队目标具体化。

(2) 团队定位。

团队定位和团队目标是紧密联系在一起的,团队目标决定了团队的定位。团队怎样结合到现在的组织结构中,创造出新的组织形式呢? 在讨论团队的定位问题时,有必要首先回答一些重要的问题,如:由谁选择和决定团队的组成人员? 团队对谁负责? 如何采取措施激励团队成员以及团队以外的成员?

在对以上问题作出回答以后,就可以开始制定一些关于团队任务的规范,确定团队应该如何融入组织结构。同时,也可以借此传递组织的价值观和团队预期等重要信息。这不仅仅是一个改造组织结构的问题,而是改造企业思维,使企业成为一个能适合合作性工作的场所,来自组织不同部分的人能够真正成为团队伙伴。这就需要深入研究传统组织结构模式,重新审视组织结构的自身问题,给企业团队进行准确的定位。

(3) 团队计划。

计划关系到每个团队的构成问题,即团队应如何分配和行使组织赋予的职责和权限。换句话说,就是团队成员分别做哪些工作、如何做。简单说来就是对工作的计划。

一个好的团队计划要能回答以下问题:团队有多少成员才合适? 团队必须要有一位领导吗? 团队领导职位是常设的、固定不变的,还是由团队成员轮流担任? 领导者的权限与职责分别是什么? 应该赋予其他团队成员特定职责和权限吗? 团队应定期开会吗? 会议期间要完成哪些工作任务? 预期每位团队成员把多少时间投入团队工作?

当然,我们不可能对以上这些问题给出具体的解答,应根据组织本身特点和实际需要进行合理选择。需要强调的是,有些规模较小或者结构较简单的组织应该优先考虑人员问题而不是职权和计划问题,这样可以避免选定团队成员不当导致的一系列问题。

(4)团队职权。

所谓职权,是指团队负有的职责和相应享有的权限。对团队职权进行界定的过程也就是回答以下几个问题的过程:团队的工作范围是什么? 团队可以处理可能影响到整个组织的事务吗? 你愿意让你的团队作为主要顾问提出意见和建议吗? 你希望让你的团队采取真正实际行动促成各种结果吗? 你所组建的团队在多大程度上可以自主决策?

这些问题实际上是团队目标和团队定位的延伸,解决了这些问题,就可以初步明确团队的职权问题。当然,职权问题会随着团队的类型、目标和定位的不同而产生很大的差异,这些差异同时也取决于组织的基本特征,如规模、结构、业务类型等。对于复杂多变的情况,我们无法给出特定的解决方案,但是在解决职权问题时必须坚持这样一个原则:在考虑团队职权因素时,一定要分清轻重缓急。

(5)团队人员。

构成团队的最后一个要素也是最重要的因素是人员因素。任何团队都是由不同的个体组成的,确定团队目标、定位、职权和计划,都只是为团队取得成功奠定基础,团队能否最终达到目标、获取成功,还是要取决于人员的表现。因为不同个体有不同的特点,团队成员间的关系也是影响团队是否成功的因素。因此,组建团队前,要回答以下关于团队成员的问题:你理解你的队员吗? 你需要选择什么样的人员? 每个团队成员都有哪些技能、学识、经验和才干? 团队成员的资源在多大程度上符合团队的目标、定位、职权和计划的要求?

只有了解了这些,才能真正了解团队成员,才有可能将团队成员的才干发挥到最大限度。也许不可能选择各个方面都十分优秀的人才作为团队成员,只要能够将所有人才资源整合在一起获得最大的效率就可以了。

16.6.3　团队的类型

团队的类型多种多样,规模有大有小。每种类型的团队都有明显的特征。按性质可分为政治团队、企业团队、文艺团队等;按范围分,就企业而言,可以大到多个企业组成的战略伙伴,也可以小到企业内某个部门、某个小组。桑德斯特洛姆·戴穆斯根据四种变量,即团队成员与组织内部其他成员差别化程度的高低、团队成员与其他成员进行工作时一体化程度的高低、团队工作周期的长度以及团队产出成果的类别,把团队分为四种类型:建议或者参与型团队、生产或者服务型团队、计划或者发展型团队、行动或者磋商型团队。

斯蒂芬·罗宾斯根据团队的存在目的及拥有自主权的大小,将团队分成三种类型:多功能型团队、问题解决型团队和自我管理型团队;另外,还有机能团队和虚拟团队。

(1)多功能型团队。

多功能型团队由来自同一等级、不同工作领域的成员组成,他们走到一起的目的是完成一项任务。多功能型团队是一种有效的方式,它能使组织内甚至组织间不同领域员工之间交换信息,激发出新的观点,解决面临的问题,协调复杂的项目。当然,多功能型团队不是管理野餐会,在其形成的早期阶段往往要消耗大量的时间,因为团队成员需要学会处理复杂多样的工作任务。在成员之间,尤其是在那些背景、经历、观点不同的成员之间,建立信任并能真正合作也需要一定的时间。例如,20 世纪 60 年代,IBM 公司为了开发卓有成效的 360 系统,组织了一个大型的任务攻坚队,成员来自于公司的多个部门。任务攻坚队其实就是一个临时性的多功能团队。

(2) 问题解决型团队。

在团队刚刚盛行时,多数团队的形式很相似,这些团队每周用几个小时来碰碰头,讨论如何提高产品质量、生产效率和改善工作环境。在这种团队里,成员就如何改进工作程序和工作方法相互交换看法或提供建议。在问题解决型团队里,团队成员的主要责任是通过调查研究、集思广益,理清组织的问题、忧虑和机会,拟出策略计划或执行计划。但是问题解决型团队对调动成员参与决策过程的积极性方面略有不足。

(3) 自我管理型团队。

自我管理型团队的成员通常多才多艺,他们能灵活地从一个领域转到另一个领域,从一个任务转到另一个任务,供职何处取决于哪里最需要他们,他们共同就工作进程、资源需求和任务分配等进行决策。自我管理型团队开始负责某些小事,比如内务工作和安全培训。随后,他们开始管理自己的考勤,安排加班和休假计划,选择并考核团队员工,参与同主要客户的交往。随着经验的增多,这些团队可能超越操作性的事项,开始改进群体的任务安排,制定一套新的奖励体制,并为扩张计划提供建议等。

自我管理型团队是依靠自我或是自我指导的团队。集计划、命令、监督和控制行动的授权和培训于一身,使得此类团队与许多其他类型的团队迥然有别。可以说自我管理型团队是一种真正独立自主的团队。他们不仅探讨问题怎么解决,并且亲自执行解决问题的方案,对工作承担全部责任,一般由管理部门批准。这种类型的团队通常由 10～16 人组成,他们聚集在一起解决一般性的工作问题,承担以前自己的上司所承担的一些责任。一般来说,他们的责任范围包括控制工作节奏、决定工作任务的分配、安排工作休息等。有些自我管理型团队甚至可以挑选自己的成员,并让成员相互进行绩效评估。自我管理型团队也被称为高绩效团队、跨职能团队或者超级团队。像我们所熟知的通用汽车、百事可乐、惠普公司等,实行的都是自我管理型团队。

(4) 机能团队。

机能团队是通常每天在一起从事相关事物和任务的个体集合。机能团队经常存在于机能部门中,比如市场、生产、财务核算、人力资源等。在人力资源部门又有一个或更多的机能团队,如招募、福利、安全、培训和发展等。麦思(Macy)在纽约的哈罗得广场旗舰店运用了团队体系。该体系包括数个机能团队,如收发、安置、填充、矫正和广告等。如广告团队处理损坏商品的调换、减价和其他价格变化事务、广告牌安置,以及收银区和包装区安全标志的摘除工作。

(5) 虚拟团队。

目前,多功能型、问题解决型、自我管理型和机能团队越来越能够像虚拟团队那样运行。虚拟团队是指一群在不同地域的个人通过一个或多个项目上多样的信息技术进行合作,团队成员可能来自一个或者多个组织。

　　虚拟团队的核心特点是目标、人和联系。目标对任何团队来说都是重要的,对虚拟团队更是如此,明了、精确、一致的目标是虚拟团队的黏合剂。人在虚拟团队中也是处于核心地位。在虚拟团队运行中三大类技术会经常被用到——桌面视听会议系统、合作软件系统和网络系统,所有团队成员通过会议相联系。

16.6.4　团队的角色

　　团队角色指的是团队成员为了推动整个团队的发展而与其他成员交往时表现出来的特有的行为方式。梅雷迪斯·贝尔宾发现了八个能对团队作出积极贡献的角色:董事长、塑造者、资源调研员、楔子、团队工人、公司工人、监听评价者和完成者。每一个角色的性格特征都很独特。

　　(1) 董事长。

　　"董事长"不是传统意义上的董事会中的董事长,作为团队角色,应该知道团队的长处和弱点,保证每一名团队成员的潜力能得到充分的发挥,能通过充分利用团队资源来实现团队的目标。

　　(2) 塑造者。

　　"塑造者"能够塑造团队工作的方式,使大家注意团队的目标和首要任务,总想使团队讨论和团队行为的结果有一定的模式和形状。

　　(3) 资源调研员。

　　"资源调研员"善于对团队外部的观点、资源和变化进行调查研究,然后进行汇报,建立对团队有益的外部联系,进行相关的谈判。

　　(4) 楔子。

　　"楔子"特别关注重大的问题,喜欢想一些新的主意和新策略,总是在为团队寻找解决问题的突破性的方法。

　　(5) 团队工人。

　　"团队工人"喜欢根据别人的建议去处理事情,能够弥补别人建议或者提议的不足,促进成员之间的交流,培养团队精神。

　　(6) 公司工人。

　　"公司工人"能将头脑中的一些想法和计划变成实际的行动,能够高效、系统地执行经一致同意的计划。

　　(7) 监听评价者。

　　"监听评价者"善于分析问题、评价各种想法和建议,能保证团队作出合理的决策。

　　(8) 完成者。

　　"完成者"能保证团队不会轻易犯疏忽性错误,总是在内部寻找那些需要特别细心的工作,能使团队始终保持一种紧迫感。

16.7　情景管理

16.7.1　情景的涵义

　　"情景"(scenario)一词最早出现于 1967 年康恩(H. Kahn)和维纳(Wiener)合著的《2000 年》一书中。他们认为,未来是多样的,几种潜在的结果都有可能在未来实现,通向这种或那种未来结果的路径也不是唯一的,对可能出现的未来以及实现这种未来的途径的描述构成了一个情景。"情景"就是对未来情形以及能使事态由初始状态向未来状态发展的一系列事实的描述。

德国卡塞尔综合大学环境系统研究中心 J. Alcamo 和 T. Henrichs 起草的《心境情景分析草纲》讨论稿中,提到了多种"情景"的定义:① 情景是指一系列将会出现的事实,或者一些行动或事件的计划过程;② 情景是关于未来可能的结果的一系列自圆其说的观点,它不是预测,而是未来可能出现的结果;③ 情景是为了强调因果过程和决策点而构造的一系列假设的事件;④ 情景是关于可能出现的未来的合乎逻辑的情节和描述的故事,包括对未来的想象以及导致这些未来情形的一系列事实;⑤ 情景是对可能出现的未来的实现过程的描述,反映出关于现有趋势如何发展、主要的不确定性如何产生影响以及新因素如何开始产生影响的不同假设;⑥ 一个情景可以被定义为一条线路,通过决策树,由一系列关于事实和机会的叙述来支持;⑦ 情景是关于对未来不同设想的原汁原味的描述,这些设想是根据内心所能够反映的关于过去、现在及未来发展的不同观点的模型构造的。上海海运学院宗蓓华教授将"情景"定义为:对事物所有可能的未来发展态势的描述,描述的内容既包括对各种态势基本特征的定性和定量描述,也包括对各种态势发生可能性的描述。

情景分析用作一种评估与预测思想时,是其他学科的理论和方法的综合集成。因此,多数进行经济评价与预测的研究者,通常选择某种定量分析工具,对一些指标进行量化评估,再借助定量分析工具得出不同情景下的发展状况,然后对这些结果进行比较、分析,提出相应的措施与建议。

16.7.2　情景分析法的含义

国内外学者一般通过描述情景分析的过程来揭示其含义。

中国能源研究所朱跃中研究员提出:在进行情景设定之前,人们需要对过去的历史进行回顾分析,然后对未来的趋势进行一系列合理的、可认可的、大胆的、自圆其说的假定,或者说确立某些未来希望达到的目标,亦即对未来的蓝图或发展前景进行构想,然后再来分析达到这一目标的种种可行性及需要采取的措施。

宗蓓华教授总结国外相关的研究成果后,认为情景分析方法有其本质特点:

(1) 承认未来的发展是多样化的,有多种可能的发展趋势,其预测结果也将是多维的。

(2) 承认人在未来发展中的"能动作用"。把分析未来发展中决策者的群体意愿和愿望作为情景分析中的一个重要方面,并在情景分析过程中与决策者保持畅通的信息交流。

(3) 在情景分析中,特别注意对组织发展起重要作用的关键因素和协调一致性关系的分析。

(4) 情景分析中的定量分析与传统趋势外推型的定量分析的区别在于:前者在定量分析中嵌入了大量的定性分析,以指导定量分析的进行,所以是一种融定性与定量分析于一体的新预测方法。

(5) 情景分析是一种对未来研究的思维方法,其所使用的技术和方法和手段大都来源于其他相关学科,重点在于如何有效获取和处理专家的经验知识,这使得其具有心理学、未来学和统计学等学科的特征。

16.7.3　情景分析的步骤

20 世纪 90 年代末,朱跃中借鉴壳牌集团国际公司副总裁盖德·戴维斯(Ged Davis)的

做法,将情景分析的实施分为六个步骤:

首先,要建立一个核心研究小组,小组的成员要求素质高、聪明、灵活和果敢。

第二步,研究小组要明确研究目的,即利用情景分析法解决什么方面的问题及解决这些问题的重要意义。

第三步,有选择地与相关领域(经济、技术、人口等)的专家进行座谈。

第四步,根据研讨会上专家们对不同领域的前景展望,设定几个不同的未来发展情景,每个情景下还可以设定不同的方案,并且借助一些模型工具对其进行量化。这一阶段属于情景构建阶段。

第五步,以研讨会或专家咨询座谈的方式对不同方案的情景设定、量化的指标进行评述和修订。然后将量化的指标输入相应的模型,对得出的结果进行定量分析。

最后,根据模型预测的结果,结合实现这些目标的情景假定条件,得出不同层面(如技术方面、经济方面等)的政策措施,从而为有关部门提供决策依据。

各研究机构对情景分析步骤的划分可能会有较大的区别,但是,他们对情景分析内涵的理解应该是基本一致的,只是分析的侧重点可能会千差万别。

管理大师保罗·赫塞(Paul Hersey)和肯尼思·布兰查德(Kenneth Blanchard)提出的情景领导理论由于其广泛的可接受性和很强的直观感召力,成为一个被广泛推崇的领导模型。它不仅为全球企业500强中的美孚石油公司、施乐公司等所采用,还为美国所有的军队服务系统所承认。

16.8 虚拟组织

16.8.1 虚拟组织的概念

"虚拟组织"(virtual organization)一词最早是由 Mowshowitz 在 1986 年首先创立的,此后许多学者引入各种术语来描述这一新的组织模式。根据 Ulrich J. Franke 的统计,相关术语有虚拟公司(virtual company)、虚拟企业(virtual enterprise/virtual corporation)、幻想型企业(imaginary corporation)、动态网络(dynamic networks)、弹性工作团队(flexible work teams)和虚拟工厂(virtual factory)或者网络组织(network organization)。关于虚拟组织的定义,拜恩(Byrne J. A.)认为,虚拟组织是通过信息技术联系起来的独立的企业(供应商、顾客、竞争对手等)的临时性网络,以图共享能力、成本和相互之间的市场进入。Wassenaar认为,虚拟组织是由半永久性的、相互依赖的(部分依赖、部分独立)、地理上分散的组织单元所形成的结构,通过持续地调整其组织形式以对市场需求和信息通信技术的不断变化作出反应,从而提高整体绩效。

16.8.2 虚拟组织的特点

一般来说,在信息时代,几乎每个组织都或多或少具有一定程度的虚拟特征,例如大多数组织现在都有自己的网站,通过网站与其公众进行一定程度的沟通。因而并不要求每个组织具有虚拟组织的全部特点,而是根据其拥有的特点来分析其虚拟的程度。Wendy Jansen 认为,虚拟组织应该具有七个方面的特点:① 跨越组织边界;② 互补的核心能力;③ 知识共享;④ 地理位置分散;⑤ 不断变化的参与者;⑥ 参与者的平等性;⑦ 电子沟通。

除了虚拟组织的一般特点外,有的学者试图探索构成虚拟组织的最本质的特点,也即能

够说明虚拟组织是一种组织模式的重大变化的一些特点,这些特点主要有:

（1）变化。

即组织引入不同的外部成员来完成价值创造过程的能力,也即虚拟组织是动态变化的。随着条件的变化,组织成员也会发生变化,一些成员因为不能实现新任务而退出虚拟组织,而另外一些成员又会加入进来,从而呈现动态变化的特点。正是这种动态变化才适合制造定制化的产品。

（2）转换。

转换也被认为是虚拟组织的核心,而且是新型组织模式的最显著的特征。由于虚拟组织是目标导向的组织,每一个目标都有其特定的目标需求以便实现目标任务,同时虚拟组织的目标任务会经常变化。这就要求虚拟组织能够不断地选择与安排生产满足物（satisfier）来满足顾客需求,以实现相应的任务。而由于任务的不断变化,使得满足物也会不断变化,从而选择和安排活动也会不断进行。这种不断地安排（assignment）和再安排过程就被称为转换（switching）,也就是不断转换生产。

（3）虚拟性。

所谓虚拟性,指的是组织持续地获得协调核心能力的能力。Betts 等称之为网络性（network ability）,即一个组织能够快速和有效地与其业务伙伴建立、维持、发展和解除伙伴关系的能力。这种能力是通过对价值增值的企业流程进行设计,以及对组织有关利益方的治理机制进行设计而实现的,从而在市场上传递有差异的、卓越的价值。当然,这种流程和治理机制的设计安排是通过信息通信技术（也即网络技术）来实现的。但是,Venkatraman 和 Henderson 认为虚拟组织之所以是虚拟的,不仅仅因为它是采用了信息通信技术（或网络技术）的缘故,而是因为其管理模式的变化,即通过网络技术（特别是电子商务）对组织活动进行协调和调度,从而实现共同的任务。这里之所以要强调其管理模式和协调方式的不同,是因为并不是把最优秀者组合在一起就能达到最佳效果,而是组合起来的团队是最优秀的。就像足球比赛,并不是最优秀的球员组成的队伍就是最强大的,而是要合理搭配才行,强调整个团队所表现出来的效果。

16.8.3　虚拟组织的组成机制

既然为了实现经常变化的任务,需要不断淘汰和挑选虚拟组织的成员,即所谓的安排和再安排过程,那么虚拟组织成员的选拔是通过什么样的机制来运行的呢? 一般来讲,虚拟组织成员的选拔是通过虚拟网络组织（virtual web organization, VWO）的机制来实现的。VWO 由三个部分组成:虚拟组织或企业（virtual corporation）、网络经纪人（net broker）和虚拟网络平台（virtual web platform）。虚拟组织或企业则是已经形成的虚拟组织,即由独立的企业通过信息技术的连接而形成的临时性的组织网络,目的是共享能力、成本以及进入彼此的市场。

虚拟网络平台是由一些合乎虚拟组织需要的企业组成,这些企业在信任、组织文化、企业流程和信息技术系统方面都能够相互吻合,从而具有成为潜在的虚拟组织一员的可能。但是,并不是所有虚拟网络平台的企业最后都能成为虚拟组织的一员——需要挑选出最合适的企业来组成最强大的虚拟团队,这一过程的完成是通过网络经纪人的活动来实现的。网络经纪人负责搜索具有互补优势和能力的企业,把它们组成一个企业集合即虚拟网络平台,然后再从这个虚拟网络平台中挑选最合适的企业组成虚拟组织或企业。

对于一个虚拟组织来讲,如果想获得成功的运作,首先必须有一个共同的目标,以便能把资源互补的企业通过网络技术紧密联系起来。其次是虚拟组织成员之间的信任,这一点至关重要,如果成员之间缺乏必要的信任,他们就很难进行深入合作。然而由于虚拟组织的成员是经常变换的,这就使得他们之间又很难有充分的信任。三是建立弹性团队(flexible teams)的能力,其目的是保证组织对于市场需求的变化有充分的弹性和反应能力。最后是成员之间的沟通、合作(cooperation)与协作(coordination)。这是因为虚拟组织在结构方面没有传统组织那么严格,从而组织成员之间的合作与协作就显得尤为重要和复杂。

16.8.4　虚拟组织的研究视角

虚拟组织的研究视角可以从三个方面来看。

第一个方面是从组织的范围来看,可以分为内部视角和外部视角。从组织的内部视角来研究虚拟组织,主要是考察一个组织或企业的虚拟化程度。该视角认为每个组织都或多或少有一定的虚拟性,只是程度不同而已,从组织内部的某个团队的虚拟化,到某个部门的虚拟化,最后再到整个组织的虚拟化。从外部视角来考察虚拟组织是最常见的了,该视角就是常说的供应链的整合,即组织与其外部合作伙伴之间建立的虚拟组织。这一概念是被广泛接受的,我们通常所说的虚拟组织主要就是指组织与其外部伙伴所建立的虚拟组织。

第二个方面则是从科学研究方法来看。一般社会科学都存在两个方面的研究角度:一是程序角度或叫流程角度,即把某个研究对象看做是一个过程,例如市场营销、管理等都可以看做是一个过程;二是结构角度,即把虚拟组织看做具有某种结构的系统。因此,从流程角度来研究虚拟组织,是从活动方面来看的,研究其活动过程需经历哪些步骤等。Mowshowitz 认为虚拟组织化活动应该包括三个步骤:一是确认和识别抽象的顾客需求;二是识别可能的满足物;三是安排具体的满足物来满足顾客需求。从结构角度出发,主要是研究虚拟组织的结构特点、组成要素及其实现的某些功能。

研究虚拟组织的第三个方面则是从专业角度来看,例如管理角度、经济学角度、法律角度、社会学角度等。

16.8.5　虚拟组织的管理

毋庸置疑,虚拟组织的成功有赖于有效的虚拟组织管理。目前关于虚拟组织的管理问题主要涉及人力资源管理、关系管理、工作管理、成本会计管理、风险管理、知识管理和质量管理等。这些管理问题往往又与虚拟组织的生命周期密切联系。一方面,有些管理问题需要根据生命周期的变化而作出相应的调整;另一方面,虚拟组织的生命周期也受到这些管理问题的影响,在某些管理方面的不成功可能直接导致虚拟组织的终止。Strader 认为虚拟组织的生命周期应该包括四个阶段:

(1)识别阶段,了解潜在的市场机会并与所有可能的组织进行沟通。

(2)形成阶段,成员伙伴企业之间达成协议组成虚拟组织并分配各成员企业的任务和所扮演的角色。

(3)运作阶段,所有参与者为实现共同目标一起工作。

(4)终止阶段。

16.9　价值链和供应链管理

16.9.1　价值链管理

16.9.1.1　价值链的基本概念

价值链是美国学者迈克尔·波特于 1985 年提出的理论。顾客之所以愿意购买企业的产品或者服务,是因为企业为顾客创造了价值,而企业需通过一系列相关的创造价值的集合,这些集合就是价值链。波特在战略管理中引入价值链分析,成功地回答了战略管理理论由于缺乏对企业内部环境的考虑而无法合理解释的问题,如:为什么在无吸引力的产业中仍能有盈利水平很高的企业存在,而在吸引力很高的产业中却又存在经营状况很差的企业;受潜在利润的诱惑,企业进入与自身竞争优势毫不相关的产业进行多元化经营,缘何大多以失败告终;等等。波特从企业内部环境出发,提出了以价值链为基础的战略分析,成功弥补原有理论的不足。波特当时将价值链描述成一个企业用以"设计、生产、销售、交货以及维护其产品"的内部过程或作业。他将企业的价值作业分为两类:基础作业和辅助作业。前者包括进货后勤、生产经营、出货后勤、市场营销、售后服务;后者包括采购、技术开发、人力资源管理、企业基础设施。

16.9.1.2　波特的价值链理论的基本内容

波特在其《竞争优势》一书中对价值链理论进行了详细阐述,其基本内容是:每一个企业的价值链都是由以独特方式联结在一起的九种活动构成;价值链列示了总价值,并且包括价值活动和利润;利润是总价值与从事各种价值活动的总成本之差;价值活动可分为两大类:基本活动和辅助活动;基本活动是涉及产品的物质创造及其销售、转移给买方和售后服务的各种活动,任何企业中的基本活动都可以划分为五种类别;辅助活动是辅助基本活动并通过提供外购投入、技术、人力资源管理以及各种公司范围的职能以相互支持。在辅助活动中,采购、技术开发和人力资源管理与各种具体的基本活动相联系并支持整个价值链。企业的基础设施虽并不与每种具体活动直接相关,但支持整个价值链。

（1）基本活动。

① 内部物流,是与收货、存储和分配相关联的各种活动,如原材料搬运、仓储、库存控制、车辆调度和向供应商退货。

② 生产作业,是与把投入转化为最终产品相关的各种活动,如机械加工、包装、组装、设备维护、检测、印刷和各种设施管理。

③ 外部物流,是与集中、存储和交货给买方有关的各种活动,如产成品库存管理、交运货、车辆调度、订单处理和生产进度安排。

④ 市场和销售,是与提供给买方购买产品的方式和引导他们进行购买有关的各种活动,如广告、促销、销售队伍、报价、渠道选择、渠道关系和定价。

⑤ 服务,是与提供服务以增加或保持产品价值有关的各种活动,如安装调试、维修、培训和零部件供应。

（2）辅助活动。

① 采购,在这里是一个广义的概念,区别于狭义的购买。狭义的购买通常是指购买与企业各种价值活动相关的有形的投入品。在广义的采购概念中,不仅购买物的范围扩大了,包括对企业整个价值链有关的所有投入的购买,如部门经理雇用临时人员的投入、销售人员

与销售活动相关的食宿投入、企业高层在战略咨询上的投入;同时,其活动内容也更广泛,包括采购流程、供应商资格审定和信息系统等。采购存在于价值链的所有活动中,包括基本活动和辅助活动。

② 技术开发,存在于企业价值链的各个价值活动中。这里的技术不仅仅适用于与最终产品直接相关的技术,也包括订货登记系统中所应用的电子通信技术、会计部门的办公自动化及工艺设备、生产流程的设计和服务程序。开发则不单是传统意义上的研发,而是指为改善产品、工艺和服务的各种努力。

③ 人力资源管理,包括涉及所有类型人员的招聘、雇佣、培训、开发和报酬等各种活动,因而人力资源管理不仅对单个基本和辅助活动起到辅助作用,而且支持着整个价值链。

④ 企业基础设施,由大量活动组成,包括总体管理、计划、财务、会计、法律、政府事务和质量管理。基础设施与其他辅助活动不同,它通过整个价值链而不是通过单个活动起辅助作用。

16.9.1.3　波特的价值链理论对企业经营模式的启示

(1) 将企业作为一个整体来看很难认清其竞争优势。

竞争优势来源于企业在设计、生产、营销、渠道等过程中所进行的许多相互分离的活动。这些活动中的每一环节都对企业的相对成本地位有所贡献,并且是企业差异化战略的基础。因而在分析企业的集中优势,即找出企业的核心竞争力时,必须通过对企业的价值链的每一环节进行分析,以了解企业在环境和产业中的地位及优势。只有这样,才能有明确的方向和重点用以制定企业的战略决策。

(2) 价值链各环节的集成程度对企业形成竞争优势起关键作用。

协调一致的价值链,将支持企业在相关行业的竞争中获取竞争优势。企业可以利用内部扩展的方式来加强价值链的每一个环节,也可通过与其他企业形成联盟来做到这一点。联盟是与其他企业形成的长期联合,而不是彻底的兼并。联盟包括与结盟伙伴相互协调或共同分享价值链,这有利于拓展企业价值链的有效性。因而企业在选择其结盟伙伴时应从价值链的各个环节分析,以找出最有利于自身的联盟。价值链的这种特点启发企业的管理者们形成了"供应链管理"这一企业管理新模式。

(3) 企业的价值链体现在一个更广泛的价值系统中。

供应商的价值链创造并支持了企业价值链的外部输入,形成企业的上游价值,供应商不仅提供其产品给企业,还会影响到企业价值链的许多方面;同时,企业的产品通过一些渠道的价值链(渠道价值)到达买方手中,渠道的附加活动影响买方,也影响企业自身的活动。构建供应链以及实施供应链管理正是一个对企业与供应商、渠道和用户的价值链的各个环节重新定位、相互融合的过程。如今供应链构建及管理是全球企业尤其是跨国性企业的发展趋势。只有通过对企业价值链的分析,才能准确地把握客户的需求和自身的位置,才能合理地构建供应链,实施高效的供应链管理。

16.9.2　供应链管理

16.9.2.1　供应链的基本概念

(1) 供应链的概念。

供应链理论是在物流管理活动中发展起来,以客户为中心,利用先进的信息集成技术,使跨企业的贸易伙伴之间密切合作、信息共享和共担风险,从而提高个性化生产、缩短物流周期、降低库存最终获得竞争优势的管理理论。1985 年,侯里翰(Houlihan)第一次提出了"供应链"的概念,指出供应链是由供应商、制造商、分销商、零售商、最终顾客等组成的系统;在这个系统内,物质从供应商向最终顾客流动,信息流动则是双向的。由此人们开始关注上下游企业之间的价值合作与协调问题。

(2) 供应链的基本模型。

一般说来,供应链由所有加盟的节点企业组成,一般有一个核心节点企业(可以是产品制造企业,也可以是大型零售企业),节点企业在需求信息的驱动下,通过供应链的职能分工与合作(包括生产、分销、零售)等,以资金流、物流和商流为媒介实现整个供应链的不断增值。

(3) 供应链的特征。

供应链是一个网链结构,由围绕核心企业的供应商、供应商的供应商、用户和用户的用户组成。一个企业是一个节点,各节点企业之间是一种需求与供应关系。供应链主要具有以下特征:

① 复杂性。因为供应链节点企业组成的跨度(层次)不同,供应链往往由多个不同类型、不同地域的企业构成,所以供应链结构模式比一般单个企业的结构模式更为复杂。

② 动态性。供应链管理因企业战略和适应市场需求变化的需要,其中的节点企业需要动态更新,这就使得供应链具有明显的动态性。

③ 交叉性。节点企业可以是这个供应链的成员,同时又是另一个供应链的成员,众多的供应链形成交叉结构,增加了协调管理的难度。

④ 面向用户需求性。供应链的形成、存在和重构,都是缘于一定的市场需求发生,并且在供应链的运作过程中,用户的需求拉动是供应链中信息流、产品服务流和资金流运作的驱动源。

16.9.2.2　供应链的类型

根据不同的划分标准,可以将供应链划分为以下类型。

(1) 稳定的供应链和动态的供应链。

根据供应链存在的稳定性划分,可以将供应链分为稳定的和动态的供应链。相对稳定、单一的市场需求而组成的供应链稳定性较强,而基于相对频繁变化、复杂的需求而组成的供应链动态性较高。在实际管理运作中,需要根据不断变化的需求,相应地改变供应链的组成。

(2) 平衡的供应链和倾斜的供应链。

根据供应链容量与用户需求的关系可以将供应链划分为平衡的供应链和倾斜的供应链。一个供应链具有一定的、相对稳定的设备容量和生产能力等企业能力的综合,包括供应商、制造商、分销商、零售商等,但用户需求处于不断变化的过程中。当供应链的生产能力和用户需求平衡时,供应链处于平衡状态;而当市场变化加剧,造成供应链成本增加、库存增加、浪费增加等现象时,企业不是在最优状态下运作,供应链则处于倾斜状态。平衡的供应链可以实现的主要职能如采购成本、规模效益、低运输成本、产品多样化和资金运转等之间的均衡。

(3) 有效性供应链和反应性供应链。

根据供应链的功能模式(物理功能和市场中介功能),可以把供应链划分为两种:有效性供应链和反应性供应链。有效性供应链主要体现供应链的物理功能,即以最低的成本将原材料转化成零部件、半成品、产品以及在供应链中运输等;反应性供应链主要体现供应链的市场中介功能,即把产品分配到满足用户需求的市场,对未预知的需求作出快速反应等。

16.9.2.3 供应链管理的产生

20世纪90年代,生产制造商和服务提供商都在寻求与供应商的合作机遇,将采购和供应管理职能从事务性的角色提升为企业战略决策的一个部分。在供应链管理发展过程中,产生了"采购和供应观"以及"运输和物流观"。在知识经济时代,全球化竞争日益激烈,个体企业之间的竞争逐步转变成供应链之间的竞争,企业也逐步意识到自身的成功取决于管理供应链的能力。这推动现代企业进入了全球化竞争的新纪元。

全球经济一体化是近年国际经济发展的一个主要趋势,这给企业带来了难得的机遇和严峻的挑战,企业面临着急剧变化的市场需求及缩短交货期、提高质量、降低成本和改进服务等压力。经营环境的变化,使得原来各个分散的企业逐渐意识到,要在竞争激烈的商场中生存下来,必须与其他企业建立一种战略上的伙伴关系,实行优势互补,发挥各企业的核心能力,并且在一种跨企业的集成管理模式下,使各个企业能够统一协调起来。供应链管理思想就是在这样的背景下产生的。

企业为了满足某个具体客户的需求,必须统一集成和协调所有供应商的生产资源,使它们能作为一个整体来运作,这是供应链管理中的重要方法。供应链管理的目标是以更完整的产品组合,满足不断增长的市场需求;对市场需求多样化的趋势,不断缩短供应链完成周期;针对市场需求的不确定性,缩短供给与消费的距离,做到快速、有效的反应;不断降低整个供应链的运营成本和总费用;建立一个和谐的供应链管理体系,在创新的管理体系中创造管理价值。

16.9.2.4 纵向一体化与横向一体化

传统的管理模式是纵向一体化的管理模式,它实际上是企业"大而全"、"小而全"的翻版。采用这种管理模式的企业,把产品设计、计划、财务、会计、生产、人事、管理信息、设备维修等工作看做本企业必不可少的业务工作。许多管理人员往往花费过多的时间、精力和资源去从事辅助性的管理工作,结果是辅助性的管理工作没有抓起来,关键性业务也无法发挥出核心作用。这不仅使企业失去了竞争特色,而且增加了企业产品成本。

有鉴于纵向一体化管理模式的种种弊端,20世纪80年代后期开始,越来越多的企业放弃了这种经营模式,随之而来的是横向一体化思想的兴起。

横向一体化就是利用企业外部资源快速响应市场需求,本企业只抓最核心的东西:产品方向和市场。至于生产,只抓关键零部件的制造,甚至全部委托其他企业加工。例如,福特汽车公司的 Festival 车就是由美国设计,在日本生产发动机,由韩国的制造厂生产其他零件和装配,最后再在美国市场上销售。制造商把零部件生产和整车装配都放在了企业外部,目的是利用其他企业的资源促使产品快速上市,避免自己投资带来的基建周期长等问题,赢得产品在低成本、高质量、最早上市诸方面的竞争优势。

横向一体化形成了一条从供应商到制造商再到分销商的贯穿所有企业的"链"。由于相邻节点企业表现出一种需求与供应的关系,当把所有相邻企业依次连接起来,便形成了供应链(supply chain)。这条链上的节点企业必须达到同步、协调运行,才有可能使链上的所有企业都能受益,于是便产生了"供应链管理"这一新的经营与运作模式。

16.9.2.5　供应链管理的发展

有关供应链管理的理论研究和实践应用,正处于不断深入和优化的过程,形成了三个主要的研究方向:

(1) 供应链建模技术。

研究如何通过模型来描述供应链系统的运营机制以支持对供应链管理的各种分析和决策活动。

(2) 供应链管理技术。

依据供应链的生命周期,研究供应链的构建方法和运营管理方法。其中包括供应链管理的各种决策,如供应链的关系决策、库存决策和运输决策,供应链信息流、物流和资金流的合理分布和流动方式,以及应付不确定因素对供应链的影响等诸多问题。

(3) 供应链管理的支持技术。

信息技术对供应链管理提供了有效的支持。这方面的研究可分为两方面:一是研究企业内部基于供应链管理的多种信息系统的集成,从而形成一个开放的和可伸缩的集成框架;二是研究企业间或多个企业组成的虚拟企业内部的信息共享和相互协作。

16.10　风险管理

16.10.1　风险概述

16.10.1.1　风险的概念

风险以各种不同的形态和程度出现。风险管理专业人士通常认为,风险有三种主要类型:一是市场风险,指价格波动对公司造成的不利后果;二是信用风险,指一个客户、一个合同对应方或供货商未能履约;三是运营风险,指人员、流程或系统的失败,或外部事件(比如地震、火灾)对企业造成负面影响的风险。

除此以外,还有其他类型的风险。商业风险是指未来的运营结果也许不能达到期望值;组织风险是指设计得很糟糕的组织构架或者缺乏人力资源而造成的风险。一般来说,风险管理者将市场风险和信用风险当做财务风险来考虑,而把其他风险归在一起当做运营风险的一部分。

每一个主要风险类型都包括许多具体的风险,比如说信用风险就包括从借款人未支付到供应商由于信用问题而错过供货截止期等许多种。尽管在这些风险之间存在共同点和相互依赖性,但每一种风险最终都需要特别关注。

比较实用的解决方案是让风险成为每一个雇员头脑中重要的事,而且是他们的工作职责的一部分。这样做有两点优势:第一,没有人比那些专长于某一方面的人能更好地理解一项活动的风险;第二,这样的做法意味着风险在整个公司范围内受到管理。

风险的结果无非是两种:有利结果和不利结果。有时候,良好的期望可能落得很差的结果。风险不只出现在外部环境,许多经济和金融服务中的危机往往源于企业内部。

风险的可能性可以用概率表示,从 0 到 100%。风险的程度或许无法预测,但无论是什么原因,不利结果的可能性肯定在 0 到 100% 之间。

16.10.1.2　风险的相关概念

这里描述的风险概念,并非全部都能容易地(或者有意义地)定量,尤其是当涉及运营风险时。但我们会看到,它们对于理解企业中风险的性质还是非常重要的。当风险管理经理评估风险时,这些风险概念应当构成他们评估问题的基础。

(1)风险程度。

企业到底能承受多大的损失?一般说来,风险程度是指如果某项事件发生,企业会遭受损失的最大数额。在同等条件下,风险程度越高,相关的风险就越大。比如说,一个贷款人面临借款人不偿还的风险:他借出的钱越多,他的风险就越大。而对于某些类型的风险程度,要对它测量是很难的,最典型的风险就是那些造成直接财务损失的风险,如信用风险和市场风险,但有些风险比较定性化,如名誉风险等。

(2)波动。

波动就是未来的不确定性,也就是潜在结果会有变化。波动跟风险关系密切,尤其是那些主要取决于市场因素的波动,比如期权定价。一般说来,波动越大,风险就越大。例如,坏账出现次数在信用卡业务中的平均比例比在商业房地产中的比例要高。但是,房地产贷款却普遍被认为风险更大,因为它在损失率方面的波动要大得多。相比之下,公司比较容易确定信用卡业务中的潜在损失比例。

(3)概率。

有些风险性事件实际发生的可能性到底有多大?事件发生的可能性越高,风险就越大。某些事件(例如利率的动向或者信用卡欠债)非常有可能发生,因此经理人要把它们列入计划,并成为减少损失策略和业务正常经营不可缺少的一部分。针对这些事件要准备备用设施和应急计划,以便必要时能有效地运作。

(4)严重性。

典型的风险程度是指可能发生的最坏状况,而严重性是指实际可能遭受损失的量。如果我们知道一个事件是否可能发生,发生后的可能损失有多大,那么在面对风险时就会有冷静的应对。

严重性往往是其他风险因素(如波动)的函数结果。,假如有 100 美元的股权项,那么可能的风险程度就是 100 美元,因为股票价格在理论上可能会跌到零点,股票的所有价位都会损失掉。但实际上,股票不大会跌价到那个地步,所以严重性比 100 美元要少。股票的波动越大,跌价的可能性越高,那么跟这个股票相关的风险和严重性就越大。

(5)时间界限。

风险期的时间越久,风险就越大。例如,对同样一个借款者,给他 10 年的贷款比给他 1 年的贷款不偿还的可能性要大得多。时间界限还可以作为一种测量要素,即需要多少时间才能扭转一项决定或一个事件的后果。

财务风险程度的关键是交易项的流通性。高度流通的交易项通常能够在短期内减少或者完全去除风险,而那些很少买卖的证券和商品(例如未上市的股票、结构性衍生物或者房地产)则需要较长时间才能完成交易。至于运营风险程度,时间界限则是公司为了从一个事件中恢复到正常经营的时间,这须在公司针对这些事件的应急计划中加以考虑。

(6)相联关系。

商业风险之间的相联关系是什么?如果两种风险表现相似(如两种风险都因为同样原因或者以同样的数量增加时),就是有相联关系的。关系越密切,风险就越大。在风险分散时,相联关系是一个关键的概念。相联关系密切的风险,比如对同样行业的贷款,在同样资产类别的投资,或者在同一幢建筑物中的运营,都会增加一家公司的风险集中程度。因此,一家公司的风险分散化程度,可以在公司中形成一种逆向制约。在财务风险中,可以通过对风险的限制或者根据资产组合分配资金来分散风险。至于运营风险,可以通过运营部门职责分离或者备用系统来分散风险。

(7) 资金。

公司必须预留多少资金才能弥补未预计的损失呢? 公司持有资金是为了两个主要原因:第一是满足现金要求,比如投资成本和运营成本;第二是弥补意外风险损失。管理层想要为风险预留的资金水平常被称为"经济资金",经济资金的整体水平取决于公司的目标财务实力(即目标信用评级)。公司想要的资信度越高,必须安排的风险资金就越多。信用评级(或者一般的资信概念)就是对公司是否会失败作可能性估计。如果公司资金较多,足以抵挡意外的损失,那么公司就不大可能失败。因此,如果公司想要获得 AAA 的信用评级,就必须相应地持有更多的备用资金。

16.10.2　风险管理

16.10.2.1　风险管理的发展

人类历史的发展过程就是一部面对各种风险、努力处理风险的编年史。风险威胁人类的生存,而生存的本能促使人类避免风险,争取安全。我们能生存和发展到今天,证明我们的祖先成功地运用了风险管理策略。

随着国际金融和工商业的不断发展,到 20 世纪 80 年代和 90 年代,风险管理者已演变成为主要是金融界或工商界的中级管理人员,他们以零散的方式管理公司所面对的各类风险。但近几年新的经济、社会环境使得情况发生了变化,无论是市场风险、信用风险还是运营风险,风险管理都在一个更集中的领域中执行。在许多公司中,风险管理都由直接对董事会负责的高级风险管理专业人士操作。风险管理已成为任何一家企业整体战略中的一项基本策略。

16.10.2.2　风险管理与收益

有经验的经营管理者都明白,风险管理做得好,就能减少税额,降低交易成本,改进投资决策。由此可见,风险管理与企业收益是有着密切联系的。

(1) 风险管理可以减少收入波动。

风险管理的主要目的之一是降低公司的收入和市场价值对外部变量的敏感度。那些比较积极地管理市场风险的公司,其股票价格应该对市场价格显示出较低的敏感。哈佛商学院的彼得·图法诺(Peter Tufano)1998 年发表了一项研究结果,对黄金生产者按照他们的套期保值强度来排序,排在前 25% 的公司相比于后 25% 的公司,对黄金价格变化的敏感度要低 23%。这说明处于利率、汇率、能源价格和其他市场变量风险下的公司,通过风险管理可以更好地管理收入波动。

(2) 风险管理能够使股东价值最大化。

风险管理帮助商业企业实现其经营目标,并且使股东价值最大化。凡是建立有完善的风险管理体系的公司,都能发现最佳机会,使股东的价值增加 20%~30%,而这是靠以下几点来保证的:

① 投资回报的目标和产品定价建立在能够反映其中风险的水平上。

② 资金分配给那些调整风险后回报最丰厚的项目和业务,实施风险转移策略来实现良

性的资产组合风险和回报。

③ 运用恰当的技巧来管理一切风险,保护公司财务、声誉和品牌不受损害。

④ 按照企业的经营目标和风险管理目标,从个人和部门两方面来安排和考虑执行风险管理的团队和激励机制。

⑤ 关键的管理决策(如兼并和收购、制定经营计划)都明确地将风险因素考虑在内。

(3) 风险管理能促进就业和职业安全。

从个人层面而言,风险管理的最大好处是促进就业和保障职业安全,尤其是对高级经理人员。1998 年"金融风暴"之后,大批金融机构的首席执行官、首席运行官、首席风险官和业务部门的负责人因为管理表现不佳而失去了工作。其他行业的高级管理人员在风险管理方面出问题时,也面临相同的命运。这是一种"职业风险"。

此外,许多高级管理人员的部分财产被套在公司的股票和期权中,他们与公司有着直接的经济利益关系,造成管理者与股东在利益方面的高度一致。可以说,成功的风险管理使经理人的工作职位安全程度更高,而他们在公司里的经济利益也能完全得到保护。

16.10.3   风险管理流程

公司需要利用管理人员的集体智慧,预测公司的活动未来会产生什么风险。任何风险管理的开端都应该是加强风险意识。如果能够提醒管理者考虑行动中包含的风险,并且理解他们管理风险的角色和职责,那么就能避免错误,或者迅速改正错误。但是,仅有风险意识是不够的。知道潜在的风险是一回事,知道什么时候风险会变成真正的威胁以及它有多严重,则是另一回事。公司必须能够识别它的运营环境中风险信号的变化,还必须注意到公司的某一部分受到某个事件的意外影响,立即有效地将信息传达到整个公司,报告对风险的测量。

发现风险并对它定量之后,必须决定做些什么,即风险控制。控制风险可能会通过一些不同的方式来实施:识别出潜在的风险后,可以不采取行动;可以制定政策来限制风险;可以改变策略方向;可以从技术角度改变公司的一个业务部门;或者可以通过保险或对冲来转移特定的风险。风险管理的最终目标是把风险程度控制在一个可以接受的范围内。

还有一点值得注意,人们并不总是真正在思考风险,提前对风险进行评估,提前作出对策。在实际生活中,人们会持续不断地重新评估他们的境况,他们所用的方式是在思考、感觉及行为之间持续地产生反馈。对任何实际运营的公司,情况也是如此。只有当风险意识、风险测量及风险控制策略完成整合时,风险管理的流程才会奏效。

风险管理对于公司管理来说,就像生产和服务一样,是公司运作的最基本元素。清楚地理解风险和风险管理是首要前提。任何一种风险流程都分三个步骤:第一步是风险意识,第二步是风险测量,第三步是风险控制。

16.10.3.1   风险意识

风险意识是任何一个风险管理流程的起点。增强风险意识的目的是保证公司员工都能做到以下几点:

① 积极主动地辨识公司的主要风险。

② 认真思考他们负责的风险会产生什么后果。

③ 在内部传达这些风险,确保引起其他人的注意。

在一个风险意识较强的环境里,大多数风险问题都应该在它们成为真正风险之前就得到妥善处理。增强公司内部风险意识的组织流程和举措有很多种,其中最成功的五种是:公司上层确定基调,提出正确的问题,将风险分类,提供培训,使薪酬与风险挂钩。

16.10.3.2　风险测量

高级管理人员需要准确的风险信息以支持决策。一份有价值的风险报告中应该包含什么内容呢? 这虽然部分地取决于业务的性质,但是有些关键要素是任何风险报告都不可缺少的——损失、事件、管理层评估和风险指标。

(1) 损失。

信用风险、市场风险和运营风险造成的损失,应该系统地列入数据库,并在风险报告中作出总结。数据库记录损失的细节,但只将总亏损和重大趋势报告给高级管理人员。风险报告要强调某一个临界点上的特定风险,以及与销售额或销售量相关的总亏损。公司还应该跟踪针对预期或预算水平的实际损失。

(2) 事件。

风险报告必须汇报报告期间内的主要风险事件,无论这些事件是否已经引起财务损失。风险事件可能包括一个主要客户账目的损失、违背政策、系统失败、欺诈、诉讼及其他。应该汇报主要事件的潜在影响、根源和公司的反应,并指出正在出现的趋势或者事件的主要状态。

(3) 管理层评估。

损失和事件反映的是事后的风险表现,风险报告还应该提供管理层对潜在风险的预先评估。风险概念是管理层评估的基础。

(4) 风险指标。

风险报告中还应当包括风险指标。这些指标揭示业务的主要趋势和风险程度,如信用风险、按市场价格计算的利润及损失以及交易业务中处于风险的价值等。运营风险指标可能包括处理业务时的错误、客户投诉、系统是否可用、未平账的项目。而风险回报的计量测定指标可能包括业务所使用的经济资金的回报或是投资组合模式的比率。

16.10.3.3　风险控制

风险管理流程并不停留在增强风险意识或测量风险程度上,它的最终目的是使公司的风险回报达到最佳化。换句话说,就是使公司的风险状况发生真正的变化。有三种根本的办法可以实现这一目的:一是公司有选择地发展,二是支撑利润,三是控制负面的风险。

(1) 有选择地发展。

风险管理团队作为一个跨部门的团队,可以发挥支持业务增长的作用。风险管理团队应该与业务管理、市场营销、法律、运营、技术代表协同工作,制定并维护一个对新业务策略和新创意审核的过程。审核团队应该用公平和客观的标准来评估业务和产品。

(2) 支撑利润。

风险管理能够通过价格决策来改进对增长和利润的控制。任何产品或交易的价格都应该不仅反映传统意义上的成本,还要反映控制风险的成本。很明显,高风险的交易取得的利润大,其风险成本也高。

(3) 控制负面的风险。

虽然风险管理能够改善经营和盈利,但是它的主要任务是控制负面的风险。负面的风险(包括亏损与失败)是经营的组成部分,牢记这一点非常重要。

16.11 危机管理

16.11.1 危机概述

16.11.1.1 危机的概念

关于危机(crisis)的概念,不同的学者下过不同的定义:

赫尔曼(Hermann)将危机定义为某种形势,在这种形势中,其决策主体的根本目标受到威胁,且作出决策的反应时间很有限,其发生也出乎决策主体的意料之外。

福斯特(Foster)指出,危机具有四个显著特征,即急需快速作出决策、严重缺乏必要的训练有素的员工、相关物资资料紧缺以及处理时间有限。

罗森塔尔(Rosenthal)等人将危机界定为:对一个社会系统的基本价值和行为架构产生严重威胁,并且在时间性和不确定性很强的情况下必须对其作出关键性决策的事件。

巴顿(Barton)认为危机是一个会引起潜在的负面影响的具有不确定性的事件,这种事件及其后果可能对组织及其员工、产品、服务、资产和声誉造成巨大的损害。这一定义将危机的影响范围扩大到组织及其员工的声誉方面。

班克思(Banks)对危机的定义也考虑了声誉方面的影响,将危机定义为对一个组织、公司及其产品或名声等产生潜在的负面影响的事故。

里宾杰(Lerbinger)将危机界定为:对于企业未来的获利性、成长乃至生存发生潜在威胁的事件。他认为,一个事件发展为危机,必须具备三个特征:其一,该事件对企业造成威胁,管理者确信该威胁会阻碍企业目标的实现;其二,如果企业没有采取行动,局面会恶化且无法挽回;其三,该事件具有突发性。

综合不同学者的危机定义,我们认为:危机是一种对组织基本目标的实现构成威胁,要求组织必须在极短的时间内作出关键性决策和进行紧急回应的突发性事件。

16.11.1.2 危机的特点

危机是对组织构成重大威胁的事件,妨碍组织基本目标的实现;危机是一种突发性的事件,往往出乎组织的预料;危机给予组织决策和回应的时间很短,对组织的管理能力提出很高的要求。因此,认识危机的特征,是组织有效识别危机的前提;否则,对于危机的识别就可能出现盲点。通常而言,危机主要有如下特征:

(1)突发性。

"冰冻三尺,非一日之寒",危机大多是由一系列细小的事件逐渐发展起来的,由于组织内部因素导致的危机在爆发前大都有一定的征兆。然而由于人们的疏忽,可能对这些细小的事件一无所知,也可能对微弱的征兆视而不见,因此,危机的爆发经常出乎人们的意料之外,危机爆发的时间、地点以及影响的程度是人们始料未及的。

(2)危害性。

由于危机常常是在当事者毫无准备的情况下瞬间发生,容易给当事者带来混乱和惊恐,造成决策失误,有可能带来巨大的损失。对于企业而言,危机爆发之后,不仅会破坏企业正常的生产、经营秩序,而且会破坏企业可持续发展的基础,后果甚至可能威胁到企业的生存。

(3)公众性。

大众传播业的发展,信息传播渠道的多样化、时效的高速化、范围的全球化,使组织危机情境迅速公开化,成为公众关注的焦点。甚至有人评价说,有关危机的信息传播比危机事件本身发展还要快。在危机信息的传播中,各类媒体最有影响力,因为它们是社会公众有关危机信息的主要来源,媒体对危机报道的内容选择和对危机报道的态度直接影响着公众对危机的看法和态度。

（4）紧迫性。

对组织而言,危机一旦爆发便非常紧迫。危机的紧迫性具体表现在:第一,危机潜伏期所积蓄的危害性能量在很短的时间内被迅速释放出来,并呈快速蔓延之势,这要求组织必须立即采取有力的措施予以处理,任何延迟都会带来更大的损失;第二,危机事件之间具有传导效应,一个已发生的危机,会像石子投入水中一样引起阵阵涟漪,如果不对危机的发展势头进行有效遏制,可能引发一系列的不利影响,导致更大的危机;第三,飞速发展的现代通信技术极大地便利了沟通,如果危机爆发之后组织反应迟缓,必然使组织形象在社会公众、尤其是利益相关公众心目中一落千丈。为获得社会公众的同情、理解和支持,组织需要迅速对危机作出反应和处理。

（5）二重性。

危机在带来危害的同时也带来了机会,包括两个方面:一方面,危机的爆发使组织认识到自己的不足,如果能对症下药,就可以有效填补组织的弱点,已经发生的危机可以看做是组织的疫苗,避免今后危机再次爆发;另一方面,危机的爆发往往使组织成为公众注目的焦点,如果组织的危机处理措施得当,就可以使组织化险为夷,转危为安,坏事变好事,形成新的发展机会。

16.11.2　危机管理概述

16.11.2.1　危机管理的概念

对于危机管理(crisis management)的概念,各国学者从各自研究的侧重点出发,给出过不同的定义。

美国学者史蒂文·芬克(Steven Fink)的定义是:危机管理是对于企业前途转折点上的危机,有计划地消除风险与不确定性,使企业更能掌握自己前途的艺术。

美国南加州大学的鲍勇剑和陈百助认为,危机管理是一门研究为什么(why)人为造成的危机会发生,什么样(what)的步骤或方法可以避免这些危机发生,一旦危机发生如何(how)控制危机的发展和消除危机的影响的学科。

日本的企业管理顾问藤井定美认为,所谓危机管理就是针对那些事先无法预想何时发生,然而一旦发生却对企业经营造成极端危险的各种突发事件的事前、事后管理。

尽管上述定义的表述各不相同,但它们都强调了两点:第一,危机管理是一个时间序列,既包括危机爆发前的管理,也包括危机爆发后的管理;第二,危机管理的目的在于减少乃至消除危机可能带来的危害。

通过对上述定义进行总结,我们认为,对于企业而言,危机管理是指企业在经营过程中,针对可能面临的或正在面临的危机所进行的一系列管理活动的总称,目的在于消除或降低危机所带来的威胁和损失,乃至变危险为机会。

16.11.2.2　危机管理的非程序化决策过程

危机管理是一个典型的非程序化决策过程,这种非程序化决策过程与危机管理所面临的特殊处境结构密切相关。

（1）程序化决策与非程序化决策。

管理学家西蒙将组织的全部活动分为两类，即例行活动和非例行活动。前者指在组织中重复出现、经常发生的活动，如原材料订购、产品销售等；后者指偶尔出现、偶然发生的活动，如组织结构变革、重大投资等。与例行活动相对应的是程序化决策，由于例行活动有先例可循，有规则可依，因此可以建立一定的程序，当这类活动重复出现时予以应用，不必每次都做新的决策；与非例行活动相对应的是非程序化决策，由于非例行活动在过去从未发生过，或者其确切的性质和结构捉摸不定或很复杂，因此其决策无固定模式，最终解决问题需要创新。

（2）危机管理——非程序化决策过程。

危机管理所特有的下列处境结构，使得它具有较为典型的非程序化决策特征：

① 决策时间有限。危机的紧迫性特征，要求企业迅速作出决策，采取相应的应对措施，否则，容易使危机的影响范围扩大，影响程度加剧。因此，决策者可以在不损害决策合理性的前提下适当简化决策程序，在较大程度上依靠以直觉、洞察力、经验等为基础的判断作决策。危机管理计划的本质在于：对可能发生的危机情境提出相应的反应方案，一定程度地将危机管理的非程序化决策转变为程序化决策，提高决策的时效性和决策的效果。

② 决策信息不完备。对于企业日常管理而言，决策者进行决策所依赖的信息较为全面准确，信息的获取也很及时，信息的准确性也较高，因此，可以依靠惯例、制度、企业结构等传统技术或计算机模拟等现代技术开展决策。而危机管理则不然。在危机潜伏期，一些危机征兆往往不明显，识别起来非常困难，不利于危机预防工作的有效开展。危机爆发之后，由于时间紧迫，决策者不可能在非常有限的时间内掌握所有的事态发展信息，同时，从事发现场到决策的信息传输也可能不畅，造成信息传输的不及时、不准确。决策信息的不完备，使得危机管理的决策者不能以追求最优标准为目标，而只能追求满意标准。

③ 资源紧缺。危机爆发之后，由于事态紧急，应对危机所需的人力资源、设备等往往显得不足。在资源的极度紧缺的情况下，决策者打破常规的思维方式、迅速从正常情况转移到紧急状况的能力是有效的危机管理的基础。面对有限的资源，决策往往表现出新颖、无结构的特征，此时需要决策者胆大心细、坚决果断，善于提高现有资源的利用程度，努力开发各种可利用的潜在资源。

16.11.2.3   危机管理与相关概念的区别

（1）危机管理与风险管理。

与危机和风险的关系相似，危机管理与风险管理既有联系又有区别。但对于危机管理与风险管理之间的关系，目前尚无普遍认可的定论。罗伯特·希斯（Robert Heaih）认为风险管理是危机管理的一部分，是危机管理的起点，通过强调风险的缩减与缓解，可以达到减少企业危机发生的可能性的目的。

（2）危机管理与零缺点管理。

零缺点管理是 1961 年由美国学者克劳斯比（Crosby）在人类行为心理学的研究过程中提出的以零缺点为工作标准的管理方法，他认为任何人或组织只要小心谨慎、避免错误，便可以向零缺点的目标迈进一步。

有些学者将危机管理等同于零缺点管理。他们认为，危机管理是指在企业中树立危机意识，时时注意与各方面进行有效的沟通交流，努力消除自身缺点和对企业不利的各种影响,以防患于未然,杜绝因为一些小事件、小缺点、小灾害毁掉一个组织,所以危机管理又叫零缺点管理。

我们认为,零缺点管理的本质是危机预防,将危机管理等同于零缺点管理实质上是将危机管理等同于危机预防,事实上危机管理还包括危机爆发之后的管理。同时,危机的爆发既可能来源于内部诱因,也可能来源于外部诱因,或是二者的综合。企业即使能够做到零缺点管理,也只能在一定程度上避免危机的发生,因为零缺点管理对一些外部诱因可能失效。

16.11.2.4　危机管理理论与实践的发展

早期的危机管理主要局限于军事和外交领域。20 世纪 80 年代以来,随着企业竞争环境不确定性的增加,一些学者将危机管理理论扩展到研究经济及企业管理问题,探讨企业在遭遇危机以后如何实施紧急对策,危机管理才开始在企业中日益受到重视。1986 年,史蒂文·芬克(Steven Fink)出版了《危机管理:为不可预见危机做计划》一书,对危机管理进行了比较系统的研究,建立了较为系统的危机管理分析框架。80 年代末至 90 年代初,日本开始研究企业危机管理问题,但重点在于自然灾害以及环境污染引发的企业危机,提出的解决措施主要是在危险费用化的基础上合理购买保险。

目前,发达国家的危机管理已基本实现了产业化。据统计,美国各公司雇用了约 3 000 名专业的危机管理人员,美国、加拿大还有数十家独立的危机管理咨询公司,专门进行危机管理咨询工作。不仅如此,危机管理的教育也得到重视和发展。现在,美国、欧洲各知名大学的商学院都普遍讲授危机管理课程。许多大企业在经历了危机的生存考验之后,危机管理的意识越来越强,并将危机管理视为新的公司铁律。伦敦证券交易所也提出新的规定,要求上市公司必须建立危机管理体制,并要求其定期提交报告。

16.11.2.5　企业危机管理的作用

对于企业而言,成功的危机管理可以在以下几方面发挥重要的作用:

(1)确保企业战略的实现。

战略管理的任务在于立足企业的长远发展设计企业的竞争战略,并将这种战略有效地付诸实施。战略管理与危机管理的脱节,使得企业容易忽视战略管理过程中可能出现的各种危机诱因,对企业的活动可能给自然环境带来的不良影响、企业的活动可能引发的利益相关者权利的削弱、企业的产品可能存在的负面影响、生产经营过程中可能存在的安全隐患等问题缺乏足够的考虑和准备,危机一旦爆发,必然造成企业战略实施的中断。因此,企业如果将战略管理和危机管理有效地融合在一起,可以弥补单纯战略管理的缺陷,确保企业战略的顺利实现。

(2)维系员工忠诚度。

在企业员工的眼中,危机中企业管理层的一举一动往往具有放大效应。如果企业管理层对危机管理不当,往往会导致员工对企业管理层失去信心,从而对企业的忠诚度下降;而如果危机管理妥当,则能够提高员工对企业管理层的信任程度,增强企业对员工的向心力。

(3)维护企业形象。

良好的企业形象是企业长期以客为本、诚实经营的结果。有效的危机管理有助于维护企业形象,如果在危机管理中表现突出,甚至可能提升企业形象;而危机管理不当,很容易使企业多年来辛辛苦苦建立的良好形象在几天甚至几个小时之内就轰然倒塌。而企业要想在顾客、供应商、政府部门、媒体、社区居民以及其他公众中再次证明自己的信用,重新赢得他们的信任,则需要花费很长的时间和巨额的金钱。

(4) 确保企业盈利水平。

如果危机管理不当,伴随着企业形象的受损,顾客由于对企业及其产品失去信任转而购买企业竞争者的产品,企业产品的销售量必然下降,销售收入减少;企业也可能因为危机管理不当而出现各种资源供给的不足,导致市场机会的丧失和市场占有率的下降。而在危机期间,正常情况下不可能发生的费用却增加了许多,成本大幅度提高。收入减少与成本增加的双重压力,使得企业的盈利水平急剧下降。为了避免这种不利局面的发生,企业必须重视危机管理。

16.11.2.6 企业危机管理的原则

有效的危机管理必须遵循一些基本的原则,这些原则主要包括:

(1) 预防第一的原则。

危机管理并不是像某些人想象的那样,仅仅是将业已发生的危机加以处理和解决。如果危机管理仅仅局限于此,决不能达到企业危机管理的最佳状态。"凡事预则立,不预则废",企业的危机管理应从事前做起,在机制上避免危机的发生,在危机的诱因还没有演变成危机之前就将其平息。

(2) 公众利益至上的原则。

在危机处理过程中,应将公众的利益置于首位,以企业长远发展为危机管理的出发点。要想取得长远利益,公司在处理危机时就应更多地关注各利益相关者的利益,而不是公司的短期利益。危机处理人员若能以公众利益代言人的身份出现,则对于整个危机的处理来说,就奠定了良好的基础。

(3) 全局利益优先的原则。

企业在处理危机的过程中,局部利益要服从企业的全局利益。危机可能由局部产生,但其影响则是全局性的,因此必须从全局的角度考虑问题,关键时刻要敢于拿出"壮士断腕"的气概来。

(4) 主动面对的原则。

当危机发生时,企业应立即承担第一消息来源的职责,主动配合媒体的采访和公众的提问,掌握对外发布信息的主动权。如果企业作为第二或第三消息来源,很容易造成媒体的误导和公众的误解,陷入被动。危机发生之后,不论危机的责任在何方,企业都应主动承担一定的责任。即使受害者对于危机的爆发负有一定的责任,企业也不应急于追究,否则容易加深矛盾,不利于问题的解决。在情况尚未查明、公众反应强烈之时,企业可以采取高姿态,宣布如果责任在企业自己,一定负责赔偿,以尽快消除危机的影响。

(5) 快速反应的原则。

危机的突发性特点要求危机处理必须迅速有效。危机一旦发生,伴随着大众媒体的介入,会立即引起社会公众的关注。企业必须以最快的速度设立危机处理机构,调集训练有素的专业人员,配备必要的危机处理设备或工具,以便迅速调查、分析危机产生的原因及其影响程度,全面实施危机管理计划。由于公众了解危机信息的愿望是迫切的,他们密切关注事态的发展。企业发布信息必须及时,以便有效地避免各种谣言的出现,防止危机的扩大化,加快重塑企业形象的进程。

(6) 统一对外的原则。

在危机处理过程中,企业必须指定专人负责对外联络与沟通。一个声音对外,以确保宣传口径一致,不出现矛盾或差异。在危机处理过程中,最好不要中途换人,因为更换的人员需要花费时间重新了解事件真相,在沟通方法与口径上可能与原来不一致,从而导致公众的不信任,并对企业处理危机的诚意产生怀疑。

(7) 真诚坦率的原则。

当危机发生之后,大众媒体和社会公众最不能容忍的事情并非危机本身,而是企业千方百计隐瞒事实真相或故意说谎。企业应尽快与大众媒介取得联系,公布事实真相,不能利用记者不熟悉某一专业的弱点弄虚作假,也不能遮遮掩掩像挤牙膏一样,否则只会欲盖弥彰,不利于控制危机局面。为大众媒体设置障碍是愚蠢的,因为记者可以在最大范围内揭露疑点,从而引起人们的种种猜测,加大危机处理的难度,对恢复企业形象极为不利。由于有些危机本身是由于公众误解而造成的,向公众提供真实的信息,通过大众媒介广泛宣传,误解自然就会消失。如果由于各种原因企业不能完全讲出有关危机的各种细节,最起码也应保证所披露的内容是完全真实的。

16.11.3　危机管理过程

关于危机管理的具体过程,不同的学者有不同的界定。以下介绍的是几种较为常见的模型。

16.11.3.1　奥古斯丁的 6 阶段模型

曾经官至美国陆军副总参谋长的奥古斯丁(Norman R. Augustine)先后在多家公司担任过主席或首席执行官,1977 年退休后,执教于普林斯顿大学的工程与应用科学学院。基于自己的切身经验,奥古斯丁将危机管理划分为 6 个不同的阶段,并针对不同的阶段提出了具体的管理建议:

第一阶段:危机的避免。危机的避免即预防危机发生,然而许多人往往忽视了这一既简便又经济的办法。在这一阶段,企业管理者必须竭力减少风险;在企业不得不承受风险时,必须确保风险与收益相称。对于无法避免的风险,必须建立恰当的保障机制。

第二阶段:危机管理的准备。企业需要为预防工作万一失效做好准备,包括建立危机处理中心、制订应急计划、事先选定危机处理小组成员、提供完备充足的通信设施、建立重要的关系等。对于较大的企业而言,应建立备用的计算机系统。在为危机做准备时,需要留心那些细微的地方,忽略任一方面的代价都将是相当巨大的。

第三阶段:危机的确认。企业通过收集各种有效的信息,确认危机已经发生,并找出危机的根源。尽快地识别危机是有效控制和解决危机的前提。在寻找危机发生的信息时,企业需要尽可能倾听各种不同公众的看法,也可以寻求外部专家的帮助。

第四阶段:危机的控制。企业需要根据不同情况确定控制工作的优先次序,尽快将危机所造成的损失控制在最小的程度之内。在这一阶段,果断进行决策对企业来说是最重要的。在危机发生之前已经确立了明确的危机管理计划的企业,危机控制过程一般都很有章法。

第五阶段:危机的解决。根据危机发生的原因,实施针对性强的危机解决对策。危机不等人,在这一阶段,速度至关重要。

第六阶段:从危机中获利。危机管理的最后阶段就是总结经验教训。如果企业在危机管理的前五个阶段做得较好,第六阶段就可以提供一个至少能弥补部分损失和纠正所造成的错误的机会。

16.11.3.2　罗伯特·希思的 4R 模型

罗伯特·希思将危机管理过程概括为 4R 模型,即危机管理可以划分为缩减(reduction)、预备(readiness)、反应(response)、恢复(recovery)4 个阶段。有效危机管理是对 4R 模式所有方面的整合。

(1) 缩减阶段。

在缩减阶段,企业的主要任务是预防危机的发生和减少危机发生后的冲击程度。对任何有效的危机管理而言,缩减是其核心,因为在缩减阶段危机最易控制、花费也最小,企业只要对各种细小的变化多加注意,防微杜渐,就可以防止一些危机的发生。促进管理、增强沟通、提升品质等皆可以在不知不觉中降低危机发生的可能性。

(2) 预备阶段。

当火灾发生之后才去学习灭火器的使用方法显然已经太迟了。在危机发生之前,企业就必须做好响应和恢复计划,对员工进行技能培训和模拟演习,保证这些计划深入人心并落到实处,其目的是一旦危机发生,使损失最小化,并尽快恢复到常态。

(3) 反应阶段。

在危机爆发之后,企业需要及时出击,在尽可能短的时间内遏制危机发展的势头,运用各种资源、人力和管理方法解决危机,防止事态的进一步恶化。

(4) 恢复阶段。

通常在经历过危机之后,人和物都会受到不同程度的冲击和影响。危机一旦得到控制,企业就应着手致力于恢复工作,尽力将企业的财产、设备、工作流程及员工恢复到正常状态。企业还应就危机处理过程中暴露出来的问题,对企业的危机管理工作进行改进,对危机管理计划进行修订。

16.11.3.3　米特罗夫和皮尔森的 5 阶段模型

美国南加州大学商学院教授米特罗夫(Ian I. Mitroff)和皮尔森(Christine M. Pearson)提出了一个 5 阶段的危机管理模式:

① 信号侦测阶段。识别危机发生的预警信号。

② 准备及预防阶段。对可能发生的危机做好准备并尽力减少潜在损害。

③ 损失控制阶段。在危机发生之后,企业成员努力使危机不影响企业的其他部分或外部环境。

④ 恢复阶段。企业尽快从危机的伤害中恢复过来,实现正常运转。

⑤ 学习阶段。企业从危机处理的整个过程中汲取避免危机再次发生的经验教训,即便危机再次发生,也能提高危机处理的效率。

16.12　管理伦理

16.12.1　管理伦理概述

管理伦理(business ethics)也称为企业伦理或商业伦理。这是一门年轻的学科,它的形成是理论界对公众和实业界普遍重视企业伦理所作出的积极反应,也是企业界重视管理伦理实践活动而产生的一个积极成果。管理伦理学是研究人类各种管理活动中的道德现象的科学。

　　企业管理伦理学则是研究企业在一切经营管理活动中的道德现象与伦理准则的科学。它是以管理学作为基本理论框架,用伦理学的观点来分析管理理论的正确与否、管理行为与决策的道德与否,并构成自己的理论体系。管理伦理学是管理学的一个分支,也是伦理学的一个分支。就管理学的一个分支而言,就像管理心理学等新兴学科一样,管理伦理学是以自己独特的研究视野和角度来分析和研究管理思想和行为,有助于从深度和广度上帮助人们进一步对管理思想和行为作出思考,并使人类社会及组织、主要是企业的各种管理行为,更加趋向于符合当代社会的伦理道德,以此来促使社会进步。而作为伦理学的一个分支而言,管理伦理学属于应用伦理学,它具有很强的实践性,但又有一定程度的理论抽象性和概括性,研究管理过程中的道德现象、道德评价体系、道德标准及道德发展的规律。伦理学与管理伦理学是一般与特殊、共性与个性的关系。管理伦理学对管理过程中的道德建设起着指导和规范的作用。

16.12.2　管理伦理的研究历史

　　管理伦理学最早出现在美国。20 世纪 50 年代末 60 年代初,美国出现了一系列企业活动中的丑闻,包括受贿、垄断价格、欺诈交易、歧视员工等,社会公众对此极为不满,反映强烈,要求政府对此展开认真调查。1962 年,美国政府公布了一个报告——《关于企业伦理及相应行动的声明》。同年,威廉·洛德(William Ruder)在美国管理学院联合会所属成员中发起了一项有关开设管理伦理学必要性的调查,被调查者几乎一致认为管理伦理学应该成为管理教育的一个重要组成部分。

　　在此背景下,1974 年 6 月在美国堪萨斯大学召开了第一届全美管理伦理学研讨会,这次大会的举行标志着管理伦理作为一门学科得到确立。这次研讨会所发表的论文被汇编成书发表,书名为《伦理学、自由经营和公共政策:企业中的道德问题论文集》。在此之后,一批有影响的管理伦理学方面的著作相继问世。

　　20 世纪 80 年代初,美国企业界曾开展过一场有关企业伦理道德问题的大讨论,这场讨论同时也引起全社会的关注。教育行业也意识到,注重管理行为和企业行为中的伦理问题不仅是恰当的,而且是十分必要的,故而不少管理学院及哲学系都开设了管理伦理和商业道德方面的课程。截至 1993 年,美国 90％以上的大学在企业伦理学领域开设了相关的课程,企业伦理学不再是"企业与社会"和"公共政策"这类课程的附加或重复的内容,而成为一门完全独立的课程。1996 年,史蒂文·西尔比格(Steven Silbiger)从全美最佳的 10 所商学院开设的大量管理课程中,概括出受商学院普遍重视的 9 门核心课程作为 MBA 课程精华,"管理伦理学"榜上有名。同时欧洲的许多大学也相继开设了管理伦理学方面的课程。

　　与此同时,在传统的管理学科体系中,管理伦理学的地位显著提高。自 20 世纪 80 年代末以来,管理伦理学在管理学中的渗透日益显著,几乎所有的管理学教科书都有专章讨论"企业社会责任和管理伦理力"等问题。哈罗德·孔茨和海因茨·韦里克在 1988 年出版的《管理学》(第九版)中,新增了"道德决策模型"与"政府工作人员的道德准则"等内容。美国多所大学用作 MBA 教材的罗宾斯所著《管理学》一书也同样如此,书中加入了大量有关伦理的各种实例和难题,供 MBA 学生进行深刻的思考。

16.12.3　管理伦理的研究现状

　　国外目前对管理伦理学的研究,主要从三个方面来展开,即微观层面、中观层面和宏观层面。这种从具体行为出发的研究方式,有着很强的实际意义和针对性。

（1）微观层面。

在微观层面，美国、欧洲和日本的研究者们把研究对象确定为企业中单个的人，即雇主和雇员、管理者和被管理者、同事、投资者、供应商和消费者等。这些单个的人为了自己在企业中的角色和作用，为了认识和承担自己的道德责任，而应该做些什么、能够做些什么和实际上做些什么。他们出于各自不同的角度，对某一项经营行为或管理行为产生一定看法，在日常的管理工作中把正确的观念传递给其他人，从而规范这些人的行为以符合企业的宗旨、价值观和道德。

（2）中观层面。

在中观层面，需要着重研究的是组织，不仅包括企业和其他商业组织，而且包括工会、消费者协会和行业协会等，这些组织在自身的行为中应该具有什么样的观念，如何以自身独特的作用来为企业建设优秀的管理伦理推波助澜。由于社会分工不同，各类组织在社会中扮演着不同的角色。企业的管理伦理行为牵涉到各个方面，不仅企业自身要有明确的信念和与之相符的行为，也需要其他组织的参与和合作。

（3）宏观层面。

在宏观层面，企业的管理伦理牵涉到经济体制和整个国家的经济运行机制，以及总体的经营环境和经济秩序。一个国家的宏观经济运行机制虽然不直接对企业伦理产生影响，但在很大程度上间接地影响企业的价值观和行为方式，影响着企业的经营和管理行为，从而影响到企业的管理伦理。

在国外学者看来，这三个层面上的行为者都被假定有或多或少的决策自由度，这种自由中自然也就包含相应的道德责任。这种被很多研究企业管理伦理的学者所认同的三个层面的研究划分，就与经济学和社会学中较多的仅从微观和宏观两个方面来研究的做法有所区别。在这里，单个的人被认为是道德行为者，而经济组织也同样被认为是道德行为者。这种对中观层面的强调，表明在企业的管理伦理中，组织行为所产生的伦理指向和伦理影响具有十分重要的位置。

在研究具体行为的伦理问题时，一般来说，美国人更接近于强调决策和行动的自由以及相应的责任，而有一种忽视限制和约束的倾向；欧洲人的探讨则强调应该以伦理责任的形式勾画出商业的条件。美国人有一个强烈的信念：个体经营者和公司能够而且应该做得更符合伦理要求，他们不仅应当尽责地遵循经济和法律的游戏规则，而且应该先有一个立场，因为宏观层面上的这些规则不能完全地决定微观和中观层面上的行为；与之相反，欧洲人倾向于把道德优先权放在宏观层次上，主张只有规则及其运用才有道德问题。

而日本人在研究企业行为的伦理问题时，十分注重民族性和实用性。他们把符合日本传统的伦理价值观念，如忠诚、仁义等融进企业的经营活动之中，目的在于使企业内部员工之间以及企业与外部环境之间形成较为融洽的关系，使企业充满生机和活力。他们往往通过许多具体的活动和可操作性强的措施，来推动企业伦理的建设。

16.12.4　管理伦理的实践

在企业伦理的研究和实践方面，美国企业界也不甘落后，而且有越来越加强的趋势。美国的企业从 20 世纪 80 年代起，就开始重视把企业伦理渗透到企业经营活动中去。美国本特利学院伦理研究中心的一项调查表明，《财富》杂志上排名前 1000 家的企业中，80％的企业都把企业价值观融合到日常经营管理活动中去；在这些企业中，93％的企业都有成文的伦理准则来规范员工的行为。美国企业界甚至出现了一种新型的职位：伦理主管。据统计，美国制造业和服务业前 1000 家企业中，有 20％的企业设有伦理主管。企业伦理主管的主要任务是训练员工遵守正确的行为准则，并处理员工对受贿和报假账等可能发生的不正当行为提出的质疑。美国许多大中型企业开始在企业内部实施行为准则，为员工开办有关企业伦理和职业道德方面的培训班。美国通用汽车公司作出规定，要求所属的 10 万名员工必须参加伦理研习班。此外，专门为企业提供道德形象咨询、设计、调查和测试服务的企业公关事务所也应运而生。据美国 1987 年的一次调查统计显示，有 94％的企业老板认为，企业伦理道德是事关重大的主题；60％的企业高层主管认为，企业管理中的伦理道德是搞好现代企业管理的必要工具。

英国、德国等欧洲国家中越来越多的大企业已经形成或正在制定成文的企业管理伦理准则。1995 年 8 月，英国《经济学家》杂志在一篇文章中提到，美国约有 75％的企业设有专门的企业伦理机构，在欧洲，这一比例也能达到 50％。企业伦理机构负责有关企业伦理工作，在企业的实际运作中对于企业的文化氛围和道德形象均起到了很好的作用，切实保证了企业的可持续发展。

日本企业一直把企业伦理的实践放在非常重要的位置。受到传统文化的影响，日本企业往往把忠诚、仁义等伦理概念融进企业的经营活动之中，目的是在企业和顾客之间以及企业内部员工之间形成融洽的关系，使企业充满生机和活力，建立有效的企业文化。日本于 1993 年 4 月成立了全国性的经营伦理学会，学会成员既有学术界人士，也有企业界的高层管理者，对推动全国经营伦理建设起到了良好的作用。

16.12.5　管理伦理的经典论述

在一些管理学的名著中都有章节涉及管理伦理问题。在世界公认的管理学名著、美国哈罗德·孔茨和海因茨·韦里克所著的《管理学》（第九版）中，就谈到了关于企业管理伦理的多方面问题，他们的观点可以说是当代国外学者在有关管理伦理方面学术观点的代表。

（1）企业的社会责任问题。

孔茨和韦里克在《管理学》一书中谈到：不同的组织有着不同的使命，这种使命是由社会赋予的。工商企业的使命即是从事产品与服务的生产和分配，警察部门的使命就是保护人民的幸福和安全，至于大学的使命则是从事教学和研究。我们不应该认为企业管理者应对解决社会问题负责，但是像事业单位一样，工商企业必须同其所依存的社会环境进行联系。社会期待着得到认可的企业、事业单位的使命得以实现，这就需要企业主管人员对他们所处外部环境中的因素加以考虑，这些因素对于企业的成功是至关重要的。换言之，企业的主管人员对企业所处的社会环境必须作出积极反应，并且成为社区活动的积极参与者，因为企业的存在与发展取决于企业同所有社会环境因素富有成效的相互影响。

（2）价值准则和业绩衡量标准对行为的影响。

既使企业主管人员有履行社会责任的意识，但是他们的行为在很大程度上仍然受到社会价值准则和人们评价行为时所持的衡量标准的影响。因为像其他所有人一样，企业主管人员也希望自己的行为能够得到社会的承认。如果人们对企业家评价只是看他们所创造的利润，那么自然就很难要求企业家们在履行社会责任方面有大的作为。而如果整个社会对企业主管人员在履行社会责任方面有所要求，那么主管人员就会努力去实现它们。

因此，《管理学》一书明确认为：主管人员会对社会公认的价值准则作出反应，并且也会把最受人们尊重的那些价值观放在首要地位。所以,要使企业能够较好地履行社会责任,重要前提就是必须澄清社会价值观,并且对那些成功地作出反应的主管人员加以奖励。

(3) 伦理准则的具体贯彻与实施。

企业要履行必要的社会责任,要坚持应有的伦理准则,那么在具体实践中应如何贯彻与实施这些伦理准则呢?

孔茨和韦里克认为,必须把运用伦理概念与日常活动结合起来,而在具体实施中可以采用三种方式实现这种结合:① 运用公司政策或伦理准则;② 正式任命伦理委员会;③ 在管理人员培训计划中列入管理伦理学的教学内容。

伦理准则是一份由指导行为的政策、原理和规则所构成的声明书。伦理准则不仅可以应用于商业企业,也可以对所有组织中的人的行为及其日常生活中的行为进行指导。

在企业中,对贯彻伦理原则、实现伦理制度化起关键作用的是一个由企业内部和外界的理事所组成的伦理委员会。这个委员会的职能可以包括:举行定期会议讨论伦理问题;把伦理准则向企业(和组织)的全体成员进行传播沟通;对可能出现的违反准则的行为进行检查;实施伦理准则;奖赏遵守准则者,处罚违反准则者;不断审议和更新准则;把委员会的活动向董事会汇报;等等。

为了使伦理准则生效,必须制定实施的条款。违反伦理准则的主管人员应当对自己的行为负责,其享有的特权与好处必须收回并接受制裁。为了有效地贯彻伦理准则,高层管理人员需保持一贯的伦理行为和给予支持,同时要增加信息的公开化程度,使信息灵通的公众的关注程度有新的提高。

加强伦理方面的培训,是促使企业完善伦理行为、坚持伦理准则的一项重要工作,因此必须高度重视在企业和高等院校中进行伦理学和价值观的教育。

16.13　人本管理

16.13.1　人本管理的含义

人本管理的本质是以人为本。"以人为本"就是把人作为社会主体和中心,一切以人为目的,摒弃传统的把人作为工具和手段的物本主义倾向,在社会发展中以满足人的需要、提升人的素质、实现人的全面发展为最终目标。人本管理的内涵包括以下两个层次:

首先,要理解"人"和"本"的关系。一种观点认为人本管理就是激发人的工作积极性、开发人力资源、重视和运用人力资本。由此观点,人本管理不过是社会组织实现自身功利目标的一种手段,组织中的人并没有摆脱作为资源或人力资本存在的地位,人本管理并没有突破"物化"的管理理念,依然是人力资源管理。

第二,"人本"是针对"资本"提出的。最初的企业大多是以资本为中心建立起来的,资本的积累和再生产的扩大是企业谋取利润的重要手段。这一时期以"资"为"本"的管理是管理的中心。随着技术的创新,知识经济时代的到来,人对企业生产率的贡献越来越大,企业中的人上升到比物更为重要的地位。于是,"人本"就逐渐地取代了"资本",人本主义在企业中占据了主导地位,以人为本的管理也就应运而生。现代人本管理的核心,就是尊重人,满足人的需要,促进人的发展与个性完善,一切以人为中心开展工作。

16.13.2　人本管理的发展

人本管理作为一种管理思想和理论是与管理科学同步发展起来的。

16.13.2.1　古典管理理论阶段

西方管理理论发展的第一阶段,是 19 世纪末到 20 世纪初形成的所谓"古典管理理论",这一阶段也是人本管理思想萌芽的阶段。西方古典管理理论主要有两大学派:以泰勒为代表的科学管理学派和以法约尔为代表的组织管理学派。这两个学派在人性假设上都把人假定为"经济人",把物质利益看作是激励人的唯一动力,其本质上还是以"物"为核心的管理,不属于人本管理的理论范畴。但是,同时也应该看到,古典管理理论已经开始重视人,并开始研究人的心理和行为规律,在一定程度上,古典管理理论已经开始具有了一些人本管理的思想萌芽。

16.13.2.2　行为科学理论阶段

西方管理理论发展的第二阶段,是从 20 世纪 20 年代开始的"人际关系"—"行为科学"的理论,这一阶段是人本管理思想的蓬勃发展阶段。所谓行为科学,就是对工人在生产中的行为以及这些行为产生的原因进行分析研究,以便调节企业的人际关系,提高生产率。它研究的内容包括:人的本性和需要,行为的动机,尤其是生产中的人际关系(包括领导与工人的关系),所以,它在早期叫人际关系理论。行为科学理论以"社会人"假设为前提,研究个体、群体、组织的行为,使得管理学对"人"的认识更加深入和全面。行为科学的早期代表人物有梅奥和罗特利斯伯格,他们从 20 世纪 20 年代后期开始,在美国进行了有名的"霍桑试验"。梅奥等人通过在霍桑工厂的试验了解到,工人并不是把金钱当做刺激积极性的唯一动力的"经济人",而是在物质之外还有社会和心理因素的"社会人"。所以,新型的领导能力就是要在正式组织的经济需求和工人的非正式组织的社会需求之间保持平衡。他们认为,这样可以弥补古典管理理论的不足,解决劳资之间以至整个"工业文明社会"的矛盾和冲突,提高生产率。

16.13.2.3　管理学发展阶段

在行为科学学派出现之后,特别是在第二次世界大战以后,管理理论有了蓬勃的发展,出现了一批新的管理学派,主要有社会系统学派、决策理论学派、系统管理学派、经验主义学派、管理科学学派和权变理论学派等。这些学派的产生使得管理学对人的研究更加深入和丰富,在这一阶段人本管理理论研究得到进一步发展和完善。

(1) 社会系统学派。

社会系统学派以美国的巴纳德为首。自 1983 年起,巴纳德先后出版了《经理人员的职能》等专著。这些著述吸收了当时社会学发展的最新成果,把对人际关系的认识、社会学的概念融入了对组织结构的逻辑分析中,从而赋予了管理学崭新的思想和内容,对管理学的发展起到了巨大的推动作用。

巴纳德认为,社会的各级组织都是一个协作社会系统,即由相互进行协作的各个人组成的系统。这些协作社会系统是正式组织,都包含有三个要素:协作的意愿、共同的目标和信息联系。非正式组织也起着重要作用,同正式组织互相创造条件,在某些方面对正式组织产生积极的影响。至于组织中经理人员的作用,就是在协作系统中作为相互联系的中心,并对协作的努力进行协调,以便组织能够维持运转。

(2) 权变理论学派。

美国学者洛斯奇(Morse)和莫尔斯(Lorsch)分别于 1970 年和 1974 年在《超 Y 理论》、《组织及其成员权变方式》等书中提出"超 Y 理论",以权变管理的思想改造传统的"X 理论"、"Y 理论"。他们认为:① 人们是抱着各种各样不同的愿望和需要加入组织的,这些愿望和需要可以分为不同的类型。有的人愿意在正规化的、有严格规章制度的组织中工作,但不想参与决策和承担责任,而有的人却愿意有更多的自治权和充分发挥个人创造性的机会。② 不同的人对管理方式的要求不一样,上述第一种人比较欢迎以"X 理论"为指导的管理模式,第二种人则更欢迎以"Y 理论"为指导的管理模式。③ 组织的目标、合作的性质、员工的素质等对于组织结构和管理方式有很大影响。当一个目标达到以后,可以激起员工的胜任感和满足感,使之为达到更高的目标而努力。④ 组织形式和领导方式要与员工的需要相结合,只有这样才能提高管理效率。⑤ 管理应进行多变量分析,要根据工作性质、工作目标、职工素质等方面的不同情况去考虑问题,而不应采取千篇一律的方式。管理方式是环境因素的函数,不存在所谓最优的一成不变的管理模式,要因时因地因人而异采取不同的管理方式、选择不同的恰当的人选。

16.13.2.4　当代管理理论阶段

20 世纪 80 年代以来,资本主义的生产方式和生产关系发生了巨大的变化,科学进步日新月异,产品的生命周期缩短,人们的需求结构发生了明显的变化,蓝领工人的比重持续下降,员工的自主意识不断提高,跨文化管理的范围扩大,员工的主动性、积极性和创造性的发挥程度成为企业竞争成败的决定性因素,人本管理成为时代的要求。经过从 20 世纪初到 20 世纪 70 年代的探索,加上心理学、行为科学、社会学等研究成果的实际应用,人本管理的思想使以美国为首的西方资本主义国家完全走出"以物为本"的管理模式,明确提出了"以人为本"的管理理念,人本管理的管理理念最终确立,并逐渐成为理论界的共识。

16.13.3　人本管理理论的发展

20 世纪末企业管理的环境发生重大变化,人本管理的相关理论得到了进一步发展,这一时期出现的理论主要有非理性管理理论、学习型组织与五项修炼、情感智商理论、知识管理理论等。

16.13.3.1　非理性管理理论

进入 20 世纪 80 年代以后,针对以管理科学为代表的纯理性主义的管理倾向,出现了非理性主义的管理趋向。非理性管理的代表作是美国学者彼得斯和沃特曼合著的《成功之路——美国最佳管理企业的经验》。该书批判了企业管理中的纯理性倾向,认为在纯理性管理理论影响下,一味追求管理中的定量化、精确化、严密化、制度化和程序化,以及明确的分工与严格的控制,把管理作为一门纯粹的科学来对待。而实际上,管理活动是复杂多变、极不稳定的,特别是涉及人的管理,更有一些无意识因素在起作用。这说明管理绝不是纯科学,它既是科学又是艺术,不能只靠逻辑推理与精确计算,还要靠热情甚至是直觉。在一定的条件下,某些违背管理理论条文的"反常"之举,反而可能会出奇制胜。《成功之路》的作者甚至提出:"最有用的主意都是从最奇怪的地方涌现出来的。"因此,非理性管理主张在坚持必要管理原则的基础上,应特别注意创造与革新,要致力于独出心裁,并善于运用情感等人的心理因素,创造性地进行管理。

16.13.3.2　学习型组织与五项修炼

1990 年,美国麻省理工学院教授彼得·圣吉在其著作《第五项修炼:学习型组织的艺术与实务》中提出了学习型组织的概念,引起了管理学界的轰动。所谓学习型组织,是一种更适合人性的组织模式。这种组织具有崇高而正确的核心价值、信心和使命,具有强大的生命力与实现共同目标的动力,不断创新,持续蜕变。在学习型组织中,人们胸怀大志、互相融合、不断追求,勇于向过去的成功和目标极限挑战。要建立学习型组织,必须进行五项修炼,即锻炼系统思考能力、超越自我、改善心智模式、建立共同目标和开展团队学习。

总体而言,五项修炼是一种观念的改变,是一种信念的改变,是一种思维方法的改变,也是一种管理方法的改变。它一改过去那种以"管理、组织和控制"为信条的管理思想,代之以"愿景、价值观和心智模式"为理念的新思想。其目的在于创造一种有共同崇高理想和美好愿景并乐于为之奋斗的组织群体,同时创造出开放、平等、和睦、奉献的组织环境、合理完美的心智模式以及反映灵敏的组织结构。

16.13.3.3　情感智商理论

1990 年,美国耶鲁大学心理学家彼得·赛拉维和新罕布什尔大学的约翰·梅耶首次提出了"情感智商"的概念,并于 1996 年对其含义进行了修订。后来,美国学者丹尼尔·戈尔曼于 1995 年编写了《情感智商》一书,对情感智商进行了系统的总结。情感智商,有时又称为情绪智商或情商。情商包含着五种能力:了解自己情绪的能力、控制自己情绪的能力、了解他人情绪的能力、控制他人情绪的能力以及维系良好人际关系的能力。情商理论认为,个体的情感智商有高低之分;情商是影响人事业成功的最主要因素之一;情商可以影响个体的其他能力(包括智力)的发挥极限从而影响工作的绩效。情商的不同决定了具有同样智商的人完全可能会有不同的成就。

现代企业可以看成是一个由不同角色成员互相协作的社会系统,系统的动力来自于成员之间的合作。对管理人员来说,不但要具备一定的专业知识与技能,更重要的是要有合作精神和维系良好的人际关系的能力。情感智商理论从一个全新的角度提出了对员工进行评价、筛选、培训、考核的新思路,对组织的人本管理实践产生了巨大的影响。

16.13.4　人本管理关键问题设计

人本管理涉及人的选聘与任用,人的培养与完善,人的积极性、主动性、创新性的发挥,员工参与管理,人际关系,团队建设等诸多方面,是一项复杂的系统工程。要实现人本管理的有效实施,必须做好以下工作:

(1) 完善人格修养。

完善人格修养是一个漫长的过程,企业员工要在职业生涯中将其作为自己不懈追求的目标。企业的管理者更要用自己的人格魅力,用自己的意志、品行来感化他人、教化他人,使其服从、尊敬、信任,精诚合作,共谋企业发展。

(2) 创新观念。

改变传统的管理理念,变以"物"为中心的思想为以"人"为中心的思想,把人视为企业最宝贵的财富,以调动人的主观能动性、激发人的创新精神与自身潜能为出发点,以全面做好人的工作为根本,以人的开发、利用和培训为管理重心,让员工参与决策,谋求员工的全面发展。企业要促进员工全面自由的发展,企业发展目标和员工个人发展目标同时实现。

(3) 建设先进的企业文化。

每个企业都有其特殊的历史传统,在长期的发展、变革中形成了独特的价值信仰、意识形态和为人处事方式。于是,每个企业也就形成了特定的企业文化。先进的企业为什么能长盛不衰,就是因为他们拥有先进的企业文化。先进的企业文化更能适应竞争的要求,更具有生命力。先进的企业文化还体现在企业领导人应以其思想理念和管理作风造就以人为本的企业核心文化,换言之就是以敏锐的思维、刚柔相济的开放式管理和令人奋进的激励手段,营造企业文化。从某种意义上讲,企业文化就是人的文化,企业管理就是人的管理,一个成功的企业必须有先进、独特的企业文化。

(4) 制定全面人本管理战略。

首先是依靠人。人是一切社会活动的主体,没有人的活动,就没有企业的活力和竞争力,因此,必须树立依靠人的经营理念。其次是尊重人。每个人都是具有独立人格的个体,都有人的尊严和权利,尊重、关心、爱护每一个人(包括员工和消费者),实现人的全面发展和自由全面发展是社会发展的最高目标,也是管理要达到的最终目的。第三是激励人,要依据企业发展战略和企业员工的具体情况,动态的制定长期和短期的人本管理战略,并建立一套行之有效的员工激励机制;物质激励和精神激励并重,根据不同员工的特点可以有所侧重,从而不断满足员工需要,努力做到人尽其才、才尽其用。

人本管理在本质上是以促进人的自由发展,使人的才能提升到更高境界为目的的。知识经济时代,纯粹意义上的"经济人"已变为追求实现自我价值的完整意义上的人。人本管理代表着先进的管理理念和管理方式,是现代人类文明发展的趋势和历史必然。

16.14 跨文化管理

16.14.1 跨文化管理问题的提出

随着经济全球化进程的加速,各国企业跨国、跨文化的各类交往活动日益频繁,不同文化背景人员的往来与日俱增,大量跨国公司的出现使得劳动力的文化背景多元化的趋势日益明显。从我国加入WTO,到中国足球队外籍教练和外籍球员的加盟、清华大学聘请外籍专家担任系主任,也可以明显地看到这种趋势。

在企事业单位间的跨文化交往和跨国公司的经营中,工作人员如果缺乏跨国、跨文化交流和管理的知识和技巧,文化之间的差异常会产生误会和发生不必要的摩擦,影响工作效率,增大内耗。驾驭文化差异是各国企事业单位特别是跨国公司走向经济全球化面临的巨大挑战。跨文化交流的能力不仅对友好的人际关系相当重要,对专业人员、经理或技术人员的成功来说也是如此。在经济全球化的发展趋势下,有效的跨文化交往对改进工作表现和提高生产力具有重要意义。

各涉外企事业单位为了生存和发展,必须把文化的、感性的技巧结合在各种关系中,并应用在组织战略和组织结构中。因此,企事业单位的各级领导和跨国公司的经理们都需要具备跨文化交往和跨文化管理的知识以及驾驭文化差异的能力。这样不但可以克服文化差异给交流和管理带来的障碍,而且可以把文化差异作为公司发展的一种宝贵"资源"。为了满足这种社会需求,跨文化管理应运而生。跨文化管理是跨文化交流学、工商管理学相结合的产物,20世纪末在欧美等西方国家成为一门新兴的实用学科。

16.14.2 跨文化管理的定义与特点

跨文化管理是管理的一个分支,它研究具备两个或两个以上文化背景的组织的管理问题。从目前的情况看,跨文化管理的对象是企业组织,包括国境内的外资企业和一个国家在境外的合资企业。随着时间的推移、人类的发展,跨文化管理有可能扩展到非营利的组织。

跨文化管理是以两种或两种以上文化资料为基础,研究不同文化背景下管理的共性和差异、研究不同文化特点对管理的影响、研究多文化企业管理的一般规律的一门科学。

跨文化管理有以下几个特点:

(1) 复杂性。

跨文化管理在以往管理的基础上加入了文化因素,扩大了管理的范围和难度,把管理的复杂性提高到一个新的高度。例如,以往管理考虑的人格即个人人格和组织人格;在跨文化管理中,人格除了个人人格和组织人格以外,又多了国家人格或民族人格。又如,以往的管理,是在同质或大致同质文化背景下的管理;跨文化管理则是在两种或两种以上不同质文化背景下的管理,有的公司甚至在全球几十个国家有分公司或子公司,要在几十种不同的文化背景下整合公司的职员。

(2) 特殊性。

管理是围绕各项管理职能,如计划、组织、控制、领导、创新等展开的。管理的内容十分广泛,包括生产管理、营销管理、人事管理、财产管理和高层管理等许多方面,而跨文化管理主要研究多国公司对人的管理,研究对所谓"自由文化人"的管理。

(3) 共同性。

跨文化管理不能按照某一个国家的管理文化进行管理,这是一种最大限度追求人类共同性的管理,或者说是尽量按照国际惯例形式的管理。

(4) 协商性。

跨文化管理在没有国际惯例参照的情况下,只能采取协商的方式。用"求大同,存小异"的原则解决管理中的冲突,任何一方不能把自己的意识形态强加给另一方。

16.14.3　跨文化管理的现状

跨文化管理是以承认文化对管理有重大影响为前提的。但是,直到 20 世纪 40 年代,人们都未能注意文化差异对管理的影响。20 世纪 70 年代起,这一问题才逐渐被人们所重视,出现了"跨文化行为的研究"。

跨文化研究是世界进一步开放的结果。随着国际经济交流的扩大,跨国经济组织的出现,特别是跨国公司的大量增加,文化差异问题自然就变得十分突出。因此,开展文化差异对管理的影响的研究,是适应开放与合作时代管理实践的迫切要求。

16.14.4　实现跨文化管理的对策

不同文化背景需要不同的管理对策或方式,但也有一些共同的特点。因为人的本性都是一样的,不管是受哪种文化的熏陶,都需要别人的理解和包容,喜欢别人的赞美,喜欢别人的肯定。因此,可采取以下对策实现跨文化管理:

(1) 有效的沟通。

不论在什么文化背景之下,发挥人的主观能动性、进行有效的沟通是文化融合的基本前提,同时文化也是动态可变的,这为不同文化间的合作、融合提供了必要的条件。沟通在国际交往中的重要性是不言而喻的,能得到当地人的理解和支持,就能给正在进行的项目管理带来成功。因此,作为一个跨文化管理者,需要有意识地建立各种正式的和非正式的、有形的和无形的跨文化沟通的渠道。为了有效的沟通,应遵循三点原则:

① 确认文化差异原则。在不同的文化地域实施项目之前,首先需确认哪些是刚性的东

西,必须无条件遵守;哪些是不可以接受的;哪些是可以通过努力达到一致的。文化可以分为三个范畴:正式规范、非正式规范和技术规范。正式规范是人的基本价值观、判断是非的标准,它能抵抗来自外部企图改变它的强制力,因此正式规范引起的摩擦往往不易改变。非正式规范是人们的生活习惯和风俗等,因此引起的文化摩擦可以通过较长时间的文化交流克服。技术规范则可通过技术知识的学习而获得,很容易改变。可见,不同规范的文化所造成的文化差异和文化摩擦的程度和类型是不同的。只有首先确认了文化差异,采取针对性的措施,才能实现有效沟通。

② 相互理解原则。在文化融合的过程中没有所谓对与错、先进与落后的概念,只有符合原则和不符合原则的问题,这些也只有在实际的工作中验证。

③ 相互尊重原则。本土文化在一定的地域内具有很强的影响力,外来人员无论多么先进和优秀,也不能咄咄逼人,处处以自己的原则和规范行事,把自己的观念意识、风俗习惯当成天下真理,逼别人接受。

(2) 精心选择跨文化地区的管理人员。

企业应尽可能选择那些技能和素质比较高的人,选择那些具有很强的与人交往能力的人,更为重要的是,选择那些对文化差异有较高的敏感性的人,使其符合来自其他文化融合的要求。如果人员素质不高,就会麻烦不断,严重的是可能导致项目的失败。

(3) 低层管理人员尽可能本土化。

由于本土人员对本土文化有很深的了解,容易为员工所接受,同时为本土员工的晋升提供了明显的渠道,具有很强的激励和亲和作用,也为不同的文化架起了一座桥梁。

(4) 切实让利于当地民众。

只有让利于当地民众,才能获得当地民众的支持。曾有这样一个例子,某工程公司在回民地区施工,最初,企业取得了当地政府的公文,但是,施工中设备被盗、阻挠施工的事情频繁发生,且与当地民众沟通有极大的难度,并非语言上的障碍,而是每一个村寨都是一个整体,只要有一个村民来制造麻烦,其他村民和所在村子都会支持,无论该村民对与错。给这施工带来极大的挑战。后来企业规定:各个参与施工的班组,每当在一个村寨附近施工,班组长必须先去拜望该村德高望重的老人,并请该村村民充当保卫;使用当地三轮车做运输工具,给该驾驶员穿戴工作服等。由于切实让利于当地民众,结果收到了理想的效果,施工进度大大加快。

(5) 对时间应采取灵活的态度。

时间观在很大程度上受经济发展水平的影响。现代化进程逐渐加快了生活的节奏,改变着人们的时间观,因而发达地区与落后地区的时间观差异就显现出来了,特别是落后地区节奏缓慢。所以,企业在不同的地区施工,对时间应采取灵活的态度。

(6) 精通东道国的语言。

语言是沟通中相当重要的途径。人类对自己的母语都具有强烈的感情,如果想了解和获得更多的支持,使用他们的母语,不仅能进行满意的思想交流,而且还会增加亲切感。学习别人的语言对更好地了解别人的文化是有很大帮助的。只要有了良好的沟通条件,才能建立彼此的信任,争取到最大限度的理解和支持,这是进行跨文化管理的一个良好基础。

(7) 熟悉东道国的法律制度及风俗习惯。

企业自己或代请一个专门机构做这些方面的工作:收集、研究项目所在国的有关法律、法规和政策;分析、论证、评价项目所在国的政治、法律风险;建立项目所在国的法律、法规和政策档案;组织有关管理人员进行相关法律法规和政策培训;了解项目所在国的风俗习惯;等等。

(8) 从别人的错误中吸取教训。

从别人的错误中吸取教训,自己就可以避免犯同样的错误。但是,即使准备得再充分,跨文化管理中的冲突也不可避免。面对冲突,管理者需要有一个平和的心态、宽容的态度和理智的处理方式,只有相互理解和尊重,才能逐步实现与当地文化的和谐共处。国际经理人应掌握企业原则性文化,根据不同的情景作出判断,适应本土的具体情况。

掌握跨文化管理的艺术与技巧是企业能从容驰骋于国际舞台、实现成功经营的保证。

16.15　生态管理

16.15.1　生态管理的提出

管理理论一经形成,人们的管理思想就会形成惯性的思维模式。尽管在如今管理丛林的思潮中,各种管理理论层出不穷,但这些思想和理论在管理实际中总是不自觉地陷入某种理念的束缚中,即使再多再精彩的理论仍然无法解决生存、竞争与生态发展问题。要根本解决这一问题,不应只滞留在管理的各种因素、技术、手段等层面上,必须适应外部环境的变化,从管理理论的层次上重新进行审视、变革和更新。正是鉴于外部环境条件的变迁对组织的影响,我们才试图用生态学的思维范例来刷新、指导组织管理理念的变革。"生态管理"尽管还不十分成熟,但是,至少可以建立在对人的两个基本价值假设的基础上。

(1) 人性的基本假设。

首先,人是管理的主体,也是管理的客体。以人性的善恶为价值观形成管理思想的基本理论出发点,中国有主张人性善而提倡仁政德治的儒家,主张人性恶而提倡法制刑治的法家,西方有与此相对应的 Y 理论和 X 理论,诸多管理学家提出了经济人、社会人、文化人、全面人等多种人性假设。管理思想家之所以关心人性问题,这是因为管理活动的主要对象是人,而对人作怎样的人性判断便决定了管理设计。在人类进入生态时代的今天,我们提出迥异于以前的人性假设——"生态人"的概念。这个假设包括:

① 人类是自然界生命之树的一支,与生物圈中的其他物种一样,其生存依赖于同生物圈其他物种血肉相关的联系,也必须服从生物界共同的不可抗拒的自然法则。

② 人不是生物圈的主宰,科学技术不是用来征服自然而是用来使人类与自然协调。

③ 人类善恶行为的标准是视其是否有利于自然的完整、稳定、和谐和美丽,而不是像以前对人的善恶行为判断只限于针对人类本身。随着自然环境的有序进化,作为活动主体的人的生态保护意识应不断提高。

(2) 人的基本价值观假设。

各种管理思想都建立在对人性假设的基础上,生态管理是建立在"生态人"的基本假设基础上的,是通过人在自然有序进化和发展过程中的理性思考和个体感悟,将生态意识应用到管理工作中并按生态规律进行管理。因此,生态管理的终极目标(价值观)是提升人的生活品质、促进人类与社会自然界的共同进步和可持续的发展。

16.15.2　生态管理的内涵

20 世纪 70 年代生态管理起源于美国,后逐渐成为管理学科研究和实践的热门。但由于生态管理自身的复杂性,生态管理无论是作为理论还是实践至今仍处于发展中。生态管理的理论基础非常广泛,跨越了生态学、生物学、经济学、管理学、社会学、环境科学、资源科学和系统论等学科领域。不同的机构和学者从不同的视角给出了关于生态管理的定义,下面是比较有影响的几种:

我国土地管理局把生态管理定义为:通过生态学、经济学和社会学原理的相互作用,以一种能保护长期的生态持续性、自然多样性和景观生产率的方式对生态和物理系统进行的管理。

美国森林服务局从森林管理的角度定义生态管理为:自然资源管理的一种整体性方法,它超越了森林的各单个部分的分割性方法,融合了自然资源管理的人类学、生态学和物理维度,目的是获得所有资源的可持续性利用。

Robert C. Szaro 等人认为,生态系统管理是这样一种方法,它试图让所有的利益相关者都为人们与其生活环境的互动制定可持续的方案,目的是修复和维持健康、生产率、生物多样性和全面的生活。

Peter F . Brussard 等把生态管理定义为:以这样一种方式来管理不同规模的地区,目标是在生态系统的服务和生态资源得到保护的同时,维持适度的人类使用和谋生选择。

环境保护机构的定义:生态管理就是在修复和维护生态系统的健康、可持续性和生态多样性的同时支持可持续的经济和社会发展。

Overbay 把生态管理定义为:仔细和熟练地使用生态学、经济学、社会学和管理学原理到生态系统的管理中去,目的是在长期内生产、修复或维持生态系统完整性、用途、产品、价值和服务。

Robert T. Lackey 认为,生态管理就是运用生态学和社会的信息,选择和限制在一个得到定义的地理区域及一个特定时期里获取想要的社会利益。

综上所述,我们可以把生态管理的定义归纳为:运用生态学、经济学和社会学等跨学科的原理和现代科学技术来管理人类行动对生态环境的影响,力图平衡人类发展和生态环境保护之间的冲突,最终实现经济、社会和生态环境的协调可持续发展。

生态管理是管理史上的一次深刻革命,即使目前还不成熟,但是仍存在一些共性的认识。首先,它强调经济与生态的平衡可持续发展。其次,它意味着一种管理范式的转变,即从传统的"线性、理解性"管理(对被管理的系统有全面、定量和连续的了解)转向一种"循环的渐进式"管理(又叫适应性管理),即根据试验结果和可靠的新信息来改变管理方案,原因在于人类对生态系统的复杂结构和功能、反应特性及其未来演化趋势的了解还不够深入,所以只能以预防优先为原则,以免造成不可逆的损失。再次,生态管理非常强调整体性和系统性,要求认知到所有生命之间的相互依存的关系及生态系统内各组成部分彼此间的复杂影响,要用整体论和系统论的思想来指导经济和政治事务,谋求社会经济系统和自然生态系统协调、稳定和持续的发展。最后,生态管理强调更多公众和利益相关者的广泛参与,它是一种民主的而非保守的管理方式。

16.15.3　生态管理的内容

生态管理以人为本,"生态人"所具有的就是生态世界观。而作为企业管理来说,生态管理的内容应有以下几方面:

(1) 管理主体的生态化。

　　生态管理要求企业应对全体员工进行环保知识的普及和培训,各级管理者应当具备基本的生态意识和生态观念;同时企业在发展过程中不应以个体利润最大化为目标,应把环境保护纳入长远的发展战略和决策中,注意企业和自然环境的协调发展,实施可持续发展战略,维护经济增长所依赖的生态环境的有序性,保障经济增长有一个稳定的生态环境基础,而不是仅从利己角度出发对资源无度索取。

　　(2) 管理效益的生态化。

　　传统管理理论认为,企业管理者的主要责任是按股东利益经营业务,企业的管理效益是使股东利益最大化,为此企业可以置自然生态环境于不顾去追求效益、利润以博取股东的欢心。但随着生态时代的到来,我们认为企业除对股东负责外,还必须建立和维护他们的社会责任,不仅让员工更要使顾客、社会感到满意。因此,有学者提出"利润最大化是企业第二位目标,而不是第一位目标,企业的第一位目标是保证自身的生存"。企业自身赖以生存的自然生态环境是保证企业生存的第一要义,因而效益不仅是指生产的直接成果,同时也指这些成果对整个社会利益和社会发展的长远影响。脱离基本价值观愈远,对社会、自然界的破坏就愈大,效益就愈差。忽视自然生态环境,虽然会使个别企业获得暴利,但对整个社会和自然界就会产生更大的"负效益"。

　　(3) 产品设计生态化。

　　与传统产品设计思路不同,生态设计不仅考虑如何进入消费领域——这是对顾客、社会、自然极不负责的一种做法——还应延伸到产品寿命终期。生态化设计首先应考虑如何以低能耗、低污染的材料为亮点去满足客户的"绿色需要",其次还应考虑残余产品的分解、拆卸和重新利用,使产品废弃后对生态的影响和破坏降至最低。例如,针对传统碱性电池中的有害物镉和汞,人们设计新型、高性能、无污染的绿色电池取而代之,并使废弃物能及时回收以减少对生态影响。

　　(4) 产品生产的生态化。

　　产品生产生态化的基本内容包括:生产环境的绿色化;最有效地利用资源;生产中尽量使用无毒无害、低毒低害的原材料;采用无污染、少污染的高新技术设备;采取一系列措施对废弃物合理处置;等等。

　　(5) 营销的生态化。

　　在市场营销中,我们衡量一个企业产品的竞争力时,除价格竞争力和非价格竞争力(即产品的品牌、包装、服务等)外,还应考虑"生态竞争力"。随着环保意识的加强,对生活质量要求的提高,人们对绿色产品的需求不断增长。英国威尔斯大学毕泰教授在其所著《绿色市场营销——化危机为商机的经营趋势》一书中指出:"绿色营销是一种能辨识、预期及符合消费者与社会需求,并且可能带来利润及永续经营的管理过程"。营销的生态化就是要求企业在产品包装时应局部降低产品包装物,减小产品使用剩余物的污染;积极引导消费者在产品消费、使用、废弃物处置等方面尽量减少环境污染。例如时代杂志、邦迪创可贴包装盒都采用由废弃物转化而来的再生纸。

　　今天,不仅是管理者,包括被管理者都普遍疑惑这些问题:人类的生活质量究竟在多大程度上得到提高和改变? 今天的管理到底是符合人类自身发展的管理,还是产生了管理的异化? 如何解释科技进步、生产效率提高、物质财富的丰富与现代人类社会的生存危机……生态管理这一概念的提出,顺应了社会发展的趋势,尽管其理论还未完全成熟并形成系统,但这并不妨碍各层管理者在组织和实施决策时以生态世界观为指导,将生态意识贯彻于管理工作中,按照生态规律进行管理,使管理工作走向生态文明的崭新境界。   ·

16.15.4　在我国推行生态管理的意义

(1) 应对新时代的挑战。我国不仅要努力发展经济满足人民不断增长的物质文化生活的需要,同时还面临来自生态环境的挑战。西方国家靠疯狂掠夺自然界实现了企业化和现代化,但现在我国已没有可能也不能够再走这条老路。只有用科学的生态管理思想和方法来管理各种项目,才能协调建设发展与生态环境之间的矛盾,实现生态和经济的双赢。

(2) 直接改善生态环境的要求。具体表现在:① 对生态建设项目来说,改善和修复生态系统正是其目的。② 人们越来越重视各类建设项目的生态影响,如果这些项目都能实施生态管理的话,那么将对整个社会的生态环境改善产生重要影响。③ 国家的发展离不开自然资源的开发,自然资源开发项目的生态管理对生态环境的改善意义重大。

(3) 搞好西部大开发的要求。西部有资源优势,但生态环境破坏严重,这是阻碍西部地区经济发展的一个重要因素。因此,改善生态环境是西部开发建设必须首先研究和解决的一个重大课题,在西部大开发中尤其应注意生态环境。一方面要把西部的资源优势变为经济优势;另一方面也要搞好西部的生态环境修复和改善工作,为西部地区的可持续发展创造良好条件。没有成功的生态管理,西部大开发的胜利是不可想象的。

(4) 有利于项目(尤其是一些大型项目)的顺利实施甚至国家的稳定。项目的生态管理要求考虑到各方利益相关者的利益和要求,要求广泛的公众参与决策。只有这样,项目的决策才能尽可能科学化,项目的实施才能得到人民群众的支持。以前我国的很多项目在开发建设过程中忽视了生态环境管理,缺乏公众参与,导致各方矛盾冲突激烈。如三门峡水电站因为移民问题没解决好,导致很长时间不能正常运行;美国出口信贷机构及世界银行也因生态问题而不支持三峡工程的国际融资。

(5) 大型生态建设项目的迫切需要。我国的生态建设往往停留在单纯的生态上,对经济考虑不够,这不是真正的生态管理。生态管理同样要讲成本与效益。保护生态环境与促进经济发展是一个问题的两个方面,是一个不可分割的整体。只顾经济发展,不考虑生态平衡,经济就难以为继;同样,片面地为生态环境而搞生态建设,不顾及经济的发展,保护生态环境就没有物质基础,如我国局部地区已经出现经济收入严重滑坡,生态建设投入匮乏的局面。

(6) 有利于企业的可持续发展。21世纪是生态文明世纪,也是生态企业的时代。传统的高能耗、高污染企业必须转变为节约型、生态型企业。项目生态管理对企业树立良好的公众形象、积累生态经验、增强国际竞争力、培育生态优势并最终实现企业的可持续发展是不可或缺的。

16.16　管理创新

16.16.1　管理创新概述

管理创新这个概念与管理相关。管理是对组织的资源进行有效整合以达成组织既定目标与责任的动态创造性活动。这个定义的核心是有效整合组织资源以达成组织的既定目标与责任。有效整合组织资源涉及许多方面的因素和问题：资源从哪里来、怎么来、怎么利用和配置；操作的步骤和程序是什么；资金怎么解决，借还是自筹，怎么个借法；产品生产出来放在哪里、销给谁、怎么销；等等。而组织的既定目标和责任也涉及许多方面的因素和问题：目标决策是否正确；如何决策为好；环境变化后目标是否要修订；怎么建立一个有效的组织体系以保证协作分工；怎么激励员工达到目标；怎样去实现市场占有率目标；等等。这些问题的解决过程便是管理过程，这些问题本身的处理就是管理。从管理的角度来看，管理创新应该定义为：用新的更有效的方式方法来整合组织资源以便更有效地达成组织的目标与责任。

常修泽教授在《超越一流的智慧——现代企业管理的创新》一书中认为："管理创新是指一种更有效而尚未被企业采用的新的管理方式或方法的引入。管理创新是组织创新在企业经营层次上的辐射。经济史中企业产权结构的每一次变迁，都相应伴随着企业管理方式的革命。最具代表性的一次管理创新是现代股份公司兴起后，出现的所谓'所有权与管理权的分离'，这种分离导致管理等级制成为现代工商企业的一个显著特征。管理创新的主要目标是试图设计一套规则和服从程序以降低交易费用，因为随着现代大量生产的兴起，专业化和劳动分工的程度加强，导致生产过程中交换次数的指数倍增，大量的资源耗费在了交易费用上。"从常修泽所认定的管理创新概念来看，管理创新是组织创新在企业经营层次上的辐射，即管理创新仅仅是组织创新的一个侧面，隶属于组织创新；管理创新仅仅是企业引入的更有效的新的管理方式方法，这种方式方法的引入目的是为了降低交易费用。

管理创新是指创造一种新的更有效的资源整合范式，这种范式既可以是新的有效整合企业资源以达到企业目标和责任的全过程式管理，也可以是新的具体资源整合及目标制定等方面的细节管理。这个概念至少可以包括下列五种情况：

（1）提出一种新经营思路并加以有效实施。新经营思路如果是可行的，这便是管理方面的一种创新，但这种新经营思路并非针对一个企业而言，而应对所有企业来说都是新的。

（2）创设一个新的组织机构并使之有效运转。组织机构是企业管理活动及其他活动有序化的支撑体系。一个新的组织机构的诞生是一种创新，但如果这个机构不能有效运转，创新则成为空想。

（3）提出一个新的管理方式方法。一个新的管理方式方法或能提高生产效率，或使人际关系协调，或能更好地激励员工等，这些都将有助于企业资源的有效整合以达到企业既定目标和责任。

（4）设计一种新的管理模式。所谓管理模式，是指企业综合性的管理范式，是企业总体资源有效配置实施的范式。如果这个范式对所有企业的综合管理而言是新的，则自然是一种创新。

（5）变革一项新的管理制度。管理制度是企业资源整合行为的规范，同时也是员工行为的规范。制度的变革会给企业行为带来变化，有助于资源的有效整合，使企业更上一层楼。因此，制度创新也是管理创新的表现之一。

16.16.2 管理创新的主体

根据上述定义，我们不难看出管理创新的主体主要是企业家、管理者和企业员工。

（1）企业家。

这里的企业家不是指脱离了企业生产经营管理的企业资产的终极所有者，而是从事企业管理实践的有管理支配力的高级管理人员。但并非所有的企业家都是管理创新的主体，因为许多很好的总裁、总经理未必有好的创意，因而也就不可能进行管理创新。事实上我们也不要求所有的企业家都像先知先觉者那样一定要有创意的产生，如能善用别人或下属的创意，同样不失为一个好的企业家，但此时他不是管理创新的主体。

然而，企业家往往由于其所处的特殊地位会对管理创新产生重大影响，或在管理创新过程中扮演重要的角色，因此许多人误认为某项管理创新是某一企业家所为。其实并不一定如此。企业家可以鼓励和推动管理创新在本企业进行，但不能因此就说他们是管理创新的主体。也有一些企业家有自己的创意，在自己任职期间设计具体操作方案并加以实施。

有些企业家虽有创意但因种种原因不能实施，比如董事会不同意、员工不理解或某些条件不具备等，导致管理创新的实施率下降，这的确是存在的事实。环境的不利阻碍了不少企业家成为管理创新的主体。

（2）管理者。

企业中有许多管理者，在专业分工条件下对自己职责范围里的事务、人员、资源进行管理。这些管理领域如人事、财务、生产、营销等均处在管理创新的空间范围内，因此从事这些领域管理工作的管理者可能成为管理创新的主体，如果他们的确拥有创意并加以有效实施的话。然而，这一阶层的管理者，他们的行为要受到上级领导的约束和自身权限的约束，有创意并不一定能够实施；一旦该创意被上级认可，这些管理人员便可在自己的领域内大胆创新，成为管理创新的主体。

（3）企业员工。

企业员工也可以是管理创新的主体，但作为个体的员工却难以成为管理创新的主体，因为单个员工在企业中属于操作层，其工作仅属于管理创新领域的边缘，大部分可列入技术和操作方法方面的创新领域，何况单个员工会受到上司多方面的控制，虽有创意也很难在工作中进行实践以至成功。但作为一个群体的企业员工却往往能成为管理创新的主体，这是因为作为群体的员工可以产生大量的创意，俗话说"三个臭皮匠，顶个诸葛亮"。当群体员工的创意得到企业家认可并决定试行时，这些员工就成了真正的管理创新主体，因为他们在每日的工作过程中就可以尝试实践。日本企业通过员工的各种小群体活动的形式，如质量管理小组、合理化建议制度、无缺点运动、创造发明委员会等，实现员工全员性地参与管理创新。

通过上述考辨，我们可以发现企业内部管理的三个层次——最高决策层、中间管理层和作业管理层中都可能有些人成为管理创新的主体，而绝不仅限于企业家。企业家在管理创新中扮演极为重要的角色，但这与他所处的管理职位和相应的权限有关。当企业家成为管理创新主体时，管理创新过程的进展应当更为容易，而其他人员若要成为管理创新的主体则困难得多，这与公司的管理风格有关。

16.16.3 管理创新的过程

管理创新是一个创造过程，它要求创新者具有较高的智慧、知识和经验。管理创新也是一种系统行为，它由多因素、多阶段构成，通常要经过以下几个阶段：

（1）第一阶段，产生创新愿望。

由于组织内外环境的刺激，开始出现危机意识，并在创新机制的作用下，产生创新激励、形成创新氛围等，进而产生创新愿望。创新愿望的产生包括：① 自我发动，即由于自身状况或发展存在问题，或是为了其他创新（如技术创新、制度创新等）的内在要求而有了创新冲动;② 环境诱发,即由于外部环境的变化,特别是竞争的加剧使组织必须创新。在这一阶段,应注意各层管理人员的创新思想。因为各层管理人员是从不同的角度进行创新思维,而且其创新思想必须得到上层管理人员的认可才能实现。因此要特别注意加强沟通,使组织成员的创新思想能被高层管理者所了解。

（2）第二阶段,进行创新定位。

在具有创新愿望的基础上,深入细致地调查研究,分析创新的必要性和可能性,确定创新目标、领域及程度;还要根据条件,确定创新的基本原则。

（3）第三阶段,形成创新方案。

在这一阶段需要做大量的工作,运用多种方法和手段提出具体的解决问题的创新构想,并在创新条件、创新原则、创新目标等的约束下,对各种创新思路进行比较、筛选、综合及可行性评价,以形成一个具体、切实可行的创新方案。

（4）第四阶段,实施创新方案。

这是创新行动的实质性阶段。创新的组织者在一定的创新目标导向下,实施创新方案。这一阶段要注意,同步创新条件的实现和主要的信息反馈,以适时地修正创新方案,确保创新的实现。

（5）第五阶段,创新的评价与总结。

经过管理创新方案的实施,在管理领域会出现新的范式,随着这种范式的日益稳定,管理创新的效果也日益显现,这时应评价和总结这一创新成果。这个过程还可以进一步比较,发现与外界的差距,形成新的创新冲动,促成更深层次的创新。

管理不断创新是企业管理的必然趋势。当前,企业发展呼唤着企业管理的创新,并推动管理创新。从一定意义上说,企业发展也将更依赖于管理创新。

16.16.4　我国管理创新的方向

我国企业管理创新的迅速展开是中国式企业管理逐渐成熟完善并成为世界上独树一帜管理体系的前提条件。群体创新文化的创设为管理创新的迅速展开作出了铺垫,但管理创新的目标是什么,目前首先应从何处着手创新,这些问题尚需深入的研究与分析。

我国企业管理创新的终极目标应当是:形成世界上独一无二的具有当代先进水平的中国特色企业管理模式。其目前阶段性目标应当是:配合企业制度创新进行管理的适应性创新,即为适应企业从计划经济下非独立主体到市场经济下独立市场主体、产权从不明晰到明晰的转变所产生的管理新要求、新问题而进行相应的管理创新。只有这样,管理创新才能迅速有效地帮助现时我国的企业在市场上站稳脚跟并有所发展,使我国的企业成为真正的市场主体。因此,现阶段我国企业管理创新的方向有两个:一是综合性创新方面,二是具体领域内创新方面。综合性创新方面可设想为创建中国特色的管理模式;具体领域方面的创新则由目前的需要所决定。

这一模式可以表述为:在现代公司制度所规定的产权安排状况下,采用以人为本的价值导向、以柔克刚的经营理念、规范合理的管理制度、有机弹性的组织机构、系统优化的管理方法手段以及和谐一致的人际关系,以达到有效整合企业资源、企业对社会负责的目标。

这一模式只是我国众多企业未来管理模式特性的总和,并不代表一切模式。从这个模式的表述中我们可以体会到以下几点:

① 以人为本的价值导向是中国古代管理思想的精华,也是现代企业管理发展的最新动

向。因此,未来中国企业管理应以此作为管理活动的价值导向,而不是仅以利益、物质等为导向。

② 以柔克刚的经营理念是我国企业面对国内外激烈的市场竞争所必备的要素。在短期内我国企业的竞争力还不会有西方大公司那么强,在竞争中如果以刚对刚将会失败,反之若以太极拳的方式以柔克刚,则可能是我国企业走向世界的最佳方略。

③ 规范合理的管理制度是指融"情、理、法"为一体的中国式管理制度,这些制度中既应有规范性,又应有合理性,还得带有人情味,有道德感化的成份。动之以情,晓之以理,万不得已再依章处罚,这样才能真正使管理制度的效用发挥出来。

④ 有机弹性的组织机构是指中国企业未来的组织机构应以有机和弹性为基本特征,以适应变化的环境。有机就是有生命力,即该组织机构是学习型组织机构;有弹性说明有伸缩力,即该组织机构可以自我发展与变化。

⑤ 系统优化的管理方法和手段是指未来的我国企业应采用一切先进的现代管理方法和手段,并根据本企业的特点加以选择,进行系统优化,使企业资源的配置更加有效合理。

⑥ 和谐一致的人际关系是指我国企业应努力创造一个和谐愉快、归属感强的企业内部环境,以"忠、信、仁、义"为准则处理企业内员工的行为,处理和规范企业的行为,树立优秀的企业形象,建立优秀的企业文化,使员工真正感到企业是个大家庭。

⑦ 对企业和社会负责是指我国的企业不仅应对自己负责,还应对社会负责,承担社会义务,为社会发展作出自己应有的贡献。

参考文献

[1] MBA 必修核心课程编译组.管理创新.北京:中国国际广播出版社,1999.

[2] 鲍勇剑,陈百助.危机管理——当最坏的情况发生时.上海:复旦大学出版社,2003.

[3] 陈春花,赵海然.争夺价值链.北京:中信出版社,2003.

[4] 陈红,龙如银等.管理学.徐州:中国矿业大学出版社,2004.

[5] 成思危.中国管理科学的学科结构与发展重点选择.管理科学学报,2000(3).

[6] 程国平,刁北峰.管理学.武汉:武汉理工大学出版社,2002.

[7] 单宝.管理学——理论、过程、方法.上海:立信会计出版社,2004.

[8] 单宝.中国管理思想史.上海:立信会计出版社,1997.

[9] 方建中等.现代企业管理前沿问题研究.北京:人民出版社,2003.

[10] 李怀祖.管理研究方法论.西安:西安交通大学出版社,2004.

[11] 李津.世界管理学名著精华.北京:企业管理出版社,2004.

[12] 李志能.智力资本经营.上海:复旦大学出版社,2001.

[13] 梁长平.企业文化理论与实践.郑州:河南人民出版社,1998.

[14] 刘佐卿.企业文化理论与实践.哈尔滨:黑龙江人民出版社,1993.

[15] 钱肇基.风险管理.北京:中国电力出版社,1999.

[16] 芮明杰.管理学——现代的观点.上海:上海人民出版社,2005.

[17] 宋晶,郭凤侠.管理学原理.大连:东北财经大学出版社,2004.

[18] 宋晶.管理学原理.大连:东北财经大学出版社,2004.

[19] 宋明哲.现代风险管理.北京:中国纺织出版社,2003.

[20] 孙耀君.西方管理学名著提要.南昌:江西人民出版社,1995.

[21] 陶学禹.现代管理论.中国矿业大学管理学院研究生教学讲义.

[22] 魏文斌.现代西方管理学理论.上海:上海人民出版社,2004.

[23] 乌家培.经济学与管理学的关系.管理科学学报,2000(6).

[24] 吴智勇.管理学名著精华.广州:广东经济出版社,2006.

[25] 席西民.21世纪的管理与管理研究.软科学研究,1997(12).

[26] 席西民.新世纪中国管理科学界的挑战、机遇与对策.管理科学学报,2000(3).

[27] 徐光华,暴丽艳.管理学原理与应用.北京:清华大学出版社,北京交通大学出版社,2001.

[28] 许正中,张永全.学习型组织.北京:中国环境科学出版社,2003.

[29] 阎春宁.风险管理学.上海:上海大学出版社,2002.

[30] 杨沛霆.成思危谈企业与管理科学.北京:企业管理出版社,2002.

[31] 叶茂林,刘宇,王斌.知识管理理论与运作.北京:社会科学文献出版社,2003.

[32] 尹继佐.经济伦理新探索.郑州:河南人民出版社,2002.

[33] 余凯成.组织行为学.大连:大连理工大学出版社,2002.

[34] 张承耀.企业管理前沿报告.北京:企业管理出版社,2004.

[35] 张今声,张静.当代管理科学的新发展:人本管理学.沈阳:辽宁大学出版社,1999.

[36] 张兰霞.新管理理论丛林.沈阳:辽宁人民出版社,2001.

[37] 张明玉.管理学.北京:科学出版社,2005.

[38] 赵平,郑晓明.世界管理100年.清华大学经济管理学院和中外管理导报联合编撰.

[39] 周三多.管理学——原理与方法.上海:复旦大学出版社,2005.

[40] 朱国云.组织理论:历史与流派.南京:南京大学出版社,1997.

[41] 朱兰.朱兰论质量策划:产品与服务质量策划的新步骤.北京:清华大学出版社,1999.

[42] (美)哈里斯等.跨文化管理教程.第5版.关世杰主译.北京:新华出版社,2002.

[43] (美)彼得·德鲁克.管理前沿.闾佳译.北京:机械工业出版社,2006.

[44] (美)巴纳德.经理人员的职能.北京:中国社会科学出版社,1997.

[45] (美)泰罗.科学管理原理.北京:中国社会科学出版社,1984.

[46] (美)丹尼尔 A 雷恩.管理思想的演变.北京:中国社会科学出版社,2000.

[47] (美)斯蒂芬 P 罗宾斯,大卫 A 德森佐.管理学原理.第5版.毛蕴诗主译.大连:东北财经大学出版社,2004.

[48] (美)小约翰·谢默霍恩.管理学原理.甘亚平译.北京:人民邮电出版社,2005.

[49] (美)卡利斯 Y 鲍德温,金 B 克拉克等.价值链管理.北京新华信商业风险管理有限责任公司译校.北京:中国人民大学出版社,2001.

[50] (美)史蒂文 L 戈德曼等.灵捷竞争者与虚拟组织.杨开峰,章霁等译.沈阳:辽宁教育出版社,1998.

[51] (美)伯法.生产管理基础.孙耀君等译.北京:中国社会科学出版社,1981.

[52] (美)W 爱德华兹·戴明.戴明论质量管理.钟汉清,戴久永译.海南:海南出版社,2003.

[53] (美)迈克尔·波特.竞争战略.陈小悦译.北京:华夏出版社,1997.

[54] (美)弗莱蒙特 E 卡斯特,詹姆斯 E 罗森茨韦克.组织与管理:系统方法与权变方法.第4版.傅严,李柱流等译.北京:中国社会科学出版社,2000.

[55] (日)饭野春树.巴纳德组织理论研究.王利平等译.北京:生活·读书·新知三联书店,2004.

[56] (瑞士)施奈德,(法)巴尔索克斯.跨文化管理.石永恒主译.北京:经济管理出版社,2001.

[57] 罗伯特·赫勒.团队管理.沈晓莺译.上海:上海科学技术出版社,2000.

[58] (英)托尼·莫登.管理学原理.崔人元,冯岩,涂婷译.北京:中国社会科学出版社,2006.

[59] (英)布鲁金.智力资本:第三资源的应用与管理.赵洁平译.大连:东北财经大学出版社,2000.